南京市雨花台烈士陵园管理局 编

雨花台烈士陵园志

南京出版传媒集团
南京出版社

雨花台烈士陵园全景

图书在版编目（CIP）数据

雨花台烈士陵园志 / 南京市雨花台烈士陵园管理局编. -- 南京 : 南京出版社, 2019.9
ISBN 978-7-5533-2460-9

Ⅰ. ①雨… Ⅱ. ①南… Ⅲ. ①革命烈士 - 陵墓 - 概况 - 南京 Ⅳ. ①K878.2

中国版本图书馆CIP数据核字（2018）第295079号

书　　名　雨花台烈士陵园志
编　　者　南京市雨花台烈士陵园管理局
出版发行　南京出版传媒集团
　　　　　南 京 出 版 社
社址：南京市太平门街53号　　邮编：210016
网址：http://www.njcbs.cn　　电子信箱：njcbs1988@163.com
天猫1店：https://njcbcmjtts.tmall.com/　　天猫2店：https://nanjingchubanshets.tmall.com/
联系电话：025-83283893、83283864（营销）　025-83112257（编务）

出 版 人　项晓宁
出 品 人　卢海鸣
责任编辑　金　欣　翟聪睿　冯展君
装帧设计　王　俊
责任印制　杨福彬

排　　版　南京新华丰制版有限公司
印　　刷　南京新世纪联盟印务有限公司
开　　本　889毫米 × 1194毫米　1/16
印　　张　46.5
字　　数　1060千字
版　　次　2019年9月第1版
印　　次　2019年9月第1次印刷
书　　号　ISBN 978-7-5533-2460-9
定　　价　700.00元

天猫1店　天猫2店

编委会

序

雨花台雄峙于南京城南中华门外，自古以来，这里为一处融自然风光与人文景观于一体的名胜之地。在近代，雨花台屡遭兵燹之祸，名胜古迹毁于战火，日渐荒芜萧条，沦为一片乱冈。1927 年，雨花台成为南京国民党政府的刑场，难以计数的共产党人和爱国志士，为了民族解放、民主自由，英勇牺牲在雨花台。他们当中有恽代英、邓中夏、罗登贤等担任要职的中国共产党领袖人物，也有更多无法留下姓名的共产党员和革命志士。

无论斗争环境如何险恶，无论敌人如何凶残，雨花英烈们对革命的前途始终充满必胜的信念。他们坚信一个独立、自由、民主、富强的新中国必将取代半殖民地半封建的旧中国，一个没有剥削、没有压迫、人人平等的共产主义社会必将出现在世界上。为此，他们不为金钱所诱，不为甜言所惑，不为官位所动，不为酷刑所屈。他们决不用信念、党性、人格和气节换取生的希望和荣华富贵。他们在敌人的监狱中、法庭内、刑场上凛然不可犯，对为之奋斗的真理忠诚坚贞，矢志不渝，用鲜血和生命谱写出壮烈的篇章。烈士们生命已逝，但他们为真理和正义事业献身的英勇气概却光耀千秋，永世长存。“青山有幸埋忠骨”，雨花台永远与革命先烈的不朽精神联结在一起。

中华人民共和国成立后，为了缅怀先烈，寄托哀思，继承和弘扬革命精神，党和政府决定在雨花台兴建烈士陵园。1949 年 12 月 12 日，南京市第一届各界人民代表会议第二次会议作出建设雨花台烈士陵园的决议。雨花台开始全面绿化造林、修建道路。1950年7月2日，南京市各界人民在雨花台主峰为兴建人民革命烈士墓举行奠基典礼。不久建起奠基纪念碑，在烈士殉难处建立纪念性标志。

雨花英烈为革命不惜抛头颅、洒热血的铮铮铁骨和高风亮节，是中华民族最宝贵的精神财富。老一辈无产阶级革命家和国家领导人十分关心雨花台的建设，特别重视用先烈的浩然正气和革命精神教育广大干部群众，曾多次到雨花台缅怀和凭吊先烈，并留下题词。在国家的倡导下，雨花台成为人们自觉接受革命传统和爱国主义教育的大课堂，一年四季都有各地群众前来凭吊。每逢清明节和国家烈士纪念日，雨花台更是人流如潮，尤其是各地青少年经常至此举行加入少先队、共青团和共产党的宣誓仪式。每年，雨花台还定期举办各种大型群众性活动。

1979年，雨花台的北殉难处建成烈士就义群体雕像。1983年，邓小平同志为雨花台烈士纪念碑、雨花台烈士纪念馆题名。此后，雨花台逐步建成了一组气势雄浑、庄严凝重的纪念建筑群。在全长1500米的中轴线上，由北向南，烈士就义群雕、烈士纪念碑、倒影池、国歌国际歌照壁、缅怀人像雕塑、纪念桥、纪念馆、忠魂广场、忠魂亭依次展开，与之相辅相成的还有分布在陵园内各处的知名烈士墓、东西殉难处、红领巾广场等。

1988年7月1日雨花台烈士纪念馆正式建成并对外开放，陈列了历年在全国范围内广泛征集的革命烈士资料和革命文物。

2014年12月，习近平总书记在视察江苏时指出："在雨花台留下姓名的烈士就有1519名。他们的事迹展示了共产党人的崇高理想信念、高尚道德情操、为民牺牲的大无畏精神。要注意用好用活丰富的党史资源，使之成为激励人民不断开拓前进的强大精神力量。"为深入贯彻落实习近平总书记重要讲话精神，充分发挥雨花英烈精神教育人、引导人、激励人的时代价值，2017年3月雨花台烈士纪念馆进行了新的改陈升级，于2018年1月5日正式向公众开放。

2016年10月，雨花台干部学院正式获批成立。雨花台干部学院，以党员党性教育和干部培训教育为办学宗旨，是中共江苏省委组织部和南京市委贯彻落实习近平总书记关于雨花英烈“两高一大”重要论述和关于加强党性教育基地建设要求的实际举措。

近年来，雨花台深厚的历史文化遗迹也得到发掘，辛亥革命雨花台之役阵亡将士人马合冢、雨花阁、梅冈等许多历史文化遗迹和园林景观被修葺、重建。如今，雨花台烈士陵园作为全国最大的烈士陵园，不仅有全国规模最大的烈士纪念建筑群，而且有历史悠久的名胜古迹、郁郁葱葱的生态山林、四季应时的观赏花木以及寓意烈士坚贞不屈精神的雨花石、为纪念烈士创制的全国名茶雨花茶等。雨花台烈士陵园先后被确定为全国重点文物保护单位、全国爱国主义教育示范基地、国家红色旅游经典景区、国家级烈士纪念设施、首批中国 20 世纪建筑遗产等，已成为人们缅怀革命先烈品格、学习雨花英烈事迹、弘扬雨花英烈精神的红色圣地和精神家园。

是为序。

南京市雨花台烈士陵园管理局党委书记、局长

雨花台烈士纪念馆馆长

赵永艳

凡 例

一、《雨花台烈士陵园志》是一部全面、系统记述南京雨花台烈士陵园历史与现状的专志，时间上限为1949年建陵，下限至2018年，但雨花台烈士之人物列传不在此限。

二、本志由概述、筹备建陵、纪念建筑与设施、雨花台烈士纪念馆、雨花英烈、谒陵凭吊与纪念活动、雨花台干部学院、雨花石、雨花茶、名胜古迹保护与建设、风景名胜区保护与建设、陵园管理机构、大事记组成，前后分别有序言与后记。

三、本志一般采用章节体。纪念建筑、名胜古迹、人物则以一事一条或一人一条为一节；大事记则以编年体为主，辅以记事本末体。

四、本志用志体记述，分门别类，横排纵写，即按时间顺序记述。慎用形容词（即褒贬之类词汇）。叙而不论，直陈其事；记述为主，实事求是。序言与概述一类，则夹叙夹议。

五、本志以志书为主，辅以记、传、录、图表、照片诸体。资料阙如，则可在不影响志体的前提下适当加以分析与论述。

六、人物、事件记述均有起止时间，名胜古迹记述则以现存有遗迹遗址者为标准，内容相关者分别记述则以参见、略写等方式，以免重复。

七、本志撰写采用正体字和简体字，异体字人名、地名则予保留，免生歧义。

八、本志编写一般采用公元纪年。凡需用年号等其他纪年方式处，则在后面加括弧，注明公元纪年。

九、本志记述内容以确定雨花台烈士陵园范围为准，需要延伸的相关内容则略记。

目录

烈士就义群雕

雨花台烈士陵园中心纪念区全景

雨花台烈士陵园中心纪念区局部

雨花台烈士陵园鸟瞰

航拍雨花台烈士陵园中心纪念区

雨花台烈士陵园全景

概 述

雨花台烈士陵园位于南京市城南中华门外一公里处。1949 年中华人民共和国成立后在雨花台开始兴建，占地 153.7 公顷，是新中国成立后建立最早、规模最大的国家级烈士陵园。

一

1927 年四一二反革命政变以后，国民党在南京建立国民政府。在此前后，国民党在南京地区及全国范围内对中国共产党人和广大革命志士进行大规模的逮捕和迫害，雨花台成为国民党屠杀中国共产党人的主要刑场。直至 1949 年 4 月 23 日南京解放，国民党政府在南京雨花台杀害了成千上万的共产党人和革命志士。

1927 年南京“四一〇”事件中被国民党逮捕的以国民党江苏省党部执行委员会常委（负责人）、江苏省政务委员会委员、上海特别市政府委员、国民党江苏省党部中共党团书记侯绍裘，中共上海区委委员、南京地委书记谢文锦为代表的 10 名江苏省暨南京市中共负责干部，惨遭杀害。这是四一二反革命政变之前国民党在全国大批屠杀中国共产党人的开端，他们是最早被国民党在南京成批杀害的著名中国共产党烈士。在此之前，1926 年 12 月，曾出席广州中国共产党第三次全国代表大会、最早具有军人身份的中共党员、国民革命军总司令部警卫团少将团长金佛庄在南京下关码头遭军阀孙传芳逮捕，12 月 12 日被秘密杀害于雨花台，这也是在雨花台最早牺牲的中国共产党人。这一时期，牺牲在南京的中国共产党人还有：曾任中国社会主义青年团南京地委秘书、中共豫陕区委委员、共青团豫陕区委书记张霁帆，1926 年 8 月从上海返回河南途中在徐州被捕，解来南京，后在南京陆军监狱牺牲；南京东南大学学生、中国共产主义青年团团员吴光田，南京东南大学学生、国民党南京市第一区党部候补执行委员兼第二区分部常委成律，1927 年因从事北伐革命活动遭军阀孙传芳逮捕，3 月牺牲于南京陆军监狱。

恽代英（1895—1931），1921 年参加中国共产党，是中国共产党的早期领导人、上海大学教授。1923 年被选为中国社会主义青年团中央执行委员会候补委员兼宣传部长，创办主编《中国青年》杂志。1926 年在国民党第二次全国代表大会上当选为国民党中央执行委员，同年 3 月，任黄埔军校政治主任教官兼中共党团书记。1927 年 1 月，任黄埔军校武汉分校政治总教官，同年 5 月，在中国共产党第五次全国代表大会上当选为中央委员。大革命失败后，参加领导南昌起义和广州起义。1928 年任中共中央宣传部秘书长，负责编辑《红旗》杂志。1929 年调任中共中央组织部秘书长。1930 年 5 月在上海被捕，1931 年 2 月解来南京，同年 4 月 29 日在南京中央军人监狱壮烈就义。恽代英是中国共产党早期的马克思主义理论家、宣传家，中国青年运动领袖。

邓中夏（1894—1933），1920 年参与组织马克思学说研究会和北京共产主义小组，是中国共产党早期领导人、中国工人运动领袖。1921 年在长辛店铁路工人中开办劳动补习学校，建立长辛店工人俱乐部。1922 年在中国共产党第二次全国代表大会上，被选为中央执行委员会候补委员，同年任中国劳动组合书记部主任，先后领导长辛店、开滦煤矿、京汉铁路等工人大罢工。1923 年任上海大学校务长，1925 年组织了著名的省港大罢工。1927 年在中国共产党第五次全国代表大会上被选为中央委员，同年参加党的“八七”会议，被选为临时中央政治局候补委员。以后历任中共江苏省委书记、广东省委书记，中华全国总工会驻赤色职工国际代表及赤色职工国际执行委员等职。1930年任中共湘鄂西苏区特委书记和红二军团政委。1933年任全国互济总会主任兼党团书记。同年5月在上海被捕，8月解来南京，9月在雨花台英勇就义。

罗登贤（1905—1933），中国工人运动领袖、东北抗日运动领导人。1925年参加中国共产党，曾参加组织省港大罢工。1926年任中共香港市委常委。1927年参与组织广州起义。1928年6月，在中国共产党第六次全国代表大会上当选为中央委员、中央政治局候补委员，同年任中共江苏省委书记。1930年先后任中华全国总工会党团书记、中共广东省委书记、中共中央南方局书记等职，领导全国工人运动。1931年任中共中央驻东北代表兼满洲省委书记，领导东北抗日运动。1932年任中华全国总工会上海执行局书记。1933年因叛徒出卖在上海被捕，旋解南京，同年8月29日英勇就义于雨花台。

邓演达（1895—1931），中国国民党临时行动委员会（中国农工民主党前身）创始人、国民党左派领袖。早年追随孙中山、加入同盟会。1923年任孙中山大元帅府大本营警卫团长。1924年国共合作后，历任黄埔军校教育长、国民党中央执行委员会委员、中央军事委员会主席团成员、中央农民部长、国民革命军总司令部政治部主任、湖北省政府主席等职。四一二反革命政变后，仍坚决维护孙中山的三大政策，与蒋介石进行斗争。1930年5月游历考察欧洲社会后返回国内，在上海创建了中国国民党临时行动委员会，被推选为总干事。1931年8月在上海被捕，解来南京。同年11月被秘密杀害于南京麒麟门外沙子岗。

继南京“四一〇”事件中共江苏省暨南京市地方组织遭国民党破坏，大批共产党人遭屠杀，20世纪的二三十年代，曾任共青团宜兴县委书记、共青团南京市委书记、共青团江苏省委巡视员史砚芬，1928年5月在南京台城召集秘密会议时被捕，同年9月牺牲于雨花台；曾任沪宁、沪杭铁路总工会委员长、1928年在中国共产党第六次全国代表大会上当选为中央审查委员会委员、中共南京市委书记孙津川，1928年7月在南京被捕，10

月牺牲于雨花台。战斗在国民党政府统治中心的中共南京地下党组织始终艰苦卓绝、不畏牺牲、前仆后继，从1927年至1949年南京解放，一共遭遇有八次大的破坏，牺牲了大批的中共党员。贺瑞麟，1928年5月任中共南京市委委员兼共青团南京市委书记，同年7月在南京被捕，10月牺牲于雨花台。黄祥宾，1930年时任民国中央大学中共地下支部书记，8月18日，牺牲于雨花台。李济平，1930年4月，任中共南京市委委员，负责镇江地区党的全面工作。同年7月15日，调任中共南京市行动委员会书记，筹划南京“八一暴动”而被捕，8月18日，牺牲于雨花台。1930年8月10日，中共南京市委机关遭到搜查，市委秘书兼城北区委书记谭籍安和市委委员任雪涛同时被捕，8月18日谭籍安等20名革命志士在南京雨花台英勇就义。1929年4月黄瑞生重建遭到破坏的南京市委，任市委书记。5月，因叛徒出卖被捕，1930年9月，牺牲于雨花台。1930年6月至8月，南京市委机关两次被敌人破坏，市委委员宋月波等100多名党员被捕，近百人被敌人杀害。李耘生，1931年九一八事变后，任中共南京特委书记，积极领导南京各界抗日救亡活动。1932年4月被捕，关押于国民党宪兵司令部看守所。6月8日，牺牲于雨花台。顾衡，1933年调到中共南京特别支部工作。1934年初，任中共南京市委负责人，并负责组织工作。7月，南京党组织遭受第8次破坏后，仍留南京坚持斗争。8月7日被捕。12月4日，牺牲于雨花台。陈原道，中共江苏省委常委、上海工人联合会主任兼党团书记，领导工人运动。1933年1月7日，上海工联组织反饥饿、反失业示威游行，陈原道因叛徒出卖，不幸被捕，关押于南京国民党宪兵司令部。1933年4月，牺牲于雨花台。吴振鹏，1930年任中央总行动委员会委员，并以中央总行委委员身份到南京从事革命活动。1933年初，抱病参加中共江苏省委外县工作委员会巡视工作。1933年5月17日在上海法租界被捕。在法庭上他与法官展开机智斗争，终因叛徒指认，被引渡给国民党政府，并从上海转押至南京。同年6月，牺牲于狱中。黄励，中华全国济难互济总会主任兼党团书记。1933年4月25日，因叛徒出卖被捕。在法庭上，黄励对国民党反动当局祸国殃民的罪行进行了尖锐的揭露和批判，义正词严地痛斥叛徒。在南京宪兵司令部看守所女牢里，仍然坚持斗争。1933年7月就义于雨花台。施滉，1931年起任中共河北省委宣传部部长、中共河北省委书记，1933年冬因叛徒出卖被捕，1934年，牺牲于雨花台。洪灵菲，著名左联作家，1933年，洪灵菲被调到中共中央驻北平全权代表秘书处任秘书长，协助领导华北六省的工作。他以作家的身份公开活动，秘密从事党的工作。1933年7月，由于叛徒出卖被捕，解来南京，1934年夏牺牲。何宝珍，刘少奇夫人。1932年任全国互济会负责人兼营救部部长，负责同赤色国际互济总会联系，争取国际援助。同年，何宝珍不幸被捕，判处15年徒刑。在狱中她参加领导和组织难友与敌人展开一次又一次的斗争。1934年秋，敌人了解到她的真实身份，改判死刑。同年冬，牺牲于雨花台。许包野，1934年7月，调任中共江苏省委书记。同年10月又调往河南，任中共河南省委书记。1935年2月，因叛徒出卖，在开封被捕，接着被解往南京国民党特种监狱，在狱中受尽严刑拷打，残酷折磨，宁死不屈。不久，被杀害于雨花台。陈处泰，1935年2月，任上海左翼社会科学家联盟中共党团书记，6月任中国左翼文化界总同盟书记。1937年，牺牲于南京。邓振询，1939年，任中共皖南特委书记。1940年2月任中共苏皖区特委书记，7月新四军江南指挥部北渡长江后，任江南军政党委员会书记，全面领导苏南地区的工作。1943年3月，任苏南行政公署副主任，同年8月牺牲于南京。朱克靖，新四军联络部部长兼山东军区秘书长。1947年初，在山东被捕。10月，牺牲于南京。徐楚光，1946年春，华中局决定成立华中联络部第三工作委员会，负责京、沪、徐、杭一带的情报、策反工作，任工委主任。1948年9月，因叛徒出卖，在武昌被捕。押至南京保密局，10月牺牲。晋夫，1948年，任解放军晋冀鲁豫军区第八纵队参谋处长，代表徐向前司令员到太原国民党军第三十军军部争取黄樵松军长起义，后被人告密，起义未遂，遭到逮捕。1948年11月，牺牲于雨花台，同时遇害的还有黄樵松军长等。

在雨花台牺牲的中国共产党人和革命志士还有大批量的、无姓名之情

况。从1927年“四一〇”惨案大批共产党员被屠杀以后，1930年8月18日，“南京电信局共党案”冯柏六等20名共产党员牺牲于雨花台。1930年7月至10月，晓庄进步学生石俊、叶刚、郭凤韶、袁咨桐、姚爱兰、胡尚志、汤藻等共10人被捕，在雨花台英勇就义。这批烈士中年龄最大的23岁，最小的只有16岁，他们是名垂青史的“晓庄十英烈”。1930年8月，浦厂地下党支部接到中共南京市委关于南京暴动的通知，立即投入战斗，在两浦地区发布红色标语。1930年9月26日许立双、杜秀山等8人被捕，关押在国民党首都卫戍司令部，10月8日牺牲于雨花台。1932年7月17日，曹顺标、肖万才等参加在上海沪西共舞台戏院举办的江苏省反帝代表大会时，被国民党军队抓捕，立即移送到南京警备司令部拘留所。同年10月1日，牺牲于雨花台，遇害的还有“共舞台案”同案13人。1932年11月25日，“中共长淮特委案”中共长淮特委书记朱务平、中共凤阳县委书记赵连轩夫妇俩及26名共产党员牺牲于南京雨花台。1947年9月，中共设在北平交道口京兆东街24号的地下情报组织遭到国民党保密局的破坏，导致40余名潜伏在北平军事系统中共情报人员被捕。1948年10月，丁行、谢士炎、赵良璋、朱建国、孔繁蕤等5位潜伏于国民党内部的谍战英雄被枪杀于南京中央军人监狱，被称为“北平五烈士”。淮海战役期间，因策反孙良诚、刘汝明等人起义失败，周镐、王清瀚、谢庆云、祝元福等人1949年初在南京英勇牺牲，也称为“淮海秘战四将士”。无法查到的无名烈士就更多，无法统计，无法留下烈士英名。

1949年“四一惨案”，程履绎、成贻宾、陈祝三参加南京学生举行的反战示威大游行，要求国民党政府接受中国共产党的八项和平条件，遭国民党军警殴打，肝脾破裂，伤重不治，不幸牺牲。这是南京解放前夕，为了新中国而献出宝贵生命的最后一批雨花英烈。1950年4月，南京市各界为“四一惨案”三烈士举行牺牲一周年公祭，将程履绎、成贻宾安葬于雨花台。

1941年1月，国民党顽固派制造了震惊中外的皖南事变，围歼新四军

军部及直属部队。军长叶挺被扣；副军长项英、副参谋长周子昆遇害，政治部主任袁国平在战斗中牺牲。1955 年，华东军区将项英、周子昆、袁国平的遗骸迁葬于雨花台烈士陵园的望江矶。

雨花台是中国新民主主义革命时期中国共产党人献身伟大的中国人民解放事业、献身伟大的共产主义事业的最集中殉难地。由于历史的原因，关于牺牲于雨花台的革命烈士精确统计，虽然历经努力、辨识与考证烈士身份，不断有烈士被发现与确认，但目前只可以无数或成千上万来进行较为科学地表述。

二

1949 年 12 月 12 日，南京市第一届各界人民代表会议第二次会议通过了《南京市第一届各界人民代表会议第二次会议为修建烈士陵决议》，这份决议拉开了烈士陵园建设的序幕。决议不仅定下了陵园“庄严宏大”的基调，也定下了陵园建设工程“应求逐步实现”的方针。

1950 年 1 月 24 日，南京市市长柯庆施批示组建“南京市兴建人民革命烈士陵筹备委员会”。南京市人民政府秘书长刘述周为主任委员、南京大学建筑系主任杨廷宝教授、南京市房地产管理局局长朱启銮为副主任委员。

1950 年 2 月 14 日，南京市兴建人民革命烈士陵筹备委员会召开第一次会议，讨论委员会工作计划与组织建设。

1950 年 8 月 5 日，南京市兴建人民革命烈士陵筹备委员会第二次会议决议：南京市兴建人民革命烈士筹备委员会下设设计、调查、筹募和督导四个委员会。先自设计与调查入手，随即成立设计委员会，由 18 名委员组成。杨廷宝任主任委员，黄显之、徐中、梁治明为副主任委员。筹委会设计委员会负责对陵园总体规划的设计，包括碑馆设计。同一天南京市人民政府［府秘办（五〇）字第 1864］号发文通知成立“南京市兴建人民革命烈士陵筹备委员会办事处”，南京市人民政府专门聘请南京市第二届各

界人民代表会议代表、民革成员安敦信担任办事处主任，直属南京市人民政府领导并下设工程、产权、宣教、调查、总务五个组，负责征地、迁坟、施工、护林、搜集烈士遗骸等事宜。8月25日，南京市兴建人民革命烈士陵筹备委员会办事处由成立之初的办公地点成贤街90号迁至中华门外雨花台第二泉对面工棚内办公。1951年1月，南京市兴建人民革命烈士陵筹备委员会办事处再次迁址到雨花路大思古巷4号办公，日常行政事务由南京市人民政府民政局管理。11月20日，南京市人民政府［府秘办（五一）字第5074号］通知决定：原南京市兴建人民革命烈士陵筹备委员会办事处改为南京市雨花台公园筹建委员会办事处，安敦信为该处主任。日常行政事务由南京市民政局改隶南京市建设局负责管理。

根据南京市人民政府1950年9月4日［（50）字2161号］文件批复：陵园边界以雨花台为中心，东北至淞沪抗日阵亡将士纪念塔，南至任家山南麓，西至宁花公路，北至宁芜公路起点处。为明确陵园西南边界及建设陵园道路需要，1950年10月开辟从宝林庵起，经长冈村、宁花路，雨花台街至宁芜公路起点的一条环陵公路，修路时，除寺庙地产无偿使用外，还先后征收了农民的土地50.7公顷。1954年，将原穿过陵园的宁溧路，向外移至雨花台东冈（即二泉后山）东北麓，并改扩建原道路为陵园东干道。1954年，华东军区与南京市人民政府在雨花台西南方的望江矶兴建了三烈士墓，1957年6月，为兴建革命军人公墓，南京市民政局征用望江矶夏家凹村土地11.09亩，11月，南京市民政局征用望江矶夏家凹村土地113.32亩，两墓区共有面积15.57公顷，由雨花台烈士陵园管理。

1950年7月1日，《新华日报》庆祝中国共产党诞辰29周年专刊第5版为《为人民解放事业光荣牺牲的先烈们永垂不朽！》的纪念雨花台革命烈士专版，刊载了毛泽东手书“共产主义是不可战胜的！星星之火可以燎原！死难烈士万岁！”。

1950年7月2日，南京市党、政、军首长、烈属代表以及各民主党派、各人民团体代表数百人来到雨花台，为兴建人民革命烈士墓，举行隆重的奠基典礼。1952 年 5 月 1 日，在雨花台主峰，奠基碑处建成革命烈士奠基纪念碑，碑高 6.8 米，碑的正面，是用紫铜铸造的仿毛主席手书“死难烈士万岁”六个大字。1952 年 12 月 20 日，在北殉难处、东殉难处和西殉难处分别建成纪念标志。北、西二个烈士殉难处竖立牌坊各一座，牌坊上方用紫铜铸造“革命烈士殉难处”七个大字。在东殉难处建立碑坊一座，碑高 3.8 米，宽 1.22 米，厚 0.7 米，碑面也用紫铜铸造“革命烈士殉难处”七个大字。

1974 年至 1979 年筹建了北殉难处烈士就义群雕，建设了陵园北大门，开启了雨花台烈士陵园新的大规模建设工程的序幕。1983 年 6 月邓小平为“雨花台烈士纪念碑”“雨花台烈士纪念馆”书写的亲笔题名由中共中央办公厅寄至雨花台，极大地激发了雨花台设计者、建设者的热情，加快了陵园建设的步伐。1983 年 9 月 9 日，经江苏省人民政府批准，南京市人民政府下发《关于成立雨花台烈士陵园建设委员会的通知》。1983 年 11 月 18 日，江苏省计划经济委员会［计经基预字（83）44 号］“关于雨花台烈士陵园计划任务书的批复”正式批准《雨花台烈士陵园总体建设计划任务书》。

1994 年 8 月 15 日，南京市建委以［宁建综字（94）478 号］文同意进行“雨花台风景区总体规划”的工作立项。同期《雨花台风景区总体规划》的编制工作也开始了。1995 年 12 月雨花台陵园被批准为风景名胜区，使雨花台从单一凭吊纪念的爱国主义教育基地拓展为市级风景区。

1996 年 5 月 10 日南京市政府批准了《雨花台风景区总体规划》，以南京市人民政府第 60 号令颁布了《南京市雨花台风景名胜区管理办法》。1996 年景区通过的市级风景区总体规划，把景区划分为“烈士陵园区”“名胜古迹区”“雨花石文化区”“雨花茶文化区”“游乐活动区”和“生态密林区”六大功能区。

1997 年 1 月 23 日，南京市人民政府 60 号令中还提到：陵园范围包括：雨花路以南，纬八路以北，共青团路以东，宁溧路以西围合的区域和望江

砚三烈士墓环行道以南、项英墓以北，花木村水塘防水道以东，砂石场道路以西界桩围合的区域。面积约为 118.13+15.6=133.73 公顷。

江苏省人民政府于 1997 年 6 月 23 日以［苏政复（1997）77 号］文正式批准南京雨花台风景名胜区为省级风景名胜区。景区申报省级风景区成功后，又着手制定省级风景区总体规划。1999 年 9 月 14 日上午 9 时，南京市人大、市政府在雨花台烈士纪念馆召开《南京市雨花台风景名胜区管理条例》新闻发布会。

2000 年，国家旅游局对全国旅游景点进行评审，雨花台风景区首批进入国家旅游局颁布的 4A 级旅游区行列。

2002 年 8 月，《雨花台省级风景名胜区总体规划》通过省建设厅组织的专家评审，2003 年 1 月，该总体规划获得省人民政府正式批准。风景区分为六大特色功能区，中部为中心纪念区，范围为从烈士就义群雕像到忠魂亭的中轴线上的建筑物及场地，是风景区的核心和代表性景观，承载了纪念、祭扫的功能，服务对象为全国范围内的游客；东北部为名胜古迹区，体现风景区的历史源流与文化积淀，是中心纪念区的外围游览区；西北部为游乐活动区，发展生态游乐，作为附近居民的日常活动与锻炼场所；西南部为雨花茶文化区，凸显雨花茶的特色，发展相关休闲功能，吸引附近及全市范围的居民品茶、赏茶、制茶；东部为雨花石文化区，突出自然生态的文化品位，让游人在清幽自然的环境中去体味与参与“采石、洗石、赏石”的乐趣；南部为生态密林区，一方面是风景区和纪念轴线的绿色屏障，一方面为游人提供露营、生态游赏的场所。总体规划明确了雨花台景区的定位是：以革命纪念、雨花文化、六朝遗韵为特色，是南京主城南部生态构架的主体，集教育、观光、休闲、生态等多功能为一体的省级风景名胜区。科学合理的规划，为景区今后的建设和发展提供了美好的蓝图。

2007 年 2 月份，雨花台烈士陵园管理局委托南京市城市规划编制研究中心编制了关于雨花台风景区总体规划局部调整的方案，2007 年 9 月 9 日《雨花台风景名胜区总体规划局部调整》获省政府的批准，这是对2003年《总规》的补充和完善，更具适时性，尤其在体现古都特色、雨花特色、环境保护、生态建设等方面随形势的发展与时俱进。

2007 年初，为了更好地建设爱国主义教育基地，打造人文绿都、培育宁南地区的生态环境，南京市委、市政府决定全面开展雨花台风景区环境整治，专门成立了雨花台烈士陵园环境综合整治协调小组，同时由雨花台区人民政府和雨花台烈士陵园管理局共同组建“雨花台烈士陵园环境整治项目公司”，组织和推进该项工作。整个环境综合整治工作建设内容重点分两个部分。其一是由雨花台区政府拆除景区范围内荷花营、养回红村及宁溧路沿线散落的住户与工企单位，拆除后交陵园按总体规划实施建设还绿；其二是景区内的整治内容。根据《南京市雨花台风景名胜区管理条例》和 2007 年批准的《雨花台省级风景名胜区总体规划局部调整》中界定雨花台风景区的规划范围：雨花东路以西，纬八路以北，共青团路以东围合的区域；望江矶皖南事变三烈士墓环行道以南，三烈士墓以北，花木村水塘防火道以东，砂石场道路以西界桩围合的区域。

多年来，雨花台风景区改造了供水、供电系统，扩建了广场、道路、停车场、游客餐厅和旅游公厕，完善了通信设施、消防设施系统、监控系统，完成了夜间亮化，精心制作了景点说明牌和公用标识牌，规范了经营摊点，对景区的四个大门周围进行了环境改造，对名胜古迹区实施了维护出新，提档升级后的景区面貌有了彻底的改观。

三

1950 年 6 月 16 日，“中央人民政府政务院为征集革命文物令”颁布，南京市兴建人民革命烈士陵筹备委员会随即成立烈士史料调查组，专司其职责。1950 年 6 月 29 日，南京市兴建人民革命烈士陵筹备委员会在《人民日报》《新华日报》上刊发《征集在宁牺牲之人民革命烈士的史迹》启事，开始在全国范围内广泛征集革命烈士资料和文物。烈士史料调查组设计印制了征集表格发往全国各地。第一批烈士事迹资料是由中共中央组织

部、中央人民政府内务部等直接拨交南京市兴建人民革命烈士陵筹备委员会的。以捐赠为主渠道、以征集为文物资料为主要工作，陆续征集到许多烈士资料和烈士遗物。这中间被鉴定为一级革命文物的有：1951 年郭纲琳烈士的哥哥郭纲伦捐赠的郭纲琳在狱中的刺绣及用铜元磨制成的铜心和铜鸡心；晋夫烈士的妻子贾峰赠送的晋夫 1942 年在延安整风时所写的日记等等。中央组织部于 1953 年将郭纲琳、侯绍裘、何宝珍、马克昌等 47 位烈士的资料转来陵园。到了 1957 年底陆续征集到恽代英、史砚芬、陈原道等 399 位烈士资料，郭凤韶等烈士遗物 113 件，烈士遗像 99 张，国民党反动罪行照片 37 张。

在社会各界和烈士亲友的支持下，雨花台革命烈士史料文物征集与馆藏逐渐构建和丰富起来，为烈士事迹的陈列宣传奠定了基础。1953 年，第一次雨花台革命烈士事迹展览在建陵初期雨花台烈士陵园管理处办公地点、雨花路 245 号原南京丝织业同业公会旧址举办，公开对外展出。1954 年，在原二泉茶社一间约一百平方米的大厅内陈列 40 位烈士的头像、简历以及革命斗争资料。1956 年 4 月，烈士陵园对安隐寺及高座寺的几间庙舍进行危房拆除与翻修改建，用作雨花台烈士史料陈列室对外开放，陈列了 58 位烈士相关史料。“文革”时期，陵园的征集和陈列工作都曾一度中止，不再开放，主要是进行保护及安全管理。1974 年 2 月，雨花台烈士史料陈列室重新开放，因受当时政治环境的影响，只陈列了 38 位烈士的事迹。1980 年下半年，经过对原陈列内容的修改和审定，新的《雨花台革命烈士史迹陈列》对外公开展出。陈列采取了以人物为中心，辅助陈列有关文物的陈列形式，陈展烈士 71 位，展出烈士照片、遗著、遗物等史料文物 455 件，重要辅助资料 338 件。

四

建陵之初，南京市兴建人民革命烈士陵筹备委员会根据陵园建设逐步实施的方针，以及南京市 20 世纪 50 年代初开始的绿化荒山、全民绿化植树的活动，确定“先绿化，后建设”基本方针。此后，筹备委员会办事处广泛发动群众植树造林，改变雨花台荒山秃岭的面貌。从1951年起，园林生产部门开始筹建苗圃，先后在杨家凹地区开辟播种区、扦插区、移植区、母本区，面积逐年扩大，到20世纪60年代前期，苗圃面积已近百亩，先后繁殖、出圃苗木440000余株，以满足陵园内部绿化建设的增补需用。1952年7月，南京市工赈总队三大队900余人来雨花台进行山形整理：加高主峰、填补采砂坑、修补周围山形。连同二期道路，完成土方六万余方。年底，山形整理基本结束。根据陵园筹委会拟定的建设初步意向，开始进行陵园核心绿化布景及外围山地造林工作。园林工作者栽植树木，开种竹林，四时植花，至1956年陵园绿化已初具轮廓。

建陵初期，主峰前“倒影池”东西两峰相对的两内侧陡坡，栽植了丛生矮灌木紫穗槐，此树种保持水土、护坡能力较强，但其观赏效果较差。1964年春进行绿化改造，紫穗槐被刨除，换栽象征革命烈士精神长存且观赏价值较高的观赏树种雪松398株，所用树木均为十年生以上的高大植株。特别是主峰山上栽种的6棵雪松都是园林工人在全市精挑细选，干基都在20厘米以上，其中一株干基达40厘米。数年后，新植雪松树挺拔旺盛，陵园核心区中心地段的景观大为改善。

随着陵园道路建设的进展，行道树的栽种也同时进行。东干道路栽植的是加拿大白杨；西干道路、雨花路铁路南段、一期路线和三烈士墓路段均栽植了悬铃木；宁溧路至卡子门路段栽植的是三角枫；共青团路侧栽植的是侧柏和乌桕。陵园内外干道行道树日渐成荫。由于各段道路所栽植行道树树种不同，蔽荫效果及形成景观也不一致。效果较好为悬铃木；最差的是东干道路旁的加拿大白杨。白杨生长迅速，成荫快，但材质松软，抗蛀干虫害的能力差。以致道旁杨树，经常出现断干折枝的现象。1970年陵园全部砍伐了东干道路上的白杨，换栽常绿的雪松和广玉兰。道路终年浓荫覆盖；玉兰花期时更是清香四溢，根除了枯枝断折的现象，道路景观大为改善。

1964年陵园新栽毛、刚、淡竹200亩，补栽毛、刚、淡竹200亩，后又投资4.02万元，在陵园核心区内的东殉难处、知名烈士墓、雪松山西坡、任家山、尹家山等处先后培植了成片竹林，面积达八公顷，其中东殉难处及知名烈士墓两片竹林曾被市绿化委员会命名为“毛竹样板林”。雨花台竹场管理下的南郊竹海，曾是南京市最大的成片竹种植区域。陵园在东西全长约30公里土地上扩植竹林达一万余亩，栽竹20万株。造林面积达1200公顷。至1956年冬，栽植造林苗279.5万株。为改善陵园外围景观，建设南郊风景林区奠定了基础。

五

1985年4月初，奠基纪念碑拆除。10月11日，在雨花台主峰上，新的雨花台烈士纪念碑建设开始，1989年4月1日，雨花台烈士纪念碑建成开放。1990年11月26日，纪念碑前一座以“挣开镣铐”为主题的青铜圆雕像落成。1992年7月31日，纪念碑电梯、地下展厅正式向社会开放。1992年12月26日，纪念碑廊胜利竣工，并向社会开放。

1987年底，雨花台烈士纪念馆落成。1988年3月19日，举行预展。7月1日正式对外开放。

忠魂亭是中心纪念区中轴线上的最后一项工程，也称“句号工程”。1995年6月30日，在纪念馆前广场举行了“忠魂亭工程开工暨雨花台烈士陵园建陵45周年庆典仪式”。1996年7月1日，忠魂亭建成。

知名烈士墓区位于中心纪念区的东南侧，1984年4月6日清明节前建成。国民党反动派在南京统治的22年中，成千上万的共产党人和爱国人士牺牲在雨花台。大多数烈士牺牲后，被就地掩埋，有墓的寥寥无几。新中国成立后，陵园工作人员通过广泛的调查，多方与烈士家属、知情人士联系，获悉了大量的资料，查出有17位烈士的墓分散在陵园内及南京地区。1984年，雨花台烈士陵园依据调查资料，将分散的17位烈士墓集中迁葬于建成的知名烈士墓区，供人们瞻仰、凭吊。17位烈士是：张霁帆、孙津

川、陈志正、赵良璋、丁行、谢士炎、孔繁蕤、邓振询、陈子涛、骆何民、程履绎、成贻宾、卢志英、石璞、宋如海、宋月波、蔡寿民。

雨花石文化区2004年12月开工建设，2007年8月底全部竣工。该功能区位于景区东南角，占地约36亩。包括新建了雨花石博物馆，以及天降花雨广场、登台问天雕塑、雨花溪滩等景观工程，2007年9月20日雨花石艺术节开幕之日南京雨花石博物馆正式对外开放。随着雨花石博物馆的建成开放，雨花台风景区的第三大功能区雨花石文化区全面建成，使雨花台的绿色旅游有了新的内涵。

雨花茶文化区2006年2月开工建设，2009年4月正式建成并对外开放，该功能区位于景区西南部，占地约160亩。在3年多时间里按照规定的时间节点，全面完成雨花茶博物馆、开放式雨花茶加工场、茶艺坊、无公害有机茶园、水景观、茶亭等的建设。同时将现茶场水域加以改造和延续，形成茶文化区的“水轴”，做到贴近自然，水质清净，使水景成为雨花茶文化区的一道特色风景线。

六

雨花台烈士纪念馆位于纪念碑南面450米的任家山上。纪念馆为敞开式、四合院型建筑，由中心主堡、东西两侧小堡和近似环形的两层展览大厅组成。整个建筑呈“凹”形，东西长90米，南北侧翼宽49米，建筑面积5900平方米，主体部分高26米。纪念馆主厅为传统的重庑殿屋顶，两侧厅为四角尖顶，屋面覆盖特制的白色琉璃瓦。纪念馆外墙，由1250多吨白色马赛克饰面，花岗石墙面，白色大理石窗框。整个建筑，包括馆前栏杆均呈白色，与馆周围的绿色树林形成明显对比，象征烈士纯洁、朴素的高尚品德。纪念馆朝南的门庭上方，镌刻邓小平题写的“雨花台烈士纪念馆”馆名。门庭南北两面，均凿嵌“日月同辉”花岗岩浮雕，象征烈士不朽的精神“与天地共存，与日月同辉”。整座建筑，既体现出浓郁的古典园林建筑风格，又是用现代的建筑手法建造。

1987年12月，雨花台烈士纪念馆竣工落成，7月1日正式对外开放。对外举行《雨花台革命烈士史料陈列》大型展览，设10展厅，整个陈列分为序言厅、基本陈列、结束厅三个部分。基本陈列以烈士牺牲时间为顺序，共陈列127位新民主主义革命时期牺牲在南京地区的革命烈士的英勇斗争事迹。采用活动组合版面，大立橱、小平橱等形式，展出珍贵文物620件，照片450张；另有浮雕8幅，圆雕4尊，油画18幅，国画2幅，版画3幅，复原牢房（部分）、刑讯室各一间。展厅面积4960平方米，展线长340米。著名烈士之多，文物之众，史料之丰，展线之长，为国内同类烈士纪念馆之最。

1999年，纪念馆陈列进行改造，陈列的烈士增加至1519位。新的陈列融多媒体系统、随身听讲解系统、灯光音响系统以及著名艺术家创作的背景音乐和美术作品为一体。1999年9月29日，雨花台烈士纪念馆新的史料陈列展览隆重开展。新的史料展览，展出1927年至1949年牺牲在雨花台、牺牲在南京、牺牲后埋葬在雨花台的1519位烈士的英勇斗争事迹，其中上版陈列烈士177位，电脑史料陈列烈士72位，电脑名单陈列烈士1270位，共展出革命文物1100余件，其中包括新征集的革命文物120余件。展厅共分“序言厅”“基本陈列”“春满人间”“时空隧道”和“深情缅怀”五大版块，其先进的“中央空调系统”“电脑多媒体系统”“随身听讲解系统”“背景音乐系统”，使参观者身临其境，具有很强的艺术感染力和震撼力。

本次基本陈列打破旧有的按烈士牺牲年代排列的布展方式，深深植根于雨花台作为新民主主义革命纪念圣地的历史底蕴，时间为经，全国各个方向的斗争为纬，历史背景与重大事件组合的框架结构，描绘出一幅“为有牺牲多壮志，敢教日月换新天”的中国革命斗争历史画卷。更加深刻地揭示出“没有共产党就没有新中国”的历史真谛，实现革命先烈彻底的爱国主义牺牲精神和理想主义的崇高人生追求，突出共产党人顽强不屈的群体斗争形象。

2010年，为迎接建党90周年，纪念馆进行了新一轮的陈改扩建，2011年“七一”前完成陈改工程。该陈展以“为中华民族之崛起”为主题，分为序厅、基本陈列、光荣厅、专题厅、幸福厅五个部分，陈列了170位雨花英烈的革命事迹。基本陈列从轰轰烈烈的大革命开始，至南京解放结束，分为《投身大革命洪流》《在探索中国革命的道路上前仆后继》《石城周边的抗日烽火》《冲破黑暗迎接光明》四个板块，突出展现了恽代英、邓中夏、罗登贤、邓振询、黄励、何宝珍、许包野、施滉等雨花英烈的光辉事迹。该部分展共出烈士照片455张，革命文物共计428件，并设置了35个故事版块和26个廉政专题。专题厅陈列了在南京工作和生活过、后又继续在革命事业辗转奔波中英勇牺牲的23位烈士。

本次陈展将中国共产党领导的新民主主义革命置于中华民族伟大复兴的历史进程中。对陈列的个体烈士，特别是重点烈士的史料进行了深入挖掘，采用以人代事、以事映人的展示方式，突出表现了先烈们革命的英雄主义、崇高的理想主义和纯洁的浪漫主义。陈展在形式上更多地使用新材料、新理念，适当地采用声、光、电、多媒体手段，通过有效地互动，增强教育效果与感染力度。

雨花台烈士纪念馆最新展览于2018年1月5日正式向公众开放。新展陈以“信仰的力量——雨花英烈生平事迹展”为主题，在增加最新史料征集及研究成果、创新展陈手段的基础上，本着“见人见物见精神”的布展理念，展陈了179位雨花英烈的生平事迹，突出展现了以“崇高理想信念、高尚道德情操、为民牺牲的大无畏精神”为内涵的雨花英烈精神，生动诠释了中国共产党人的初心和使命，为缅怀先烈、激励后人提供了更好的场所空间和更多的鲜活资源。展览分布于馆内上下两层，展陈总面积4550平方米，总展线938米，以中国共产党领导新民主主义革命的历史进程为主线，分为序厅、基本陈列、弘扬厅等主要部分，另设有前厅、缅怀厅、家书厅等重点空间。展陈文字量达9万余字，集中展出图片522张、文字版92块、吊挂字13块、文物435套879件、油画5幅、铜像5座、场景

6个、视频5个，整个展线共设有15个驻足点，很好地展示了“信仰的力量”这一雨花英烈精神的宏大主题。

七

2016年10月，雨花台干部学院正式获批成立。2017年6月28日，雨花台干部学院正式开学，开始培训党员干部。成立雨花台干部学院，是中共江苏省委组织部和南京市委贯彻落实习近平总书记关于雨花英烈“两高一大”重要论述和关于加强党性教育基地建设要求的实际举措。雨花台干部学院紧紧围绕弘扬“两高一大”雨花英烈精神，通过党性教育真正让党员干部走进雨花英烈精神世界，帮助党员干部解决理想信念、道德情操、为民奉献等方面的现实问题。借助不可替代的独特资源和特色教学，将学院建设成为加强干部党性教育特别是理想信念教育的重要阵地、全国一流的党员干部党性教育基地。

雨花台是新民主主义革命时期中国共产党人的集中殉难地，以展现的革命历史“时间跨度之长、涉及人员之多、牺牲烈士级别之高、精神内涵之丰富”，在中国共产党的历史上具有特殊地位。依托红色资源，创建干部学院，是加强干部教育培训、建设高素质干部队伍的重要举措。干部学院牢记干部院校姓“党”的根本原则，把理想信念教育和党性教育作为学院的首要任务，把讲政治的要求贯穿到教学、科研、管理的全过程和一切环节中，使学院成为学员党性锻炼的熔炉和阵地。

干部学院借助不可替代的独特资源和特色化教学方式，与党校共同构建差别化定位、优势互补的干部教育培训格局，以“雨花英烈精神”作为教学主线，全面解读“两高一大”精神，积极探索“初心”中理想信念确立的轨迹，历史的、全面的展示英烈精神，展现共产党人的真理力量和人格力量，让雨花台红色文化基因转化为广大干部为党的事业自觉奋斗，做好本职工作的强大精神力量。

学院坚持独立自主，依靠不依赖。一方面，充分依托市委组织部的力量，加快打造教育、管理干部的阵地；另一方面，在无教材、无教师、无教室的“三无”情况下，充分借助当前全国红色文化发展形势大好、各级领导高度重视的有利契机，深挖自身红色资源，用好自身专业人才，加快实现优势不断放大、劣势变为优势的良好局面。立足站位要高、步子要快、工作要细，在市委的坚强领导下，以“互联网＋”的思维理念，系统化推进以“坚持一个原则，咬住一个目标，探索一条路径，实施一个抓手”为架构的“四个一”工程建设，加快领导力、执行力和智力“三力”顶层设计，力争三年时间，构建教学课程、师资力量、内部管理“三大体系”。

学院围绕弘扬“两高一大”精神，实施“品牌传播、精品课程、课程研发、优质师资、体制机制、基础设施”六大行动计划。着力构建“行政＋市场”的开放性办学模式，既充分发挥市委组织部、市委宣传部、市委党校、雨花台烈士陵园管理局等各部门的优势，又借助外力，在课程设计、教材编撰、组织管理等方面，聘请相关办学经验丰富的领导干部、专家学者为学院的智囊团队，为学院发展提供强有力的智力支撑。

干部学院坚持边实践、边探索、边完善的办学模式，分三步在实践中不断推进工作。第一步，试运行办学阶段，充分借助市委党校现有资源，由市委党校协助配合做好宣传招生、教学教务、后勤保障等工作，先面向市内（招生），在办好每期培训班的基础上，再逐步扩大规模；第二步，整合全市党校资源，将学院放在雨花台区委党校办公办学、共建共享；第三步，在更远的将来，可根据学院运行情况和发展需要，建设功能更加完备、配套更加齐全、独立办公办学的学院。

在市委组织部的有力协调下，干部学院课程内容日趋完善，课程主题日渐明晰，采用专题教学、现场教学、红色访谈等形式开展教学活动。与省、市委党校、党史办及驻宁高校专家学者合作，已开发“雨花英烈精神的内涵及时代价值”“雨花台革命烈士的‘初心’永放光芒”等专题教学课程。在雨花台烈士陵园精心打造了北殉难处（烈士就义群雕）、丁香树、西殉难处、知名烈士墓等一批现场教学点。邀请广大烈士亲属和雨花台建设的

亲历者，研发一批讲述类、访谈类精品课程，将雨花英烈后代口述史的征集的成果运用到实际教学中。

干部学院成立由20名烈士亲属组成的宣讲团，通过梳理挖掘烈士事迹，形成一批高质量的红色故事会课程。已为省委组织部、江苏警官学院、鼓楼区等单位举办多场红色故事会，反响强烈，深受好评。

合作申报革命文化研究中心。加强与中共中央党史文献研究院、教育部高等学校社会科学发展研究中心等部门沟通，依托南京师范大学资源平台，申报纳入高等学校人文社会科学重点研究基地建设计划的“高等学校中国共产党革命精神与文化资源研究中心”，目前已向国家教育部审报。

争创中国红色遗址研究协同创新基地。委托南京大学文化与自然遗产研究所，编制雨花台红色文化发展规划纲要和全国文保单位保护规划。联合相关机构筹建红色遗址研究协同创新中心，争取成为江苏省省级智库。

升级现场教学点。从提升党性教育现场教学点及教学沿线的景观着手，对中轴线的纪念景观、设施进行优化完善，相继完成“西殉难处”“东殉难处”“纪念碑广场”“丁香树”和“南京杰出青年林小道”等区域绿化景观升级。创作了专门的背景音乐，配备了高质量音响，有效增强了主题教育的现场氛围。

雨花台干部学院成立后，立足雨花台烈士陵园，开发特色教育资源，探索特色教学模式，建设特色师资队伍，建立特色管理标准，加强特色品牌传播，形成了特色的干部培训方式。

在中共南京市委的统一领导下，学院抢抓全国红色文化蓬勃发展的大好形势、各级党委高度重视的有利契机，坚持“特色立院、质量强院、品牌兴院”的办学理念和“坚守信念、不忘初心”的校训，独立自主、依靠不依赖，充分借助市委组织部、宣传部等共建单位的力量，加快与市委党校、知名高校和其他干部学院构建友好互动的合作关系，深耕雨花台丰富的红色文化资源，逐步形成符合南京实际、彰显南京特色的办学模式。立足“站位要高、步子要快、工作要细”，以“互联网+”思维理念，系统推进以“坚持一个原则，咬住一个目标，探索一条路径，实施一个抓手”为架构的“四个一”工程建设，加快领导力、执行力和智力“三力”顶层设计，打造以弘扬“两高一大”雨花英烈精神为核心、以坚定理想信念为主题、全国一流的党员干部党性教育基地，力争五年内进入全国干部教育培训第一方阵。

八

为深入贯彻习近平总书记视察江苏讲话、“七一”讲话等系列讲话精神，以发扬“雨花英烈精神”为核心，着力加强革命遗址和革命文物的保护传承、展览展示，着力完善雨花台红色文化功能和价值提升，着力提高红色文化旅游服务质量和爱国主义教育效果，在加强革命文物保护的前提下，通过红色文化内涵的发掘、红色精神的阐释弘扬与教育培训、红色历史展览展示、红色文化旅游、红色文化创意开发等创新发展方式，把雨花台建设成为全市、全省乃至全国的党员、干部教育培训的重要阵地，建设成为开展爱国主义教育和革命传统教育、培育和践行社会主义核心价值观的生动课堂，建设成为保护、传承、发展中国共产党人优秀革命传统和牺牲精神的红色文化圣地。

雨花台烈士陵园发展定位，要以弘扬和传播“雨花英烈精神”为历史使命，把雨花台建设成为国家及江苏和南京最重要的红色文化保护中心、展示中心、教育中心、传播中心、研究中心。

雨花台烈士陵园发展目标，应当争取在五年时间内把雨花台建设成为全国一流、独具特色、影响广泛的国家级爱国主义教育基地、党史党性教育基地和重要红色文化品牌。进一步加强烈士纪念设施保护管理，规范服务内容，提升管理水平，充分发挥爱国主义教育的引领示范作用。

通过对“雨花英烈精神”的阐释与弘扬，使之成为中国共产党人精神谱系的重要组成部分。

形成完善的雨花台红色文化功能体系。形成红色文物收藏与保护、雨花英烈精神传承与创新、干部群众祭奠和怀念、革命历史研究与展览、党

史党性教育和爱国教育等红色文化功能齐备、层次分明、内容丰富、气氛庄严的红色文化和革命文化圣地，成为全国红色文化旅游5A级景区。

“雨花英烈精神”的阐释与弘扬，应当加强学术研究，结合“雨花英烈精神”形成的历史过程，围绕“雨花英烈精神”的深厚内涵、重大意义、时代价值和实践要求等主题进行深入研讨，发掘“雨花英烈精神”形成的历史过程与外延谱系，形成关于雨花台红色文化系统的理论研究成果。

增强雨花英烈研究会的学术科研力量，做好“雨花英烈精神”内涵的科学阐释，如出版《“雨花英烈精神”读本》、培养专业学术人才等，提升雨花台在党史研究领域的地位。

利用多种方式对“雨花英烈精神”内涵进行宣传。参考长征精神、井冈山精神、延安精神的建设方式，项目化、工程化的进行国家级、省级、市级宣传，并打造高水平讲师团队，开展讲师团宣讲以及展演活动；促进相关文艺作品创作、出版相关通俗读物、组织具有广泛社会影响力的活动等方式来宣传雨花英烈事迹和精神；利用新闻媒体、网络平台来扩大雨花台红色文化的影响辐射范围；通过构建艺术中心、展示宣讲中心、党性教育中心等形式，为弘扬和践行“雨花英烈精神”，推动红色文化在社会传播、社会普及方面走在前列。

第一章

筹备建陵

中华人民共和国成立后，党和政府为了缅怀革命先烈，表彰他们对人民解放事业的卓越贡献，并永远纪念他们，决定在雨花台兴建烈士陵园。建陵初期，全国尚未完全解放，国家财政正处于困难时期，一切皆百废待兴。陵园建设只能逐步实施。1950年6月，南京市兴建人民革命烈士陵筹备委员会确定了“先绿化，后建设”的方针。陵园建设分为三个时期：从1949至1979年，主要是保护革命遗址和大规模绿化造林；自20世纪70年代末至90年代中期，主要是陆续兴建纪念建筑，确立了陵园的宏伟规模；20世纪90年代中期至今，主要是红色景点的深度创新规划与规模建设，实现了雨花台红色文化全面升华。如今，雨花台已成为展示南京厚重的革命文化、悠久的历史文化以及绿色之都的重要窗口。

第一节　南京市兴建人民革命烈士陵筹备委员会

1949 年 10 月 1 日，中华人民共和国成立。1949 年 12 月 12 日闭幕的南京市第一届各界人民代表会议第二次会议通过了为修建烈士陵决议，决议全文如下：

国民党匪帮与日本帝国主义统治南京廿二年中，在南京及附近地区屠杀了无数中华人民优秀的儿女中国共产党员及爱国民主人士，其中雨花台尤为众所周知之先烈慷慨受义场所，现南京已经解放，为追念先烈的不朽业绩，号召人民纪念死者，鼓舞生者，因此本届会议决议在雨花台修建烈士陵。大会认为：烈士陵的修建规模应该庄严宏大，但在目前解放战争正在进行，国家财政经济困难的情况下，修建工程应求逐步实现。为此大会决议在政府主持之下，成立烈士陵修建委员会，聘请专家设计建筑计划，发动各界人民参加义务劳动，共襄盛举，并向全国各地广泛征求纪念物品，以示隆敬。

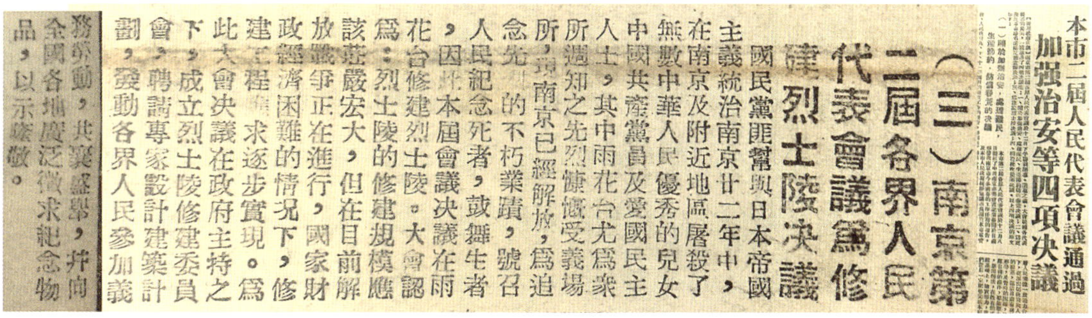
本市二屆人民代表會議通過
加强治安等四項決議

（三）南京第二屆各界人民代表會議爲修建烈士陵決議

國民黨匪幫與日本帝國主義統治南京廿二年中，在南京及附近地區屠殺了無數中華人民優秀的兒女中國共產黨員及愛國民主人士，其中雨花台尤爲衆所周知之先烈慷慨受義場所，現南京已經解放，爲追念先烈的不朽業績，號召人民紀念死者，鼓舞生者，因此本屆會議決議在雨花台修建烈士陵。大會認爲：烈士陵的修建規模應該莊嚴宏大，但在目前解放戰爭正在進行，國家財政經濟困難的情況下，修建工程應求逐步實現。爲此大會決議在政府主持之下，成立烈士陵修建委員會，聘請專家設計建築計劃，發動各界人民參加義務勞動，共襄盛舉，并向全國各地廣泛徵求紀念物品，以示隆敬。

1949 年 12 月 13 日《新华日报》全文刊登的修建烈士陵决议

这份决议拉开了烈士陵园建设的序幕。决议不仅定下了陵园“庄严宏大”的基调，也定下了陵园建设工程“应求逐步实现”的方针。

1950 年 1 月 24 日，南京市市长柯庆施批示组建“南京市兴建人民革命烈士陵筹备委员会”。

筹委会由 24 名委员组成：

刘述周	徐平羽	乐于泓	时昭溥	李承干	徐美峰
夏云歧	康永仁	曾昭燏	傅焕光	黄显之	杨廷宝
徐　中	金　超	梁治明	储精一	周凤沼	靳自重
朱启銮	万金培	鲁志馀	宋子春	李庆宁	姚尔觉

其中，南京市人民政府秘书长刘述周担任筹委员主任委员，南京大学建筑系主任杨廷宝、南京市房地产管理局局长朱启銮担任副主任委员。

1950 年 2 月 14 日，南京市兴建人民革命烈士陵筹备委员会召开第一次会议，讨论委员会工作计划与组织建设。1950 年 4 月 1 日，南京市人民政府及各界人士，在雨花台为 1949 年南京解放前夕牺牲的“四一”三烈士举行公祭，之后将成贻宾、程履绎安葬于雨花台二泉后山辛亥革命雨花台之役人马合家附近，陈祝三烈士另按照家属意见安葬于烈士家乡江苏海门。1950 年 4 月 3 日上海《新民报》晚刊第一版刊登了名为《南京大专中学校举行纪念“四一”一周年　三烈士遗体于四月二日安葬雨花台》的报道。

1950 年 8 月 5 日，南京市兴建人民革命烈士陵筹备委员会第二次会议决议：南京市兴建人民革命烈士筹备委员会下设设计、调查、筹募和督导四个委员会。设计委员会由 18 名委员组成，杨廷宝任主任委员，黄显之、徐中、梁治明为副主任委员，负责对陵园总体规划的设计，包括碑馆设计。

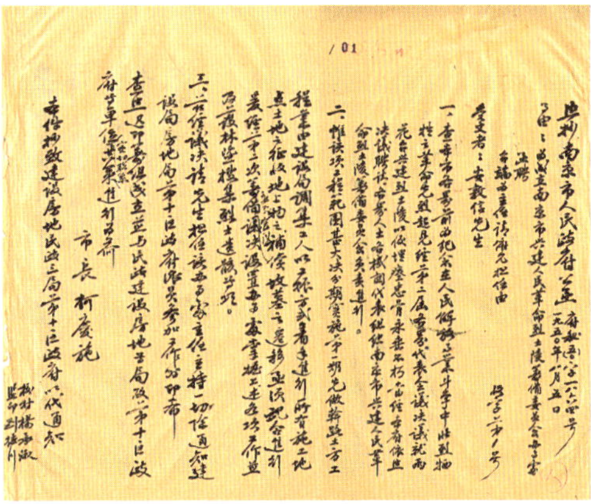

1950 年 8 月 5 日，南京市市长柯庆施聘请安敦信先生为南京市兴建人民革命烈士陵筹备委员会办事处主任的公函

1950 年，刘述周、朱启銮、杨廷宝等前往工地勘查

南京市兴建人民革命烈士陵筹备委员会办事处全体同志合影，摄于 1951 年 1 月 1 日

1950 年 8 月 5 日，南京市人民政府［府秘办（五〇）字第 1864 号］发文通知成立“南京市兴建人民革命烈士陵筹备委员会办事处”，南京市人民政府专门聘请南京市第二届各界人民代表会议代表、民革成员安敦信担任办事处主任，直属南京市人民政府领导并下设工程、产权、宣教、调查、总务五个组，负责征地、迁坟、施工、护林、搜集烈士遗骸等事宜。

8 月 25 日，南京市兴建人民革命烈士陵筹备委员会办事处由成立之初的办公地点成贤街 90 号迁至中华门外雨花台第二泉对面工棚内办公。

1951 年 1 月，南京市兴建人民革命烈士陵筹备委员会办事处迁址到雨花路大思古巷 4 号办公，日常行政事务由南京市人民政府民政局管理。11 月 20 日，南京市人民政府［府秘办（五一）字第 5074 号］文件通知，原南京市兴建人民革命烈士陵筹备委员会办事处改为南京市雨花台公园筹建委员会办事处，安敦信为该处主任。日常行政事务由南京市民政局改隶南京市建设局负责管理。

南京市兴建人民革命烈士陵筹备委员会委员名单

姓　名	原任职务	地址或住所	电话号码	备　注
刘述周	南京市人民政府秘书长		23160	主任委员
杨廷宝	南京大学建筑系主任	成贤街旧 80 号	24214 南大总机转工学杨秘书	副主任委员兼设计委员会主委
朱启銮	南京市房地产管理局局长		25559	同上
时昭溥	南京区学生联合会宣传部部长	北京路市委会内	32955	
李承干	永利铔厂厂长	颐和路 21 号	33996	
徐美峰	中国水泥公司代经理	鼓楼车站 14 号	34141	
夏云歧	慎昌机器厂厂长	中山路汇文女中南首		
康永仁	金城银行宁行副经理	健康路朱雀路口	41137	
曾昭燏	南京博物院副院长	中山门外半山园	21554	
傅焕光	南京农业科学研究所	孝陵卫		已调沪
黄显之	南京大学艺术系主任		24214 转	设计委员会副主任委员
徐　中	南京大学建筑系主任		24214 转	设计委员会副主任委员

续表

梁治明	南京大学土木系主任		24214 转	设计委员会副主任委员
金　超	南京市建设局水利科科长		23915	
储精一	警备政治部民运科部长		21866	
周凤沼	钞库街小学校长	白下路 246 号		烈属
张镛森	南京大学建筑系教授			
郝洪章	三野政治部组织部部长			
马大浦	南大森林系主任			
靳自重	金陵大学农艺系主任			
万金培	南京市财政局局长		23768	
鲁志馀	老大纶绸布号经理	健康路		
甯子春	恒泰昌油糖北货号经理	下关热河路 184 号		
李庆宁	三野后勤政治部组织部长			
姚尔觉	中山陵园管理处主任		22025	
何基沣	南京警备司令部司令			
李　广	南京市政府秘书长			
高艺林	中山陵园管理处副主任			
邓昊明	南京市建设局局长			
冯伯华	南京市民政局局长			
李　钊	南京市民政局副局长			
安敦信	烈士陵办事处主任			
刘士能	南京大学建筑系教授			刘敦桢
徐平羽	南京市教育局局长			
乐于泓	南京市总工会文教部部长			
徐百川	南京大学土木系教授			

南京市兴建人民革命烈士陵筹备委员会设计委员会委员名单

职　别	姓　名	原任职务	备　注
主任委员	杨廷宝	南京大学建筑系主任	筹委会副主任兼
副主任委员	黄显之	南京大学艺术系主任	
副主任委员	徐　中	南京大学建筑系主任	
副主任委员	梁治明	南京大学土木系主任	
委　员	金　超	建设局水利科科长	
委　员	储精一	警备政治部民运部长	

续表

委　员	周凤沼	钞库街小学校长	烈　属
委　员	靳自重	金陵大学农艺系主任	
委　员	万金培	建设工业局局长	
委　员	鲁志余	老大纶绸布号经理	绸布呢绒业同业工会筹备会主任
委　员	宁子春	恒泰昌油粮北货号经理	
委　员	李庆宁	三野后勤政治部组织部长	
委　员	姚尔觉	中山陵园管理处处长	

南京市新建人民革命烈士陵筹备委员会办事处办事细则（1951）

一、本处为加强各组联系，增进工作效率起见，特订定本细则。

二、本处现以业务需要暂行设置下列各组：

工程组

产权组

宣教组

调查组

总务组

三、工程组　掌理工程一切有关施工事项。

产权组　掌理民地房屋征用补偿及有关产权坟墓登记调查事项。

宣教组　掌理工人生活思想调查及政治文化教育并对群众宣传有关兴建烈士陵贯施办法事项。

调查组　掌理本市烈士殉难经过、生平事迹、忠骸及群众反映以及兴建烈士陵有关调查事项。

总务组　掌理公文处理、会计收支事务管理及其他不属于各组业务事项。

四、本处工作同志应遵守办公时间按时签到签退，如因事不能按时办公者应事先向各该主管人请假，特殊原因不克请假，事后必须补具报告。

五、各组重要文件应注意保密。未经本人同意及有关人员允许，不得私自取看并不得向外宣传。

六、星期日或例假应按轮值表依次轮流值日，值班时间与经常办公时间同，值班员因公外出不能值班者按次号补。因事请假者须请人代理（轮值表由总务组按照本处编制表编订公布）。

七、本处每月月初举行处务会议一次，全体工作同志一律参加会议，民主讨论业务改进。

八、每周三上午九时各组负责人举行工作汇报一次，除检讨一周间工作情况外并拟订下周工作计划，讨论决议施行。

九、每星期六上午八时至十时按照学习小组分组举行工作生活检讨会一次，并做成记录送呈本处主任查核。

十、各组工作应按旬作成书面报告以便汇转呈核。（表式由总务组拟订，呈核后发交各组按

式填报）

十一、本处工作同志因病或因事必需请假一天以上者，应以书面报告各该组负责人，转请主任核准之。在离职期间应委托其他工作人员代理其职务（请假四小时以内者由各组长核准送总务组登记）。

十二、本处同志每日下午七时至九时为学习时间，不得迟到早退。每学习一中心问题后须作学习总结，由总务组当转市府学委会备查。

十三、本处同志均有参加劳动生产权利与义务。

十四、本处同志如需领用公物应按一定表式填就领用。（表式由总务组拟订）

十五、会计收支账目及现金结存应按旬列表报请总务组长转呈本处主任备查。

十六、事务员每月应根据购进一切办公物品及各组领用消耗数量造具清册送请总务组长核阅以便比照。

十七、本处公用家具及一切财产应由事务员粘贴使用标记并造册注明负责保管人签章送总务组备查。

十八、收发文件

1. 收文由收发统一编号摘由，交总务组根据工作业务性质分发各组办理。

2. 发文由各组自行编号送交收发，非密件不得封口以便登记。

3. 凡直接送交各组文件须经收发登记后予以办理，密件或亲启文件收发不得拆阅。

十九、文稿处理

1. 各组收到文件后进行登记交负责人批阅。

2. 主管业务同志接到批办公文稿件时即负责拟稿呈本单位负责人签批，再交总务组呈送主任核阅，一般文稿须主任核定后才能缮发。

3. 凡对上下内外行文稿件，如通知指示公函等须经各组负责同志签送主任批示后方可执行。

4. 各组文件档案每月月终由各核单位自行整理编号装订送总务组保管。

二十、印信使用

1. 本处印信由收发负责保管，使用印信须经总务组负责人签批方可盖用。

2. 各组任何文件如未经本单位负责同志签署，监印人得拒绝用印。

3. 监印员对送用印文件须先翻查。

一、建陵征地及地域边界

根据南京市人民政府1950年9月4日（50）字2161号文件批复：陵园边界以雨花台为中心，东北至淞沪抗日阵亡将士纪念塔，南至任家山南麓，西至宁花公路，北至宁芜公路起点处。为明确陵园西南边界及建设陵园道路需要，1950年10月开辟从宝林庵起，经长冈村、宁花路，雨花台街至宁芜公路起点的一条环陵公路，修路时，除寺庙地产无偿使用外，还先后征收了农民的土

1950 年雨花台地图

1954 年雨花台地图

地 50.7 公顷。

1954 年，将原穿过陵园的宁溧路，向外移到雨花台东冈（即二泉后山）东北麓，并改扩建原道路为陵园东干道。同年，华东军区与南京市人民政府在雨花台西南方的望江矶兴建了三烈士墓。

1957 年 6 月，为兴建革命军人公墓，南京市民政局征用望江矶夏家凹村土地 11.09 亩，11 月，南京市民政局征用望江矶夏家凹村土地 113.32 亩，两墓区共有面积 15.57 公顷，由雨花台烈士陵园管理。

1956 年 10 月，征用原“五一”园艺生产合作社长冈村、养回红村等处土地 239.16 亩，同年又征用了养回红村土地 92.64 亩，雨花台公社土地 14.25 亩。

1958 年 4 月，征用普德村黄列长蔬菜生产社土地 5.18 亩。

1967 年 1 月，为了修建孙津川、蔡寿民、黄樵松三烈士墓，征用了养虎山土地 98 亩，还迁移了 200 多座民坟。同年秋，墓已建成。（1978 年，雨花台区房管部门以“未办征地手续”为由，将该地划为雨花大队使用）

1982 年 2 月，为便于管理，将陵园土地与农民土地交错地段做必要调整，并征用养回红村西侧土地。1982 年 8 月，南京市人民政府专门建立了以清查两陵（中山陵和雨花台烈士陵园）地界为主要内容的两陵调查组，对雨花台烈士陵园地域及边界线进行调查，进一步明确了烈士陵园地域及边界。

1997 年为配合南大门的修建，将雨花台街、养回红村、长岗村三个自然村划入陵园范围，共 498 亩。

1997 年 1 月 23 日，南京市人民政府 60 号令中明确规定：陵园范围包括：雨花路以南，纬八路以北，共青团路以东，宁溧路以西围合的区域和望江矶三烈士墓环行道以南、项英墓以北，花木村水塘防水道以东，砂石场道路以西界桩围合的区域。面积约为 118.13+15.6=133.73 公顷。（摘自［宁雨烈办（97）字 57 号］《关于雨花台风景区新划入区域情况的调查报告》和《雨花

台风景区总体规划》）

南京市人民政府布告

府陵办（五〇）字第一号

查本市兴建人民革命烈士陵开辟干路第一期工程，所有路线界内应征民地及清除坟墓工作，业经办理清结，并于九月十四日正式施工。兹依照建陵计划其第二期开辟干线工程亟应继续进行，所有该段工程路线范围内应用征民地坟墓及地上阻碍物等项，应由各有关业主坟主自布告日起七天以内仍至雨花台第二泉对面兴建烈士陵筹备委员会办事处办理登记手续，并须在登记后三日内自行办理迁让，逾期即由该处遻行处理。除由该办事处测定路线树立大牌标志范围外，特此布告周知。

市　长　柯庆施

副市长　李乐平　金善宝

一九五〇年十月

二、烈士史料征集

1950年6月16日，中央人民政府政务院颁布《为征集革命文物》政务院令，南京市兴建人民革命烈士陵筹备委员会随即成立烈士史料调查组，专司其职责。1950年6月29日，南京市兴建烈士陵筹备委员会在《人民日报》《新华日报》上刊发“征集在宁牺牲之人民革命烈士的史迹”的启事，开始在全国范围内广泛征集革命烈士资料和文物。烈士史料调查组设计印制了征集表格发往全国各地。第一批烈士事迹资料由中共中央组织部、中央人民政府内务部等直接拨交南京市兴建人民革命烈士陵筹备委员会。此次征集以捐赠为主渠道，陆续征集到大量烈士资料和烈士遗物。这中间被鉴定为一级革命文物的有：1951年郭纲琳烈士的哥哥郭纲伦捐赠的郭纲琳在狱中的刺绣及用铜元磨制成的铜心和铜鸡心；晋夫烈士的妻子贾峰赠送的晋夫1942年在延安整风时所写的日记等等。中央组织部于1953年将郭纲琳、

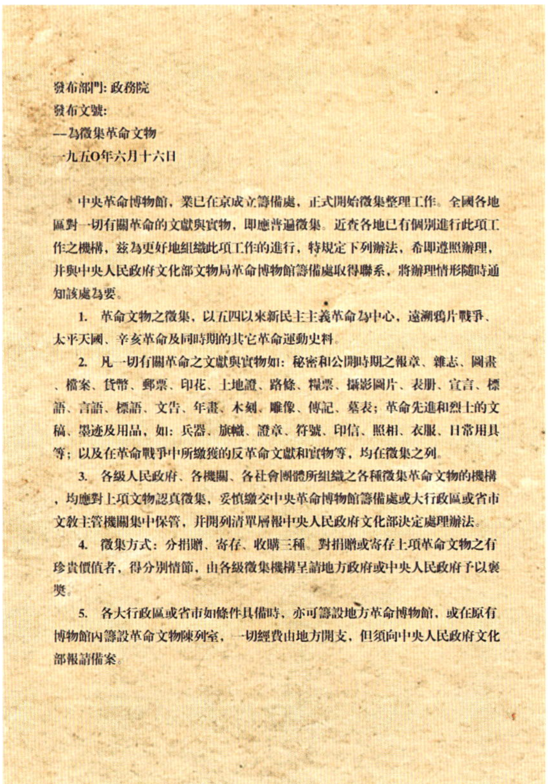

發布部門：政務院
發布文號：
—為徵集革命文物
一九五O年六月十六日

中央革命博物館，業已在京成立籌備處，正式開始徵集整理工作。全國各地區對一切有關革命的文獻與實物，即應普遍徵集。近查各地已有個別進行此項工作之機構，兹為更好地組織此項工作的進行，特規定下列辦法，希即遵照辦理，并與中央人民政府文化部文物局革命博物館籌備處取得聯系，將辦理情形隨時通知該處為要。

1. 革命文物之徵集，以五四以來新民主主義革命為中心，遠溯鴉片戰爭、太平天國、辛亥革命及同時期的其它革命運動史料。

2. 凡一切有關革命之文獻與實物如：秘密和公開時期之報章、雜志、圖書、檔案、貨幣、郵票、印花、土地證、路條、糧票、攝影圖片、表册、宣言、標語、言語、標語、文告、年畫、木刻、雕像、傳記、墓表；革命先進和烈士的文稿、墨迹及用品，如：兵器、旗幟、證章、符號、印信、照相、衣服、日常用具等；以及在革命戰爭中所繳獲的反革命文獻和實物等，均在徵集之列。

3. 各級人民政府、各機關、各社會團體所組織之各種徵集革命文物的機構，均應對上項文物認真徵集，妥慎繳交中央革命博物館籌備處或大行政區或省市文教主管機關集中保管，并開列清單層報中央人民政府文化部決定處理辦法。

4. 徵集方式：分捐贈、寄存、收購三種。對捐贈或寄存上項革命文物之有珍貴價值者，得分別情節，由各級徵集機構呈請地方政府或中央人民政府予以褒獎。

5. 各大行政區或省市如條件具備時，亦可籌設地方革命博物館，或在原有博物館內籌設革命文物陳列室，一切經費由地方開支，但須向中央人民政府文化部報請備案。

1950年6月16日，中央人民政府政务院颁布的《为征集革命文物》政务院令

侯绍裘、何宝珍、马克昌等47位烈士的资料转来陵园。到了1957年底陆续征集到恽代英、史砚芬、陈原道等399位烈士资料，郭凤韶等烈士遗物113件，烈士遗像99张，国民党反动罪行照片37张。

三、奠基纪念碑

1950年7月1日，《新华日报》庆祝中国共产党诞辰29周年专刊第5版为《为人民解放事业光荣牺牲的先烈们永垂不朽！》的纪念雨花台革命烈士专版，刊载了毛泽东手书“共产主义是不可战胜的！星星之火可以燎原！死难烈士万岁！”，唐亮的《先烈们永垂不朽！》、柯庆施的《学习先烈们为人民服务的精神》专文，以及纪念恽代英、罗登贤、孙津川、郭纲琳、史砚芬等在南京牺牲的革命先烈回忆文章。另刊有《新华日报》记者采写的《记雨花台》专题报道。

新華日報

本市各界昨舉行烈士墓奠基典禮

唐副主任代表各界恭讀哀詞

哀詞全文

友協會分會定明開動員會

全國婦聯青聯學聯

哀詞全文

【市府新聞處訊】南京市軍管會副主任唐亮同志，在南京市各界人民爲紀念人民革命先烈的烈士墓奠基典禮上，代表全市人民致哀詞，全文如下：「今天南京各界人民的代表，以萬分沉痛與至上虔誠來追念二十二年來爲着中國人民解放事業而在這裏光榮犧牲的革命先烈，爲着永遠紀念革命先烈，在此興建革命烈士墓，並於今天舉行奠基典禮。中國共產黨與愛國人士，爲着推翻帝國主義、封建主義、官僚資本主義的壓迫和統治，求得民族獨立，人民解放，數十年來拋頭顱，洒熱血，前仆後繼，不屈不撓地與內外敵人進行殘酷的搏鬥，無數中國人民的優秀兒女在鬥爭中壯烈的流盡了最後一滴血，他們爲着新中國的誕生，慷慨地貢獻出自己的生命，這是中華民族的光榮史蹟。

南京曾是國民黨匪幫二十二年反革命統治的中心，自大革命失敗後，以蔣介石爲首的國民黨反動派就以南京爲中心，在全國範圍內開始了極端殘忍的對中國共產黨人和中國人民的大屠殺，我們二十萬優秀的共產黨員和愛國人士在這裏遭受了反革命的殘殺，中國共產黨的優秀的領導人惲代英同志、鄧中夏同志、羅登賢同志、孫津川同志等，就在這裏英勇就義，他們都是中華民族最優秀的子孫，他們的犧牲是中國人民無可比擬的巨大損失。

我們今天代表南京市的各界人民、南京的中國共產黨和各民主黨派來追悼我們的先烈，我們一定要牢牢的記着：國民黨反動派對中國人民是這樣殘暴，我們的勝利

唐亮副主任爲人民革命烈士墓奠基舉行揭幕禮

《新华日报》刊登的在雨花台举行烈士墓奠基典礼的报道

1950年7月2日，南京市党、政、军首长、烈属代表以及各民主党派、各人民团体代表数百人来到雨花台，为兴建人民革命烈士墓，举行隆重的奠基典礼。典礼由南京市军管会副主任唐亮主持。朱启銮代表唐亮致哀词。哀词全文如下：

今天南京各界人民的代表，以万分沉痛与至上虔诚来追念二十二年来为着中国人民解放事业而在这里光荣牺牲的革命先烈，为着永远纪念革命先烈，在此兴建革命烈士墓，并于今天举行奠基典礼。中国共产党与爱国人士，为着推翻帝国主义、封建主义、官僚资本主义的压迫和统治，求得民族独立，人民解放，数十年来抛头颅，洒热血，前仆后继，不屈不挠地与内外敌人进行残酷的搏斗，无数中国人民的优秀儿女在斗争中壮烈的流尽了最后一滴血，他们为着新中国的诞生，慷慨地贡献出自己的生命，这是中华民族的光荣史迹。

南京曾是国民党匪帮二十二年反革命统治的中心，自大革命失败后，以蒋介石为首的国民党反动派就以南京为中心，在全国范围内开始了极端残忍的对中国共产党人和中国人民的大屠杀，我们二十万优秀的共产党员和爱国人士在这里遭受了反革命的残杀，中国共产党的优秀的领导人恽代英同

志、邓中夏同志、罗登贤同志、孙津川同志等，就在这里英勇就义，他们都是中华民族最优秀的子孙，他们的牺牲是中国人民无可比拟的巨大损失。

我们今天代表南京市的各界人民、南京的中国共产党和各民主党派来追悼我们的先烈，我们一定要牢牢地记着：国民党反动派对中国人民是这样残暴，我们的胜利是经过无数曲折艰难的道路才得到的，我们中国人民为着全国的解放，曾付出了多么高的代价！现在革命胜利了，我们一定要继承先烈的遗志，像先烈们一样爱护我们的祖国和人民，我们一定要为建设新中国的不朽事业鞠躬尽瘁，我们一定要时刻记住穷凶极恶的国内外反动派是不甘心于我们的胜利的，我们不能片刻放松对他们的警惕。

我们今天代表南京市的人民、南京中国共产党和各民主党派来追悼我们的先烈，我们一定要好好学习先烈们对革命事业的无限忠诚，和他们至死不屈，临难不辱，大义凛然的精神。他们的革命意志是如此坚贞，任何力量都不能摧毁。现在革命已在全国范围胜利了，但这不过是万里长征的第一步，前途的困难是很多的，我们一定要像先烈们一样，对革命事业要有无限忠诚，全心全意为人民服务，不为威屈，不为利诱，要以这样的精神与行动来纪念先烈，学习先烈。

我们今天代表南京市的人民、南京的共产党和各民主党派来纪念我们的先烈，我们一定要牢牢地记着：我们今天的胜利是无数先烈用生命换取来的，先烈们用自己的鲜血和头颅给我们铺平了道路，我们要饮水思源，绝不能丝毫忘了创造这份胜利的艰辛。为着永远纪念在南京牺牲的二十万先烈，并以此鼓舞生者教育后代，我们决定在雨花台建造一个烈士陵，这是一件极有意义的工作，也是一件光荣的任务，我们必须积极地参加这一工作，并把它很好地完成。

为人民解放事业而光荣牺牲的先烈们永垂不朽。

典礼上竖立奠基碑一块，碑高0.8米，宽0.3米，碑文是“人民革命烈士墓奠基纪念，南京市各界人民敬立，一九五〇年七月一日。”

1950年7月2日，南京市各界在雨花台举行革命烈士墓奠基纪念仪式

1952年5月1日，在雨花台主峰建成奠基纪念碑，碑高6.8米，碑的正面，是用紫铜铸造的毛主席手书“死难烈士万岁”六个大字。1952年12月20日，在烈士牺牲最多的北殉难处、东殉难处和西殉难处分别建成纪念标志。北、西二个烈士殉难处竖立牌坊各一座，牌坊上方用紫铜铸造“革命烈士殉难处”七个大字。在东殉难处建立碑坊一座，碑高3.8米，宽1.22米，厚0.7米，碑面用紫铜铸造“革命烈士殉难处”七个大字。

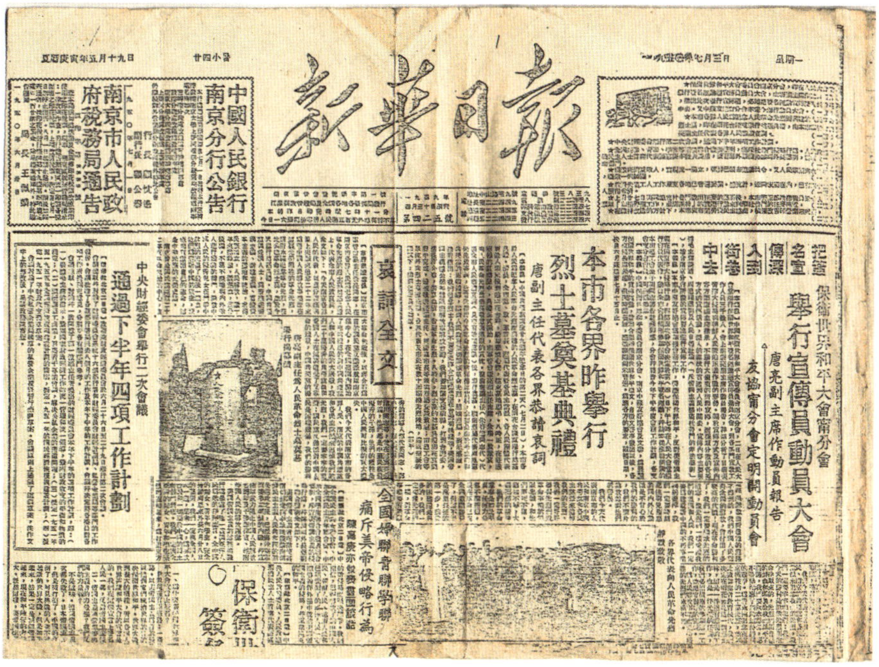
新華日報

中國人民銀行南京分行公告

南京市人民政府稅務局通告

本市各界昨舉行烈士墓奠基典禮

唐副主任代表各界恭讀哀詞

保衛世界和平大會南京分會舉行宣傳員動員大會

唐亮副主席作動員報告

友協南京分會定明開動員會

中央財經委會舉行二次會議

通過下半年四項工作計劃

哀詞全文

全國婦聯青聯學聯痛斥美帝侵略行為

1950 年 7 月 3 日，《新华日报》关于南京市各界在雨花台举行革命烈士墓奠基仪式的报道

1950 年 7 月 2 日，在雨花台主峰竖立的奠基碑（远景）

1950 年 7 月 2 日，在雨花台主峰竖立的奠基碑（近景）

南京雨花台烈士陵园主峰（摄于 1962 年）

1952 年 5 月 1 日，在雨花台主峰建成奠基纪念碑

北殉难处（摄于 1950 年）

1952 年 12 月 20 日，在北殉难处竖立纪念牌坊

东殉难处(摄于 1950 年)

1952 年 12 月 20 日，在东殉难处竖立纪念碑坊

西殉难处(摄于 1950 年)

1952 年 12 月 20 日，在西殉难处竖立纪念牌坊

1985 年 4 月，奠基纪念碑拆除。10 月 11 日，在雨花台主峰，雨花台烈士纪念碑建设工程正式破土动工。1989 年 4 月 1 日，雨花台烈士纪念碑建成开放。

四、烈士史料陈列室

1956 年建成的雨花台烈士史料陈列室

1950 年 6 月 16 日，南京市兴建人民革命烈士陵筹备委员会根据中央人民政府政务院颁布的《为征集革命文物》令，立即成立了烈士史料调查组，在全国范围内广泛征集革命烈士资料和文物。1950 年 6 月 29 日，筹备委员会在《人民日报》《新华日报》上刊发“征集在宁牺牲之人民革命烈士的史迹”的启事。在社会各界和烈士亲友的支持下，雨花台革命烈士史料文物征集与馆藏逐渐构建和丰富起来，为烈士事迹的陈列宣传奠定了基础。

1953 年，第一次雨花台革命烈士事迹展览在建陵初期雨花台烈士陵园管理处办公地点、雨花路 245 号原南京丝织业同业公会旧址举办，公开对外展出。1954 年，在原二泉茶社一间约一百平方米的大厅内陈列 40 位烈士的头像、简历以及革命斗争资料。1956 年 4 月，烈士陵园对安隐寺及高座寺的几间庙舍进行危房拆除与翻修改建，用作雨花台烈士史料陈列室对外开放，陈列了 58 位烈士相关史料。“文革”时期，陵园的征集和陈列工作都曾一度中止，不再开放，主要是进行保护及安全管理。1974 年 2 月，雨花台烈士史料陈列室重新开放，因受当时政治环境的影响，只陈列了 38 位烈士的事迹。1980 年下半年，经过对原陈列内容的修改和审定，新的《雨花台革命烈士史迹陈列》对外公开展出。陈列采取了以人物为中心，辅助陈列有关文物的陈列形式，陈展烈士 71 位，展出烈士照片、遗著、遗物等史料文物 455 件，重要辅助资料 338 件。

五、烈士墓区

1950 年 4 月 1 日，南京市人民政府及各界人士，为 1949 年南京解放前夕牺牲的“四一”三烈士举行公祭，并将程履绎、成贻宾安葬于雨花台，陈祝三烈士另按照家属意见安葬于烈士家乡苏北行署海门县。

1954 年，华东军区后勤部、营房部于雨花台西南望江矶地区征地 7.28 公顷，为“皖南事变”中牺牲的新四军副军长项英、副参谋长周子昆、政治部主任袁国平建立墓园，又称三将军墓。墓园竣工后，军区后勤部将墓地移交给烈士陵园，由烈士陵园专人负责绿化、墓园维护等项目的管理。

1967 年 1 月，为了修建孙津川、蔡寿民、黄樵松三烈士墓，征用了养虎山土地 98 亩，还迁

1984 年建成的知名烈士墓

移了 200 多座民坟。同年秋墓区建成。

1984 年 4 月 6 日清明节，雨花台东峰南麓的知名烈士墓区建成。知名烈士墓区是将分散在陵园内和南京地区的 17 位烈士的墓集中迁葬于此而建成。烈士墓区为水泥地面，长 23 米，宽 15.7 米，为传统左右对称式，17 座墓冢呈三排，全部由花岗岩砌造。第一排有墓 4 座，从左至右安葬着石璞、宋如海、孙津川、张霁帆 4 位烈士，第二排有墓 6 座，从左至右安葬着宋月波、蔡寿民、陈志正、邓振询、丁行、谢士炎 6 位烈士，第三排有墓 7 座，从左至右安葬着成贻宾、程履绎、陈子涛、卢志英、骆何民、赵良璋、孔繁蕤 7 位烈士。在第一排和第二排之间的正中处，有一长 4 米，宽 2.2 米，高 0.56 米的花池，在花池的青翠碧草间，有一花岗岩雕刻的花圈。每座墓冢呈长方形，长 2.27 米，宽 1.5 米，墓前有碑，碑高 1.6 米，宽 0.5 米，碑正面刻着烈士姓名，用鲜艳的红色描绘，碑背面刻有烈士生平简历。墓区前有一长达 106 米的甬道，甬道两旁种植着名贵的倒槐树。在烈士墓区落成当日，管理处邀请 113 位烈属出席，举行了隆重的祭扫活动。

六、园林绿化

苗圃

建陵初期，全国尚未完全解放，国家财政正处于困难时期，一切皆百废待兴。陵园建设只能逐步实施。建陵之初，南京市兴建人民革命烈士陵筹备委员会根据陵园建设逐步实施的方针，以及南京市 50 年代初开始的绿化荒山、全民绿化植树的活动，确定“先绿化，后建设”基本方针。此后，筹备委员会办事处广泛发动群众植树造林，改变雨花台荒山秃岭的面貌。从 1951 年起，园林生产部门开始筹建苗圃，先后在杨家凹地区开辟播种区、扦插区、移植区、母本区，面积逐年扩大，到60年代前期，苗圃面积已近百亩，先后繁殖、出圃苗木440000余株，以满足陵园内部增补需用。1952年7月，南京市工赈总队三大队900余人来雨花台进行山形整理：加高主峰、填补采砂坑、修补周围山形。连同二期道路，完成土方六万余方。年底，山形整理基本结束。根据陵园筹委会拟定的建设初步意向，开始进行陵园核心绿化布景及外围山地造林工作。园林工作者栽植树木，开种竹林，四时植花，至1956年陵园绿化已初具轮廓。

（一）陵园核心区的绿化造林

1952年，市园林管理科绿化施工队百余人来雨花台开始核心区的绿化布景。围绕主峰、东、西峰及北、东、西三殉难处广泛栽植各类常绿松、柏。山丘深处以乌桕、枫香、榉、榆、朴、楝等落叶乔木为衬托，形成多色彩针、阔叶混交林雏形。核心区边沿及主要景点周围，先后成片栽植樱花、梅花、海棠、玉兰、桂花等优质观赏花木。环陵路及主干道两侧，栽植法桐、白杨、青桐、侧柏等行道树。至1956年春，核心区共栽植各类乔、灌木26.2万株。

（二）陵园外围的绿化造林

1953年冬，烈士陵园建立绿化施工队，先内后外地开展外围山地造林工作。造林地区包括中华门外东至南京晨光机器厂、红花大队，南至双龙街、丁祥、卡子门大队，西南至花神庙、菊花台、铁心桥、西善桥，北至集合村，遍及南郊五个公社，造林面积达1200公顷。至1956年冬，栽植造林苗279.5万株。为改善陵园外围景观，建设南郊风景林区奠定了基础。陵园外围绿化造林是烈士陵园与农村生产队合作经营，造林山地地权属生产队，造林规划由南京市园林管理处制定，并按计划向造林生产队提供苗木，烈士陵园负责施工技术指导。

（三）奠基纪念碑周围的绿化造林

建陵初期，主峰前“倒影池”东西两峰相对的两内侧陡坡，栽植了丛生矮灌木紫穗槐，此树种保持水土、护坡能力较强，但其观赏效果较差。1964年春进行绿化改造，紫穗槐被刨除，换栽象征革命烈士精神长存且观赏价值较高的观赏树种雪松398株，所用树木均为十年生以上的高大植株。特别是主峰山上栽种的6棵雪松都是园林工人在全市精挑细选干基都是在20厘米以上，其中一株干基达40厘米。数年后，新植雪松树挺拔旺盛，陵园核心区中心地段的景观大为改善。

（四）烈士史料陈列室的绿化布置

1956年4月，烈士陵园对安隐寺的几间庙舍进行翻修、改建，临时用作烈士史料陈列室。在修缮工作进展的同时，也开展了陈列室周围环境的绿化布置工作。先后移栽、挖除杂树547株；新植花木40种562株；铺栽草皮281平方米；堆砌假山32平方米；砌筑花台33平方米；修路313平方米；改善了临时陈列室周围的环境与绿化景观。

（五）二泉及东殉难处周围的绿化改造

1963年冬至1964年春，对二泉及东殉难处周围进行了土建及绿化改造工程。修石桥、砌石阶、堆假山、筑水池；同时也进行栽植桂花、紫薇、杜鹃、绒柏、紫荆、黄杨、女贞等花灌木920株，提高了景点的观赏价值。

（六）陵园道路的绿化和改造

随着陵园道路建设的进展，行道树的栽种也同时进行。东干道路栽植的是加拿大白杨；西干道路、雨花路铁路南段、一期路线和三烈士墓路段均栽植了悬铃木；宁溧路至卡子门路段栽植的是三角枫；共青团路侧栽植的是侧柏和乌桕。陵园内外干道行道树日渐成荫。由于各段道路所栽植行道树树种不同，蔽荫效果及形成景观也不一致。效果较好为悬铃木；最差的是东干道路旁的加拿大白杨。白杨生长迅速，成荫快，但材质松软，抗蛀干虫害的能力差。以致道旁杨树，经常出现断干折枝的现象。1970年全部砍伐了东干道路上的白杨，换栽常绿的雪松和广玉兰。陵园道路终年浓荫覆盖，玉兰花期时更是清香四溢，根除了枯枝断折的现象，道路景观大为改善。

（七）开辟竹山

1959年冬至1960年春，在雨花台周围组建了“雨花台竹场”，发展了种竹事业，绿化了南郊。先后于雨花、板桥两地分别成立分场，下设七个竹专业队，配干部8人，专业队员163人。在东西全长约30公里的土地上扩植竹林一万余亩，栽竹20万株，其中包括毛竹2.4万株；刚竹、淡竹17.6万株。

1964年春，栽种母竹时，在南京市人委秘书长牵头下，郊办、市城建局、雨花台区人委、烈士陵园等单位组成领导小组，下设供苗及运输；劳动及栽植；技术监督三个专业组，先后从苏、浙、皖三省山区购运回毛、刚、淡竹竹母进行栽植。栽竹后由雨花台区人委有关乡、社和烈士陵园共同负责竹林抚育管理工作，共管山头172个。1964年新栽毛、刚、淡竹200亩，补栽毛、刚、淡竹200亩，后又投资4.02万元，在陵园核心区内的东殉难处、知名烈士墓、雪松山西坡、任家山、尹家山等处先后培植了成片竹林，面积达八公顷，其中东殉难处及知名烈士墓两片竹林曾被市绿化委员会命名为“毛竹样板林”。雨花台竹场管理下的南郊竹海，曾是南京市最大的成片竹种植区域。1969年12月，“竹场”机构被撤销。新植竹园、竹山按原属管理部门分别归陵园及雨花台区农林部门管理。

（八）三烈士墓地区的绿化造林

1954年，华东军区后勤部、营房部于雨花台西南望江矶地区征地7.28公顷，为“皖南事变”中牺牲的三位烈士建墓。竣工后，军区后勤部将墓地交给烈士陵园管理，陵园设专人植树绿化。是年冬，南京市园林管理处绿化施工队来陵园对三烈士墓地区进行绿化布置。墓道两侧各植黑松四排，计198株，墓后及墓周围以松柏、龙柏、雪松等为衬托进行了初步绿化。

1957年，南京军区在三烈士墓西侧再征地7.55公顷，修建革命军人公墓，施工后亦交烈士陵园绿化管理。1963年春，南京市城建局园林训练班学员实习时，在三烈士墓及革命军人公墓地区增植板栗、枫香、松柏、黑松5700余株。1964年冬，经烈士陵园设计施工，在该地区又补植桂花、紫薇、女贞、石楠、丝兰、爬地柏等观赏花木。墓后及侧坡补植了松柏、龙柏、黑松、榉树、三角枫等高大、常绿及落叶乔木为衬托。与社、队毗邻的墓西侧山林地段之间，栽植马尾松苗15万株，形成纯松林隔离带。两墓地共占地14.83公顷，全部纳入陵园管理范围。

第二节　雨花台烈士陵园建设委员会

1983 年 6 月 9 日，在陵园曦园会议室召开了雨花台烈士陵园规划建设座谈会，江渭清、惠浴宇、柳林、许京安、刘峰、张耀华、刘平、马昭宏、朱启銮、甘锋、麦保曾、唐健行、陈铎、叶菊华、王光耀、李大仍、沈胜奎、郭浩、蒋毅辛等省市领导和建筑、园林方面的专家学者出席会议。会议对陵园建设的方针、步骤和经费等进行了研究，审阅了陵园整体规划平面图、纪念馆模型、纪念碑获奖方案等，建议成立雨花台烈士陵园建设委员会，以加强陵园建设工作的领导。并明确了以“纪念先烈，庄严肃穆，继承遗志，振兴中华”作为陵园新的建设方针。这次会议是陵园全面扩建的新起点。

1983 年 6 月邓小平同志为“雨花台烈士纪念碑”“雨花台烈士纪念馆”书写的亲笔题名由中共中央办公厅寄至雨花台，极大地激发了雨花台设计者、建设者的热情。

1983 年 9 月 9 日，经江苏省人民政府批准，南京市人民政府下发《关于成立雨花台烈士陵园建设委员会的通知》。陵园建设委员会由 22 位成员组成，分别是：

柳　林　汪冰石　张耀华　张绪武　岳德旺　徐　智　刘　峰　刘　平
马昭宏　梅学家　朱启銮　林　征　麦保曾　许京安　王朝元　甘　锋
李秋阳　齐　康　唐健行　林庭桂　叶菊华　蒋毅辛

柳林担任陵园建设委员会主任，副主任由汪冰石、张耀华担任。委员会聘请江渭清、惠浴宇、杜平、管文蔚、匡亚明、刘顺元、包厚昌、胡允恭等 8 位曾长期在南京及江苏地区担任领导工作的老同志担任陵园建设委员会顾问。

1983 年，邓小平为雨花台烈士纪念碑题字

雨花台烈士陵园建设委员会下设办公室，驻雨花台烈士陵园管理处，承

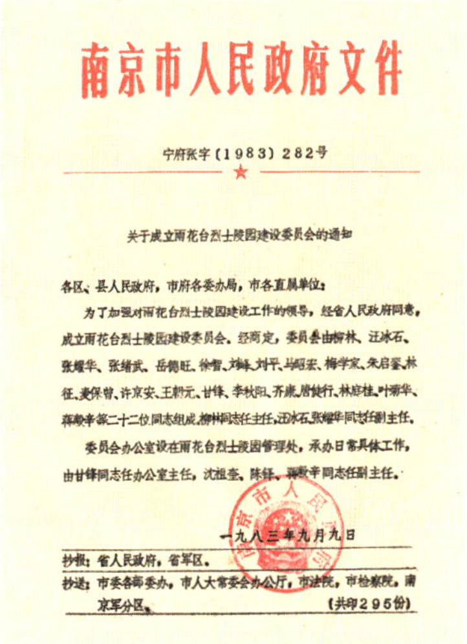

南京市人民政府文件

宁府张字〔1983〕282号

关于成立雨花台烈士陵园建设委员会的通知

各区、县人民政府，市府各委办局，市各直属单位：

为了加强对雨花台烈士陵园建设工作的领导，经省人民政府同意，成立雨花台烈士陵园建设委员会。经商定，委员会由柳林、汪冰石、张耀华、张绪武、岳锡旺、徐智、刘峰、刘平、马昭宏、梅学家、朱启銮、林征、姜保曾、许京安、王朝元、甘锋、李秋阳、齐康、唐健行、林启桂、叶彬华、蒋毅辛等二十二位同志组成。柳林同志任主任，汪冰石、张耀华同志任副主任。

委员会办公室设在雨花台烈士陵园管理处，承办日常具体工作，由甘锋同志任办公室主任，沈祖奎、陈铎、蒋毅辛同志任副主任。

一九八三年九月九日

抄报：省人民政府，省军区。

抄送：市委各部委办，市人大常委会办公厅，市法院，市检察院，南京军分区。（共印295份）

1983 年 9 月 9 日南京市人民政府宁府张字【1983】282 号关于成立雨花台烈士陵园建设委员会的通知

1983 年，邓小平为雨花台烈士纪念馆题字

办日常具体工作。南京市建委主任甘锋任办公室主任，南京市建委副主任沈祖奎、南京市规划局总工程师陈铎、南京市雨花台烈士陵园管理处主任蒋毅辛任办公室副主任。

1983 年 11 月 18 日，江苏省计划经济委员会计经基预字（83）44 号《关于雨花台烈士陵园计划任务书的批复》正式批准《雨花台烈士陵园总体建设计划任务书》。规划组负责人为南京市园林设计研究所所长朱有介。

1984 年 4 月 6 日，坐落在雨花台东峰南麓的知名烈士墓区建成。1984 年 4 月 22 日下午，在雨花台任家山上举行了纪念馆破土动工仪式。

1985 年 4 月初，奠基纪念碑拆除。

1985 年 9 月 23 日，雨花台烈士陵园建设委员会第三次全委会在市委会议室召开。副主任张耀华市长主持会议，审议烈士纪念碑、碑廊、雕塑的设计方案，并确定烈士纪念碑开工日期。要求纪念馆建筑按期完工，纪念碑主体建筑完成。并将烈士纪念馆、碑建设列为南京市城建 10 大项目之一，也是向建党 65 周年献礼的重要工程。

1985 年 10 月 11 日，在雨花台主峰上，举行了开工仪式，正式破土动工新建雨花台烈士纪念碑。纪念碑由南京工学院齐康教授设计，南京市勘测设计院陈家葆工程师制图，南京市第二建筑

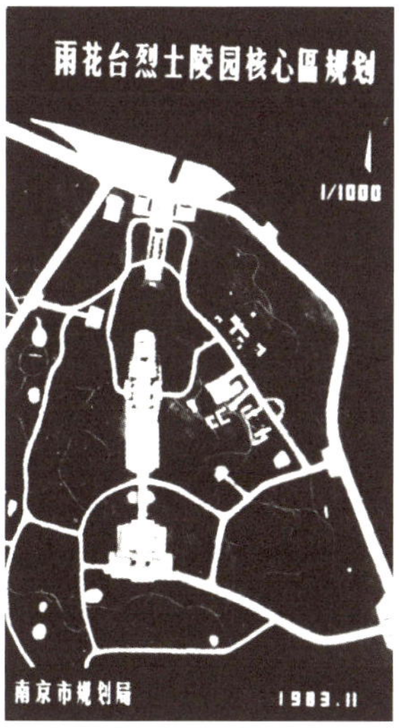

1983 年 11 月由南京市规划局编制的雨花台烈士陵园核心区域规划

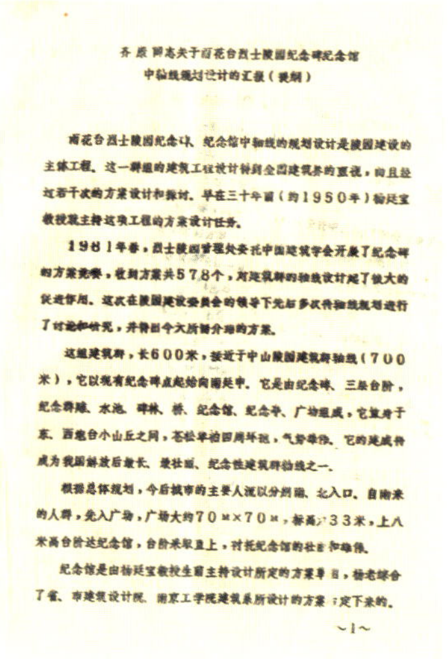

齐康同志关于雨花台烈士陵园纪念碑纪念馆
中轴线规划设计的汇报（提纲）

雨花台烈士陵园纪念碑、纪念馆中轴线的规划设计是陵园建设的主体工程。这一群组的建筑工程设计得到全国建筑界的重视，而且经过若干次的方案设计和探讨。早在三十年前（约1950年）杨廷宝教授就主持这项工程的方案设计任务。

1981年春，烈士陵园管理处委托中国建筑学会开展了纪念碑的方案竞赛，收到方案共578个，对建筑群的轴线设计起了较大的促进作用。这次在陵园建设委员会的领导下先后多次将轴线规划进行了讨论和研究，并得出今天所要介绍的方案。

这组建筑群，长600米，接近于中山陵园建筑群轴线（700米），它以现有纪念碑点起始向南延申。它是由纪念碑、三层台阶，纪念群雕、水池、碑林、桥、纪念馆、纪念亭、广场组成，它置身于东、西岗台小山丘之间，苍松翠柏四周环抱，气势雄伟。它的建成将成为我国解放后最长、最壮丽、纪念性建筑群轴线之一。

根据总体规划，今后城市的主要人流以分别由北入口、自南来的人群，先入广场，广场大约70米×70米，标高33米，上八米高台阶达纪念馆，台阶采取直上，衬托纪念馆的庄严和雄伟。

纪念馆是由杨廷宝教授生前主持设计所定的方案草图，杨老综合了省、市建筑设计院、南京工学院建筑系所设计的方案而定下来的。

~1~

齐康同志关于雨花台烈士陵园纪念碑纪念馆中轴线规划设计的汇报（提纲）

雨花台烈士陵园

总体建设计划任务书

雨花台烈士陵园管理处

1983年7月

1983 年 11 月，国家计委正式批准的《雨花台烈士陵园总体建设计划任务书》

公司施工。

1986 年 5 月 9 日，雨花台烈士陵园建设委员会在雨花台曦园会议室召开第四次（扩大）会议。柳林主任主持会议，顾问包厚昌、匡亚明；省委书记韩培信、副书记孙家正等参加。会议对陵园建设进展、追加建设经费等问题进行研究决定，并对陵园总体建设规划根据陵园南扩调整土地的情况，进行了调整与补充。

1987 年底，雨花台烈士纪念馆落成。1988 年 3 月 19 日，纪念馆举行预展，7 月 1 日正式对外开放。

1989 年 4 月 1 日，雨花台烈士纪念碑建成开放。

1990 年 11 月 26 日，纪念碑前一座以“挣开镣铐”为主题的青铜圆雕像落成。

1992 年 7 月 28 日，纪念碑电梯、地下展厅试开放。7 月 31 日，正式向社会开放。

1992 年 12 月 26 日，纪念碑廊胜利竣工，并向社会开放。至此，以烈士就义群雕、纪念碑、纪念馆为核心的中心纪念区基本建成。

一、中心纪念区建设

中心纪念区是雨花台烈士陵园的主体建筑区域，庄严肃穆、气势宏伟，是我国新民主主义革命的重要纪念地。该区域位于雨花台烈士陵园的中心地带，主体建筑沿着南北向中轴线对称展开，建筑由北向南分别为：烈士就义群雕、雨花台烈士纪念碑、倒影池、纪念桥、雨花台烈士纪念馆、忠魂亭，占地面积 20.2 公顷，于纵长 1500 米的地形、地势中，具有庄严的纪念氛围和强烈的空间效果。整个中心纪念区轴线正好设在五座山丘之间，即主峰、东炮台、西炮台、纪念馆馆址任家山、忠魂亭山坡。1949 年自建陵开始后的几十年里，陵园建设以绿化为主，主体建筑仍然以策划、设计、征集、评审等筹备工作为重，但是经过开山辟路、绿化建设，使得雨花台山丘林木茂密，中间一片泉水和湖泊，构成自然起伏的场地，为之后的中心纪念区的建设提供了良好的自然背景和氛围。中心纪念区工程于 1974 年北门群雕建设开始至 1996 年忠魂亭建成，历时近三十载，整个建筑轴线贴切地镶嵌在起伏自然的地貌中，顺其势而求其形，空间程序和人们在参观、瞻仰中获得的感受意义相吻合。

南京工学院杨廷宝教授于 1952 年就主持和参与雨花台烈士纪念馆，雨花台烈士纪念碑轴线群体的创作设计工作，1980 年陵园向全国征集了 578 个设计方案，这为杨廷宝教授综合归纳构思提供了素材，当时主要协助其构思设计方案的还有陈家葆和杨永龄。1982 年底杨廷宝教授不幸谢世后，东南大学建筑系齐康、钟训正、杨永龄、郑光复、叶菊华、赖聚奎等做了很大的努力，不断完善建筑轴的群体设计。

该建筑轴的总构思是在结合东西方建筑轴并结合空间程序，一步步的将瞻仰者引入沉思，这是一种赋予意义的程序，轴线设计贴切于大自然，从北、南开始逐步到达最高峰的碑，不断直冲天空。纪念馆是半封闭结构，纪念桥的过渡是开敞的，倒影池是过渡的半封闭场所，碑前广场是全开敞的，半封闭的碑廊，再登上纪念碑的大平台，顿觉豁然开朗。纪念碑成为天际线的最高点，给人一种崇高、无限的神思。

当人们走出纪念馆走向纪念碑时，纪念桥的形体十分简洁，它是一种纪念性的桥，没有栏杆，只有梯形的连续体型，走在桥上是一种开敞的空间感， 一端仰望纪念碑，纪念碑起着引导作用；一端是馆，都具有消失感和层次性。倒影池一段是封闭的空间，以水池为中心，水池是泉水，水有涨有落，岸边设计成石级形，不论水的涨和落，都成为水的石砌的岸边。过桥下台阶，首先看到的是国歌碑，两侧采用框架作为碑的边框，这样自北向南不至于挡住桥踏步的视线，而且又是远望纪念碑的框景。两侧的哀悼像是山坡下挡土的结束，带有旗形的挡土墙微微地压在雕像的肩上，给哀悼的雕像以某种负重感。雕像站立的浅浅石级与水边的石级相呼应，水边的石级和岸上的石级形成一种对比，这是空间艺术的构成。水边两侧的绿化布置极为精致，十分茂盛，四季常绿植物将东西炮台的整山树林与斜坡融为一体， 随季节应景的玉兰、云南黄馨、红枫、梅花等等以整片的气势装饰于建筑周边，使游客在瞻仰的同时得以美丽的欣赏、视觉的享受。纪念碑的群组构思，使人们参观达到一个纪念的高潮，一种主宰全局的氛围。回廊套住二层台阶，使上大平台有个空间过渡，这种过渡是通过石级达到上一层空间，过渡到大平台。平台是一种纪念的场，可容纳众多瞻仰者。加上两边各五块纪念石，营造一个平台上的空间序列，也增加了层次空间。平台的栏杆是悬挑的，给人一种扩大空间之感，这里的尺度烘托出碑的高耸，形成强烈对比，突出了碑和碑前的铜像。碑后的栏杆呈弧形，给人一种结束的感觉，同时可望半壁城池，半壁山丘风景。

忠魂亭是由北向南轴线的结束点。亭的造型与纪念馆的顶有某种呼应。纪念馆屋顶为白色琉璃瓦，一种洁白、纯真，融于绿色大地。屋顶自宝顶至脊，至檐下部都做了变形，以古塔的刹替代斗拱，同一过渡改变了符号，使人们感到自然而有创新感。以水平的玻璃窗作衬托，以垂直的墙体、垂直的窗来表现，具有新建筑的特点。 忠魂广场是自然山坡与建筑组成的半开敞空间。

中心纪念区这座巧夺天工的纪念建筑群现已成为江苏省南京市的标志性建筑，被评为建国五十周年南京市城建十项标志性工程。1999 年在北京举行的“国际建筑师协会第 20 届大会”上，纪念馆、纪念碑中轴线建筑荣获“艺术创作成就奖” 。2016 年 9 月，雨花台烈士陵园入选“首批中国 20 世纪建筑遗产”名录。

烈士就义群雕

1974 年，中共江苏省委、中共南京市委决定在雨花台北殉难处兴建烈士雕塑。陵园管理处先后向广州、上海、浙江、北京等省市以及本市有关单位征集雕塑样稿。外地许多雕塑家远道赶来南京，查阅烈士史料，勘测地形，深入生活，收集形象素材，在短期内创作出 100 多件雕塑样稿。省市有关部门将初选的 40 多件在省美术馆展览，广泛听取各方面的意见。我国美术界著名人士刘开渠、张仃、华君武、王朝闻、张松鹤等来南京指导，杨廷宝也审看了样稿。经过多次筛选，博采众家之长，由北京美术学院、上海油画雕塑院、杭州美术学院、广州雕塑工作室和南京的雕塑艺术家共同创作了雕塑综合稿，送北京征求意见，于 1978 年 4 月最后定稿。承担这座雕像雕刻工作的是北京市建筑艺术雕刻工厂和吴县金山石料厂。从北京来的 41 名能工巧匠，全都参加过毛主

北殉难处烈士就义群雕施工现场

席纪念堂的建设，其中有7人参加了毛主席座像的雕刻工作。北殉难处烈士就义群雕整个工程仅用了一年零两个月的时间，于1979年9月落成。

雨花台烈士纪念碑

1980年11月，雨花台烈士陵园管理处向全国建筑设计部门和专家、学者征集雨花台烈士纪念碑设计方案，至1981年4月共征得578个纪念碑设计方案。1981年4月13日至4月18日，在北京西路“AB”大楼成立雨花台革命烈士纪念碑设计方案评选委员会，委员5名，著名建筑专家、南京工学院副院长杨廷宝教授为主任委员，著名建筑专家、同济大学谭垣教授任顾问。评选委员会在578个纪念碑设计方案中评选出一等奖2名，二等奖3名，三等奖6名，优秀奖50名。

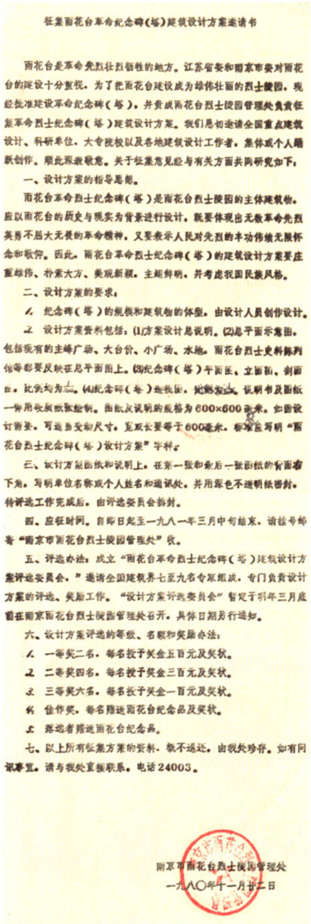

征集雨花台革命纪念碑(塔)建筑设计方案邀请书

雨花台是革命先烈壮烈牺牲的地方。江苏省委和南京市委对雨花台的建设十分重视。为了把雨花台建设成为雄伟壮丽的烈士陵园，现经批准建设革命纪念碑(塔)，并责成雨花台烈士陵园管理处负责征集革命烈士纪念碑(塔)建筑设计方案。我们恳切邀请全国重点建筑设计、科研单位，大专院校以及各地建筑设计工作者，集体或个人踊跃创作，顺此孫表敬意。关于征集意见经与有关方面共同研究如下：

一、设计方案的指导思想。

雨花台革命烈士纪念碑(塔)是雨花台烈士陵园的主体建筑物。应以雨花台的历史与现实为背景进行设计，既要体现出无数革命先烈英勇不屈大无畏的革命精神，又要表示人民对先烈的丰功伟绩无限怀念和敬仰。因此，雨花台革命烈士纪念碑(塔)的建筑设计方案要庄重雄伟、朴素大方、美观新颖，主题鲜明，并考虑我国民族风格。

二、设计方案的要求：

1. 纪念碑(塔)的规模和建筑物的体型，由设计人员创作设计。

2. 设计方案资料包括：(1)方案设计总说明。(2)总平面示意图，包括现有的主峰广场、大台阶、小广场、水池，雨花台烈士史料陈列馆等都要反映在总平面图上。(3)纪念碑(塔)平面图、立面图、剖面图，比例均为1/100。(4)纪念碑(塔)透视图，比例自定。说明书及图纸一律用标准纸张绘制，图纸及说明的规格为600×600毫米，如因设计需要，可适当变动尺寸，但短边长要等于600毫米，标题应写明“雨花台烈士纪念碑(塔)设计方案”字样。

三、设计方案图纸和说明上，在第一张和最后一张图纸的背面右下角，写明单位名称或个人姓名和通讯处，并用深色不透明纸密封，待评选工作完成后，由评选委员会拆封。

四、应征时间，自即日起至一九八一年三月中旬结束，请挂号邮寄“南京市雨花台烈士陵园管理处”收。

五、评选办法：成立“雨花台革命烈士纪念碑(塔)建筑设计方案评选委员会，”邀请全国建筑界七至九名专家组成，专门负责设计方案的评选、奖励工作。“设计方案评选委员会”暂定于明年三月底前在南京雨花台烈士陵园管理处召开，具体日期另行通知。

六、设计方案评选的等级、名额和奖励办法：

1. 一等奖二名，每名授予奖金五百元及奖状。

2. 二等奖四名，每名授予奖金三百元及奖状。

3. 三等奖六名，每名授予奖金一百元及奖状。

4. 佳作奖，每名赠送雨花台纪念品及奖状。

5. 落选者赠送雨花台纪念品。

七、以上所有征集方案的资料，概不退还，由我处珍存。如有问讯事宜，请与我处直接联系，电话24003。

南京市雨花台烈士陵园管理处

一九八〇年十一月廿二日

1980年11月，雨花台烈士陵园管理处向全国建筑设计部门和专家、学者征集雨花台革命纪念碑（塔）建筑设计方案的邀请书

1985年4月初，奠基纪念碑拆除。10月11日，在雨花台主峰上，举行了开工仪式正式新建雨花台烈士纪念碑。纪念碑由中国工程院院士、东南大学教授齐康设计，南京市勘测设计院陈家葆工程师制图，南京市第二建筑公司施工。1989年4月1日，雨花台烈士纪念碑建成开放。1990年11月26日，纪念碑前一座以“挣开镣铐”为主题的青铜圆雕像落成。该雕像由上海油画雕塑院王大进等集体创作，南京晨光机器厂铸造。1992年7月28日，纪念碑电梯、地下展厅试开放，7月31日，正式向社会开放。1992年12月26日，纪念碑廊胜利竣工，并向社会开放。省市及南京军区领导柳林、曹克明、韩培信、孙颔、张耀华、季允石、缪国亮、顾浩、胡序建、马昭宏、林积松、汪正生、郑凤翔、范仁信、史复亭、麦保曾和老同志杜平、向守志、岳德旺、刘平、刘峰、徐智等出席了竣工典礼。

雨花台烈士纪念馆

1984年4月22日下午，在雨花台任家山上举行了纪念馆破土动

文汇报

WEN HUI BAO　1981年5月28日　星期四

农历辛酉年　四月小　廿五　第12268号

各地为雨花台设计纪念碑

最近评选出五十件佳作，十二件获一、二、三等奖

本报南京专讯　由著名建筑学家、南京工学院副院长、中国建筑学会代理事长杨廷宝教授任主任委员，著名建筑学家、同济大学谭垣教授任顾问的雨花台革命烈士纪念碑设计方案评选委员会，在向全国建筑界广泛征集建筑设计方案的基础上，最近评选出五十件佳作，其中十二件被授予一、二、三等奖。

解放初期，经南京市第二届人民代表会议决定，以雨花台为中心兴建烈士陵园。一九五一年四月，在雨花台主峰上建造了高六点八米的奠基碑，作为临时性的纪念建筑。粉碎“四人帮”以来，随着陵园各项建设的发展，广大群众和国际友人纷纷建议，尽快修建永久性的纪念碑。为了把烈士陵园建设得更加雄伟壮丽，成为亿万人民进行革命传统教育的课堂，陵园管理处于去年十一月底向北京、天津、上海和东北、华东、西南、西北等地区八十八个重点建筑科研单位和大专院校征集雨花台革命烈士纪念碑设计方案，到今年三月中旬为止，已收到五百七十八项设计方案，两个模型和一千七百六十多张图纸。

荣获这次设计方案一等奖的是上海同济大学的庄荣、童勤华、宋增祥和黑龙江省建筑设计院的陈梅。征集单位对获奖者和应征者分别颁发了奖状、奖金和纪念品。（[illegible]）

《文汇报》1981年5月28日刊登的《各地为雨花台设计纪念碑》的报道

获奖纪念碑设计图

雨花台烈士纪念碑设计渲染图

雨花台烈士纪念馆立面渲染图

1985 年 10 月 11 日举行的雨花台烈士纪念碑开工仪式

雨花台烈士纪念碑施工现场。

1990 年 11 月 26 日，纪念碑前以“挣开镣铐”为主题的青铜圆雕像落成。图为施工现场

1992 年 12 月 26 日，雨花台烈士纪念碑廊竣工剪彩

1992 年 12 月 26 日雨花台烈士纪念碑碑廊落成

雨花台烈士纪念馆施工现场

1984 年 4 月 22 日举行的雨花台烈士纪念馆开工典礼

工仪式。参加仪式的有省市委、省市人大、省市政府、省市政协、驻宁部队的领导，江渭清、惠浴宇、唐亮等老同志以及社会各界代表 1500 多人。1987 年底，雨花台烈士纪念馆落成。1988 年 3 月 19 日，举行预展，7 月 1 日正式对外开放。

纪念桥和倒影池

1986 年 7 月动工建设纪念桥，1987 年 1 月建成。纪念桥约 70 米为钢筋混凝土结构的双曲不等跨拱桥横跨雨花湖上连接着纪念馆和倒影池。倒影池长 72 米、宽 22 米利用原有地形巧妙地将纪念碑、台阶石级、两侧壁坡、纪念馆的影像在池中显现，形成独特的动态景致。由南京市政设计院设计，溧水县水利工程处施工。

倒影池、纪念桥施工现场

忠魂亭

忠魂亭是中心纪念区中轴线上的最后一项工程，也称“句号工程”。1995 年 4 月，市委组织部发出为建设“忠魂亭”捐款的倡议。南京市的党、团员及许多普通市民，踊跃为工程捐款。仅仅两个月，就收到捐款 240 万元。1995 年 6 月 30 日，在纪念馆前广场举行了“忠魂亭工程开工暨雨花台烈士陵园建陵 45 周年庆典仪式”。一年后，忠魂亭建成。1996 年 7 月 1 日，在纪念馆广场举行隆重的忠魂亭竣工典礼仪式。

二、名胜古迹区保护建设

从 1995 年起，经多方筹资复建了清金陵四十八景之一“雨花说法”的“雨花阁”和“木末风高”的“木末亭”，修复开放了南宋爱国诗人陆游品茗的“江南第二泉”及“二泉茶社”“乾隆御碑亭”、东晋“梅冈”、东晋“甘露井、甘露亭”“二忠祠”“木樨苑”等一大批具有雨花台特色的景点，以雨花阁为标志的名胜古迹区已基本建成。

三、游乐活动区建设

2000年游乐活动区建设了科技乐园、军体冒险乐园等并改造了游乐设施，游乐活动区基本建成，为风景区吸引游客增添新的潜力。2012年游乐活动区引进资金对部分设施进行了改造和更换。2014年下半年对游乐活动区进行了全面改造升级，将游乐活动区的软硬件均做了提升。

四、雨花石文化区建设

雨花石文化区2004年12月开工建设，2007年8月底全部竣工。该功能区位于景区东南角，占地约36亩。包括新建的雨花石博物馆，以及天降花雨广场、登台问天雕塑、雨花溪滩等景观工程，2007年9月20日雨花石艺术节开幕之日，南京雨花石博物馆正式对外开放。随着雨花石博物馆的建成开放，雨花台风景区的第三大功能区雨花石文化区全面建成，使雨花台的特色旅游有了新的内涵。

五、雨花茶文化区建设

雨花茶文化区2006年2月开工建设，2009年4月正式建成并对外开放。该功能区位于景区西南部，占地约160亩。雨花茶文化区由雨花茶博物馆、开放式雨花茶加工场、茶艺坊、无公害有机茶园、水景观、茶亭等组成。同时对茶场水域加以改造和延续，形成茶文化区的“水轴”，做到贴近自然，水质清净，使水景成为雨花茶文化区的一道特色风景线。

六、生态密林区建设

生态密林区2008年11月20日开工建设，2010年6月正式建成并对外开放。该功能区位于景区东南角，占地约330亩。依据调整后的《总规》部署和环境综合整治工作计划安排，2007年生态密林区所在地养回红村拆迁为净地，区域范围内拆迁遗留的建筑垃圾和建筑基础等一并清理完成。在此基础上该功能区建设完成了青少年科教基地及配套园林景观建筑工程；园林景观道路及水体建设工程；巨石阵景观群、入口标志石工程；园林景观绿化工程包括整理绿化用地、种植乔灌木、建设小品等。

第二章

纪念建筑与设施

雨花台烈士陵园，是经过多年精心建设和不断充实提高后，逐步形成的具有完整纪念建筑与辅助设施的国家级烈士纪念设施。陵园由中心纪念区（烈士就义群像雕塑、雨花台烈士纪念碑、倒影池、纪念桥、雨花台烈士纪念馆、忠魂广场、忠魂亭）与其东侧的东殉难处、知名烈士墓区、丁香路，西侧的西殉难处、红领巾广场，丁香园、丁香纪念树，以及望江矶皖南事变三烈士墓等共同组成陵园的纪念建筑与辅助设施。

雨花台烈士纪念碑

烈士就义群雕近景

雨花台烈士纪念碑前长明灯

纪念碑廊

倒影池

缅怀人像雕塑——女青年

缅怀人像雕塑——男战士

《国际歌》照壁

《国歌》照壁

忠魂亭

纪念桥与雨花湖

雨花台烈士纪念馆

忠魂颂浮雕

雨花台烈士西殉难处（摄于 2017 年）

雨花台烈士东殉难处（摄于 2017 年）

红领巾广场（摄于 20 世纪 90 年代）

红领巾广场（摄于 1982 年）

知名烈士墓（摄于 20 世纪 80 年代）

知名烈士墓（摄于 2016 年）

丁香路

丁香纪念树

丁香园

雨花台烈士陵园北大门（摄于 20 世纪 90 年代）

皖南事变三烈士墓

雨花台烈士陵园北大门（摄于 2017 年）

第一节　主体纪念建筑

一、烈士纪念碑

奠基

1950年7月2日，南京市党政军首长、烈属代表以及各民主党派、各人民团体代表数百人来到雨花台主峰，举行隆重的兴建人民革命烈士墓奠基典礼。并竖立奠基碑，碑高0.8米，宽0.3米，碑文是“人民革命烈士墓奠基纪念，南京市各界人民敬立，一九五〇年七月一日。”

1952年5月1日，在雨花台主峰，奠基碑处建成奠基纪念碑，碑高6.8米，碑正面，嵌有紫铜铸造的中央人民政府毛泽东主席手书“死难烈士万岁”六个大字。1985年4月初，奠基纪念碑拆除，1989年雨花台烈士纪念碑建成。

碑前广场

纪念碑前的广场，呈正长方形，占地面积3200平方米，南边砌矮台划分区域，也是供游人休憩的场地。广场地面采用花岗岩铺设，广场南边设置整条排水设施，以便雨水及时汇集排放。碑前广场是雨花台纪念中轴线的交通中枢，沟通整个中心纪念区：广场北至纪念碑，南至纪念馆，东连东炮台、东殉难处、知名烈士墓，西通西炮台、西殉难处、红领巾广场。作为传承红色纪念的载体，碑前广场是纪念轴线的空间过渡，根据参观、瞻仰活动的需求和特点，可进行一般参观旅游或凭吊纪念活动的部署、组织，以满足旅游和各类活动的需要。

石阶及二层平台

碑前广场向北拾级而上，为宽30米的花岗岩大台阶，是登上纪念碑大平台的起始。上至46级处，为占地面积4860平方米的纪念碑二层平台，平台两侧植有6棵大雪松，四壁回廊，对称环合。由回廊可进入大平台底的展览大厅，大厅面积 1664 平方米，大平台上的三个镂空雕塑大花圈为自然采光井；大厅常用于陈列临时性专题展览。一侧经长长的隧道即到纪念碑碑底。有楼梯和电梯可达碑顶，登顶俯瞰，南京的山、水、城、林，尽收眼底。

纪念碑廊

纪念碑廊位于纪念碑二层平台两边，对称每边廊墙上各嵌黑色磨光花岗岩石碑 90 块，每块宽 0.8 米，高 1.2 米，全部镶贴在 2.2 米高的白色墙体上，碑刻全长 144 米，建成时是国内最长的碑廊。东碑廊镌刻马克思、恩格斯《共产党宣言》和列宁《马克思主义的三个来源和三个组成部分》两篇文章，《共产党宣言》全文 18256 字，刻 75 块碑，由赵朴初、费新我、康殷、桑作楷、卫东晨、欧阳中石、万放、奚乃安、陈慎之、庄希祖、陈肯、洪炜、周慧珺、卢中南、孙晓云、李圣和书写；《马克思主义的三个来源和三个组成部分》全文 3039 字，刻 15 块碑，由武中奇书写。西碑廊镌刻毛泽东《新民主主义论》，全文 25748 字，刻 89 块碑，由杜平、萧娴、尉天池、沙曼翁、李敦甫、陆家衡、张杰、张仲林、言恭达、胡一飞、刘炳森、陈大羽、陶铨、刘浚川、李宗海、魏之祯、戚庆隆、仲贞子、凌文铨书写。三篇经典著作共 47043 字，1990 年开始征集，书写者 36 人均为当代著名书法家。1993 年 6 月，江泽民为《雨花台纪念碑廊墨迹》一书题写书名。1996 年 9 月 30 日，《雨花台纪念碑廊墨迹》正式出版，并举行首发式。

《雨花台纪念碑廊墨迹》中书法家简介：

赵朴初　全国政协副主席，中国佛教协会会长。

费新我　中国书法家协会理事，江苏省书法家协会顾问，江苏省国画院一级画师。

康　殷　中国书法家协会顾问，北京印社社长，首都师范大学研究员，古文字学者。

桑作楷　中国书法家协会会员，南京“十竹斋”专业书法家。

卫东晨　中国书法家协会会员，江苏省书法家协会理事，江苏省文史馆馆员，印学家，美术理论家。

万　放　中国书法家协会会员，江苏省书法家协会理事，南京书法家协会副主席，南京书画院顾问、专业书法家、高级画师。

奚乃安　中国书法家协会会员，曾任苏州市美术书法家协会常任理事。

陈慎之　中国书法家协会会员，江苏省书法家协会常务理事，南京市书法家协会副主席、秘书长。

庄希祖　中国书法家协会会员，江苏省书法家协会理事，南京市书法家协会理事。

陈　肯　中国书法家协会会员，江苏省书法家协会常务理事。

洪　炜　中国书法家协会理事，江苏省书法家协会常务理事、驻会负责人。

周慧珺　中国书法家协会理事，上海市书法家协会副主席，上海市中国画院画师，西泠印社社员。

卢中南　中国书法家协会会员，中国人民革命军事博物馆设计师。

李圣和　中国书法家协会会员，江苏省美术家协会会员，扬州画院高级美术师。

武中奇　中国书法家协会理事，江苏省书法家协会主席，江苏省国画院副会长。

杜　平　中国书法家协会名誉理事，南京军区原政治委员。

萧　娴　中国书法家协会理事，江苏省书法家协会顾问，南京市书法家协会名誉主席，江苏省美术馆一级美术师。

尉天池　中国书法家协会理事，江苏省书法家协会副主席，南京师范大学教授、美术系主任。

李敦甫　中国书法家协会会员，江苏省书法家协会常务理事，盐城市美术书法家协会主席，副研究员。

陆家衡　中国书法家协会会员，江苏省书法家协会会员，昆山书画院副院长。

张　杰　中国书法家协会理事，江苏省书法家协会副主席兼秘书长，江苏美术出版社副编审。

张仲林　江苏省书法家协会会员，江苏省冶金职工书画协会秘书长，南京市职工书法协会理事。

言恭达　中国书法家协会会员，常熟市书画院院长、高级美术师。

胡一飞　中国书法家协会会员，江苏省书法家协会理事，常州市书法家协会副主席。

刘炳森　中国书法家协会副主席，故宫博物院研究员。

陈大羽　中国美术家协会会员，中国书法家协会会员，南京艺术学院美术系教授。

陶　铨　中国书法家协会会员，江苏省美术家协会会员，江苏省书法家协会理事，江苏省美术馆副研究员。

刘浚川　中国书法家协会会员，江苏省文史馆馆员。

孙晓云　中国书法家协会会员，南京市书法家协会理事，南京书画院高级美术师、专业书法家。

李宗海　中国书法家协会会员，江苏省书法家协会名誉理事，镇江市书法家协会名誉主席，镇江中国画院专业书法家。

戚庆隆　中国书法家协会会员，江苏省书法家协会常务理事。

魏之祯　中国书法家协会会员，江苏省书法家协会名誉理事，扬州市文联名誉委员，江苏省文史馆馆员。

仲贞子　中国书法家协会会员，江苏省书法家协会理事，南通市书法家协会名誉主席，江苏省文史馆馆员。

凌文铨　中国书法家协会会员，中国人民解放军南京政治学院电教中心主任。

欧阳中石　中国书法家协会顾问，中国书法研究会副会长，首都师范大学教授。

爱新觉罗·曼翁　中国书法家协会会员，江苏省书法家协会理事，苏州市书法家协会名誉会长。

西碑廊结尾处有后记石碑，碑文 318 字。

附碑文：

雨花台烈士陵园建设工程后记

雨花台是无数革命先烈牺牲的地方，为了缅怀先烈教育后人，在江苏省南京市党和政府以及全国各界人士关怀支持下，雨花台烈士陵园主体建设工程于一九八三年十二月开工，一九九二年十二月建成，历时九载。

总设计师　东南大学杨廷宝教授
　　　　　东南大学齐康教授
设计单位　东南大学建筑系
　　　　　东南大学建筑研究所
　　　　　南京市建筑设计院
　　　　　南京市规划设计院
　　　　　南京市园林规划设计所
　　　　　南京市市政设计院
　　　　　上海油画雕塑院
　　　　　中国书法家协会江苏分会
施工单位　南京市第二建筑工程公司
　　　　　福建省惠安石雕厂
　　　　　福建省崇武花岗岩雕刻厂
　　　　　山东省掖县柞村镇经委
　　　　　福建省沙县第三建筑公司
　　　　　浙江省温州花岗岩开发公司
　　　　　溧阳县水利工程处
　　　　　南京晨光机器厂
　　　　　解放军南京工程兵工程学院
　　　　　南京市雕塑工作室
　　　　　雨花台烈士陵园建设委员会

公元一九九二年十二月立

大平台

二层平台拾阶再上 54 级，即到纪念碑所在的大平台。大平台中间由南往北依次设置 3 只直径达 1.8 米的石雕大花圈，3 只大花圈均为镂空雕塑，是二层平台展览大厅的自然光源。花圈两侧各安放 5 块坡状纪念石，纪念石底端用花岗岩小花圈作雕饰，四周为悬挑式栏杆。纪念石凝重端庄，既是追悼死难者的寄托，又是空间序列的需要。大平台有 3 个基本功能：一是重大纪念日、国事活动，组织举行祭奠仪式的场地；二是在平时作为单位或集体组织党员、群众祭扫活动的场地；三是正常旅游的景点。

碑体

纪念碑，坐落在原奠基纪念碑处，1989 年落成，碑高 42.3 米，以纪念南京在 1949 年 4 月 23 日解放。碑体，钢筋混凝土结构，花岗岩石板贴面。纪念碑为中国传统的竖式造型，有碑额、碑身、碑座，碑额为宫殿式盝顶，如红旗、似火炬，卓然招展，碑身，宽 7 米，厚 5 米，正面镶嵌邓小平手书“雨花台烈士纪念碑”八个镏金大字，每字长宽各 1.5 米，背面是江苏省人民政府、南京市人民政府撰写的碑文，碑文如下：

在伟大的中国人民解放事业中，革命先烈为了实现共产主义理想，为了国家独立、民族解放和民主自由英勇斗争，壮烈牺牲在雨花台，用鲜血和生命谱写了中国革命史上的英雄篇章。先烈们的革命精神，将永远激励人们为实现共产主义的崇高理想而奋斗！革命烈士永垂不朽！

纪念碑高耸在雨花台主峰、陵园中轴线中部。环绕碑体大平台四周，广植长青乔木，碑前为成排雪松，东西两侧为龙柏，碑后植桧柏，附以麻叶绣球、榆叶梅、丝兰、金钟、水杉、桂花等不凋嘉树，郁郁葱葱，清气袭人；雄伟肃穆，简洁安静。

近年来陵园对纪念碑进行了亮化，采用暖色调泛光灯，辅以轮廓灯光源，使夜空中的纪念碑通体透明，美轮美奂，成为城南亮化工程中的最高亮点。

青铜雕塑

纪念碑的基座是传统碑座的变形，高约 7 米。碑座前竖立一尊主题为“挣开镣铐”的青铜圆雕塑像。像高 5.5 米，基座高 2.5 米，重 5.52 吨，由上海油画雕塑院王大进等集体创作，南京晨光机器厂铸造。青铜雕塑展现青年革命者形象，栩栩如生，昂首挺立，屈臂劲张，目光如炬，大义凛然，象征着共产党人、爱国志士宁死不屈的革命精神。

长明灯

为纪念中华人民共和国成立 60 周年、雨花台建陵 60 周年，表达和寄托人们历久弥新的怀念之情，2009 年 9 月在青铜圆雕像前建成了象征烈士精神“薪火相传、代代不息”的纪念碑长明灯。2009 年 9 月 28 日举行了点火仪式，社会各界 300 余人参加了活动。长明灯基座采用浮雕设计、铸铜材料，由南京逸泥雕塑工作室完成，土建及安装由南京泰居建筑工程有限责任公司完成，雨花台园林建设有限公司负责区域绿化改造。

二、烈士纪念馆

陈列室

雨花台烈士纪念馆，1954 年在雨花台原安隐寺遗址内整修建馆，初名雨花台烈士史料陈列室，占地 100 多平方米，陈列有 40 位烈士的头像、简历。1956 年正式对外开放，主要由烈士遗像室、烈士文物书信室、人民的纪念、反动派的罪行等 4 个方面内容组成。1980 年，陈列室经数次调整，陈列面积增至 460 平方米，展出 58 位烈士的生平、遗物、照片等 176 件史料文物。烈士史料陈列室使用至 1988 年 6 月，同年 7 月，移至现纪念馆永久建筑处。

纪念馆

纪念馆，位于纪念碑南面 450 米的任家山上，著名建筑大师杨廷宝先生生前设计，齐康教授完成。1984 年 4 月 22 日下午，纪念馆破土动工；1987 年 12 月，雨花台烈士纪念馆竣工落成；1988 年 3 月 19 日举行预展，7 月 1 日正式对外开放。纪念馆为敞开式、四合院型建筑，由中心主堡、东西两侧小堡和近似环形的两层展览大厅组成。整个建筑呈“凹”形，东西长 90 米，南北侧翼宽 49 米，建筑面积 5900 平方米，主体部分高 26 米。纪念馆主厅为传统的重庑殿屋顶，两侧厅为四角尖顶，屋面覆盖特制的白色琉璃瓦。纪念馆外墙，由 1250 多吨白色马赛克饰面，花岗石墙面，白色大理石窗框。整个建筑，包括馆前栏杆均呈白色，与馆周围的绿色树林形成明显对比，象征烈士纯洁、朴素的高尚品德。纪念馆朝南的门庭上方，镌刻邓小平同志题写的“雨花台烈士纪念馆”馆名。门庭南北两面，均凿嵌“日月同辉”花岗岩浮雕，象征烈士不朽的精神“与天地共存，与日月同辉”。整座建筑，既体现出浓郁的古典园林建筑风格，又是用现代的建筑手法建造。

广场

纪念馆广场位于馆南面，占地面积 3300 平方米，花岗岩条石铺就地坪。广场的作用与意义：一是，作为完成日常的大型接待任务、团体游客载行车辆的停泊包括零散游客的停车场地；二是，东西干道贯通之地；第三，在地理位置上纪念馆广场也即为忠魂亭广场，

广场由花岗岩条石铺就地面，1996 年建成，为纪念馆至忠魂亭的过渡空间。厚重坚韧，深沉壮观。随着风景区南大门的开通，纪念馆广场车辆通行和停放的作用尤显突出，地坪改造，刻不容缓。2001 年，管理局对广场进行整体条石地坪翻铺，使停车场环境得到改善、达到使用用途，更与纪念馆宏伟的气势相互匹配。雨花台园林建设有限公司物业分公司施工。

纪念馆建筑维护

雨花台烈士纪念馆是陵园的核心场馆，历经风雨，部分建筑构件已超过正常使用年限。为全面保护雨花台历史和人文价值，充分发挥现有建筑应有的建筑功能，在遵守不改变建筑原状和历史风貌的原则基础上，2009 年雨花台烈士陵园对烈士纪念馆实施维修工程。工程于 2009 年 10 月 15 日开工，2010 年 1 月 5 日竣工，共完成：墙面花岗岩维修 337.2 平方米、绿化 175 平方米、纪念馆卫生间和储藏室改造约 100 平方米、室外排水管改造约 500 米、回廊屋面维修约 270 平方米、室外广场花岗岩维修约 775 平方米等工程。维修后的场馆整体效果明显，崭新的外立面与新培育的绿色相互辉映、相得益彰。

三、陵园北大门

北大门立柱

北大门，位于宁芜、宁溧、雨花等三条道路的交汇处。多年来，陵园是敞开的，进入陵园范围没有任何标志。1973 年，根据凭吊群众和市民的要求，陵园申请建设北大门。1974 年，南京市革命委员会计划委员会批复：同意。同年开工。南京工学院（现东南大学）、南京市勘测设计院设计，南京市市政工程公司第六工程队施工。

建成的北大门，雄伟壮观，由 2 座立柱和 2 座管理室组成。每座立柱长 3.82 米，宽 2.26 米，高 11.7 米，钢筋砼结构，上下镶砌花岗石，中间为白水泥粉斩假石。设计为 11.7 米高，寓意俄国“十月革命”1917 年 11 月 7 日。立柱正面（北面）各雕凿了一直径 1.5 米的花岗岩花圈，花圈底部距离地面 2.6 米；管理室各长 3.82 米，宽 7.46 米，高 3.85 米，为一层混合结构、花岗岩饰面，现为北大门门卫和游客服务中心管理用房。同时建设北大门外广场 4400 平方米，沥青地面。广场西边砖砌镶空花围墙 150 米，为风景区与雨花台街的分界。此后雨花台区人民政府统一整治辖区街道，雨花台街整体拆除，景区的一段镂空围墙也大部被拆。原址现设置为雨花台风景区巨型宣传幕墙，仍保存约 50 米镂空围墙保持原样。

北门广场

北门广场，位于北大门以南。一直以来，北门广场都是雨花台风景区承载量最大的广场，为人群、车辆的集中和分流区域。

伫立于北门广场，直接进入视野的是群雕广场。广场南北长 150 余米，东西宽 40 余米，总面积达 6500 平方米。整个广场，浑厚凝重，气势磅礴，是举办纪念性集会的重要场地。由北向南，首先触及心灵的是国旗，鲜红的五星红旗屹然矗立广场正中，飘扬在晴朗的天空、映衬于浩瀚的绿海。此情此景，令人感慨；崇敬庄严，油然而生。东西两侧山坡为整铺的台阶，台阶中段种植金叶女贞，经精心修剪，绿篱已然呈现“雨花台”三字，端庄规矩，是景区内的一幅绿色标牌。拾阶而上为主体建筑烈士群雕像的甬道，甬道近 200 米，浓绿嘉木，夹道而植，东西对称，布置精巧，里层种植龙柏、外层种植黄杨。

四、烈士就义群雕

烈士就义群雕原址为雨花台北殉难处，1974 年，中共江苏省委、中共南京市委决定在雨花台北殉难处兴建烈士群像雕塑。陵园管理处先后向广州、上海、浙江、北京等省市以及本市有关单位征集雕塑样稿。外地许多雕塑家远道赶来南京，查阅烈士史料，勘测地形，深入生活，收集形象素材，在短期内创作出 100 多件雕塑样稿。省市有关部门将初选的 40 多件样稿在省美术馆展览，广泛听取各方面的意见。我国美术界著名人士刘开渠、张仃、华君武、王朝闻、张松鹤等同志千里迢迢来南京指导。著名建筑学家杨廷宝也审看了样稿。经过多次筛选，博采众家之长，最终，由北京美术学院、上海油画雕塑院、杭州美术学院、广州雕塑工作室和南京的雕塑艺术家共同创作了雕塑综合稿，送北京征求意见。1978 年 4 月，最后定稿。

承担这座雕像雕刻工作的是北京市建筑艺术雕刻工厂和吴县金山石料厂。北京的 41 名能工巧匠，全都参加过毛主席纪念堂的建设，其中有 7 人参加了毛主席座像的雕刻工作。整个工程仅用了一年零两个月的时间，于 1979 年 9 月落成。

烈士就义群雕主体呈浅赭色，由大小 179 块花岗石拼装而成，高 10.3 米，宽 14.2 米，厚 5.5 米，总重量 1374 吨。群雕塑造了 9 位共产党人、革命志士英勇就义前的不屈形象，他们中有戴着镣铐、蔑视敌人的老工人和知识分子，有怒目圆睁的农民，有镇定自若的女干部，有咬着牙齿的小报童，每个人物都栩栩如生，呼之欲出，再现了先烈们英勇就义前的光辉形象。雕塑家充分发挥石雕艺术语言，着力刻画人物的外在形象，精雕细琢眼神和面部表情，以达到凸显烈士们内心的昂扬激情，威武不屈，气壮山河。

烈士就义群雕于 1979 年落成，群雕广场及甬道同期建成，是开展爱国主义教育的重要场所。群雕广场及甬道地面，初为水泥预制块铺就，台阶均用红砖砌成，外粉斩假石面。2002 年，雨花台管理局针对群雕广场地面和台阶多处开裂、脱落的实际情况，申请城建资金，加上部分自筹资金，对群雕广场地面及台阶实施改造。改造工程主要包括：拆除原预制块地面，增设地坪基层、垫层，铺设花岗石地坪、花岗石台阶和花岗石路牙，并增设花岗石残疾人通道。改造面积约 4100 平方米。经改造后的群雕广场更显凝重和厚实，与中心纪念区的氛围更趋协调。

五、倒影池

倒影池，位于纪念碑前广场南侧，池长 72 米，宽 26 米，平面呈长方形。池水四周，砌四级花岗岩石阶围护，石阶外沿栽种剑麻，并设置铁栅栏，错落有序，自成一景。倒影池，清澈轻盈，地形独特。立于池南，俯视水面，可见纪念碑倒影；站在池北，回看水面，纪念馆影映其中。

倒影池是中心纪念区的主要组成部分，始建于 1987 年，池两侧地面，初为水泥预制块铺就。2003 年，雨花台管理局申请城建资金，结合部分自筹资金，对倒影池两侧地面进行了改造。拆除原预制板地面，整治和加固基础，铺设花岗岩地面，对原片石挡墙、砖砌墙体实施修补和重粉。改造地面 4500 平方米，修粉墙体 2500 平方米。

六、缅怀人像雕塑

倒影池南端东西两侧，各有一尊花岗岩纪念雕塑，为哀悼者立像，命名“缅怀”。雕塑高 5.5 米，东侧战士手握钢枪肃立、西侧女青年单手置于胸前，两尊雕像各自立于花岗岩浅台之上，神情严肃，目光凝重，蕴含且表达了缅怀先烈，继承遗志的主题。雕塑造型，精致细腻；主题突出，肃穆庄严。

1986年建成，上海油雕室设计，福建惠安崇武花岗石雕刻厂建造。

七、国际歌照壁

倒影池北端，树立一大型花岗岩照壁，面积252平方米，上刻汉、蒙、维、壮、藏五种民族文字的《国际歌》，命名国际歌照壁。照壁花岗岩墙体立于围池之中，水涵石润，相得益彰。

八、国歌照壁

倒影池南端，也立一碑刻照壁，与池北国际歌照壁，隔水相呼。石壁居中，两翼为花岗石门框和门旷。石壁上同样用汉、蒙、维、壮、藏五种民族文字镌刻《中华人民共和国国歌》——《义勇军进行曲》，命名国歌照壁。照壁南侧，以铁栅栏分隔保护。

九、纪念桥

纪念桥，跨雨花湖，连接倒影池与纪念馆。钢筋混凝土双曲不等跨拱桥，长103米，宽12米，桥中间4米为花岗岩路面，两边各铺设斑斓的雨花石。纪念桥栏杆，为1米宽的梯形卧式花岗岩石栏，栏杆坡面上镶嵌有24只直径0.86米的花岗岩石雕花圈。南京市政设计院设计，溧水县水利工程处施工。

十、雨花湖

雨花湖，位于纪念馆（任家山）北端，面积9800平方米。水位恒定，自然天成。雨花湖原为岗丘之间的无名池塘，在纪念馆建设开放的同时，开挖整治成湖。湖东侧建有一水坝，水坝将湖水分割成两块：一块为雨花湖，一块为木樨苑。水坝南端一条小道，可直达纪念馆，北头连接纪念碑干道。雨花湖，自然景观独特，旅游环境优美，人文资源丰富，湖北面是高耸的纪念碑，南面紧邻纪念馆，纪念桥横跨其上。湖周常年重峦叠翠，水杉、绿竹、迎春等，四季更替，异彩纷呈。

十一、忠魂亭

忠魂亭，位于纪念馆以南的山岗上，是雨花台纪念中轴线上最后一组纪念性建筑。由忠魂亭、忠魂广场、《思源曲》水池、《忠魂颂》浮雕组成，东南大学齐康教授设计。气势厚重，雄浑壮观。因地处纪念轴线的结束点，所以也称“句号工程”。

1995 年 4 月，中共南京市委组织部发出为建设“忠魂亭”捐款的倡议，南京市的党、团员及许多普通市民踊跃为工程捐款，仅仅两个月就收到捐款 240 万元。1995 年 6 月 30 日，在纪念馆前广场举行了“忠魂亭工程开工暨雨花台烈士陵园建陵 45 周年庆典仪式”。一年后，忠魂亭建成。1996 年 7 月 1 日，在纪念馆广场举行隆重的忠魂亭竣工典礼仪式。省市领导出席，并为“忠魂亭”揭绸。近百名新党员，举行了入党宣誓仪式。

主体建筑忠魂亭位于海拔 43 米的坡顶上，与地面有台阶相接。亭高 8.35 米，宽 5.8 米，为尖顶四门方型钢混结构，北面门头上是江泽民同志亲笔题写的“忠魂亭”三字。西面亭裙刻有南京市 30 万共产党员捐资兴建的记识。亭体造型似纪念馆堡顶，一南一北，遥相呼应。

忠魂亭左右，皆可逐级而下至广场地坪，共 82 级台阶，由 4 个平台 5 层组成。台阶踏步为花岗岩条石，左右对称，分层搭配。人行其上，可缓可急；参观浏览，可张可驰。

忠魂广场，位于忠魂亭和纪念馆之间，占地面积 3300 平方米。在地理位置上，忠魂广场与纪念馆广场是同一位置，只因建设时间的前后，形成命名的不同：纪念馆 1987 年建成、1988 年正式对外开放，同期配套的广场 1986 年建成（参见纪念馆广场），习惯上一直称纪念馆广场；1996 年，忠魂亭建筑群组建成，将思源曲水池北端与纪念馆大台阶南端之间原纪念馆广场，正式命名为：忠魂广场。

《思源曲》水池，在忠魂亭北坡和忠魂广场南缘之间，为长 20 米，宽 15 米，深 1.5 米的人工水池。四周以红花檵木绿篱作为框架，水池寓意“不忘先烈，永志纪念；饮水思源，代代相传”。

《忠魂颂》浮雕，位于《思源曲》水池东西两侧，每边长 20 米、高 3 米，对称布置，1997 年 5 月塑成。浮雕的主题是“狱中斗争”和“刑场就义”，表达英烈们威武不屈的精神。江苏美术馆专业艺术家创作设计，江南雕塑厂制作安装。雕塑采用浮雕与圆雕相结合的手法，正面看到的是英烈们怒视敌人、威武不屈、砸碎旧世界以及勇往直前的气魄；侧面看到的是英烈们高举双拳、虽衣衫褴褛但坚毅有力的铮铮形象。雕塑整体涵盖了英烈们不屈不挠、悲壮卓绝的历史事实。雕塑塑造的人物，或高举被缚的双手，或紧握坚实的双拳，或坚定顽强砸碎铁链，或相互搀扶沉着坚毅，不论什么角度，雕塑上所有人物的目光都凝聚在党旗之上，忠诚党的事业，满怀革命豪情，在五星红旗的光辉中执着前行，以不可抗拒的力量夺取胜利、迎接和平。

2010 年 7 月，为完善雨花台基础设施建设，根据雨花台风景区总体规划，对中心纪念区的忠魂亭实施了维修。维修内容包括：道板地面改造、上山台阶及围栏维修、金箔贴字和外立面维修清洗等。

花钟，位于雨花台忠魂亭大坡草坪上，为大型建筑时钟，2010 年 10 月建成。花钟直径 8.0 米，白天 6：00、9：00、12：00、15：00、18：00 整点时刻，以童声《红红的雨花石》主题曲《我是一颗小小的石头》伴奏，准点报时。

《我是一颗小小的石头》歌词：

我是一颗小小的石头，

静静地躺在泥土之中。

我是一颗小小的石头，

深深地埋在泥土之中。

我愿铺起一条五彩的路，

让人们去迎接黎明迎接欢乐。

我愿铺起一条五彩的路，

让人们去迎接黎明迎接欢乐。

花钟采用GPS卫星校时系统，每一时刻根据卫星信号校准时间。钟面为单面二针，指针采用不锈钢材料制成。钟面内嵌通红花朵。光阴流逝，岁月不居；思念无限，记忆永恒；珍惜当下，祝福未来。

十二、北殉难处

雨花台，是1927年至1949年共产党人及爱国志士集中的殉难地，其中，有三处较集中的殉难场地，依其在主峰的方位，分别称为东、西、北三个殉难处。北殉难处是1927年至1937年间烈士就义的地方，是牺牲烈士最多殉难地，最为世人所熟悉。

1952年12月在此建立门型牌坊一座，牌坊上方用紫铜铸造“革命烈士殉难处”七个大字。烈士北殉难处即为现陵园烈士就义群雕处。（参见“烈士就义群雕”）

十三、西殉难处

西殉难处，位于陵园西路往纪念碑广场岔路口西侧，沿着一条小路可径直到达，是烈士丛葬地。为纪念死难烈士，1952年12月建立门型牌坊一座，牌坊上方用紫铜铸造“革命烈士殉难处”七个大字。2015年冬至前，雨花台陵园管理局针对西殉难处纪念环境相对单一、植物繁乱、位置较偏等因素，适时地进行了景观改造，完善导向标识，增加纪念平台、纪念花坛、纪念甬道以及整合、补植花草树木。改造后的西殉难处，整体环境简洁肃穆，是一处适合独思和小型团体祭扫的场所。西殉难处的西侧，即为红领巾广场。

十四、东殉难处

东殉难处，位于陵园东路的东端北侧，近二忠祠。1952年12月，建立一座纪念碑坊，碑高3.8米，宽1.22米，厚0.7米，碑面用紫铜铸造“革命烈士殉难处”七个大字。1949年前，东殉难处原址属雨花台东冈的一个土坡，是1945年后共产党人和革命志士就义的处所。为纪念死难烈士，专门在坡上辟建纪念地，树纪念碑，并对荒凉的周边环境进行了修复和改造，修建祭扫步道、清除杂草、植入松柏等，绿化了周围环境。

1996年11月至12月，烈士东殉难处进行了扩建改造，将原隐于山坳中的纪念碑坊向外移位安装，使之面向东干道（现称陵园东路）。并在碑体后建一弧形黑色花岗岩石贴面照壁，照壁长 12 米，高 2.5 米。中山园林建设总公司设计室设计、宜兴第一古建公司承建。

2016 年清明节前，东殉难处进行绿化景观改造，使得纪念区域更具有中国传统的格局，有整齐的边界和分割。纪念区域呈长方形，面积约 300 平方米，东、西、北三方种植金边黄杨，形成东殉难处纪念区域的框围。纪念区域正南面，是笔直的甬道，可直抵纪念碑。两边草坪，对称混播果岭草和黑麦草。

十五、红领巾广场

红领巾广场，位于西殉难处以西、共青团路东侧，占地面积 3600 平方米。1981 年 6 月 1 日破土动工。1982 年 5 月 31 日，建成开放。当时，来自全省各地的 40 多名优秀少先队员和全市 1400 多名少先队员隆重集会，庆贺红领巾广场胜利竣工。会上，副省长、红领巾广场设计者、著名建筑专家杨廷宝教授为主体建筑——少先台揭幕。

广场的主体建筑是少先台，面积 90 平方米，两边是紫藤花廊。少先台为花岗岩建造的单檐三开面对称形结构，传统建筑风格。台上树碑，碑高 6.5 米，宽 5 米，碑身正面中心镌刻着少先队组织的标志“星星火炬”立体图案，背面刻有共青团江苏省委撰写的兴建红领巾广场经过的碑文。12 从四季常青的海桐树簇拥两边花廊，拱卫着少先台，显得庄严肃穆。广场平坦，设置和谐。绿树环绕，景色优美。

1980 年 2 月，南京市雨花台小学、南京市工农小学全体少先队员，向全省少先队员、小朋友们发出倡议：在当年 3 至 4 月份，开展“向雨花台烈士致敬”活动。倡议要求每个少先队员和小朋友都要认真学习一位烈士的英雄事迹；懂得和背诵一段烈士的豪言壮语；写一篇学习烈士的体会文章；大、中、小队分别召开一次“向雨花台烈士致敬”为主题的队会。并且倡议，在学习先烈革命精神的同时，用自己的劳动所得，每人敬献一分钱，在雨花台兴建红领巾广场，以表示全省少先队员和少年儿童学习先烈，继承革命遗志，誓做革命接班人的坚强决心。共青团江苏省委支持倡议，并向全省发出通知，号召全省少先队员和少年儿童积极响应这一倡议。倡议在全省引起极大反响，在党组织的关怀和团组织的带领下，向“雨花台烈士致敬”的活动广泛开展。读英雄的书、讲英雄的故事、瞻仰烈士纪念馆、在烈士墓前宣誓等活动积极进行，在学习的同时，以自己劳动所得为红领巾广场捐款的热情在全省各个角落兴起。拣废纸、拣玻璃、缝手套、割青草、剪兔毛……小小一分钱，牵动着千百万孩子的心。很多学校的共青团员和教师、辅导员都积极参加了劳动捐款的活动。每个少先队员通过自己的劳动，捐献一分钱给雨花台，建造红领巾广场，以表示永远学习先烈，继承革命遗志，誓做革命接班人的坚强决心。

1980 年 4 月 4 日下午，南京市 3500 名少先队员来到北殉难处群雕像前，代表全省 700 万少先队员和少年儿童参加共青团江苏省委召开的红领巾献款仪式。少先队员代表将 7 万元分币献给雨花台。

十六、丁香路、丁香园、丁香纪念树

丁香路，位于陵园东路中段，长约300米，是通往名胜古迹区的一条幽静的道路，也是连接陵园东路到木末亭的必经之路。蜿蜒的道路两旁，植满丁香树，故名。春季花盛之时，满树的白色小花，洁白宁静，飘飘扬扬，是丁香路最美的季节。丁香路主要是为了纪念一位名叫白丁香的女革命烈士而命名。白丁香（1910—1932），江苏苏州人，曾就读于苏州东吴大学。1930年4月加入中国共产主义青年团，次年转为中共党员。1932年9月，被派往平、津一带秘密工作，不幸被捕，解来南京，12月牺牲于雨花台，年仅22岁。

白丁香原是一名弃婴，被苏州基督教监理会牧师白美丽小姐收养，取名白丁香。1925年，丁香入东吴大学，学习生物和代数，其间，遇见青年乐于泓。乐于泓（1908—1992），原名陆于泓，字仲陶，祖籍江苏太仓，生于南京。1925年，入上海圣约翰大学，后转入苏州东吴大学生物系。1932年入党，历任共青团上海交通主任、共青团山东省临时工委宣传部长。抗日战争时期，历任新四军四师《拂晓报》主编、宿东游击队兼四分区政治部主任、中共豫皖苏边区党委宣传部长等。解放战争时期，任第二野战军五兵团第十八军政治部宣传科长、联络部长。全国解放后，历任南京市总工会文教部长，南京人民革命烈士陵筹备委员会委员。1950年进藏，任中共西藏工委政策研究室主任、宣传部长，新华社西藏分社社长，中央民族事务委员会政策研究室副主任等职。1955年调东北，历任富拉尔基重型机器厂副厂长、抚顺重型机器厂厂长、沈阳重型机器厂厂长、辽宁省机械工业厅副厅长等职。1982年，任合肥通用机械研究所所长，离休。1992年，病逝于沈阳。不过，当时更多的人只知道他另一个名字——阿乐。阿乐生于南京一个儒宦家庭，与丁香相识时，正值风起云涌的大革命时代，两个青年人一起学习文化讨论时事，一起投身于革命热潮，先后加入了中国共产党。

1932年4月，两人在上海举行了秘密婚礼。幸福的新婚生活才过了五个月，因叛徒出卖，丁香不幸被捕。国民党匆匆将她押解到雨花台秘密枪决。当时，白丁香已经怀了3个月身孕。阿乐闻讯悲痛欲绝，第二天，他不顾暴露身份的危险冒雨赶往南京，身披蓑衣伫立在雨花台丁香就义处祭奠悼念，立下了“情眷眷，唯将不息斗争，兼人劳作，鞠躬尽瘁，偿汝遗愿”的誓言。

阿乐并没有淡忘丁香，不管是在安徽、赴西藏，还是后来到了东北，他的家中，始终摆放着一盆五彩的雨花石和一枝丁香花。床头，还挂着一幅丁香的画像，还给自己的第一个女儿取名为乐丁香，以纪念丁香。

丁香园。位于雨花台烈士陵园东南，忠魂亭广场东侧，2013年建成。是为纪念白丁香烈士而建的专类植物主题园。整个丁香园由丁香树、汉白玉涌泉花盘及顺势而建的木栈道组成。园内栽植的22株丁香树象征22个岁月，白丁香烈士1910年出生，牺牲时只有22岁。丁香树按1910年至1932年的时间顺序排列分布于绿色草坪中，以其春荣秋落，夏花冬谢的自然生长过程，寓意烈士精神生生不息、永久传承。在这22株丁香树簇拥下的汉白玉涌泉，由93块汉白玉板及喷薄而出的涌泉组成。纯洁的汉白玉象征战争年代留在大地上的弹洞，以此表现烈士的勇敢牺牲精神；

汩汩流出的涌泉寓意人们对烈士精神的无限崇敬，无尽思念。

丁香纪念树。1982 年，在丁香牺牲 50 周年的时候，阿乐带着乐丁香，来到雨花台，在丁香就义的地方，亲手种下了一棵丁香树。这颗丁香树位于烈士就义群雕像西侧。工作人员在这里陆续种植几十株丁香，每到春季，就会开满白色、紫色的丁香花，形成了丁香林。该处现为雨花台干部学院现场教学点。

第二节　知名烈士墓

一、烈士墓区

知名烈士墓，位于中心纪念区的东南侧，1984 年 4 月 6 日清明节前建成。国民党在南京统治的 22 年中，难以计数的共产党人和爱国人士牺牲在雨花台。大多数烈士牺牲后，被就地掩埋，有墓的寥寥无几。新中国成立后，陵园工作人员通过广泛的调查，多方与烈士家属、知情人士联系，获悉了大量的资料，查出有 17 位烈士的墓分散在陵园内及南京地区。1984 年，雨花台陵园管理局依据调查资料，将分散的 17 位烈士墓集中迁葬于建成的知名烈士墓区，供人们瞻仰、凭吊。17 位烈士是：张霁帆、孙津川、陈志正、赵良璋、丁行、谢士炎、孔繁蕤、邓振询、陈子涛、骆何民、程履绎、成贻宾、卢志英、石璞、宋如海、宋月波、蔡寿民。

烈士墓区为水泥地面，面积 4240 平方米，为传统左右对称式，17 座墓冢呈三排，全部由花岗岩砌造。第一排和第二排之间的正中处，有一长 4 米，宽 2.2 米，高 0.56 米的花池。花池的青翠碧草间，有一花岗岩雕刻的花圈。每座墓冢呈长方形，长 2.27 米，宽 1.5 米，墓前有碑，碑高 1.6 米，宽 0.5 米。碑正面刻着烈士姓名，用鲜艳的红色描绘，碑背面刻有烈士生平简历。第一排有墓 4 座，从左至右安葬着石璞、宋如海、孙津川、张霁帆 4 位烈士；第二排有墓 6 座，从左至右安葬着宋月波、蔡寿民、陈志正、邓振询、丁行、谢士炎 6 位烈士；第三排有墓 7 座，从左至右安葬着成贻宾、程履绎、陈子涛、卢志英、骆何民、赵良璋、孔繁蕤 7 位烈士。墓区前有一长达 106 米的甬道，甬道两旁种植名贵的倒槐树。

二、烈士简介

1. **张霁帆（1901—1926）**，化名张慕鸿，四川宜宾人，中共党员。1921 年春考入川南师范学校。

1922 年 5 月加入中国社会主义青年团。1923 年 7 月起先后任团成都地委代理书记、委员长。1924 年 8 月加入中国共产党，11 月任团南京地委秘书。1926 年 3 月任中共豫陕区执委委员，8 月任中国共产主义青年团豫区执委书记，为响应北伐战争，积极开展农民运动。1926 年 8 月前往上海向党中央请示汇报工作后，搭乘火车返回河南，途经徐州车站时，被军阀孙传芳部逮捕，解来南京，不久牺牲。

2. **孙津川（1895—1928）**，又名方淦，安徽寿县人，中共党员。1925 年 8 月加入中国共产党，年底任中共吴淞机厂特别支部书记。1927 年 3 月任上海铁路总工会委员长，11 月任中共南京市委职工运动委员。1928 年 3 月任中共南京市委书记，6 月在党的六大上当选为中央审查委员会委员。1928 年 7 月到南京下关黄泥滩开会时被捕，10 月牺牲。孙津川是中共南京党组织第三次遭破坏时牺牲的主要负责人。

3. **陈志正（1911—1937）**，化名陈福生，江苏武进人，中共党员。1927 年在上海劳动大学读书时加入中国共产党。1930 年在中共江苏省委宣传部工作，曾任共青团江苏省委秘书长。1932 年 7 月在上海因参加江苏反帝代表大会被捕，解来南京，1937 年 5 月牺牲，年仅 26 岁。

4. **赵良璋（1921—1948）**，别号野雪，江苏六合人，中共党员。1939 年考入国民党空军军士学校。1941 年任国民党空军第十一大队飞行员。1946 年 8 月任北平国民党空军第二军区司令部总务科参谋。1946 年冬加入中国共产党。1947 年 10 月因北平地下情报系统破坏在南京被捕，1948 年 10 月牺牲。

5. **丁行（1908—1948）**，原名可庄，字行之，化名何鹏，山西夏县人，中共党员。1925 年毕业于夏县师范学校。1927 年加入中国共产党。1937 年底组织战地服务团并任副团长。1945 年任国民党保定绥靖公署军法处副处长、河北省政府机要秘书。1947 年 9 月因北平地下情报系统破坏被捕，解来南京，1948 年 10 月牺牲。

6. **谢士炎（1910—1948）**，又名谢天纵，湖南衡山人，中共党员。1938 年毕业于国民党陆军大学。1940 年任国民党八十六军四十六团团长。1945 年任国民党北平第十一战区长官部作战处少将处长。1947 年 2 月加入中国共产党，秘密从事革命情报工作。1947 年 9 月因北平地下情报系统破坏被捕，解来南京，1948 年 10 月牺牲。

7. **孔繁蕤（1918—1948）**，又名石淳，河北沙河人，中共党员。1937 年考入中央陆军军官学校。抗战胜利后，任国民党北平第十一战区长官部少校参谋。不久，秘密加入中国共产党，从事革命情报工作。1947 年 11 月因北平地下情报系统破坏被捕，解来南京，1948 年 10 月牺牲。

8. **邓振询（1904—1943）**，又名邓仲铭，江西兴国人，中共党员。1928 年加入中国共产主义青年团。1929 年转为中共党员。1932 年任江西省职工联合会执行委员、组织部长、委员长。1933 年任全国手工业工会委员长。1934 年 1 月任中华苏维埃共和国中央执行委员兼劳动人民委员，同年 10 月参加长征。1936 年任中华全国总工会西北执行局委员长。1937 年任陕甘宁边区政府民政厅厅长兼工农厅厅长。1938 年任中共江西省委副书记。1939 年任中共皖南特委书记。1940 年任中共苏皖区委书记。1943 年 3 月任苏南行政委员会、苏南区行政公署副主任。1943 年 8 月在南京

近郊反“扫荡”战斗中牺牲。

9. **陈子涛（1920—1948）**，原名家禧，广西玉林人，中共党员。1939 年先后任《广西日报》记者、采访主任、总编辑。1945 年任《华西晚报》编辑。1946 年 10 月任《文萃》杂志编辑、主编。1947 年 3 月加入中国共产党。1947 年 7 月因《文萃》杂志社遭破坏后暴露身份，在上海被捕，解来南京，1948 年 12 月牺牲。

10. **骆何民（1913—1948）**，原名骆家骝，又名骆仲达，江苏江都人，中共党员。1930 年加入中国共产党。1932 年任共青团上海沪西区委宣传部长、组织部长。1938 年任湖南长沙《国民日报》编辑。1939 年任衡阳《开明日报》总编辑。1946 年在上海从事《文萃》杂志的印刷出版工作。1947 年 7 月因《文萃》杂志社遭破坏后暴露身份，在上海被捕，解来南京，1948 年 12 月牺牲。

11. **程履绎（1922—1949）**，湖北应城人。1943 年考入中央大学。1949 年 4 月 1 日参加学生游行示威，被特务殴打，身受重伤，4 月 2 日牺牲。

12. **成贻宾（1927—1949）**，江苏宝应人。1947 年考入中央大学。1949 年 4 月 1 日参加学生游行示威，被特务殴打，身受重伤，4 月 19 日牺牲。

13. **卢志英（1905—1948）**，原名卢志江，又名卢涛，号育生，山东昌邑人，中共党员。1925 年加入中国共产党。1929 年在上海中共中央军事部做情报工作。1931 年九一八事变后，被中共中央军委派往杨虎城部，做统一战线工作。1932 年 11 月在南京从事统战工作和情报工作。1934 年 3 月打入国民党赣北第四区保安司令部，后担任中共中央军委军事特派员。1939 年底被派往上海搜集日军情报。1940 年 10 月任苏北联合抗日部队副司令员兼参谋长。1942 年 1 月受中共中央华中局、新四军派遣到上海，开展情报和采购军需物资等工作。解放战争时期在南京、上海等地从事情报工作。1947 年因叛徒出卖，身份暴露在上海被捕，解来南京，1948 年 12 月牺牲。

14. **石璞（1913—1930）**，号国柱，辽宁铁岭人，中共党员。1929 年 7 月考入金陵大学，年底加入中国共产主义青年团，不久转为中共党员。1930 年 2 月参加南京自由大同盟。1930 年 8 月因中共南京党组织遭破坏被捕，9 月牺牲，年仅 17 岁。

15. **宋如海（1911—1930）**，山东济宁人，中共党员。1929 年加入中国共产党。1930 年 6 月任中共南京地下党组织下关地区交通员，7 月在参加南京党组织会议时被捕，8 月牺牲。

16. **宋月波（1894—1932）**，山东滕县人，中共党员。1927 年加入中国共产党，后在南京、徐州从事党的地下工作，曾任中共南京市委委员。1932 年因中共南京党组织遭破坏被捕，同年 4 月牺牲。

17. **蔡寿民（1899—1934）**，湖南常德人，中共党员。1924 年加入中国共产党。1926 年任湖南省总工会组织部长。1928 年在上海、南京等地从事革命工作。1933 年因秘密从事革命工作在南京被捕，1934 年牺牲。

三、涌泉广场

涌泉广场，位于知名烈士墓以东，面积155平方米，1998年4月建成。由廊架、涌泉水池、休闲小广场及大理石拼花道路组成。涌泉广场的圆形小广场直径10米，通道宽3.2米，用彩色花岗石铺就，平台长25米，宽16米。雨花台烈士陵园管理局自行设计，宜兴第一古典园林建筑公司承建。

第三节　华东军区烈士墓

一、皖南事变三烈士墓

三烈士墓在雨花台西南望江矶（雨花台风景区以南 1.5 公里处），雨花乡夏家洼村北约 500 米处。现居南京功德园公墓中心位置。1992 年 3 月，被南京市人民政府公布为南京市文物保护单位，2002 年被列为江苏省文物保护单位。

1941 年 1 月，新四军军部及皖南部队共 9000 余人，由军长叶挺、副军长项英率领，奉命从皖南泾县云岭北移途中，在茂林以东地区，突遭国民党调集的 5 万重兵包围袭击。新四军皖南部队指战员经 7 昼夜浴血奋战，终因寡不敌众，弹尽粮绝，遭到重大损失。除 2000 余人分散突出重围外，其余 6000 余人，一部分被打散，大部分牺牲或被俘。这就是震惊中外的“皖南事变”。袁国平在突围时牺牲。项英、周子昆突围后在蜜蜂洞隐蔽时于 3 月 14 日被叛徒刘厚总杀害。

由于当时形势危急，项英、袁国平、周子昆的遗体被其他新四军分别就近掩埋。

1949 年后，袁国平夫人邱一涵、周子昆夫人何子友和项英女儿项苏云、儿子项学成，向组织上要求寻找烈士遗骸，正式予以安葬；原在皖南随三烈士一起战斗的新四军老战士，也有同样的愿望。在陈毅的支持下，迅即做出寻找三烈士遗骸，正式安葬在南京的安排，军委总政治部很快批复同意。

1952 年 8 月，华东军区政治部组织有关人员专程赴皖南泾县，在当地党政机关和群众配合下，找到了三烈士的遗骸，随即运抵南京。安葬地点经多方勘察，到 1954 年秋决定在雨花台西南望江矶。在安葬形式上，尊重了遗属意见，确定采用中式即用石块和水泥砌成坟包。1955 年 4 月，三烈士墓和墓道公路、墓碑等均建成。3 座圆形墓冢一字排开，中为项英墓，右为袁国平墓、左为周子昆墓。墓呈半球形，直径 6 米，高 3.5 米。墓前均立墓碑，碑高 3.8 米，宽 1 米，厚 0.5 米，由花岗石彻成。碑额镌刻高浮雕五星、花卉、云纹；碑身正面刻“项英、周子昆、袁国平同志之墓”“中国人民解放军南京军区立”，须弥碑座高为马蹄形。墓道全长约 1000 米，墓园占地 2 公顷。“文化大革命”中，三烈士墓曾遭破坏，后南京市人民政府重新修复。1999 年，南京军区、雨花台烈士陵园管理局大力维护修缮，铺青石墓道，建金水桥、文物陈列室，种植松柏，绿树成荫，环境优美。

二、革命军人烈士公墓

革命军人烈士公墓位于皖南事变三烈士墓左侧，石头山西冈。南京市人民政府、南京军区政治部 1956 年兴建，先后安葬了张祖谅、刘培善、梁丛学、刘先胜、刘飞、唐亮、聂凤智、杜平、饶子健、张藩、刘西元等五十六位开国将军、校官和在战争年代牺牲的新四军将士。由雨花台烈士陵园负责管理。

第三章

雨花台烈士纪念馆

雨花台，是新民主主义革命时期中国共产党人和爱国志士的集中殉难地。1927至1949年，在争取民族独立、人民解放的历史进程中，许多中华民族的优秀儿女，在这里壮烈地倒下，用生命为新中国诞生铺平了前进的道路。为缅怀先烈、激励后人，新中国成立后，江苏省和南京市开始修建雨花台烈士陵园，并建雨花台烈士纪念馆于陵园南端。雨花台烈士纪念馆是全国重点文物保护单位、全国爱国主义教育示范基地、全国首批廉政教育基地、全国青少年教育基地和全国中小学爱国主义教育基地，历来是进行爱国主义教育、革命传统教育的重要场所。

1953年，雨花台首次展出烈士照片。1954年，在原二泉一间约一百平方米的大厅内陈列40位烈士的头像、简历以及革命斗争资料。1956年，雨花台史料陈列室对外开放，陈列了58位烈士相关史料。1980年陈展了烈士71位，展出烈士照片、遗著、遗物等史料文物455件，重要辅助材料338件。

1987年底，雨花台烈士纪念馆正式落成，馆名由邓小平同志题写。纪念馆整体建筑面积5900平方米，展厅面积4960平方米，展线长340米。基本陈列以烈士牺牲时间为顺序，共展出烈士127位，珍贵文物620件，照片450张。1988年7月1日正式对外开放。

1998年，雨花台烈士纪念馆陈列开始进行创新改造，1999年国庆节前正式对外开放。此次陈改在内容和形式上都有很大的飞跃，共陈展烈士1519位，革命文物1100余件，采用先进的电脑多媒体系统、随身听讲解系统、幻影成像系统，伴以专为雨花台创作的背景音乐，营造出贴切的历史氛围。

2010年，为迎接建党90周年，纪念馆进行了陈改扩建，2011年“七一”前正式对公众开放。此次陈展在纪念馆内院的东西两侧新建了两处钢架结构、玻璃幕墙的大厅，使展出面积增加至6000平方米，将雨花英烈的生命历程置于中华民族伟大复兴的历史进程中加以再现。

2014年12月，习近平总书记在视察江苏时指出：“在雨花台留下姓名的烈士就有1519名。他们的事迹展示了共产党人的崇高理想信念、高尚道德情操、为民牺牲的大无畏精神。要注意用好用活丰富的党史资源，使之成为激励人民不断开拓前进的强大精神力量。”为深入贯彻落实习近平总书记重要讲话精神，充分发挥雨花英烈精神教育人引导人激励人的时代价值，在中央有关部门的关心指导下，在省委宣传部和市委、市政府的支持领导下，2017年3月，雨花台烈士纪念馆开启新一轮的改陈升级，经过9个多月的紧张筹备及施工布展，2018年1月5日，正式向公众开放。

雨花台烈士纪念馆近景（北侧）

雨花台烈士纪念馆是一座“凹字形”建筑

雨花台烈士纪念馆近景（南侧）

第一节　主体建筑

纪念馆，位于纪念碑南面450米的任家山上，由著名建筑大师杨廷宝生前设计。这座敞开式、四合院型的建筑，轮廓简洁，庄重典雅，由中心主堡、东西两侧小堡和近似环形的两层展览大厅楼房组成，体现出浓郁的古典园林建筑风格，又采用现代的建筑手法建造，是一座具有民族风格的现代建筑。整个建筑平面呈“凹”形，东西长90米，南北侧翼宽49米，建筑面积5900平方米，主体部分高26米。纪念馆主厅为传统的重庑殿屋顶，两侧厅为四角尖顶，屋面覆盖特制的白色琉璃瓦。纪念馆外墙，由1250多吨白色马赛克饰面，花岗石墙面、白色大理石窗框。整个建筑包括馆前栏杆均呈白色，与馆周围的绿色树林形成明显对比，更象征着烈士洁白、朴素的高尚品德。馆门庭南北两面均雕有“日月同辉”花岗石浮雕，象征着烈士精神同山河共存、与日月同辉，这也是纪念馆的馆徽。门庭南上方刻有邓小平手书的馆名。

站在纪念馆开放式的门庭中央，北望南眺，纪念碑、倒影池、纪念桥等纪念建筑历历在目，忠魂亭以绿树为屏屹立于眼前。整个雨花台中心纪念建筑群，沿南北中轴线两侧对称展开，匠心独具，相融相携；浑然天成，疏朗大气。设计者巧借雨花台山水的自然形势，精心布局，把建筑与四周的山冈，围合成一个富有情感表达的纪念空间，历史与现代、建筑与自然，在这里达到了完美的和谐统一，宛如一首用建筑语言写在青山绿水之间的壮丽史诗。

第二节　基本陈列

一、主体展陈

纪念馆现有主体展陈以“信仰的力量——雨花英烈生平事迹展”为主题，在增加最新史料征集及研究成果、创新展陈手段的基础上，本着“见人见物见精神”的布展理念，上版展陈179位雨花英烈的生平事迹。突出展现以“崇高理想信念、高尚道德情操、为民牺牲的大无畏精神”为内涵的雨花英烈精神，生动诠释中国共产党人的初心和使命，为缅怀先烈、激励后人提供了更好的场所空间和更多的鲜活资源。展览分布于馆内上下两层，展陈总面积4550平方米，总展线938米，以中国共产党领导新民主主义革命的历史进程为主线，分为序厅、基本陈列、弘扬厅等主要部分，另设有前厅、缅怀厅、家书厅等重点空间。展陈文字量达9万余字，集中展出图片522张、文字版92块、吊挂字13块、文物435套879件、油画5幅、铜像5座、场景6个、视频5个，整个展线共设有15个驻足点。

序厅

以十二座白色石材丰碑为主体造型，整个空间恢宏圣洁，其中，十座丰碑镌刻着已知姓名烈士的名字，两座为无名烈士纪念碑。丰碑矗立，象征忠魂归息、精神永驻。序厅入口正前方，巨大的金属艺术字“信仰的力量”从主题墙上方“直冲”而出，彰显气势磅礴的精神力量。主题墙下方的前言文字，以传统的掐丝技艺制作而成，辅以灯光映照，仿佛红色记忆在笔画的屈曲转折间闪亮。序厅与基本陈列的过渡空间，党的一大会址与嘉兴南湖红船的大幅图片映入眼帘，将人们带回1921年7月的梦想起航时刻，为整个基本陈列建立了开端。

基本陈列

基本陈列分大革命时期、土地革命战争时期、抗日战争时期、解放战争时期四个阶段来展现英烈事迹，并以英烈精神一以贯之，同时采取“典型＋类型”“个体＋群体”的表述方式，将不同身份、类型、特点的烈士集中展示，更好地体现了雨花英烈群体在时间、数量、特质、精神等方面的整体性。

第一部分：“光荣北伐 革命先锋”，主要展示在大革命时期，与封建军阀斗争而牺牲的6位烈士的生平事迹。

第二部分：“力挽狂澜 前仆后继”，主要展示大革命失败至抗战全面爆发前后，为挽救革命危局、与国民党反动派英勇斗争而牺牲的128位烈士的生平事迹，这也是本次陈列内容最多、分量最重的部分。这部分共分7个单元：第一单元“时代先驱 铁肩道义”。陈列邓中夏、恽代英二位中国共产党创建时期重要领导人；第二单元“斗争中坚 理想胜天”。陈列26位党中央领导机构的重要骨干、各省市党组织的主要负责人；第三单元“八挫八起 擎旗不倒”。陈列19位中共南京党组织八次破坏中被捕牺牲的主要负责人；第四单元“风华少年 青春壮歌”。陈列21位牺牲时非常年轻的烈士，他们中大部分还是在校学生；第五单元“黄埔英华 取义舍生”。陈列9位国共合作时期黄埔军校的毕业生，从1期到6期都有；第六单元“亲密朋友 肝胆相照”。陈列国民党左派、中国农工民主党的创始人邓演达；第七单元“长夜群星 璀璨天地”。在展馆中堡，采用灯箱形式集中展示一整面墙50位烈士的生平事迹，寓意这时期牺牲烈士之多。LED灯营造出的“漫天星光”的效果，象征每位烈士个体所散发的信仰之光，闪耀在漫漫长夜，照亮革命道路。中堡营造的苍穹顶上，用多媒体投影技术呈现出烈士英容，与星光交融，供人瞻仰。

第三部分：“奋起抗战 中流砥柱”，按照最新的理论成果，将抗日战争的起点拉到1931年，展示14年的抗战烽火岁月，在共产党领导抗日斗争中牺牲的17位烈士。共分3个单元：第一单元“率先御侮 救亡勇士”。陈列在九一八事变后领导东北抗联的罗登贤、华北危机时在热河参与抗战的周执中、闵乐山等；第二单元“全面抗战 华中干城”。陈列在全面抗战爆发后在南京周边坚持抗战的新四军战士和抗日民主政府的负责人；第三单元“血洒云岭 皖南三烈”。陈列在皖南事变中牺牲，遗骸迁葬于雨花台的项英、袁国平、周子昆三烈士。

第四部分：“迎接黎明 血沃新天”，主要展示解放战争时期牺牲的28位烈士的事迹，由“军旅英杰 献身决战”“潜伏英雄 奇功殊勋”“文化尖兵 扛笔作枪”“最后斗争 破晓曙光”四个单元组成，分别展示在战争前线、隐蔽战线、文化战线，以及学生运动中牺牲的烈士。

基本陈列以毛泽东的《七律·人民解放军占领南京》诗文结束，红色梦想的胜利曙光闪耀在字里行间，也承载了来路的无数苦难和辉煌。整体展线清晰流畅，引导观众近距离感受风雨如晦的革命岁月，全景式回顾雨花英烈为真理上下求索、为信仰一路前行的厚重足迹。

缅怀厅

以9位烈士的9件典型遗物雕塑为主体造型，其中，有郭纲琳在狱中磨制的“永是勇士”铜鸡心、陈子涛主编革命刊物《文萃》时使用的公文包等，每件遗物背后都有一段惊险跌宕的革命历程。雕塑底座配备的多媒体装置会感应人流而相应燃起熊熊火焰，配合以灯光、多媒体等多重效果，达到文物内涵与视觉艺术的有机统一。整个空间的四面为镜面墙，在灯光的映衬下，营造起无限延展的视觉效果，静谧深沉，发人深省。雕塑底座上设有二维码，可通过扫描了解更多烈士及遗物相关的内容介绍，以突出与观众的互动性。

家书厅

以简静优雅为主格调，墙面上的一封封烈士家信，字迹或苍劲，或娟秀，文笔或平实，或蕴藉，全都饱含英烈们深藏心底最为真实的悲欢喜乐和理想情怀。为响应全民阅读活动，家书厅还配备“朗读亭”互动体验区，观众既可虔心诵读雨花英烈家书，亦可存储成音频文件，与历史人物展开穿越时空的对话，真切感知英烈们丰富的心路历程。

弘扬厅

作为整个展陈的最后一个重点空间，弘扬厅承载升华主题和催人奋进的功能。整体格调明亮，简洁大气。两侧墙面的图文展板，展现雨花台烈士陵园建设发展历程及社会各界来陵缅怀、开展各类教育活动的情况，将观众由历史情境带回当今时代。弘扬厅的正前方，大幅 LED 屏幕播放着以“不忘初心，牢记使命”为主题的影像，回首来路，展望未来，振奋人心。尾厅还是纪念馆重温入党誓词的空间，最大标准尺幅的党旗藏在大屏上方，需要时可电动控制落下，进行仪式教育。

二、历次展陈

纪念馆永久建筑建成前，雨花台烈士史料共有四次陈列：1953 年，雨花台首次展出烈士照片；1954 年，陈列烈士 40 位；1956 年，陈列烈士 58 位；1980 年，陈列烈士 71 位（其中，“文革”期间的 1974 年 2 月，雨花台史料陈列室曾重新开放，因受当时政治环境的影响，只陈列了烈士 38 位的事迹）。雨花台烈士纪念馆，永久建筑建成于 1988 年，纪念馆整个建筑面积 5900 平方米，展厅面积 4960 平方米，共陈列 127 位烈士。

纪念馆建成布展后，经历了三次陈列改造，完成时间分别是：1999 年、2011 年和 2017 年。

（一）雨花台烈士史料陈列室

1953 年，雨花台首次展出烈士照片。1954 年，在原二泉（现北大门左侧）一间约一百平方米的大厅内陈列 40 位烈士的头像、简历及揭露蒋介石反动派罪行的展板。1955 年，南京市决定在雨花台烈士陵园内建立烈士史料临时陈列室。为此，雨花台烈士陵园将雨花台山坡上的安隐寺庙宇整修作为陈列室。1956 年对外开放，称雨花台史料陈列室。对外陈列的烈士有 58 位，由烈士遗像室、烈士文物书信室、人民的纪念及反动派的罪行四个方面内容组成。1967 年月 12 月，为了保护烈士

1956 年雨花台烈士史料陈列室展厅

1977 年清明节期间，人民群众参观雨花台烈士史料陈列室

1980 年雨花台烈士史料陈列室展厅

雨花台烈士史料库房（摄于 1987 年）

文物暂行闭展。1967 年，根据市领导指示，作重新开展准备，经过整理，改变了原来把烈士遗像和烈士书信分开陈列的方式，采取以人物为中心，伴随陈列有关文物的陈列形式。1974 年 2 月，雨花台史料陈列室重新开放。1980 年下半年，对陈列内容又进行了一次修改和审定。陈列的烈士由 38 位，增加至 71 位，并充实内容，调整版面。调整后的陈列由序言厅和四个展室构成，展线长 150 米，陈列面积 460 平方米，展出烈士照片、遗著、遗物等史料文物 455 件，重要辅助材料 338 件。整个陈列持续到 1988 年 6 月为止。

（二）雨花台烈士纪念馆历次展陈

1988 年展陈　1988 年 7 月 1 日，雨花台烈士纪念馆建成并布展对外正式开放。展览内设 10 个展厅，分为序言厅、基本陈列、结束厅三个部分。基本陈列以烈士牺牲时间为顺序，共陈列 127 位新民主主义革命时期牺牲在南京地区的革命烈士的英勇斗争事迹。采用活动组合版面，大立橱、小平橱等形式，展出珍贵文物 620 件，照片 450 张；另有浮雕 8 幅，圆雕 4 尊，油画 18 幅，国画 2 幅，版画 3 幅，复原牢房（部分）、刑讯室各一间。展厅面积 4960 平方米，展线长 340 米。著名烈士之多，文物之众，史料之丰，展线之长，在国内同类馆中出类拔萃。

1988年雨花台烈士纪念馆展厅

1999年雨花台烈士纪念馆展厅

1999年展陈　1998年4月，纪念馆陈列改造工程正式启动。经过一年半高效有序的工作，纪念馆陈列改造工程胜利竣工。1999年9月29日，雨花台烈士纪念馆新的革命烈士史料陈列展览隆重开展。新的史料展览，展出1927年至1949年牺牲在雨花台、牺牲在南京、牺牲后埋葬在雨花台的1519位烈士的英勇斗争事迹，其中上版陈列烈士177位，电脑史料陈列烈士72位，电脑名单陈列烈士1270位，共展出革命文物1100余件，其中包括新征集革命文物120余件。展厅共分"序言厅""基本陈列""春满人间""时空隧道"和"深情缅怀"五大版块，其先进的"中央空调系统""电脑多媒体系统""随身听讲解系统""背景音乐系统"，使参观者身临其境，具有很强的艺术感染力和震撼力。

基本陈列打破旧有的按烈士牺牲年代排列的布展方式，深深植根于雨花台作为新民主主义革命纪念圣地的历史底蕴，时间为经，全国各个方向的斗争为纬，历史背景与重大事件组合的框架结构，描绘出一幅"为有牺牲多壮志，敢教日月换新天"的中国革命斗争历史画卷。更加深刻地揭示出"没有共产党就没有新中国"的历史真谛，凸现革命先烈彻底的爱国主义牺牲精神和崇高的理想主义人生追求，突出共产党人顽强不屈的群体斗争形象。

2011年展陈　2010年，为迎接建党90周年，纪念馆进行了新一轮的陈改扩建，2011年"七一"前完成陈改工程。该陈展以"为中华民族之崛起"为主题，分为序厅、基本陈列、光荣厅、专题厅、幸福厅五个部分，上版陈列170位烈士。基本陈列从轰轰烈烈的大革命开始，至南京解放结束，分为"投身大革命洪流""在探索中国革命的道路上前仆后继""石城周边的抗日烽火""冲破黑暗迎接光明"四个板块，突出展现了恽代英、邓中夏、罗登贤、邓振询、黄励、何宝珍、许包野、施滉等雨花英烈的光辉事迹。共展出烈士照片455张，革命文物428件，并设置35个故事版块和26个廉政专题。专题厅陈列了在南京工作和生活过、后又继续在革命事业辗转奔波中英勇牺牲的23位烈士。

2011年雨花台烈士纪念馆展厅

2011 年雨花台烈士纪念馆展厅——邓中夏烈士场景复原

2011 年雨花台烈士纪念馆展厅——序厅“雨立方”大型视频播放投影

整个陈展将中国共产党领导的新民主主义革命置于中华民族伟大复兴的历史进程中。对陈列的烈士个体，特别是重点烈士的史料，进行了深入挖掘，采用以人代事、以事映人的展示方式，突出表现先烈们革命的英雄主义、崇高的理想主义和纯洁的浪漫主义。陈展在形式上更多地使用

2017 年雨花台烈士纪念馆展陈之一

2017 年雨花台烈士纪念馆展陈之二

新材料、新理念，适当采用声、光、电等多媒体手段，通过有效互动，增强教育效果与感染力度。

2017 年展陈（参见本节“主体展陈”）　雨花台烈士纪念馆在 2017 年 3 月开启了新一轮的改陈升级，经过 9 个多月的紧张筹备及施工布展，改陈升级后的雨花台烈士纪念馆于 2018 年 1 月 5 日正式向公众开放。

第三节 临时陈列

一、专题展览

为了扩大全国爱国主义教育示范基地的社会影响力，雨花台烈士纪念馆从20个世纪90年代开始，结合时代需求，通过独立办展、联合办展等方式举办了一系列专题展览活动，扩大了受众范围。实践证明专题展览活动是坚持弘扬爱国主义教育主旋律，充分发挥教育基地的教育功能的一个有效路径。

雨花台烈士纪念馆历年专题展览一览表

开展时间	展览名称	主办单位
1996.07	共和国英模展	南京市委宣传部 雨花台烈士陵园
1996.10	国家安全宣传展览	江苏省安全厅 雨花台烈士陵园
1997.04	纪念“四一〇”烈士牺牲七十周年展览	江苏省党史工委 雨花台烈士陵园
1997.09	邓颖超生平光辉业绩展	天津邓颖超馆 雨花台烈士陵园
1998.03	召唤未来——纪念周恩来诞辰一百周年图片展	雨花台烈士陵园
1998.12	刘少奇生平业绩展	中国革命博物馆 雨花台烈士陵园
1999.04	南京解放50周年展	雨花台烈士陵园
1999.09	老一辈无产阶级视察江苏	雨花台烈士陵园
1999.12	建陵50周年成果展	雨花台烈士陵园
2000.01	梅花颂	雨花台烈士陵园

2000.03	永远的大姐	江苏省妇联 南京市妇联 雨花台烈士陵园
2000.06	立党之本——革命烈士、革命领袖言论荟萃	雨花台烈士陵园
2001.09	共和国的脚步——纪念共和国成立 52 周年图片展	雨花台烈士陵园
2002.02	周光裕烈士生平事迹展	南京市委宣传部 南京市见义勇为基金会 雨花台烈士陵园
2003.02	雷锋生平事迹展	南京市委宣传部 雨花台烈士陵园
2003.11	李元龙同志先进事迹展	江苏省委组织部、宣传部 南京市委组织部、宣传部 雨花台烈士陵园
2005.07	共产党员先进性事迹展	雨花台烈士陵园
2006	“万水千山只等闲”——纪念红军长征胜利 70 周年大型图片展	雨花台烈士陵园
2013.10	巾帼英雄——赵一曼烈士光辉业绩展	宜宾市赵一曼纪念馆 雨花台烈士陵园
2015	学习雨花英烈精神 做“三严三实”好干部专题展	南京市委组织部、宣传部 雨花台烈士陵园
2016	弘扬雨花英烈精神 做合格共产党员专题图文展	南京市委组织部、宣传部 雨花台烈士陵园
2017.07	纪念建军 90 周年“雨花碧血映军魂”专题展览	南京市委宣传部 南京市方志办
2018.06	水乳交融、生死与共—— 沂蒙精神图片展	山东沂蒙革命纪念馆 雨花台烈士陵园
2018.09	英雄壮歌——上海英烈纪念展	上海市龙华烈士陵园 雨花台烈士陵园
2018.09	革命战士别样风采——雨花英烈文学艺术作品展	雨花台烈士陵园
2019.04	胜利记忆——解放南京部分参战老战士口述史实展	雨花台烈士陵园

1996 年 10 月 1 日，“国家安全宣传展览”开展仪式在纪念碑地下大厅前举行

1997 年 4 月 10 日，“纪念‘四一〇’烈士牺牲 70 周年展览”揭展仪式在纪念馆举行

1997 年 9 月 2 日，“邓颖超生平光辉业绩展”开展仪式在纪念馆举行

1998 年 3 月 1 日，“召唤未来——纪念周恩来诞辰一百周年图片展”在纪念馆开展

2002 年 2 月 4 日，“周光裕烈士生平事迹展”开展仪式在纪念碑东碑廊举行

2003 年 2 月 26 日，“雷锋生平事迹展”在纪念碑地下大厅开展

2003 年 11 月 17 日，“李元龙同志先进事迹展”在纪念馆开展

2005年7月30日，“共产党员先进性事迹展”在纪念碑地下大厅开展

2013年10月18日，“巾帼英雄——赵一曼烈士光辉业绩展”在陵园开展

2015年，“学习雨花英烈精神 做‘三严三实’好干部专题展”在陵园举办

2016年6月，“弘扬雨花英烈精神 做合格共产党员”专题图文展在雨花台烈士纪念碑廊开展

2017年3月，“不忘初心，薪火相传——纪念何宝珍诞辰115周年孔昭巍书法展”在陵园开展

2017年7月，“纪念建军90周年‘雨花碧血映军魂’专题展览”在雨花台烈士纪念碑廊开展

2018 年 6 月，“水乳交融、生死与共—— 沂蒙精神图片展”在陵园开展

2018 年 9 月，“革命战士别样风采——雨花英烈文学艺术作品展”在陵园开展

2018 年 9 月，“英雄壮歌——上海英烈纪念展”在陵园开展

2019 年 4 月，“胜利记忆——解放南京部分参战老战士口述史实展”在陵园开展

二、巡回展览

雨花台烈士纪念馆高度重视红色资源对于社会的教育作用，尤其是对广大青少年群体的引导，通过进社区、进学校举办巡回展览，最大限度发挥红色资源的社会价值。数年来，雨花台烈士纪念馆不断走出南京，走出江苏，在省内外各地举办各类巡回展览，引起了社会各界的广泛关注。

雨花台烈士纪念馆历年巡回展览一览表

开展时间	展 览 名 称	展览地点	备注
1991.06.24	南京雨花台烈士史迹展览	北京艺术博物馆	展示烈士的英勇斗争事迹和雨花台烈士陵园的建设，共陈列文物 180 件，照片 150 张，灯像 3 只及电视录像片一部，观众 5 万余人
1991.09.06-09.11	南京雨花台烈士史迹展览	河北省沧州市河间县	观众 1.2 万余人

续表

1991.09.16–09.22	南京雨花台烈士史迹展览	河北省沧州市	观众 1.6 万余人
1991.11.26–12.18	南京雨花台烈士史迹展览	河北省石家庄市	观众 6 万余人
1992.10.13.–10.27	南京雨花台烈士史迹展览	山西省太原市	观众 2 万余人
1993.05.24–06.11	南京雨花台烈士史迹展览	江苏省徐州市	观众 6 万余人
1993.09.10–09.22	南京雨花台烈士史迹展览	江苏省邳州市	观众 2 万余人
1997.04.03	碧血颂——纪念南京“四一〇”烈士殉难 70 周年展览	上海市松江区	观众 1 万余人
1997.04.24	碧血颂——纪念南京“四一〇”烈士殉难 70 周年展览	驻宁部队 179 师	观众 5 千余人
1997.05	碧血颂——纪念南京“四一〇”烈士殉难 70 周年展览	东南大学	上万师生
1998.03.18–04.06	碧血颂——纪念南京“四一〇”烈士殉难 70 周年展览	常州新区展览馆	观众 3 万余人
1998.03–1998.10	晓庄英烈展览	南京六城市区中、小学巡回展出	1998 年 3 月 20 日，《晓庄英烈展览》在晓庄师范学校举行揭展仪式，先后在南京六城市区中、小学巡回展出，共计学校 37 所，观众 5 万余人
1998.04	晓庄英烈展览	江苏省淮阴市	观众 2 万余人
1999.09	晓庄英烈展览	江苏连云港	观众 5 千余人
2000.04	“江淮赤子”——雨花台部分皖籍英烈史料展	安徽省合肥市逍遥津公园	集中展出了 21 位皖籍雨花台烈士的生平史料。安徽电视台、合肥电视台、《合肥晚报》《江淮晨报》等媒体作了报道，齐国庆、孙津庆等烈士在皖的亲属参观了展览
2001.04–2001.11	《青春无悔》——雨花台烈士史料展	南京市江宁、高淳、溧水、江浦、六合多所乡镇中、小学	南京市教委与雨花台烈士陵园管理局联合举办，将 16 位烈士的生平事迹，按一个课时的容量设计制作，同时配有专职讲解员进行烈士事迹讲解，累计观众 2 万余人，讲解 315 批
2007	《青春如歌》——雨花台烈士青少年时期的故事	南京市江宁、溧水、雨花台区县多所中小学	受众 2.2 万余人
2008.02–2008.03	《青春如歌》——雨花台烈士青少年时期的故事	南京市浦口、六合二十所乡镇中小学	受众 1.7 万余人
2008.09.16–09.22	《青春如歌》——雨花台烈士青少年时期的故事	南京市高淳二中，三中，古柏中学等五所乡镇中小学	受众 1 万余人

续表

2015.07.01	大型情景音舞诗画《雨花颂·信仰》	南京人民大会堂	市委宣传部和市委组织部主办，市文联和南京广电集团承办，雨花台烈士陵园管理局协办
2016	信仰的力量——雨花英烈事迹巡展	北京大学、清华大学、人民大学、北京师范大学、复旦大学、武汉大学、中山大学、南京大学等高校	配合话剧《雨花台》巡演话剧的巡演，“信仰的力量——雨花英烈事迹展”在北京、上海、武汉、广州、南京巡展，共展出48场次，受众达30万人次
2016.07	信仰的力量——雨花英烈事迹巡展	南京市人民大会堂	为庆祝建党95周年举办，吸引力了在宁高校众多学子参观
2016.11	信仰的力量——雨花英烈事迹巡展	江苏省第十三次党代会会址	
2017	信仰的力量——雨花英烈事迹巡展	江苏建筑技术学院、淮阴师范学院、南通大学、盐城师范学院、苏州工艺美术职业技术学院、江南大学、南京审计大学、东南大学、南京航空航天大学等高校	配合话剧《雨花台》巡演话剧的巡演，“信仰的力量——雨花英烈事迹展”在江苏徐州、淮安、盐城、南通、苏州、无锡、南京巡展，共展出35场次，受众达3.5万人次
2018.04.25-05.04	信仰的力量——雨花英烈事迹展	山东沂蒙革命纪念馆临展厅	展线长度150米，突出展现了69位雨花台著名烈士的英勇事迹，其中包含9位山东籍雨花英烈
2019.07.01	信仰的力量——雨花英烈文学艺术作品展	广州起义纪念馆	展示29位雨花英烈100余件文学艺术作品。从诗词、书法、绘画、刺绣和歌曲等几个方面展示了雨花英烈们的文学艺术修养，许多作品是首次对外展出

1991年6月，“南京雨花台烈士史迹展”在北京艺术博物馆展出

1991年9月，“南京雨花台烈士史迹展”在河北省沧州市展出

1991 年 9 月至 12 月，“南京雨花台烈士史迹展”在河北省石家庄、河间等地展出

1992 年 10 月，“南京雨花台烈士史迹展”在山西省太原市展出

1992 年 10 月，太原市群众参观“南京雨花台烈士史迹展”

1997 年 4 月 3 日，碧血颂——纪念南京“四一〇”烈士殉难 70 周年展览在上海市松江区展出。

1997 年 4 月 24 日，碧血颂——纪念南京“四一〇”烈士殉难 70 周年展览在驻宁部队 179 师进行巡展

1997 年 5 月，碧血颂——纪念南京“四一〇”烈士殉难 70 周年展览在东南大学展出

2001 年 3 月 28 日，《青春无悔》雨花台烈士史料巡展开展仪式在江宁县中心小学举行

2001 年 10 月，《青春无悔》雨花台烈士史料展展览现场

2001 年 11 月，《青春无悔》雨花台烈士史料展展览现场

2007 年《青春如歌》雨花台烈士青少年时期的故事进校园活动

2016 年 4 月，“信仰的力量——雨花英烈事迹巡展”开始启动

2016 年 4 月 4 日，“信仰的力量——雨花英烈事迹巡展”在北京大学开展

2016 年 4 月 12 日，“信仰的力量——雨花英烈事迹巡展”在清华大学开展

2016 年 6 月 30 日，“信仰的力量——雨花英烈事迹巡展”在南京人民大会堂开展

2016年9月18日，“信仰的力量——雨花英烈事迹巡展”在华中农业大学开展

2016年9月23日，“信仰的力量——雨花英烈事迹巡展”在暨南大学开展

2016年9月27日，“信仰的力量——雨花英烈事迹巡展”在中山大学开展

2016年10月9日，“信仰的力量——雨花英烈事迹巡展”在南京陆军指挥学院开展

2016年11月18日，“信仰的力量——雨花英烈事迹巡展”在江苏省第十三次党代会会址开展

2017年11月，“信仰的力量——雨花英烈事迹巡展”在南京航空航天大学开展

“信仰的力量——雨花英烈事迹巡展”展板

第四节 社会教育与红色文化传播

一、社会教育

（一）馆内宣教

馆内宣教是纪念馆日常接待服务工作的重心，据不完全统计，从 2000 年起截至 2018 年底，纪念馆共提供讲解服务 13675 批次，受讲人数 300 万余人次，接待全国各重要团体 2914 批次。

从 2005 年起到 2018 年纪念馆陆续招聘了多名拥有本科、研究生学历的大学生充实到讲解员队伍中来，为纪念馆讲解队伍增添了活力，提高了讲解服务业务水平。同时纪念馆注重提高讲解员的素质，组织讲解员参加各项培训和各级比赛，不断提高业务水平。2016 年邀请了南京市话剧团出演话剧《雨花台》的刘旭、张树平两位老师作为指导老师，对全体讲解员进行相关的针对性培训，讲解人员的专业素质得到显著提高。

历年来纪念馆讲解员队伍获得了多项集体荣誉，在南京市、江苏省乃至全国的讲解比赛中屡创佳绩，2010 年纪念馆讲解接待科获江苏省住房和城乡建设厅和共青团江苏省委“青年文明号”称号；2016 年荣获南京市城建工会联合会授予的“五一巾帼标兵岗”称号；2018 年获南京市妇联“市巾帼文明岗”称号；2018 年获“南京市三八红旗集体”称号；2019 年获江苏省妇联“省级巾帼文明岗”称号；2019 年获中华全国妇女联合会“全国三八红旗集体”称号。

纪念馆红色主题系列青少年实践教育活动

2017 年为了提高社会教育活动的质量和效果，纪念馆设立了教育活动科专项负责开展青少年学生和社会团体人员教育活动；策划、组织及管理各类教育纪念活动；承接入党、入团、入队仪式的举行。2018 年自主策划了“信仰的种子”“信仰之苗”等红色主题系列青少年馆内实践教育活动，深受广大师生和家长们的好评。

（二）馆外宣教

纪念馆多年来不断拓展宣教服务领域，丰富宣教形式和内容，将单一的馆内宣教发展成内外相结合的宣传模式，扩大社会教育的辐射范围和影响力。

以讲解员为主力的纪念馆演讲报告团先后通过“送展进校园”“送展进社区”等方式，宣传雨花英烈事迹。同时配合相关单位和部门，参与到各种临时展览和外出巡展中，配合展览完成讲解工作。

2000 年，纪念馆配合“梅花颂”“永远的大姐”“江淮赤子”“立党之本”四个大型展览，外出讲解 20 场次。

2001 年，纪念馆演讲报告团为驻宁部队防化团、南京市特殊师范学校、南京市聋哑学校等单位演讲 15 场次，受讲人数 1.7 万余人次。为配合“共和国的脚步”等临时展览进行讲解，纪念馆将雨花英烈事迹制成展板，到市郊五县九乡边远地区巡展，提供讲解服务 334 批次，接待学生 2.3 万余人次。

2002 年，纪念馆与省国家安全厅合作，将“江苏省国家安全教育展”展板送到全省各地巡回展出，每天接待 0.7 万余人，讲解 10 余场。

2005 年，纪念馆在雨花台烈士陵园地下大厅提供专题讲解 139 批次，接待观众 55 万人次。外出巡回演讲 16 场，听众 3000 余人，其中，配合保持共产党员先进性教育活动的开展进行烈士宣讲 7 次，观众 500 余人次。

2007 年，纪念馆将雨花台烈士事迹报告团作为宣教工作的重点，深入溧水、江宁、雨花台三个区县举行“青春如歌——雨花台革命烈士青少年时期的故事”校园巡讲活动。在两周的时间里，走进了 21 所中小学，受众达 2.2 万余人。

2008 年，纪念馆深入到浦口、六合、高淳三个区县的 25 所中小学校，为 3 万余名中小学生讲述了雨花台烈士事迹和精神。同时配合“八荣八耻”教育，深入挖掘纪念馆陈列烈士中的感人事迹，将烈士的事迹编成诗歌、演讲稿，深入企业、社区等进行社会主义荣辱观的主题巡回演讲。5 月 12 日汶川特大地震发生后，纪念馆与南京市慈善总会共同开展“众志成城、赈灾义讲”活动，总计义务讲解 179 批次，筹集善款 7349 元。

雨花台烈士纪念馆讲解接待科部分工作人员

2013 年，纪念馆根据不同的讲解对象制作了“雨花英烈魂铸中国梦”“青春之歌”“青春无悔”“雨花台烈士精神解读”等课件，到

南京军区、南京警备区司令部、南京理工大学、雨花实验小学、晓庄师范学院、金陵科技学院等十几家部队院校宣讲。

2014 年，纪念馆“雨花英烈魂铸中国梦”宣讲活动先后来到栖霞区芝嘉花园社区、燕子矶中心小学、甘家巷小学、摄山星城小学、南京解放军理工大学、西岗街道等学校和社区进行宣讲。

2015 年，纪念馆积极参与到“雨花颂·信仰”大型情景歌舞诗话的演出中，作为一节特殊的党课，全市演出近 20 场。同年雨花台烈士陵园管理局联合南京日报社和各区委宣传部，开展了“红色文化看传承·穿越时空的对话”社区行活动，纪念馆宣教人员走进建邺区月安社区、栖霞区杉湖路社区、玄武区唱经楼社区、浦口区团结社区、六合区九龙洼社区等宣传雨花英烈事迹。

2016 年、2017 年两年间，纪念馆配合话剧《雨花台》在全国高校巡演举办“信仰的力量——雨花英烈事迹巡展”，共完成了 3000 场巡展讲解工作。

2018 年，纪念馆先后有三位讲解员被江苏省委宣传部、南京市委宣传部借调，在以“筑梦伟大时代 共创美好生活”为主题的江苏省庆祝改革开放四十周年图片展中承担讲解任务。

2019 年，纪念馆组建“雨花英烈精神事迹宣讲团”，宣讲团应邀前往南京市盲人学校、南京监狱和金陵监狱、河海大学等单位开展宣教活动。

雨花台烈士纪念馆讲解员历年获奖一览表

时间	举办单位	比赛名称	获得成绩
2000 年	江苏省、南京市文明办	风景区导游、讲解比赛	南京市二等奖一个、三等奖一个 江苏省二等奖一个、三等奖一个
2001 年	中国博物馆协会	全国革命纪念馆“延安杯”讲解邀请赛	代表江苏获得团体第二名、二等奖一个
2005 年	南京市市级机关	“建设南京，发展南京”古今名篇朗诵会比赛	三等奖三个
2007 年	南京市旅游局、市文明办	南京市旅游景区导游员大赛	二等奖一个
2007 年	南京市建设纪工委	“清廉勤勉、把握人生”演讲比赛	一等奖一个
2009 年	中共重庆市委宣传部	“红岩杯”全国革命纪念（博物）馆讲故事邀请赛	一等奖一个
2009 年	全国红色旅游工作协调小组办公室	第二届全国红色旅游员导游员电视大赛	第三名一个，同时获得全国红色景区最佳导游员称号
2012 年	南京市旅游局	南京市导游大赛	三等奖一个
2014 年	南京市旅游委员会	“迎青奥、知南京、话南京”导游服务技能学习竞赛	三等奖一个
2015 年	国家民政部优抚安置局	全国英烈讲解员大赛	江苏预赛一等奖一个 全国二等奖一个
2015 年	南京市文化广电新闻出版局	南京市文博系统讲解员大赛	二等奖一个 优秀奖一个

续表

2015 年	全国红色旅游工作协调小组办公室	全国红色旅游故事会大赛	江苏预赛二等奖一个
2017 年	江苏省旅游局	全省优秀导游词征集评选活动	获一等奖
2017 年	南京市旅游委员会	2017 南京市导游大赛	中文组优秀奖两个 英文组优秀奖一个
2018 年	南京市文化广电新闻出版局	2018 年南京市博物馆讲解员大赛	优秀奖一个
2018 年	中宣部、文化部、旅游部	全国红色故事讲解员大赛	江苏预赛第一名 全国第十一名，同时获得“全国优秀专业讲解员”称号
2019 年	江苏省委宣传部	江苏省红色故事宣讲大赛	第一名 第十七名
2019 年	南京市文化和旅游局	第四届全国导游大赛南京选拔赛	优秀导游荣誉称号前二十强两个

二、纪念馆志愿服务队

“小雨滴”志愿服务队 logo

雨花台烈士纪念馆“小雨滴”志愿服务队（以下简称“小雨滴”志愿队）是在雨花台烈士陵园从事志愿服务的志愿者的统称，目前是江苏省志愿者协会的团体会员，其历史可追溯至 2006 年成立的雨花台志愿讲解队。经过十多年的建设和发展，现与雨花台烈士纪念馆“小雨滴”志愿服务队建立长期合作关系的高校包括：中国药科大学、江苏警官学院、南京农业大学、南京信息工程大学、南京邮电大学、南京晓庄学院、东南大学、南京审计大学等。

2017 年，雨花台烈士纪念馆对现有的志愿服务队伍进行了整合，使用统一标识，统一名称。2018 年 6 月机构调整后又设置专职处室与科室管理志愿者工作。“小雨滴”志愿服务队的活动主体由大学生为主向全社会广泛参与转变；服务内容由单一讲解向多元服务转变；志愿者角色由参与者服务者向传承者传播者转变。雨花台烈士纪念馆“小雨滴”志愿服务队除为游客提供周末馆内志愿讲解服务外，拓展了志愿活动的形式，重点打造“雨滴课堂”和“小雨滴”志愿者文艺展演志愿项目。

纪念馆相继出台了《雨花台烈士纪念馆高校志愿者服务条例》《雨花台烈士纪念馆“小雨滴”志愿服务队积分管理办法》《雨花台烈士纪念馆“小雨滴”志愿者管理委员会章程》《雨花台烈士纪念馆“小雨滴”志愿服务队团队管理办法》等规范化管理志愿者，积极为志愿者提供校际交

雨花台烈士纪念馆“小雨滴”志愿服务队部分队员

流平台和媒体展示机会，利用馆际交流带领优秀志愿者外出参观学习，拓展视野。在2018年10月“小雨滴”志愿者委员会成立大会暨第一次会议上，纪念馆明确了“以社会教育为首要目标、以大学生视角剖析信仰与现实为主线，以课题化研究为组织形式，以项目化实施为核心内容”的志愿者工作新方向。2018年雨花台烈士纪念馆“小雨滴红色课堂”社会教育志愿服务项目获第四届江苏省志愿服务展示交流会银奖。2019年“小雨滴红色课堂”“小雨滴红色志愿讲解”入选南京市公共文化设施优秀志愿服务项目、“小雨滴”志愿服务队获南京市公共文化设施开展学雷锋志愿服务示范单位荣誉称号。

三、共建教育基地

为了更好地拓展社会化教育，强化雨花台爱国主义教育基地的作用，雨花台烈士纪念馆长年与驻宁部队、学校、企事业单位结成共建单位并挂牌。1984年，雨花台烈士纪念馆与解放军工程兵工程学院建立军民共建关系，开始了纪念馆与社会有关方面共同建设社会主义精神文明和爱国主义教育基地的进程。1995年以后，随着中共中央《爱国主义教育实施纲要》的颁布，雨花台的教育功能不断得到强化，雨花台作为社会主义精神文明建设的主阵地和爱国主义教育基地的影响力与吸引力不断增强，纪念馆与社会各界的共建活动更加广泛、深入地开展开来。截至2019年6月，已有137家单位与纪念馆建立了共建关系，构成了以部队、学校为主体包括企事业等社会其他部门的跨省市的社会化教育网络。

解放军工程兵工程学院与纪念馆建立军民共建关系以后，双方多次被总参、省、市授予军民共建先进单位。长期以来，该院坚持将园作为官兵教育的主要场所，每年均要组织学员、战士到雨花台烈士陵园举行入学、入伍、毕业宣誓仪式。1996年，该院200余名毕业学员在烈士纪念碑庄严宣誓：不辜负先烈精神，不辜负党和组织的培养，到祖国最需要的地方去。其中有3名学员奔赴西藏工作。

2000年，陵园率先与南京监狱结成共建单位，经常组织服刑人员来陵园参观接受教育，陵园宣教人员定期将烈士事迹及展览送到监狱去，将烈士的事迹介绍给服刑人员。

雨花台烈士纪念馆共建单位一览表

序号	共建单位	共建内容
1	中共中央宣传部	全国爱国主义教育示范基地
2	中共中央纪律检查委员会 中华人民共和国监察部	全国廉政教育基地
3	共青团中央	全国青少年教育基地
4	国家教育委员会、民政部、文化部、国家文物局、共青团中央、解放军总政治部	全国中小学爱国主义教育基地
5	国家国防教育办公室	国家国防教育示范基地

6	江苏省国家安全厅	国家安全教育基地
7	中共江苏省委宣传部	江苏省爱国主义教育基地
8	中共江苏省委宣传部	江苏省国家安全厅
9	江苏省全民国防教育委员会	江苏省全民国防教育基地
10	中共江苏省委党校 江苏省行政学院	革命传统教育基地
11	江苏教育委员会	江苏省优秀学校德育基地
12	共青团南京市委员会	南京市青少年思想教育基地
13	中共南京市委纪律检查委员会	南京市廉政教育示范基地
14	中共南京市委员会 南京市人民政府	爱国主义教育基地
15	南京市司法局 南京市律师协会	南京律师爱国主义教育基地
16	南京市雨花台区教育局	爱国主义教育基地
17	中国农工民主党江苏省委员会	农工党党史教育基地
18	南京军区政治部	南京军区青年官兵革命传统教育基地
19	南京军区空军政治部	南京军区空军 当代革命军人核心价值观教育基地
20	“临汾旅”官兵	德育基地
21	中国人民解放军理工大学	思想政治教育基地
22	中国人民解放军理工大学	气象学院
23	中国人民解放军理工大学 工程兵工程学院	革命传统教育基地
24	中国人民解放军理工大学 通信工程学院	革命传统教育基地
25	中国人民解放军国际关系学院	单命传统教育基地
26	南京大学	爱国主义教育基地
27	南京大学金陵学院	爱国主义教育基地
28	东南大学	德育基地
29	南京理工大学	公共理论课教育基地
30	河海大学	爱国主义教育基地
31	南京师范大学紫金校区	爱国主义教育基地
32	南京师范大学地理科学学院	党建与爱国主义教育共建基地
33	南京信息工程大学	党员教育培训基地
34	南京工业大学	爱国主义教育基地
35	南京中医药大学	德育基地
36	中国药科大学	爱国主义教育实践基地
37	南京医科大学	素质教育基地建设
38	南京农业大学	爱国主义教育基地
39	南京林业大学	德育基地
40	金陵科技学院	精神文明建设基地
41	南京晓庄学院	爱国主义教育基地
42	南京邮电学院	爱国主义教育基地
43	三江学院艺术学院	爱国主义教育及校外教学实习基地

续表

44	江苏广播电视学校	教学实习基地
45	南京市广播电视大学	爱国主义教育基地
46	江苏社科进修大学	爱国主义教育基地
47	南京交通职业技术学院	爱国主义教育基地
48	南京信息职业技术学院	共建教育基地
49	南京机电职业技术学院	爱国主义教育基地
50	南京工业职业技术学院	爱国主义教育基地
51	南京化工职业技术学院	爱国主义教育基地
52	钟山职业技术学院	爱国主义教育、教学实习基地
53	南京市交通高级技工学校	爱国主义教育基地
54	江苏公安专科学校	爱国主义教育基地
55	江苏省东台师范学校	共建德育基地
56	南京英华学校	爱国主义教育基地
57	南京市营养学院	爱国主义教育基地
58	无锡职业技术学院	爱国主义教育基地
59	河南新乡学院	爱国主义教育基地
60	华东师范大学第二附属中学	爱国主义教育基地
61	南京航空航天大学附属中学	爱国主义教育基地
62	南京市第三初级中学	精神文明共建单位
63	南京市第三中学	德育基地
64	南京市第二十四中学	爱国主义教育基地
65	南京浦厂中学	爱国主义教育基地
66	南京市第十八中学	共建德育基地
67	南京市紫金山中学	共建德育基地
68	南京市溧水县中学	共建德育基地
69	南京市六合县一中	爱国主义教育基地
70	南京市六合高级中学	爱国主义教育基地
71	溧阳市南渡高级中学	德育教育、劳动实践基地
72	北京中关村中学	爱国主义教育基地
73	北京第十五中学	社会实践基地
74	上海市曹杨第二中学	爱国主义教育基地
75	上海市淞浦高级中学	爱国主义教育基地
76	上海市市西中学	爱国主义教育基地
77	上海南汇中学	爱国主义教育基地
78	上海市第二中学	爱国主义教育基地
79	上海市光明中学	爱国主义教育基地
80	上海同济大学附属七一中学	爱国主义教育基地
81	上海华东师大二附中	爱国主义教育基地
82	扬州市杭集中学	爱国主义教育基地
83	南京师范大学附属小学	校外实践活动基地
84	南京市雨花台区实验小学	爱国主义教育基地
85	鼓楼区一中心小学	德育基地
86	南京师范大学附属中学江宁分校	爱国主义教育基地
87	夫子庙小学分校怡馨花园小学	爱国主义教育基地

续表

88	中共鼓楼区鼓楼街道工作委员会	鼓楼街道志愿者服务基地
89	江苏省中医学校	爱国主义教育基地
90	溧水县和风中心小学	爱国主义教育基地
91	南京市建邺路小学	德育教育基地共建
92	南京紫竹苑小学	爱国主义教育基地
93	武警江苏省边防总队	爱国主义教育基地
94	武警江苏总队南京支队	爱国主义教育基地
95	南京市公安消防局	共建爱国主义教育基地
96	江苏省南京监狱	爱国主义教育基地
97	江苏省金陵监狱	爱国主义教育基地
98	南京脑科医院	爱国主义教育基地
99	南京市公安局交通管理局 第七、八、机动大队	爱国主义教育基地
100	南京市鼓楼区鼓楼街道办事处	爱国主义教育基地
101	雨花台区预防职务犯罪工作指导 委员会、雨花台区人民检察院	雨花台区预防职务犯罪 警示教育基地
102	宝钢集团上海梅山有限公司	青少年爱国主义教育基地
103	南京中船绿洲机器有限公司	爱国主义教育基地
104	上海梅山（集体）有限公司	青少年爱国主义教育基地
105	锦江麦德龙现购自运有限公司 南京雨花商场	爱国主义教育基地
106	紫金农商银行	廉政教育基地
107	南京禄口国际机场二期工程建设指挥部	廉政教育基地
108	南京玻璃纤维研究设计院	党建教育基地
109	海军指挥学院	海军廉政文化教育基地
110	市级机关	党员干部教育培训基地
111	栖霞区委	栖霞党史教育基地
112	南京师范大学	“红色文化研究中心” 暨“南京师范大学教学实践基地”
113	南京审计学院澄园书院	校外党校课堂基地
114	南京大学历史学院	“大学生社会实践基地” “雨花台研究基地”
115	江苏省省级机关	党员教育基地
116	东部战区空军政治工作部	东部战区空军“四有”新一代革命军人教育基地
117	北京市委教育工作委员会	北京高校青年教师学习实践基地
118	中央国家机关	爱国主义教育基地
119	北京大学 （本科生工作处、党委武装部）	学生红色教育基地
120	北京师范大学	爱国主义教育基地
121	上海铁路局南京客运段	爱国主义教育基地
122	江苏国信物业管理有限公司	党支部教育基地
123	南京工业职业技术学院	大学生思想政治理论课实践教学基地
124	江苏新闻出版学校	德育基地

续表

125	南京信息职业技术学院	爱国主义教育和党性教育基地
126	武警江苏省总队执勤支队	红色教育基地
127	上海市工商外国语学校	爱国主义教育基地
128	东部战区陆军政治工作部	红色教育基地
129	江苏省第二师范学院	实习实训基地
130	上海市新陆职业技术学校	爱国主义教育基地
131	武警江苏总队南京支队	红色教育基地
132	南京市雨花台区教育局	爱国主义教育基地
133	上海商业会计学校	爱国主义教育基地
134	江苏省南京监狱	红色志愿者基地
135	江苏省南京女子监狱	爱国主义教育基地
136	江苏省龙潭监狱	爱国主义教育基地
137	南京市妇幼保健院	爱国主义教育基地

四、雨花英烈命名学校

雨花台烈士纪念馆先后在雨花台实验小学、雨花台中学、南京旅职业学校、江宁区上元中学等南京市中小学校中建立了“孙津川中队”“恽代英班”“邓中夏班”等一批以烈士命名的班级、中队，在青少年学生中长期有组织、有计划地开展思想品德教育及丰富多彩的共建活动。

英烈班级、中队名录一览表

学校名称	班级、中队名称
南京雨花台中学	恽代英班
南京南湖一中	恽代英班
南京旅游职业学校	邓中夏班
南京共青团路中学	郭纲琳班
南京市虹苑中学	施滉班
南京文枢中学	袁咨桐班
南京江宁区上元中学	许包野班
南京雨花台实验小学	孙津川中队
南京雨花台实验小学	卢志英中队
南京雨花台实验小学	骆何民中队
南京雨花台实验小学	何宝珍中队
南京雨花台小学	郭凤韶中队

五、红色文化传播

建陵初期，雨花台烈士陵园对外文化传播宣传工作一直由陈列室（陈列展览室）承担，基本以史料陈展和书籍出版等方式进行宣传。后由管理局办公室承担，接着由宣传接待处承担，目前，雨花台宣传工作由宣传教育处承担。随着人们文化需求的日益增长，近年来，宣传教育处在管理局党委的正确指导下，制定目标任务和工作思路，发挥职能作用，优化体制、拓展载体，紧扣红色文化主题，组织开展了一系列内容丰富、形式多样的宣传教育活动，积极强化舆论引导，大力营造浓厚的红色文化氛围。

近年来，随着网络媒体和自媒体的迅猛发展，雨花台构建了自媒体平台，包括微博、微信、网站、头条号、抖音，五位一体，相互配合。为更好地宣传弘扬雨花英烈精神，塑造雨花台红色文化品牌形象，2018 年 7 月，经 2018 年度第 16 次局长办公会研究决定成立雨花台 V 雨融媒体工作室。工作室重点打造雨花台新的宣传体系，优化宣传流程，积极营造“人人争做雨花台宣传员”的良好氛围，激发团队工作活力，进一步整合资源形成传播合力。同时，为扩大宣传载体，管理局联合新华网、凤凰网、现代快报、南报网等中央及省市主流媒体积极打造宣传矩阵。

2018 年 12 月陵园“烈士纪念日全媒体行动”媒体宣传活动获得南京市委宣传部、市委网信办颁发的“政务新媒体案例奖”，2019 年 7 月陵园抖音平台发布的《我今年 107 岁了，再来雨花台看看战友》短视频荣获南京市委宣传部颁发的政务新媒体作品大赛“最佳传播力奖”。

六、红色文化创意产品

1. 雨花台红色文创产品设计与开发工作

2016 陵园积极探索文创产品设计与开发新途径，陵园衍生开发了系列文创产品，利用文创产品拉近观众与雨花台的距离，加深公众对红色文化的认同感。文创产品涉及明信片、书签、环保袋系列，将文创产品的红色文化内涵和其实用性相结合，走进公众生活。

2. 宣传折页设计

宣传折页是以一个完整的宣传形式达到全面、翔实的效果和定向宣传的目的。为了使宣传折页不像宣传单页那样内容单薄粗糙，在有限的时间内几易其稿，使得宣传折页内的图片占有比较大的比例，控制在 60%~70%，在文字的说明上做到言简意赅。使得折页对受众有吸引力，让受众在关注图片的同时亦顾及相关文字，从而更好地达到自我推介的目的。

3. 雨花台烈士纪念馆“雨花台的记忆——红色文创产品”VI 设计

设计对纪念馆现有经营环境进行改造、包装，以标志、标准字、标准色为核心展开的完整的、系统的视觉表达体系。使得“雨花台的记忆——红色文创产品”这一品牌具传播力和感染力。将红色文化这一抽象概念转换为具体记忆和可识别的形象符号，从而塑造出排他性的视觉形象，展现红色文化的丰富内涵。

第五节　文物征集与典藏

1950年1月24日，南京市市长柯庆施批示组建“南京市兴建人民革命烈士陵园筹备委员会”，开始在全国范围内征集烈士史料，至此有系统地开展史料征集的工作一直延续至今。

早期的史料征集，由于时间隔的并不遥远，很多事件的参与者、领导者、亲见者还健在，烈士卷宗里大量的第一手笔录史料的采集大多完成于这个时期。但同时由于战乱火灾、自然灾害、保存条件不好等原因，能保存下来的第一手实物史料并不多，且很多文物几经劫难，十分不易地被保存下来，多被烈士家属视为传家珍宝，这些遗物对他们来说意义重大，都有千丝万缕的不舍，遇到这种情况，需要征集人员有更多的耐心与坚持不懈的韧劲，而馆藏实物史料正是通过烈属们的支持和工作人员的努力而来。正是这样长期的情感维系，让雨花台的工作人员和烈属们形同一家人，历次的史料征集工作才能得以顺利进行。

2006年烈士纪念馆倾全馆之力，将纪念馆馆藏的烈士卷宗、照片、遗物、著作、报刊等史料录入和数字化，建立“雨花台烈士纪念馆史料档案管理系统”，对文物史料进行了数字化保护，由过去传统的提供实物档案服务转变为提供数字档案服务。既给来访者提供了更方便更快捷的查阅，同时减少了调阅史料中对文物原件的损害。

2014年至2016年，借着“第一次全国可移动文物普查”之机，纪念馆开始对馆藏文物进行全面检查、核对、整理，并重新拍照、丈量、登记的工作。此次文物普查工作中弥补了2006年建立史料数据档案时一个重要的缺憾，当年出于对文物保护的考虑，一部分重要的文物都是在除氧封存的状态进行扫描和拍摄的，如烈士的书信、日记等珍贵的第一手史料的内容也随之封存了。这次则将书信、日记每一页进行高清拍摄、扫描，待整理好后重新录入电子档，为烈士史料的深入研究提供重要的完整的第一手史料。为了不断完善史料保护措施，纪念馆多方咨询文博系统的专家，多次走访档案馆和博物馆实地考察学习先进的档案文物保护方法和技术。在文物普查工作中，纪念馆听取专家的建议，采用当下先进的脱氧保护技术对实物重新除氧封存，为文物勾建了一个良好的微观保护环境，从而达到长期而有效的保存目的。

一、烈士遗文遗物

1. 张霁帆 1925 年正月写给十哥的信。

（引文）“现在急想把病治愈，好养成一种向前干的精神，不回顾既往，不忧虑将来（因为忧虑、回顾都是无补于事，而徒自苦），只猛勇地向前专心致意于现在，一点不放松的干去。只要有这种精神，无论干什么事都是有乐趣！”

2. 恽代英翻译的考茨基著作《阶级争斗》。

毛泽东曾说，有三本书帮助他确定马克思主义信仰，其中就包括这本书。

3. 邓中夏中学时期画的《醒狮图》。

此图象征觉醒了的中国人民起来革命。

4. 谢文锦用过的碗。

1912 年谢文锦在浙江第一师范学校读书时在碗上镌刻的字、画，文笔清秀，刀法娴熟。

5. 张应春 1924 年在第三次全国运动会上获得的银质奖章。

1920 年夏，张应春从黎里女校毕业，受“五四”思潮影响，毅然考入上海中国女子体育学校。在中国人被称为“东亚病夫”的年代，张应春常说：“学体育就是要身体好，摘掉‘东亚病夫’这个耻辱称号！”

6. 陈君起在狱中所画的梅花图。

陈君起先后两次被捕，都坚贞不屈，这是她第一次被捕后再狱中所画的梅花图，在画作的左上方，她题写了“瘦梅虽老，犹鲜艳耐寒”。

7. 陈景星《同乡录序》。

陈景星 1928 年为同乡录写的序，号召大家团结起来，担负起“拯我中国于将亡，救彼民族于压迫”的责任。

8. 贺瑞麟在狱中写的《离散》。

贺瑞麟在小说《离散》最后一页上，精心画了一颗五角星，星内写了“雨花台”三个字，表达了他慷慨赴难的决心。

9. 郭凤韶画的《钟馗捉鬼图》。

四一二反革命政变后，郭凤韶以画明志，表达对革命事业的忠贞。

10. 文绍珍在黄埔军校的毕业证章。

文绍珍大革命时期在长沙国民革命军军官学校的毕业证章。

11. 冷少农给仓儿的信。

冷少农 1931 年从事革命工作时写给儿子的信，在信中他勉励儿子为劳苦群众的解放，为铲除社会上一切不平等现象而努力奋斗。

12. 顾衡给友人的信。

1927 年顾衡写给好友汪楚宝的信。

13. 谭寿林的中学作文。

谭寿林在广西贵县中学读书时写的作文，其中写道：“天下有事，丈夫以共济四海。”

14. 朱杏南用过的花盆、茶儿。

花盆和茶儿是朱杏南从事革命斗争时当作联络暗号使用的，十分形象地反映了白色恐怖下革命者进行斗争的一个细节。

15. 高文华 1926 年 5 月写给父亲的信。

1926 年北伐途中，高文华写给父亲的信，信中写道：“我是一个革命者，怎能受钱的牵动呢？”

16. 高文华的委任状。

1927 年 10 月，高文华任西北国民革命军第六十七军第九师第二旅中校参谋，这是当时的委任状。

17. 姜辉麟亲手绣的烟荷包。

姜辉麟生前擅女红，这是她绣的烟荷包。

18. 张炽给父母的信。

1923 年，张炽写给父母的信，信中写道：“男是有志者，是一有大志者，是一欲为社会造幸福者。”

19. 汪裕先妻女的照片。

汪裕先在狱中时，看到其妻特意送的母女合影照，感慨万千，在照片背后题下两首诗。

20. 许包野在莫斯科使用过的床单。

1985 年，许包野妻子叶雁苹临终前捐赠的许包野从莫斯科带回的床单。

21. 陈处泰读过的《资本论》。

陈处泰读过的英文版的《资本论》。

22. 郭纲琳给哥哥的信。

郭纲琳在狱中给哥哥的复信，其中写道：“我不能造一点点罪恶在我的生命中”“我不能屈服在一个无罪而加上有罪的名义下来遵从你。”

23. 郭纲琳磨制的铜心、铜鸡心。

郭纲琳在狱中磨制的铜心、铜鸡心，上面分别写着“永是勇士”“健、美”

24. 焦恭士演讲获得的银盾。

焦恭士在学校参加演讲比赛获得的银盾。

25. 邓振询工作时使用过的油灯。

邓振询在中央苏区工作时使用过的油灯。

26. 高波写给妻子的信。

1946 年 7 月，高波写给妻子成波的信。

27. 秦明读过的书。

1940年秦明在延安任教期间阅读的书籍。

28. 刘亚生抄录的祖传中药方。

刘亚生少年时抄录的祖传中药方。

29. 晋夫在延安整风期间的日记。

整风运动期间，晋夫利用工作、学习的空隙时间坚持记日记，以党的理论为一面镜子，不断修正自己的言行。在日记封面，他书写鲁迅先生的著名诗句“横眉冷对千夫指，俯首甘为孺子牛”，作为自己的座右铭。

30. 孔繁蕤写给大哥、二哥的信。

1942年10月孔繁蕤写给大哥、二哥的信。

31. 丁行狱中写给妻子蒲洛宇的信。

（引文）“务宜从小养成其独立奋斗之精神，此事应自其日常生活中训练。”

32. 赵良璋临刑前给同狱难友朱铁华等人的诀别信。

（引文）“我是带着勇敢与信心就义的，我虽倒了，但顽强的性格仍使我精神永不灭亡。”

33. 谢士炎写的狱中诗。

（引文）“人生自古谁无死，况复男儿失意时，多少头颅多少血，续成民主自由诗。”

34. 朱建国给内弟陈鹏的信。

朱建国于南京狱中写信鼓励内弟陈鹏要“把握时机，加紧努力”。

35. 徐楚光使用过的毛毯。

徐楚光烈士生前使用过的毛毯。

36. 周镐写的日记。

日记写于1948年9月23日至1949年1月4日。

37. 谢庆云用过的象牙筷。

谢庆云是冯玉祥的旧部，这是1928年冯玉祥赠给谢庆云的象牙筷子。

38. 王清翰使用过的毛毯。

王清翰的军旅生涯开始于西北军，是冯玉祥将军的旧部。这是他在西北军时，俄国顾问赠送的毛毯。

39. 祝元福使用的商会路证。

祝元福从事秘密情报策反工作时，公开身份是一名商人，经常跟随中共中央华东局六工委负责人周镐打入国民党军内部。这是他在蒋管区活动时使用的商会路证。

40. 卢志英被敌撕破背缝的上衣。

1947年卢志英被捕后，特务到他家中搜查，撕破了这件上衣的背缝，企图从中找到党的文件。

41. 任天石（1913—1948）使用过的剪刀。

任天石行医时使用过医用剪刀。

42. 黄叔雷使用过的怀表。

使用过的法国制造的怀表。

43. 陈子涛主编的杂志。

这是陈子涛主编的部分《文萃》杂志。

44. 骆何民写给妻子的信。

骆何民临刑前写给妻子的遗书。

45. 成贻宾写给未婚妻的信。

1944 年成贻宾写给未婚妻彭毓芬的信。

46. 陈原道的出席证、团刊。

1925 年，陈原道参加了中华全国学生联合会第七次代表大会。

47. 石璞读过的《广注古文观止》。

石璞读过的《广注古文观止》，老师在书上批注称赞他“似有特慧”。

48. 民国时期吴振鹏给陈原道的信。

1925 年，吴振鹏从安徽省立第一师范学校毕业，党组织安排他赴上海大学深造，上海大学是大革命时期国共合作创办的一所培养革命人才的学校。这是 1925 年 8 月吴振鹏在上海大学写给陈原道的信。

49. 陈原道在芜湖农业学校听恽代英演讲时的笔记。

（引文）“身可杀，而爱国热血不可消；头可断，而救国苦衷不可灭！”

说明：陈原道在安徽省立第二甲种农业学校读书期间，正值五四运动席卷全国，在聆听了恽代英、萧楚女等人充满爱国激情的演讲时写的笔记。

50. 李得钊狱中诗。

（引文）

《烦 闷》

烦闷是一把利刃，
恶狠狠地刺着我的心；
我的心刺破了，
便涌出滚滚的泪涛。
烦闷是一根铁索，
怪痛苦地把我的灵魂儿，
灵魂儿束缚得无可奈何了，
只呜呜咽咽地在那里哀号。
利刃呀！铁索哟！
几时我有了能力，
定要把你们捉住；

然后一起投在洪炉里，

铸成一座小小的生命胜利的纪念塔。

51. 1930 年冷少农寄给母亲的信。

由于从事地下斗争，冷少农长期不能回家。母亲听信传言，认为他在南京贪图荣华富贵，忘却了家中的妻儿老小，写信责备这个“不忠不孝、忘恩负义”的儿子。接到来信后，冷少农怀着深深的内疚，给母亲回复了这封数千字的长信：

（引文）“……我是把我的孝移去孝顺大多数痛苦的人类，忠实的去为他们努力。”

52. 民国时期何宝珍穿过的棉质衬衣。

1933 年，何宝珍在上海任全国互济总会营救部部长，化名王芬芳，以教师身份作掩护，四处奔波，争取社会力量，千方百计地营救被捕同志。这是何宝珍在上海从事革命活动时穿过的衣服。

53. 1927 年万益、史砚芬领导宜兴农民起义时，农民所戴红臂带。

1927 年 11 月 1 日，史砚芬等人领导的宜兴起义，打响了江南农民秋收起义的第一枪。这是宜兴起义时的标语和臂章。

54. 1931 年李耘生与爱人章蕴、儿子合影。

1926 年冬，李耘生被派往武汉，任中共硚口特区区委书记，结识了区委组织部长兼妇女部长章蕴，两人结为革命伴侣。这是 1931 年李耘生与妻子、儿子在南京的合影。

55. 1922 年齐国庆在安徽省立第六中学的毕业证书。

1922 年 6 月，齐国庆毕业于安徽省第六中学。这是他的毕业证书。

56. 1931 年陶行知整理出版的《红叶童话集》（叶刚著）。

在晓庄师范学习时，叶刚创作了《红叶》《青鸟》等童话，歌颂人民大众的革命精神，讽刺统治阶级的昏暗专制。叶刚牺牲后，陶行知收集并整理了他的 9 篇遗作，编成《红叶童话集》并亲自作序，于次年出版，以纪念这位年轻战士。

57. 1930 年叶刚、石俊创办的《乡村教师》(创刊号)

1930 年 2 月，《乡村教师》期刊创刊。这是石俊在该创刊号上发表的文章《小朋友的蛇》。

58. 民国时期蓝文胜用过的马鞭。

蓝文胜在军队时使用的马鞭，“所谓前仆后继，就是这样，有什么奇怪？要知道共产党人是杀不完的。”——蓝文胜在狱中说的话。

59. 1933 年 6 月，周执中写给外甥的回信。

（引文）“你二舅舅在打日本鬼子的最前线死去，他为救国而死，是死得光明的……今后努力读书，将来长大了，好替你二舅舅报仇，杀完日本鬼子、汉奸、叛逆，把已失的东北四省从日本帝国主义的手中夺回来，以完成你为救国救民而牺牲的二舅舅的遗志。”

1933 年 2 月，周执中弟弟周健民在热河抗战前线牺牲。周执中回到上海后收到外甥百均的来信，了解到其父母得知健民死于战场后整天以泪洗面。周执中在回信中请外甥代自己多多安慰老人并嘱咐他要坚定抗日救国，完成舅父未竟事业。这是 1933 年 6 月，周执中写给外甥的回信。

60. 闵乐山 1933 年 4 月 18 日给母亲的信。

九一八事变后，闵乐山参加上海青年自愿决死抗日救国团，赴热河前线抗日救亡。这是 1933 年 4 月闵乐山在张家口写给母亲的信，信中表达了北上抗战到底的决心。

61. 1942 年邓振询在华中局扩大会议上关于苏南工作的报告。

1942 年初，邓振询在中共华中局扩大会议上作《关于苏南工作的报告》，全面介绍了苏南地区的各项工作。

62. 陈景星在奉天第三高中读书时用过的墨盒。

1927 年，陈景星考入沈阳奉天省立第三高级中学。这是他在该校读书时用过的墨盒。

63. 民国时期文绍珍用过的闹钟。

1926 年 7 月，文绍珍参加北伐，任国民革命军东路先遣军连指导员。这是他北伐时使用过的闹钟。

64. 1937 年邹毅写的日记

邹毅高中时写的日记："敌机异常地猖獗，昨日的飞机……到南昌投弹……竟落弹二十……真是穷凶极恶到了极点。"

"中华民族的人民都会为着捍卫自己而抗战，尤其是我们学生更无消说了。"

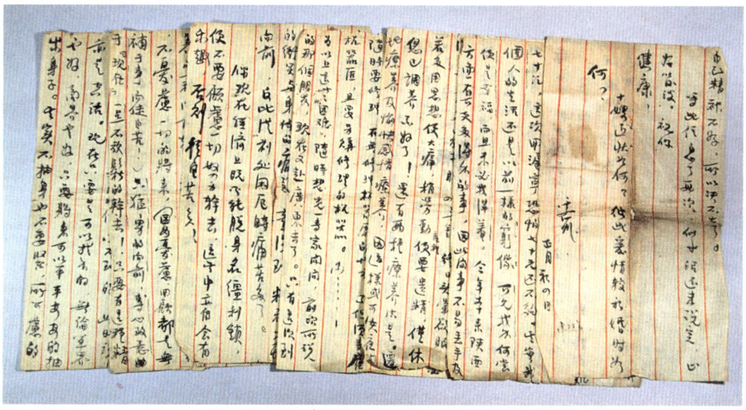

1. 张霁帆 1925 年正月初四日写给十哥的信

2. 恽代英翻译的考茨基著作《阶级争斗》

3. 邓中夏中学时画的醒狮图

4. 谢文锦用过的碗

5. 张应春获得的银质奖章

6. 陈君起在狱中所画的梅花图

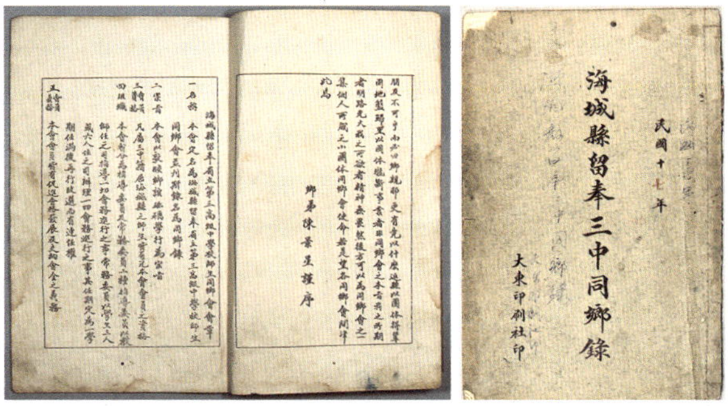

7. 陈景星《同乡录序》

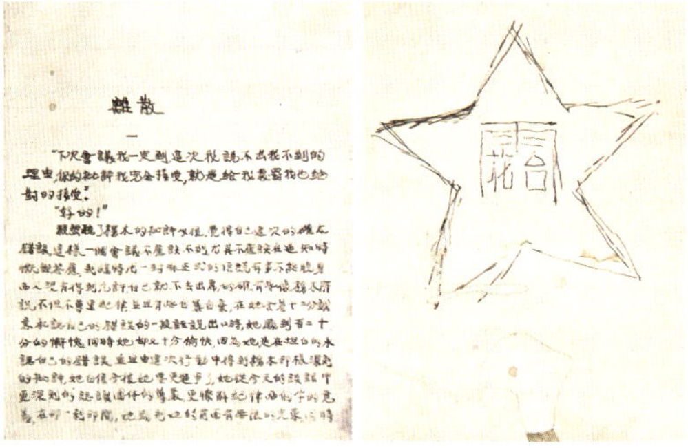

8. 贺瑞麟在狱中写的《离散》

9. 郭凤韶画的《钟馗捉鬼图》

10. 文绍珍在黄埔军校的毕业证章

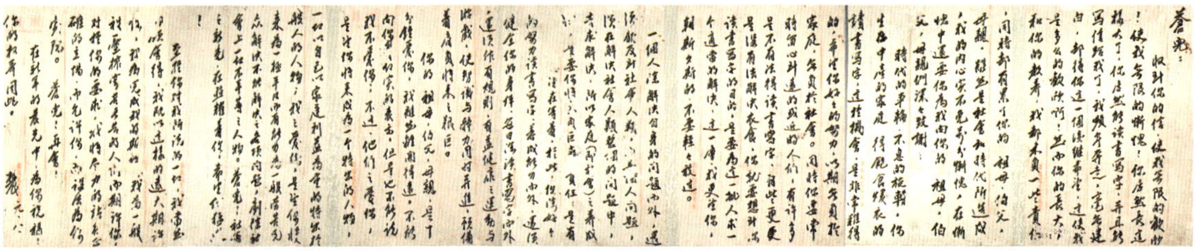

11. 冷少农给仓儿的信

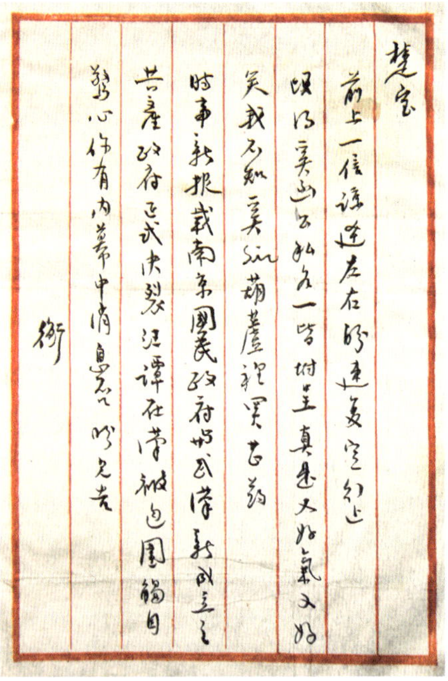

12. 顾衡给友人的信

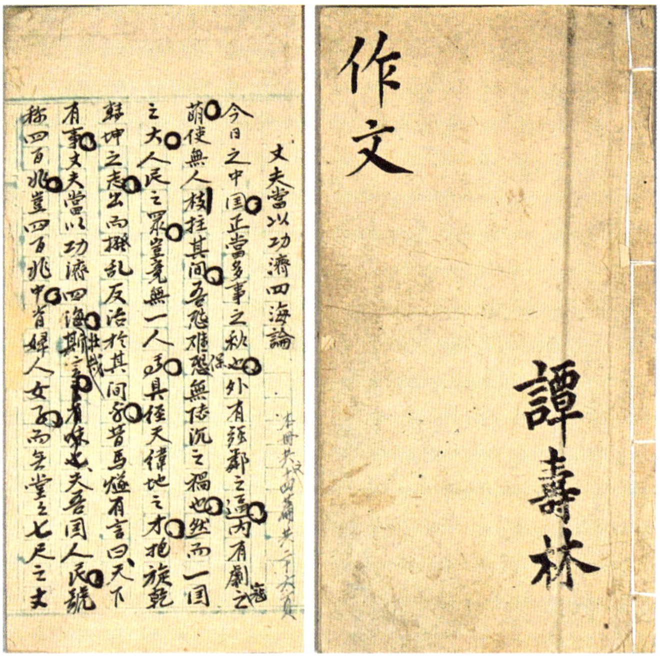

丈夫當以功濟四海論

作文

譚壽林

13. 谭寿林中学作文

14. 朱杏南用过的花盆、茶几

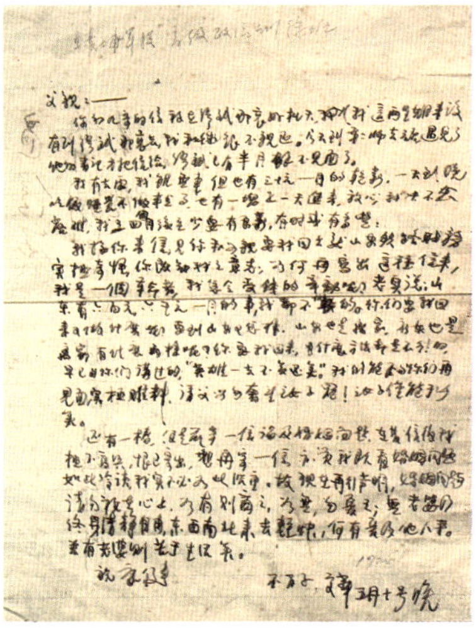

15. 高文华 1926 年 5 月写给父亲的信

茲委任高文華為本旅中校參謀此狀

旅長丁一飛

民國十六年十月　日

16. 高文华的委任状

17. 姜辉麟亲手绣的烟荷包

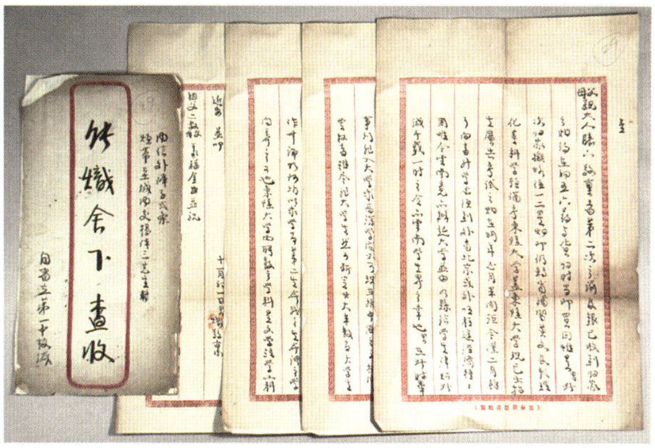

18. 张炽给父母的信

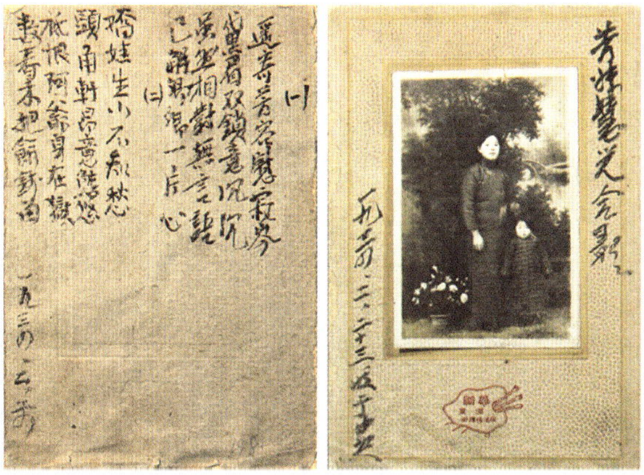

19. 汪裕先妻女的照片

20. 许包野在莫斯科使用过的床单

21. 陈处泰读过的《资本论》

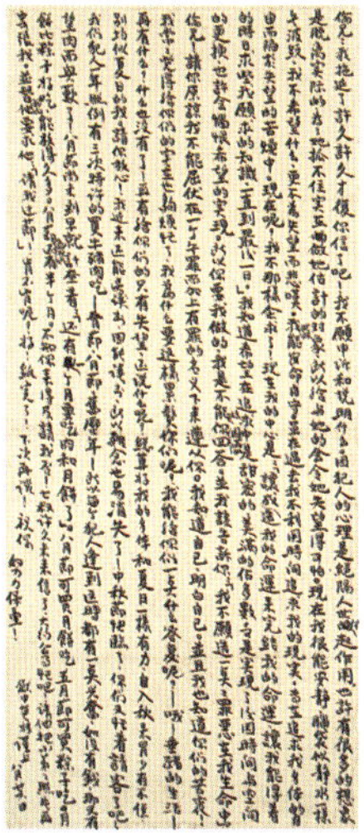

22. 郭纲琳给哥哥的信

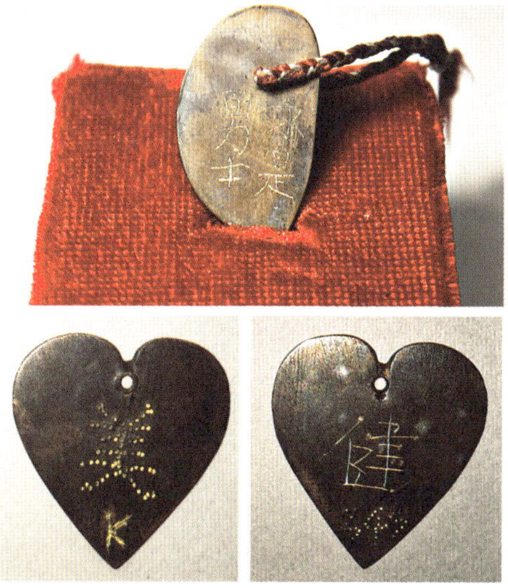

23. 郭纲琳狱中磨制的铜心、铜鸡心

24. 焦恭士演讲获得的银盾

25. 邓振询工作时使用过的油灯

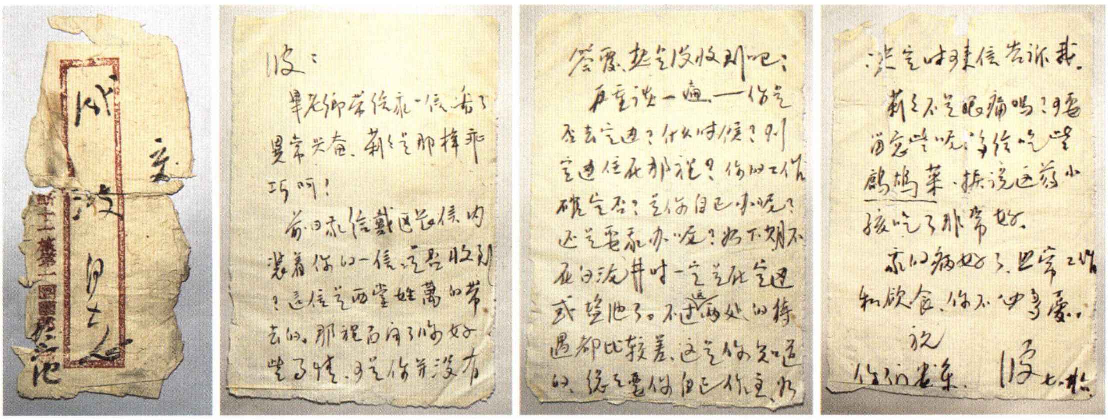

26. 高波写给妻子的信

27. 秦明读过的书

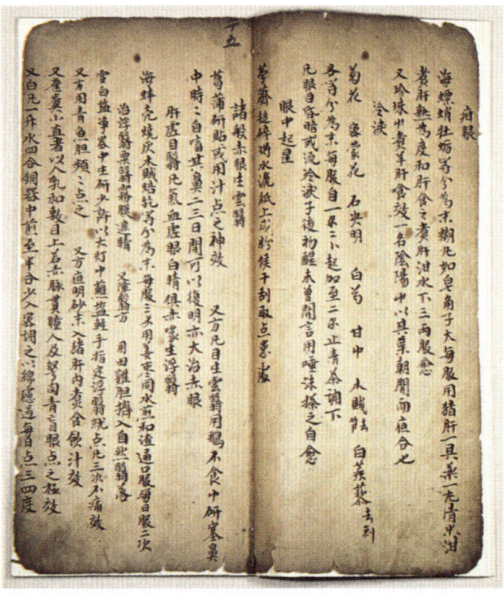

28. 刘亚生抄录的祖传中药方

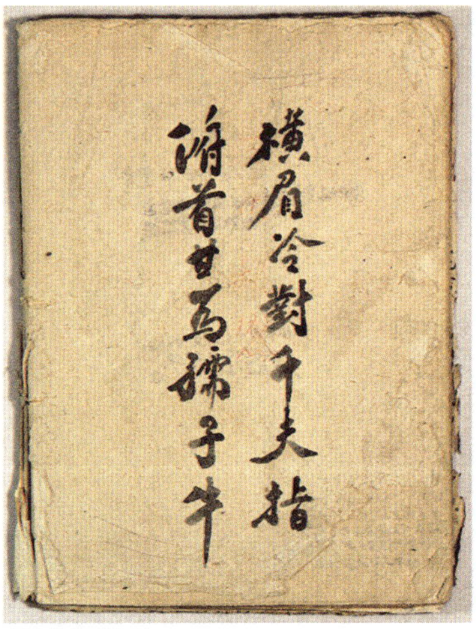

29. 晋夫在延安整风期间的日记

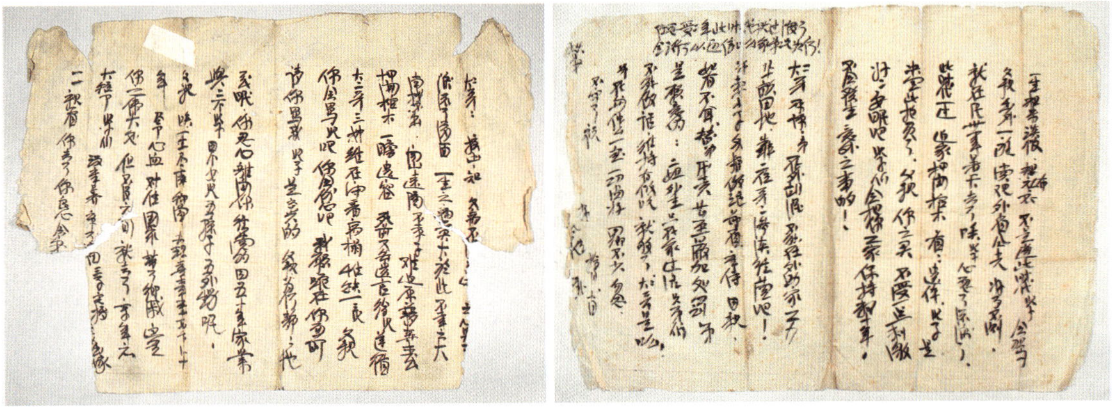

30. 孔繁蕤写给大哥、二哥的信

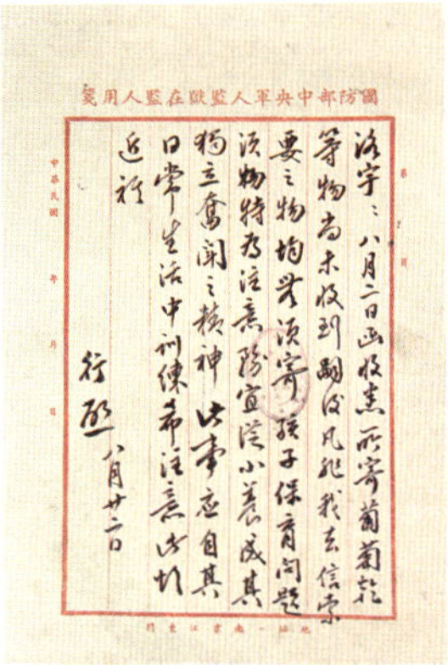

31. 丁行狱中写给妻子蒲洛宇的信

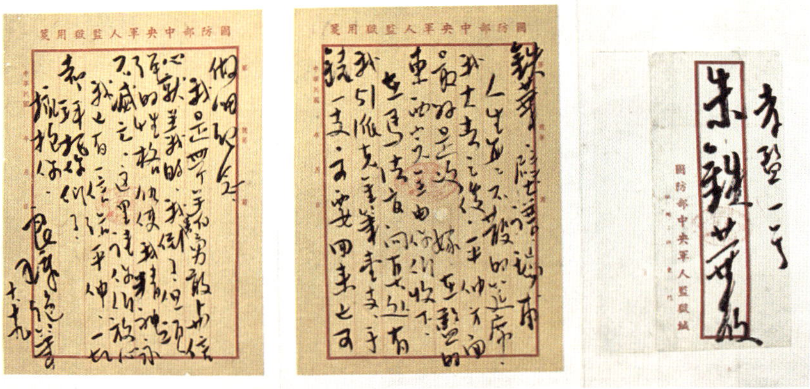

32. 赵良璋临刑前给同狱难友朱铁华等人的诀别信

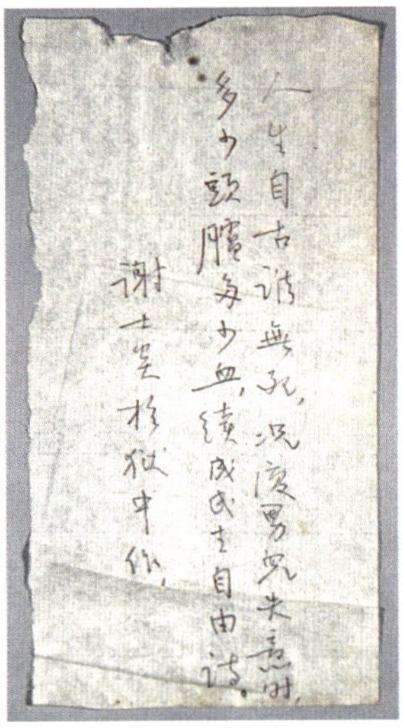

人生自古谁无死，况复男儿失意时。多少头颅多少血，续成民主自由诗。

谢士炎于狱中作。

33. 谢士炎写的狱中诗

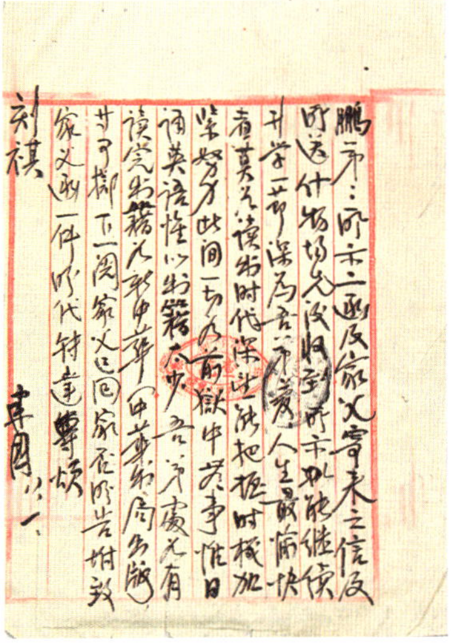

34. 朱建国给内弟陈鹏的信

35. 徐楚光使用过的毛毯

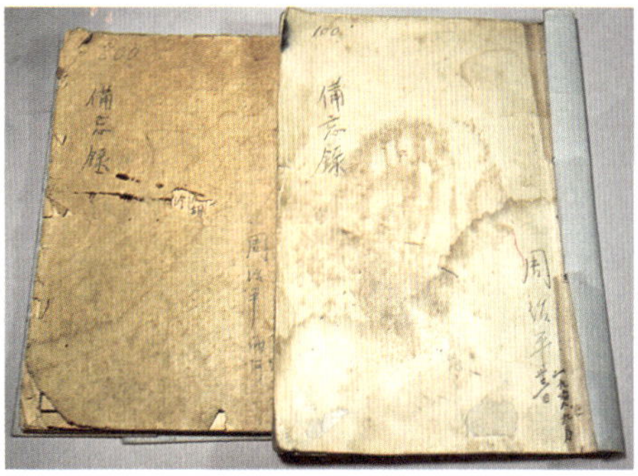

36. 周镐写的日记

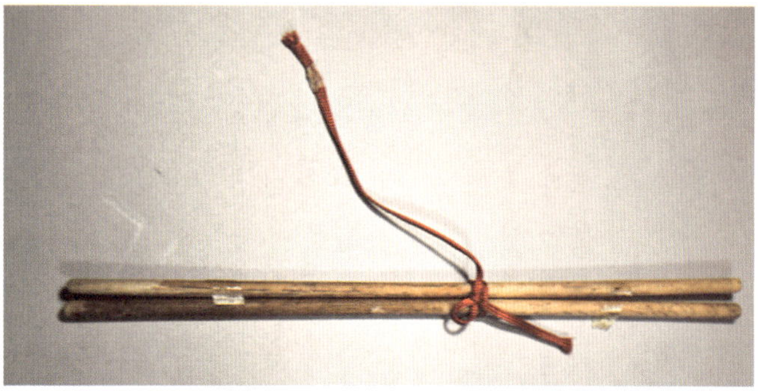

37. 谢庆云用过的象牙筷

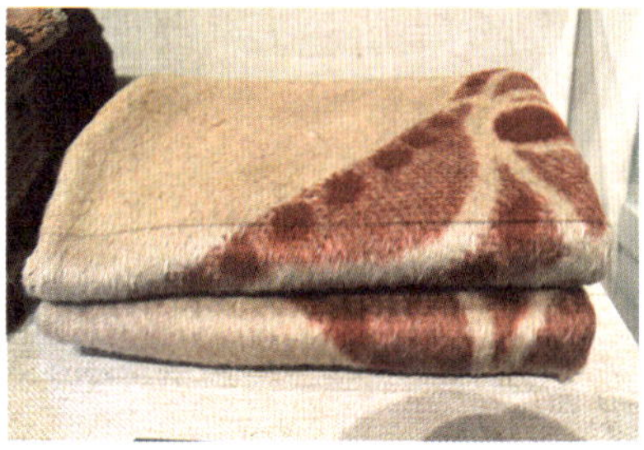

38. 王清翰使用过的毛毯

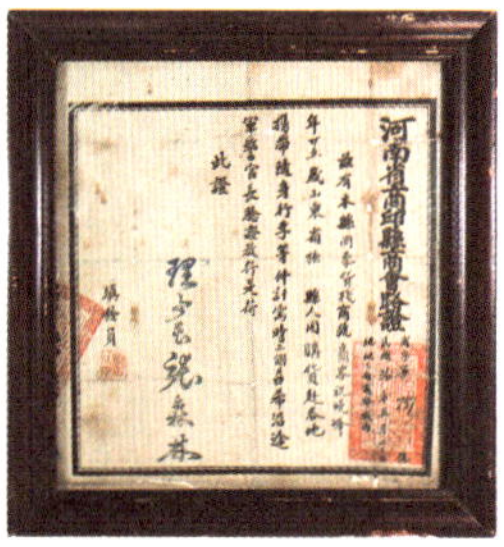

39. 祝元福使用的商会路证

40. 卢志英被敌撕破背缝的上衣

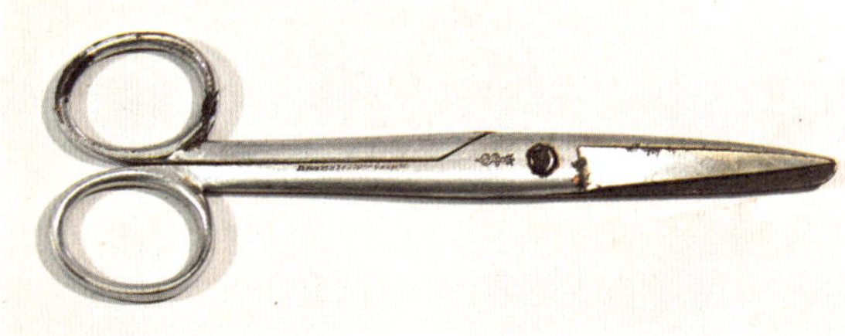

41. 任天石使用过的剪刀

42. 黄叔雷使用过的怀表

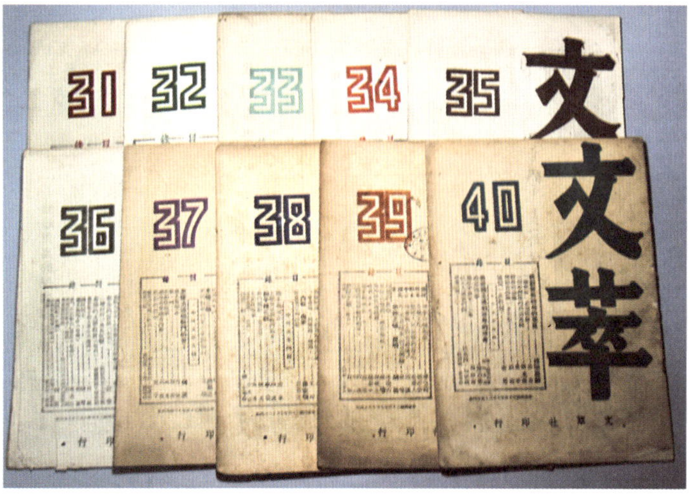

43. 陈子涛主编的杂志

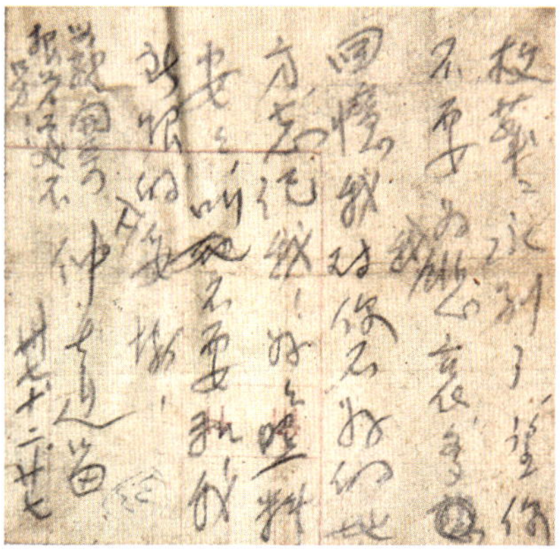

44. 骆何民写给妻子的信

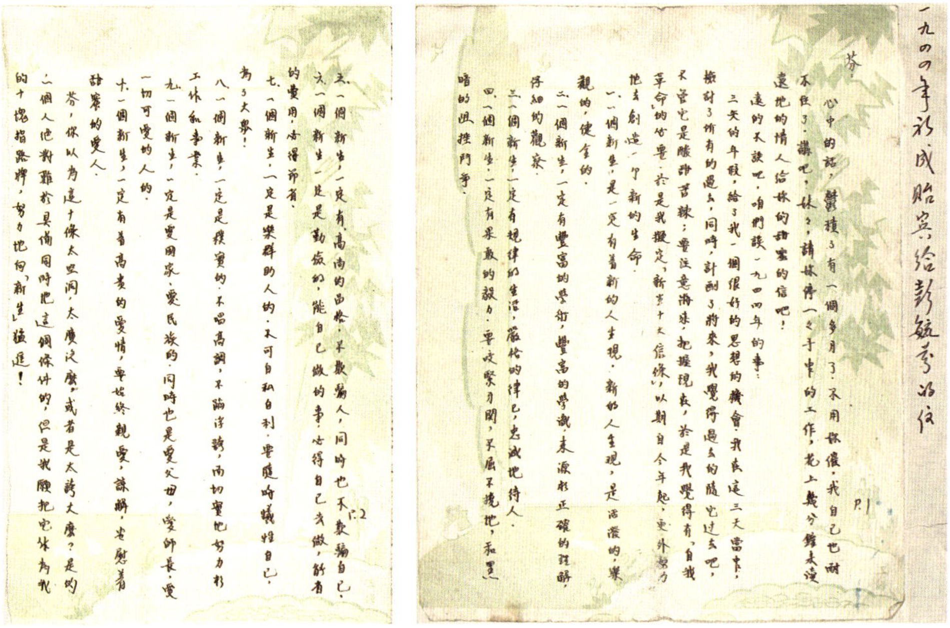

一九四四年於成貽宾給彭毓秀的信

芬：

心中的話，蘊積了有一個多月了。不用你催，我自己也耐不住了。講吧，妹妹，請妳停一停手中的工作，花上幾分鐘來讀遠地的情人給妳的甜蜜的信吧！

遠的不談吧，咱們談一九四四年的事：

二天的年假，給了我一個很好的思想的機會。我在這三天當中，檢討了所有的過去，同時，計劃了將來，我覺得過去的隨它過去吧，不管它是酸甜苦辣；要注意將來，把握現在，於是我覺得有「自我革命」的必要。於是我擬定「新生十大信條」，以期自今年起，更外努力地去創造一個新的生命。

一、一個新生，是一定有着新的人生觀。新的人生觀，是活潑的，樂觀的，健全的。

二、一個新生，一定有豐富的學術，豐富的學識，來源於正確的理解，仔細的觀察。

三、一個新生，一定有規律的生活，嚴格的律己，忠誠地待人。

四、一個新生，一定有果敢的毅力，要咬緊牙關，不屈不撓地，和黑暗的惡勢鬥爭。

P.1

五、一個新生，一定有高尚的品格，不欺騙人，同時也不欺騙自己。

六、一個新生，一定是勤儉的，能自己做的事，必得自己去做，節省的費用，必得節省。

七、一個新生，一定是樂群的人的，不可自私自利，要隨時犧牲自己，為了大眾！

八、一個新生，一定是樸實的，不唱高調，不腐浮誇，而切實地努力於工作和事業。

九、一個新生，一定是愛國家，愛民族的，同時也是愛父母，愛師長，愛一切可愛的人的。

十、一個新生，一定有着高貴的愛情，要始終親愛，諒解，安慰着甜蜜的愛人。

芬，你以為這十條太空洞，太廣泛麼，或者是太誇大麼？是的，一個人他對難於具備同時把這個條件的，但是我願把它作為我的十塊指路牌，努力地向「新生」猛進！

P.2

45. 成贻宾写给未婚妻的信

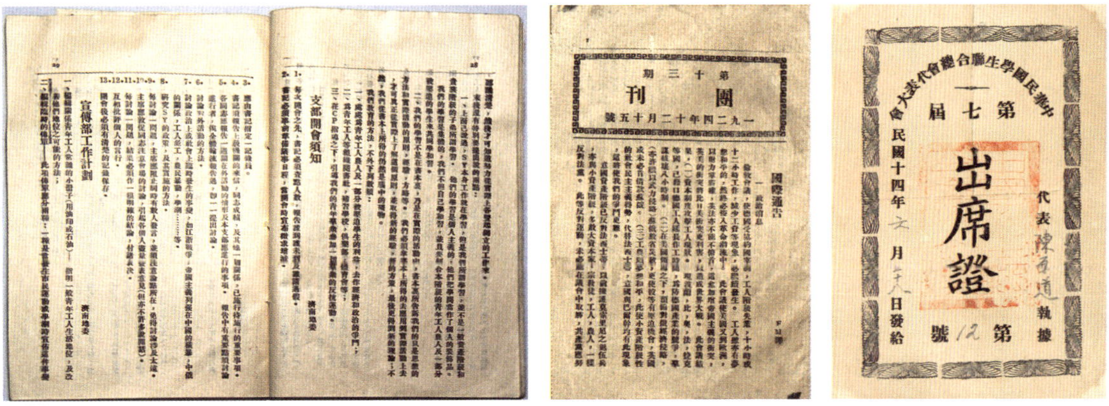

宣傳部工作計劃

支部開會須知

第十三期 團刊 一九二四年十二月十五號

團體通告

中華民國學生聯合總會代表大會 第七屆

出席證

代表陳原道執據

民國十四年…月…日發給

第12號

46. 陈原道的出席证、团刊

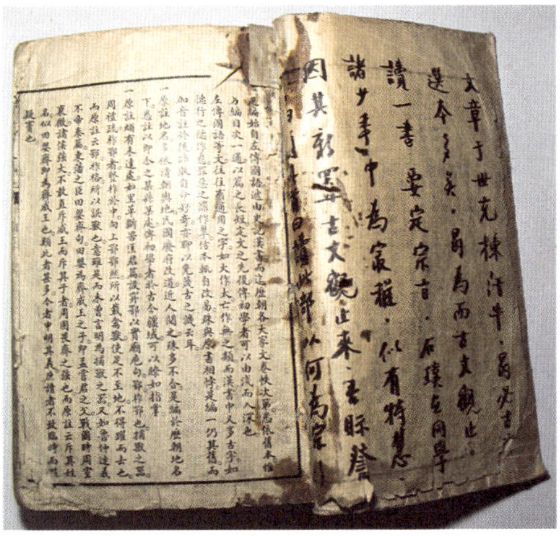

47. 石璞读过的《广注古文观止》

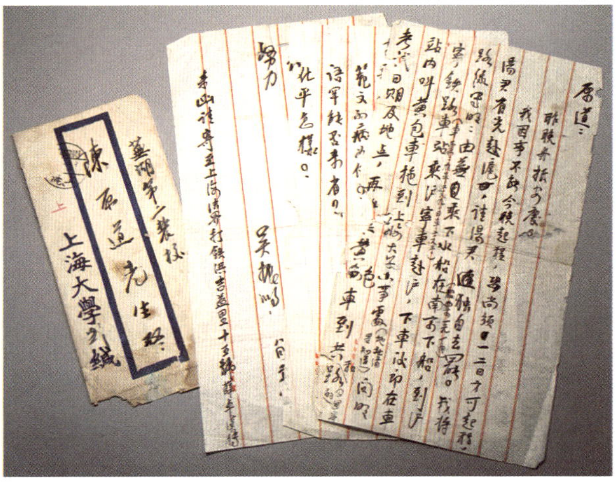

陳原道先生收

上海大學

48. 吴振鹏给陈原道的信

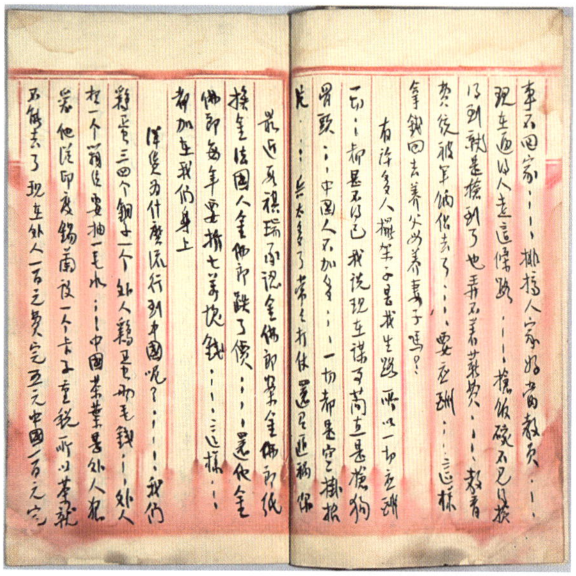

49. 陈原道在学校读书时聆听恽代英演讲时做的笔记

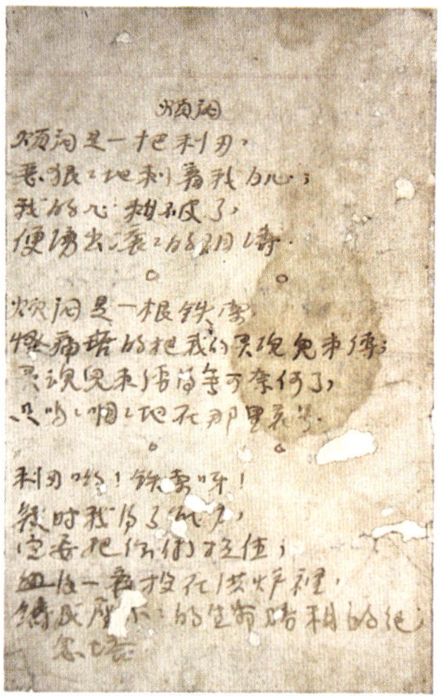

烦闷
烦闷是一把利刃，
恶狠狠地刺着我的心；
我的心被刺破了，
便涌出滚滚的血涛。
烦闷是一根铁索，
紧紧地把我的灵魂儿束缚；
灵魂儿束缚着无可奈何了，
只呜呜咽咽地在那里哀号。
利刃哟！铁索呀！
几时我有了气力，
定要把你们拉住，
一齐投在洪炉里，

50. 李得钊狱中诗

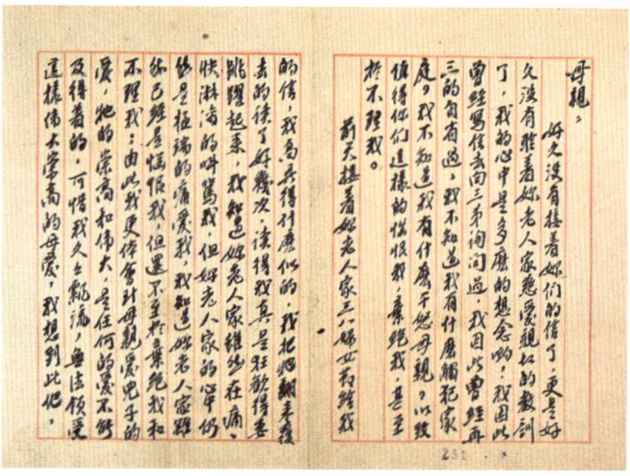

51. 冷少农寄给母亲的信

52. 何宝珍穿过的棉衬衣

53. 史砚芬领导农民起义用的红臂带

54. 李耘生 1931 年与家人合影

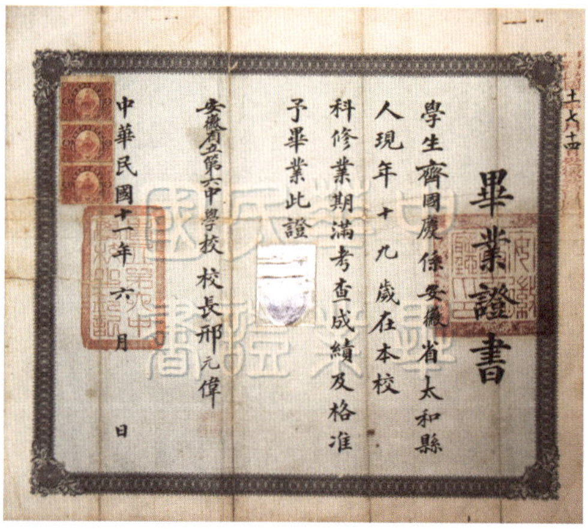

畢業證書
學生齊國慶係安徽省太和縣人現年十九歲在本校科修業期滿考查成績及格准予畢業此證
安徽省立第六中學校 校長邢元偉
中華民國十一年六月 日

55. 齐国庆 1922 年 6 月毕业证书

56.《红叶童话集》

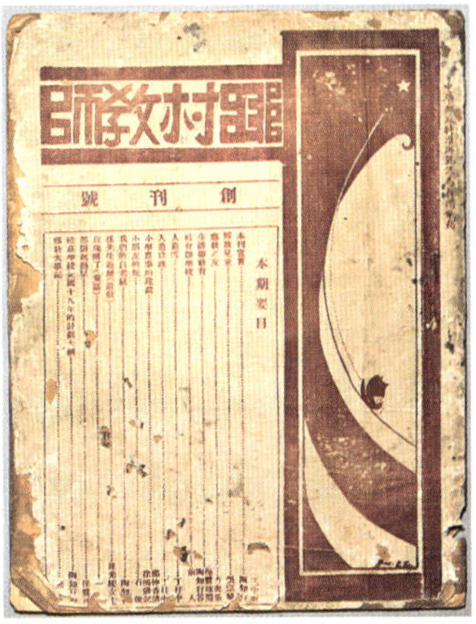

57. 叶刚、石俊主编的《乡村教师》创刊号

58. 蓝文胜使用过的马鞭

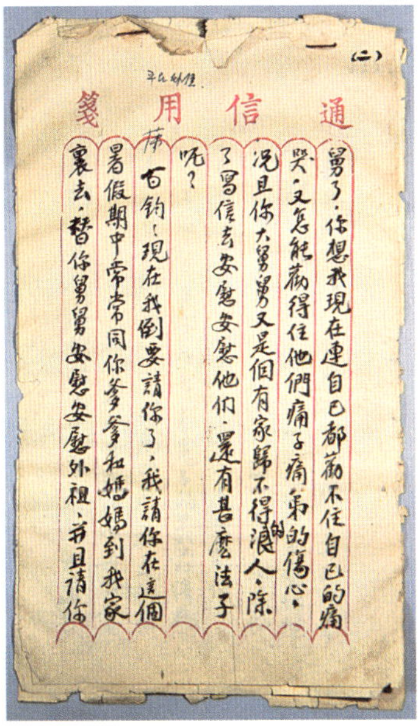
通信用箋

舅了，你想我現在連自己都顧不住自己的痛哭，又怎能顧得住他們痛子痛弟的傷心，況且你大舅舅又是個有家歸不得浪人，除了寫信去安慰安慰他們，還有甚麼法子呢？

古鈞，現在我倒要請你了，我請你在這個暑假期中常常同你爹爹和媽媽到我家裏去，替你舅舅安慰安慰外祖，並且請你

59. 周执中给外甥的信

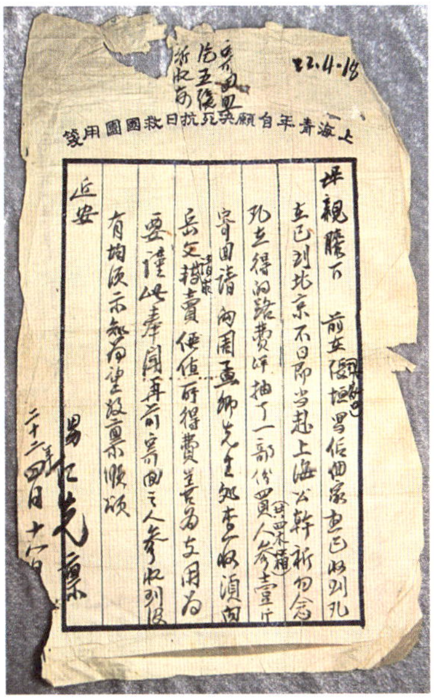
上海青年自願兵反抗日救國團用箋

60. 闵乐山 1933 年 4 月 18 日给母亲信

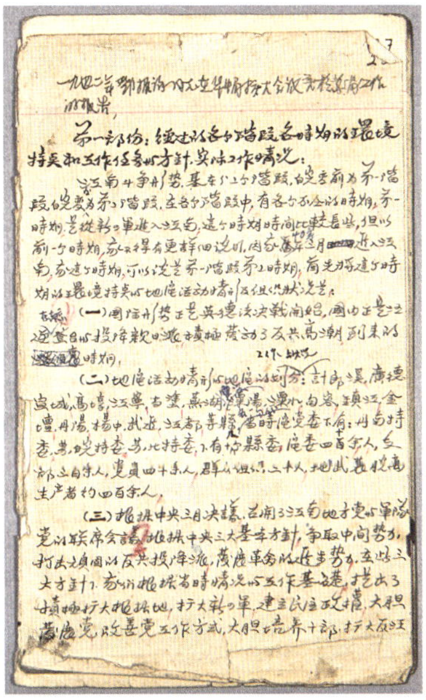

61. 邓振询 1942 年在华中局扩大会议关于苏南工作的报告

62. 陈景星使用过的墨盒

63. 文绍珍使用过的闹钟

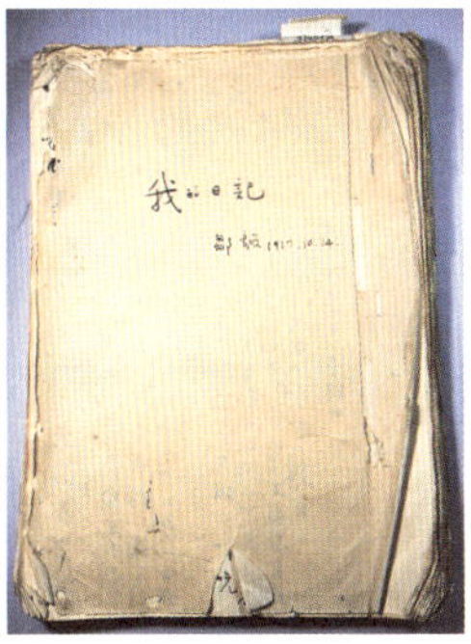

64. 邹毅的日记

二、重要文物

江苏省馆藏一级文物简介

1. 郭纲琳致伦兄信。

郭纲琳烈士，江苏句容人，曾担任共青团江苏省委内部交通及团无锡县委书记，共青团上海闸北区委书记等职。该文物是烈士 1935 年在狱中写给哥哥的复信。当时郭纲琳的哥哥想用金钱买通国民党上层人士保释郭纲琳出狱，并写信征求她的意见，郭纲琳在给她哥哥的复信中写道：“我不愿造一点点罪恶在我的生命中”“我不能屈服在一个无罪而加上有罪的名义下来遵从你”，充分表现了烈士宁为玉碎不为瓦全的崇高革命气节。

2. 郭纲琳狱中在手帕上的刺绣“get up”。

该文物是郭纲琳烈士在狱中绣的，手帕上绣有“get up”英文字样。郭纲琳烈士被捕后，保持高昂的革命斗志，与敌人进行了不屈不挠的斗争，这块刺绣手帕是这种英勇斗争的形象写照。

3. 郭纲琳狱中在手帕上的刺绣“long live”。

该文物是郭纲琳同志在狱中绣的，手帕上红线绣成的五角星图案和英文“long live”字样，这块手帕上的一针一线交织着烈士坚定的革命信念和对党的无限忠诚。

4. 郭纲琳狱中用铜元磨制的鸡心“永是勇士”。

郭纲琳烈士 1933 年被关押在南京国民党首都宪兵司令部看守所，在看守所里，面对不断的审讯和诱惑，郭纲琳始终立场坚定，她怀着对党的忠诚，以其特有的细腻坚韧，将直径 2.7 厘米的铜元在监狱的墙上和地上奋力磨成了“铜鸡心”，并在铜鸡心上镌刻了下心中的信念与决意“永是勇士”，表达自己永远当无产阶级革命勇士之心。展现了郭纲琳烈士永当勇士的大无畏精神。

5. 郭纲琳狱中用铜元磨制的铜心“健”“美”。

郭纲琳烈士被关押在南京国民党首都宪兵司令部看守所时，将铜元磨成了“铜心”，并在铜心的正反两面分别刻了“健”“美”二字，表达自己虽身陷囹圄，但并没有丧失信心，她渴望自己拥有“健”的身体继续战斗下去，同时也反映了她对真善美的追求，展现了郭纲琳身陷牢狱却依旧崇尚美好的向往。

6. 郭纲琳狱中在枕套上的刺绣“To struggle for truth！”。

该枕套是郭纲琳同志在狱中绣的，上面绣有“To struggle for truth！”的字样，充分表现了烈士坚定的革命信念和高昂的革命斗志。

7. 郭纲琳狱中在枕套上的刺绣“起来”和一只大雁。

该枕套是郭纲琳同志在狱中绣的，上面绣有“起来”二字，右上角还绣了一只展翅飞翔的大雁。烈士素爱大雁，爱大雁刚毅合群的品格，爱大雁不畏强暴，勇于斗争的品格，用来激励自己的革命斗志，表现了烈士英勇顽强的革命精神。

8. 赵良璋的狱中绝笔。

赵良璋烈士，中共特别党员，曾担任国民党空军中尉飞行员、参谋等职。秘密从事革命情报

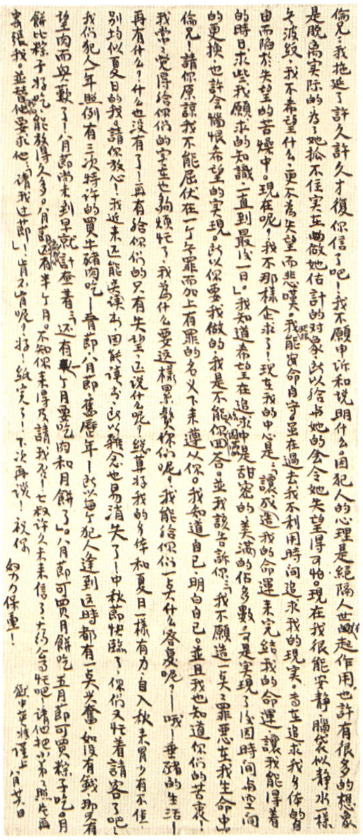

郭纲琳致伦兄信

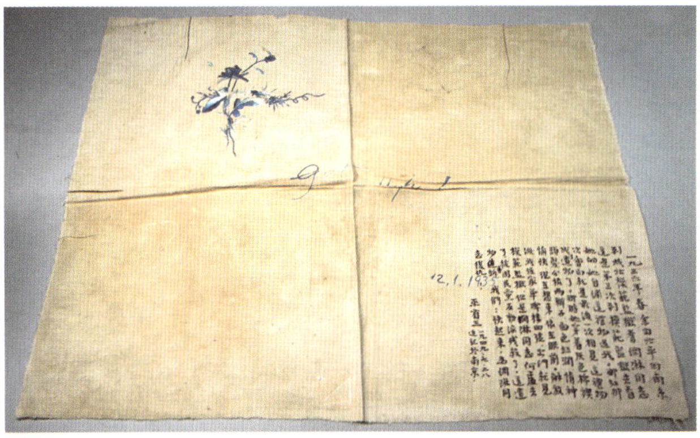

郭纲琳狱中在手帕上的刺绣“get up”

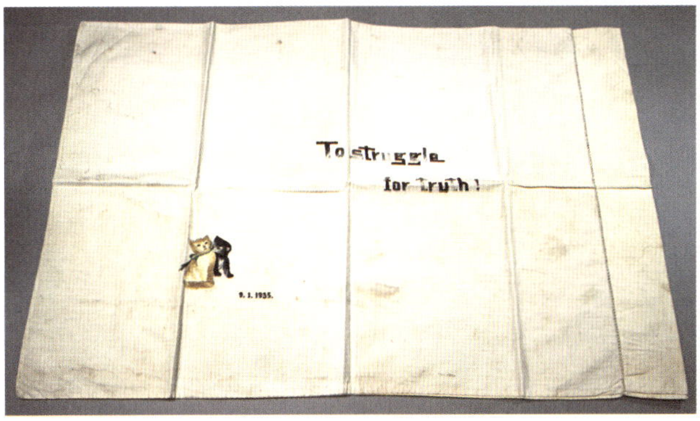

郭纲琳狱中在枕套上的刺绣“To struggle for truth！”

郭纲琳狱中在手帕上的刺绣“long live”

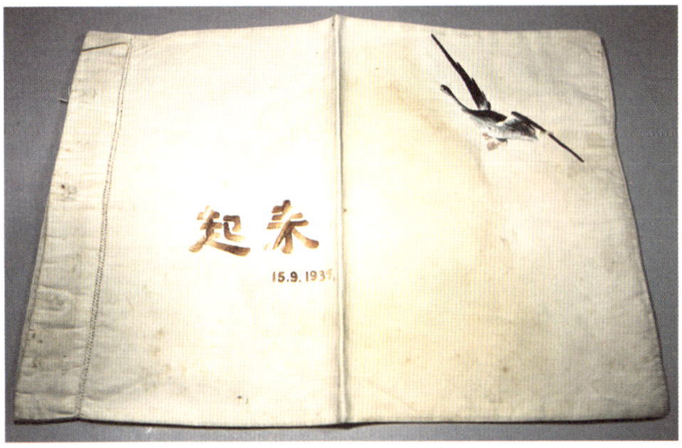

郭纲琳狱中在枕套上的刺绣“起来”和一只大雁

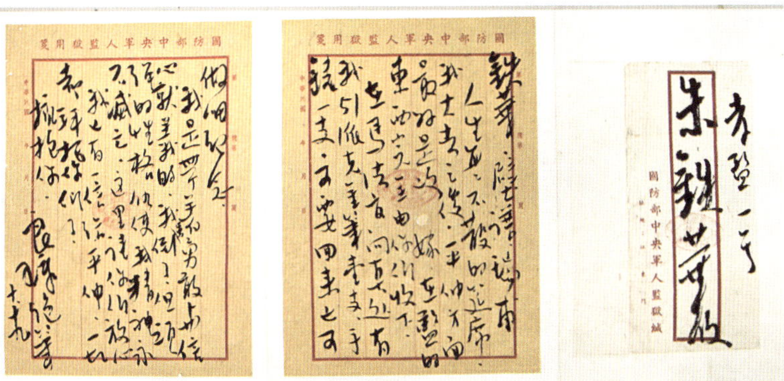

赵良璋的狱中绝笔

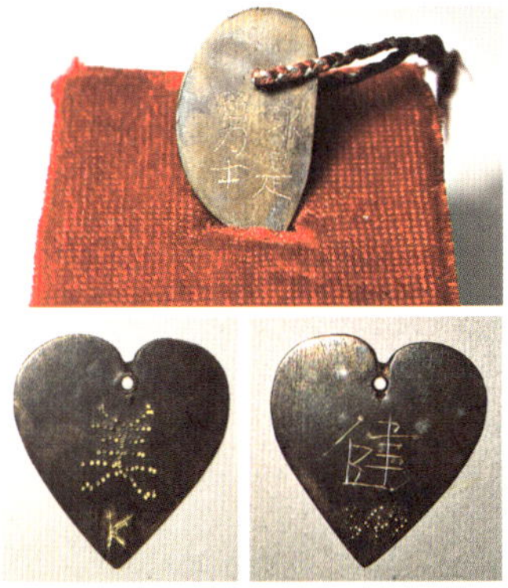

郭纲琳磨制的铜心、铜鸡心

工作，是著名的北平五烈士之一。1948 年 10 月烈士在国民党中央军人监狱临刑前写给友人的绝笔信。信中写道：“我是带着勇敢与信心就义的，我虽倒了，但顽强的性格仍使我的精神永不灭亡！”充分表现了革命志士视死如归的浩然正气。

赵良璋的皮夹克

9. 赵良璋的皮夹克。

1948 年 10 月，赵良璋烈士就义前，从身上脱下了这件皮夹克，赠给同狱难友朱铁华留作纪念。朱铁华是在赵良璋烈士的感召下参加革命活动的，同案被捕后，受到烈士的掩护。这件皮夹克凝聚着赵良璋烈士对革命战友超越生死的革命情谊。

10. 骆何民致妻信。

骆何民烈士曾担任过《国民日报》《开明日报》编辑等职。1946 年在上海从事《文萃》杂志的印刷出版工作。1948 年 10 月在雨花台被敌人活埋。这封信是烈士就义前写给妻子费枚华的。信中写道：“永别了，望你不要为我悲哀，多回忆我对你不好的地方，忘记我，好好照料安安（烈士之子），叫他不要和我所恨的人妥协”。这封信表现了烈士宽广的革命情怀和与敌人斗争到底、决不妥协的坚强决心，以及对后人殷切的革命嘱托。

11. 晋夫的笔记本。

晋夫烈士曾经担任过晋冀鲁豫军区第八纵队参谋处长等职。1948 年 10 月，代替胡耀邦同志赴国民党第三十军接洽起义工作，被戴炳南出卖，起义失败，被敌杀害。该文物是晋夫烈士在延安整风运动期间亲手写下的日记。日记内容真实生动地揭示了延安整风运动在烈士心灵深处激起的回响，其中写道：“只要有个人的私图，即使很小的一点私图，那你在工作中就不能与党的利益做到相融洽。”“改正错误也要有冲锋精神，没有这个‘冲锋’，即突不破思想上的难关，那么仍然得不到真正的愉快。”表明了一个共产党员严于律己，追求真理的自觉革命精神。日记中还记录了一些有关延安整风运动的鲜为人知的史实。

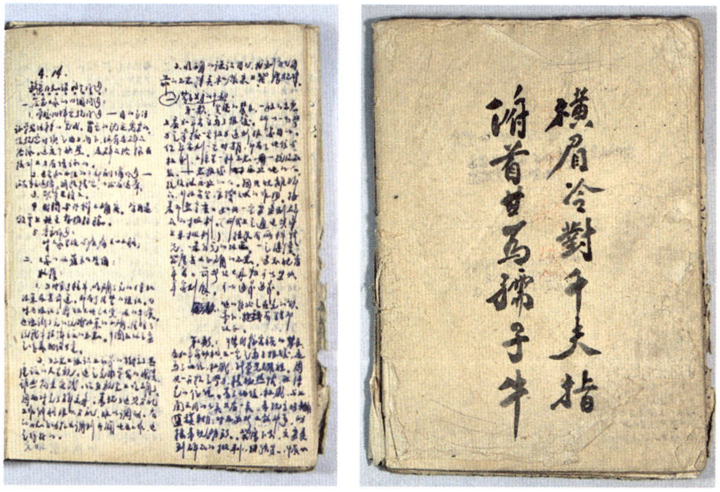

晋夫的笔记本

12. 邓中夏抄字本。

邓中夏烈士小学时代的抄字本。邓中夏是我党创始人之一，曾任中央委员等职。此抄字本是 20 年代以前的，年代较远，又是独一无二的。

13. 贺瑞麟的《死前日记》。

贺瑞麟同志曾担任过共青团南京市委委员，及南京市军委委员等职。该文物为贺瑞麟烈士 1928 年 9 月 28 日至 10 月 5 日

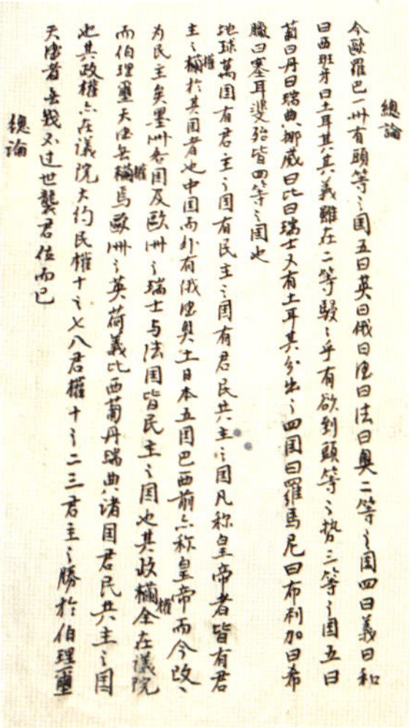

邓中夏的抄字本

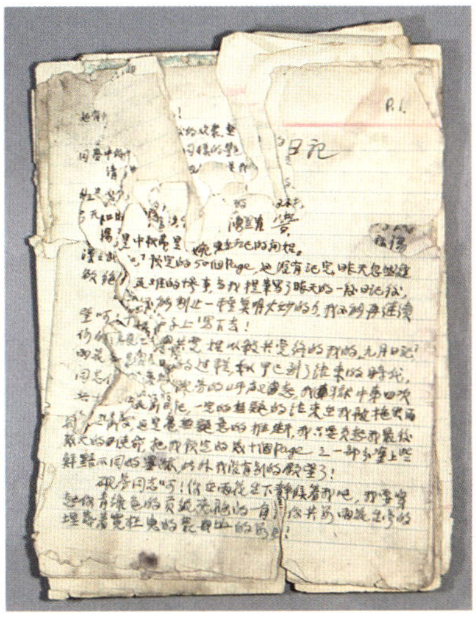

贺瑞麟的《死前日记》

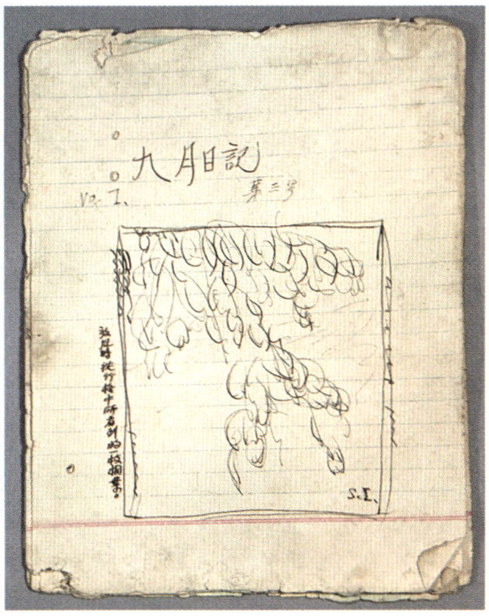

贺瑞麟狱中的《九月日记》

在狱中写下的日记，10 月 6 日贺瑞麟在雨花台就义。日记从一个当事人的角度真实地揭露了革命志士的铁窗岁月。是革命志士在敌人监狱里生活斗争的真实罕见的记录。该日记曾署名“死前日记”在《红旗飘飘》上全文发表。贺瑞麟的《死前日记》和《九月日记》的捐赠人刘德超是贺瑞麟烈士的同狱难友。烈士的日记是刘德超从狱中带出来的。

14. 贺瑞麟狱中的《九月日记》。

该文物为贺瑞麟烈士 1928 年在狱中写下的日记。记录了贺瑞麟在狱中的所见、所闻、所思、所想，是罕见的记录狱中生活、狱中斗争的珍贵资料。日记从一个当事人的角度真实地揭露了革命志士的铁窗岁月。

15. 谢士炎的狱中诗。

谢士炎烈士，中共特别党员，曾任国民党第十一战区长官部少将处长等职。秘密从事革命情报工作，是著名的北平五烈士之一。1948 年谢士炎在国民党中央军人监狱里写下狱中诗一首：“人生自古谁无死，况复男儿失意时，多少头颅多少血，续成民主自由诗。”此诗充分表现了烈士坚贞不屈，视死如归的革命气概。

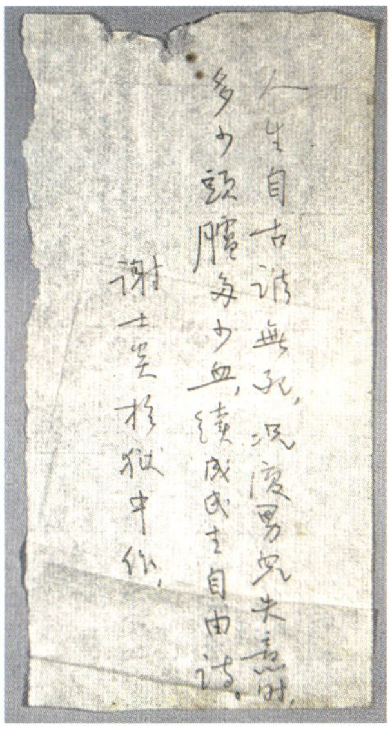

谢士炎的狱中诗

16. 卢志英被捕时被敌人撕坏的上衣。

卢志英烈士早年参加革命，曾多年在甘肃、江西、贵州、上海、南京等地从事革命工作。担任过苏北联合抗日部队副司令员兼参谋长。抗战胜利后，负责沪、宁、杭沿线的革命情报工作。1947 年卢志英被捕后，敌人到他家中搜查，撕破了这件上衣的背缝，企图从中找到党的文件。这件撕破的上衣，生动形象地反映了白色恐怖下革命斗争最惊心动魄的一幕。该文物具有重要价值。

卢志英使用过的挂表

卢志英被捕时被敌人撕坏的上衣

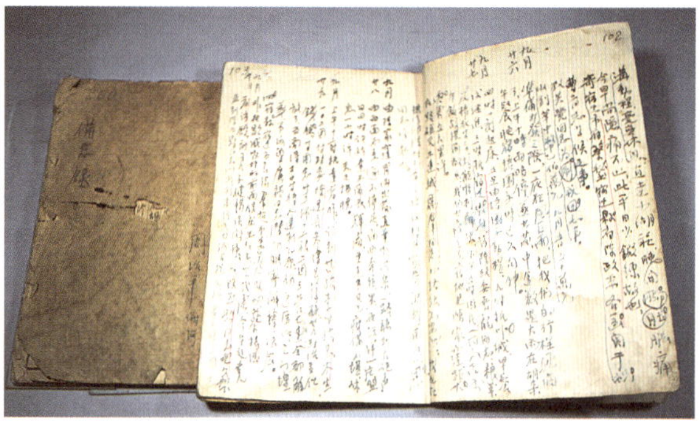

周镐日记

17. 卢志英使用过的挂表。

该挂表是卢志英烈士生前使用过的挂表。这块挂表一直伴随着烈士从事艰苦卓绝的革命斗争，是烈士革命活动的历史见证。

18. 周镐日记。

周镐烈士，黄埔五期学员，中共特别党员，曾担任中共中央华中局京、沪、徐、杭特派员，负责对国民党军队的策反及情报工作。公开身份为国民党中统南京站站长。其真实身份很久以后才得以澄清。这两本日记记录了周镐烈士在淮海战役期间从事策反工作的艰苦环境和为人民解放事业斗争的决心。其中详细记载了周镐烈士在当时往返于解放区与敌占区，与国共两军高级将领接触会见的情况。该日记对研究淮海战役史具有重要价值。

三、历年征集

1950 年 6 月 16 日，初建的陵园筹备处接到中央人民政府政务院发出《为征集革命文物》令后，立即成立了烈士史料调查组，6 月 29 日，南京市兴建烈士陵筹备委员会发表了“征集在宁牺牲之革命烈士事迹”的启事，开始在全国范围内广泛征集革命烈士资料和文物。烈士史料调查组设计印制了求征表格发往全国各地。时间不长，烈士陵园以捐赠为主渠道收到许多烈士资料和烈士遗物。这其中被鉴定为省一级文物的有：1951 年郭纲琳烈士的哥哥郭纲伦捐赠的郭纲琳在狱中的刺绣及用铜元磨制成的铜心和铜鸡心；晋夫烈士的妻子贾峰赠送的晋夫 1942 年在延安整风时所写的日记等等。中央组织部在收到史料调查组的征集函后，于1953年将郭纲琳、侯绍裘、何宝珍、马克昌等47位烈士的资料转来陵园。到了1957年底陆续征集到恽代英、史砚芬、陈原道等399位烈士资料，郭凤韶等烈士遗物113件，烈士遗像99张，国民党反动罪行照片37张。

1958年，为了更好地开展史料征集工作，陵园管理处根据几年来的工作实践，又重新研究了征集烈士史料的范围、征集内容和征集办法。征集范围定为1921年中国共产党成立起至1949年南京解放时为止，历次国内革命战争和抗日战争时期，全国各地在南京牺牲的革命先烈的史料和有关文物。而且在史料方面，不论全国各地的革命志士，只要被反动派逮捕押解南京英勇牺牲的都在征集范围内。同时在征集内容上，不单纯征集烈士本身的史迹和遗物，凡有关南京地区革命斗争的史料，反动派统治南京时期的反动罪行资料亦在征集范围之内。征集方法采取捐献、移交、价让、暂借复制等四种。开展征集工作时，采取“重点专案征集与全面普查相结合”，专业部门调查与发动群众普查相结合的办法。为了把征集工作做到实处，首先对本市凡掌握有南京地下革命斗争时期文献、档案材料及敌伪档案和解放前报刊、图书等资料的单位进行普查。其次派员去外埠调查、收集。这一年共征集到烈士遗物51件、烈士遗像3张、有关资料照片119张。

陵园管理处通过不断地总结经验，进一步认识到烈士史料和有关文物的征集、整理、编纂、陈列等工作是相互关联的几个方面，工作目的是以革命先烈的光辉形象和革命史迹对广大群众进行革命传统教育和共产主义理想教育。在整个工作过程中，做到“广泛征集、正确整理、陈列生动感人。”

1959年，为庆祝南京解放十周年和“建国十周年”，在南京市和外埠广泛地开展烈士史料及有关文物的调查收集工作的基础上，陵园又对重要的资料进行编写整理、并有重点、有条件地扩大烈士史料的陈列。全年赴外埠调查6次、历时78天。分别到上海、北京、松江、苏州、无锡等9个市县进行烈士史迹、遗物的调查收集。南京市内曾去省公安厅、市公安局、省博物馆、市文物保管委员会、南京图书馆、市委组织部等有关单位收集烈士史料。共征集到烈士遗物103件、烈士遗像29张、有关照片资料112张。

1960年，烈士陵园史料股通过整理烈士档案，编写了被害烈士大事记和调查访问线索1125条。为以后进一步外调征集资料打下了较坚实的基础。全年共征集到烈士史迹资料20篇、有关资料50篇。1960年以后，通过专人调查、发信了解、订阅报刊和购买书籍等方法互相结合进行收集史料，至1966年上半年共征集到烈士资料127篇、历史资料112篇烈士遗物44件、烈士照片41张、资料照片134张。

“文化大革命”期间，由于开展政治运动，加之史料股的工作人员较少，无法进行正常的史料征集工作。

1971年烈士陵园根据市领导的指示，作重新开馆的准备工作，着重抓了烈士史料的审查和函调工作。对原陈列的烈士进行重新“审查”，经过三年的整理、布置，1974年雨花台烈士史料陈列室重新对外开放。陈列室恢复开放后，烈士陵园史料组根据轻重缓急，先后派员赴天津、苏州、徐州等地及市内有关单位调查征集。1975年共征集到烈士遗物3件、烈士资料照片和历史照片57

张、有关资料 62 篇。

党的十一届三中全会后，随着拨乱反正的形势发展，为进一步充实烈士资料，扩大烈士史迹宣传。1978 年史料组的同志和南京大学在雨花台烈士陵园管理处毕业实践的同学一起，曾先后赴 7 省、11 市、8 县进行外调，征集到烈士资料 247 份、照片资料 2441 张、遗物 1 件。1979 年选派 10 人次，分 5 批，先后赴辽宁、湖南、广西等 9 个省、11 个市、6 个县调查收集资料，征集到文字资料 59 篇、照片资料 85 张、烈士遗物遗著 87 件。1980 年 9 月对原陈列内容进行了一次较大的调整。共陈列 71 位烈士事迹，照片 242 张，文物 198 件。

1983 年 8 月省政府发出《关于保护中山陵园、雨花台烈士陵园的布告》，雨花台烈士陵园中心纪念区的建设由此拉开了帷幕。围绕新馆的陈列布置，1984 年起又在全国范围内展开了一次较大规模征集烈士史料的工作。通过到当地的档案馆、图书馆、公安部门、科研部门查阅档案以及访问烈士生前战友、难友和亲属来征集史料。至 1996 年共征集烈士照片 417 张、烈士资料 290 篇、遗物（原件及复制件）186 件。

1989 年至 1997 年纪念馆史料征集工作，主要以函调为主，辅之以外调征集。1995 年以后，纪念馆加大史料征集工作的力度，在改善、提高文物史料的保管条件与水平的基础上，设立了向捐赠者颁发《文物珍藏荣誉证》的制度，史料征集工作出现了新的局面。当年就征集到周镐、丁行等烈士的手迹、实物原件 51 件。从 1989 年至 1997 年，纪念馆共征集到烈士资料 375 篇、烈士照片 215 张、遗物 90 件。

1998 年围绕纪念馆陈列改造工程，烈士陵园通过新闻媒体、因特网，在全国范围内深入开展“人民不会忘记”——雨花台烈士陵园再次征集烈士史料活动。征集对象为 1927 年至 1949 年 4 月在雨花台（特殊情况扩展到南京）牺牲的革命烈士，征集范围为烈士生平简介、烈士遗物、文物、线索以及有关资料；征集方式实行多样化，有关烈士生平及其他线索，可以通过填表、信函、电话（电报）、面谈等方式，遗物、文物等，分捐赠、寄存、收购交换等方式；对新征集文物的拥有者，发放纪念证书，对经济价值较大的文物，酌情给予适当的经济补偿；活动时间截止到 1988 年底。这次活动受到各地领导、党史办、方志办、民政部等党政部门，各地老龄委、烈士陵园、纪念馆、博物馆的同仁，特别是烈士的家属、亲友、生前战友、好友、老革命、老同志、大专院校的师生的热情关注，尤其是从中央到地方的各种新闻媒体，包括“人民日报”“中国青年报”“新华日报”“南京日报”等均在显著版面予以详细报道，大大增强了这次活动的影响力和辐射面。

在陵园管理局领导的指导下，纪念馆也相应采取多种措施，大力提高全馆人员做好史料征集工作的认识，认真制定史料征集工作的规划，进一步加大了史料征集工作的力度。当年先后派出 16 批、34 人次赴北京、浙江、贵州等 15 省市征集烈士史料。由于全体征集人员的共同努力，共征集到烈士遗物 14 件（原件），其中包括邓中夏烈士求学期间用过的手炉 1 件、李治邦烈士从事革命活动时用过的皮箱、马灯、油灯各 1 件；烈士手迹 22 件（原件 3 件，共 3 页；复印件 19 件，共 38 页），其中包括丁行烈士从南京中央军人监狱寄出的家信 3 封，信中字里行间表达烈士对革命后代的关怀和期望，表现出烈士的革命英雄主义精神和乐观的生活态度；以及照片 65 张，图书杂志 54 册，报纸等各类资料 96 件，计 496 页。通过对这些史料的分析研究，进一步加深了对部分烈士革命生涯的了解，澄清了一些过去悬而未绝的问题，为陈列内容的编写提供了坚实可靠的依据。

2001 年 4 月，在庆祝建党八十周年，纪念馆开展“红色追踪”史料征集活动，将史料征集的范围拓展至烈士子女的成长过程和人生经历，旨在通过两代人在革命与建设的不同历史时期的生命足迹，从一个侧面揭示党的八十年辉煌历程，显现出无数共产党人为了民族振兴、国家富强、人民幸福前仆后继忘我奋斗的历史。

此次活动，主要采取函调的方式进行。在活动的进行过程中，烈士子女热情回应，纪念馆先后共收到烈士亲属反馈共 21 份，其中含生活、工作照片 91 张，获奖证书（复印件或照片）50 份，简历 16 份，其他资料 18 份。中央、省市众多新闻媒体对“红色追踪”活动给予了关注。《扬子晚报》进行了系列报道。

为进一步扩大“红色追踪”活动的影响，陵园管理局和南京电视台《社会大广角》节目联合推出“红色寻踪”之旅，分 2 组奔赴北京、上海、兰州、徐州等地，追踪寻访烈士子女的成长历程，同时，也征集到烈士简历 2 份，照片 14 张，资料 3 份。“红色追踪”活动不仅大大扩大了雨花台的社会影响，加深了与烈士亲属的联系和感情，纪念馆也积累了大量的资料。

近年来纪念馆有两次较大规模的史料征集，一次是 2008 年由纪念馆通过《现代快报》牵头发动联系全国知名媒体共同举行的“寻访雨花台烈士亲人”的活动给史料搜集的带来了新的契机。《现代快报》从 3 月 13 日至 4 月 4 日不同版面的系列报道，《光明日报》《扬子晚报》《金陵晚报》《南京日报》《南京晨报》《解放军报》《成都晚报》《楚天都市报》等经过全国 20 多家主流媒体十几天的寻找，历时二十天，寻找到 48 位雨花台烈士的亲人，中央电视台新闻频道《共同关注》为此做了 25 分钟的专题节目，中央电视台新闻频道的《新闻会客厅》也做了两期总长 60 分钟的专题节目，同时 20 多家声像媒体、30 多家网络媒体、40 多家平面媒体都给予报道。此次活动中征集到烈士遗物 15 件，相关资料 36 件。

另一次是 2010 年利用纪念馆陈列改造之机，为了让馆内展出的烈士事迹更丰满，分北京山西山东、东北、两广两湖、苏南、西南、浙沪 6 组史料征集人员奔赴全国 17 个省市自治区、30 个县征集史料，展开了近年来规模最大的一次史料征集，这次征集史料 515 件，其中烈士遗物 9 件。

而当前随着多媒体的快速发展，口述史得到历史学家的关注与重视，口述史料也成为纪念馆史料征集的一个新形式。口述史料的价值可贵在于能够提供档案资料所没有的生动而丰富的历史真实细节，而烈士的后代、亲属正是口述史最好的征集对象。然而随着时间的推移，与烈士同时期的知情者甚至烈士的后代很多已去世，更多的正在老去，正在失去记忆。对于口述史料的抢救征集显得尤为迫切。

2016 年起，雨花英烈近亲属口述史征集活动正式启动。该项活动历时 3 年，完成了对陈原道烈士之子刘纪原、何宝珍烈士之女刘爱琴、施滉烈士之女施琦生、马克昌烈士之女马丽佳、罗登贤烈士之子罗伟民等 60 余位烈士亲属的采访，足迹遍布北京、山东、云南、广东等近 20 个省市，收集了较为丰富的口述资料，是对雨花英烈史料的一次补充和完善。与此同时，雨花英烈近亲属

口述史征集活动突破了传统的革命历史研究范式，更加关注雨花英烈亲属与雨花英烈、雨花英烈精神之间的关系，旨在深度挖掘雨花英烈更多感人事迹及其后代在传承精神、继承家风等方面的故事，进一步弘扬雨花英烈精神，教育和引导当代人。

四、馆藏艺术品

油画：《绝食斗争》
作者：苏天赐　创作时间：1987 年

油画：《示威游行》
作者：陈士和　创作时间：1987 年

油画：《决策》
作者：杨培钊　创作时间：1987 年

油画：《奔向光明》
作者：戴士和　创作时间：1987 年

油画：《怒斥叛徒》
作者：王垂　创作时间：1987 年

油画《辩诬》
作者：张颂南　创作时间：1987 年

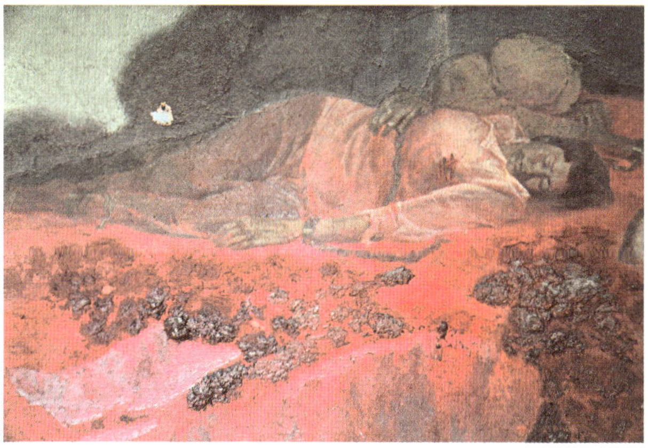

油画：《血沃大地》
作者：钱志林　创作时间：1987 年

油画：《负伤》
作者：施绍辰　创作时间：1987 年

油画《被捕》
作者：肖峰、宋韧　创作时间：1987 年

油画《在青年中间》
作者：沈行工　创作时间：1987 年

油画《就义》
作者：王靖国　创作时间：1987 年

油画《促膝谈心》
作者：秦大虎　创作时间：1987 年

油画《新闻尖兵》
作者：周长江、阮杰　创作时间：1987 年

油画《演说》
作者：恽圻苍　创作时间：1987 年

国画：坚松挺翠
作者：宋文治　创作时间：1992

国画：直上云霄
作者：魏紫熙　创作时间：1991年

第六节　烈士研究与学术出版

雨花台烈士陵园自建陵以来，一直注重烈士的研究与学术出版工作。现阶段对于雨花英烈的研究方向主要是烈士个人的生平研究与介绍，出版的图书大多是烈士的个人传记与生平，包括烈士书信、诗作、烈士文集、烈士图集的出版。

为了更好地研究运用和传承弘扬雨花英烈精神，推进雨花英烈的研究工作，雨花台烈士陵园管理局牵头发起、筹备成立雨花英烈研究会。目的是通过研究会这一平台，更好地团结、凝聚和组织南京地区乃至全国热心研究雨花英烈的专家学者及各界人士，对雨花英烈展开全面、系统、深入的研究。

2014 年 12 月，习近平总书记在视察江苏时指出，雨花台烈士的事迹“展示了共产党人的崇高理想信念、高尚道德情操、为民牺牲的大无畏精神”。为更好地贯彻习近平总书记讲话精神，雨花台烈士陵园管理局不断加深对雨花英烈的研究工作，继续深入弘扬烈士精神，全面推动烈士纪念工作的创新发展。

一、历年学术研究与出版物

（一）雨花台烈士陵园管理局独立出版的图书

1.**《雨花台革命烈士诗抄》**，南京雨花台烈士陵园管理处史料室编，花山文艺出版社 1982 年 5 月出版。

本书收录了 15 位烈士的 27 首诗词。这些诗词，是先烈们用鲜血和生命写成的。表现了共产党人英勇不屈的崇高品德和革命气节。在烈士诗的后面附有作者简介和诗的注释，为帮助读者更好的了解当年艰苦斗争情况，还收录了怀念先烈的文章。

2.**《雨花台革命烈士书信选》**，由陵园史料室编辑，江苏人民出版社 1983 年 4 月出版。全书

7万字，发行1.9万册。

本书收入牺牲在南京雨花台的二十一位烈士的四十七篇书信（包括血书、诀别信、绝笔。）均按原文发表，有的采用节录。附有每位烈士的遗照、手迹及生平简介。信中涉及的史实、人物和比较难解的词句，作了一些简要的注释。

3.《**雨花台革命烈士斗争纪实**》，由陵园史料室编辑，江苏少年儿童出版社1983年4月出版。全书共17万字，发行2万册。

为了缅怀先烈，教育后代，新中国建立以来，党和政府把雨花台开辟为烈士陵园，在雨花台的山冈上进行大规模的绿化造林，同时在全国范围内广泛征集烈士史料。烈士当年战友、同狱难友及亲属陆续提供了许多珍贵的资料。该书共收入有关恽代英、邓中夏、罗登贤、侯绍裘、卢志英等15位烈士的35篇回忆文章。

4.《**雨花台革命烈士书信选（一）**》，南京雨花台烈士纪念馆编，江苏少年儿童出版社1988年4月出版。

5.《**雨花台革命烈士书信选（二）**》，南京雨花台烈士纪念馆编，江苏少年儿童出版社1990年8月出版。

6.《**雨花台革命烈士诗抄**》，南京雨花台烈士纪念馆编，江苏少年儿童出版社1990年3月出版。

7.《**雨花台纪念碑廊墨迹**》，雨花台烈士陵园管理局编，江苏人民出版社1996年9月出版。中共中央总书记江泽民题写书名，中共江苏省委书记陈焕友作序。

此书收了我国当代颇有造诣的36位书法家为雨花台纪念碑廊所书写的全部内容，具有较高的艺术鉴赏价值。他们中不少都是耄耋之人，但笔端饱蘸深厚的缅怀之情，是献给革命导师、革命先烈的珍贵礼品。

8.《**雨花忠魂**》，雨花台烈士陵园管理局编辑，南京出版社1997年7月出版。该书系由南京市教委和南京出版社组织编纂的爱国主义教育基地丛书之一，全书共11万字，发行2.2万册。

9.《**金陵泣血雨花台**》，雨花台烈士陵园编辑，中国大百科全书出版社1998年8月出版。该书系中共中央宣传部主持编纂的爱国主义教育示范基地丛书之一。

10.“雨花英烈史料”丛书之《**雨花英烈家书**》，雨花台烈士陵园管理局编；南京出版传媒集团、南京出版社2016年7月出版。

家书作为中华文明的一个重要组成部分，承载着十分浓厚的历史和文化信息，是中华民族凝聚力及亲和力的体现。尤其是在战火纷飞的革命年代，往往蕴含着更为强烈的时代主题和历史沧桑。《雨花英烈家书》选取了张霁帆、成律等32位雨花英烈具有典型代表意义的70余封家书，从独特视角还原烈士们生活中的点点滴滴，展现其超越普通人的理想信念和责任担当。

11.“雨花英烈史料”丛书之《**雨花英烈文集**》，雨花台烈士陵园管理局编；南京出版传媒集团、南京出版社2016年9月出版。

雨花英烈集书生与战士这两种特质于一身，生前写下了许多文章，承载着他们的学识才华、思想感情和精神品质，给后人留下一笔珍贵的红色文化遗产。这些文章具有鲜明的时代特征，蕴含着中国革命的历史。他们留下的激扬文字鲜活如初，明见心志。《雨花英烈文集》展示了一代共产党人的信仰与追求、责任与担当、气质与情怀。本书选编了17位烈士50篇具有代表性的文章，揭示了他们思想发展的脉络，折射出他们壮丽的生命历程。

12.“雨花英烈史料”丛书之《**雨花英烈家书·2**》，雨花台烈士陵园管理局编；南京出版传媒集团、南京出版社2017年12月出版。

《雨花英烈家书·2》选取了28位雨花英烈具有典型代表意义的家书，展现了新民主主义革命时期时代背景下每一位烈士个体的思想演变和心路历程，反映了烈士们不同人生阶段的不同经历。

13.“雨花英烈史料”丛书之《**雨花英烈诗词**》，雨花台烈士陵园管理局编；南京出版传媒集团、南京出版社2017年12月出版。

《雨花英烈诗词》选编的28位烈士130多首具有代表性的诗词，揭示了在争取民族独立、人民解放的新民主主义革命历史进程中，特别是在1927年大革命失败后那段腥风血雨的日子里，他们坚守自己的信仰，经受各种革命斗争的考验。他们用诗词抒发革命者的豪情壮志，用诗词来宣传群众发动群众；在阴森灰暗的牢狱中，他们用诗词来激励斗志，瞩目未来；面对敌人的屠刀，他们用诗词怒斥顽敌，表现了对人民的赤胆忠心。

14.“雨花英烈史料”丛书之《**雨花英烈日记**》，雨花台烈士陵园管理局编；南京出版传媒集团、南京出版社2017年12月出版。

本书编录了张应春、贺瑞麟、朱建国、晋夫和周镐5位雨花英烈的日记，其中贺瑞麟日记、晋夫日记和周镐日记分别入选江苏省珍贵档案文献。这些日记分别记载着雨花英烈不同的人生阶段，真实而鲜活地反映了当时的社会背景以及他们的生活和内心世界。

15.《**初心永恒——雨花英烈话语解读**》，雨花台烈士陵园管理局编著；南京出版传媒集团、南京出版社2018年8月出版。

本书以47位雨花台烈士的遗言、遗书和历史文献资料为基本素材，分救国救民立初心、奋斗奉献为初心、流血牺牲殉初心、殷殷嘱托留初心四个篇章，逐一展示烈士为中国人民谋幸福、为中华民族谋复兴的经典话语，通过对烈士心声的解读，展示党的初心的渊源根由、深刻内涵、实践形式、重大作用和现实意义，引导人们深刻认识党的初心，永远不忘党的初心，忠实践行党的初心。

16.“雨花英烈史料”丛书之《**雨花英烈狱中斗争**》，雨花台烈士陵园管理局编；南京出版传媒集团、南京出版社2018年12月出版。

1927年国民党政权在南京建立后，采取了法律、行政、特务、军事等一系列手段残酷镇压革命活动，改建、扩建和新建了各式监狱，以关押、摧残革命者。全国各地被捕的共产党人和革命志士被押解到南京审讯、判刑，许多人遭到监禁、杀害。邓中夏、恽代英等雨花英烈就曾被关押于国民党首都卫戍司令部（南京宪兵司令部）看守所、国民党中央军人监狱等地。本书收录了十余篇雨花英烈狱中难友、当年在南京国民党监狱中进行革命斗争的老同志的口述和自述回忆材料，节录、选编有关老同志公开出版的个人回忆录以及在刊物上发表的回忆文章，旨在以更全面、细腻的新维度展现雨花英烈在囹圄岁月中坚贞不屈、战斗不息的革命事迹。

17.“雨花英烈史料”丛书之《**雨花英烈日记·2**》，雨花台烈士陵园管理局编；南京出版传媒集团、南京出版社 2018 年 12 月出版。

《雨花英烈日记 · 2》编录的是吕惠生烈士的日记。日记记述的内容和当时革命斗争的进展、政治思潮的起伏以及社会背景的变迁都有紧密的联系。很多细节不仅是烈士生平的实录，也是复现烈士履历的极为重要依据，而涉及的一些时代印记，也可以作为重大历史事件的佐证或补充。

（二）雨花台烈士陵园管理局参与编著的图书

1.《**南京英烈**》第一辑，1987 年 2 月，由中共南京市委党史办与雨花台烈士陵园管理处合编，全书 28.5 万字，发行 9000 册。

本书收录新民主主义革命时期牺牲的烈士传记。立传对象为：1915 年 5 月至 1949 年 4 月在南京（含江宁、江浦、六合、溧水、高淳五县）工作、战斗过的，并于 1949 年 4 月前为革命献身的共产党、青年团、工会、民主党派、革命政权、军队的主要领导人，以及斗争事迹突出的党员、团员、民主人士、革命群众。1937 年 7 月 6 日以前牺牲的烈士传记，编入第 1 辑，这 1 辑共收入传 59 篇。

2.《**南京英烈**》第二辑，1989 年 3 月，由中共南京市委党史办与雨花台烈士陵园管理处合编。全书 28.5 万字，发行 9000 册。

主要收录抗日战争和解放战争时期在南京（含 5 县）牺牲和在南京从事过革命活动、牺牲在外地的烈士传记，其中有 4 篇因第一辑付印时未完稿，故收入本辑。本书共收传记 62 篇，传记后附《南京革命烈士英名录》，收录从党的创建时期到解放战争时期牺牲的烈士 202 名（已列传的烈士不入英名录）。

3.《**铁窗岁月——共产党人在南京狱中的斗争（1927–1937）**》，由中共南京市委党史办与雨花台纪念馆合编，东南大学出版社 1992 年 4 月出版。

监狱是共产党人和敌人斗争的特殊战场。第二次国内革命时期，共产党人和革命群众在监狱中的斗争，在中国革命史、中华民族的精神文明史上，都具有重要意义。而国民党反动统治中心的南京的狱中斗争，正是这一斗争的缩影。本书共分为概述、烈士传记、回忆录、诗歌 · 书信、文献资料和附录 6 个部分，通过大量鲜活的狱中斗争资料，展现革命同志对革命事业勇于献身的精神。

4.《**谭寿林文集**》，由中共广西贵港市党史办与雨花台烈士纪念馆合编，广西人民出版社 1993 年出版。

谭寿林是中国共产党早期的优秀党员，广西早期共产党组织的主要领导人之一，全国工人运动的重要领导骨干，同时又是党的思想文化战线上一名冲锋陷阵的英勇战士。他生前写下的大量革命诗文，是先烈留给我们的宝贵精神财富。本书选编了已发现的烈士从中学时期直到牺牲前留下的文稿共42篇，大体上按作文、政论、诗歌、小说四部分编排。还收录了部分烈士亲属、战友和有关同志所写的回忆文章，并附烈士传记和大事年表。

5.《**雨花神韵**》丛书，1997年6月，由雨花台烈士陵园与南京出版社共同编辑出版。丛书一套四册，为《雨花风光》《雨花风云》《雨花风物》《雨花风华》。全书50万字，发行1万套。

这套丛书全面介绍以雨花台为龙头的南郊风景区的秀丽风光和名胜古迹，充分褒扬革命先烈和爱国志士的奉献精神及崇高情操，非常富有教益。这既是一套介绍南京的旅游文化丛书，又是一部教育广大读者继承发扬革命传统的爱国主义教材。丛书的出版，将有利于进一步增进海内外炎黄子孙对南京的了解，有利于激发南京人民对家乡的热爱，有利于革命传统教育和爱国主义教育的开展，也有利于推动南京社会主义精神文明建设和社会主义物质文明建设的健康发展。

《雨花风光》，本书主要介绍以雨花台为龙头的南郊风景区之名胜景观和古今风貌，共编撰辑录了52篇文章和12幅彩色图片，按景点分布和旅游线路，将南郊风景区分为雨花台景区、菊花台景区、中华门景区、牛首山景区和祖堂山景区等五个部分。大体描绘出雨花之风光，集中荟萃了南郊之精华，读来引人入胜，可作导游之用。

《雨花风云》，本书以发生在雨花台及南郊地区的历史事件和风云人物为经纬，以革命先烈事迹和领导纪念活动为重点，共编选收入了45篇文章和12幅彩色图片。全书分上、中、下篇三部分，分别叙述了古今重大事件和主要人物；革命先烈英勇斗争事迹；中央领导悼念缅怀情景，以此勾勒出雨花风云的主要脉络。具有较强的史料价值，是进行爱国主义教育的生动教材。

《雨花风物》，本书集中荟萃了以雨花台为核心的南郊风景区的文物古迹和风土物产，共编撰辑录了近90篇文章和12幅彩色图片。全册分为遗址古迹探幽、陵墓石刻揽胜、寺庙塔宇寻踪、桥梁津渡觅古、古玩国宝掇英、革命文物撷珍、风情特产集萃等七个部分，全方位、多角度的将雨花风物连缀起来，形成鲜明的南郊特色，全面展示其古今风貌。

《雨花风华》，本书从吟咏雨花、讴歌先烈的众多诗词中，选编收入了160余幅诗词，并配以12幅彩色图片。全册分为历代名人诗词集萃，革命烈士诗词汇珍，战士亲友悼念诗选等三个部分，反映了以雨花台为中心的南郊风景区之历史轮廓，弘扬了爱国主义的豪迈情怀，其中不少诗词系首次披露，具有较强的资料性和可读性。

6.《**雨花忠魂图集**》，1999年6月，由雨花台烈士陵园管理局与江苏古出版社共同编辑出版。

本书分为曙光初现、碧血雨花（上、下）、民族忠魂、钟山风雨、建陵立碑、缅怀英烈、雨花新貌8章，共收入珍贵图片800幅。本书是有关南京雨花台烈士事迹的第一本大型画册。该书被评为1999年度江苏省“五个一工程奖”图书出版类一等奖。

7.《**雨花台烈士印谱**》，南京市鼓楼区文化局、雨花台烈士陵园管理局主编，王本兴篆刻，南京出版社2002年6月出版。

王本兴同志积30多年书法篆刻之经验，心怀对革命先烈的敬仰之情，历时3个月，刻成163方烈士姓名印，并钤印拓款，辑为一册，题为《雨花台烈士印谱》。出版这部既具传统艺术形式又富强烈时代精神的印谱，既给传统的篆刻园地增添光彩，也给广大群众铭记先烈英名，寄托缅

怀之情提供了很好的艺术载体。

8.《**南京当代人物大典**》（英烈卷），南京党史办、南京市民政局、雨花台烈士陵园管理局、南京市档案局共同编辑，中共党史出版社 2003 年 10 月出版。

本书是一部系统反映南京地区革命烈士生平业绩的大型典籍，时限上起 1921 年 7 月 1 日中国共产党成立，下迄 2002 年 11 月 8 日中国共产党第十六次代表大会召开之日。主要由烈士编、英名录和附录等部分构成。烈士编收录南京籍、在南京牺牲、为南京做出贡献且有一定知名度和影响的烈士生平简介和主要事迹；英名录收录列入所收范围的革命烈士基本简介；附录主要介绍纪念革命烈士的纪念场馆和设施。本书资料来源有历史档案、报纸期刊、权威著述、中共党史书籍以及文史资料等。

9.《**雨花魂**》，中共江苏省委党史工作办公室、中共南京市委党史工作办公室、雨花台烈士陵园管理局编；中共党史出版社 2015 年 2 月出版。

本书是一部反映雨花台革命烈士崇高精神的综合性图书，收录了 116 位雨花台烈士的革命事迹，展现了烈士们的壮丽人生和精神世界。全书分为铁肩道义、青春壮歌、长夜星火、清操冰雪四章，介绍了革命烈士的英勇事迹和伟大精神；同时，收录了部分烈士遗物的照片。

10.《**雨花英烈小传**》4 本，中共南京市委党史办公室、雨花台烈士陵园管理局与南京出版社共同编写 ,2015 年出版。

丛书以深受读者喜爱的四格漫画形式描绘了雨花英烈的英勇事迹，表现了中国共产党人和仁人志士以改造中国为己任、为实现民族独立、人民解放和国家富强，信仰至上、对党忠诚、舍生为民、勇于担当，最终实现共产主义的不懈努力和追求。

11.《**雨花台烈士传丛书**》系列，由省委党史工作办公室、南京市委宣传部、南京市委党史工作办公室和雨花台烈士陵园管理局联合编撰，江苏人民出版社正式出版。丛书计划为 100 名雨花台烈士作传，原则上一人一传，独立成书。书籍编撰以实事求是为原则，追寻烈士足迹，还原烈士们战斗一生的经历，勾勒一幅幅感天动地的英雄群像。

第一批 27 本烈士传记在 2016 年“七一”前夕由江苏人民出版社正式出版。其中，《晓庄十烈士传》是 10 位烈士的合传。包含：

《雨花台烈士传丛书——谢文锦传》，胡卓然著，江苏人民出版社 2016 年 6 月出版。

《雨花台烈士传丛书——侯绍裘传》，张国强著，江苏人民出版社 2016 年 6 月出版。

《雨花台烈士传丛书——陈君起传》，赵瑱著，江苏人民出版社 2016 年 6 月出版。

《雨花台烈士传丛书——贺瑞麟传》，梁成琛、王庆猛著，江苏人民出版社 2016 年 6 月出版。

《雨花台烈士传丛书——晓庄十烈士传》，王延光、闻慧斌著，江苏人民出版社 2016 年 6 月出版。

《雨花台烈士传丛书——夏雨初传》，顾永俊、夏家霖著，江苏人民出版社 2016 年 6 月出版。

《雨花台烈士传丛书——恽代英传》，虞建安、李兆娟、汪旭东著，江苏人民出版社 2016 年 6 月出版。

《雨花台烈士传丛书——高文华传》，张辉著，江苏人民出版社 2016 年 6 月出版。

《雨花台烈士传丛书——邓演达传》，张鹏斗著，江苏人民出版社 2016 年 6 月出版。

《雨花台烈士传丛书——李耘生传》，洪欣著，江苏人民出版社 2016 年 6 月出版。

《雨花台烈士传丛书——冷少农传》，谢崇禄、范祖贵著，江苏人民出版社 2016 年 6 月出版。

《雨花台烈士传丛书——朱务平传》，钱海峰、郑于光著，江苏人民出版社 2016 年 6 月出版。

《雨花台烈士传丛书——邓中夏传》，刘功成著，江苏人民出版社 2016 年 6 月出版。

《雨花台烈士传丛书——何宝珍传》，李琳琳著，江苏人民出版社 2016 年 6 月出版。

《雨花台烈士传丛书——顾衡传》，吴志斌、许祖云著，江苏人民出版社 2016 年 6 月出版。

《雨花台烈士传丛书——洪灵菲传》，张晓阳、孔繁勋著，江苏人民出版社 2016 年 6 月出版。

《雨花台烈士传丛书——许包野传》，王伟、官小娜、吕永明著，江苏人民出版社 2016 年 6 月出版。

《雨花台烈士传丛书——项英传》，曹荣著，江苏人民出版社 2016 年 6 月出版。

《雨花台烈士传丛书——袁国平传》，董恒峰著，江苏人民出版社 2016 年 6 月出版。

《雨花台烈士传丛书——邓振询传》，张新贵著，江苏人民出版社 2016 年 6 月出版。

《雨花台烈士传丛书——陶家齐传》，濮潇著，江苏人民出版社 2016 年 6 月出版。

《雨花台烈士传丛书——孙晓梅传》，鲍志华著，江苏人民出版社 2016 年 6 月出版。

《雨花台烈士传丛书——朱克靖传》，赵勤轩、康青星著，江苏人民出版社 2016 年 6 月出版。

《雨花台烈士传丛书——任天石传》，周燕、刘品玉、杨洪著，江苏人民出版社 2016 年 6 月出版。

《雨花台烈士传丛书——徐楚光传》，王平著，江苏人民出版社 2016 年 6 月出版。

《雨花台烈士传丛书——刘亚生传》，翟玉琢著，江苏人民出版社 2016 年 6 月出版。

《雨花台烈士传丛书——卢志英传》，吕胜梅著，江苏人民出版社 2016 年 6 月出版。

第二批 8 本烈士传记于 2017 年 12 月出版，包含：

《雨花台烈士传丛书——张应春传》，周敏著，江苏人民出版社 2017 年 12 月出版。

《雨花台烈士传丛书——刘重民传》，陆亚著，江苏人民出版社 2017 年 12 月出版。

《雨花台烈士传丛书——许金元传》，问增飞著，江苏人民出版社 2017 年 12 月出版。

《雨花台烈士传丛书——陈履真传》，郭照东著，江苏人民出版社 2017 年 12 月出版。

《雨花台烈士传丛书——蒋云传》，本书编写组编著，江苏人民出版社 2017 年 12 月出版。

《雨花台烈士传丛书——李得钊传》，刘江波著，江苏人民出版社 2017 年 12 月出版。

《雨花台烈士传丛书——骆何民传》，周冠军著，江苏人民出版社 2017 年 12 月出版。

《雨花台烈士传丛书——程履绎传》，胡卓然著，江苏人民出版社 2017 年 12 月出版。

第三批 8 本烈士传记于 2018 年 12 月出版，包含：

《雨花台烈士传丛书——文化震传》，郭淑文著，江苏人民出版社 2018 年 12 月出版。

《雨花台烈士传丛书——孙津川传》，肖振才著，江苏人民出版社 2018 年 12 月出版。

《雨花台烈士传丛书——朱杏南传》，本书编写组编著，江苏人民出版社 2018 年 12 月出版。

《雨花台烈士传丛书——徐全直传》，让东清、李晓云著，江苏人民出版社 2018 年 12 月出版。

《雨花台烈士传丛书——陈处泰传》，韩厉观著，江苏人民出版社 2018 年 12 月出版。

《雨花台烈士传丛书——周子昆传》，王辅一、张学亮著，江苏人民出版社 2018 年 12 月出版。

《雨花台烈士传丛书——吕惠生传》，施昌望、王敏林著，江苏人民出版社 2018 年 12 月出版。

《雨花台烈士传丛书——孟琇椿传》，闻慧斌、王延光、高萍萍著，江苏人民出版社 2018 年 12 月出版。

（三）雨花台烈士陵园管理局参与制作的电子出版物

1. 多媒体 CD《**碧血雨花**》，1998 年，雨花台烈士陵园管理局与江苏省出版总社共同编制。有中、英文两种版本，分为“雨花访古”“雨花忠魂”“雨花文萃”“雨花风物”“雨花新”五大栏目，包含若干子条目，共收录 1200 多幅珍贵照片，近 30 文字资料，30 分钟影视资料，80 分钟配音解说；设有人物检索、专题检索、地图检索、图片放大、图片浏览等多种电脑交互功能，全方位、多角度地展示了雨花台的文化、历史、人物和掌故。

2.《**雨花台风景区**》VCD，雨花台烈士陵园与南京中录音像公司联合摄制，中国录音录像出版总社 2001 年出版，南京中录音像公司行。该片全面展现了雨花台风景区内大自然的美景，历史文化的神韵，气势恢宏的纪念建筑，独树一帜的石文化、茶文化。

3.《**雨花魂**》VCD，中共南京市委宣传部、雨花台烈士陵园管理局、南京军区电视艺术中心、南京电视台联合摄制。南京音像出版社 2001 年 6 月出版发行。

（四）雨花台烈士陵园管理局参与制作的电视纪录片

1.《**碧血千秋雨花台**》，1996 年，中共南京市委宣传部、雨花台陵园管理局、南京电视台联合摄制。介绍建国 40 多年，特别是改革开放以来，雨花台烈士陵园场馆建设情况，同时也介绍了雨花台悠久的历史人文景观。

2.《**金陵盛景雨花台**》，1998 年，雨花台烈士陵园管理局摄制。该片用优美的画面全方位地介绍了雨花台几年来的建设发展历程，展现了雨花台作为革命纪念圣地与风景名胜区的独特风姿和隽永神韵。

3.《**雨花魂**》，8 集电视纪录片。1999 年，由中共南京市委宣传部、南京市雨花台烈士陵园管理局、南京军区电视艺术中心、南京电视台联合摄制。该片首次采用电视艺术手段，用大量珍贵的历史，多角度、多侧面、多层次地全面地回顾了雨花台革命烈士的英勇事迹。本片在雨花台牺牲的革命烈士的事迹中，精心筛选出 50 余位烈士的事迹，进行分类编排，并通过对二百余名雨花台烈士的亲人、战友的采访及各位烈士的实物、照片、日记、历史资料的展现，将许多革命烈士鲜为人知、震撼人心的动人事迹制作成《碧血雨花》《青年楷模》《群星灿烂》《巾帼英豪》《桃李争春》《剑胆悲歌》《血沃春华》《浩气长存》8 集电视片，叙述了烈士们的传奇般的经历和他们献身革命的思想形成及发展过程，讴歌了烈士们灵魂中最崇高、最美丽的东西，展现了他们在生与死的抉择时候，用鲜血与生命去追求真理的大无畏的英雄气概。2000年，在江苏省首届电视“飞天奖”的评选中，《雨花魂》被评为电视纪录片类一等奖。

4.《**雨花台**》5集电视纪录片，2011年，由中共中央党史研究室、中共江苏省委联合摄制，江苏省委党史办、江苏省广播电视总台、雨花台烈士陵园管理局联合承拍。纪录片选取了33名雨花台烈士的故事，从不同侧面揭示了中国共产党人为民族独立、人民解放、国家富强、人民幸福而舍生忘死、前赴后继的崇高精神，共分为《青春之歌》《红色恋情》《长夜星空》《清廉本色》《致未来书》5集。该片获得中国广播电视协会纪念建党90周年全国优秀纪录片评选委员会一等节目奖、中国电视艺术家协会“红旗飘飘九十年红色经典纪录片盛典系列活动”经典作品奖。

5.《**雨花档案**》12集微电影，2013年由雨花台烈士陵园管理局员工创作完成。

6.《**致未来书**》6集电视文献纪录片。《致未来书》由中央党史研究室、江苏省委联合出品，江苏省委宣传部、江苏省委党史工办和江苏广电总台联合摄制。摄制组赴云贵川湖广苏浙沪等18个省份及俄罗斯、美国、德国、法国有关档案馆和图书馆，挖掘出一批此前鲜有披露的烈士书信、手迹、档案。该片旨在通过对雨花台烈士的遗书、信件和文物的披露和解读，为观众讲述烈士们生前鲜为人知、感人至深的故事，让人们深刻感受到烈士们崇高精神的强大震撼和无穷感召，让雨花英烈精神照亮人们的心灵，共分为《无悔选择》《挺立潮头》《疾风劲草》《人民如天》《热血忠诚》《无尽梦想》6集。

二、南京雨花英烈研究会

2014年12月，习总书记视察江苏时发表重要讲话，指出要注意用好用活丰富的党史资源，使之成为激励人民不断开拓前进的强大精神力量。2015年初，省委常委、市委书记黄莉新，市委常委、市委副书记龙翔，市委常委、宣传部长徐宁，分管副市长胡万进等市委市政府领导先后来雨花台调研，就贯彻习近平总书记讲话精神提出了明确的要求，也明确由雨花台烈士陵园管理局牵头发起，筹备成立研究会。通过搭建研究会这一平台，旨在更好地团结、凝聚和组织南京地区乃至全国热心研究雨花英烈的专家学者及各界人士，对雨花英烈展开全面、系统、深入的研究；开展系列学术活动，汇聚研究成果；加强与兄弟社团之间的学术交流；扩大宣传教育的覆盖面和影响力。

通过多方咨询商议，由雨花台烈士陵园管理局发起，牵头成立了研究会筹备组，并先后召开多次筹备会，对各项筹备工作实行分工负责，多次就筹备、成立研究会的有关法律、法规以及筹备材料、申请程序等问题，走访咨询市社科联、市民政局等相关单位。2015年6月，筹备组向南京市社科联和民政局递交《关于筹备成立南京雨花英烈研究会的申请》和其他申请材料。8月初，南京市社科联表示，“同意作为本社团的业务主管单位并承担相应职责”。8月5日，南京市民政局发文《关于同意南京雨花英烈研究会筹备的通知》[宁民社筹字第（2015）20号]。此后，雨花台烈士陵园管理局拨付启动资金，筹备组抓紧做好开户验资、联络会员、落实住所、准备资料、

召开成立大会等各项筹备工作。在雨花台烈士陵园管理局和相关专家学者的积极倡议下，筹备组及时总结和归纳各单位和各方人士的意见和建议，并加强与其他几位发起人联系，研究筹备工作和相关问题。

为保证组织机构结构合理，人员构成科学，筹备组做了大量的调研工作，收集相关资料，对所有人员资料进行归纳分类和分析，经过反复酝酿、筛选，确定了一定数量的候选人，并就候选人是否愿意、能否担任研究会会长、副会长等事宜，征询了本人意见和组织部门意见，及时调整修改方案。为了充分发挥国内著名党史党建专家学者的优势，促进研究工作的切实开展，筹备组与部分专家学者进行深入沟通，并邀请其担任研究会的顾问。同时，研究会在筹备过程中得到了各方面的支持和关心，并邀请省市相关部门领导和烈士亲属代表担任顾问。

为了吸纳一批热心雨花英烈研究的专家学者参与研究会第一届理事会，筹备组在理事推荐人选的取舍上尤为慎重，既考虑到理事推荐人选的年龄和专业结构，也考虑到他们所在的领域和部门，结合理事会拟下设的史料研究中心、宣传教育中心和文艺创作中心的需要，首届理事会最终拟定理事推荐人选 57 名，分别来自于省市职能部门、驻宁高校、社科院所、新闻媒体、文艺战线及烈士亲属代表等等。从人员构成上看，职能部门约占 20 %、科教系统约占 41 %，雨花台研究人员约占 23 %、烈士亲属代表约占 8 %、新闻媒体、文艺战线约占 8 %，确保了人员构成的广泛性和代表性。

时任南京师范大学马克思主义学院院长、教授、博导王跃担任会长；南京市雨花台烈士陵园管理局副局长黄莹，时任南京大学马克思主义学院副院长、教授、博导王建华，时任江苏省委党校党建部副主任、教授、硕导张加华，原南京社科院文史所所长、教授赵德兴担任副会长；时任雨花台烈士纪念馆馆长向媛华担任秘书长。

2015 年 9 月 29 日下午，南京雨花英烈研究会成立暨一届一次理事会议正式召开。3 年来，研究会已举办“雨花英烈精神及其当代价值”学术研讨会暨雨花英烈研究会 2016 年学术年会、“雨花英烈精神与中国共产党人初心”研讨会、“纪念陈原道烈士牺牲 85 周年”学术座谈会、“雨花英烈精神与新时代新征程”学术研讨会暨雨花英烈研究会 2018 年学术年会等学术活动，广泛邀请中央、省、市专家、学者，就相关主题进行广泛交流和深入探讨，分享最新研究成果，进一步深化雨花英烈研究，促进雨花台红色文化创新发展，为大力弘扬雨花英烈精神提供了深厚的学术支撑。

三、雨花台红色文化研究院

雨花台红色文化研究院（简称雨花台红色智库）是中共南京市委宣传部主管，雨花台烈士陵园管理局主办，“局库”一体的实体型新型智库。致力阐述习近平总书记概括的雨花英烈精神，即“崇高理想信念，高尚道德情操，为民牺牲的大无畏精神”，研究工作坚持理论性和应用性相结合，坚持微观研究与宏观研究相结合，立足南京，聚焦雨花台红色文化的阐述、传播、践行，面向全国红色文化建设的战略、政策、规划，为党和国家以及地方党委政府提供红色文化建设的决策咨询服务，努力成为全省第一、国内领先的中国红色文化新型高端智库。

为了筹备成立雨花台红色智库，2018 年 7 月，雨花台相关人员分别拜访省、市委宣传部领导，了解市委宣传部对于市级重点智库建设的具体安排情况，并了解到省级智库建设的一般路径以及省级重点培育智库的许可条件，为雨花台红色智库建设提供了一种顶层式的工作思路；同时，赴侵华日军南京大屠杀遇难同胞纪念馆调研智库建设情况，学习其省级智库的经验教训，形成对雨花台红色智库建设具体的意见和建议；7 月底，相关人员赴南京大学中国智库研究与评价中心调研智库建设情况，双方达成了初步合作的意向，中心愿意为智库建设设计咨询报告提纲，并表示条件成熟时可签订相关合同。为提升雨花台红色文化智库的社会影响力，雨花台烈士陵园管理局也考虑与南京大学中国智库研究与评价中心、光明日报社开展三方合作。在调研雨花台红色智库建设的过程中，相关人员着手筹划智库建设方案，根据雨花台红色文化发展的实际情况，考虑智库的功能定位、管理团队和研究团队、体制架构、制度建设、课题设置等问题，形成了初步的智库建设方案。

2018 年 10 月 23 日，在雨花台烈士纪念馆召开智库筹建专家咨询会，邀请江苏省社科联研究室主任刘西忠、江苏省委宣传部社科规划办副主任汪桥红、侵华日军南京大屠杀遇难同胞纪念馆副馆长凌曦、南京市委宣传部理论处处长贺庆、南京市社科联科研处处长邓攀、江苏省委党史工办原副主任赵一心、南京师范大学马克思主义学院原院长、教授、博导，南京雨花英烈研究会会长王跃等相关单位领导专家，对智库的筹建工作进行讨论研究，为尽快推动雨花台红色智库的正式挂牌成立，提供了切实可行的建议和意见。

为进一步发挥雨花英烈精神在新时代党性教育和爱国主义教育中的重要作用，根据中央《关于加强中国特色新型智库建设的意见》和省委省政府《关于加强江苏新型智库建设的实施意见》指示，2018 年 11 月 21 日，中共南京市委宣传部研究决定设立雨花台红色智库，作为南京市首批重点新型智库。

12 月 22 日上午，雨花台红色智库揭牌仪式暨弘扬雨花英烈精神座谈会在南京举行。江苏省委宣传部部务委员赵金松，江苏省委党校常务副校长桑学成，南京大学党委常务副书记杨忠，江苏省委党史工办副主任吴逵隆，江苏省委党史工办原副主任赵一心，南京市委宣传部副巡视员鲍云海，南京市委党校副校长刘喜发，南京市委党史工办副主任方芳，南京大学中国智库研究与评价中心副主任、首席专家李刚，雨花台烈士陵园管理局局长赵永艳等领导和学者出席仪式。

2019 年 5 月 11 日上午，雨花台红色文化研究院多方战略框架合作签约及研讨活动在雨花台烈士纪念馆举行。光明日报社副总编辑、光明网总裁兼总编辑陆先高，光明日报社智库研究与发布中心主任、光明日报智库版主编王斯敏，江苏省委党史工办主任邢光龙，江苏省委党史工办副主任杨中华，中共南京市委常委、宣传部长陈勇，中共南京市委宣传部副部长王德生，南京市委党史工办主任徐春，南京市委党史工办副主任方芳，南京大学党委常务、党办主任、统战部长王云骏，南京大学中国智库研究与评价中心副主任、首席专家、教授李刚，南京师范大学马克思主义学院党委书记、研究员李前进，办公室主任曹希，雨花台烈士陵园管理局局长赵永艳等领导嘉宾参加了活动。

签约仪式上，在省市领导的见证下，雨花台烈士陵园管理局副局长杨永清代表管理局分别与光明智库、南京大学签约，与省市党史部门签约，与南京师范大学签约。会上，杨永清副局长正式宣读雨花台红色智库学术委员会人员名单，赵永艳局长为学术委员会委员代表发放聘书。在推进智库建设方面，南京市委常委、宣传部陈勇部长提出：一要提高政治站位，明确雨花台智库红色特质；二要聚集各方智慧，合作共建雨花台红色智库；三要强化学理研究，彰显红色文化咨政建言功能。

第四章 雨花英烈

雨花台是新民主主义革命时期中国共产党人和爱国志士的集中殉难地。在争取民族独立、人民解放的历史进程中，许多中华民族的优秀儿女，在这里壮烈地倒下，用生命为新中国的诞生铺平了前进的道路。

本章主要分为知名烈士、烈士名录、皖南事变三烈士、烈士诗词、烈士书信、烈士遗著、烈士回忆录、烈士名言、烈士故事等部分，以期全面展示雨花英烈的真实面貌和革命精神。

第一节 知名烈士

雨花英烈们来自全国20多个省市，家庭出身各有不同，多数受过良好的教育，其中不乏留洋的博士。他们牺牲时大多很年轻，平均年龄不足30岁，最小的才16岁。他们短暂的一生，体现了个人命运与国家、民族命运的叠合，他们的人生故事，映射出中国现代史的脉络。他们是民族精英、中华才子！

现将雨花台烈士纪念馆中陈列的主要烈士（共179位）的照片及生平经历，按照烈士牺牲时间先后，列述于后，供后人瞻仰学习。

张霁帆（1901—1926），化名张慕鸿，四川宜宾人，中共党员。1921年春考入川南师范学校。1922年5月加入中国社会主义青年团。1923年7月起先后任团成都地委代理书记、委员长。1924年8月加入中国共产党，11月任团南京地委秘书。1926年3月任中共豫陕区执委委员，8月任中国共产主义青年团豫区执委书记，为响应北伐战争，积极开展农民运动。1926年8月前往上海向党中央请示汇报工作后，搭乘火车返回河南，途经徐州车站时，被军阀孙传芳部逮捕，解来南京，不久牺牲。

张霁帆

金佛庄（1897—1926），原名金灿，字辉卿，浙江东阳人，中共党员。1918年考入保定陆军军官学校。1922年加入中国共产党。1923年出席党的三大。1924年春参与黄埔军校的创建工作，历任黄埔军校第一期学生队第三队队长、黄埔军校教导第二团第三营营长、国民革命军第一军第一师第二团党代表和团长、黄埔军校编制委员会常务委员等职。1926年任国民革命军总司令部参谋处副处长、警卫团少将团长，随北伐军攻克南昌等地。1926年12月受密令到上海、杭州等地，对直系军阀江浙地方部队开展策反工作，从九江乘轮船东下时，由于行踪泄露，在南京下关码头被

金佛庄

顾名世

成 律

赵文秀

吴光田

军阀孙传芳部逮捕，同月牺牲。金佛庄是中国共产党最早的军人身份的党员，也是最早牺牲于雨花台的烈士。

顾名世（1896—1926），江苏无锡人。黄埔军校第四期政治科大队区队长，北伐后任国民革命军中央警卫团上尉副官。1926年12月在南京下关码头与金佛庄同时被军阀孙传芳部逮捕，同月牺牲。

成 律（1901—1927），字辛六，又名应钟，湖南宁乡人。1925年考入东南大学。1926年夏任国民党南京市第一区党部第二区分部执行委员。1927年2月任国民党南京市第一区党部候补执行委员兼第二区分部常务委员。1927年3月军阀孙传芳部对东南大学宿舍进行搜查时，因查出进步书籍及党务书信被捕，同月牺牲。

吴光田（1907—1927），江苏松江（今属上海）人，共青团员。东南大学政治经济系学生。1925年加入中国共产主义青年团。1927年3月与成律同时被捕牺牲。

赵文秀（1904—1927），字俊升，化名赵益三，山东益都（今青州）人，中共党员。1924年春加入中国社会主义青年团。1925年1月转为中共党员。1926年初任津浦铁路浦口工务段党支部书记，创办工人夜校，4月任中国共产主义青年团南京地委委员。1927年3月在南京浦口领导工人武装策应北伐军，在对敌作战中牺牲。

谢文锦（1894—1927），原名用绣，又名鬓霞，浙江永嘉人，中共党员。1920年加入上海社会主义青年团 。1921年被派赴莫斯科东方大学学习。1922年在莫斯科加入中国共产党。1924年6月回国，任中共上海地方执行委员会秘书兼组织部主任。1924年12月创建中共温州独立支部。1925年任上海总工会总务科副主任。1926年2月任中共江浙区委委员，8月任中共南京地委书记。1927年4月10日夜参加中共南京地委紧急扩大会议时被捕，数日后牺牲。谢文锦是中共南京党组织第一次遭破坏时牺牲的主要负责人。

侯绍裘（1896—1927），字墨樵，江苏松江（今属上海）人，中共党员。1918年考入上海工业专门学校（前身为上海南洋公学，后并入上海交通大学）。1923年加入中国共产党。1925年8月任国共合作的国民党江苏省党部常务委员，9月任国民党江苏省党部中共党团书记。1927年3月任上海特别市临时市政府委员。1927年4月10日夜参加中共南京地委紧急扩大会议时被捕，数日后牺牲。

谢文锦

侯绍裘

张应春

刘重民

许金元

张应春（1901—1927），女，原名蓉城，字秋石，江苏吴江人，中共党员。1922年毕业于上海中国女子体育专门学校，后在松江景贤女子中学等处任教。1925年8月任国民党江苏省党部执行委员兼妇女部长。1925年11月加入中国共产党。1927年4月上旬到南京从事革命工作。1927年4月10日夜参加中共南京地委紧急扩大会议时被捕，数日后牺牲。

刘重民（1902—1927），原名刘盛宝，江苏江都人，中共党员。1922年考入金陵大学。1923年加入中国社会主义青年团。1924年加入中国共产党，年底任国民党中央上海执行部宣传部干事。1925年1月出席中国社会主义青年团第三次全国代表大会，9月任中共上海区委军委书记。1927年初任国民党江苏省党部执行委员、工人部长兼秘书长。1927年4月10日夜参加中共南京地委紧急扩大会议时被捕，数日后牺牲。

许金元（1906—1927），又名肖羊，江苏苏州人，中共党员。1923年考入杭州之江大学，同年加入中国社会主义青年团。1925年转为中共党员。1925年11月当选为国民党苏州市党部常务执行委员。1926年2月任中共苏州独立支部书记，8月任国民党江苏省党部委员。1927年春任国民党江苏省党部委员兼青年部长。1927年4月10日夜参加中共南京地委紧急扩大会议时被捕，数日后牺牲。

文化震

文化震（1902—1927），字雨龙，贵州贵阳人，中共党员。1922年考入东南大学。1925年加入中国共产党。1926年任中共南京地委委员、共青团南京地委书记、国民党南京市党部工人部长。1927年3月任南京总工会总务主任兼秘书主任。1927年4月10日夜参加中共南京地委紧急扩大会议时被捕，数日后牺牲。

陈君起

陈君起（1885—1927），女，原名陈墨云，又名陈振，江苏嘉定（今属上海）人，中共党员。1924年加入中国社会主义青年团，年底加入中国共产党，创建南京妇女问题研究会。1925年任共青团南京地委妇女委员。1926年任国民党南京市党部妇女部长。1927年任中共南京地委妇女委员。1927年4月10日夜参加中共南京地委紧急扩大会议时被捕，数日后牺牲。

钟天樾

梁　永

胡秉铎

顾　浚

钟天樾（1905—1927），原名钟正，字尧弼，四川永川人，中共党员。1924 年考入东南大学。1926 年加入中国共产党，曾任共青团南京地区城北支部书记。1927 年 3 月任南京总工会执行委员。1927 年 4 月 10 日夜参加中共南京地委紧急扩大会议时被捕，数日后牺牲。

梁　永（1904—1927），原名永坤，字精邦，山东东平人，中共党员。1925 年进入南京五卅公学学习，年底加入中国共产主义青年团。1926 年加入中国共产党，在南京从事工人运动。1927 年 3 月任南京总工会执行委员。1927 年 4 月 10 日夜参加中共南京地委紧急扩大会议时被捕，数日后牺牲。

谢　曦（？—1927），天津人，中共党员。早年就读于天津高等工业学校。1922 年加入中国社会主义青年团。1923 年底任团天津特支组织部主任。1924 年 3 月任团天津地方执行委员会候补委员，同年转为中共党员。1926 年 1 月任国民党天津市党部书记委员。1926 年 7 月参加北伐，任国民革命军第六军军官。1927 年 4 月 10 日夜参加中共南京地委紧急扩大会议时被捕，数日后牺牲。

胡秉铎（1902—1927），字鸣之，贵州榕江人，中共党员。1919 年考入贵州省立法政专门学校。1924 年 8 月考入黄埔军校第二期，年底加入中国共产党。1925 年任《青年军人》周刊总编辑、中国青年军人联合会负责人之一。1926 年任国民革命军第一军军部机要秘书、东路军总指挥部第一科上校科长、第一师政治部主任，隐蔽在国民党军中从事情报工作。1927 年四一二反革命政变后召集秘密会议时在南京被捕，不久牺牲。

顾　浚（1895—1927），又名顾嘉茂，四川宣汉人，中共党员。1921 年留学德国，开始接触马克思主义。1924 年春回国考入黄埔军官学校第一期，在校期间加入中国共产党。1927 年 1 月任南昌国民革命军宪兵团第一营少校营长。1927 年参加八一南昌起义，后受党的委派潜回南京从事地下活动，不久被捕，同年 8 月牺牲于南京。

朱如红

朱如红（1907—1928），江西赣县人，中共党员。1927 年加入中国共产党。1927 年冬在家乡组织农民协会，参与组织领导大埠农民武装斗争。1928 年 7 月由山东返回江西，途经南京时被捕，8 月牺牲。

史砚芬（1904—1928），又名余晨华，江苏宜兴人，中共党员。1927 年春加入中国共产主义青年团，不久转为中共党员，同年秋任共青团宜兴县委书记，10 月当选为共青团江苏省委候补委员。1927 年 11 月任中共南

史砚芬

王崇典

贺瑞麟

孙津川

京市委委员兼共青团南京市委书记。1928 年春任共青团江苏省委巡视员。1928 年 5 月在南京台城召集共青团中央大学支部会议时被捕，9 月牺牲。

王崇典（1903—1928），字彝文、逸文，安徽涡阳人，中共党员。1926 年考入东南大学（1927 年 6 月改称第四中山大学）。1927 年加入中国共产党，任第四中山大学党支部书记。1927 年 12 月任中共南京市委委员。1928 年 5 月因参加南京台城秘密会议被捕，9 月牺牲，年仅 25 岁。

齐国庆（1903—1928），安徽太和人，中共党员。1922 年考入南京河海工程专门学校。1924 年考入东南大学（1928 年 2 月改称江苏大学）。1927 年加入中国共产党。1928 年初任江苏大学党支部书记。1928 年 5 月因参加南京台城秘密会议被捕，9 月牺牲，年仅 25 岁。

贺瑞麟（1909—1928），又名何瑞林，江苏徐州人，中共党员。1925 年加入中国共产主义青年团，不久转为中共党员。1927 年 10 月任中共南京市委委员兼共青团南京市委书记，11 月任团市委组织委员。1928 年 3 月任团南京市委书记。1928 年 7 月因中共南京党组织遭破坏在南京焦状元巷 14 号的住所被捕，10 月牺牲。

孙津川（1895—1928），又名方淦，安徽寿县人，中共党员。1925 年 8 月加入中国共产党，年底任中共吴淞机厂特别支部书记。1927 年 3 月任上海铁路总工会委员长，11 月任中共南京市委职工运动委员。1928 年 3 月任中共南京市委书记，6 月在党的六大上当选为中央审查委员会委员。1928 年 7 月到南京下关黄泥滩开会时被捕，10 月牺牲。孙津川是中共南京党组织第三次遭破坏时牺牲的主要负责人。

齐国庆

姚佐唐（1898—1928），安徽桐城人，中共党员。1922 年春加入中国共产党，任中共陇海铁路徐州（铜山）站支部书记。1923 年参加京汉铁路工人大罢工。1924 年 6 月赴苏联莫斯科出席赤色职工国际第三次代表大会。1926 年参加北伐军，任国民革命军总司令部所属铁道大队副大队长。1928 年 7 月因中共南京党组织遭破坏后在上海被捕，解来南京，10 月牺牲。

姚佐唐

周不论（1903—1930），又名周宗玉，湖南醴陵人，中共党员。1922 年加入中国共产党。1925 年考入黄埔军校第五期。1927 年任中共湘东特

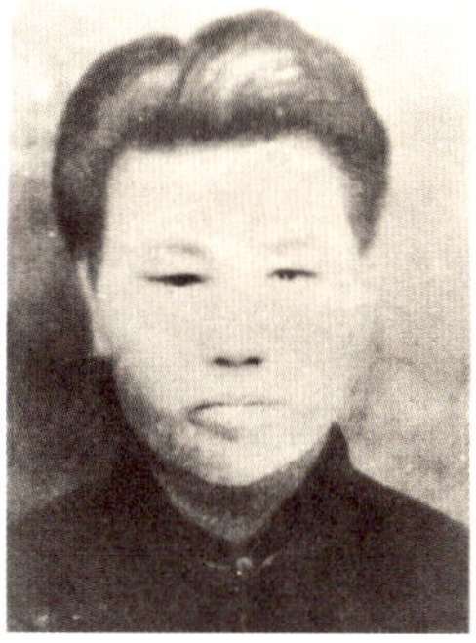
周不论

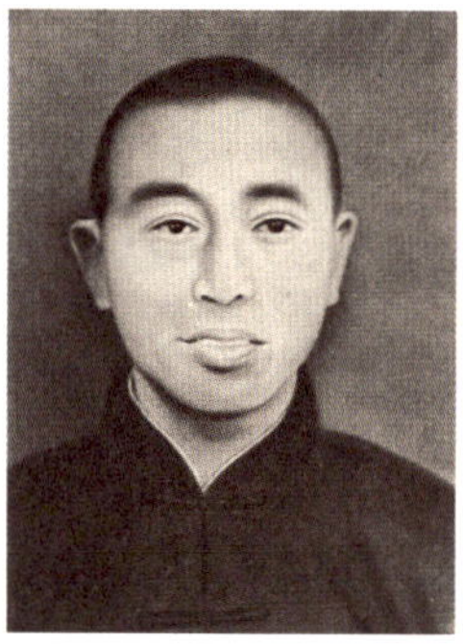
杨锡海

刘炳福

黄祥宾

委委员、醴陵县委委员兼南四区区委书记等职。1929 年 2 月被国民党当局通缉，身份暴露在南京被捕，1930 年 2 月牺牲。

李济平

杨锡海（1907—1930），江苏武进人，中共党员。1927 年加入中国共产党，曾任武进电气工会书记。1927 年 12 月因组织武进电气工人斗争被捕，解来南京，1930 年 4 月牺牲。

刘炳福（1901—1930），浙江平湖人，中共党员。1927 年加入中国共产党。曾任上海报界工会干事。1929 年春，随《中央日报》社迁至南京。5 月因发动报界工人罢工被捕，不久牺牲。

黄祥宾（1905—1930），江苏武进人，中共党员。1921 年考入无锡江苏省立第三师范学校。1925 年加入中国共产主义青年团，同年转为中共党员。1926 年秋考入东南大学。1930 年初任中共中央大学支部书记，2 月在校内发起成立南京自由大同盟。1930 年 8 月因暑期留校参加革命活动被捕牺牲，年仅 25 岁。

夏雨初

李济平（1908—1930），原名李维选，江苏江阴人，中共党员。1927 年初加入中国共产党，任中共江阴县委委员，6 月赴莫斯科东方大学学习。1928 年冬回国后任中共扬州县委负责人。1929 年底任中共江苏省委巡视员。1930 年 7 月任南京市行动委员会书记。1930 年 7 月在南京下关召开会议时被捕，8 月牺牲。李济平是中共南京党组织第六次遭破坏时牺牲的主要负责人。

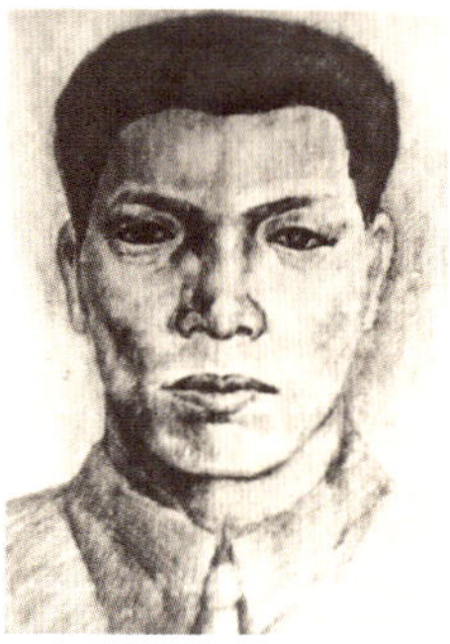
谭籍安

夏雨初（1903—1930），化名张建华、李兴国，安徽郎溪人，中共党员。1925 年考入中国大学。1926 年加入中国共产党。1928 年 4 月领导郎溪农民暴动。1929 年任中共上海沪西区负责人。1930 年任中共中央特派员、中共南京市委常委、南京市行动委员会委员。1930 年 7 月在南京下关召开会议时被捕，8 月牺牲。

谭籍安（1906—1930），湖北宜城人，中共党员。1926 年毕业于武昌琴园甲级农校。1927 年加入中国共产党。1930 年任中共南京市委委员

宋如海

陈继昌

李传夔

蒋宗銮

兼市委秘书。1930 年 8 月因中共南京市委机关遭破坏被捕，同年 8 月牺牲。

宋如海（1911—1930），山东济宁人，中共党员。1929 年加入中国共产党。1930 年 6 月任中共南京地下党组织下关地区交通员，7 月在参加南京党组织会议时被捕，8 月牺牲。

陈继昌（1906—1930），江苏吴县人，中共党员。大革命失败后加入中国共产党。南京电报局报务员。1930 年 7 月因参与发动电报局职工举行“反饥饿、反解雇”群众集会被捕，8 月牺牲。

李传夔（1906—1930），江苏吴县人，中共党员。毕业于上海电信学校。大革命失败后加入中国共产党。南京电报局报务员。1930 年 7 月因参与发动电报局职工举行“反饥饿、反解雇”群众集会被捕，8 月牺牲。

蒋宗銮（1904—1930），江苏吴县人，中共党员。毕业于上海电信学校。大革命失败后加入中国共产党。南京电报局报务员。1930 年 7 月因参与发动电报局职工举行“反饥饿、反解雇”群众集会被捕，8 月牺牲。

冯柏六

冯柏六（1909—1930），浙江上虞人，中共党员。毕业于上海电信学校。大革命失败后加入中国共产党。南京电报局报务员。1930 年 7 月因参与发动电报局职工举行“反饥饿、反解雇”群众集会被捕，8 月牺牲。

马名驹（1908—1930），江苏如皋人，中共党员。大革命时期加入中国共产党。1928 年 2 月考入晓庄师范。1930 年 4 月学校被国民党当局查封后转移到南京东洼子小学任教。1930 年夏因秘密印发革命传单在南京被捕，8 月牺牲，年仅 22 岁。

叶 刚

叶 刚（1908—1930），原名叶道生，浙江南田人，中共党员。1925 年加入中国共产主义青年团。1926 年转为中共党员。1927 年 2 月任中共南田独立支部组织委员。1928 年春考入晓庄师范，任中共晓庄师范支部委员。1930 年在中共南京市委宣传部工作。1930 年 7 月在策反晓庄国民党驻军时被捕，8 月牺牲，年仅 22 岁。

汤 藻

汤 藻（1908—1930），化名杨再生，江苏如皋人，中共党员。1927

沈云楼

冯菊芬

谭梓生

谭冰瓯

年初加入中国共产党。1928 年 2 月考入晓庄师范。1929 年秋在中山陵园区白马村创办乡村小学，后任南京东洼子小学校长。1930 年 7 月初因秘密印发革命传单在南京被捕，8 月牺牲，年仅 22 岁。

沈云楼（1913—1930），化名沈一山，江苏兴化人，中共党员。1929 年考入晓庄师范，不久加入中国共产主义青年团，后加入中国共产党。1930 年任中共南京市委秘密交通员。1930 年 8 月因中共南京市委机关遭到破坏而被捕，同月牺牲，年仅 17 岁。

冯菊芬（1910—1930），女，又名冯爱萍，江苏东海人，中共党员。1928 年加入中国共产党。1930 年 7 月到南京参与组建市军委机关，8 月因中共南京军委机关遭破坏被捕，9 月牺牲。

谭梓生（1897—1930），安徽旌德人，中共党员。1923 年加入中国共产党。1925 年考入上海法政大学。1927 年先后任安徽省旌德县县长、湖北通城县劳农政府副主席、湖南省茶陵县长。1930 年从安徽旌德到上海汇报工作时被捕，解来南京，9 月牺牲。

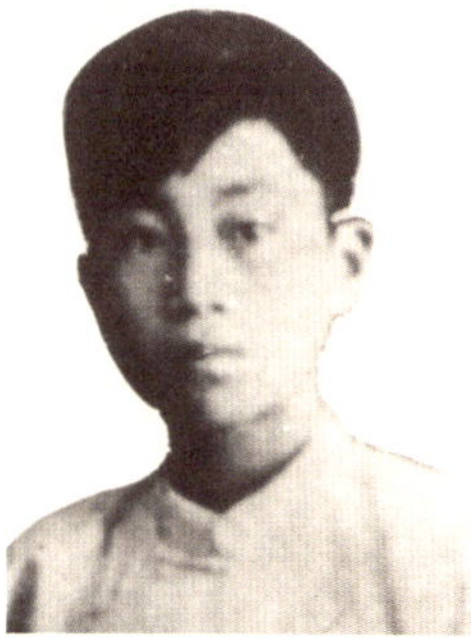
谭铁肩

何寒莺

谭冰瓯（1907—1930），安徽旌德人，中共党员。大革命时期加入中国共产党，在家乡秘密开展党的工作。1930 年跟随谭梓生从安徽旌德到上海汇报工作时被捕，解来南京，9 月牺牲。

谭铁肩（1911—1930），安徽旌德人，中共党员。大革命时期加入中国共产党，在家乡秘密开展党的工作。1930 年跟随谭梓生从安徽旌德到上海汇报工作时被捕，解来南京，9 月牺牲。

何寒莺（1908—1930），江苏常州人，中共党员。1927 年加入中国共产党，曾任共青团武进县委委员。1929 年在南京国民政府铁道部工作时，秘密从事党的通讯工作。1930 年 8 月因身份暴露在南京被捕，9 月牺牲。

吕国英（1907—1930），女，江苏沛县人，中共党员。1929 年考入上海中华艺术大学，在校期间加入中国共产党，任该校党支部宣传委员。1930 年夏因秘密从事革命工作在南京被捕，9 月牺牲。

黄瑞生（1904—1930），原名黄人祥，安徽六安人，中共党员。1918 年考入安徽省立第三甲种农业学校。1925 年考入北京农业大学，年底加入中国共产党。1926 年任北京农业大学农艺系中共暨共青团支部书记。1927 年调中共江苏省委工作。1928 年 11 月任中共南京市委宣传委员。

吕国英

黄瑞生

师集贤

姚爱兰

1929年4月任中共南京市委书记。1929年5月前往国民党中央军校开展工作时被捕，1930年9月牺牲。黄瑞生是中共南京党组织第四次遭破坏时牺牲的主要负责人。

师集贤（1899—1930），原名师道立，号露冷，陕西合阳人，中共党员。1924年毕业于上海大学。1929年在南京国民政府审计院工作。1930年加入中国共产党。1930年7月因提供情报和掩护同志在南京被捕，9月牺牲，年仅31岁。

姚爱兰（1912—1930），女，江苏六合人，共青团员。1928年考入晓庄师范。1929年加入中国共产主义青年团。1930年9月因学校被国民党当局查封后仍坚持斗争在南京被捕，同月牺牲，年仅18岁。

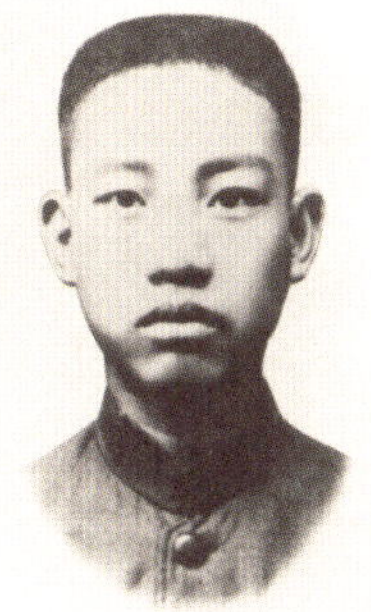
袁咨桐

袁咨桐（1914—1930），贵州赤水（现习水）人，共青团员。1929年考入晓庄师范，加入中国共产主义青年团。1930年任共青团晓庄师范支部书记。1930年5月、8月两次被捕，9月牺牲，年仅16岁。

石　俊（1907—1930），化名张惠如，江苏如皋人，中共党员。1927年初加入中国共产党。1928年2月考入晓庄师范。1929年任中共晓庄师范支部书记。1930年6月任中共南京市委委员。1930年7月在南京夫子庙组织集会示威时被捕，9月牺牲，年仅23岁。

石　俊

胡尚志（1907—1930），原名胡圣年，笔名楚子，湖北潜江人，中共党员。大革命时期加入中国共产党。1928年考入南京安徽公学。1929年3月考入晓庄师范。1930年春被党组织派往北平新农学校深造，晓庄师范被查封后赶回南京坚持斗争。1930年参加党组织地下革命活动准备工作时在南京被捕，9月牺牲，年仅23岁。

郭凤韶（1911—1930），女，浙江临海人，中共党员。1925年考入临海女子师范学校。1926年加入中国共产主义青年团。1929年秋考入晓庄师范，在校转为中共党员，年底参加中共南京市委宣传部工作。1930年9月为营救被捕同志，在南京下关火车站被捕，同月牺牲，年仅19岁。

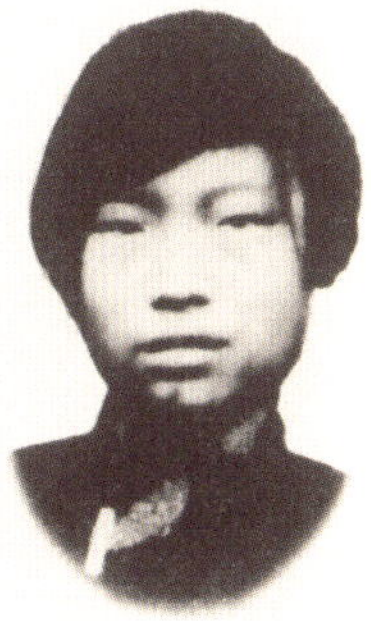
郭凤韶

陈景星（1908—1930），又名刘大伟，辽宁海城人，中共党员。1929

陈景星

石　璞

谢纬棨

许立双

李林泮

年 7 月考入金陵大学，10 月加入中国共产党。1930 年 2 月参与发起成立南京自由大同盟，春季任中共金陵大学支部书记。1930 年 6 月任中共南京市委委员、常委，7 月任市行动委员会委员。1930 年 8 月因中共南京党组织遭破坏被捕，9 月牺牲，年仅 22 岁。

石　璞（1913—1930），号国柱，辽宁铁岭人，中共党员。1929 年 7 月考入金陵大学，年底加入中国共产主义青年团，不久转为中共党员。1930 年 2 月参加南京自由大同盟。1930 年 8 月因中共南京党组织遭破坏被捕，9 月牺牲，年仅 17 岁。

李林泮（1909—1930），吉林双城（现属黑龙江双城）人，中共党员。1929 年秋考入中央大学，同年冬加入中国共产党。1930 年 2 月参加南京自由大同盟。1930 年 8 月因中共南京党组织遭破坏被捕，9 月牺牲，年仅 21 岁。

陈兆春

谢纬棨（1910—1930），又名宗晖，湖南长沙人。1927 年考入晓庄师范。1930 年参加上海戏剧运动联合会、南京自由大同盟。1930 年因学校被国民党当局查封转移上海后被捕，解来南京，10 月牺牲，年仅 20 岁。

许立双（1908—1930），江苏江都人，中共党员。1927 年春加入中国共产党。1929 年任中共南京市委常委兼组织委员、浦镇机厂党支部书记。1930 年 9 月因秘密从事革命工作在南京被捕，10 月牺牲。

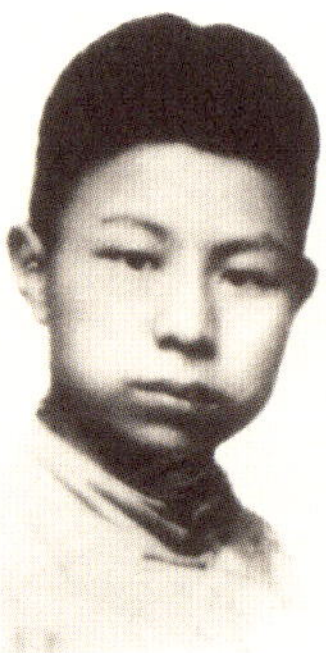
郑家祥

陈兆春（1893—1930），江苏南京人，中共党员。1925 年加入中国共产党，后任浦镇机厂党小组组长。1930 年 9 月因秘密从事革命工作在南京被捕，10 月牺牲。

郑家祥（1912—1930），安徽霍邱人，中共党员。1930 年任中共芜湖市委组织部干事等职，在芜湖、宣城一带从事革命工作。同年在安徽南陵被捕，解来南京，10 月牺牲。

苏订娥（1910—1930），女，湖南平江人，中共党员。1927 年加入

苏订娥

邓定海

刘希雨

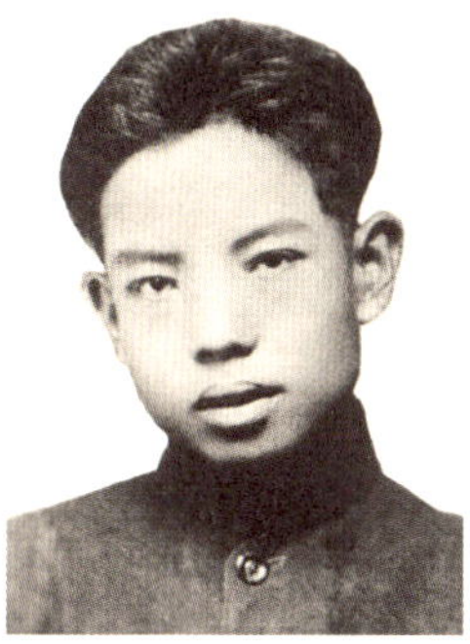
陈仲模

中国共产党，曾领导上海沪东区恒丰纱厂工人斗争。1930年任中共南京市委地下交通员，同年11月牺牲。

邓定海（1903—1931），湖北黄陂人，中共党员。1925年加入中国共产党。1929年6月任中共南京市委委员。1930年初任中共和记洋行支部书记，同年4月在领导和记洋行工人罢工后被通缉，9月在汉口被捕，解来南京，次年1月牺牲。

刘希雨（1909—1931），又名西雨，云南昆明人，中共党员。1929年在上海劳动大学读书期间加入中国共产党，曾任中共上海江湾区街道支部书记。1930年12月在上海筹备游行示威活动时被捕，1931年4月牺牲。

陈仲模（1911—1931），又名陈凯，云南昆明人，中共党员。1929年入上海劳动大学读书。1930年加入中国共产党，同年12月在上海筹备游行示威活动时被捕，解来南京，1931年4月牺牲。

马克昌

马克昌（1906—1931），云南河西人，中共党员。1929年在云南省立第一师范学校读书期间加入中国共产主义青年团。1930年加入中国共产党，任中共上海江湾区委书记，同年12月在上海筹备游行示威活动时被捕，解来南京，1931年4月牺牲。

恽代英

恽代英（1895—1931），字子毅，化名王作霖，祖籍江苏武进，出生于湖北武昌。中国共产党创建时期的重要领导人，著名的政治活动家、理论家、青年运动的领袖。1915年考入武昌中华大学。1921年加入中国共产党。1923年当选为中国社会主义青年团中央执行委员会候补委员兼宣传部长。1924年国共合作时期任国民党上海执行部宣传部秘书。1926年在国民党二大上当选为国民党中央执行委员，同年任黄埔军校政治主任教官兼中共党团干事。1927年1月任黄埔军校武汉分校政治总教官，5月在党的五大上当选为中央委员。1928年6月任中共中央宣传部秘书长。1929年任中共中央组织部秘书长。1930年任中共沪中、沪东区委书记。1930年5月在上海前往老怡和纱厂联系工作时被捕，1931年2月解来南京，

杨峻德

谭寿林

朱杏南

高文华

4 月牺牲。

杨峻德（1900—1931），又名杨实，福建建瓯人，中共党员。1921 年考入中国大学法律系。1926 年加入中国共产党，同年任中共建瓯支部委员。1928 年任中共福州市委书记。1930 年 1 月任中共闽北特委书记，11 月任中共福建省委常委、秘书长兼组织部长。1931 年 3 月在前往厦门郊区出席厦门市委常委会途中被捕，解来南京，5 月牺牲。

谭寿林（1896—1931），又名谭勉予，广西贵县人，中共党员。1921 年考入北京大学，参加北京大学马克思学说研究会。1922 年加入中国社会主义青年团。1924 年加入中国共产党。1925 年 12 月担任中共梧州地委书记兼梧州《民国日报》社社长。1928 年任中华全国海员总工会秘书长。1931 年任中华全国总工会秘书长。1931 年 4 月在上海恢复工会组织时被捕，解来南京，5 月牺牲。

刘雪亮

朱杏南（1898—1931），江苏江阴人，中共党员。1926 年加入中国共产党。1929 年春任中共吴县县委书记，在太湖、阳澄湖附近建立革命根据地。1929 年 9 月在太湖等地开展农民运动时被捕，解来南京，1931 年 5 月牺牲。

高文华（1907—1931），化名程清，笔名高潮，江苏无锡人，中共党员。1924 年考入黄埔军校第三期。1925 年加入中国共产党，8 月任国民革命军第三师连党代表，1926 年任北伐军总司令部工兵团营指导员、团党代表。1927 年 11 月任共青团无锡县委书记。1928 年 3 月在无锡周山浜汤家桥联络工作时被捕，解来南京，1931 年 7 月牺牲。

文绍珍

刘雪亮（1908—1931），原名刘俊贤，化名刘蜀良，四川泸县人，中共党员。1929 年初考入北平大学，在校期间加入中国共产党。1930 年春打入南京国民党中央陆军军官学校，任入伍生团中共特支书记。1930 年 9 月因组织发放革命宣传品在南京被捕，次年 8 月牺牲，年仅 23 岁。

文绍珍（1908—1931），又名文丹慈，湖南石门人，中共党员。1925 年考入黄埔军校第四期政治科。1926 年加入中国共产党，7 月参加北伐，任国民革命军东路先遣军连指导员。1929 年进入中央陆军军官学校从事

邓演达

陈朝海

杨桐恒

倪朝龙

兵运工作，同年秋任炮兵学校支部书记。1930 年 11 月任中共南京市委委员。1931 年 7 月因中共南京军委系统遭破坏后被特务盯梢，在北平被捕，解来南京，8 月牺牲。

邓演达（1895—1931），字择生，广东惠阳人。早年参加中国同盟会。1919 年毕业于保定陆军军官学校。1924 年任黄埔军校教育长。1926 年 7 月任国民革命军总司令部政治部主任。1927 年 1 月任黄埔军校武汉分校代理校长；3 月在武昌开办中央农民讲习所，任所长，后当选为国民党中央执行委员、中央政治委员会委员、中央军事委员会主席团成员和中央农民部部长。1930 年 8 月创建中国国民党临时行动委员会（农工民主党前身）。1931 年 8 月在上海出席江西起义干部训练班结业活动时被捕，解来南京，11 月牺牲。

陈朝海（1908—1931），号会川，化名胡梅，广西博白人，中共党员。1928 年加入中国共产党，同年考入中央大学。1931 年 6 月因在南京秘密从事地下革命活动被捕，关押在国民党中央军人监狱，同年底牺牲，年仅 23 岁。

杨桐恒（1906—1931），四川宣汉人。1930 年赴上海文生氏英文专科学校读书。1931 年为敦促国民党政府抗日来南京参加学生请愿游行时，遭军警殴打牺牲。

倪朝龙（1906—1931），又名倪啸云，福建福清人，中共党员。1927 年考入上海劳动大学，同年加入中国共产党。1930 年任上海劳动大学党支部书记，同年底在上海筹备游行示威活动时被捕，解来南京，1931 年牺牲。

宋月波

宋月波（1894—1932），山东滕县人，中共党员。1927 年加入中国共产党，后在南京、徐州从事党的地下工作，曾任中共南京市委委员。1932 年因中共南京党组织遭破坏被捕，同年 4 月牺牲。

张阿春

张阿春（？—1932），浙江绍兴人，中共党员。1931 年加入中国共产党，曾任中共苏州中心县委组织部长兼鸿生火柴厂党支部负责人。1932 年在苏州领导工人罢工时被捕，解来南京，同年 4 月牺牲。

吕小和尚

梁传贵

冷少农

李耘生

吕小和尚（？—1932），湖北广济人，中共党员。1931年加入中国共产党，任中共鸿生火柴厂支部委员、厂团组织负责人。1932年在苏州领导工人罢工时被捕，解来南京，同年4月牺牲。

梁传贵（1908—1932），又名梁小杨，江苏淮安人，中共党员。1923年到苏州鸿生火柴厂做工，后加入中国共产党，任中共鸿生火柴厂支部书记。1932年在苏州领导工人罢工时被捕，解来南京，同年4月牺牲。

冷少农（1900—1932），原名冷肇隆，贵州瓮安人，中共党员。1923年毕业于贵州法政专门学校。1925年赴广州参加革命，在黄埔军校政治部工作，期间加入中国共产党，任中共两广区委军事部秘书。1928年先后打入南京国民政府训练总监部、军政部任秘书。1932年3月因潜伏身份暴露在南京被捕，6月牺牲。

郁志翘

李耘生（1905—1932），又名李立章，山东广饶人，中共党员。1923年加入中国社会主义青年团。1924年加入中国共产党。1926年2月负责中共山东地委组织工作，冬季任中共汉口硚口特区区委书记。1927年夏任中共武昌市委书记。1931年4月任中共南京市委委员、组织部长，11月任中共南京特委负责人。1932年4月在南京党组织遭破坏，处理善后工作时被捕，6月牺牲。李耘生是中共南京党组织第七次遭破坏时牺牲的主要负责人。

郁志翘（1908—1932），江苏崇明（今属上海）人，中共党员。1928年加入中国共产党，曾任中共崇明县委三区区委负责人、崇明县委委员。1930年4月在崇明海家宅召开工农兵代表大会时被捕，解来南京，1932年9月牺牲。

康友川

康友川（1907—1932），浙江宁波人，中共党员。1926年加入中国共产党，任共青团宁波市委宣传部长。1927年底因共青团宁波交通处遭破坏被捕，解来南京，1932年9月牺牲。

王鳌溪（1894—1932），四川巴中人。1920年起在成都、重庆从事报社记者和编辑工作。1931年到上海创办《新大陆报》。1932年初因撰

王鳌溪

潘运生

曹顺标

萧万才

文反对蒋介石独裁统治被捕，解来南京，同年秋牺牲。

潘运生（1902—1932），安徽怀远人，中共党员。1931年加入中国共产党。曾在国民党蚌埠警察局从事党的地下工作。1932年因中共长淮特委遭破坏被捕，解来南京，同年10月牺牲。

曹顺标（1913—1932），又名曹均，浙江萧山人，共青团员。1928年加入中国共产主义青年团，1931年春专职任上海中学学生联合会负责人。1932年5月由中共江苏省委调任上海民众反对停战协定援助东北义勇军联合会青年部专职干部。1932年7月在上海参加江苏省反帝代表大会被捕，解来南京，10月牺牲，年仅19岁。

赵连轩

萧万才（1880—1932），江苏阜宁人，中共党员。1932年加入中国共产党。曾任中共南洋肥皂厂支部书记、闸北区委秘密交通员。1932年8月因共舞台案在上海被捕，解来南京，10月牺牲。

赵连轩（1906—1932），安徽凤阳人，中共党员。1928年加入中国共产党。1931年任中共凤阳县委委员。1932年任中共凤阳县委书记。1932年8月因中共长淮特委遭破坏在凤阳临淮关被捕，解来南京，11月牺牲。

朱务平

朱务平（1898—1932），原名朱焕明，字镜秋，安徽宿县人，中共党员。1923年加入中国共产党。1926年任中共临涣独立支部书记、中共宿县地方执行委员会书记。1928年任中共徐海蚌特委委员兼凤阳县委书记。1930年任中共长淮特委委员。1931年6月任中共长淮特委书记。1932年9月因中共长淮特委遭破坏在蚌埠门台子火车站被捕，解来南京，11月牺牲。

陈理真

陈理真（1906—1932），又名陈履真，安徽萧县人，中共党员。1927年毕业于江苏省立第七师范学校。1928年加入中国共产党。1929年考入上海华南大学和大陆大学，后调中央训练班学习。1930年任中共徐海蚌

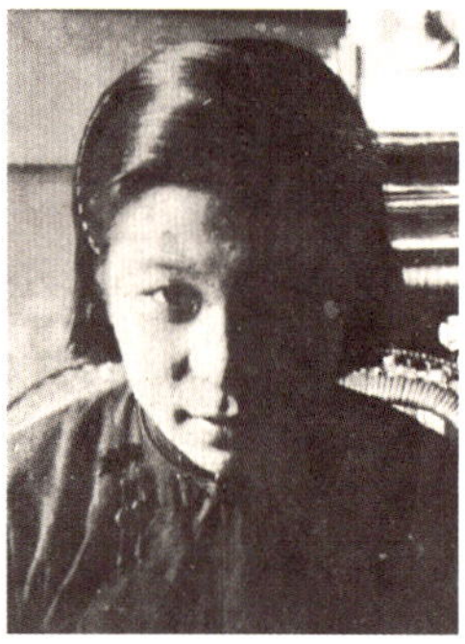
丁香

蒋云

方德芝

李昌祉

特委宣传部长、长淮特委书记。1931 年 8 月任中共沪东区委书记，后任江苏省委巡视员。1932 年 10 月因中共长淮特委遭破坏在徐州被捕，解来南京，11 月牺牲。

丁　香（1910—1932），女，原名丁贞，江苏苏州人，中共党员。1930 年 4 月加入中国共产主义青年团。1931 年转为中共党员，后在苏州、上海等地从事地下革命工作。1932 年 9 月被中共上海组织派往平津一带进行秘密工作时被捕，解来南京，12 月牺牲。

蒋　云（1903—1932），化名蒋雄，江苏江阴人，中共党员。1927 年加入中国共产党。1928 年 1 月任中共江阴县委书记，6 月赴莫斯科参加党的六大，回国后任中共江苏省委巡视员，同年 10月任中共江苏省徐海蚌特别委员会书记。1929 年 11 月任中共江苏省（兼上海市）委员会候补委员。1931 年 12 月在上海参加产业总工会主席联席会议时被捕，解来南京，1932 年冬牺牲。

方德芝（1909—1932），安徽合肥人，中共党员。1927 年加入中国共产党，曾任中共上海日华纱厂支部书记，参加过上海工人三次武装起义。1928 年 8 月在上海被捕，解来南京，1932 年牺牲。

姜辉麟

姜辉麟（1897—1932），女，化名姜石贤，江苏松江（今属上海）人，中共党员。1927 年加入中国共产党。1928 年任中共淞浦特委内部交通。1932 年调中共江苏省委工作，同年冬返回上海途中在镇江被捕，解来南京，年底牺牲。

谢小康（1910–1933），湖南人，共青团员。1927 年马日事变后遭国民党当局通缉避难上海。1930 年 12 月在上海法租界中央无线电训练班学习时被捕，解来南京，1933 年牺牲。

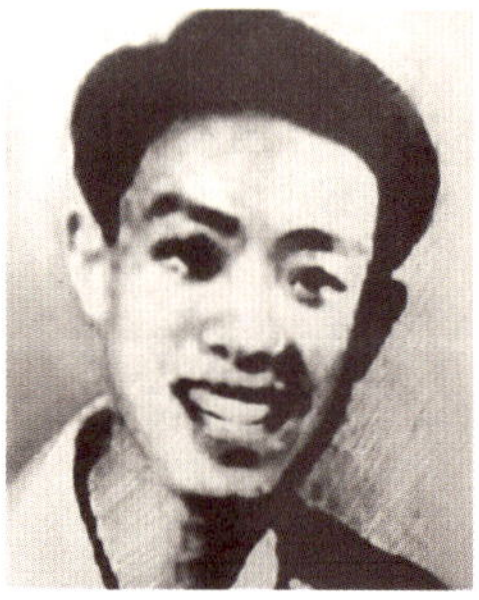
谢小康

李昌祉（1906—1933），化名方平，湖南嘉禾人，中共党员。1928 年加入中国共产党，在上海、南京从事兵运工作，后打入南京高级军校特别党部工作。1932 年因南京宪兵系统中共地下特别支部遭破坏被捕，次年 2 月牺牲。

蓝文胜（1906—1933），化名蓝芳，湖北广济人，中共党员。1926 年初考入黄埔军校第五期。1927 年春加入中国共产党。1931 年 9 月打入

蓝文胜

李治邦

张炽

杨振铎

国民党宪兵第三团任团部上尉副官。1932 年 9 月因南京宪兵系统中共地下特别支部遭破坏在苏州被捕，解来南京，次年 2 月牺牲。

李治邦（1907—1933），又名李伯平，贵州郎岱人，中共党员。1926 年考入贵阳省立师范学校。1929 年考入省立贵州大学。1931 年考入上海法科大学，同年加入中国共产主义青年团。1932 年转为中共党员，历任共青团法南区委军委秘书、团江苏省委军委秘书、团中央军委负责人等职。1932 年冬因国民党当局检查信件时暴露身份，在上海海格路海格里被捕，解来南京，1933 年 3 月牺牲。

张　炽（1898—1933），字子昌，云南路南（石林）人，中共党员。1924 年考入北京民国大学，同年加入中国共产党，任中共民国大学支部书记、北京地委西区委员。1926 年 5 月作为中共北方区委特派员前往大连巡视，担任中共大连地委宣传部长。1927 年 3 月任中共云南特别委员会委员，8 月参加南昌起义。1929 年调中共中央机关做巡视工作。1930 年 7 月在上海组织发动法租界电车工人罢工斗争时被捕，解来南京，1933 年 4 月牺牲。

杨振铎（1905—1933），字警轩，化名杨金铎，山西芮城人，中共党员。1925 年加入中国共产党。1926 年入上海大学学习。1927 年 3 月参加上海工人第三次武装起义，历任上海大学共青团支部书记、共青团江苏省委书记、上海沪中区行委书记等职。1930 年 4 月在上海主持召开沪中区行委会议时被捕，解来南京，1933 年 4 月牺牲。

陈原道

陈原道（1902—1933），又名伯康，安徽巢县人，中共党员。1925 年加入中国共产党并被派赴莫斯科中山大学学习。1929 年 2 月回国，任中共中央宣传部秘书。1930 年 2 月任中共河南省委常委、秘书长兼组织部长。1931 年 2 月任中共河北临时省委组织部长。1932 年 11 月任中共江苏省委常委兼上海革命工会党团书记。1933 年 1 月在上海组织失业工人请愿示威时被捕，解来南京，4 月牺牲。

毛福轩

毛福轩（1897—1933），号恩梅，化名毛恩灏，湖南湘潭人，中共党员。

1921年在中共湖南支部创办的湖南自修大学半工半读。1922年到安源路矿从事工人运动，年底加入中国共产党。1925年任中共韶山特别支部首任书记。1926年任中共湖南区委特派员兼农运特派员。1927年任中共湘潭县委书记、湖南省委委员。1928年春转移上海进行地下革命斗争，后打入国民党金山县公安局从事情报工作。1933年2月因中共江苏省委遭破坏而暴露身份被捕，解来南京，5月牺牲。毛福轩是毛泽东在建党伊始，亲自培养带领走上革命道路的农民革命家。

胡南生（1905—1933），又名胡兰生，湖北武昌人，中共党员。1926年秋加入中国共产党。1927年2月赴苏联莫斯科东方大学学习。1930年冬回国后，到中共无锡区委工作，其后历任共青团上海法南区委书记，团江苏省委青工部长、组织部长。1933年2月在召集上海市团区委书记联席会议时，在上海法租界福煦路国民里11号被捕，解来南京，同年6月牺牲。

吴振鹏（1906—1933），字季冰，化名吴静生，安徽怀宁人，中共党员。1923年在安徽省立第一师范学校读书时加入中国社会主义青年团。1925年夏转为中共党员。1927年4月任共青团江西区委书记。1928年6月赴莫斯科参加共青团第五次全国代表大会，当选为团中央委员。1929年任共青团江苏省（兼上海市）委书记、团中央宣传部长。1930年7月任江苏省总行动委员会委员、主席团成员，8月任中央总行动委员会委员，10月任中共中央苏维埃区域中央局委员。1933年5月因叛徒告密在上海家中被捕，解来南京，6月牺牲。

黄　励（1905—1933），女，化名张秀兰，湖南益阳人，中共党员。1925年加入中国共产党，同年10月赴莫斯科中山大学学习。1928年随瞿秋白到柏林出席世界反帝大同盟会议。1929年到海参崴参加太平洋地区职工代表会议，并留会议书记处工作。1931年秋回国，任中国革命互济会主任兼党团书记。1932年冬任中共江苏省委组织部长。1933年4月在上海营救被捕同志时被捕，解来南京，7月牺牲。

罗登贤（1905—1933），原名罗光，化名达平等，广东南海人，中共党员。1925年加入中国共产党，参与组织领导省港大罢工。1928年5月任第五届中央临时政治局委员、常委，6月在党的六大上当选为中央委员、中央政治局候补委员，后递补为中央政治局委员。1929年1月任中共江苏省委书记，8月任中共中央组织部副部长。1930年任中共广东省委书记、中华全国总工会党团主任、中共中央南方局书记。1931年2月任中共中央驻满洲省委代表，12月任中共满洲省委书

胡南生

吴振鹏

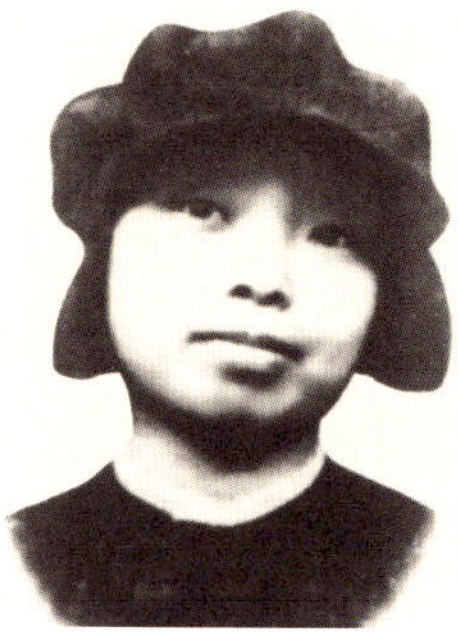

黄　励

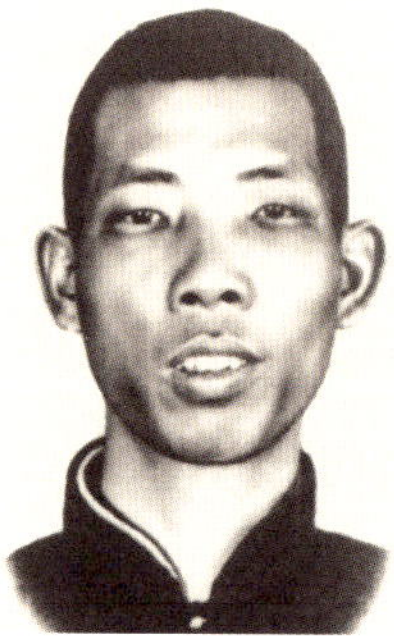

罗登贤

邓中夏

郑天九

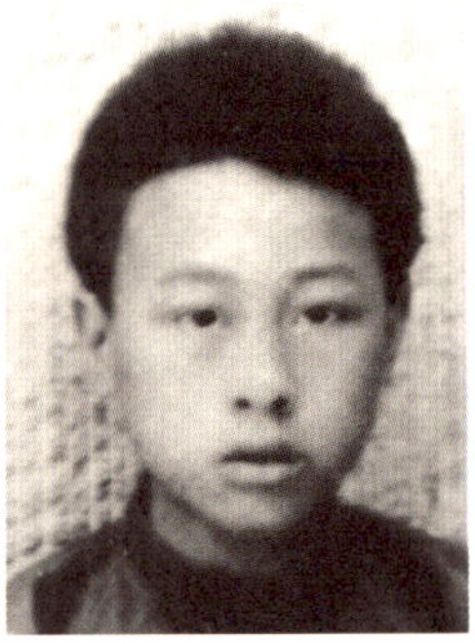

徐述尧

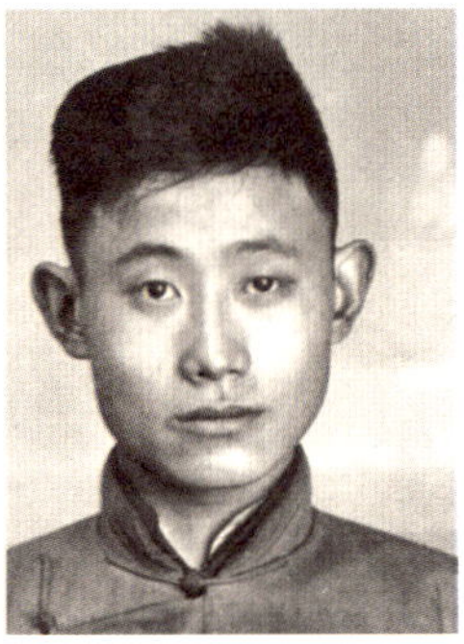

张文卿

记兼组织部长。1932 年 12 月任中华全国总工会上海执行局党团书记。1933 年 3 月在上海出席全国海员工人会议时被捕，4 月解来南京，8 月牺牲。

邓中夏（1894—1933），原名邓康，字仲澥，湖南宜章人。中国共产党创建时期的重要领导人，中国工人运动的杰出领袖，无产阶级革命家、理论家。1917 年考入北京大学。1920 年在北京加入共产党早期组织。1922 年 7 月在党的二大上当选为中央执行委员，会后任中国劳动组合书记部主任。1923 年 8 月在中国社会主义青年团二大上当选为团中央执行委员会委员长。1925 年 5 月任中华全国总工会秘书长兼宣传部长。1927 年 8 月在八七会议上当选为临时中央政治局候补委员。1928 年 3 月赴莫斯科任中华全国总工会驻赤色职工国际代表。1930 年 7 月任中共湘鄂西特委书记、红二军团政治委员。1932 年任全国互济总会主任兼中共党团书记。1933 年 5 月到上海法租界环龙路骏德里 37 号，与互济总会救援部长研究工作时被捕，被关押在法租界巡捕房，因叛徒出卖身份暴露，被引渡到国民党上海市公安局看守所，9 月转押至南京宪兵司令部看守所，同月牺牲。

林　萃

郑天九（1904—1933），山东日照人，中共党员。1926 年加入中国共产党。曾任中共日照县委宣传部长、中共日照中心县委宣传部长。1933 年在中共北平市委工作时被捕，解来南京，10 月牺牲。

徐述尧（？—1933），四川云阳人，中共党员。1930 年在上海中国公学大学部学习，曾任共青团上海法南区委宣传部长。因参加革命活动在上海被捕，解来南京，1933 年牺牲。

张文卿（？—1933），湖南人，中共党员。大革命时期被党组织派赴莫斯科中山大学学习。曾任中共江苏省委巡视员。1932 在上海被捕，解来南京，1933 年牺牲。

林　萃（1904—1933），安徽金寨人，中共党员。1925 年加入中国共产党。1926 年考入黄埔军校，曾在上海中共中央军委会工作，先后在北京、天津、济南、开封等地从事革命活动。1933 年春在南京从事兵运工作时被捕，同年牺牲。

张化侬（？—1933），安徽合肥人，中共党员。因对国民党统治不满，倾向革命，被南京宪兵系统中共地下特别支部秘密发展为中国共产党党员。因秘密从事革命工作被捕，1933 年牺牲。

张化侬

徐全直

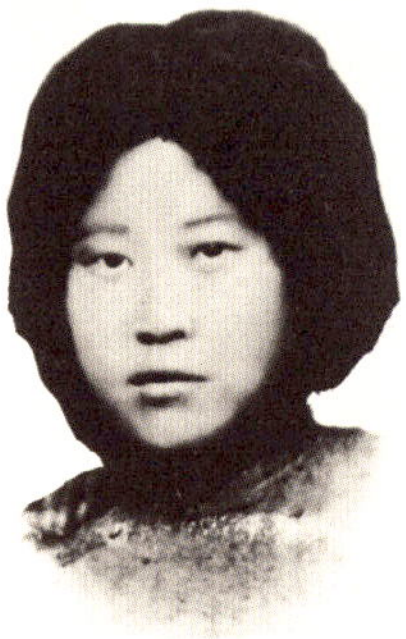

杜焕卿

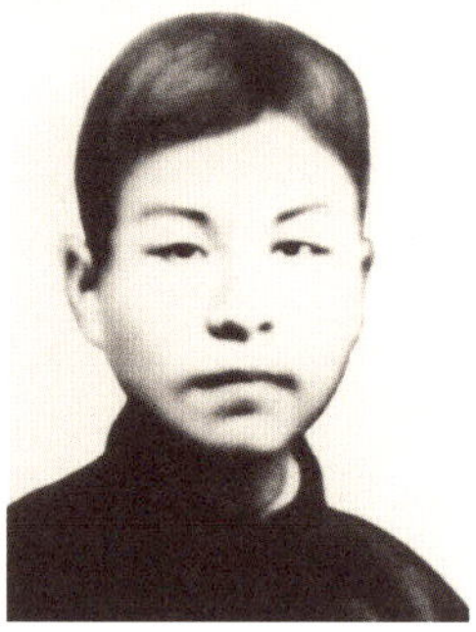

汪裕先

徐全直（1902—1934），女，又名徐虔知，湖北沔阳人，中共党员。1918 年考入湖北省立女子师范学校。1922 年加入中国社会主义青年团。1923 年转为中共党员。1925 年与陈潭秋结婚。1927 年 3 月任湖北省妇女协会执行委员，大革命失败后，随陈潭秋辗转江西、上海、东北等地从事党的地下工作。1933 年 6 月因党的秘密联络点被破坏在上海被捕，解来南京，1934 年 2 月牺牲。

杜焕卿（1912—1934），女，陕西米脂人，中共党员。1929 年加入中国共产主义青年团。1930 年转为中共党员，在米脂和北平秘密从事革命工作。1933 年 5 月为掩护同志在北平被捕，解来南京，1934 年春牺牲。

汪裕先（1908—1934），化名陈石卿，上海南汇人，中共党员。1926 年初加入中国共产党。1927 年 8 月任中共南汇县周浦区委书记、南汇县委书记。1928 年任中共川沙县委书记。1929 年任中共淞浦特委委员。1930 年 4 月赴太湖组织农民武装，在返回苏州途中被捕，解来南京，1934 年 5 月牺牲。

芮兰生

芮兰生（1896—1934），化名真吾，安徽潜山人，中共党员。1926 年加入中国共产党。1928 年考入黄埔军校第六期。1929 年任中共安徽省潜山县委书记。1934 年因中共南京地下组织遭到破坏被捕，同年 8 月牺牲。

何宝珍（1902—1934），女，又名何葆贞，化名王芬芳，湖南道县人，中共党员。1918 年考入湖南省立第三女子师范学校。1922 年加入中国社会主义青年团。1923 年转为中共党员。1923 年到安源路矿工人子弟学校教书，4 月与刘少奇结婚，后随刘少奇在广州、武汉、东北、上海等地从事革命工作。1933 年任中国革命互济会营救部部长。1933 年在上海营救被捕同志时被捕，解来南京，1934 年秋牺牲。

何宝珍

顾　衡（1909—1934），化名翟大来，江苏无锡人，中共党员。1927 年考入第四中山大学（1928 年 5 月改称中央大学）。1929 年冬赴北京参加革命工作。1930 年加入中国共产党。1931 年任中共安徽省太和县委书记。1933 年 6 月任中共南京市特别支部书记。1934 年初任中共南京市委负责人。1934 年 8 月因中共南京党组织遭破坏后，在中央大学附近的秘密住所被捕，

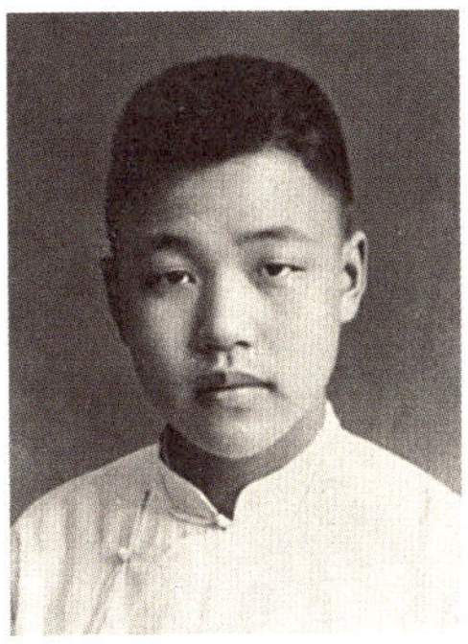
顾　衡

刘超人

柳志杰

洪灵菲

12 月牺牲。顾衡是中共南京党组织第八次遭破坏时牺牲的主要负责人。

刘超人（1910—1934），四川郫县人，中共党员。1931 年加入中国共产党。曾任中共上海法南区委干事，在上海秘密从事革命工作。后因身份暴露被捕，解来南京，1934 年牺牲。

李文卿

柳志杰（1902—1934），字展筹，化名之叶，安徽潜山人，中共党员。1927 年春考入黄埔军校长沙分校步兵科，同年加入中国共产党。1930 年任潜山县革命委员会军事委员兼军事训练班主任、红军独立师第二团团长。1933 年任抗日同盟军吉鸿昌部秘书、参谋长。1934 年因潜山共产党人案在南昌被捕，后解来南京，同年牺牲。

洪灵菲（1902—1934），原名洪伦修，广东潮安人，中共党员。1922 年考入广东高等师范学校。1926 年加入中国共产党，在广州国民党中央海外部工作。1927 年四一二反革命政变后被通缉，流亡东南亚一带从事革命活动和文学创作，后回国，在中共闸北区委工作。1930 年 3 月在上海与鲁迅等组织中国左翼作家联盟，任常委。1931 年秋任上海反帝大同盟中共党团书记。1933 年春任中共中央驻北方代表秘书处处长。1933 年 7 月在北平参与恢复中共中央北方局工作时被捕，解来南京，1934 年牺牲。

蔡寿民

李文卿（1902—1934），湖北嘉鱼人，中共党员。1925 年加入中国共产党。曾任国民革命军第八师连党代表、共青团上海法南区委书记。1933 年因秘密从事革命工作在徐州被捕，解来南京，1934 年牺牲。

蔡寿民（1899—1934），湖南常德人，中共党员。1924 年加入中国共产党。1926 年任湖南省总工会组织部长。1928 年在上海、南京等地从事革命工作。1933 年因秘密从事革命工作在南京被捕，1934 年牺牲。

施　滉

施　滉（1900—1934），化名赵声，云南洱源人，中共党员。1916 年考入北京清华学校（清华大学前身）。1924 年赴美国斯坦福大学学习。1927 年 3 月加入美国共产党。1929 年被派往莫斯科任少年共产国际翻译。

许包野

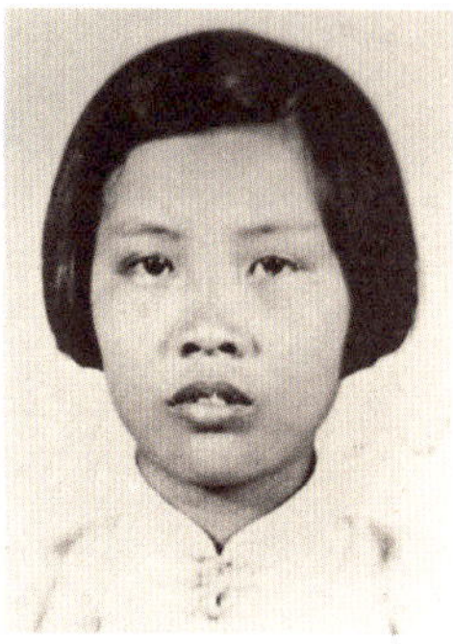
季月娥

胡廷俊

于以振

1930年回国,在中共中央从事翻译工作。1931年赴香港任海员工会秘书,11月任中共河北省委委员、代理书记兼宣传部长。1933年3月任中共河北省委书记兼宣传部长。1933年7月在北平艺专召开会议时被捕,解来南京,1934年牺牲。

许包野(1900—1935),又名许鸿藻,广东澄海人,出身于泰国华侨家庭,中共党员。1920年起先后赴法国、德国、奥地利留学,获哲学博士学位。1923年由朱德介绍加入中国共产党,参加中共旅欧支部。1926年到莫斯科东方大学任教。1931年九一八事变后回国,1932年5月任中共厦门中心市委巡视员,10月任中共厦门中心市委书记。1934年7月任中共江苏省委书记,同年11月任中共河南省委书记。1935年2月在河南开封主持河南省委工作时被捕,解来南京,不久牺牲。

季月娥(1917—1935),女,江苏无锡人,共青团员。1934年春加入中国共产主义青年团,任团沪西区委地下交通员。1935年7月因领导上海荣阳袜厂工人罢工被捕,解来南京,不久牺牲。

胡廷俊(1911—1935),陕西绥德人,中共党员。1927年加入中国共产主义青年团,次年转为中共党员。曾任中国工农红军晋西游击队分队长。1934年调上海中央局军委工作。1935年在皖南执行任务时被捕,解来南京,8月牺牲。

于以振(1904—1936),化名萧炳生,江苏常州人,中共党员。1924年任黄埔学生军教导团连长。1925年加入中国共产党。1927年参加南昌起义。1929年2月被组织派往莫斯科学习。1931年回国后先后任中共上海法南区、南市区区委书记。1933年2月在上海与革命同志外出工作时被捕,解来南京,1936年4月牺牲。

陈仲亭

周执中

陈仲亭(1910—1936),安徽秋浦(今属东至)人,中共党员。1927年加入中国共产主义青年团,任团秋浦县特别支部书记。1930年9月转为中共党员。1934年在上海从事地下工作。1935年受组织派遣到南京铁路局工作,在下关火车站被捕,1936年4月牺牲。

周执中(1902—1936),又名国正、平民,

周国荣

李得钊

陈志正

郭纲琳

四川内江人。1926 年加入中国共产党。1931 年任辽吉黑民众后援会驻开鲁前方办事处参谋处秘书。1934 年在南京浦口从事革命工作时被捕，1936 年牺牲。

周国荣（1909—1936），贵州仁怀人，中共党员。1931 年考入中国大学。1932 年加入中国共产党。曾任中共北平市委发行部长。1933 年底因身份暴露在北平被捕，解来南京，1936 年牺牲。

李得钊（1905—1936），又名林子明，浙江永嘉人，中共党员。1924 年加入中国社会主义青年团。1925 年转为中共党员，被派往莫斯科东方大学学习。1927 年 2 月回国，受共产国际和中共中央的委派在广州、武汉、南昌等地为东方大学招收学员。1928 年在团中央工作，编辑《红旗》杂志。1930 年调中共中央特科秘书处工作。1933 年在中共中央特科总务部、上海中央局工作。1934 年 6 月因中共上海中央局机关遭破坏被捕，解来南京，1936 年牺牲于狱中。

陈志正（1911—1937），化名陈福生，江苏武进人，中共党员。1927 年在上海劳动大学读书时加入中国共产党。1930 年在中共江苏省委宣传部工作，曾任共青团江苏省委秘书长。1932 年 7 月在上海因参加江苏反帝代表大会被捕，解来南京，1937 年 5 月牺牲，年仅 26 岁。

陈处泰

郭纲琳（1910—1937），女，又名郭英，江苏句容人，中共党员。1931 年考入上海中国公学大学部，同年加入中国共产主义青年团，年底转为中共党员。1932 年在共青团上海法南区委、沪西区委工作。1933 年春任共青团江苏省委内部交通，8 月任共青团无锡中心县委书记。1934 年初任共青团上海闸北区委书记。1934 年 1 月为组织上海大昌德绸厂罢工，她前往海宁路祥麟里的秘密开会地点时被捕，解来南京，1937 年 7 月牺牲。

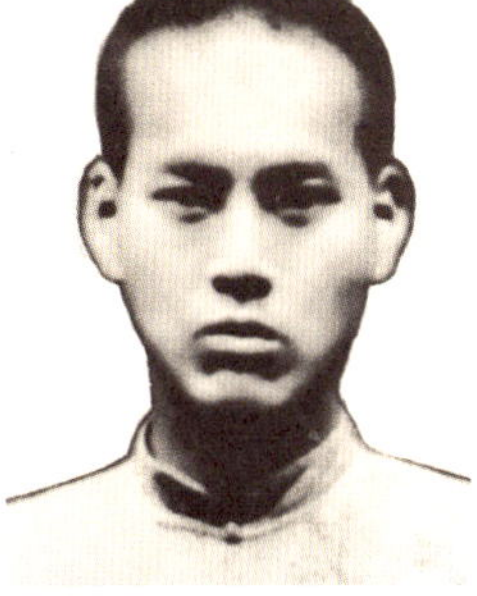
闵乐山

陈处泰（1910—1937），又名陈惘子，江苏宝应人，中共党员。1928 年考入安徽大学。1929 年考入上海法政学院。1934 年加入中国共产党。1935 年 2 月任左翼社会科学联盟中共党团书记，6 月任中国左翼文化总同盟书记。1935 年 11 月因刺杀汪精卫案牵连在上海被捕，解来南京，1937 年牺牲。

闵乐山（1909—1937），又名跃山，四川内江人，中共党员。1929 年

袁国平

项　英

周子昆

顾景华

加入中国共产党。1931 年九一八事变后去热河前线，在辽吉黑民众后援会驻开鲁前方办事处工作。1934 年与周执中在南京浦口从事革命工作时被捕，1937 年牺牲。

袁国平（1906—1941），又名袁裕，湖南宝庆（今属邵东）人，中共党员。1925 年 10 月考入黄埔军校第四期政治科，12 月加入中国共产党。1926 年 7 月任国民革命军左翼宣传队第四队队长，参加北伐战争。1927 年参加南昌起义和广州起义。其后任红三军团政治部主任兼红八军政治委员，后任红一方面军政治部副主任、代主任，红军总政治部副主任。1934 年 1 月任中华苏维埃共和国中央执行委员会委员，10 月参加长征。1935 年任中国工农红军学校政委。1938 年 3 月任新四军政治部主任。1941 年 1 月在皖南事变中牺牲。

项　英（1898—1941），原名项德隆，湖北武昌人，中共党员。1922 年 4 月加入中国共产党，党的二大至六大代表，第三至第六届中央委员，第六届中央政治局委员、常务委员、书记处书记。1928 年 2 月任中共江苏省委书记。1929 年任中华全国总工会中共党团书记、执行委员会委员长。1931 年 1 月任中共苏区中央局代理书记、中华苏维埃中央革命军事委员会主席。1934 年 2 月任中华苏维埃共和国中央执行委员会副主席。1934 年 10 月任苏区中央分局书记兼中央军区司令员和政治委员，领导南方红军和游击队的三年游击战争。1937 年 12 月任新四军副军长、中共中央东南分局书记、中央军委新四军分会书记。1941 年 1 月在皖南事变中突围，3 月被叛徒杀害。

周子昆（1901—1941），原名周维宽，广西桂林人，中共党员。1925 年 10 月加入中国共产党。1926 年参加北伐战争。1927 年参加南昌起义，后历任红三军军长、红五军团参谋长、福建军区司令员等职。1934 年 10 月参加长征，后任红军总司令部第一局局长。1937 年初任中国人民抗日军事政治大学训练部部长，后任红军代理总参谋长。1937 年 12 月任新四军副参谋长。1938 年 9 月兼新四军教导总队总队长。1941 年 1 月在皖南事变中突围，3 月被叛徒杀害。

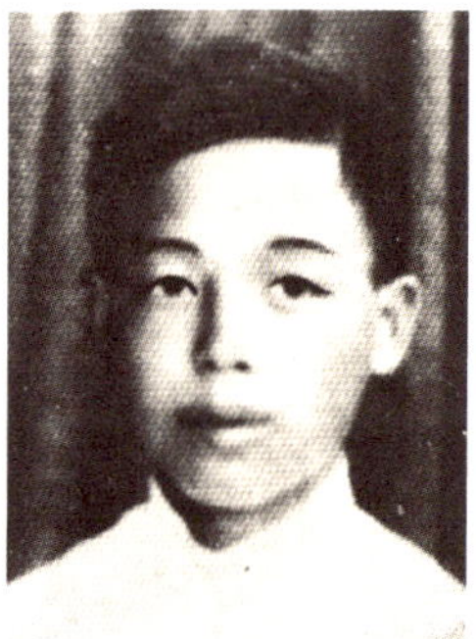

强　博

顾景华（1916—1941），江苏常熟人，中共党员。1938 年在民抗常备队从事民运宣传工作。1941 年 8 月在常熟被日军逮捕，先后移解浒浦、常熟、苏州等地，后解来南京，同年牺牲。

强　博（1918—1942），原名蒋文林，江苏金坛人，中共党员。1938

焦恭士

汤万益

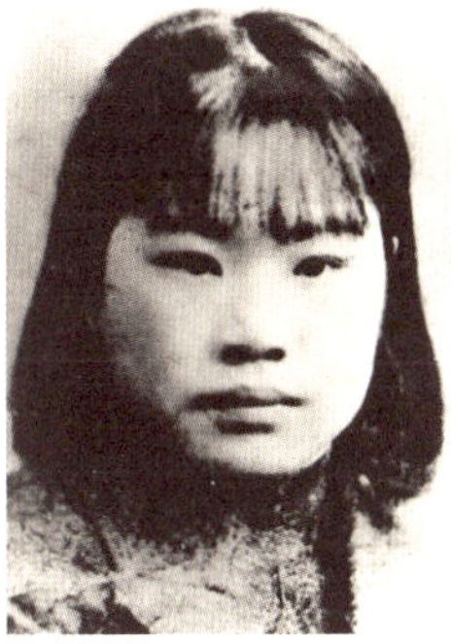

孙晓梅

邹　毅

年加入中国共产党。1940 年先后任中共丹阳县二区区委书记、丹南县县长。1942 年初任江宁县抗日民主政府县长。1942 年 3 月在南京郊县开会时，被日伪军包围，突围时牺牲。

焦恭士（1918—1942），安徽当涂人，中共党员。1938 年 3 月入中国人民抗日军事政治大学学习，6 月加入中国共产党，年底在新四军第二支队三团做民运工作。1940 年任新四军新四团民运股副股长。1941 年任新四军第四十六团民运股股长。1942 年初任抗日民主政府江宁县秘书。1942 年 3 月在南京郊县开会时，被日伪军包围，突围时牺牲。

汤万益（1915—1943），福建周宁人，中共党员。1933 年加入红军游击队。1937 年加入中国共产党，历任新四军第三支队六团排长、营长，中国人民抗日军事政治大学九分校第一大队大队长。1943 年 4 月在苏南两溧反顽战斗中牺牲。

孙晓梅（1914—1943），女，又名萧曼，浙江富阳人，中共党员。1938 年参加新四军。1940 年 9 月加入中国共产党。1941 年 1 月任中共镇丹县委妇女部长，7 月任中共武进县委妇女部长。1943 年任中共长江工委政治交通。1943 年在南京龙潭被日本宪兵队逮捕，不久牺牲。

任　重

邹　毅（1918—1943），江西横峰人，中共党员。1931 年在江西苏维埃政府裁判部工作。1938 年加入中国共产党。1941 年任溧水县抗日民主政府韩湖区区长。1943 年 7 月在南京溧水戴家桥老虎庄遭日伪军包围，突围中牺牲。

任　重（1918—1943），江苏宜兴人，中共党员。1938 年参加青年抗日救亡工作团。1940 年 11 月加入中国共产党。1942 年任溧水县抗日民主政府蒲塘区区长。1943 年 7 月在南京溧水戴家桥老虎庄遭日伪军包围，突围中牺牲。

邓振询

邓振询（1904—1943），又名邓仲铭，江西兴国人，中共党员。1928 年加入中国共产主义青年团。1929 年转为中共党员。1932 年任江西省职工联合会执行委员、组织部长、委员长。1933 年任全国手工业工会委员长。1934 年 1 月任中华苏维埃共和国中央执行委员兼劳动人民委员，同年 10

杨希

陶家齐

吕惠生

朱克靖

月参加长征。1936 年任中华全国总工会西北执行局委员长。1937 年任陕甘宁边区政府民政厅厅长兼工农厅厅长。1938 年任中共江西省委副书记。1939 年任中共皖南特委书记。1940 年任中共苏皖区委书记。1943 年 3 月任苏南行政委员会、苏南区行政公署副主任。1943 年 8 月在南京近郊反“扫荡”战斗中牺牲。

杨　希（1921—1943），又名杨忠财，江苏南京人，中共党员。1940 年加入中国共产党。1942 年任溧水县民运工作队队长、中共溧水县委委员、青年部长等职。1943 年 8 月在与假装投诚的溧水日军特务队谈判过程中被杀害。

陶家齐（1890—1943），原名陶寄尘，江苏江宁人。1932 年参加十九路军淞沪抗战。1933 年底任江宁湖熟燕丹乡代理乡长。1938 年 7 月参加新四军，任新四军湖熟地区情报站主任。1942 年 6 月任江宁县抗日民主政府赤山区区长。1943 年 9 月在南京江宁家中被日军包围逮捕，11 月牺牲。

吕惠生（1903—1945），又名惟偶，安徽无为人，中共党员。1922 年考入北京农业大学，毕业后从事教育工作。1939 年任《无为日报》社长兼主编。1940 年任仪征县抗日民主政府县长。1941 年 5 月任无为县抗日民主政府县长。1942 年加入中国共产党，任皖中行政公署主任。1943 年 10 月任皖中人民抗日自卫军司令员。1945 年 9 月随新四军第七师北撤时在芜湖被捕，解来南京，11 月牺牲。

朱克靖（1895—1947），原名宏夏，字竹懿，号克靖，湖南醴陵人，中共党员。1919 年考入北京大学。1922 年加入中国共产党。1923 年赴莫斯科东方大学学习。1925 年任国民革命军第三军党代表兼政治部主任。1927 年参加南昌起义并任第九军党代表。1938 年 1 月任新四军政治部顾问兼直属战地服务团团长。1940 年任新四军联络部部长。1941 年任苏中第三分区专署专员。1944 年任苏浙行政公署主任。1945 年 12 月任新四军兼山东军区秘书长、联络部部长。1946 年 1 月任华中民主联军政委、驻郝鹏举部军代表。1947 年初因郝鹏举反水被捕，解来南京，同年 10 月牺牲。

孙子坤

孙子坤（1905—1947），陕西西安人。1927 年随杨虎城部参加北伐战争，后历任队长、连长、营长等职。1934 年任第三十八军补充团团长。

杨 斌

高 波

秦 明

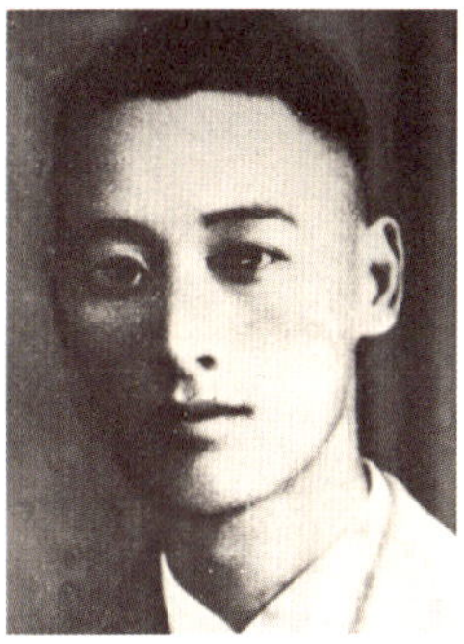
徐楚光

抗日战争时期，历任第三十八军第十七师五十一旅一〇二团团长、第三十八军新编第三十五师副师长等职。1946年随孔从洲将军于河南巩县起义，激战中被捕，解来南京，1947年11月牺牲。

杨 斌（1911—1948），原名谢远源，化名陈月亭等，湖北石首人，中共党员。1936年在北平大学法商学院读书时加入中国共产党。1938年任中共中央东南分局青委委员、民先队负责人。1941年任新四军驻上海办事处主任。1943年任中共苏中区党委秘密工作部部长。1944年10月任苏中五地委城市工作部部长。1945年任中共中央华中分局二地委组织部长。1947年4月任中共中央华中分局十地委副书记兼城工部长。1947年5月因华中十地委遭到破坏而暴露身份，在上海被捕，解来南京，1948年4月牺牲。

高 波（1913—1948），原名高如化，别号连峰，陕西米脂人，中共党员。1937年入中国人民抗日军事政治大学学习，同年加入中国共产党。1938年任八路军留守兵团政治部烽火剧团团长。1942年任陕甘宁晋绥联防军警备第三旅政治部民运科科长。1945年任陕甘宁晋绥联防军警备第三旅敌工科长、八路军新十一旅第一团政委。1947年因叛军出卖在陕西被捕，自5月起至次年下半年，先后被关押在兰州、镇江、南京等地，1948年10月牺牲。

秦 明（1916—1948），原名乔映淮，甘肃靖远人，中共党员。1937年加入中国共产党。1939年任中共靖远县委书记。1940年任教于陕甘宁边区行政学院、延安大学。1946年任中共环县县委统战部长。1947年3月在甘肃环县突围战斗中被捕，转押环县、中宁、平凉、兰州，1948年5月转押镇江国防部训导所，10月解来南京，不久牺牲。

徐楚光（1909—1948），原名徐金安，曾用名徐祖芳、徐建豫等，湖北浠水人，中共党员。1926年考入黄埔军校武汉分校第五期。1927年4月加入中国共产党。1929年后从事国民党军的策反工作，在湖北、广西、河南、山西等地国民党军中任职。1941年任中国人民抗日军事政治大学一分校参谋教官。1942年打入汪伪政府任军委会政治部情报局上校秘书。1946年任中共中央华中分局第三工作委员会主任。1947年9月前往大别山革命根据地，途经武汉时被捕，解来南京，1948年10月牺牲。

丁 行

丁 行（1908—1948），原名可庄，字行之，化名何鹏，山西夏县人，

谢士炎

赵良璋

朱建国

孔繁蕤

中共党员。1925 年毕业于夏县师范学校。1927 年加入中国共产党。1937 年底组织战地服务团并任副团长。1945 年任国民党保定绥靖公署军法处副处长、河北省政府机要秘书。1947 年 9 月因北平地下情报系统破坏被捕，解来南京，1948 年 10 月牺牲。

谢士炎（1910—1948），又名谢天纵，湖南衡山人，中共党员。1938 年毕业于国民党陆军大学。1940 年任国民党八十六军四十六团团长。1945 年任国民党北平第十一战区长官部作战处少将处长。1947 年 2 月加入中国共产党，秘密从事革命情报工作。1947 年 9 月因北平地下情报系统破坏被捕，解来南京，1948 年 10 月牺牲。

赵良璋（1921—1948），别号野雪，江苏六合人，中共党员。1939 年考入国民党空军军士学校。1941 年任国民党空军第十一大队飞行员。1946 年 8 月任北平国民党空军第二军区司令部总务科参谋。1946 年冬加入中国共产党。1947 年 10 月因北平地下情报系统破坏在南京被捕，1948 年 10 月牺牲。

朱建国（1916—1948），又名朱镇国，江苏睢宁人，中共党员。1942 年考入国民党陆军大学。1943 年加入中国共产党。1946 年春打入国民党北平第十一战区长官部工作，任少校参谋。1947 年 9 月因北平地下情报系统破坏被捕，解来南京，1948 年 10 月牺牲。

孔繁蕤（1918—1948），又名石淳，河北沙河人，中共党员。1937 年考入中央陆军军官学校。抗战胜利后，任国民党北平第十一战区长官部少校参谋。不久，秘密加入中国共产党，从事革命情报工作。1947 年 11 月因北平地下情报系统破坏被捕，解来南京，1948 年 10 月牺牲。

晋　夫

晋　夫（1917—1948），原名吕守成，又名吕晋印，河南洛阳人，中共党员。1937 年参加抗日游击队。1938 年 5 月加入中国共产党。1939 年 5 月入中国人民抗日军事政治大学学习。1940 年任太岳军区通讯参谋。1945 年任太岳军区作战科长。1947 年任晋冀鲁豫野战军第八纵队参谋处处长。1948 年 11 月初受命联络国民党第三十军阵前起义时在太原被捕，解来南京，不久牺牲。

黄樵松（1903—1948），原名黄德全，号怡墅，河南尉氏人。1922 年考入冯玉祥的西北军学兵团，历任排长、连长、营长、团长等职。抗日

黄樵松

陈子涛

骆何民

卢志英

战争初期任国民革命军第二十六路军二十七师七十九旅旅长。1937 年 10 月因战功升任第二十七师师长。1948 年任国民党第三十军军长。1948 年 11 月在太原前线筹划阵前起义，因部下告密被捕，解来南京，不久牺牲。

陈子涛（1920—1948），原名家禧，广西玉林人，中共党员。1939 年先后任《广西日报》记者、采访主任、总编辑。1945 年任《华西晚报》编辑。1946 年 10 月任《文萃》杂志编辑、主编。1947 年 3 月加入中国共产党。1947 年 7 月因《文萃》杂志社遭破坏后暴露身份，在上海被捕，解来南京，1948 年 12 月牺牲。

骆何民（1913—1948），原名骆家骝，又名骆仲达，江苏江都人，中共党员。1930 年加入中国共产党。1932 年任共青团上海沪西区委宣传部长、组织部长。1938 年任湖南长沙《国民日报》编辑。1939 年任衡阳《开明日报》总编辑。1946 年在上海从事《文萃》杂志的印刷出版工作。1947 年 7 月因《文萃》杂志社遭破坏后暴露身份，在上海被捕，解来南京，1948 年 12 月牺牲。

卢志英（1905—1948），原名卢志江，又名卢涛，号育生，山东昌邑人，中共党员。1925 年加入中国共产党。1929 年在上海中共中央军事部做情报工作。1931 年九一八事变后，被中共中央军委派往杨虎城部，做统一战线工作。1932 年 11 月在南京从事统战工作和情报工作。1934 年 3 月打入国民党赣北第四区保安司令部，后担任中共中央军委军事特派员。1939 年底被派往上海搜集日军情报。1940 年 10 月任苏北联合抗日部队副司令员兼参谋长。1942 年 1 月受中共中央华中局、新四军派遣到上海，开展情报和采购军需物资等工作。解放战争时期在南京、上海等地从事情报工作。1947 年因叛徒出卖，身份暴露在上海被捕，解来南京，1948 年 12 月牺牲。

刘亚生

刘亚生（1910—1948），又名刘立贞，化名刘伟光，河北河间人，中共党员。1932 年考入北京大学。1935 年参加一二九运动。1936 年加入中国共产党。1938 年任八路军三五九旅旅长秘书。1942 年任三五九旅政治部宣传科科长。1944 年任湖南人民抗日救国军宣传部部长。1945 年任三五九旅政治部副主任。1946 年 8 月在中原突围后转战陕南的途中被捕，关押于西安集中营，后解来南京，1948 年底牺牲。

任天石

黄叔雷

周　镐

谢庆云

任天石（1913—1948），又名启生，化名赵济民，江苏常熟人，中共党员。1932年8月考入上海中国医学院。抗战爆发后弃医从戎，组建常熟人民抗日自卫队，任副大队长、大队长。1939年加入中国共产党。1940年任中共常熟县委书记。1941年任江南行政委员会委员、江南第一行政督察专员公署专员兼常熟县县长。1943年任中共苏中区党委巡视员、通海行署主任。1944年11月任中共苏中第六地委委员兼苏中行政委员会委员、苏中第六行政区专员公署专员。1946年9月任中共中央华中分局十地委常委兼社会部部长。1947年1月因华中十地委遭到破坏而暴露身份，在上海被捕，解来南京，1948年牺牲。

黄叔雷（1907—1948），又名黄震，江苏常熟人，中共党员。1939年参加革命，任抗日民主政府安徽无为县县长。1941年任启海（启东、海门）新兵团参谋长。1946年在中共中央华中分局十地委社会部工作。1947年1月因华中十地委遭到破坏而暴露身份，在上海被捕，解来南京，1948年底牺牲。

周　镐（1910—1949），又名周治平，湖北罗田人，中共党员。1927年考入黄埔军校武汉分校步兵科。1934年任国民政府军事委员会调查统计局武汉站站员。1938年任国民党军队少校谍报队长。1943年任军统局南京站少将站长（公开身份是汪伪军事委员会军事处第六科少将科长）。1946年加入中国共产党，任中共中央华中分局京沪徐杭特派员，负责国民党军队的策反及情报工作。1949年1月在淮海战役中策反刘汝明部起义时被捕，解来南京，不久牺牲。

谢庆云（1900—1949），山东巨野人，中共特别党员。1921年在冯玉祥部第十六旅第一团孙良诚营任职。1944年被吸收为中共特别党员。抗战胜利后，任中共中央华中分局第六工作委员会委员，公开身份为国民党第一〇七军副军长兼该军驻南京办事处少将处长。1949年1月在淮海战役中策反刘汝明部起义时被捕，解来南京，不久牺牲。

王清瀚

王清瀚（1898—1949），字镜波，河北交河人，中共特别党员。1927年任国民革命军第二集团军第一方面军参谋长。1938年4月任国民党第六十九军副军长，参加徐州会战。1946年任国民党暂编第二十五师副师长。1948年被吸收为中共特别党员，同年10月，任国民党第一〇七军中将副

祝元福

孟琇焘

程履绎

陈祝三

军长兼二六〇师师长。1949 年 1 月在淮海战役中策反刘汝明部起义时被捕，解来南京，不久牺牲。

祝元福（1921—1949），山东掖县人，中共候补党员。1943 年考入南京汪伪中央军官学校。1947 年被吸收为中共候补党员，历任中共中央华中分局第六工作委员会政治交通、通讯联络组组长等职。1949 年 1 月在淮海战役中策反刘汝明部起义时被捕，解来南京，不久牺牲。

孟琇焘（1913—1949），又名孟起，福建福州人，中共党员。1938 年加入中国共产党，在南平开展地下斗争。1940 年任中共沙县工委书记。1944 年任中共福安县委书记。1945 年任中共闽江工委委员、宣传部部长兼调查研究委员会书记。1947 年春任中共闽浙赣边区委员会候补委员、社会部部长、城工部副部长。1947 年 8 月在福州出席闽浙赣区委会议时被捕，解来南京，1949 年 4 月牺牲。

成贻宾

程履绎（1922—1949），湖北应城人。1943 年考入中央大学。1949 年 4 月 1 日参加学生游行示威，被特务殴打，身受重伤，4 月 2 日牺牲。

陈祝三（1891—1949），江苏海门人，国立政治大学汽车司机。1949 年“四一”惨案发生时，驾驶汽车前往抢救受伤学生，遭特务殴打牺牲。

成贻宾（1927—1949），江苏宝应人。1947 年考入中央大学。1949 年 4 月 1 日参加学生游行示威，被特务殴打，身受重伤，4 月 19 日牺牲。

第二节　烈士名录

在雨花台牺牲的烈士成千上万，留下姓名只是其中的一小部分。在1999年纪念馆陈列改造时统计留下姓名的烈士为1519名，后经过雨花台烈士纪念馆工作人员的多方追寻与查找，又收录了曾经在南京从事革命工作，在外地牺牲的烈士。另外，经过认真辨识和考证，会有新的烈士身份被重新确认。雨花英烈的事迹将会不断有新的发现。现仅将已知烈士名录以姓名、生卒年及籍贯等入志，以示纪念。

华　亮（1905—1925），江苏无锡人

顾名世（1896—1926），江苏无锡人

金佛庄（1897—1926），浙江东阳人

刘先觉（？—1926），籍贯不详

史永庆（1904—1926），安徽人

张霁帆（1901—1926），四川宜宾人

周正铭（1911—1926），江苏六合人

卞启明（1908—1927），湖北黄梅人

陈公望（？—1927），籍贯不详

陈君起（1885—1927），江苏嘉定（今属上海）人

成　律（1901—1927），湖南宁乡人

程镛之（？—1927），籍贯不详

傅功畿（？—1927），籍贯不详

甘　琢（？—1927），籍贯不详

顾　浚（1895—1927），四川宣汉人

贺志诚（1907—1927），江苏徐州人

侯绍裘（1896—1927），江苏松江（今属上海）人

胡秉铎（1902—1927），贵州榕江人

蒋伟良（？—1927），籍贯不详

梁　永（1904—1927），山东东平人

刘华真（？—1927），河北人

刘重民（1902—1927），江苏江都人

买雨田（1892—1927），江苏南京人

乔心权（？—1927），四川人

孙宝远（？—1927），山西渠县人

汪伯乐（1898—1927），江苏苏州人

王荷波（1882—1927），福建福州人

王再生（1903—1927），安徽含山人

文化震（1902—1927），贵州贵阳人

吴纯熙（1905—1927），湖南沅陵人

吴光田（1907—1927），江苏松江（今属上海）人

谢　曦（？—1927），天津人
谢文锦（1894—1927），浙江永嘉人
许金元（1906—1927），江苏苏州人
杨　超（1904—1927），河南光山人
叶佩兰（？—1927），浙江人
张士围（？—1927），湖南人
张应春（1901—1927），江苏吴江人
赵文秀（1904—1927），山东益都（今青州）人
郑　雄（？—1927），籍贯不详
郑增怀（？—1927），浙江人
钟天樾（1905—1927），四川永川人
贺瑞麟（1909—1928），江苏徐州人
忽善祥（？—1928），籍贯不详
胡祖舜（1910—1928），湖南人
李昌汾（1904—1928），湖南宝庆人
廖克公（1896—1928），湖南湘潭人
齐国庆（1903—1928），安徽太和人
史砚芬（1904—1928），江苏宜兴人
孙津川（1895—1928），安徽寿县人
宛希俨（1903—1928），湖北黄梅人
王崇典（1903—1928），安徽涡阳人
王兴善（？—1928），江苏常州人
夏文法（？—1928），籍贯不详
谢远定（1899—1928），湖北枣阳人
徐长腾（？—1928），籍贯不详
姚佐唐（1898—1928），安徽桐城人
张廷仁（？—1928），江苏高邮人
朱如红（1907—1928），江西赣县人
曹壮父（1896—1929），湖北阳新人
葛介眉（1900—1929），江苏江都人
何奎光（1904—1929），河南光山人
张四维（？—1929），湖南人
刘炳福（1901—1930），浙江平湖人
陈　桐（1893—1930），江苏江阴人
陈宝华（？—1930），籍贯不详
陈继昌（1906—1930），江苏吴县人
陈景星（1908—1930），辽宁海城人
陈兆春（1893—1930），江苏南京人
邓是梅（？—1930），湖北人
杜培之（？—1930），籍贯不详
杜秀山（？—1930），天津人
樊君侠（1907—1930），江西永新人
房正年（？—1930），籍贯不详
冯柏六（1909—1930），浙江上虞人
冯菊芬（1910—1930），江苏东海人
扶国权（1903—1930），河南光山人
傅琳伯（？—1930），籍贯不详
傅天柱（？—1930），四川人
傅亚霖（1906—1930），四川荣县人
郭凤韶（1911—1930），浙江临海人
郭纪堂（1904—1930），安徽霍邱人
郭振青（？—1930），籍贯不详
何寒莺（1908—1930），江苏常州人
胡尚志（1907—1930），湖北潜江人
胡正福（？—1930），籍贯不详
黄瑞生（1904—1930），安徽六安人
黄祥宾（1905—1930），江苏武进人
江式训（1903—1930），江西浮梁人
蒋宗銮（1904—1930），江苏吴县人
雷仲云（？—1930），籍贯不详
李传夔（1906—1930），江苏吴县人
李济平（1908—1930），江苏江阴人
李林泮（1903—1930），吉林双城（今属黑龙江双城）人
李荣光（？—1930），贵州赤水人
李瑞节（？—1930），湖南人
李元和（？—1930），籍贯不详
刘福根（？—1930），浙江人

刘少猷（1902—1930），云南彝良人
吕国英（1912—1930），江苏沛县人
吕占先（1903—1930），江苏泗阳人
马名驹（1908—1930），江苏如皋人
倪龙文（？—1930），福建人
任　曜（？—1930），籍贯不详
沈祥斌（？—1930），江苏人
沈云楼（1913—1930），江苏兴化人
师集贤（1899—1930），陕西合阳人
石　俊（1907—1930），江苏如皋人
石　璞（1913—1930），辽宁铁岭人
宋如海（1911—1930），山东济宁人
苏订娥（1910—1930），湖南平江人
孙玉才（1911—1930），江苏句容人
谭冰瓯（1907—1930），安徽旌德人
谭籍安（1906—1930），湖北宜城人
谭铁肩（1911—1930），安徽旌德人
谭梓生（1897—1930），安徽旌德人
汤　藻（1908—1930），江苏如皋人
童　泗（？—1930），四川人
王　道（？—1930），湖南人
王梦仙（？—1930），籍贯不详
王松亭（？—1930），籍贯不详
王育仁（？—1930），籍贯不详
乌达生（？—1930），湖北人
吴　芳（1899—1930），湖南华容人
吴省三（？—1930），籍贯不详
夏东山（？—1930），籍贯不详
夏雨初（1903—1930），安徽郎溪人
项孟加（1908—1930），浙江临海人
谢纬棨（1910—1930），湖南长沙人
徐明德（？—1930），籍贯不详
许立双（1908—1930），江苏江都人
许盛周（？—1930），安徽合肥人
杨锡海（1907—1930），江苏武进人
姚爱兰（1912—1930），江苏六合人
叶　刚（1908—1930），浙江南田人
易高然（？—1930），朝鲜人
袁德昌（1909—1930），江苏江都人
袁鸿鸣（1896—1930），河北唐山人
袁至仁（？—1930），籍贯不详
袁咨桐（1914—1930），贵州赤水（今习水）人
云　兢（？—1930），广东文昌人
张世操（？—1930），籍贯不详
张叔崑（？—1930），湖南人
张学堂（1886—1930），江苏泰兴人
张育才（？—1930），湖南人
赵　山（？—1930），籍贯不详
郑　苏（？—1930），湖北人
郑家祥（1912—1930），安徽霍邱人
周懋轩（？—1930），江苏沛县人
周不论（1903—1930），湖南醴陵人
左瞎子（？—1930），籍贯不详
陈宝礼（1904—1931），浙江余姚人
陈朝海（1908—1931），广西博白人
陈仲模（1911—1931），云南昆明人
邓定海（1903—1931），湖北黄陂人
邓演达（1895—1931），广东惠阳人
傅楚一（？—1931），四川人
高文华（1907—1931），江苏无锡人
顾探先（？—1931），江苏苏州人
黄忠德（？—1931），籍贯不详
蒋吾汝（？—1931），江苏宜兴人
李宝镛（1907—1931），河北人
李德芳（？—1931），湖北人
李嘉猷（？—1931），云南人
李明全（1901—1931），江苏宝应人
刘连祥（？—1931），籍贯不详

刘希雨（1909—1931），云南昆明人
刘雪亮（1908—1931），四川泸县人
马克昌（1906—1931），云南河西人
麦建平（1887—1931），香港人
倪朝龙（1906—1931），福建福清人
萨　金（？—1931），籍贯不详
谭寿林（1896—1931），广西贵县人
王美陶（？—1931），安徽望江县人
文绍珍（1908—1931），湖南石门人
颜真卿（1912—1931），江苏苏州人
杨峻德（1900—1931），福建建瓯人
杨桐恒（1906—1931），四川宣汉人
杨贤江（1895—1931），浙江余姚人
恽代英（1895—1931），祖籍江苏武进，出生于湖北武昌
恽雨棠（1902—1931），江苏武进人
朱杏南（1898—1931），江苏江阴人
邹士富（1905—1931），湖北黄陂人
毕子安（？—1932），湖北人
宋良诚（1905—1932），贵州绥阳人
蔡文宝（1906—1932），安徽霍邱人
曹顺标（1913—1932），浙江萧山人
曾宪榜（1900—1932），安徽六安人
陈　鹏（？—1932），安徽人
陈　三（？—1932），籍贯不详
陈　山（？—1932），山东人
陈理真（1906—1932），安徽萧县人
陈世顺（？—1932），安徽合肥人
陈万其（？—1932），安徽人
陈振荣（？—1932），安徽人
崔阿二（1889—1932），江苏阜宁人
丁　香（1910—1932），江苏苏州人
杜景玉（？—1932），安徽人
方德芝（1909—1932），安徽合肥人
冯硕仁（？—1932），江苏东海人
高鸿荣（？—1932），安徽人
高小闩（1899—1932），安徽人
高玉山（？—1932），河南沈丘人
高月平（？—1932），浙江宁波人
黄德维（？—1932），贵州人
黄化育（？—1932），安徽淮北人
姜辉麟（1897—1932），江苏松江（今属上海）人
蒋　云（1903—1932），江苏江阴人
解天宝（？—1932），籍贯不详
金超然（？—1932），山东金县人
康友川（1907—1932），浙江宁波人
朗少山（？—1932），籍贯不详
冷少农（1900—1932），贵州瓮安人
李　灿（1901—1932），湖南宜章人
李得标（？—1932），湖北人
李汉城（1906—1932），安徽宿县人
李文庆（1908—1932），江苏肖县人
李耘生（1905—1932），山东广饶人
梁传贵（1908—1932），江苏淮安人
梁建新（？—1932）湖南安化人
廖维忠（？—1932），籍贯不详
凌汝鑫（？—1932），湖南人
刘　荣（？—1932），湖南宜章人
刘　英（？—1932），安徽人
刘纯如（？—1932），籍贯不详
刘劲夫（？—1932），江苏邳睢人
刘猛云（？—1932），籍贯不详
刘荣光（？—1932），籍贯不详
柳奠邦（？—1932），籍贯不详
柳日均（1902—1932），江苏阜宁人
龙嵩狱（？—1932），湖南人
娄福晏（？—1932），安徽人

陆圣清（？—1932），江苏崇明人
吕小和尚（？—1932），湖北广济人
王汉敏（？—1932），籍贯不详
梅士方（？—1932），浙江人
牟金凤（？—1932），安徽五河人
高国樑（？—1932），籍贯不详
潘运生（1902—1932），安徽怀远人
邱文治（1909—1932），江苏徐州人
沙克明（？—1932），安徽人
沈三姐（？—1932），江苏人
宋月波（1894—1932），山东滕县人
孙明忠（1902—1932），江苏武进人
唐桂林（？—1932），籍贯不详
汪炳生（1907—1932），江苏南京人
王家彝（1914—1932），江苏南京人
王　宽（？—1932），籍贯不详
王鳌溪（1894—1932），四川巴中人
王德胜（？—1932），安徽合肥人
王张氏（？—1932），安徽人
王去病（？—1932），籍贯不详
吴凤英（？—1932），籍贯不详
吴桂卿（？—1932），籍贯不详
萧万才（1880—1932），江苏阜宁人
谢季华（？—1932），籍贯不详
徐阿三（？—1932），江苏盐城人
徐凤章（1903—1932），安徽霍邱人
徐清芝（？—1932），安徽人
许金标（1912—1932），江苏靖江人
许清如（？—1932），江苏阜宁人
杨维坤（？—1932），安徽人
杨小二子（1912—1932），江苏阜宁人
杨耀堂（？—1932），安徽人
尹学友（？—1932），安徽人
余鸿登（？—1932），安徽凤阳人
宇同光（？—1932），籍贯不详
郁志翘（1908—1932），江苏崇明（今属上海）人
袁鹏飞（？—1932），籍贯不详
袁瑞生（？—1932），籍贯不详
张阿春（？—1932），浙江绍兴人
张百全（？—1932），安徽人
张大桂（？—1932），籍贯不详
张广林（？—1932），籍贯不详
赵连轩（1906—1932），安徽凤阳人
郑铁民（1906—1932），河北保定人
钟明友（？—1932），安徽合肥人
周德心（？—1932），籍贯不详
周福根（？—1932），江苏人
朱怀玉（？—1932），安徽人
朱务平（1898—1932），安徽宿县人
陈定观（？—1933），浙江人
陈原道（1902—1933），安徽巢县人
成乔生（？—1933），湖南人
邓中夏（1894—1933），湖南宜章人
侯中英（？—1933），湖北阳新人
胡　云（1903—1933），广东人
胡南生（1905—1933），湖北武昌人
黄　励（1905—1933），湖南益阳人
黄咸夷（？—1933），籍贯不详
金丁荃（1911—1933），浙江诸暨人
蓝文胜（1906—1933），湖北广济人
李昌祉（1906—1933），湖南嘉禾人
李家矩（？—1933），湖南人
李魁元（？—1933），河北人
李有文（？—1933），福建人
李治邦（1907—1933），贵州郎岱人
林　萃（1904—1933），安徽金寨人
刘班长（？—1933），湖南常德人
罗登贤（1905—1933），广东南海人

毛福轩（1897—1933），湖南湘潭人
毛剑霞（1911—1933），湖北襄阳人
孟繁良（？—1933），河南人
沈泽民（1902—1933），浙江桐乡人
孙绍康（？—1933），江西丰城人
田桂亭（？—1933），四川人
王朋程（1906—1933）江苏如皋人
吴振鹏（1906—1933），安徽怀宁人
谢小康（1910—1933），湖南人
徐承摇（？—1933），四川人
徐述尧（？—1933），四川云阳人
杨景陶（？—1933），籍贯不详
杨振铎（1905—1933），山西芮城人
曾宪瑞（？—1933），湖北人
张　炽（1898—1933），云南路南（石林）人
张化侬（？—1933），安徽合肥人
张良诚（1911—1933），安徽人
张浦生（？—1933），山东人
张文卿（？—1933），湖南人
张彦卿（1898—1933），河南人
张振邦（？—1933），江苏六合人
赵完璧（1911—1933），湖北人
郑天九（1904—1933），山东日照人
周景星（？—1933），江苏人
周廷辉（1907—1933），四川云阳人
周秀舒（？—1933），安徽宿县人
蔡寿民（1899—1934），湖南常德人
陈鸿勋（？—1934），籍贯不详
陈贞长（1911—1934），山东济南人
杜焕卿（1912—1934），陕西米脂人
方　平（1911—1934），湖北武昌人
顾　衡（1909—1934），江苏无锡人
顾　庐（1905—1934），湖南平江人
顾作霖（1907—1934），上海嘉定人
何宝珍（1902—1934），湖南道县人
洪灵菲（1902—1934），广东潮安人
李文卿（1902—1934），湖北嘉鱼人
梁少白（？—1934），湖南人
刘超人（1910—1934），四川郫县人
刘桐荪（？—1934），籍贯不详
柳志杰（1902—1934），安徽潜山人
吕渭鳌（1897—1934），湖北蕲春人
芮兰生（1896—1934），安徽潜山人
施　滉（1900—1934），云南洱源人
唐安庸（1908—1934），江苏人
汪曼生（1912—1934），江苏南京人
汪裕先（1908—1934），上海南汇人
王　觉（？—1934），籍贯不详
徐阿根（？—1934），安徽人
徐全直（1902—1934），湖北沔阳人
周奂美（1908—1934），安徽潜山人
朱社彦（？—1934），江苏徐州人
曾中生（1900—1935），湖南资兴人
陈晋先（？—1935），籍贯不详
龚昌荣（？—1935），广东潮州人
何德贵（？—1935），湖南人
胡廷俊（1911—1935），陕西绥德人
季月娥（1917—1935），江苏无锡人
李　俊（1911—1935），山西人
李世浩（？—1935），安徽合肥人
娄梦侠（1906—1935），江苏邳县人
孟华亭（？—1935），籍贯不详
潘俊三（1894—1935），江苏邳县人
钱壮飞（1895—1935），浙江吴兴人
沈大富（？—1935），籍贯不详
王德民（？—1935），山东人
吴致民（1900—1935），湖北黄梅人
许包野（1900—1935），广东澄海人

许广亮（？—1935），河北人
杨青林（？—1935），陕西人
赵　轩（？—1935），籍贯不详
朱超人（？—1935），辽宁人
祝金明（？—1935），籍贯不详
周执中（1902—1936），四川内江人
陈　善（1909—1936），山东沂水人
陈仲亭（1910—1936），安徽秋浦（今属东至）人
戴　容（1904—1936），贵州松桃人
贾树清（？—1936），河北人
李得钊（1905—1936），浙江永嘉人
林大光（？—1936），浙江定海人
唐开炳（1898—1936），江苏高淳人
童本森（？—1936），安徽合肥人
于以振（1904—1936），江苏常州人
殷德芬（？—1936），湖南长沙人
尤显寰（？—1936），安徽人
周国荣（1909—1936），贵州仁怀人
陈处泰（1910—1937），江苏宝应人
陈志正（1911—1937），江苏武进人
郭纲琳（1910—1937），江苏句容人
胡锦镳（？—1937），江苏如东人
李少霞（1891—1937），广西贵县人
刘倩萍（？—1937），湖南人
闵乐山（1909—1937），四川内江人
邱　璞（？—1937），广东潮州人
王铭文（1917—1937），江苏淮阴人
薛立荣（？—1937），江苏无锡人
张永珍（1905—1937），山东冠县人
朱子义（1896—1937），河北清苑人
端义友（1918—1938），江苏江宁人
封安友（1917—1938），江苏江宁人
洑师柏（1913—1938），江苏高淳人
李桂丹（1913—1938），辽宁新民人
梁润光（？—1938），籍贯不详
刘玉振（1911—1938），安徽寿县人
秦才亮（？—1938），江苏溧水人
张天浤（1908—1938），江苏江宁人
陈传堂（1918—1939），江苏溧水人
成兴安（1918—1939），江苏江宁人
方东海（1916—1939），江苏溧水人
甘德定（1911—1939），江苏江宁人
高颂章（1914—1939），浙江嘉兴人
高学贵（1915—1939），江苏江宁人
高之桂（1919—1939），江苏江宁人
胡福兰（1909—1939），江苏六合人
胡忠汉（1922—1939），江苏江宁人
黄孝道（1916—1939），江苏溧水人
刘锦友（1914—1939），江苏江宁人
吕世文（1918—1939），江苏江宁人
毛　翔（1917—1939），江苏溧水人
倪志孝（1896—1939），江苏高淳人
邱立生（？—1939），福建上杭人
盛成芳（1918—1939），江苏江宁人
陶金生（1914—1939），江苏高淳人
汪树仁（？—1939），江苏溧水人
王道生（1914—1939），江苏溧水人
王福祥（？—1939），籍贯不详
王荣春（？—1939），福建上杭人
王世棠（1919—1939），江苏江宁人
王一正（1907—1939），江苏江宁人
王有富（1921—1939），江苏溧水人
吴　肃（1898—1939），江苏如皋人
夏士友（1919—1939），江苏江宁人
徐大金（？—1939），安徽舒城人
许纪贵（1907—1939），江苏江宁人
许文松（1891—1939），江苏江宁人

薛万泉（1920—1939），江苏江宁人
业宝令（1919—1939），江苏江宁人
业德玉（1920—1939），江苏江宁人
叶海山（1919—1939），江苏江宁人
俞良四（1916—1939），江苏溧水人
张会财（1921—1939），江苏溧水人
张纪发（1919—1939），江苏江宁人
周明根（1921—1939），江苏江宁人
蔡兆贵（1918—1940），江苏盱眙人
蔡之意（1916—1940），江苏丹徒人
蔡忠兴（？—1940），安徽滁县人
陈家林（1918—1940），江苏六合人
成庆镳（1898—1940），江苏江宁人
戴家顺（1918—1940），江苏六合人
端乐忠（1917—1940），江苏溧水人
费明龙（1911—1940），安徽当涂人
郭添庆（1922—1940），江苏江宁人
郭永秀（1918—1940），江苏六合人
胡正洲（？—1940），籍贯不详
黄厚堃（1917—1940），江苏南京人
黄忠秀（？—1940），安徽枞阳人
贾狗子（？—1940），江苏溧水人
蒋永贵（1919—1940），江苏江宁人
金国法（1898—1940），江苏江宁人
孔祥祺（1921—1940），江苏高淳人
蓝照金（1910—1940），江苏高淳人
李君福（1917—1940），江苏溧水人
李义忠（1918—1940），江西人
李兆康（1918—1940），江苏六合人
刘鹤亭（1901—1940），江苏江宁人
刘业智（1912—1940），江苏溧水人
漆成峰（？—1940），籍贯不详
漆承宏（1908—1940），安徽金寨人
任余银（1920—1940），江苏江宁人
时祖能（1911—1940），江苏江宁人
孙大根（1926—1940），江苏溧水人
王本信（1899—1940），江苏江宁人
韦昌福（1919—1940），江苏溧水人
魏太富（1913—1940），江苏江宁人
徐章和（1922—1940），江苏江宁人
徐长山（1919—1940），江苏六合人
杨明成（1918—1940），江苏六合人
尹宗平（1917—1940），江苏江宁人
余季和（1910—1940），江苏溧水人
俞同康（1914—1940），江苏高淳人
袁朝栋（1922—1940），安徽来安人
张礼昌（1920—1940），江苏六合人
张明信（1920—1940），江苏江宁人
张万邦（1919—1940），江苏江宁人
张在涛（1903—1940），江苏六合人
章义明（1919—1940），江苏六合人
赵纯一（1922—1940），安徽舒城人
郑传生（1912—1940），江苏高淳人
朱文志（？—1940），安徽舒城人
柏恒富（1916—1941），江苏六合人
卞启贵（1923—1941），江苏六合人
蔡启有（1919—1941），江苏江宁人
陈大荣（1916—1941），江苏江宁人
陈德银（1920—1941），江苏江宁人
陈开甲（1918—1941），江苏金湖人
陈松林（1921—1941），江苏溧水人
陈学良（1915—1941），江苏盱眙人
程一惠（1914—1941），江西新建人
储云江（1919—1941），江苏六合人
丁祖德（1912—1941），江苏常熟人
董月桂（1921—1941），江苏金湖人
杜小林伢（1927—1941），江苏溧水人
杜选元（1922—1941），江苏溧水人

范玉山（？—1941），安徽天长人

冯丫头（1925—1941），江苏溧水人

风根保（1910—1941），江苏高淳人

高承明（1916—1941），江苏江宁人

葛绍安（1920—1941），江苏溧水人

葛孝杰（？—1941），安徽宿县人

龚锦源（1913—1941），江苏常熟人

顾景华（1916—1941），江苏常熟人

郭立才（1922—1941），江苏六合人

衡洪柏（1911—1941），江苏江宁人

胡金海（1925—1941），江苏金湖人

虎　罴（1920—1941），江苏南京人

黄冠亚（1913—1941），江苏常熟人

黄国兴（1921—1941），江苏金湖人

黄立德（？—1941），江苏溧水人

黄连才（1920—1941），江苏金湖人

黄人旗（1919—1941），江苏溧水人

鞠友法（1918—1941），江苏盱眙人

雷世金（1920—1941），江苏六合人

李令智（1923—1941），江苏六合人

李廷荣（1917—1941），江苏六合人

李义之（？—1941），江西兴国人

刘斯春（1920—1941），江苏溧水人

刘斯文（1915—1941），江苏溧水人

刘兆才（？—1941），安徽天长人

罗持发（1921—1941），江苏金湖人

吕大发（1914—1941），江苏江宁人

马　腾（？—1941），安徽凤阳人

马如礼（1922—1941），江苏六合人

闵沛高（1923—1941），江苏金湖人

齐德仁（1899—1941），江苏江宁人

施广焕（1922—1941），江苏六合人

史天财（1917—1941），江苏高淳人

史兆璧（1920—1941），江苏六合人

束海宝（1908—1941），江苏丹阳人

邰崇信（1919—1941），江苏江宁人

谈文翰（1909—1941），江苏江宁人

陶其才（1920—1941），江苏六合人

万开齐（？—1941），安徽枞阳人

王必远（1918—1941），江苏六合人

王赐金（1918—1941），江苏高淳人

王明秋（1902—1941），江苏溧水人

王清池（1917—1941），江苏六合人

王日金（1922—1941），江苏溧水人

王正杰（1911—1941），安徽宿县人

王志清（1920—1941），江苏六合人

巫恒通（1902—1941），江苏句容人

吴洪基（1907—1941），安徽嘉山人

吴庆田（1919—1941），江苏六合人

吴先海（？—1941），籍贯不详

武圣寿（1920—1941），江苏溧水人

武孙丫头（1920—1941），江苏溧水人

武因谓（1916—1941），江苏溧水人

夏定才（1912—1941），浙江奉化人

夏小麻（1920—1941），江苏六合人

夏学生（1915—1941），江苏溧水人

项　英（1898—1941），湖北武昌人

徐洪贵（1919—1941），江苏江宁人

徐文富（1919—1941），江苏江宁人

许维新（1902—1941），江苏句容人

杨连长（？—1941），籍贯不详

杨益新（？—1941），籍贯不详

姚化远（？—1941），河南叶县人

姚家友（1914—1941），江苏江宁人

姚玉成（1918—1941），江苏金湖人

叶巨昌（？—1941），安徽天长人

于文华（1918—1941），江苏金湖人

余克昌（1920—1941），江苏六合人

余宗海（1918—1941），江苏江宁人
袁国平（1906—1941），湖南宝庆（今属邵东）人
袁凯东（？—1941），江苏六合人
翟敬春（1921—1941），江苏溧水人
张广涛（1907—1941），江苏六合人
张家良（1908—1941），江苏六合人
张稼门（1906—1941），江苏六合人
张龙友（1919—1941），江苏溧水人
张仁发（1916—1941），江苏江宁人
张万胜（1921—1941），江苏盱眙人
张孝堂（1925—1941），江苏江宁人
张友龙（1919—1941），江苏溧水人
张有喜（？—1941），江苏六合人
赵邦成（1920—1941），江苏六合人
赵承忠（1918—1941），江苏溧水人
赵雅儒（1909—1941），江苏溧水人
赵长金（1920—1941），江苏金湖人
郑行郯（1902—1941），湖北红安人
郑万明（1918—1941），江苏金湖人
郑先郯（1902—1941），湖北红安人
周家祥（1917—1941），江苏江宁人
周善国（1924—1941），江苏金湖人
周之明（1913—1941），江苏江宁人
周子昆（1901—1941），广西桂林人
朱　龙（1904—1941），甘肃兰州人
朱怀棠（1919—1941），江苏溧水人
邹耀堂（？—1941），湖南茶陵人
卞宫玉（1918—1942），江苏江宁人
陈　峥（1915—1942），江苏高淳人
陈从发（1910—1942），江苏六合人
陈福昌（1921—1942），江苏常熟人
陈立山（1926—1942），江苏六合人
陈世忠（1913—1942），江苏江宁人
陈统华（1921—1942），江苏高淳人
陈有洲（1920—1942），江苏六合人
陈云江（1925—1942），江苏六合人
陈云钰（1912—1942），江苏溧水人
戴怀强（1919—1942），江苏六合人
戴如仁（1921—1942），江苏江宁人
邓德昌（1906—1942），江苏六合人
丁存义（1916—1942），江苏江宁人
董福云（？—1942），安徽天长人
董长春（1922—1942），江苏溧水人
段文郁（1917—1942），河北高阳人
范孝宝（1916—1942），江苏江宁人
郭高年（1918—1942），江苏江宁人
郭其源（1921—1942），安徽来安人
郭启超（？—1942），江苏江宁人
何贞荣（1920—1942），江苏六合人
胡高生（1921—1942），江苏江浦人
胡官厚（1920—1942），江苏江宁人
胡金桂（1920—1942），江苏六合人
黄世友（1923—1942），江苏六合人
黄兔子（1927—1942），江苏六合人
黄子新（1915—1942），江苏江宁人
焦恭士（1918—1942），安徽当涂人
金　雯（1908—1942），浙江温州人
金在春（1918—1942），江苏六合人
孔登高（？—1942），安徽天长人
劳瑞生（1923—1942），江苏六合人
李　捷（1916—1942），江苏南京人
李道生（1921—1942），江苏六合人
李高亮（？—1942），江苏六合人
梁文锦（1915—1942），安徽天长人
梁秀章（？—1942），安徽天长人
林家明（1923—1942），江苏六合人
刘立才（1924—1942），江苏六合人

刘学孟（1895—1942），山东阳信人
罗存侍（1909—1942），江苏江宁人
马顺华（1915—1942），江苏江宁人
马羲宏（1921—1942），江苏扬州人
马长法（1918—1942），江苏六合人
强　博（1918—1942），江苏金坛人
乔正才（1913—1942），江苏江浦人
邱士田（1918—1942），江苏仪征人
邵和尚（？—1942），江苏常熟人
邵瑞麟（1913—1942），辽宁新民人
沈春荣（1922—1942），江苏六合人
孙永芝（1925—1942），江苏金湖人
唐来福（？—1942），安徽天长人
万玉海（1903—1942），江苏六合人
王　明（？—1942），江苏常熟人
王根生（？—1942），江苏常熟人
王根庭（1923—1942），安徽滁县人
王金辉（1920—1942），安徽金湖人
王齐贤（1900—1942），江苏江宁人
王仁元（1918—1942），江苏六合人
王志顺（1910—1942），江苏江宁人
韦书斗（1921—1942），江苏溧水人
邬必成（1911—1942），江苏六合人
伍广荣（1921—1942），江苏盱眙人
徐恩禄（1918—1942），江苏六合人
徐家法（1918—1942），江苏江宁人
徐润之（1908—1942），江苏六合人
徐义昌（1920—1942），江苏六合人
薛有松（1917—1942），江苏六合人
闫金斗（1904—1942），江苏新海人
杨光荣（1927—1942），江苏江宁人
杨国凤（？—1942），安徽人
杨叙九（1896—1942），河北沙河人
杨志英（1917—1942），江苏常熟人
尹宗年（1919—1942），江苏江宁人
应常如（1917—1942），江苏六合人
于培宏（1919—1942），江苏江宁人
袁开安（1897—1942），江苏江宁人
张昌亮（1914—1942），江苏江宁人
张传德（1920—1942），江苏六合人
张德兴（照）（？—1942），安徽天长人
张凤山（1901—1942），江苏新海人
张良福（1917—1942），江苏溧水人
张兴云（1914—1942），江苏江宁人
张智锦（1918—1942），安徽和县人
张宗云（1922—1942），江苏江宁人
赵德义（1904—1942），江苏江宁人
赵玉海（1900—1942），安徽砀山人
赵长根（1922—1942），江苏六合人
赵中尧（1917—1942），江苏六合人
郑三伢（1920—1942），江苏江宁人
郑少愚（1913—1942），四川梁县人
周　喆（1921—1942），湖南醴陵人
周云明（1913—1942），江苏江宁人
周志民（1911—1942），江苏江宁人
周宗汉（1916—1942），安徽寿县人
周宗明（1919—1942），江苏六合人
周宗昇（1923—1942），江苏江浦人
朱宝田（1912—1942），江苏六合人
朱福鸣（1905—1942），籍贯不详
朱怀跃（1911—1942），江苏溧水人
朱开玉（？—1942），安徽天长人
卞启发（1926—1943），江苏六合人
蔡维汉（1920—1943），江苏盱眙人
曹　刚（？—1943），安徽天长人
曹家山（1909—1943），安徽天长人
曾　星（？—1943），安徽人
曾福生（？—1943），湖南人

陈　斌（1918—1943），江苏宜兴人
陈　雄（？—1943），山东人
陈　政（1920—1943），江苏无锡人
陈福祥（？—1943），安徽天长人
陈吉冲（？—1943），浙江人
陈迹冲（？—1943），福建人
陈进春（？—1943），籍贯不详
陈庆祥（1926—1943），江苏六合人
陈如照（1928—1943），江苏江宁人
陈善之（1914—1943），江苏金坛人
陈序昭（1923—1943），江苏溧水人
陈学举（1923—1943），江苏金湖人
陈玉明（？—1943），四川成都人
陈志壁（1925—1943），江苏溧水人
陈志冲（？—1943），浙江人
陈自余（1926—1943），江苏六合人
陈自志（1925—1943），江苏六合人
陈宗胜（1912—1943），湖北礼山人
戴东和（1922—1943），江苏江宁人
戴国光（1913—1943），江苏宜兴人
戴如高（1919—1943），江苏江宁人
戴永汉（1921—1943），江苏六合人
邓振询（1904—1943），江西兴国人
丁德本（1920—1943），江苏六合人
董顺义（1913—1943），江苏溧水人
董香明（1924—1943），江苏江浦人
董兆祥（？—1943），山东莒南人
范毛虎（？—1943），安徽天长人
方传爱（1921—1943），江苏六合人
方永洲（1921—1943），江苏江宁人
傅　浩（？—1943），籍贯不详
傅克江（1921—1943），安徽滁县人
傅伦云（1905—1943），江苏江浦人
高家华（1920—1943），江苏六合人
高连发（1910—1943），江苏盱眙人
高巡安（1920—1943），安徽来安人
戈加华（1921—1943），安徽来安人
耿书山（1924—1943），江苏六合人
耿秀宽（1917—1943），江苏金湖人
顾宝国（1923—1943），江苏金湖人
顾生炳（？—1943），籍贯不详
郭兴有（1924—1943），江苏六合人
韩同海（1915—1943），江苏六合人
韩兆琪（？—1943），江苏高邮人
何　琪（？—1943），籍贯不详
何才宽（1922—1943），江苏江宁人
何进益（1920—1943），江西人
胡大祥（1916—1943），江苏六合人
胡家宝（1924—1943），江苏六合人
黄传富（1920—1943），安徽天长人
黄广生（1918—1943），江苏溧水人
黄国刚（？—1943），安徽枞阳人
黄秀章（1920—1943），江苏六合人
黄长贵（1896—1943），江苏江宁人
金德富（1923—1943），江苏盱眙人
金贵富（1926—1943），江苏金湖人
井德发（？—1943），安徽天长人
孔繁文（1921—1943），江苏六合人
孔华亭（1922—1943），江苏高淳人
雷　余（？—1943），江苏人
李秉初（1919—1943），河南镇平人
李宏和（1914—1943），江苏仪征人
李平兴（1914—1843），江苏溧水人
李善华（1919—1943），江苏江宁人
李先道（1890—1943），江苏高淳人
李志英（？—1943），籍贯不详
梁金玉（？—1943），安徽天长人
林家广（1920—1943），江苏六合人

林祥波（？—1943），籍贯不详
林正松（1921—1943），江苏六合人
刘道龙（1914—1943），江苏江宁人
刘福根（1916—1943），江苏人
刘国标（？—1943），籍贯不详
刘焕成（1920—1943），江苏金湖人
刘明富（1921—1943），江苏江宁人
刘明隆（1921—1943），江苏江宁人
刘少安（1919—1943），江苏海门人
刘文清（？—1943），安徽天长人
刘一鸿（1906—1943），湖北沔阳人
刘长林（1918—1943），安徽天长人
刘长清（？—1943），籍贯不详
娄加加（？—1943），安徽天长人
卢义明（1921—1943），江苏六合人
芦林桂（？—1943），江苏丹阳人
鲁顺伢（1919—1943），江苏溧水人
罗　仁（1926—1943），安徽天长人
罗文斌（1923—1943），安徽滁县人
罗直之（？—1943），安徽天长人
骆玉金（1916—1943），江苏高淳人
吕德奎（？—1943），籍贯不详
马定发（？—1943），江苏六合人
马金牛（1924—1943），江苏丹阳人
毛义芳（1911—1943），江苏江浦人
梅庆华（1914—1943），江苏溧水人
闵四权（1906—1943），江苏六合人
牛胜武（民）（1916—1943），籍贯不详
潘金寿（1924—1943），江苏金湖人
潘进贤（1909—1943），江苏六合人
潘文琪（？—1943），安徽天长人
钱安文（1918—1943），安徽庐江人
钱生根（？—1943），籍贯不详
邱九刚（1924—1943），江苏六合人
邱士栋（1921—1943），江苏六合人
瞿兴玉（？—1943），湖南人
任　重（1918—1943），江苏宜兴人
任风楼（？—1943），上海人
邵家山（1921—1943），江苏六合人
沈　能（1918—1943），江苏金湖人
沈信波（1917—1943），江苏金坛人
沈宜保（1925—1943），籍贯不详
盛福民（？—1943），籍贯不详
盛忠才（？—1943），籍贯不详
施广秋（1918—1943），江苏六合人
石宝生（？—1943），江苏人
石高山（1922—1943），江苏溧水人
史家兴（1908—1943），江苏溧水人
宋玉林（？—1943），河北东明人
宋长生（1922—1943），江苏溧水人
苏学科（1902—1943），江苏六合人
孙　斌（1918—1943），江苏宜兴人
孙　同（？—1943），上海人
孙恒礼（1917—1943），江苏六合人
孙立宝（1920—1943），江苏六合人
孙晓梅（1914—1943），浙江富阳人
孙秀本（1900—1943），江苏高淳人
邰贤聚（1906—1943），江苏江宁人
谭雨文（1914—1943），福建人
汤　伦（？—1943），籍贯不详
汤万益（1915—1943），福建周宁人
唐昆远（1920—1943），江苏常熟人
陶家齐（1890—1943），江苏江宁人
陶祥金（1926—1943），江苏浦口人
涂俊高（1925—1943），江苏金湖人
万福根（？—1943），籍贯不详
汪传忠（1914—1943），江苏江宁人
汪命涛（1922—1943），江苏江浦人

汪文庆（1913—1943），江苏六合人
汪兴太（？—1943），河南信阳人
王步才（1921—1943），江苏六合人
王从贤（1903—1943），江苏六合人
王德胜（1912—1943），江苏盱眙人
王高楼（1921—1943），江苏南京人
王广车（1922—1943），江苏沭阳人
王家昌（1921—1943），江苏六合人
王金龙（1922—1943），江苏六合人
王敬道（1919—1943），江苏六合人
王念祖（1916—1943），江苏吴县人
王世兰（？—1943），籍贯不详
王锁保（1916—1943），江苏金坛人
王统贻（1919—1943），江苏高淳人
王学清（1923—1943），江苏六合人
王一民（？—1943），江苏人
王玉堂（？—1943），安徽天长人
韦成喜（1909—1943），江苏溧水人
文有武（1913—1943），湖南人
吴桂兴（1923—1943），江苏金湖人
武思银（？—1943），江苏溧水人
夏同春（1920—1943），江苏江宁人
夏治保（1922—1943），江苏溧水人
谢贻书（1922—1943），江苏六合人
邢东升（1921—1943），江苏高淳人
熊正玉（1922—1943），江苏溧水人
戎道忠（1923—1943），江苏江宁人
徐　银（？—1943），安徽天长人
徐葆昫（1915—1943），河北玉田人
徐承志（？—1943），安徽泾县人
徐春华（1924—1943），江苏六合人
徐明山（1916—1943），江苏仪征人
徐木金（1922—1943），江苏溧水人
徐新年（1922—1943），江苏六合人
徐义山（1920—1943），江苏六合人
许海保（1918—1943），江苏江宁人
许录根（？—1943），籍贯不详
许长清（1922—1943），江苏江宁人
许照喜（1923—1943），江苏六合人
严培福（1913—1943），江苏溧水人
杨　希（1921—1943），江苏南京人
杨德元（1920—1943），江苏仪征人
杨木利（？—1943），籍贯不详
杨庆文（1920—1943），江苏江宁人
杨志鑫（1920—1943），江苏六合人
杨竹业（1922—1943），安徽天长人
奕成忠（1929—1943），江苏江宁人
殷虎根（1913—1943），江苏丹徒人
尹治称（1915—1943），江苏溧水人
于来清（1920—1943），江苏六合人
余步利（？—1943），籍贯不详
俞国华（？—1943），籍贯不详
袁思金（1922—1943），江苏六合人
载永汉（1921—1943），江苏六合人
张臣民（1920—1943），江苏六合人
张飞云（1916—1943），江苏溧水人
张凤山（1919—1943），江苏六合人
张根达（？—1943），籍贯不详
张桂定（？—1943），浙江人
张家绥（？—1943），浙江余姚人
张聚太（？—1943），安徽天长人
张茂发（？—1943），陕西人
张松山（1919—1943），江苏六合人
张廷贵（1915—1943），江苏六合人
张为友（1921—1943），江苏盱眙人
张文兆（？—1943），江苏高淳人
赵　明（？—1943），安徽天长人
赵匡山（1917—1943），江苏江阴人

赵少机（1920—1943），江苏六合人
赵文选（1926—1943），江苏六合人
仲在明（1926—1943），江苏六合人
周家祥（1917—1943），江苏江宁人
周家云（1924—1943），江苏六合人
周有德（1889—1943），江苏六合人
周志开（1919—1943），河北滦县人
周志远（1915—1943），安徽人
朱德宝（1919—1943），江苏六合人
朱德江（1920—1943），江苏六合人
朱士云（1920—1943），江苏六合人
朱廷财（1920—1943），江苏江宁人
朱银凤（？—1943），安徽天长人
朱有才（1915—1943），江苏六合人
竺怀礼（1903—1943），江苏六合人
竺金田（1926—1943），江苏六合人
庄坤寿（1909—1943），江苏溧水人
邹　毅（1918—1943），江西横峰人
柏万先（1926—1944），江苏六合人
毕贵华（1923—1944），安徽滁县人
采德宽（1926—1944），江苏六合人
蔡德胜（1924—1944），江苏盱眙人
曾湘云（1920—1944），江苏仪征人
陈德盛（1909—1944），江苏江宁人
陈国良（1923—1944），江苏六合人
陈金昌（1920—1944），江苏六合人
陈文林（1898—1944），江苏江宁人
陈祥胜（1928—1944），江苏溧水人
陈学义（1922—1944），江苏六合人
陈义根（1922—1944），江苏江宁人
陈永发（1918—1944），江苏六合人
陈长庆（1925—1944），江苏盐城人
陈长山（1919—1944），江苏六合人
陈兆先（1905—1944），江苏六合人
迟桂宝（1924—1944），江苏江宁人
崔如宏（1927—1944），江苏宝应人
戴国仁（1922—1944），江苏江宁人
邓本硕（？—1944），安徽人
丁道荣（1928—1944），江苏江宁人
丁义才（1907—1944），江苏江浦人
杜永千（1920—1944），江苏盱眙人
范仲儒（？—1944），江苏宜兴人
傅廷龙（1912—1944），江苏高淳人
甘太海（1924—1944），江苏溧水人
高传麟（1923—1944），江苏高淳人
高召荣（？—1944），安徽天长人
葛华芬（1918—1944），江苏溧水人
葛加陆（1919—1944），安徽来安人
宫宗录（1918—1944），江苏江宁人
关日辉（？—1944），江西人
管昌生（1915—1944），江苏溧水人
郭凤昌（1921—1944），江苏六合人
郭文亭（1923—1944），江苏金湖人
韩应和（1919—1944），江苏高淳人
韩志钦（1893—1944），江苏高淳人
何立昌（1924—1944），江苏六合人
侯传武（1921—1944），江苏六合人
侯有昌（1923—1944），江苏六合人
黄克昌（？—1944），安徽天长人
黄小牛（1923—1944），江苏高淳人
黄兆富（1910—1944），江苏六合人
季生茂（1922—1944），江苏六合人
姜明庚（？—1944），安徽天长人
姜顺明（1921—1944），江苏高淳人
孔祥典（1904—1944），江苏高淳人
黎长富（1921—1944），江苏盱眙人
李　同（1900—1944），江苏江宁人
李春明（1919—1944），江苏江宁人

李代全（？—1944），江苏高淳人
李根生（1920—1944），江苏高淳人
李官一（1923—1944），广东人
李来宝（1920—1944），江苏高淳人
李廉成（1912—1944），江苏江宁人
李如田（？—1944），安徽天长人
李生茂（1922—1944），江苏六合人
李绪坤（1913—1944），江苏高淳人
李兆斌（1923—1944），江苏六合人
李祖根（1922—1944），江苏江宁人
李祖礼（1926—1944），江苏江宁人
厉福寿（1922—1944），江苏六合人
林德友（1925—1944），江苏六合人
林志高（1918—1944），江苏六合人
凌怀福（1922—1944），安徽天长人
刘大海（1924—1944），江苏六合人
刘德安（1911—1944），江苏溧水人
刘克顺（1913—1944），江苏六合人
刘其海（1919—1944），江苏溧水人
刘志桃（1907—1944），江苏六合人
卢广元（1922—1944），江苏六合人
芦洪才（？—1944），安徽天长人
鲁金成（1921—1944），江苏江浦人
吕保友（？—1944），安徽来安人
梅大岭（1913—1944），江苏南京人
梅烈夫（1907—1944），江苏南京人
孟保喜（1924—1944），江苏溧水人
孟广兴（1913—1944），山东蒙山人
糜万堂（1919—1944），江苏六合人
缪和龙（1920—1944），江苏六合人
聂宜惠（1911—1944），江苏江宁人
庞杏春（？—1944），江苏六合人
祁万才（？—1944），安徽天长人
钱巨祥（1922—1944），江苏金湖人
钱荣喜（1924—1944），江苏六合人
秦学贤（1906—1944），江苏江浦人
任巨昌（1911—1944），江苏六合人
芮先树（1908—1944），江苏高淳人
沙国标（1914—1944），江苏六合人
沈　江（？—1944），籍贯不详
沈安富（1918—1944），江苏江宁人
沈德良（1920—1944），江苏六合人
盛传芬（1925—1944），江苏六合人
盛长山（1920—1944），江苏六合人
史德仁（1916—1944），江苏高淳人
史立德（？—1944），江苏六合人
史修福（1916—1944），江苏高淳人
宋先敏（1922—1944），安徽定远人
苏广发（1921—1944），江苏六合人
孙福吴（1918—1944），江苏高淳人
孙立传（1927—1944），江苏六合人
孙文秀（1920—1944），安徽来安人
谈太祥（1920—1944），江苏江宁人
唐守贤（1917—1944），江苏六合人
陶年富（1920—1944），江苏江宁人
陶时炳（1917—1944），江苏江宁人
陶元清（1928—1944），江苏六合人
王德茂（？—1944），安徽天长人
王明万（1916—1944），江苏江宁人
王三子（1920—1944），江苏江宁人
王文荣（1912—1944），江苏溧水人
王有祥（1921—1944），江苏盱眙人
王裕发（1922—1944），安徽来安人
魏晋祥（1919—1944），江苏高淳人
吴德权（1920—1944），江苏金湖人
吴德仁（1918—1944），江苏江宁人
吴其槽（1918—1944），江苏六合人
吴仁兰（1925—1944），安徽来安人

吴尚典（1927—1944），江苏高淳人
夏忠寿（1926—1944），江苏江宁人
邢善庆（1916—1944），江苏高淳人
徐德龙（1922—1944），江苏六合人
徐茂才（1920—1944），江苏六合人
徐文桂（1923—1944），江苏六合人
许德公（1922—1944），安徽来安人
许佑全（1920—1944），江苏盱眙人
薛志明（1914—1944），江苏高淳人
杨关林（1914—1944），江苏高淳人
杨立弟（1913—1944），江苏高淳人
杨启如（1927—1944），江苏江宁人
杨庆福（1916—1944），江苏江宁人
杨双林（1925—1944），江苏高淳人
杨小伢（1930—1944），江苏高淳人
杨贞伢（1927—1944），江苏高淳人
易本智（1920—1944），江苏溧水人
俞殿金（1902—1944），江苏溧水人
俞元全（1920—1944），江苏溧水人
袁邦郎（1900—1944），江苏高淳人
袁春华（1916—1944），江苏六合人
袁义旺（1923—1944），江苏溧水人
臧升才（1923—1944），安徽定远人
翟亦根（1924—1944），江苏江宁人
张　流（1919—1944），江苏金湖人
张登清（1911—1944），江苏高淳人
张端玉（？—1944），江苏溧水人
张福礼（1920—1944），江苏六合人
张功富（1896—1944），江苏江浦人
张桂庭（1917—1944），江苏溧水人
张国盛（？—1944），安徽天长人
张家元（1925—1944），江苏六合人
张宽成（1924—1944），江苏溧水人
张立法（1921—1944），江苏六合人
张隆宝（1927—1944），江苏仪征人
张培德（1921—1944），江苏金湖人
张如良（1914—1944），安徽来安人
张瑞玉（？—1944），江苏溧水人
张世福（？—1944），安徽天长人
张先松（1911—1944），江苏高淳人
张耀华（1918—1944），江苏苏州人
张一郎（1928—1944），江苏溧水人
张月才（1928—1944），江苏溧水人
张忠勇（1920—1944），江苏溧水人
赵景升（1923—1944），河北唐山人
赵士鑫（1921—1944），江苏高淳人
赵芝严（1923—1944），江苏六合人
郑宝山（1921—1944），江苏江浦人
周绍海（1922—1944），江苏高淳人
周万才（1921—1944），江苏六合人
周文奎（1917—1944），江苏高淳人
周业宝（1918—1944），江苏仪征人
朱章法（1914—1944），江苏江宁人
诸春雪（1920—1944），江苏高淳人
诸方年（1923—1944），江苏高淳人
诸长先（1907—1944），江苏溧水人
诸长珍（？—1944），江苏高淳人
祝仁道（1923—1944），江苏溧水人
柏成玉（1922—1945），江苏六合人
包田德（1918—1945），江苏六合人
卞皮佑（1926—1945），江苏高淳人
卞天喜（？—1945），江苏丹阳人
卞中来（1922—1945），江苏溧水人
曹朝文（1923—1945），江苏洪泽人
曹金明（1923—1945），江苏江宁人
曹元宝（1920—1945），江苏六合人
曹长林（1926—1945），江苏江宁人
曾学礼（1921—1945），江苏六合人

陈宝元（1917—1945），江苏六合人
陈朝进（1922—1945），江苏高淳人
陈大财（1911—1945），江苏高淳人
陈登山（1922—1945），安徽天长人
陈恩胜（1921—1945），江苏六合人
陈国超（？—1945），安徽颍上人
陈火木（？—1945），江苏高淳人
陈家正（1918—1945），江苏溧水人
陈开甲（？—1945），安徽天长人
陈开义（1921—1945），江苏高淳人
陈令志（1920—1945），江苏溧水人
陈如银（1925—1945），江苏金湖人
陈维义（1924—1945），江苏江宁人
陈蔚财（1905—1945），江苏高淳人
陈学山（1911—1945），江苏六合人
陈义仁（1924—1945），江苏六合人
陈长华（1916—1945），江苏六合人
陈之和（？—1945），江苏高淳人
陈自春（？—1945），江苏溧水人
程效刚（1915—1945），安徽巢县人
仇立明（1921—1945），江苏六合人
崔广华（1919—1945），江苏南京人
戴洪林（1920—1945），江苏六合人
戴有开（1921—1945），江苏六合人
邓毛狗（1923—1945），江苏丹阳人
丁福安（1924—1945），江苏兴化人
丁振财（1921—1945），江苏溧水人
丁志安（1922—1945），江苏建湖人
董德财（1917—1945），江苏六合人
杜春龙（？—1945），江苏盐城人
杜文礼（1921—1945），江苏六合人
端义有（1906—1945），江苏溧水人
樊少金（1926—1945），江苏六合人
范前益（1925—1945），江苏溧水人
方前程（1920—1945），江苏六合人
傅金财（1909—1945），江苏高淳人
傅排长（？—1945），籍贯不详
傅深海（1915—1945），江苏六合人
傅廷才（1899—1945），江苏高淳人
傅廷华（1922—1945），江苏高淳人
傅于康（1908—1945），江苏高淳人
傅长华（1924—1945），江苏江宁人
傅中其（1922—1945），江苏高淳人
高承南（1923—1945），江苏江宁人
高人谱（1917—1945），江苏高淳人
高仁荣（？—1945），上海人
葛春喜（1923—1945），江苏溧水人
葛长良（1923—1945），江苏六合人
贡俊芝（1924—1945），江苏六合人
郭登州（1925—1945），江苏六合人
郭良鹏（？—1945），籍贯不详
郭培基（1921—1945），江苏六合人
郭顺宝（1926—1945），江苏江宁人
韩在春（1915—1945），江苏六合人
郝于书（1918—1945），江苏六合人
郝云翔（1921—1945），江苏六合人
何火金（？—1945），江苏溧阳人
何裕富（？—1945），江苏高淳人
洪仁子（1911—1945），江苏宜兴人
侯　威（1924—1945），江苏六合人
胡　信（1925—1945），江苏六合人
胡道宏（1921—1945），江苏六合人
胡法玉（1916—1945），江苏高淳人
胡心智（1920—1945），江苏六合人
黄步良（1926—1945），江苏六合人
黄昌宝（1924—1945），江苏高淳人
黄德余（1922—1945），安徽天长人
黄茂太（1928—1945），江苏六合人

惠有才（1913—1945），江苏六合人
纪耀会（1926—1945），江苏江宁人
蒋德富（1926—1945），江苏六合人
蒋世锦（1914—1945），江苏江宁人
揭老三（1916—1945），江苏高淳人
孔凡谦（？—1945），江苏溧水人
孔令保（1921—1945），江苏仪征人
孔令木（1914—1945），江苏高淳人
孔庆才（1905—1945），江苏高淳人
孔庆礼（1917—1945），江苏高淳人
孔祥仁（1925—1945），江苏高淳人
孔祥祯（1915—1945），江苏高淳人
孔祥忠（1916—1945），江苏高淳人
李传礼（1921—1945），江苏六合人
李代明（1922—1945），江苏高淳人
李福星（？—1945），山东济南人
李明涛（1916—1945），江苏溧水人
李瑞珍（1923—1945），江苏六合人
李树帮（？—1945），安徽天长人
李树泽（1919—1945），江苏溧水人
李廷玉（1918—1945），江苏仪征人
李万芝（1919—1945），江苏六合人
李旺伢（1920—1945），江苏高淳人
李文发（1925—1945），江苏六合人
李先堂（1918—1945），江苏高淳人
李祥根（？—1945），江苏盐城人
李兴松（1924—1945），江苏溧水人
李有福（1913—1945），江苏六合人
李玉保（1923—1945），江苏高淳人
李玉火（1919—1945），江苏高淳人
李长荣（？—1945），江苏六合人
李遵福（1893—1945），江苏高淳人
梁存江（1915—1945），江苏六合人
林宗法（？—1945），浙江温州人
刘昌隆（1928—1945），江苏溧水人
刘成富（1916—1945），江苏江宁人
刘道清（1915—1945），江苏高淳人
刘贡高（1913—1945），江西安福人
刘加才（1914—1945），江苏江宁人
刘松林（1921—1945），江苏溧阳人
刘小华（1923—1945），江苏溧水人
柳老伢（1925—1945），江苏高淳人
娄德顺（1920—1945），江苏六合人
娄明池（1921—1945），江苏六合人
鲁春官（1927—1945），江苏泰州人
吕　畴（1923—1945），江苏南京人
吕惠生（1903—1945），安徽无为人
吕容头（1927—1945），江苏高淳人
吕时照（？—1945），江苏高淳人
马　森（1919—1945），江苏溧水人
马定高（1926—1945），江苏六合人
马广洲（？—1945），安徽天长人
马文松（？—1945），籍贯不详
马玉林（1925—1945），江苏六合人
茆长顺（1921—1945），江苏六合人
梅武斌（1917—1945），江苏江宁人
明乐保（1924—1945），江苏江宁人
明顺富（1921—1945），江苏六合人
倪春松（1916—1945），江苏高淳人
倪海扣（1920—1945），江苏溧阳人
聂东海（1925—1945），江苏江宁人
彭保富（1920—1945），江苏溧阳人
彭克廷（1921—1945），江苏盱眙人
彭永和（1921—1945），江苏江宁人
平益芝（1910—1945），江苏江宁人
平正兴（1922—1945），江苏六合人
浦洪庆（1899—1945），江苏溧阳人
钱海如（1913—1945），江苏江浦人

钱洪福（1912—1945），江苏江浦人
秦　科（1924—1945），江苏江宁人
秦广宝（1922—1945），江苏江宁人
秦新满（1922—1945），江苏溧水人
秦在元（1925—1945），江苏仪征人
秦正庭（1922—1945），江苏六合人
秦之铭（1923—1945），江苏六合人
邱宏福（1925—1945），江苏仪征人
邱士林（1919—1945），江苏六合人
芮方伢（1917—1945），江苏高淳人
芮建华（1919—1945），江苏高淳人
芮良全（1916—1945），江苏高淳人
芮良兆（1916—1945），江苏高淳人
芮全美（1923—1945），江苏高淳人
沈有明（1924—1945），江苏溧水人
沈宗植（1916—1945），江苏江浦人
施勤生（1926—1945），江苏溧水人
石道顺（1915—1945），江苏高淳人
石华义（1922—1945），江苏六合人
史光有（1922—1945），江苏六合人
史长信（1920—1945），江苏仪征人
宋秋林（1917—1945），江苏高淳人
宋亚平（1924—1945），江苏武进人
宋中伢（1919—1945），江苏高淳人
苏正华（1922—1945），江苏六合人
孙汉元（1919—1945），江苏六合人
孙皆同（1920—1945），江苏江宁人
孙平息（1923—1945），江苏溧水人
孙清泉（1928—1945），江苏六合人
孙仁发（1925—1945），江苏六合人
孙学高（？—1945），安徽天长人
孙学中（1919—1945），江苏六合人
孙燕书（1899—1945），江苏六合人
孙永德（1920—1945），江苏六合人
孙长春（1924—1945），江苏阜宁人
孙志金（1924—1945），江苏江宁人
邰贤金（1911—1945），江苏江宁人
汤德昌（1922—1945），江苏金湖人
汤芳和（1923—1945），江苏溧水人
汤恒仓（1924—1945），江苏六合人
汤金富（1920—1945），江苏六合人
汤静文（1920—1945），江苏六合人
汤顺元（1922—1945），江苏金湖人
陶洪才（1925—1945），江苏高淳人
田根保（1920—1945），江苏高淳人
佟长山（？—1945），安徽天长人
汪富贵（1911—1945），江苏高淳人
汪光生（？—1945），安徽人
汪万银（1921—1945），江苏盱眙人
汪扬州（1925—1945），江苏高淳人
王安华（1920—1945），江苏六合人
王炳福（1910—1945），江苏高淳人
王垂忠（1921—1945），江苏高淳人
王春海（1922—1945），江苏六合人
王德玉（1921—1945），江苏六合人
王殿国（1923—1945），江苏江宁人
王福如（1921—1945），江苏盱眙人
王功平（1921—1945），江苏江宁人
王桂发（？—1945），安徽天长人
王惠川（？—1945），安徽无为人
王佳旺（1914—1945），江苏高淳人
王家法（1916—1945），江苏六合人
王金和（1918—1945），江苏溧水人
王久富（1923—1945），江苏六合人
王宽宇（1923—1945），江苏六合人
王明才（1924—1945），江苏江宁人
王仁芝（1920—1945），江苏六合人
王荣柏（1911—1945），江苏溧水人

王荣舟（1921—1945），江苏六合人
王述春（1919—1945），江苏高淳人
王述法（1922—1945），江苏高淳人
王庭英（1921—1945），江苏六合人
王为祥（1922—1945），江苏六合人
王武继（1929—1945），江苏六合人
王永顺（1906—1945），江苏南京人
王玉仁（1921—1945），江苏六合人
王玉有（1919—1945），江苏六合人
韦公连（？—1945），山东定陶人
韦学诗（？—1945），安徽天长人
魏建坤（1921—1945），江苏高淳人
魏晋保（1921—1945），江苏高淳人
魏仁佳（1909—1945），江苏溧水人
魏三东（1922—1945），江苏高淳人
魏少桂（1912—1945），江苏江宁人
魏胃信（1921—1945），江苏高淳人
魏小狗（1915—1945），江苏高淳人
吴邦仑（1929—1945），江苏六合人
吴春根（1916—1945），江苏溧水人
吴模祥（1915—1945），江苏高淳人
吴三郎（1924—1945），江苏高淳人
吴西生（1921—1945），江苏六合人
吴孝寿（1927—1945），江苏高淳人
吴学成（1922—1945），江苏六合人
吴有仁（1922—1945），江苏六合人
吴玉木（1918—1945），江苏高淳人
吴长华（？—1945），江苏仪征人
伍发科（1922—1945），江苏盱眙人
武从俊（1920—1945），江苏盱眙人
夏日才（1923—1945），江苏江宁人
夏孝瑞（1922—1945），江苏溧水人
夏永成（1926—1945），江苏仪征人
夏忠焕（1921—1945），江苏溧水人
夏忠瑜（1918—1945），江苏溧水人
肖大余（？—1945），安徽天长人
肖淇振（1925—1945），江苏六合人
谢爱如（1923—1945），江苏六合人
辛长羊（1918—1945），江苏江宁人
邢东阳（1919—1945），江苏高淳人
邢华春（？—1945），江苏高淳人
邢华骥（1922—1945），江苏溧水人
邢木水（1924—1945），江苏高淳人
邢双伢（1924—1945），江苏高淳人
熊益政（1915—1945），江苏江宁人
须　壮（1924—1945），江苏武进人
徐　鹏（1918—1945），江苏六合人
徐传道（1927—1945），江苏六合人
徐方照（1918—1945），江苏江宁人
徐宏生（1927—1945），江苏江宁人
徐郎生（1925—1945），江苏六合人
徐连祥（1922—1945），江苏盱眙人
徐守业（1916—1945），江苏六合人
徐小三（1922—1945），江苏盱眙人
徐银保（1926—1945），江苏溧水人
徐豫根（1920—1945），江苏高淳人
徐长禄（1904—1945），江苏六合人
徐正龙（1922—1945），江苏六合人
徐志云（1919—1945），江苏六合人
绪长德（1923—1945），江苏金湖人
薛长荣（1918—1945），江苏溧水人
雅正富（1923—1945），江苏仪征人
严柯志（？—1945），浙江宁波人
杨常其（1925—1945），江苏六合人
杨朝臣（1925—1945），江苏六合人
杨发寿（1924—1945），江苏江宁人
杨国江（1917—1945），安徽天长人
杨国桢（？—1945），籍贯不详

杨礼海（1926—1945），江苏六合人
杨明谟（1911—1945），江苏高淳人
杨水金（1917—1945），江苏高淳人
杨顺金（？—1945），江苏溧水人
杨顺伢（1913—1945），江苏高淳人
杨志明（1920—1945），江苏六合人
杨周禄（1920—1945），江苏高淳人
姚东山（？—1945），河南人
姚桂银（1915—1945），江苏六合人
业德明（1910—1945），江苏江宁人
叶至道（1913—1945），江苏高淳人
叶至胜（1923—1945），江苏高淳人
尹庆兆（1921—1945），江苏六合人
于聚兴（？—1945），安徽天长人
余德荣（1918—1945），安徽来安人
余会宝（1909—1945），江苏兴化人
余有江（1920—1945），江苏六合人
余长高（？—1945），安徽天长人
俞殿林（1922—1945），江苏溧水人
俞广勤（1925—1945），江苏江宁人
俞纪良（1902—1945），浙江上虞人
袁大和（1922—1945），江苏溧水人
袁家功（1926—1945），江苏六合人
袁茂万（1925—1945），江苏高淳人
袁绍贵（1923—1945），江苏溧水人
翟宗江（1917—1945），江苏溧水人
张臣虎（1922—1945），上海人
张登杉（1926—1945），江苏高淳人
张定秀（1921—1945），江苏六合人
张多喜（1921—1945），江苏溧水人
张凤林（1913—1945），江苏江宁人
张凤鸣（1925—1945），江苏六合人
张国坤（1923—1945），江苏丹阳人
张家伦（1926—1945），江苏六合人
张江平（1924—1945），上海人
张金宝（？—1945），江苏高淳人
张康铭（1914—1945），江苏高淳人
张腊茂（1928—1945），江苏高淳人
张立发（1920—1945），江苏六合人
张谟良（1919—1945），江苏高淳人
张仁贵（1922—1945），江苏六合人
张世安（1927—1945），江苏溧水人
张文海（1911—1945），江苏高淳人
张香贵（1924—1945），江苏溧水人
张彦伦（1927—1945），江苏高淳人
张彦荣（1903—1945），江苏高淳人
张彦珍（1921—1945），江苏高淳人
张义祥（1915—1945），江苏江宁人
张玉有（1927—1945），江苏六合人
张玉柱（1924—1945），江苏江宁人
张增山（1924—1945），江苏仪征人
张长富（1924—1945），江苏溧水人
张长海（1923—1945），江苏溧水人
张正人（1923—1945），江苏金湖人
张芝金（1912—1945），江苏江宁人
张志宏（1924—1945），江苏江宁人
赵春新（1926—1945），江苏六合人
赵福荣（1917—1945），江苏高淳人
赵宏远（1926—1945），江苏六合人
赵牛伢（1930—1945），江苏高淳人
赵士富（1922—1945），江苏高淳人
赵一新（1920—1945），江苏六合人
赵毓源（1925—1945），江苏江宁人
赵中连（1924—1945），江苏六合人
赵仲德（1913—1945），江苏高淳人
郑国才（1919—1945），江苏六合人
郑双根（1927—1945），江苏溧水人
郑维发（1905—1945），湖北红安人

周保田（1921—1945），江苏如皋人

周春林（？—1945），籍贯不详

周敦鸿（1916—1945），江苏江宁人

周行仁（1918—1945），江苏江宁人

周行义（？—1945），江苏江宁人

周建平（1918—1945），江苏金坛人

周久林（1917—1945），江苏江宁人

周郎生（1920—1945），江苏六合人

周谟林（1921—1945），江苏高淳人

周庆桃（1925—1945），江苏高淳人

周士奎（1920—1945），江苏六合人

周文坤（1917—1945），江苏高淳人

周祥水（1925—1945），江苏溧水人

周兴保（1916—1945），江苏高淳人

周志贵（1923—1945），江苏江宁人

周志家（？—1945），江苏仪征人

周志明（？—1945），籍贯不详

周诸基（？—1945），浙江临安人

朱　凯（1916—1945），江苏江宁人

朱保松（1918—1945），安徽天长人

朱成友（1925—1945），江苏六合人

朱承国（1916—1945），江苏高淳人

朱谷旺（1927—1945），江西人

朱家琪（1928—1945），江苏六合人

朱明宝（1924—1945），江苏江宁人

朱谱头（1923—1945），江苏高淳人

朱新龙（1922—1945），江苏溧水人

诸培伦（1919—1945），江苏高淳人

诸培忠（1923—1945），江苏高淳人

诸长才（1911—1945），江苏高淳人

庄致中（1918—1945），马来西亚归国华侨

邹立功（1921—1945），江苏六合人

左兴典（1923—1945），江苏溧水人

鲍从发（1923—1946），江苏六合人

鲍义成（1920—1946），江苏六合人

卞启洲（1921—1946），江苏六合人

卞钟钯（1923—1946），江苏高淳人

卜长根（1926—1946），江苏江宁人

蔡长江（1927—1946），江苏六合人

曹定山（1925—1946），江苏六合人

曹福喜（1927—1946），江苏江宁人

曹泰祥（1924—1946），江苏仪征人

曹显业（1925—1946），江苏江宁人

曹宜耀（1924—1946），江苏高淳人

曹永道（1926—1946），江苏溧水人

曾文山（1924—1946），江苏六合人

陈　道（1923—1946），江苏六合人

陈安清（1928—1946），江苏六合人

陈传祥（1919—1946），江苏江宁人

陈道生（1929—1946），江苏溧水人

陈德凤（1921—1946），江苏溧水人

陈德福（1920—1946），江苏六合人

陈殿才（1918—1946），江苏六合人

陈贵有（？—1946），江苏盱眙人

陈家宝（1925—1946），江苏江宁人

陈家继（1919—1946），江苏六合人

陈金山（1921—1946），江苏六合人

陈梅锡（1912—1946），江苏高淳人

陈念会（1923—1946），江苏泗阳人

陈其万（1922—1946），江苏六合人

陈任洪（1925—1946），江苏六合人

陈容富（1909—1946），江苏溧水人

陈士田（1927—1946），安徽定远人

陈守富（1916—1946），江苏泗阳人

陈寿杰（1922—1946），江苏六合人

陈双林（1910—1946），江苏高淳人

陈松山（1924—1946），江苏六合人

陈廷邦（1929—1946），江苏高淳人

陈维金（1925—1946），江苏溧水人
陈杏年（1931—1946），江苏高淳人
陈学朝（1920—1946），江苏六合人
陈雪年（1927—1946），江苏高淳人
陈要西（1924—1946），安徽天长人
陈有才（1922—1946），江苏六合人
陈云来（？—1946），江苏武进人
陈章其（1926—1946），江苏六合人
陈长林（1920—1946），江苏六合人
陈长庆（？—1946），安徽天长人
陈正君（？—1946），江苏江宁人
陈正宽（1925—1946），江苏溧水人
陈志英（？—1946），籍贯不详
陈忠贵（1925—1946），江苏江宁人
成恒余（1928—1946），江苏六合人
迟序林（1909—1946），江苏江宁人
迟长贵（1925—1946），江苏江宁人
崔秀生（1920—1946），江苏盱眙人
崔云山（1920—1946），江苏六合人
戴广生（1923—1946），江苏六合人
戴士林（？—1946），安徽天长人
戴珍荣（1920—1946），江苏六合人
刁家煌（？—1946），安徽天长人
丁小狗（1922—1946），江苏江宁人
董明羲（1920—1946），江苏金湖人
杜学武（1926—1946），江苏建湖人
端家华（1921—1946），江苏江宁人
段玉堂（1922—1946），江苏六合人
范直龙（1925—1946），江苏江宁人
方成林（1923—1946），江苏金湖人
方世忠（？—1946），安徽皖北人
方小喜（1923—1946），江苏溧水人
费放天（1921—1946），江苏仪征人
傅大祥（1917—1946），江苏六合人

甘昌成（1922—1946），江苏溧水人
高东林（1926—1946），江苏高淳人
高福洪（1926—1946），江苏江宁人
高美头（1922—1946），江苏高淳人
高太平（1928—1946），江苏江宁人
高长友（1919—1946），江苏溧水人
戈友材（1923—1946），江苏盱眙人
葛华隆（1923—1946），江苏溧水人
葛英育（1918—1946），江苏高淳人
葛玉芝（1918—1946），江苏盱眙人
龚兆和（1921—1946），江苏六合人
谷社金（1925—1946），江苏江宁人
顾良庆（1924—1946），江苏溧水人
管治仁（1920—1946），江苏江宁人
郭秉荣（1920—1946），江苏六合人
郭为珠（1923—1946），江苏六合人
郭长保（1927—1946），江苏江宁人
韩华发（1921—1946），江苏江宁人
韩天仁（1912—1946），江苏溧水人
郝同明（1924—1946），江苏六合人
郝云祥（1921—1946），江苏六合人
何　民（？—1946），安徽人
何德昌（1925—1946），江苏六合人
何世德（？—1946），江苏六合人
何于庆（1920—1946），安徽嘉山人
何志远（？—1946），安徽人
贺飞霞（1908—1946），江苏泗阳人
贺富贵（1925—1946），江苏江宁人
赫士富（1918—1946），江苏六合人
侯宗贵（1920—1946），江苏溧水人
胡道理（1920—1946），江苏溧水人
胡根元（1905—1946），江苏高淳人
胡恭明（1926—1946），江苏溧水人
胡友相（1918—1946），江苏溧水人

胡正根（1925—1946），江苏溧水人
黄宝华（1900—1946），江苏六合人
黄德银（1922—1946），江苏六合人
黄金富（1919—1946），江苏六合人
黄敬福（1921—1946），江苏高淳人
黄敬信（1911—1946），江苏高淳人
黄来青（1928—1946），江苏溧水人
黄如年（1912—1946），江苏六合人
黄有福（1921—1946），江苏六合人
惠廷乐（1926—1946），江苏六合人
纪宏有（1920—1946），江苏六合人
纪明志（1922—1946），江苏金湖人
季立章（1919—1946），江苏六合人
姜立定（1921—1946），江苏六合人
蒋勇成（1925—1946），安徽来安人
解道圣（1911—1946），江苏溧水人
金怀信（1921—1946），江苏六合人
阚金山（1925—1946），江苏六合人
孔凡贵（1919—1946），江苏高淳人
孔令珠（1928—1946），江苏高淳人
孔全伢（1930—1946），江苏高淳人
孔祥喜（1926—1946），江苏高淳人
孔祥震（1924—1946），江苏溧水人
孔小宝（1929—1946），江苏高淳人
孔兴顺（1926—1946），江苏高淳人
孔忠瑜（1918—1946），江苏溧水人
雷荣贵（1923—1946），安徽来安人
雷世祥（1920—1946），江苏六合人
李　琪（1924—1946），安徽天长人
李帮国（？—1946），安徽定远人
李成刚（1922—1946），江苏六合人
李代旺（1925—1946），江苏高淳人
李戴寿（1924—1946），江苏江宁人
李德芳（1928—1946），江苏盱眙人
李庚成（1923—1946），江苏溧水人
李国庆（1921—1946），江苏六合人
李和余（1923—1946），江苏盱眙人
李华章（1926—1946），江苏六合人
李加成（1921—1946），江苏六合人
李建民（1917—1946），江苏江宁人
李令发（？—1946），江苏六合人
李令文（1920—1946），江苏六合人
李铭生（1926—1946），江苏江宁人
李树长（1927—1946），江苏江宁人
李万有（1922—1946），江苏六合人
李先俊（？—1946），籍贯不详
李有全（1920—1946），江苏盱眙人
李正金（1923—1946），江苏六合人
厉　金（？—1946），安徽天长人
厉远山（1922—1946），江苏六合人
梁家保（1921—1946），江苏江宁人
梁文度（？—1946），安徽天长人
林　生（1922—1946），江苏六合人
林步田（1922—1946），江苏六合人
林存金（1920—1946），江苏六合人
林德润（1920—1946），江苏启东人
林福金（1923—1946），江苏六合人
林金龙（1928—1946），江苏六合人
凌　文（1923—1946），江苏金湖人
凌家法（？—1946），江苏六合人
凌如竹（1921—1946），江苏六合人
刘大才（1924—1946），江苏溧水人
刘东林（1927—1946），江苏高淳人
刘发玉（1925—1946），江苏溧水人
刘国平（1924—1946），江苏盱眙人
刘家铨（1921—1946），江苏泗阳人
刘金宝（1922—1946），江苏六合人
刘金根（1921—1946），江苏高淳人

刘明海（1923—1946），江苏六合人
刘三九（？—1946），江苏溧水人
刘少虎（1919—1946），江苏江宁人
刘少明（1919—1946），江苏江宁人
刘寿文（1927—1946），江苏江宁人
刘述须（1916—1946），湖北黄安人
刘伟俊（1925—1946），江苏江宁人
刘长富（1920—1946），江苏六合人
刘长禄（1920—1946），安徽天长人
刘振银（1920—1946），江苏溧水人
刘正江（1917—1946），江苏大丰人
刘志松（？—1946），江苏高淳人
柳华美（1921—1946），江苏高淳人
柳怀保（1921—1946），江苏盱眙人
陆帮发（1924—1946），江苏溧水人
栾吉根（1919—1946），江苏江宁人
罗万金（1920—1946），江苏六合人
罗正海（1921—1946），江苏溧水人
吕念财（1919—1946），江苏高淳人
马大银（1920—1946），江苏江宁人
马明田（1926—1946），江苏六合人
马世成（1913—1946），江苏六合人
马顺华（1919—1946），江苏江宁人
马正东（1922—1946），江苏盱眙人
毛廷山（1925—1946），江苏六合人
梅子立（1923—1946），江苏六合人
孟兆余（1923—1946），江苏金湖人
缪长山（1920—1946），江苏仪征人
缪之马（1922—1946），江苏六合人
钮广玉（1926—1946），江苏六合人
欧长贵（1905—1946），江苏六合人
潘顺保（1926—1946），江苏高淳人
潘学明（？—1946），安徽天长人
潘芝贵（1924—1946），江苏仪征人
裴月华（1924—1946），安徽来安人
彭献寿（1922—1946），江苏六合人
齐耀卿（1917—1946），江苏江宁人
钱国成（？—1946），江苏六合人
钱金才（？—1946），安徽天长人
钱玉祥（1924—1946），江苏六合人
秦　勇（1917—1946），江苏六合人
秦金山（1919—1946），江苏六合人
秦向清（1903—1946），江苏六合人
任立元（1918—1946），江苏六合人
任兴发（1913—1946），江苏六合人
阮庆银（1922—1946），江苏六合人
芮江北（1922—1946），江苏高淳人
芮士全（1919—1946），江苏高淳人
沙德之（1922—1946），江苏六合人
邵广山（1921—1946），江苏六合人
邵家有（1924—1946），江苏江宁人
邵兴龙（1928—1946），江苏江宁人
邵元清（1925—1946），江苏江宁人
沈光华（1927—1946），江苏溧水人
沈老伢（1924—1946），江苏高淳人
沈其湖（1928—1946），江苏六合人
沈仕宏（1921—1946），江苏六合人
盛玉喜（1925—1946），江苏六合人
施大炮（1922—1946），江苏江宁人
施小双（1927—1946），江苏江宁人
石三林（1921—1946），江苏高淳人
时积顺（1925—1946），江苏高淳人
时顺全（1926—1946），江苏江宁人
史荣福（1919—1946），江苏六合人
舒保寿（1921—1946），江苏江宁人
宋昌贵（1926—1946），江苏溧水人
孙道盛（1926—1946），江苏江宁人
孙立诚（？—1946），江苏六合人

孙连根（？—1946），安徽天长人
孙少祖（1924—1946），江苏江宁人
谈文贵（1906—1946），江苏江宁人
谭天金（1927—1946），江苏江宁人
汤克胜（1924—1946），江苏六合人
唐锦章（1919—1946），安徽来安人
唐开新（1926—1946），江苏高淳人
唐胜青（1924—1946），江苏高淳人
陶　玉（？—1946），安徽天长人
滕兆生（1914—1946），江苏江宁人
田盛华（1921—1946），江苏仪征人
童学根（1919—1946），江苏高淳人
屠善银（1919—1946），江苏六合人
万长友（1921—1946），江苏溧水人
汪士有（1925—1946），江苏江宁人
汪学见（1922—1946），江苏六合人
汪长富（1924—1946），江苏六合人
汪长和（1920—1946），江苏六合人
汪忠传（1922—1946），江苏仪征人
王　超（1921—1946），江苏高淳人
王　杰（1924—1946），江苏金湖人
王步清（？—1946），安徽天长人
王成贵（1927—1946），江苏江宁人
王传银（1923—1946），江苏江宁人
王古发（1918—1946），江苏溧水人
王国金（1925—1946），江苏江宁人
王华来（1916—1946），江苏江宁人
王基尧（1919—1946），江苏高淳人
王金宝（1922—1946），江苏六合人
王金贵（1928—1946），江苏六合人
王井桂（1929—1946），江苏泗阳人
王立本（1917—1946），江苏溧水人
王立山（1927—1946），江苏六合人
王荣发（1925—1946），江苏江宁人
王森林（1910—1946），江苏常熟人
王生凯（？—1946），籍贯不详
王述德（1922—1946），江苏江宁人
王说荣（1925—1946），江苏高淳人
王孝元（1925—1946），江苏江宁人
王学洲（1925—1946），江苏六合人
王永年（1920—1946），江苏六合人
王永志（1918—1946），江苏六合人
王余思（1925—1946），江苏六合人
王玉先（？—1946），安徽天长人
王元举（1919—1946），江苏六合人
王元亮（1918—1946），江苏溧水人
王月其（1925—1946），江苏溧水人
王长和（1920—1946），江苏六合人
王正法（1926—1946），江苏溧水人
王志亮（1909—1946），江苏常熟人
王忠恒（1920—1946），江苏江宁人
王子衡（1902—1946），江苏江宁人
韦步云（1920—1946），江苏江宁人
韦火伢（1925—1946），江苏高淳人
韦桃伢（1911—1946），江苏高淳人
魏钟才（1925—1946），江苏江宁人
吴　铮（？—1946），浙江人
吴朝隆（1926—1946），江苏溧水人
吴家材（1917—1946），籍贯不详
吴庆顺（？—1946），江苏仪征人
吴有才（？—1946），安徽天长人
吴有毛（1927—1946），江苏溧水人
武　文（1925—1946），江苏溧水人
夏德录（1925—1946），江苏江宁人
夏光才（1923—1946），江苏江宁人
夏和恩（1914—1946），江苏溧水人
夏家才（1925—1946），江苏溧水人
夏孝忠（1923—1946），江苏高淳人

夏义福（1921—1946），江苏六合人

夏子南（1928—1946），江苏溧水人

肖立良（1925—1946），江苏高淳人

谢德银（1915—1946），江苏江宁人

邢传连（1920—1946），江苏高淳人

徐　峰（1921—1946），安徽来安人

徐大仁（1923—1946），江苏溧水人

徐高森（1923—1946），江苏溧水人

徐立德（1919—1946），江苏六合人

徐文祥（1918—1946），江苏六合人

徐兴玉（1908—1946），江苏高淳人

徐长华（1915—1946），江苏六合人

徐长盛（？—1946），江苏六合人

许纪成（1920—1946），江苏江宁人

许龙法（1927—1946），江苏六合人

许乃山（1925—1946），江苏六合人

许世雄（1928—1946），江苏江宁人

许自祥（1923—1946），安徽来安人

闫天喜（1921—1946），江苏江宁人

严国礼（1926—1946），江苏六合人

严基金（1917—1946），江苏溧水人

严在安（1920—1946），江苏六合人

杨国朝（1924—1946），安徽天长人

杨金富（1918—1946），江苏金湖人

杨明发（1919—1946），江苏江宁人

杨溥发（1917—1946），江苏高淳人

杨溥和（1920—1946），江苏高淳人

杨思友（1922—1946），江苏溧水人

杨有贤（1923—1946），江苏仪征人

杨兆发（1918—1946），江苏六合人

杨志吉（1927—1946），江苏江宁人

叶凤举（1916—1946），江苏六合人

殷德启（1924—1946），江苏六合人

应伯衡（1922—1946），江苏六合人

尤开双（1918—1946），江苏溧水人

余广文（1920—1946），江苏六合人

余圣炳（1928—1946），江苏江宁人

俞大财（1926—1946），江苏江宁人

俞端豪（1929—1946），江苏高淳人

俞家玉（1920—1946），江苏江宁人

俞进江（？—1946），安徽人

俞老狗（1920—1946），江苏江宁人

俞元厚（1919—1946），江苏江宁人

玉宝冠（1926—1946），江苏沭阳人

袁成刚（1920—1946），江苏江宁人

袁守明（1929—1946），江苏盱眙人

詹登松（1922—1946），安徽天长人

詹恒山（1920—1946），江苏六合人

张白鹗（？—1946），江苏盱眙人

张朝力（1928—1946），江苏六合人

张成宝（1925—1946），江苏盱眙人

张德才（1919—1946），江苏六合人

张德根（？—1946），江苏仪征人

张端正（1929—1946），江苏溧水人

张桂钱（1919—1946），江苏溧水人

张国荣（1916—1946），江苏溧水人

张国贤（1917—1946），江苏六合人

张国增（1923—1946），江苏溧水人

张汉潮（1923—1946），江苏金湖人

张洪柏（1919—1946），江苏溧水人

张怀香（？—1946），安徽定远人

张惠桃（1919—1946），江苏六合人

张纪忠（？—1946），安徽天长人

张家仁（1916—1946），江苏江宁人

张家桃（1920—1946），江苏六合人

张家义（1916—1946），江苏六合人

张家余（1918—1946），江苏六合人

张金标（1924—1946），江苏六合人

张金贵（1902—1946），江苏六合人
张礼华（1924—1946），江苏江宁人
张立金（1925—1946），江苏六合人
张明寿（1924—1946），江苏溧水人
张仁才（1916—1946），江苏溧水人
张日贵（1925—1946），江苏江宁人
张瑞宝（1918—1946），江苏六合人
张士罗（1922—1946），江苏盱眙人
张寿安（1905—1946），江苏六合人
张寿昌（1922—1946），江苏六合人
张文和（1920—1946），江苏六合人
张文龙（1908—1946），江苏高淳人
张羲陆（1926—1946），江苏盱眙人
张小保（1929—1946），江苏溧水人
张小根（1929—1946），江苏溧水人
张新万（1926—1946），江苏溧水人
张彦清（1922—1946），江苏高淳人
张永年（1921—1946），江苏六合人
张永田（1920—1946），江苏六合人
张在平（1923—1946），江苏仪征人
张正富（？—1946），安徽天长人
张治金（1927—1946），江苏江宁人
张子金（1924—1946），安徽天长人
章定珍（1924—1946），江苏六合人
章熙贵（1924—1946），江苏溧水人
章壮保（1931—1946），江苏溧水人
章壮财（1923—1946），江苏溧水人
赵　斌（1923—1946），江苏六合人
赵邦立（1922—1946），江苏六合人
赵传仁（1925—1946），江苏六合人
赵德富（1915—1946），江苏六合人
赵金章（1922—1946），江苏六合人
赵科宝（1925—1946），江苏江宁人
赵连山（1917—1946），江苏盱眙人
赵然金（？—1946），安徽天长人
赵序宏（1912—1946），江苏盱眙人
赵玉才（？—1946），江苏仪征人
赵远富（1924—1946），江苏六合人
赵长德（？—1946），安徽天长人
赵中清（1915—1946），江苏溧水人
赵忠胜（1924—1946），江苏溧水人
赵仲恭（1919—1946），江苏高淳人
赵仲全（1906—1946），江苏高淳人
郑必勤（1920—1946），江苏六合人
郑继文（1909—1946），江苏六合人
钟立业（1925—1946），江苏六合人
仲伟礼（1919—1946），江苏沭阳人
周　余（1917—1946），江苏江宁人
周德发（？—1946），江苏仪征人
周国政（1925—1946），江苏盱眙人
周宏坤（1914—1946），江苏江宁人
周火伢（1925—1946），江苏高淳人
周久福（1921—1946），江苏江宁人
周立祥（1925—1946），江苏溧水人
周明坤（1924—1946），江苏六合人
周明清（1916—1946），江苏溧水人
周启双（1928—1946），江苏江宁人
周仁才（1923—1946），江苏六合人
周维才（1922—1946），江苏盱眙人
周显荣（1915—1946），江苏高淳人
周祥海（1927—1946），江苏六合人
周学仁（1924—1946），江苏南京人
周友之（1910—1946），江苏江宁人
周有金（1921—1946），江苏江宁人
周兆云（1907—1946），江苏六合人
周正友（1921—1946），江苏江宁人
周子保（1922—1946），江苏江宁人
朱　明（1925—1946），江苏六合人

朱　万（1925—1946），江苏泗阳人
朱邦祥（1923—1946），江苏高淳人
朱宝珍（1926—1946），江苏六合人
朱德益（1927—1946），江苏江宁人
朱广田（1923—1946），江苏六合人
朱汉成（1927—1946），江苏溧水人
朱金标（1925—1946），江苏江宁人
朱老四（1922—1946），江苏江宁人
朱世华（1918—1946），江苏溧水人
朱庭树（1919—1946），江苏六合人
朱献珍（1924—1946），江苏六合人
朱小三（1930—1946），江苏江宁人
朱有兴（1918—1946），江苏溧水人
朱珍华（1924—1946），江苏江宁人
宗同兴（1918—1946），江苏六合人
邹玉生（1923—1946），江苏江宁人
柏实正（1918—1947），江苏江宁人
蔡元福（1929—1947），江苏高淳人
曹益龙（1924—1947），江苏溧水人
陈德功（1919—1947），江苏六合人
陈弟保（1913—1947），江苏溧水人
陈凤喜（1925—1947），江苏六合人
陈扶生（1914—1947），江苏江宁人
陈公德（1919—1947），江苏高淳人
陈国仁（1919—1947），江苏六合人
陈和礼（1928—1947），江苏六合人
陈后真（1912—1947），江苏高淳人
陈华金（1924—1947），江苏高淳人
陈金伢（1925—1947），江苏溧水人
陈景财（1908—1947），江苏高淳人
陈如金（1920—1947），江苏江宁人
陈文金（1922—1947），江苏六合人
陈志华（1922—1947），江苏溧水人
戴登洲（1921—1947），江苏六合人

党万发（1928—1947），江苏江宁人
邓明树（1929—1947），江苏高淳人
丁德富（1924—1947），江苏六合人
段尔富（1921—1947），江苏江宁人
段金保（1924—1947），江苏溧水人
范遵全（1915—1947），江苏溧水人
傅典江（1919—1947），江苏溧水人
甘克孝（1913—1947），江苏江宁人
高传南（1923—1947），江苏高淳人
高世源（1927—1947），江苏江宁人
郜先珍（1911—1947），安徽人
葛德才（1917—1947），江苏江宁人
管维发（1921—1947），江苏高淳人
郭胜友（1928—1947），江苏江浦人
郭贤炳（1925—1947），江苏溧水人
韩六峰（1920—1947），江苏六合人
韩志忠（1923—1947），江苏江宁人
郝庆江（1923—1947），江苏六合人
郝兴明（1924—1947），江苏六合人
郝于庆（1924—1947），江苏六合人
胡广生（1901—1947），江苏六合人
胡宏昌（1916—1947），江苏江宁人
胡正洲（1923—1947），江苏六合人
黄嘉福（1920—1947），江苏高淳人
黄嘉顺（1923—1947），江苏高淳人
黄世夫（1922—1947），江苏六合人
嵇家金（1927—1947），江苏江宁人
季学根（1919—1947），江苏高淳人
简祖珊（1926—1947），江苏溧水人
蒋贻常（1917—1947），江苏高淳人
蒋玉生（1929—1947），江苏高淳人
焦孝礼（1926—1947），江苏江宁人
焦作银（1929—1947），江苏江宁人
金德义（1926—1947），江苏江宁人

金立山（1922—1947），江苏六合人
经保同（1920—1947），江苏六合人
孔凡银（1931—1947），江苏高淳人
孔令友（1925—1947），江苏高淳人
孔祥珠（1918—1947），江苏高淳人
李广兴（1924—1947），江苏江宁人
李令才（1925—1947），江苏六合人
李荣生（1929—1947），江苏江宁人
李应春（1919—1947），江苏溧水人
李有禄（1914—1947），江苏六合人
李子仁（1928—1947），江苏六合人
林可鸿（1920—1947），福建连江人
林兆顺（1923—1947），江苏六合人
刘保胜（1927—1947），江苏溧水人
刘克庄（1926—1947），江苏溧水人
刘立德（1900—1947），江苏六合人
刘圣宝（1923—1947），江苏六合人
刘盛元（1928—1947），江苏六合人
刘寿银（1925—1947），江苏江宁人
刘有钱（1926—1947），江苏高淳人
龙修本（？—1947），江苏六合人
娄春才（1921—1947），江苏六合人
吕有槽（1912—1947），江苏六合人
马光兴（？—1947），江苏六合人
马荣林（1920—1947），江苏高淳人
毛世魁（1918—1947），江苏溧水人
梅于炳（1922—1947），江苏溧水人
潘宏禄（1923—1947），江苏六合人
潘世龙（1928—1947），江苏六合人
潘正顺（1924—1947），江苏江宁人
平秀崇（1926—1947），江苏六合人
齐长怀（1905—1947），安徽定远人
秦顺全（1928—1947），江苏六合人
裘仲之（1918—1947），江苏六合人
任开顺（1922—1947），江苏溧水人
尚承文（1916—1947），安徽太平人
邵忠福（1922—1947），江苏江宁人
沈大宏（？—1947），江苏六合人
时祖广（1921—1947），江苏江宁人
孙乃华（1914—1947），陕西蒲城人
孙子坤（1905—1947），陕西西安人
汤长青（1925—1947），江苏高淳人
唐思叔（1923—1947），江苏六合人
陶仁义（1919—1947），江苏溧水人
陶维发（1925—1947），江苏江宁人
陶义才（1919—1947），江苏溧水人
陶宗信（1923—1947），江苏江宁人
童德兆（1920—1947），江苏六合人
万正荣（1909—1947），江苏六合人
王本善（1920—1947），江苏六合人
王必勤（1929—1947），江苏溧水人
王昌其（1920—1947），江苏溧水人
王传发（1920—1947），江苏江宁人
王德发（1923—1947），江苏六合人
王端祥（1921—1947），江苏六合人
王惠才（1913—1947），江苏江宁人
王金根（1924—1947），江苏溧水人
王荣典（1915—1947），江苏高淳人
王习顺（1922—1947），江苏响水人
王学金（1910—1947），江苏高淳人
王有德（1920—1947），江苏六合人
王长山（1928—1947），江苏六合人
王正新（1920—1947），江苏高淳人
韦昆南（1912—1947），江苏高淳人
魏普院（1920—1947），江苏高淳人
魏双木（1910—1947），江苏高淳人
吴广义（1925—1947），江苏六合人
吴金林（1921—1947），江苏六合人

吴思谱（1918—1947），江苏高淳人
吴文富（1921—1947），江苏溧水人
吴延旺（1924—1947），江苏溧水人
伍义山（1901—1947），江苏六合人
武圣双（1923—1947），江苏溧水人
夏明春（1923—1947），江苏溧水人
肖德友（1918—1947），江苏溧水人
谢德明（1916—1947），江苏六合人
邢华柏（1928—1947），江苏高淳人
熊安生（1915—1947），江苏溧水人
徐德云（1925—1947），江苏六合人
徐立仁（1916—1947），江苏六合人
徐圣松（1925—1947），江苏六合人
许根保（1920—1947），江苏江宁人
许恒兴（1924—1947），江苏溧水人
许克生（1919—1947），江苏溧水人
许启道（1910—1947），江苏江宁人
许宗祥（1926—1947），江苏江宁人
薛忠德（1924—1947），江苏盱眙人
荀永肖（？—1947），江苏高淳人
阎振月（1920—1947），山东赣榆人
杨世万（1914—1947），江苏江宁人
杨小玉（1927—1947），江苏高淳人
杨兴海（1920—1947），江苏高淳人
杨振华（1917—1947），江苏高淳人
杨周福（1921—1947），江苏高淳人
杨宗华（1928—1947），江苏江宁人
姚松山（1918—1947），江苏江宁人
殷祖根（1925—1947），江苏江宁人
于　龙（1921—1947），江苏江宁人
于明海（1921—1947），江苏金湖人
袁从如（1921—1947），江苏六合人
袁茂福（1922—1947），江苏溧水人
张宝兴（1916—1947），江苏江宁人
张存保（1918—1947），江苏江宁人
张德良（？—1947），江苏六合人
张斗金（1928—1947），江苏江浦人
张焕元（1930—1947），江苏金湖人
张会田（1924—1947），江苏六合人
张济曼（1920—1947），江苏高淳人
张家福（1922—1947），江苏六合人
张金喜（1925—1947），江苏江宁人
张仁俊（1924—1947），江苏六合人
张善喜（1918—1947），江苏江宁人
张小伙子（？—1947），江苏溧水人
张有亮（1916—1947），江苏六合人
张玉德（1922—1947），江苏盱眙人
张正水（？—1947），江苏溧水人
章壮余（1926—1947），江苏溧水人
赵　明（1919—1947），江苏六合人
赵正武（1921—1947），江苏六合人
赵正先（1927—1947），江苏六合人
周炳寿（1921—1947），江苏溧水人
周道亮（1925—1947），江苏溧水人
周敦明（1922—1947），江苏江宁人
周金华（1925—1947），江苏溧水人
周久亨（1919—1947），江苏溧水人
周顺生（1924—1947），江苏高淳人
周信龙（1922—1947），江苏六合人
周学河（1917—1947），江苏江宁人
朱本柏（1918—1947），江苏江宁人
朱功金（？—1947），江苏六合人
朱军坤（1923—1947），江苏六合人
朱俊思（1920—1947），江苏六合人
朱应周（1920—1947），江苏江浦人
左治平（1918—1947），江苏扬中人
朱克靖（1895—1947），湖南醴陵人
柏秉刚（1921—1948），江苏六合人

蔡同香（1913—1948），江苏沭阳人
陈金生（1910—1948），江苏江宁人
陈金友（1924—1948），江苏江宁人
陈清成（1912—1948），江苏江宁人
陈庆和（1930—1948），江苏仪征人
陈寿山（1925—1948），江苏江宁人
陈松钧（？—1948），江苏六合人
陈学洲（1920—1948），江苏六合人
陈玉风（1917—1948），江苏金湖人
陈在林（1924—1948），江苏江宁人
陈长富（1917—1948），江苏六合人
陈致敏（1926—1948），江苏高淳人
陈子涛（1920—1948），广西玉林人
成善忠（1929—1948），江苏溧水人
成余林（1924—1948），江苏六合人
迟序龙（1927—1948），江苏江宁人
仇连清（1923—1948），江苏六合人
仇明喜（1920—1948），江苏六合人
戴德兴（1925—1948），江苏江浦人
戴玉山（1921—1948），江苏射阳人
邓喜和（1925—1948），江苏溧水人
丁　行（1908—1948），山西夏县人
董保明（？—1948），河南人
董金洲（1921—1948），江苏六合人
方传斌（1926—1948），江苏六合人
甘正全（1919—1948），江苏溧水人
高　波（1913—1948），陕西米脂人
顾剑萍（？—1948），湖北人
顾学勤（1922—1948），江苏六合人
顾正玉（1913—1948），江苏江宁人
郝庆科（1921—1948），江苏六合人
郝庆宽（1924—1948），江苏六合人
侯德胜（1930—1948），江苏高淳人
胡桂清（1922—1948），江苏六合人
胡长海（1924—1948），江苏六合人
黄必涛（？—1948），籍贯不详
黄樵松（1903—1948），河南尉氏人
黄叔雷（1907—1948），江苏常熟人
黄维山（1915—1948），江苏六合人
贾福庆（1931—1948），江苏盐城人
江永秀（1913—1948），江苏高淳人
晋　夫（1917—1948），河南洛阳人
靳　义（1928—1948），江苏六合人
孔发祥（1918—1948），江苏六合人
孔繁蕤（1918—1948），河北沙河人
孔祥居（？—1948），江苏高淳人
孔祥祯（1922—1948），江苏高淳人
兰荣业（1925—1948），江苏江浦人
李　标（1921—1948），江苏六合人
李道对（？—1948），河南人
李海平（？—1948），河北人
李绍有（1909—1948），江苏溧水人
李先贤（1910—1948），江苏高淳人
李养田（？—1948），河南人
李永涛（1922—1948），江苏六合人
李毓华（1926—1948），江苏江宁人
李云焕（1927—1948），江苏六合人
林孚英（1920—1948），江苏六合人
林吉好（1925—1948），江苏浦口人
林九华（1926—1948），江苏六合人
蔺世才（1926—1948），江苏浦口人
刘代玉（1921—1948），江苏溧水人
刘廷珠（1921—1948），江苏六合人
刘亚生（1910—1948），河北河间人
刘延柏（1920—1948），江苏溧水人
刘增保（1928—1948），江苏江宁人
柳星照（1914—1948），江苏高淳人
卢志英（1905—1948），山东昌邑人

骆何民（1913—1948），江苏江都人
吕布成（1921—1948），江苏六合人
吕正益（1922—1948），江苏六合人
马新仁（1920—1948），江苏六合人
毛玉亭（1922—1948），江苏六合人
孟照甫（1921—1948），江苏六合人
糜左贤（1924—1948），江苏六合人
米明来（1923—1948），江苏六合人
闵广发（1924—1948），江苏金湖人
潘友山（1917—1948），江苏江宁人
齐昌有（1929—1948），江苏江宁人
秦　明（1916—1948），甘肃靖远人
任明富（？—1948），江苏仪征人
任启江（1915—1948），江苏溧水人
任天石（1913—1948），江苏常熟人
芮有群（1914—1948），江苏高淳人
史火林（1920—1948），江苏高淳人
孙光礼（1922—1948），江苏溧水人
邰仁玉（1926—1948），江苏溧水人
陶长志（？—1948），江苏六合人
万长得（1920—1948），江苏六合人
汪　洋（？—1948），上海人
汪剑声（1925—1948），江苏高淳人
王　林（1928—1948），江苏六合人
王祠良（1924—1948），江苏六合人
王大海（1927—1948），江苏六合人
王发芝（1921—1948），江苏六合人
王复清（1911—1948），江苏江宁人
王加须（1924—1948），江苏六合人
王家恒（1917—1948），江苏六合人
王家科（1916—1948），江苏六合人
王明富（1925—1948），江苏江宁人
王培进（1904—1948），江苏高淳人
王心伦（？—1948），浙江人
王信强（1924—1948），江苏金湖人
王长德（1920—1948），江苏六合人
王长坤（1920—1948），江苏高淳人
王正中（？—1948），籍贯不详
韦树金（1927—1948），江苏高淳人
巫二呆子（1926—1948），江苏江宁人
吴登科（1924—1948），江苏六合人
吴广金（1920—1948），江苏高淳人
吴金洲（1923—1948），江苏六合人
夏名汉（1923—1948），江苏高淳人
谢士炎（1910—1948），湖南衡山人
谢野萍（1924—1948），江苏溧水人
熊树发（1927—1948），江苏六合人
徐楚光（1909—1948），湖北浠水人
徐万龙（1921—1948），江苏六合人
徐孝银（1920—1948），江苏溧水人
徐永兴（1927—1948），江苏六合人
徐志明（1920—1948），江苏高淳人
许　超（？—1948），籍贯不详
许丁高（1923—1948），江苏六合人
薛保年（1921—1948），江苏建阳人
颜金保（1924—1948），江苏溧水人
杨　斌（1911—1948），湖北石首人
杨德清（1914—1948），江苏高淳人
杨恩淑（1925—1948），江苏江宁人
杨亮成（？—1948），上海人
杨明坤（1925—1948），江苏高淳人
杨万林（1927—1948），江苏金湖人
杨中起（1918—1948），江苏高淳人
杨自范（1909—1948），江苏高淳人
业德华（1926—1948），江苏江宁人
叶春云（1923—1948），江苏六合人
尹修花（1918—1948），江苏溧水人
尤寿伢（1927—1948），江苏溧水人

余光才（1925—1948），江苏江宁人
余其仁（1925—1948），江苏六合人
余文才（1919—1948），江苏六合人
袁宗祥（1923—1948），江苏六合人
张昌玉（1913—1948），江苏江宁人
张春芳（？—1948），安徽天长人
张德保（1930—1948），江苏溧水人
张登瑜（1922—1948），江苏溧水人
张鸣球（1926—1948），浙江人
张文灶（1907—1948），江苏高淳人
张学礼（1926—1948），江苏六合人
张叶山（1917—1948），江苏六合人
张志友（1927—1948），江苏江宁人
赵　林（1921—1948），江苏六合人
赵承信（1924—1948），江苏溧水人
赵厚森（1927—1948），江苏江宁人
赵良璋（1921—1948），江苏六合人
赵善清（1915—1948），江苏高淳人
赵士宝（1923—1948），江苏高淳人
赵士堂（1927—1948），江苏沭阳人
赵寿先（1923—1948），江苏扬州人
郑金宝（1911—1948），江苏六合人
周敦仁（1929—1948），江苏江宁人
周介仁（？—1948），籍贯不详
周克基（1922—1948），江苏六合人
朱建国（1916—1948），江苏睢宁人
朱士坤（1921—1948），江苏溧水人
朱长元（1916—1948），江苏六合人
蔡传栋（1929—1949），江苏泗洪人
曹加友（1900—1949），江苏阜宁人
曹正刚（1926—1949），江苏南京人
陈国良（1926—1949），江苏宿迁人
陈洪亮（1920—1949），安徽来安人
陈金保（1928—1949），江苏溧水人
陈小头（1920—1949），江苏高淳人
陈兴洲（1892—1949），江苏江浦人
陈一启（1927—1949），浙江人
陈正连（？—1949），江苏溧水人
陈祝三（1891—1949），江苏海门人
成贻宾（1927—1949），江苏宝应人
程履绎（1922—1949），湖北应城人
仇立忠（1923—1949），江苏六合人
戴学明（1925—1949），江苏江宁人
丁文科（1903—1949），江苏六合人
樊在如（1925—1949），江苏六合人
甘昌兰（1918—1949），江苏溧水人
顾立清（？—1949），山东青岛人
郭重学（1923—1949），四川宜宾人
何绍秀（1923—1949），江苏高淳人
何友生（1913—1949），江苏南京人
侯述古（？—1949），山东福山人
胡　南（1919—1949），湖南湘潭人
胡连宝（1925—1949），江苏六合人
华山东（1925—1949），江苏高淳人
蒋传宗（1930—1949），江苏苏州人
蒋士林（1920—1949），江苏高淳人
蒋霞（1911—1949）安徽无为人
孔凡大（？—1949），江苏高淳人
孔凡根（1924—1949），江苏高淳人
孔小普（1918—1949），江苏高淳人
李先胜（1927—1949），江苏高淳人
李玉发（1921—1949），江苏六合人
李振清（1920—1949），江苏六合人
李作新（？—1949），籍贯不详
凌宣龙（1928—1949），江苏六合人
陆网根（1925—1949），江苏东台人
罗会贵（？—1949），江苏溧水人
吕顺金（1923—1949），江苏高淳人

马逢保（？—1949），江苏高淳人
马绪善（1922—1949），江苏宿迁人
孟士衡（1906—1949），吉林珲春人
孟琇焘（1913—1949），福建福州人
倪　斌（1922—1949），江苏六合人
祁增富（1919—1949），江苏沭阳人
钱朝奎（1927—1949），江苏高淳人
钱国元（1914—1949），江苏南京人
邱玉标（1922—1949），江苏盱眙人
戎嵩高（？—1949），籍贯不详
沈绪伦（？—1949），江苏六合人
史廷可（1915—1949），江苏高淳人
宋国相（1916—1949），江苏启东人
宋明槐（1926—1949），江苏江浦人
孙福财（1924—1949），江苏溧水人
孙龙昌（1929—1949），浙江宁波人
孙祥爱（1922—1949），江苏铜山人
唐绍泉（1902—1949），安徽巢县人
童如恒（1931—1949），江苏镇江人
万正国（1922—1949），江苏六合人
汪进仪（？—1949），江苏南京人
王德富（1921—1949），江苏六合人
王桂平（1928—1949），安徽来安人
王亨太（1929—1949），江苏江宁人
王汇川（？—1949），安徽无为人
王克东（？—1949），江苏阜宁人
王清瀚（1898—1949），河北交河人
王锡龚（1929—1949），山东诸城人
王先才（1913—1949），江苏江宁人
王幼琴（1919—1949），江苏镇江人
魏建伦（1920—1949），江苏高淳人
魏少英（1927—1949），江苏高淳人
邬培仁（1917—1949），江苏六合人
吴本强（？—1949），湖南人
吴成山（1922—1949），江苏六合人
吴庆安（1926—1949），江苏六合人
谢庆云（1900—1949），山东巨野人
邢传桃（1923—1949），江苏高淳人
徐光银（1929—1949），江苏丰县人
徐立志（1913—1949），江苏六合人
徐植芳（1924—1949），浙江温州人
许寿枝（1917—1949），江苏高淳人
许修祥（1915—1949），江苏江宁人
郇锡景（1924—1949），江苏沭阳人
阎文祥（1925—1949），山东济南人
杨恒杜（1919—1949）山东莒南人
杨善枝（1915—1949），江苏高淳人
余德胜（1919—1949），江苏六合人
张　冰（1914—1949），江苏南通人
张厚民（1907—1949）安徽嘉山人
张　明（1920—1949），江苏六合人
张才满（1912—1949），江苏溧水人
张家熙（1923—1949），江苏南京人
张文龙（1929—1949），江苏六合人
张彦衍（1917—1949），江苏高淳人
赵花子（1920—1949），江苏高淳人
赵晓初（1927—1949），河南人
郑　荣（？—1949），江苏江浦人
周　镐（1910—1949），湖北罗田人
周　平（1914—1949），江苏江宁人
周从谷（1928—1949），江苏六合人
周代和（1927—1949），江苏溧水人
周所清（1929—1949），江苏南京人
周学仁（1919—1949），江苏六合人
朱少山（1918—1949），江苏射阳人
朱宗明（1925—1949），江苏六合人
祝元福（1921—1949），山东掖县人
邹道法（1918—1949），江苏江浦人

第三节　皖南事变三烈士

1941 年 1 月，国民党顽固派制造了震惊中外的皖南事变，围歼新四军军部及直属部队。军长叶挺被扣，副军长项英、副参谋长周子昆遇害，政治部主任袁国平在战斗中牺牲。1955 年，华东军区将项英、周子昆、袁国平的遗骸迁葬于雨花台烈士陵园的望江矶。

项　英

项英（1898—1941），原名德隆，化名江俊、江钧，湖北江夏（今武汉市江夏区）人。杰出的无产阶级革命家，工人运动的著名活动家，党和红军早期的领导人之一，新四军的创建人和主要领导人之一，抗日名将。

项　英

早年在武昌涵三宫日新预备学堂读完初中后，15 岁便进入武昌模范大工厂当工人。这一时期，项英积极投入工人运动。1920 年，他在武汉组织了纺织工人罢工；1921 年 12 月起，又在武汉江岸筹建起铁路工人俱乐部。1922 年 4 月，项英加入中国共产党，成为湖北最早的产业工人党员。

项英长期在武汉、上海等地从事工人运动和党的工作，曾任平汉铁路总工会总干事、湖北省工团联合会组织主任、中共中央职工运动委员会书记，为反对资本家的剥削和压迫、改善工人的政治地位和生活进行了坚决斗争。他参与领导的 1923 年平汉铁路“二七”大罢工和 1925 年沪西日商纱厂工人二月罢工，推动了全国工人运动的发展。1926 年秋起，项英在武汉组织工人纠察队，任总队长，配合北伐军作战，维持社会秩序，并参与收回汉口英租界和反夏斗寅叛变的斗争。在中共第三至第五次全国代表大会上，项英均当选为中央委员。

大革命失败后，项英到了上海，从事党的秘密工作。1928 年 2 月任中共江苏省委书记、中华全国总工会副委员长，同年 7 月在中共六届一中全会上当选为中央政治局委员、常务委员，后又参加在莫斯科召开的共产国际第六次代表大会，当选为共产国际监察委员会委员。1929 年任中华全国总工会委员长兼中共党团书记。1930年8月任中共中央长江局书记。1931年1月起，任中共苏区中央局委员、代理书记兼中央革命军事委员会主席。他和副主席朱德、毛泽东一起，决定建立红军总政治部，明确其职责以及政治委员与政治机关之间的关系。1933年5—12月，任中华苏维埃共和国中央革命军事委员会代理主席。在此期间，他发布命令，确定1927年8月1日南昌起义之日为工农红军成立纪念日，并积极领导扩建红军，编组新的师和军团；主持制定《中国工农红军誓词》，建立红军中的奖励制度；动员和组织群众发展生产，筹措给养，保证前线供应。1934年1月，在中共六届五中全会上，项英当选为中央政治局委员、书记处书记。后曾主持筹备中华苏维埃第一次全国代表大会和成立苏维埃临时中央政府，并两次当选为中华苏维埃共和国副主席。1934年10月，中央红军主力长征。根据中共中央决定，项英担任中共苏区中央分局书记、中央军区司令员兼政治委员、军委分会主席，与中华苏维埃共和国中央政府办事处主任陈毅等一起，率留在苏区的红24师和地方武装1.6万余人，掩护红军主力进行战略转移。

1937年全面抗战爆发后，项英和陈毅一起，按照中共中央关于国共合作团结抗日的精神，先后在赣州、南昌与国民党地方当局进行停止冲突、合作抗日的谈判。同年12月起，任新四军副军长、中共中央东南分局（后改为东南局）书记、中央军委新四军分会书记。依据中共中央指示，代表中国共产党到武汉同国民党当局谈判，就新四军的具体编组达成协议。1938年春，他向各游击区传达中共中央指示和抗日民族统一战线政策，用很短时间将分散在南方8省14个地区的红军和游击队编组为新四军。接着，派出先遣队赴敌后作战略侦察，陆续组织部队向苏南、皖南、皖中敌后挺进，开展游击战争；抓紧东南各省中共地方组织的恢复、建立和发展，在长江南北地区创建抗日民主根据地。他重视部队建设，强调要做好政治思想工作，发扬艰苦奋斗的优良传统，大力培养干部，努力提高军政素质。1941年皖南事变后，项英、周子昆等率军部10余人隐蔽于皖南山区，3月14日凌晨在泾县蜜蜂洞被叛徒刘厚总杀害。

袁国平

袁国平

袁国平（1906—1941），原名袁幻成，又名袁裕，字醉涵，笔名最寒，湖南宝庆（今邵阳）人。忠诚的共产主义战士，杰出的无产阶级革命家，中国工农红军和新四军的高级指挥员、卓越的政治工作领导者。他在短暂而光辉的一生里，为中国共产党领导的革命事业和人民军队的成长壮大建立了卓著功勋，为军队政治工作建设作出了不可磨灭的贡献。

袁国平1906年5月26日出生于湖南省邵东县袁家台村一个贫苦的手艺人家庭。1922年考入湖南省立第一师范学校。受徐特立、田汉等进步教师的影响，积极参加爱国进步的学生运动，被推举为湖南省学联执行委员。1924年加入中国社会主义青年团。1925年10月考入黄埔军校第4期政治科，同年底加入中国共产党。他积极参加“青年军人联合会”的活动，同国民党右派进行针锋相对的斗争。1926年7月，随军参加北伐战争，任国民革命军第4军左翼宣传队第4队队长，第11军政治部宣传科长，亲历了汀

泗桥、贺胜桥和攻克武昌城战役，以及讨伐夏斗寅叛乱的战斗。土地革命战争时期，袁国平同志为红军的发展壮大作出突出贡献。

1927年大革命失败后，他先后参加了著名的南昌起义和广州起义。广州起义失败后，他在广东花县积极参与组织将起义军余部整编为工农革命军第4师，先后任师参谋长、党委书记、党代表。1928年1月，率部转移到海丰，参与领导创建东江革命根据地的斗争。东江根据地失陷后，奉命经香港转赴上海工作。1929年，被派往湘鄂赣根据地，先后任中共湘鄂赣特委委员兼任宣传部部长、红五军代政委、红五军政治部主任等职，参与领导湘鄂赣边区游击战争和根据地的创建工作。1929年6月任工农红军第5军政治部主任。1930年6月任红三军团政治部主任，后兼红八军政治委员。7月参与指挥长沙战役。同年8月，任红一方面军总政治部副主任兼红三军团政治部主任，同时兼红八军政委、政治部主任等职。作为红三军团前委的代表前往红一军团联络，对红一、红三军团合并组成红一方面军起了积极作用。此后，他在毛泽东、朱德、周恩来、彭德怀同志直接领导下转战中央革命根据地，任中华苏维埃中央革命军事委员会委员，红军总政治部副主任兼红一方面军政治部代理主任、党务委员会书记，红军东方军政治部主任等职。长征期间，他先后担任红三军团（后改称红三军）政治部主任、红一方面军政治部代主任等职，坚决贯彻执行党中央的决策和指示，坚定不移地维护遵义会议后实际形成的毛泽东同志在党和红军的领导地位，发挥政治工作的重要作用，参加率领所属部队战胜敌军的围追堵截，越过人迹罕至的雪山草地，历尽艰辛，于1935年10月到达陕北。11月任西北革命军事委员会后方办事处政治部主任。之后，他奉命参与创办红军学校，先后担任西北红军大学政治委员，中国人民抗日红军大学政治部主任兼第3科（后称附属步兵学校，又称教导师）政治委员，中国人民抗日军政大学第2校政治委员、校长兼政治委员等职，为红军培养了大批干部。

抗日战争时期，袁国平为新四军的发展壮大和华中抗日根据地的创建与发展作出重要贡献。全国抗战爆发后，1937年8月，任中共陇东特委书记兼八路军驻陇办事处主任。

1938年3月，担任中共中央东南分局委员、中央军委新四军分会委员、新四军政治部主任，是新四军领导成员之一。1939年2月7日至17日，主持召开新四军第二届政治工作会议，作了题为《新四军一年来政治工作总结及今后任务》的报告。会后，根据红军政治工作的基本原则和抗日统一战线环境，主持起草了《新四军政治工作组织纲要草案》，4月颁布实行，使新四军政治工作更加系统化、条例化和制度化。他对新四军政治工作提出了很多好的主张，做了大量工作，作出了贡献。他协助军长叶挺、副军长项英，高擎抗日救国的旗帜，组织部队向苏南、皖中、皖东敌后挺进，开展大江南北游击战争，创建敌后抗日根据地，广泛开展统一战线工作，团结各阶层爱国人士共同抗日。他协助项英同志负责部队政治工作，是新四军政治工作的重要开拓者和领导人。

1941年1月13日，新四军军部和皖南部队9000多人在奉命北移时遭到国民党军队重兵包围。军长叶挺冒死请命被顾祝同扣押，副军长项英和副参谋长周子昆突围后被叛徒暗害。在万分危急之际，袁国平挺身而出，指挥被打散的一部分部队继续突围北撤。激战中，他身中数弹，一头从山坡上栽到沟底的草丛中。虽经同志努力救护，终因伤势过重不幸牺牲，时年仅 35 岁。

周子昆

周子昆

周子昆（1901—1941），原名周维宽，字仲和，广西省桂林市人。中国工农红军和新四军高级指挥员。

周子昆 1901 年生于桂林榕湖之滨。1919 年，在广西甲种工业学校毕业后，到旧桂系刘震寰部当兵。1925 年 10 月，加入中国共产党。同年 11 月，铁甲车队并入叶挺独立团，周子昆在该团第二营任排长。1926 年 5 月，叶挺独立团奉命担任北伐先遣队，自粤北北上，转战湘、鄂、豫等省。周子昆随部参加攻占汀泗桥、贺胜桥、武昌等战役，一路斩关夺隘，所向披靡，先后擢升为连长、营长。

1927 年 8 月，周子昆了参加南昌起义。1928 年初参加湘南起义，1928 年 4 月到井冈山。历任红 4 军教导队副队长、红 6 军第 2 支队支队长、红 3 军参谋长、军长、红 5 军团参谋长、江西军区参谋长、福建军区总指挥、独立 22 师师长等职，参加了中央苏区历次反“围剿”和赣州、南雄水口等重要战役。1934 年 4 月，周子昆临危受命，调任粤赣军区独立二十二师师长。

1934 年 10 月上旬，红一方面军开始长征，二十二师编入红九军团，担任中共中央军委纵队的左翼掩护任务。遵义会议后不久，周子昆出任红五军团副参谋长。他没有辜负毛泽东的期望，在二占遵义、四渡赤水、抢渡金沙江等战役中，积极协助军团首长指挥部队完成作战任务。

1935 年 6 月，红一方面军在四川懋功地区和红四方面军会师后，部队进行整编，周子昆先后担任红军大学高级指挥科科长、红军总司令部一局（作战局）局长，随以红四方面军为主的左路

皖南事变三烈士墓

军行动。时任红军总政委的张国焘顽固对抗党中央的正确方针，反对红军北上西北地区建立抗日根据地，并妄图分裂党、分裂红军。1936 年 9 月中旬，中共西北局在甘肃岷州举行会议。会议否决了张国焘的西进主张，决定红四方面军继续北上和红一方面军会合。会后，张国焘公然推翻这一决议，坚持部队渡过黄河西进。周子昆和朱德总司令等坚持执行党中央的北上方针，并耐心地对红四方面军的干部做说服工作。由于朱德、周子昆等和四方面军广大指战员的抵制，张国焘被迫同意北上。10 月上旬，红一、二、四方面军在甘肃会宁、静宁地区胜利会师，三大主力红军汇成一股无坚不摧的铁流。从此，中国革命不断地从一个胜利走向另一个胜利。

1937 年 12 月任新四军副参谋长，协助叶挺、项英组建新四军，并参与组织部队向苏南、皖中、皖东敌后挺进，建立抗日根据地，开展游击战争。1938 年 8 月兼任新四军教导总队总队长。他治军严格，重视司令部建设与部队的教育和训练，亲自编写教材和授课，对提高部队战斗力做出了贡献。1941 年初皖南事变后，3 月 13 日在泾县茂林蜜蜂洞被叛徒杀害。

第四节　烈士诗词

雨花英烈多数接受过高等教育，他们不仅是革命斗士，也是一批充满才情的诗人。英烈们用直抒胸臆诗词描述新社会、痛斥旧社会、展望新中国。现将部分烈士的诗作节选于此。

恽代英（二首）

狱中诗

浪迹江湖忆旧游，
故人生死各千秋。
已摈忧患寻常事，
留得豪情作楚囚。

《学生周报》发刊词

嗟我中华，强邻伺侧，
外交紧急，河山变色。
壮哉民国，风起云蒸，
京津首倡，武汉继兴。
唯我学界，风潮澎湃，
对外一致，始终不懈。
望我学生，积极进行，
提倡国货，众志成城。
力争青岛，事出至诚。
口诛笔伐，救国之声。
愿我同胞，声胆俱张，
五月七日，毋忘毋忘。

谭寿林（二首）

工人歌

工人吃苦真难当！
自从进工厂，
手劳足又忙，
资本家虐待我，
残酷似虎狼，
工作十二时，
工资又微薄，
上难供父母，
下难养儿郎。
千辛万苦为人作嫁，
谁不心惨伤！

转眼日当午，
革命旗飘扬。
工人们团结起。
奋斗求解放。
有饭大家吃，
有福大家享，
努力去冲锋，
贯彻我主张，
提高工资、缩短工时，
生活要改善。

土地革命山歌

杨柳青青江水平，
四边田野唱歌声；
唱歌不唱风流调，
单唱农民受苦情。

我辈农民种田地，
交租纳税已有余；
官僚地主享大福，
农民生活狗不如。

地主收租吃白米，
官僚勒税吃山珍；
官僚地主真威福，
当我农民不是人。

似虎官僚迫了税，
如狼地主又追租；
终年辛苦无所得，
饥寒交迫向谁呼！

我辈农民想不通，
做牛做马苦做工，
是否生成天注定，
冇吃冇穿这样穷？

种田到老穷到老，
到老更穷更困难；
耕田种地挨饥饿，
地主米粮叠如山。

我明白了明白了！
明白为何这样穷，
就是高租兼重税，
剥削一重又一重。

官僚地主虎狼凶，
欺压工农理不公；
剥得工农只留骨，
看他狗命几时终！

开天辟地田何来？
是我农民辛苦开！
农民辛苦种田地，
地主收租理不该。

千年田地谁是主？
哪个田头立了碑？
只要大家合力打，
铁铸江山打得正。

道理讲来真不差，
铁铸江山打开花！
本应耕者有其田，
因何田在富人家？

个个明白这道理，

大家努力去周旋；
打倒官僚才快乐，
铲除地主才安然。

人人种地有田地，
有饭吃来有衣穿；
若想实现这世界，
大家合力扭转天。

革命成功在眼前，
群众奋斗要争先；
杀头当作风吹帽，
坐监也要闯上天。

如果革命胜利了，
我辈主张得出头；
自己种地自己吃，
谁敢逼税把租收？

大家努力干革命，
革命一定会成功；
到了那时真幸福，
工农来作［做］主人翁！

高文华（三首）

饿囚之哀叫

（《牢骚集》节选）

我用了最大的努力，
我忍着破碎了的嫩舌！
但是啊！
怎样也不能下咽，
喉头已像梗塞。
但是啊！
怎样也不能不吃！
十九个钟点的饥饿，
难道竟一见就饱得！
但是啊！
怎样也不能不吃，
今朝纵然忍住，
明天怎能耐得。

粗糙的针刺不住地在喉头盘转！
晶晶的热泪不住地在眼里滚圈。
滚罢，热泪啊！
你就尽情地滚出来罢！

你有什么苦处？
你曾洒过你的热泪。
你是个年轻的战士，
怎就对了饭碗流泪！
你曾上过战场，
与你的敌人厮杀过一番；
你曾见过破肚赤肠，
但你并不曾心伤。
你还手刃过敌人，
但你只有满腔的悲愤！
你曾几日不吃！
你曾口渴几日！
你曾吃过土里的树根，
你曾喝过沟里的臭水！
为什么，哦，为什么！
见了些粗糙米饭，
就要流泪哭泣！

哦！我纵然上过战场，
但我在那里负着洋枪！
只要装上了子弹，
便什么凶暴的军阀，

只要经我的描［瞄］准，
立刻就可射杀！
那末，
我就自己被杀，
也有什么恐怖！
也有什么悲伤！
哦！
我纵然见过血淋淋的尸首，
但那是英烈的战死，
又有什么悲哀，
又有什么忧愁。
哦！
我纵然是几日无吃！
我纵然是几日无喝！
但只要是有效的努力，
便把生命去牺牲，
亦有什么可怜。
……

饿囚之死

（《牢骚集》节选）

所谓尊严的法律，
只是压迫者的工具，
可以保障暴虐的官吏，
不能卫护贫穷的奴隶。
“醒来罢，未死的囚徒；
死去的，已不能回头。
我们要活，
就要坚强地奋斗！”
“醒来罢，未死的囚徒；
死去的，已不能回头。
向屠夫去请求，
只有一条死路。
只有用自己的气力，
才找得着自己的出路！”

火

森林里起了星星之火，
山野里起了星星之火，
平原里起了星星之火，
水边上起了星星之火。
火的光渐渐明亮，
星星的火光成为块块的火光，
块块的火光成了大块的火光。
……
哦！全世界起了火炎，
不，全世界全是火焰。
红的火光愈加浓厚，
一切灰白的都化成了火焰，
一切封建的都由火焰烧灭。

把粗暴的东西抛向火中烧；
把压迫的建筑抛向火中烧；
把野蛮的行为抛向火中烧；
把原始的遗传抛向火中烧；
把特殊的权威抛向火中烧；
把残酷的体制抛向火中烧；
把因袭的一切抛向火中烧；
把神衣的圣物抛向火中烧；
把不变的铁则抛向火中烧；
把虚假的道德抛向火中烧；
把自私的罪恶抛向火中烧；
把这一切所产生的一切，
都抛向火中烧，
沾染这一切的污物，
都抛向火中烧！
烧！烧！烧！
烧！烧！烧！

一切的废物都需烧，
一切的创造都由烧。
烧！烧！烧！
烧！烧！烧！
废物愈烧得干净，
创造愈来得光明。
烧！烧！烧！
烧！烧！烧！
用全力去烧！
尽全力去烧！
……
只看见到处是光明的火焰，
只看见到处是煌耀的光彩。
美丽的宇宙啊！
灿烂的宇宙啊！
我要心醉！
我要疯狂！

听啊！
在这里听啊！
我们在这里听不见哭泣，
我们在这里听不见暴叱！
听不见粗糙的尾声，
听不见怒恼的恶音。
静默了所有的哀鸣，
停止了一切的悲息。
再没有懦弱的唏嘘，
再没有失望的叹气。

只听见整个的喊声，
好像火山爆裂般的雷鸣！
只听见整个的喊声，
分不出是谁的叫鸣！
爽脆的喊声啊！
我要沉醉，
我要疯狂！

王鳌溪（一首）

狱中诗（八）

国破家亡莫叹哀，王郎拔剑岂徘徊。
愿如冤乌填沧海，耻共龙蛇化劫灰。
秦市纵闻人语绝，胥门终见寇兵来。
谁能防堵东川水，三峡也为浪打开。

朱务平（一首）

颈上血

军阀手中铁，
工人颈上血，
颈可折，肢可裂，
革命精神永不灭。
劳苦的大众们，
快起来团结！

杨振铎（一首）

狱中诗

十年寒窗易铁窗，
年争日斗履冰霜。
监牢饮马长江水，
禁遏英雄逞豪光。

黄励（一首）

工人苦

北风呼呼声怒嚎，
手提饭篮往外跑，
望一望工厂未到，
哎哟，哎哟！
望一望工厂未到。

马路跑过两三条，
两只脚腿都酸了，
去迟了厂门关了，
哎哟，哎哟！
今天工钱罚掉了。

邓中夏（六首）

疑问

觉悟的门前，
便是刀山剑林。
兄弟姐妹们啊；
我们开门呢？
不开门呢？
刀山剑树的那头，
便是我们朝夕希冀的地带，
光明和愉悦的地带。
兄弟姐妹们啊，
我们去呢？
不去呢？

过洞庭

莽莽洞庭湖，五日两飞渡。
雪浪拍长空，阴森疑鬼怒。
问今为何世？豺虎满道路。
禽狝残除之，我行适我素。

莽莽洞庭湖，五日两飞渡。
秋水含落晖，彩霞如赤炷。
问将为何世？共产均贫富。
惨淡经营之，我行适我素。

新诗人的棒喝

我们不反对新诗，我们并不反对人们要做新诗人，我们反对的是这种不研究正经学问，不注意社会问题，而专门做新诗的风气。如果这种风气延长下去，将来中国青年界要演成一个什么样，是我们此时所不忍预言的了。所以我在此垂泪涕泣的叫喊道：

青年们！醒来哟，
谁在你们的四围，
虎视鹰瞵的，
磨牙吮血的？
你们是处在一种什么环境？
你们是负了一种什么责任？
春花般的青年们哟！
朝暾般的青年们哟！
烈火般的青年们哟！
新中国的改造只仗你们了，
却不是仗你们几首新诗。
青年们醒来哟！

胜利

那有斩不除的荆棘？
那有打不死的豺虎？
那有推不翻的山岳？
你只须奋斗着！
猛勇地奋斗着；持续着！
永远的持续着。
胜利就是你的了！
胜利就是你的了！

送李启汉同志赴□□

去罢！战士呀！
我们是为群众而入牢狱的。
我们从牢狱出来，
我们仍回群众间去。

战士呀！去罢！

悼歌

第一叠

情切切！

惨凄凄！

尼古拉列宁真死矣！

晴天打下一霹雳。

从前听了还狐疑，

此次谁知成事实。

事功未竟，

何以死为？

第二叠

情切切！

惨凄凄！

社会分成两阶级，

资主惯把劳工欺。

列宁告我结团体，

捶破强权如捶泥。

杀将上去！

何以惧为？

第三叠

情切切！

惨凄凄！

帝国主义日横恣，

弱小民族被压欺。

列宁告我联合战，

西方起了土耳其。

及时努力！

何以迟为？

第四叠

情切切！

惨凄凄！

列宁是我太老师，

列宁死后我何依？

想到前途悲复悲，

教我怎不泪如丝。

大盗不除，

何以生为？

第五叠

情切切！

惨凄凄！

列宁死的是身躯，

精神不灭万古垂。

我们只须奋斗去，

胜利终是我们的。

前途无限！

何以悲为？

柳志杰（一首）

狱中诗

父兮空生我，母兮空鞠我，

辜负罔报恩，此生一无所。

愿将寸草心，化作光明火，

长照可怜人，渡此汹涛舸。

顾衡（一首）

农夫一生最辛苦

农夫一生最辛苦，

不论寒热天，

锄苗田野间，

没饭吃，

没衣穿，

年年受熬煎。
既然收成好，
送给地主餐。
受尽苦中苦，
享福难上难。
看他挨打，
忍饥受冻，
令人心痛酸。
革命赴东西，
世界血染红。
农夫们，
醒，醒，醒！
携手齐斗争，
推翻大地主，
铲除资本营。
托洛斯［茨］基者，
妖言来惑众，
贪官污吏，恶狠狠，
土豪劣绅，齐杀干净。

汪裕先（一首）

给妻女的诗

遥寄芳容慰寂岑，黛眉双锁意沉沉。
虽然相对无言语，已解卿卿一片心。

娇娃生小不知愁，头角轩昂意态悠。
只恨阿爷身在狱，数春未把饼钱留。

李得钊（三首）

灯蛾

灯蛾扑火似无成，是是非非评不清，
我说灯蛾死可贵，粉身碎骨向光明。

萤火虫

莫道流萤小小虫，抗暴大胆称英雄，
风风雨雨无所惧，长此发光黑暗中。

烦闷

烦闷是一把利刃，
恶狠狠地刺着我的心；
我的心刺破了，
便涌出滚滚的泪涛。

烦闷是一根铁索，
怪痛苦的把我的灵魂儿束缚；
灵魂儿束缚得无可奈何了，
只呜呜咽咽地在那里哀号。

利刃哟！铁索呀！
几时我得了能力，
定要把你们捉住，
然后一齐投在洪炉里，
铸成座小小的生命胜利的纪念塔。

吕惠生（一首）

留取丹心照汗青

忍看山河碎？愿将赤血流！
烟尘开敌后，扰攘展民猷。
八载坚心志，忠贞为国酬。
且喜天破晓，竟死我何求！

高波（一首）

狱中诗

本为民除害，那怕狼与狗；

身既陷囹圄，当歌汉苏武。

徐楚光（一首）

贺洪侠猎取汪伪密码

敌军战鼓响叮冬，
信陵盗符建奇功；
伤心千载秦淮水，
血泪染洒雨花红。

黄樵松（一首）

狱中诗

死

戎马仍书生，何处掏虎子？
不欲蝇营活，但愿艺术死。

赵良璋（一首）

囚徒之歌

江水流，
江水长，
手镣足铐泪汪汪，
夜里不能安安睡，
白天不见太阳光。
头发长，衣服烂，
骨瘦如柴口里干，
冬天北风冷透骨，
夏天蚊虫苦难当。
火山终有熄灭日，
黎明之前必黑暗。
黑暗，黑暗！
囚徒要解放，
时候一到起来反抗，
打破牢笼奔他方，
打破牢笼奔他方。

谢士炎（二首）

狱中诗

人生自古谁无死，
况复男儿失意时。
多少头颅多少血，
续成民主自由诗。

中秋寄示彦元

西风起兮铁窗寒，
草木摇落兮梦魂不安！
月华初上兮谁与同看！
望铁窗兮泪阑干！

朱克靖（二首）

古风

此身早许国，被卖作楚囚。
壮士非无泪，不为断头流！
一颗为民心，万古终不泯。
身心献党国，一死何足愁！

赴苏中解放区途中

七载驱倭溅血痕，剧岭焦土万家村。
衔枪夜袭惊残吠，山马宵征怒晓星。
尺地争回常百战，一声杀敌九天闻。
莫谓重光无底事，须凭群力任贤能。

卢志英（二首）

无题

弟兄们死了，被人割了头；
被敌人穿透了胸！
活着的弟兄，要纪念他们，
他们作［做］了斗争的牺牲！
世界上惟有解脱奴隶的命运，
才是伟大的斗争。

惟有作了自己弟兄们的先锋，
才是铁的英雄！
才是伟大的牺牲！
弟兄们，忍耐着艰苦！
弟兄们，忍耐着创痛！
不忍耐没有成功；
不流血怎能解脱奴隶命运；
在地狱的人们，
不会有天降的光明！
只有不断的忍耐，
不断的斗争。
饥寒交迫的奴隶们……

狱中诗

其一

不期被难又同室，倾吐衷肠两相知；
闻君伉俪已就义，常留肝胆照青史。

其二

铁镣啷当恨倍添，狱卒狰狞肆凶残；
伤心最是囚婴泣，凄凄切切震心弦。

其三

一统江山扰攘遍，满朝文武裙带连；
鉴呈恳请辞旧岁，等因奉此过新年。

其四

马依者狄克，奥斯维辛。
消灭不了欧州［洲］人民的反抗的心；
柏林和罗马的两位暴君，
终于在人民面前粉骨而碎身。
中国的残暴者及其一群，
虽然凶暴了二十年，
你的末日即将来临；
纵然是帝国主义者全力支助，
也挽救不了你们的失败的命运！

第五节 烈士书信

烈士们干革命事业孜孜不倦、夙兴夜寐，不敢有一丝懈怠，随时根据工作需要前往全国各地从事革命活动。跟亲友之间的书信承载了烈士们在人生不同历史阶段里的心路历程，体现了他们在革命岁月里的惊险跌宕和艰深危难。现选录部分烈士书信（10 封），根据其书写时间，先后列于志中。

一、史砚芬狱中写给弟弟妹妹的诀别信（1928 年）

亲爱的弟弟妹妹：

我今与你们永诀了。

我的死是为着社会、国家和人类，是光荣的，是必要的。我死后有我千万同志，他们能踏着我的血迹奋斗前进，我们的革命事业必底于成，故我虽死犹存。我底［的］肉体被反动派毁去了，我的自由的革命的灵魂是永远不会被任何反动者所毁伤！我的不昧的灵魂必时常随着你们，照护你们和我的未死的同志，请你们不要因丧兄而悲吧！

妹妹，你年长些，从此以后，你是家长了，身兼父母兄长的重大责任。我本不应当把这重大的担子放在你身上，抛弃你们，但为着了大我不能不对你们忍心些，我相信你们在痛哭之余，必能谅察我的苦衷而愿［原］谅我。

弟弟，你年小些，你待姊应如待父母兄长一样，遇事要和她商量，听她指导。家里十余亩田作为你俩生活及教育费。我死以后，不要治丧，因为这是浪费的。以后你能继我志愿，乃我门第之光，我必含笑九泉，看你成功；不能继我志愿，则万不能与国民党的腐败份［分］子同流。

现在我的心很镇静，但不愿多谈多写，虽有千言万语要嘱咐你们，但始终无法写出。

好！弟妹！今生就这样与你们作结了。

你们的大哥砚芬嘱

二、贺瑞麟狱中给父母的诀别信（1928年）

你们不要为我的不幸而流泪呵！父亲，母亲！我是永远地抛弃你们而去了！我为何而死？死于何人之手？你们大概已经知道，我这里用不着向你们多讲，我为什么要这样？似乎也没有多所述说的必要！只要我自己无愧于心就够了！然而，父亲母亲，我虽然已经［此处残损］，我还要向你们作最后的表白，希求你们在我死后能予我以相［此处残损］，或者也可以慰藉你们悲伤的心灵于万一！至于别的，那我就不敢多所期望了！

这是我死前的自己的表白呵！父亲母亲，请你们静听吧！

我十年以前的事实，我是记不十分清楚了，我的已［以］往，只有在民国七年春天我初次离家庭到离家六里路的姑奶奶家里去读书的时候起，这十年间的飘荡的历史，我还能模模糊糊的记起。但是，我这十年的飘荡生活呀，父亲母亲，在你们认为我是在求学识，对我怀了很大的希望，希望我能成名，光庭耀祖，不愧你们对我的一番苦意。的确在三年前，我没有到南京以前，我自己也很自负，默默的预期自己能作一个社会上很有地位的人物，把我自己造成一个绝世的英雄，压倒一切平凡的人们。我这［此处残损］观念，由我自小学至中学的六年光阴中，你们也可以看清［此处残损］考试成绩，均占了最优等，就是这种英雄思想的结果。

一切都是自己创造出来［此处残损］的家庭，是在日下这个社会里被人认为值不得注意的强可自给的自耕农，祖上即［既］没有可以使人家称道的了不起的行为，自然到现在我们要随时受人家的轻蔑和看不起。记得有一次我为了到沛县去读书，到另外一个村里找一位同伴，居然在这位同伴的文质彬彬的年逾六十的祖父面前，受了一次极大的污［侮］辱。他青紫色的狰狞的面孔上，显明的刻画着绅士先生对于草芥［此处残损］的句文，如像有些沾［玷］辱他的孙儿的身分样的表示不愿意［此处残损］的孙儿与这样一个孩子同伍。我坦白的心灵，从此受了极大的刺激，对绅士先生首先种恶劣的感觉的分子，永远不能消释或稍减。然而我当时在学校中的成绩的超越一般的同学，终于引起了多少古老先生的惊奇。他们在几个人聚谈的时候，居然也时常会提你们的孩子——我的名字。这种现象，当时曾经引起你们对我的更大的奢望。我更坚［艰］苦的学生生活，也就在此种形势下，宣布开始。

三年的沛县生活，除了在知识上给我以有力的进步外，别的我没有获得什么东西。然而这三年的生活，却给我的思想以极大的影响。我之所以有今日，与这三年的异地生活，有极<大>的关联。

三、高文华狱中写给父亲的信（1929年12月22日）

亲爱的父亲：

今天已是十二月二十一号，只有九天就要过年了。雪下的这样深，天气是这般的冷，在我倒不觉得什么，就困苦了家里了。我每每喜欢下雪，不是吗？雪景是多少美丽，银白的宇宙，咳！

银白的屋，银白的天空，银白的地面，一切是白了，一切都闪闪的发亮了，就连那粪坑、秽堆都穿上了最光荣最洁白的雪了。虽然它的本身是那末糟，但是在我眼里却只看见一个整个的银白的宇宙了！因此，我是十二分的喜欢！喜欢这样的雪永远永远压盖着宇宙。父亲，你说我是怎样的回转到小孩一样的心地了。

父亲，我诚然很年青，我应该还是个小孩才好呀！但在过去却偏偏又是老大得了不得，几乎什么都像八十岁的老公公了。我自己也总喜欢去学着老，总以老的为好的，老资格为光荣的事体；但现在转变了，我处处都想学着小孩子，学着她那种天真、自然的形状，我只觉得我应该请小孩子做我的先生呀！

父亲的身体如何？母亲的身体如何？我非常想念。我总希望母亲也能看穿些，快活些，不必兢兢于一切，不必过分忧愁忧思呀！这是一时的情形，这是一个必然的过程。做人不吃苦，人是不能算人的，我们也真像吃青果一样的有滋味，我们在辛涩的里面有甜味。我们虽然苦，但我们的良心没有受罪。我们虽然苦，我们依旧有我们至高无上的精神的愉快。总之，我们是真理的追求者，我们是最公正无私的人，我们是最快活的人呀！

十八年过去了，这是一封十八年底的家信，照理应该将我这一年来的读书情形、心里的变动、环境的转化等等，详详细细的报告给父亲听听。但是，父亲啊！这又怎样报告起呢？父亲，我只有一句话告诉你："我竟将十八年荒废了去了。"我只有恳求你宽恕我的堕［惰］学，只有请你准许我的要求："给我在十九年里有一个自新努力读书的机会罢！"

再谈了。

祝父亲母亲

康健愉快！弟弟妹妹身体好！用功读书！并颂

新年快活！

儿子潮上

1929.12.22

四、张炽写给妻子的信（1930 年 4 月 29 日）

冰妹妹：

你二月二十九写给我的信，我早已收到了。这是我与你别后第一次接着你的信。漂泊无定、客中孤寂的我，看后是多么的欣慰啊！尤其是你勉励我的许多话，令我十二万分的感动。我决定把他刻在我的心上，永不敢忘！

冰妹妹！我决不灰心！消极！我相信，十分相信，我的前途仍旧是很光明的！失败与小挫是我的事业成就的母亲！只要我们肯努力奋斗，我相信，十分相信，是终有一日会偿了我们的素［夙］愿的！不过为了我的四方奔走，使你五年来感受着许多的痛苦、烦闷……完全不有得着人生的乐趣，即使再小一点的，也说不上。因此，我想到了这些，念到了你，就心痛的很！冰妹妹！你的幸福是旧社会把你牺牲了，但我也□□要负一点责的吧？妹妹！我们的幸福确实是被旧社会牺牲了！我们的成功之日，就是我们的幸福到来之日了！我们忍着痛一些时罢！莲英姊妹已长大听话，你的痧久已不发……这些都是使我十分的欣慰的！我日来同三个朋友住在一处，不像以前的寂寞了。我们每日除看书看报等外，也常到各处顽顽［玩玩］，并且做些家乡口味吃吃；说到我的身体，更是比以前好得多了，我到永安公司去称过，比我初来上海时重了十多斤了，看我脸也是比前还要年青一点，你不信，等我回来你看就相信了。我在两三日内，如有伴即将整装回来了。其他下次再叙。

祝你们和家中老幼

都安好！

你的昌于上海

四月二十九日

来信望交上海法租界西门路西成里四十一号因襄武先生转交为盼。

还有什么看电影呀打茶围呀，这都是值得告诉你的呵！

昌的朋友王八写的，请你想想我的□□！

（上面的打什么什么是我的一个小朋友写的笑话，望勿相信！昌）

五、冷少农写给儿子的信（1931年1月8日）

苍儿：

收到你的信，使我无限的欢欣！使我无限的惭愧！你居然长这样大了，你居然能读书写字，并且能写信给我了。我频年奔走，毫无建白，却得你这一个后继希望，这使我是多么的欢欣啊！然而你的长大和你的教养，我都未负一些责任，同时却有累了你的祖母、伯父、母亲。虽然是社会和时代所造成，我的内心实不免万分惭愧，在惭愧中还要你为我向你的祖母、伯父、母亲们深深致谢！

时代的车轮不息的旋转，你生在中产的家庭，得饱食暖衣的读书写字，这种机会是非常难得的，希望你好好的努力，以期无负于家庭，无负于社会。同时你要常时留心到远的或近的人们，有许多是不有法得读书写字，有些更是没有法解决衣食。你就要想到你读书写字的目的，是要为这一批人求一个适当的解决。这一层，我更望你朝斯夕斯的不要轻轻放过。

一个人除解决自身的问题而外，还须顾及到社会人类，而且个人问题须在解决社会人类整个的问题中去求解决。所以家庭（即社会）之养成，还是要你将来负巨□□责任。是有□□□□在等着。于此，你除好好的努力读书写字，养成能力而外，还须健全你的身体，每日除读书写字而外，还须作有规则、有益健康之运动与游戏，使智［知］识与体力同时并进，预备着肩负将来之艰巨。

你的祖母、伯父、母亲是十分钟爱你。我虽然离开得远，不能向你□切实的表示，但是也不能说我不爱你。不过，他们之爱你，是望你将来成为一个特出的人物，一切以自己以家庭利益为重的特出于般人的人物；我之爱你，是望你将来为一极平凡而有能力为一般劳苦民众解决不能解决之各项问题、铲除社会上一切不平等之人物。苍儿！社会之新光在照耀着你，希望你猛进！

至于你对我所说的一切，我当然□领会得，我既以这样的远大期许你，我为完成我的期许，我为一般被压榨穹［穷］苦无告的人们而期许你。对于你的要求，我将尽力的站在正确的立场，而允许你，而设法为你实现。苍儿！再会！

在新年的晨光中，为你祝福！

你的权哥同此。

农

元月八日

六、朱杏南狱中写给蕴莹、珍妹的信（1931 年 5 月）

蕴莹、珍妹：

我这种结果，你们不应当悲伤而应该引为无上光荣啊！要是不这样［此处残损］心者。

你们今后应该处处去找光明而快乐的路，运用自由自主的权威，将旧社会的一切伪道法都打破它，你们今后一切行为行动我都认为对的同意的，你们的意志就是我的主张，因为我的心灵早在几年前就找到寄托者了——珍妹。

□□你在今年得田产或其他，变利贰仟元现金给可怜的珍妹自主的存放，这是我一定的主张，望你勿违。她的日常的用费，当然还要照付。

我的亲爱的亲戚朋友们！

你们看到了我这张遗嘱，就应该体会着我的意志而维护他们，维护她们。我的所有一切田地房产，都归我的唯一的宝贝女儿微明承继，她是有无上的自由买卖这产业的全权，当然不受其他人之干涉或阻碍的。微明在未能自主以前，蕴莹蕴珍有保管产业，或运用变卖之全权。

能够在数年内，将所有的田房［此处残损］这是我的历来的主张。

你们不要看轻了这最后的微弱的呼声啊！

民国廿年五月杏南书于中监

我的亲戚朋友们：

我的心灵早在几年前已找到了寄托者——就是主义与珍妹，所以臭皮囊的所受的一切压迫与不自由，都不觉得痛苦了。望你们要主张将遗体运归家乡啊！切嘱！［此处残损］

七、汪裕先狱中写给姐姐的信（1932 年 1 月 5 日）

我亲爱的姊姊：

流水般的时光，谁也挽不住它，浑浑噩噩地过着，居然又到了二十一年的新年了。在这过去的一年中，我是完全过的阶下囚的生活。简单说一句，机械的牢狱生活消磨了我这一年宝贵的青春吧［罢］了！

本来我早就想写一封比较上长一点的信给家里，可是每逢到写信的时候，却依然是说几句空洞的话，这实在因为我恐怕家里人看了我的信会伤心，所以将自己的真情抑止着，现在在这新年的时候，我想将我的真情发泄一下吧。姊姊，但我要劝你看了这一封信勿必伤感，尘世间的事情，本来没有十全的啊！

我们的父亲是在我们幼年就离开了俗世的，照理讲呢，我就应该平平稳稳的过那世俗的平凡生活，使得母亲和其他的家里人劝［欢］喜，这是我的责任。然而，我却始终在几突中过着，这样终于走进了牢狱的大门。然而，我起初也想埋身在世俗的生活中，使得家里人勿至于担惊受怕，可是这一个办法的实行，仅使我感到了梦想的空虚，要实现却是万不可能的。因此我终于走进革命的圈子，因此我终于跑进了牢狱的大门。然而，这有无法呢？在现社会中间同我同一命运的人，正不知多少呢！

最使我痛心的，就是入狱后，非但不能够负担家庭的费用，反而时常向家中要钱（当然我在外边时也并没有负担过家用）。虽然我明知家中的穷迫，可是牢狱的生活迫得我不能不要钱用，仝［同］时除了家中又没有旁的地方，这样我终于痛心地剥削着家庭了。

在这次吃官司中使我最挂心的，就是母亲了。母亲的一生，是劳苦二字接连着的，并且历次的伤心使得母亲更见衰老了。然而，我这次的入狱更重伤了老母的心。所以对于母亲，我希望姊姊特别地劝慰劝慰，使得老人勿要过分伤感才好啊！

五妹呢，她是一个小孩气的人，对于家庭中一切的事情，她是不会的。所以也希望姊姊常常指点她。

本来我的事情，倘使有人说话，早就可以出去了，但是我是一个无钱无势的人，当然不容易办到。但是对于这一点，我本人是并没有感到什么，因为整个的社会，都已被牢狱的阴影包围着的。即使在外面，能保太平无事吗？然而我有一个自信，相信决不会真有十年八年的吃官司的，至多再过一两年的时间，至消大家不生病，就会见面的。

在新年里我觉到有些感触，因此我做了几首老诗，现在将它录在这里寄上。这当然是无聊的，然而却是感情的发泄呢！

新正忆母

故乡遥在白云迹！未晓慈颜可似前？

每忆髫龄垂训语，更令游子泪如涟！

几回受难亲怀急，一旦遭囚母体煎！

但愿高堂常乐健！休将儿事挂心田。

新正忆叔

严亲见背在童时，一切多蒙叔护持！
训育常存马援诫，分羹何让谢安慈。
自惭椹质虽经斧，依旧萍身不变芝！
只是深恩皆未报！负心两字我何辞！

自感实事四首并呈吾姊

（一）

髫龄严父忽离尘！慈母伤怀病缠身。
赖有辛勤吾姊在，护持弟妹慰萱亲！

（二）

当年吾姊辞家日，正弟为徒歇浦时。
从此连枝分两处！更无机会问疑词！

（三）

半截湧河作系魂！数蒙探慰到监门。
可怜相见无言语，双颊徒然增泪痕。

（四）

弟今已失自由身，慈母家中少侍人！
尚望姊心分一半，半归俗事半归亲！

忆五妹

寒砧声起客心惊，寂寞囚窗忆旧盟，
残月已添分别绪，孤灯更引伤离情。
魂随灵燕飞千塞，身共呆鸦泊一京！
最是难堪风雨夜，梦回醒后索芳卿！

姊姊：

你近来身体好吗？我在监里很好，并没有旁的事情可告。希望姊姊不要挂记我，一切放心好了。

萍妹谅在上海，她身体好吗？

家中的一切，不多写了。总之，希望姊姊时加照顾为盼！

完了！祝

新春安乐并进步！

越生哥等此不另！

府上诸大人请代候！

裕弟上

元月五号

八、郭纲琳狱中写给哥哥的信（1935 年 8 月 26 日）

伦兄：

我拖延了许久许久才复你信了吧！我不愿申诉和说明什么，因犯人的心理是绝隔人世不起作用，也许有很多的想象是脱离实际的。为了她抓不住实在做她估计的对象，所以给与她的会令她失望得可怕。现在我很能安静，脑袋似静水一样无波纹。我不希望什么，更不为失望而悲叹。我现很能安命自守，虽在过去我不利用时间追求我的现实，专在追求我身体的自由而陷于失望的苦燥中。现在呢？我不那样企求了！现在我的中心是：“让造成我的命运来完结我的命运，让我能得着的时日求些我愿求的知识，一直到最后一日。”我知道希望在追求中是甜密［蜜］的、美满的占多数，可是实现了后因时间与空间的更换，也许会恼恨希望的实现。所以你要我做的，我是不能给你圆满的回答。并我该告诉你：“我不愿造一点点罪恶在我生命中。”伦兄！请你原谅我不能屈伏在一个无罪而加上有罪的名义下来遵从你。我知道自己，明白自己。并且我也知道你们的苦衷！我常常觉得给你们的实在也够烦忙了，我为什么要这样累赘你们呢？我能给你们一点什么答复呢？——哦！垂猪的生活——再有什么？什么也没有了！再有给你们的只有失望，还说什么呢！总算好，我的身体和夏日一样有力，自入秋来胃少有不佳。别均似夏日的我。请你放心！我近来还能读点书，因能读书，所以杂念也易消失了！中秋节快临了，你们又忙着请客了吧！我们犯人一年照例有三次特许的买猪肉吃——春节、八月节、旧历年——所以每个犯人逢到这时都有一点兴奋。如没有钱，那只有望肉而兴叹了！八月节尚未到，早就计划着：“还有一个月要吃肉和月饼了。”八月节可买月饼吃，五月节可买粽子吃。月饼比粽子好吃，能放得久多。八月节离我们还有半个月，不知你来得及请我否！七叔许久未来信了，大约公事忙吧！请他把小弟弟照片再寄张我。并替我向他要求他：“请我过节！”肯不肯呢？好！纸完了！下次再谈！

祝你

努力保重！

狱中英妹谨上

八月廿六日

九、孙晓梅写给姨母的信（1941 年 5 月 1 日）

姨母大人：

“人非木石，孰能无情？”，“羊跪食乳，尚识天性之恩”，何况人乎！来信读后，心肺实存难言之痛！然时代迫使如此，曾望深谅是幸！

所言各节，全为顽固分子之谣言。现在梅等，全以舌耕糊口，何曾在军队服务，正因为米珠薪桂，所入不敷所出，故有要求家庭津贴之意见（见诸前信）。要是服务四军，谈四军的艰苦奋斗之部队，所有人员决不愿向人诉苦，即使是家庭，他们亦无若何企求。由此已可证明梅等之目前生活情形及行踪，望可对外人言之加以声明和解释，莫将来弄成误会。

大江南北，充第四军足踪。所谓解散四军，原为一般投降顽固派自己心里想的事，过去十年都消灭不掉，今天谈何容易？在抗战过程中，据云，四军力量已扩大到 12 万人。以前听人家说，在事变初期，由赣湘等省集中时，仅数千人。现在，所谓被解散的，不过其中军部的一部分。据当地老百姓告诉我们，他们的主力全集中在苏北。在江南，也有他们一部分，离这里很远，我们时有所闻。在江南北，经常有四军的胜利消息，在此地的民众，非常敬佩，并称他们为神兵。不过都与我们无涉，我们只吃我们的粉笔屑，过我们的冷板凳生活。

我身体很坏，时常生病。幸寄父母侍服我，心里非常过意不去。在上次信中，曾给信母亲，要她老人家寄几斤茶叶来给我。现在仍请转告，能早些寄来给我以便送给他们老人家，聊表我的谢意！我想，母亲一定会答应我的要求，姨母你想怎么样？

家事无人料理，确常在我的意料之中，不过梅等亦出于无奈。欲归无力，欲动无能，惟有恳转姨母代为料理，并能督促煦弟，有以助母亲一臂，来日事平之后，梅等决不忘大恩大德。母亲年事日长，有望莫操劳过度，一切看破一点。反正，生不带来，死不带去，所谓赤裸裸的来到这世界，转眼间又将赤手空拳的回去，所不能平的，不能白白的来世走一遭。梅等正有鉴于斯，愿奔走他乡，自谋而生，不愿苟安偷生，将生命轻若鸿毛，这点望能深谅梅等之苦衷，俟后莫再烦言，阻梅等之行动，实为万幸！

大人等幼读四书，文墨知其一二，礼义识其大端。岳飞之能留芳千古，实其母造就大半，若当年其母不鼓厉［励］他尽忠报国，令其为国效劳，何来今天之岳坟、岳庙，昭名千古？孟子、徐庶等亦皆有贤母，有望母亲能以古之贤母之精神来教诲子女。

国不保，家何能存？在此民族生死关头，望母亲能以国家为主，民族至上，莫以区区儿女情，而埋没子孙的前途。梅等虽非岳飞以及其他人可比拟，且亦无岳飞之时机、境遇，然古人之精神，堪为梅等学习，想姨母及母亲亦必同情也。

“谁无父母，提幼奉负？谁无夫妇，如宾如友？谁无兄弟，如足如手？生也何恩，死也何咎？”正因为人类不应残杀，然人已残杀我，而我能不自卫乎？想之四年来，多少人妻离子散？多少人家破人亡？多少人尸骨分飞？多少人战死沙场？想人生不免一死，不过死得在时而得所值乎？！望姨母劝慰母亲，一切从远着想，莫听无稽之谈，而效井底之蛙语，一手不能掩尽天下人耳目，公理最后终能得胜利。

梅等不敏，然不愿做时代之落伍人，虽无能，亦必勉力追随历史之轮，如今天生活虽云清苦，愿自勉，决不做民族罪人。

所有亲戚友好，望能代梅问候致安！如有机缘，当返里亲候慈颜。阅报章，宁波吃紧，不知影响家乡否？现在草纸价值若干，海口被封，销路当大受影响，全村人民，当受冻饿之忧矣！

时交夏令，寒暖不匀，望能保养玉体，并努力加餐是幸。临风寄意，不尽所怀。

耑［专］此敬请

金安！并颂

阖府康泰！

甥陈叩

五一灯下

茶叶望能早日寄来！

昨日延医诊治，曾打一针，身体想不日可疾健，望勿念！又嘱。

十、成贻宾写给未婚妻的信（1944年初）

芬：

心中的话，郁积了有一个多月了，不用你催，我自己也耐不住了。讲吧，妹妹，请你停一停手中的工作，花上几分钟来读远地的情人给你的甜蜜的信吧！

远的不谈吧，咱们谈一九四四年的事：

三天的年假，给了我一个很好的思想的机会。我在这三天当中，检讨了所有的过去，同时，计划了将来。我觉得过去的随它过去吧，不管它是酸甜苦辣。要注意将来，把握现在，于是我觉得有“自我革命”的必要。于是我拟定“新生十大信条”，以期自今年起，更外努力地去创造一个新的生命。

一、一个新生，是一定有着新的人生观。新的人生观，是活泼的、乐观的、健全的。

二、一个新生，一定有丰富的学术、丰富的学识。来源于正确的理解、仔细的观察。

三、一个新生，一定有规律的生活。严格的律己，忠诚地待人。

四、一个新生，一定有果敢的毅力。要咬紧牙关，不屈不挠地，和黑暗的阻挫斗争。

五、一个新生，一定有高尚的品格。不欺骗人，同时也不欺骗自己。

六、一个新生，一定是勤俭的。能自己做的事，必得自己去做，能省的费用，必得节省。

七、一个新生，一定是乐群助人的。不可自私自利，要随时牺牲自己，为了大众！

八、一个新生，一定是朴实的。不唱高调，不蹈浮夸，而切实地努力于工作和事业。

九、一个新生，一定是爱国家、爱民族的。同时也是爱父母、爱师长、爱一切可爱的人的。

十、一个新生，一定有着高贵的爱情。要始终亲爱、谅解、安慰着甜蜜的爱人。

芬，你以为这十条太空洞、太广泛么，或者是太夸大么？是的，一个人绝对难于具备同时地这个条件的，但是我愿把它作为我的十块指路牌，努力地向“新生”猛进！

第六节　烈士遗著

文以载道、抚今追昔。雨花台革命烈士在从事革命斗争中，曾著有大量遗文遗著。现简要介绍烈士的遗著,部分为后人汇集编成。遗著中,字里行间彰显着他们忧国忧民、坚守信仰的精神世界，对后世有着深远影响。

张应春《张应春纪念集》

该书是由江苏省政协文史资料委员会、吴江市政协学习和文史委员会编辑。主要收录了张应春的日记、书信、讲话及其发表的文章等 14 篇，后附有柳亚子、姜长林等人对张应春的回忆，另有后人撰写的《张应春传》，以及张应春年表和生平资料索引等。该书对研究、宣传张应春烈士的思想、生平、业绩，以及大革命时期国共合作的历史提供了真实可信的史料。

恽代英《恽代英文集》

该书由人民出版社出版。恽代英生前著述较多，这部文集选收了他从 1914 年 10 月至 1931 年 5 月牺牲前的主要的著述，共收录了 209 篇文章，其中小部分是他成为马克思主义者以前的作品。文集以写作或发表时间为序，分编为上、下卷。以其初期思想的作品《义务论》开始，以《在狱中给党组织的信》和《狱中诗》为结尾，较为完整地呈现了恽代英革命历程和思想发展的脉络，是研究恽代英和中共党史的重要参考史料。

恽代英《恽代英日记》

该书是为纪念恽代英牺牲五十周年，由中央档案馆、中国革命博物馆和中共中央党校出版社联合出版。全书选取了恽代英从 1917 年到 1919 年间的日记，并按照时间顺序排列，并将一些与日记相关的“杂存”附于每一年的日记之后。这一部分日记正是恽代英从一个民主主义者向共产主义者转变的重要时期。这三年的日记真实地反映了他在“五四”前后的思想发展，生动地记录了他与“互助社”等同辈人的学习、思想和生活，展示了他和武汉青年学生进行反帝反封建的爱国斗争的感人情景。

谭寿林《俘虏的生还》

该书是谭寿林的自传性的记录、革命斗争的纪录，1929 年由上海泰东图书局出版，1962 年经由中国青年出版社再版。这本书反映了北伐革命后期，国共合作走向破裂的时刻，在白色恐怖笼罩之下，作者通过本书主人公阿曼的经历，写出了当时的革命气氛与环境和革命者的遭遇，使我们今天还能听到“恶魔的狂暴的吼声和革命者的慷慨悲壮的歌声”；同时，也看到在革命者的家庭里，失去了丈夫或父兄的妇女和小孩们的惊慌失措，悲泣哀痛的情形。白色恐怖也逐渐发展到了乡村，阿曼发现了自己的“可爱的家庭也给丑恶的妖氛包围着”，终于又从家庭里逃了出来。但白色恐怖并没有吓倒像曼阿那样的革命青年，反而激励他们走向了革命的道路。作者通过文学创作，将自身的革命情怀与斗争经历融入其中，表达了对旧社会的痛斥与鞭挞以及青年人充满理想主义的革命抱负。

谭寿林《谭寿林文集》

该书由中共广西区委党史研究室、中共广西贵港市委党史办公室、南京雨花台烈士纪念馆合作编辑，广西人民出版社出版。该文集主要选编了谭寿林从中学时期直到牺牲前留下的文稿，共计 42 篇。同时收录了部分烈士亲属、战友和相关同志所写的回忆文章，并附烈士传记和大事年表。老一辈无产阶级革命家董必武和钱瑛为烈士遗著题诗，作为本书的代序。全书共 21.6 万字，是研究中共党史的重要材料，高度赞颂了烈士的革命精神和英雄业绩。

邓演达《邓演达文集》

该文集由人民出版社编辑出版。收录了邓演达 1927 年在武汉政府时期，与 1930 年前后组织中国国民党临时行动委员会时所发表的大部分文章和演讲、报告，共 50 余篇。这些文章代表了邓演达的主要思想，各篇文章按照写作或发表的时间顺序排列。邓演达在经历了国内革命战争和海外游历后，坚定其土地革命的思想，在文集中也可窥见一斑。该书曾得到了宋庆龄同志的热情关怀和支持，她为本书题了词，并题写书名。

陈原道《陈原道百年诞辰纪念文集》

该文集由中共安徽省委党史研究室编纂，中共党史出版社出版。主要收录了陈原道早期作文 18 篇、陈原道家书 1 封以及相关工作报告。陈原道早期作文是早期革命青年思想转变的一个重要表征，如在《顾亭林先生谓天下兴亡、匹夫与有责焉论》一文中，他认为若人人都能恪守顾炎武先生的格言训示，“图国家富强之方，政府筹划于上，人民尽力于下，外侮不来则自守，敌兵前至则悍御。如是国家不期巩固而自巩固，人民不期幸福而自幸福矣。”陈原道见不忍国贫民弱，为外侮欺侮，促使其走上革命道路。

邓中夏《邓中夏全集》

该书为纪念邓中夏诞辰 120 周年，作为“国家基金出版项目”“‘十二五’国家重点图书出版规划项目”“中国共产党先驱领袖文库”，由人民出版社整理出版。该书分为上、中、下三编，共有 1939 页，多达 140 万字，时间跨度从 1912 年到 1933 年。本书集中收存了邓中夏的诗作、文章、公文、书信等，并以时间序列的方式展开，力求全面、翔实。无论是早期的诗词作品，还是其后对农运、工运、兵运工作以及时势的见地与应对，又或是对家人、战友的关怀，无不叙写了邓中夏的思想转变历程以及坚定的革命精神。全集的出版，对于缅怀邓中夏的丰功伟绩，研究邓中夏的生平及其思想，推动中国共产党的历史研究和党史人物研究，具有重要的意义。

洪灵菲《流亡》《前线》《转变》（“流亡三部曲”）

自 1927 年下半年到 1929 年底的两年多时间里，洪灵菲创作了上百万字的文学作品。其中《流亡》《前线》《转变》三部作品是洪灵菲的代表作，合称为“流亡三部曲”。这三部小说都是以中国革命的重大时间为题材和背景，其中包括从“五四”到第一次国共合作、省港大罢工、北伐战争、四一二政变，反映了近代历史波澜壮阔的历史洪流。这三部小说的风格也非常近似，采取了那个年代流行了“革命 + 爱情”的模式，其间的主人公都是从沉沦中挣扎出来，走向革命，革命终于战胜沉沦。尽管革命出于低潮时期，洪灵菲用他的文字在文学的作品里描述了一个蓬勃向上、积极乐观的革命世界。这些文字与笔触使他在上海文坛乃至现代文坛上占据着一席之地。

孙晓梅《孙晓梅文集》

该书是富阳市史志办为纪念孙晓梅烈士牺牲 70 周年而编辑出版，该书收录了孙晓梅烈士生前写下的杂文、日记和书信数十篇，字里行间真实地反映了当时一位进步青年的思想情操和革命志士的高风亮节。“我们的责任，是在为大众谋利益”“要深入民众的核心，为社会造一点幸福，为人民谋些利益”“想到中国抗战到底，获得最后胜利，士兵之奋勇果为主要条件，但民众的助力也实为制胜之重要原因”……这些文字今天读来似乎很平常，但出自一位六七十年前的女青年之口，是难能可贵的。这足以反映出孙晓梅同志对祖国、对人民的无限热爱，对抗战胜利的无限渴望，对真理、对自由平等的执着追求的品格。这些闪烁着生命火花的文字，思想鲜明，论事尖锐，语言率直，文风质朴，不仅在当时是具有崇高境界和顽强战斗力的好文章，即使在今天看来仍不失它的光辉。

陈子涛《红藏：进步期刊总汇（1915—1949）——〈文萃（1—4）〉》

《红藏》是湘潭大学出版社出版的图书，全书共 428 册 3 亿余字，系统整理、影印了新中国成立之前中国共产党中央及其各级机构、组织、团体主办，或在其领导下创办的进步期刊151种。《文萃》是第三次国内革命战争时期中国共产党领导的在国民党统治区出版发行的时事政治性刊物，1945年10月9日在上海创刊，黎澍、陈子涛先后任主编。初期为集纳性和文摘性刊物，主要选载重庆、成都、昆明等地报刊上的进步文章，也发表少量特约稿件。在延安《解放日报》和重庆《新华日报》受国民党阻挠，不能发行到华东各大城市时，该刊以转载上述两报的文章为主要内容。1946年5月起，逐渐改变文摘刊物的性质，自行组稿，作者有郭沫若、茅盾、田汉、马叙伦、胡绳等。该刊物原由中共中央南方局领导，1947年3月起，改由中共中央上海局文委领导。由于国民党当局加紧迫害，从第23期，以32开本《文萃丛刊》形式秘密发行。1947年7月，《文萃丛刊》第10期准备发行时，编辑和工作人员陈子涛、骆何民、吴承德被捕，刊物被迫停刊。上海解放前夕，陈、骆、吴三人殉难，称“文萃三烈士”。《文萃》前后出版周刊2卷72期、《丛刊》9期，本次影印将其所有内容收入其中，对部分舛误作了修正。

第七节　烈士回忆录

烈士精神曾经影响了一大批革命志士，对时人和后人皆有深远影响。随着社会文化的发展，关于烈士的回忆材料已经数不胜数，现收录的11篇，实乃沧海一粟。

瘦梅耐寒鲜艳夺目——忆母亲陈君起烈士

曾鼎乾

我的母亲陈君起烈士被国民党蒋介石杀害已经五十六年了。至今母亲的音容笑貌还常常浮现在我眼前；她对党的无限忠诚和英勇献身于共产主义事业的精神，还深深地铭刻在我的心中。

母亲陈君起，原名陈墨云，又名陈振。生于一八八五年农历四月初七，上海市嘉定县南翔镇人。我的外祖父曾为清末翰林，后经商，思想上封建透顶，他要把我母亲许配给一个财主家，母亲不同意，再三拒绝，外祖父软硬兼施，一定要强迫我母亲成婚。外祖母虽同情自己的女儿，但她是一个普通妇女，在家里没有说话的权利，也就做不了主。母亲在被逼得走投无路的情况下，毅然出走，逃出了这个封建家庭，依靠堂姐的帮助，进入上海务本女子学校读书，这时母亲大约是十九岁。在当时的社会里，儿女的婚姻大事，无不遵循着中国历史上几千年来的“父母之命，媒妁之言”这条规矩，都是由父母按照他们的意愿来安排的。特别是女儿，往往是作为“商品”嫁出去。这种做法，在当时被认为是天经地义的，母亲逃婚出走，这件事在当时的社会习俗下就是“叛逆”。外祖父盛怒之下，立即宣布断绝父女关系，断绝一切往来。从此，母亲再也没有去见过外祖父，因此，我也从来不知道外祖父是什么模样的。

当时的上海，已成为殖民主义者的“乐园”，清廷的腐败、退让，帝国主义的步步入侵，激起了人民的爱国热情。母亲告诉过我，她在务本女校读书时，有一位地理教师，一面讲授地理知识，一面宣传爱国主义思想。母亲在此受到了爱国主义和革命的启蒙教育。母亲热爱地理课，她的地理知识也就非常丰富，我很小的时候，她就教我。在她的教导下，我很小就知道黄河、长江的发源地，知道我国由北到南的几条大山脉，知道祖国有几条河流。母亲经常对我讲，我们的祖国是伟大的、美丽的、富饶的，一定要热爱祖国、痛恨帝国主义和封建势力。

大约是一九〇六年，母亲在务本女校毕业。同学们毕业后大多是回自己的家乡去寻找工作，但母亲因为逃婚而犯了“叛逆”罪，当然不能回到自己家乡去。同班好友曾琮毕业后准备回故乡南京去找工作，就邀母亲同去南京教书。母亲在一个小学教书时，一个人住在学校的楼上，生活很艰苦，不仅白天上课，晚上备课改作业，还要对付客观的社会环境。一个未婚青年女子，抛头露面在外面教书，在封建的社会习俗下，必然会受到许多冷言讽刺的。但我母亲排除一切困难，顶住习俗的冲击，坚持工作下去。

由于母亲经常到好友曾琮的家中去，逐渐和曾琮的哥哥曾柯晋熟悉，约于一九〇八年他们结了婚。曾家也是一个封建大家庭，我的祖父是一个老实人，地道的好好先生，家里事一概不闻不问，而全家的大权却操在我的继祖母手里。这个继祖母我小时见过她，她给我的印象极坏。首先，她的外貌就是令人厌恶的，一双斜挂着的三角眼，肌肉绷紧得好像腊人似的。脸上从没有看到过有什么松动的迹象。她总是用重鼻音“嗯”字的长短、快慢、轻重来回答别人的话，全家就唯她一人之命是听。当时住在一起的还有一些远房的曾家兄弟、姑嫂，俨然是一个多人口的大家庭。这样一个杂居的大家庭里，必然是矛盾重重，也必然出现依附权势、以势压人的现象，于是就出现了以这个继祖母为核心的一股势力。这些情况，我母亲都看在眼里。我父亲当时的思想还是比较进步的，他也痛恨这种封建大家庭里的权势关系。因此在婚前我的父母就定有婚约，其中一条是婚后与大家庭脱离分居，另立小家庭。只是由于当时祖父思想不通，为缓和他们父子间的关系，母亲婚后暂和这个大家庭相共处。在这些是非不分的家庭纠纷中，我母亲常站出来打抱不平、说公道话，这样当然不会得到继祖母的喜爱。另一方面，母亲婚后继续在外面教书，并没有站在婆婆身后端茶送饭侍候她，当然就遭到继祖母和一些欺人成性的人物的忌恨，他们千方百计找机会对母亲下毒手。事情终于发生了。

比我大两岁的翔姐，在她四岁那年的冬天患了重病，母亲把她抱在怀里，心疼地一点一点地喂药，父亲冒着严寒请医生去了。这个凶狠的继祖母却叫人告诉母亲说，孩子病重死在屋里是不吉祥的，应该把病孩放到院子里去。母亲当然不答应这无理要求，继祖母就跑来从母亲怀里硬把翔姐抢走。母亲好几夜为了护理翔姐没有合眼，体力不支敌不过继祖母，母亲晕倒在地。就这样，小小年纪的翔姐在重病加寒冻之下离开了我们。好狠毒的人啊！以后我长大了，母亲常常对我叙述这悲痛的往事，无限怀念这可能还有一线希望的小生命。

倔强的母亲当然不会屈服、不甘罢休。埋葬了翔姐，她自己体力稍有恢复之后，就向以继祖母为首的万恶大家庭进行了说理斗争，并坚决要我父亲履行婚约上的脱离大家庭独立成立小家庭的诺言。斗争是艰苦的，母亲的态度是坚决的、理由是充分的，终于获得亲友中一些开明者的支持。她终于胜利了，在一九一三年与这个大家庭决裂，带着我们姐弟三人搬出去独立生活了。然而付出的代价太大了！一方面母亲的身体不如以前，时常发病，另一方面父亲又不能和母亲一同出去享受小家庭生活，因为凶狠的继祖母拿我母亲无可奈何，就转移目标对我父亲施加压力。父亲虽很愿意和母亲一起出去建立小家庭，但他在封建家庭势力的压迫下，缺乏母亲那样的斗争精神，加上经济上的困难，他屈服了，他被迫离开了母亲和我们姐弟三人，独自去北京开业行医，就此同母亲分道扬镳了。好好的一个美满家庭，又被封建旧势力冲垮了，母亲却并不因此气馁，拖着子女过着艰难的生活。

母亲在封建制度下所受到的种种不幸遭遇，正是她后来坚决投身革命，以至献出自己宝贵生命的历史根源。母亲从自己的切身痛苦中，体验到不革旧社会的命，妇女是得不到解放的！

离开大家庭后，我们依靠母亲教书所得的那点微薄工资，维持生活是十分困难的，因此，我上学也只能是时读时辍。一九二二年，我有机会进入东南大学附属小学的高小班读书。母亲经常到学校访问老师，了解我的情况，这就有机会结识了一些进步老师和东南大学的进步学生。到了一九二三年，我几次发现母亲和几位东南大学的学生在一起谈论，回家后我就问她，她告诉我她已加入了中国国民党。一九二四年的一天，母亲从外面回家，非常兴奋，我问她高兴的原因，她轻轻告诉我说："我加入了一个更进步的党，叫中国共产党。"这句原话，我始终记忆犹新。

母亲入党后不久，南京党的活动中心也就转移到我家来了。这时我们住在居安里二十号，那里比较偏僻，家中又有小孩作掩护，我家既是他们经常开会的地方，又成了通讯联络站。开始时，经常来我家开会的有东南大学的谢远定、宛希俨、王觉新，还有河海工程学校的严昭彭（严希纯）。五卅以后，上海也常有人来，恽代英、萧楚女等领导人都到过我家。当时，寄到我家的信很多，母亲经常叫我为他们送信，大纱帽巷、东南大学内的梅庵学生宿舍我都去过。为了做好保密工作，这时母亲加强了对我灌输革命思想和保密教育，并给我看一些有关保密工作的小说，教育我宁可牺牲自己，也要保证不失密，保证同志的安全。母亲的教育和这些革命书籍，对我的影响是十分深刻的。

一九二五年国共合作时，母亲担任共青团南京地方妇女委员会兼第三支部（鼓楼）书记、兼任国民党南京市党部妇女部长。一九二六年，继续担任共青团地委妇女委员、妇委书记，兼任国民党南京市党部妇女部长。母亲的工作随着革命运动的深入也愈来愈忙，她经常在一盏煤油灯下工作到深夜。在她的案头经常堆着来自各地的信件和一些文件，她还要抽出时间，到学校和工厂去做青年女学生和女工的工作。母亲当时所写的一份工作报告中曾提到："基督教的汇久女学有一部分学生因为暑期前参加了爱国运动，竟被开除，我听到了这个信息，去慰问了两次，她们受到这样的刺激，觉悟不少，现在转学一女师有十八人之多……我在春天认识一个一女师的学生徐锦心，我和她谈过几次，我觉得她思想还清楚，现在将要介绍到我们队伍里了。"母亲在妇女中很有威信，她经常帮助贫苦妇女，在群众中做妇女工作。

一九二六年秋，正当北伐军节节胜利，攻下湖南、江西、沿长江东进的时候，一天突然有三、四十个军阀孙传芳的武装警察闯进了我家。这些如狼似虎的家伙看住了我母亲，并闯进卧室搜查。正在他们紧张搜查的时候，母亲乘机给我使了个眼色，我立刻会意了。趁他们不注意的时候溜出大门，一转弯就飞奔大纱帽巷党的另一个联络点去报信，告诉他们母亲要遭逮捕了，要他们立刻注意安全。待我送好信赶回家时，母亲已被逮捕走了。

母亲在警察厅被关押了三个月，她虽然身处囹圄，但却浩气凛然。在狱中，她画了两幅国画，其中一幅画的是冬梅，自题：“瘦梅虽老，尤鲜艳耐寒”表现出她坚定的革命意志。因军阀找不到证据，又经党的营救，母亲于当年冬天以家庭妇女的身份被释放出狱，党立即派她前往江西南昌国民革命军第三军从事政治工作。

军阀得知母亲离宁赴赣的消息后，确认母亲不是一个普普通通的家庭妇女，马上把我逮捕了，他们说我也是“革命党”。那是一九二六年冬天，我才满十四岁。起初，我被关在警察厅，这些家伙并没有追问我是否革命党的事，却提出了一连串有关我母亲和同志们的问题。他们问我和母亲来往的是些什么人？他们叫什么名字？他们住在那里？你母亲为什么要到南昌去？是谁叫她去的？……我说：“妈妈为什么到南昌去，她没有告诉我，谁叫她去的我也不知道。常常到我家来玩的有我的老师和我爸爸的朋友，他们住在哪儿我不知道。”敌人逼紧了，我就说：“大人的事我怎么知道，我还是一个小孩嘛！”敌人从我口里没有得到什么，就说我不老实，把我转押到军法处。

到了军法处，可就不简单了。他们把我押进一间小屋，给我戴上手铐，还把脚镣铆在我的脚上，如重囚犯一样被关起来，我生了一身虱子。在狱中，我经常想起母亲的话：“一个人要有志气，有气节，不要屈服于黑暗势力，宁可牺牲自己，也要保卫组织，保卫同志，不能向敌人屈服。”母亲给我阅读的一些进步小说中革命人物的形象，以及母亲的同志们的可敬可亲的熟悉面孔，不断在我的脑海中萦回。我暗暗地想，我应该学习他们，宁肯牺牲自己，也不能出卖革命。在军法处，我又被审问过三次，还是那几个问题，我没有松过一句口，每次审问我一概推说不知道。问急了，我就说：“妈妈的事我确实不知道，我要知道不早就告诉你们了！”当时，北伐军节节胜利，军阀爪牙人心惶惶，党在其中积极营救，在阴历年三十，我被释放出狱。

北伐军胜利攻克南京，一九二七年三月末党派我母亲随军回到南京，任中共南京地委委员并兼任中国国民党南京市党部妇女部长。当时我已出狱住校读书，她回到南京的当夜就赶来学校看我。母子俩难后重逢，心里别是一番滋味。母亲轻轻抚弄着我的短发，问长问短，夸奖我在狱中做得对，我高兴得流下了眼泪。星期天，我高高兴兴地回到家里，母亲很忙，只简单嘱咐我“要好好学习，不能贪玩，”叫我等下个星期天回家时母子再畅谈。谁知这匆匆一别，竟是我们母子相见的最后一面了。

四月中旬的一天，我下课后回到宿舍，看到桌上有一封信，一看是母亲的笔迹，我急忙拆开一看，信中第一句话说：“阿宝（我的乳名），我又被捕了，这次我不会再出狱了。”我十分惊愕！只见她接着写道：“这次的失败，主要是我们还很幼稚，没有经验。”信上又告诉我，一起被捕的男同志比她们更苦，她和江苏省妇女部长张应春同志住在一间牢房中，并叫我赶快回家清理她的东西。信的最后写道：“我再也见不着你了。你自己要慎重，不多嘱。”是的，用不着多嘱，我完全懂得母亲的心，她是要我自力更生，好好学习，将来做一个对祖国有用的人。看完信后，我痛哭了一场。但是光哭没用，得立即赶回家去完成母亲交代的任务。我一回家，就把她遗留下来的日记、信件全部妥善处理了。

事后知道，当时蒋介石背叛革命的反动面目已经暴露，江苏省委和南京地委的主要人员在沙帽巷开会研究对策。江苏省妇女部长张应春同志由沪来宁，就住在我家里。第二天母亲和张应春同志一起去参加这个会，不幸由于叛徒出卖，会场被包围，全体同志被捕。母亲被捕后，直言不讳，明确表示自己信仰共产主义。面对凶恶的敌人，她威武不屈，视死如归，表现了一个共产党员的崇高革命气节。一九二七年四月中旬的一天，母亲和侯绍裘、刘重民、张应春、谢文锦、文化震等四十余位同志一起惨遭秘密杀害，据说是用刀刺死，装入麻袋，然后抛入江河（是长江还是秦淮河说法不一）之中，殉难极其惨烈，母亲当时四十二岁。

母亲牺牲后，只剩下我孤苦伶仃一个人。中秋节那天，别人过团圆节，我就在院子里放了一张桌子，摆上母亲的照片，放上月饼，淌着眼泪，陪伴着母亲的遗像，在极度的悲痛中，渡过了母亲牺牲后的第一个中秋之夜。我思念母亲，默默地将母亲的遗嘱刻印在脑海里。她没有给我留下什么遗产，但给我留下了最宝贵的东西：教我怎样做一个革命的人。

血花红染好胭脂——忆张应春烈士

张榴春、姜长林

张应春烈士（1901—1927），曾用名蓉城，又名秋石，中国共产党党员。江苏省吴江县人，家住黎里区葫芦兜乡（现在是北库公社黎里四队）。

应春烈士的父亲名肇甲，字鼎斋，是当地的小学教师，母亲金氏。当时，封建势力顽固，社会上普遍重男轻女。应春父亲是家中的长子，弟辈多生男孩，惟独他连生了四个女儿，亲友邻居都讥讽应春父亲，尤其是应春的母亲，更受到鄙视，她也因此感到万分自卑，终年抬不起头来。到了怀第五胎时，惟恐又是女儿，应春母亲已经疯疯癫癫，犹如神经病患者，她求神问卜，祈求生一男孩。幸第五胎真生了儿子，但母子两人已成一对精神病患者了。当时应春已是十一、二岁的少年，正在长知识的时候，她看到母亲的遭遇、弟弟的病废，产生极大的反感，亲身感受到封建礼教的毒害。以后，她从生活实践中又逐渐认识到，当时中国社会是完全被封建思想控制的，而封建思想又受到帝国主义和北洋军阀的保护。她看清了要铲除中国的封建礼教，首先要打倒帝国主义和北洋军阀，在她的脑海里形成了对封建礼教的反抗思想，由此就逐渐接近了革命思想。

一九二三年，应春同志从中国女子体育专门学校毕业后，就远离家乡去厦门，服务于道南女子中学。一九二四年，任松江景贤女子中学教师。当时景贤女中的负责人朱季恂是国民党左派；侯绍裘是共产党员，又加入国民党，是个跨党分子。朱、侯两人都坚持联俄、联共、扶助农工的三大政策，在学校内以反帝反封建反军阀，提倡科学与民主为教育宗旨，因而这个学校在松沪江浙一带已有良好的声誉。同时，在应春烈士故乡吴江，有位革命诗人柳亚子，也正在奉行孙中山的新三民主义，组织国共合作的国民党。应春烈士因受到柳亚子、朱季恂、侯绍裘的影响，和她内在的民主思想与革命气魄，她就加入了国民党，在教职之外，尽力从事国民革命的宣传鼓动工作。

应春烈士在上海求学、在厦门和松江工作期间，假日回到农村家中，常去邻居或亲友家串门聊天，一面了解乡村情况以及人们的思想面貌，一面随时宣传革命道理。应春同志常说，农民和工人，一年到头辛勤劳动，终究不得温饱，这是不合理的社会制度造成的，要改变这种制度，首先要打倒这种制度的维护者——帝国主义和封建军阀，而国民革命，就是要从根本上改变这种社会制度，听的人也逐渐领会了革命的道理。应春同志与他们常常谈到深夜，每次总要同去的弟妹催促后才回家。

应春烈士对于革命主张，不但大力宣传，并能身体力行。当时女子还蓄发，她认为男女应一律平等，女子也应剪发，她即决心剪去了发髻。当时家庭不同意，应春烈士坚持自己的主张，并说发髻已经剪了，决不再行蓄发，如不予谅解，我就不再回家。家里因此也就顺从了她。

一九二五年春，孙中山在北京逝世，各地都开会悼念。应春因工作需要，已调至黎里镇小学任教。她出席了当地召开的追悼会，并登坛演讲。她阐述了三大政策的内容，说明三大政策是革命的需要。她还说孙中山先生逝世了，国民党员更应坚持三大政策，革命才能成功，国家才能富强。听众叹服，尤其是当时参加会议的柳亚子、侯绍裘更为赞许。

一九二五年五月，上海发生“五卅惨案”，激起了全国的反帝运动，尤其是反英、反日，提倡国货，不许买卖英国货、日本货，使英、日政府也慌了手脚。应春同志当时在黎里参加了轰轰烈烈的反帝运动，在群众中起到了很好的带头作用。

一九二五年八月，国民党江苏临时省党部举行选举，成立正式省党部。应春烈士被选为省执行委员兼妇女部长。当时她患足疾，卧病苏州医院。当她听到廖仲恺同志在广州被反动派暗杀的不幸消息，深为愤恨。她想国民党内部反动势力如此猖獗，革命势力应迅速奋起打击反动势力。于是，她立即出院，抱病奔赴党部就职。这时，党部设在上海望志路（今兴业路）永吉南里三十四号。应春烈士出院赴沪时，沪宁铁路线上正有奉直军阀的战事，但她不顾危险，径来上海。同志们都说她机警勇敢，真不愧是一个干革命的同志。

当时国民党江苏省党部处境很是艰难，除反帝、反军阀外，还须积极反对国民党右派。党部工作人员忙碌不堪，每日工作时间往往超过十二、三小时，真是夜以继日。应春同志目睹此种情景，立即投入了工作。她除妇女部本职以外，还协助其他部门工作，例如组织部的党员登记、填发党证等。

一九二五年下半年，国民党右派的反动言论很是嚣张，戴季陶的《孙中山的哲学的基础》等公然出版，进行反共宣传。他们又对国民党江苏省党部进行围攻。右派分子沈玄庐（又名沈定一）能说会道，在上海、杭州有点小名气，他以为应春同志刚到上海，不明真相，想对她进行游说。他说：“共产党员占据国民党重要职位，这样国民党将要亡党，所以必须反共。”应春同志听后立即予以反驳，她说：“国民党里面就有像你们这样的一帮人，当革命困难危险时，你们贪生怕死，不知躲到哪里去了。当革命形势好转，你们就想坐享其成。三大政策是孙中山制定的，你想反共，难道你的理论比孙先生还高明吗？”沈玄庐理屈词穷，鼠窜而去。同志们听到他们的对话，都赞同应春同志的说理斗争。

自从一九二五年八月国民党江苏省党部正式成立以来，有许多工作要做，如召开反英、反日、反帝的民众大会；组织反直、反奉的反军阀大会，开展反击国民党执行部解散妇女运动委员会的斗争；对国家主义派（即醒狮派）的反共活动予以打击，并帮助大家澄清思想等等。应春烈士积极参加了这些工作，并获得出色的成绩。

早在应春同志参加国共合作的国民党初期，侯绍裘曾经将马列主义的著作介绍给她看，她都结合自己的工作认真研读了。一九二五年十一月，由绍裘同志介绍应春同志加入了中国共产党。入党后，她在十一月十七日给柳亚子的信中说，“我认为入了党（中国共产党），当然以党为前提了，一切都可以牺牲的。至于使命呢？我们恐怕无异吧——革命——孙先生遗给我们的使命吧。您以为对么？”（原件现存苏州民政局）。第二年（一九二六年）她在《中山先生周年纪念在南京贡院讲演词》中说：“我们天天嚷着革命，并不是为我们知识阶级和小资产阶级自身的利益而革命，我们要为大多数工农群众的利益而革命。同时也要唤醒工农群众、组织工农群众，使他们为自己的利益而革命。要知道大多数群众的利益，才足以代表全民族的利益呀！”（见《吴江妇女》第二期）她对革命的理解，至今还是我们学习的楷模。

一九二六年一月，国民党在广州召开第二次全国代表大会，应春烈士与朱季恂、侯绍裘等同时被选为江苏省代表，出席了这次会议。当时，广州、香港工人为支援五卅运动、反对帝国主义，举行了省港大罢工。在国民党的代表大会期间，由罢工工人及进步群众组织了三十万人的游行集会。应春同志感到了群众的威力，她的革命情绪更为高涨，深信革命事业在工人阶级领导下必定能够胜利。她回上海后，把感受到的革命热情带到工作中来，也感染了周围的同志。一九二六年初，应春同志参加了国民党江苏省党部所召开的各县干部联席会议与干部训练班，她同参加会议的各县干部，广泛接触与交谈，日夜与他们生活在一起，起到了很好的作用。同时，她又在上海大学旁听社会科学的课程，经常听瞿秋白、恽代英等同志讲课，并把学到的东西与自己的工作结合起来。应春烈士为了推进妇女运动，在中共上海区委领导下，与国民党省党部的宣传部配合，在这一年的国际妇女节创办了《吴江妇女》月刊，由柳亚子、张应春、侯绍裘等私人负担经费，张应春任主编，按期出版。本拟由创办《吴江妇女》吸取经验，以后再办《江苏妇女》，由于革命征途的曲折变化，《吴江妇女》出版五期后便不能继续出版，因而《江苏妇女》，也未能创刊。

《吴江妇女》创刊号上的《发刊词》，说明发刊宗旨是要打倒帝国主义和军阀，推翻旧礼教，要求妇女和全人类的自由平等。应春同志在《国际妇女纪念日与吴江妇女》一文中说：“难道我们起来反抗就要杀头么？难道我们怕了杀头，就不要解放么了？哼！我不信，我们吴江的妇女没有死尽，就要为自己的自由，为自己的独立，为社会上、法律上、教育上求种种的平等，而在这国际纪念日来联络全世界的战线奋斗，向压迫阶级进攻！进！进！进！努力！努力！！”

三月十二月，孙中山陵墓奠基典礼于南京举行。国民党江苏省党部和各县同志，以及各省市同志代表，先后到达南京。这天上午，国民党右派分子叶楚伧、邵元冲、陈去病等，组织少数反动分子与不明真相的群众另行举行大会。下午，他们率领打手伪装成学生及民众，入山混入参加奠基礼的群众之中，在奠基礼尚未结束时，即动手打人，一时石子、铁棍乱飞。应春烈士见此情况，立即聚集五、六位同志围护柳亚子，从另一山路安全脱险。

一九二六年三月十八日，北京群众五千余人集会，反对日本帝国主义制造的大沽口事件，会后游行请愿。北洋政府段祺瑞竟命令开枪屠杀徒手群众，当场死四十余人，伤二百余人，激起全国人民的愤怒，纷纷起来抗议。应春同志立即起草了《江苏省党部妇女部为反对段祺瑞惨杀北京市民宣言》，《宣言》说：“革命的事业，没有流血是不会成功的。但是只流男子的血，不流女子的血还是不够的。……我亲爱的女同胞，大家起来奋斗吧！踏着女烈士鲜红的血迹，勇猛地前进，我们誓死要从红色的血泊里边，找着光明的道路，建设起光华灿烂的社会来。已死女烈士万岁！未死的女同胞万岁！”从她写的这段文字里看，她对革命必须流血、革命定有光明，是早有决心和信心的。应春同志还亲自参加了上海群众反对段祺瑞惨杀北京市民的游行示威，她不时向群众演讲。当她发觉租界包探注意她的，立即以巧妙的方法甩掉了尾巴，然后绕道又插入游行队伍。

一九二六年九月初，上海人民反对英帝国主义炮轰四川万县的群众大会上，我们见到应春同志在大会和游行队伍中穿梭奔走，这是我们最后一次的见面。

一九二七年三月，北伐大军直达上海、南京，国民党江苏省党部于四月二日由上海迁至南京。侯绍裘、刘重民、张应春等同志先后到达南京。四月九日蒋介石到南京，突然命令匪特破坏南京各级党部，秘密逮捕各级党部中的共产党员和进步人士。张应春与侯绍裘等十余人，在四月九日晚同时被捕，后在雨花台被刺死，遗体装入麻袋，投于南京通济门外九龙桥下。

五月八日，蒋介石派部下到吴江黎里逮捕柳亚子，因柳已避难日本而未获。柳于六月始知应春遇难，痛心革命道路上又失去一位同志，极度悲伤，即写悼诗一首：

血花红染好胭脂，英绝媚痕入梦时。
挥手人天成永诀，可怜南八是男儿。

秋石女士传

柳亚子

君姓张氏，讳蓉城，字应春，后更字曰秋石，江苏省吴江县黎里区葫芦兜乡人。父鼎斋先生，讳肇甲，母金太君。张氏为分湖旧族，以耕读世其家，故君之先人咸能周知民困，且多隐德，抗豪宗，庇农佃，盖其习性然也。君生而明慧慷爽，体尤健硕，既毕业上海中国女子体育专门学校，遂服务厦门集美女师范。万里浮槎，无离别可怜之色。居久之，以足疾归。民国十二年，掌教松江景贤女中学，与朱季恂、侯墨樵遇，始加盟于中国国民党。时女子剪发犹未盛行，君独感激新潮，毅然去其发髻，思为世倡。鼎斋先生意弗怿，驰书严斥之。君报笺曰：“大人苟终弗儿谅者，儿且远走北国，终身不复宁家矣。”事乃解，其秉性强御如此。十四年春，服务故乡黎里女学校。余与君居同里閈，女弟均权为君同学，尤昵就君，君以是恒往来余家，顾余未识君胸中之所抱负也。中山先生既殁，里人开会追悼，君登坛誓众，陈词慷慨，一座尽惊，余始心服君，欲以党事相属矣。是年夏，江苏省党部成立，君被举为执行委员兼妇女部长，余所推毂也。时君复患足疾，偃卧芦墟病院兼旬，旋就苏州省立医院诊治，前后计数阅月。病稍痊，省部累促君就职。值孙传芳举兵逐杨宇霆，江浙骚然，道路为梗。君扶病间关赴沪上，尽瘁工作，共事者咸啧啧称道弗置。寻以资望，被推为第二次全国代表大会江苏女代表，出席革命策源地广州，意气益发舒。十五年春，君自粤返沪，余亦始亲省部事，同僦居于法租界望志路永吉里三十四号机关部。每与史女士冰鉴诸人，促膝深谈，至午夜弗休，明晨复早起治事，无倦容。三月十二日，中山先生陵墓行奠基礼于南京，有奸人谋狙击余，赖君与唐蕴玉、庄元勇诸女士护卫得脱。北平“三·一八”之役，刘和珍辈诸先烈既殉义，沪上震动。君激昂奔走，尽日开会演讲，足无停趾，口无停沫。犹以余力入上海大学为旁听生，研治社会科学；出版《吴江妇女》，提挈故乡妇运。余益叹服君精力之惊人矣。时余以一身兼顾中央暨省党部诸要职，复负指导故乡党务之任，咨谋密勿，悉唯君与季恂、墨樵是赖，余拱手受成而已。转以坐啸画诺之暇，佐君理部务，一时文檄，都出余手。墨樵每戏呼余为妇女部秘书者，盖缘此也。五月初，余至广州，睹党中诸领袖态度，知天下事未可为，始浩然有退志。既返里，蛰居弗出者数月。其间尝一至沪上省君，君方从群众游行南京路示威，几为侦者所窘，仓皇走余旅邸，饥甚，索残炙啖之，就别室沐浴假寐已，复出奔走如故。明日余归，君冒大风雨走送沪杭路南车站，语絮絮弗能尽。车行，犹遥望见君衣碧色油衣，冠男子冠，植立雨中，扬巾挥手为别也。呜呼！讵知余与君相见之缘尽此耶！十月，余遭军阀名捕，弗能安居于乡，因避地沪上。顾秘不令君知，盖余方决心引退，君知则党部群众将毕知，且熏丹穴以求，而余必无幸于遂初服也。君果四出访余踪迹，至揭诸报纸。余恝然终弗应，唯时时从旁人询君消息，知岁暮归休，为家庭所禁锢，弗令再出，余方为君扼腕不平，顾复私幸之，以为庶可苟全性命于乱世也。十六年四月，国民革命军既定苏沪，余欲一睹青天白日旗下之故乡，遂迂道杭州，漫游西湖，旬日始归。及抵黎里，知君从事县党部、县政府工作甚力，今且孑身走南京矣。时清党之难甫作，杀人如刈草菅，余心忧君甚，欲飞书促归，未及而遘五月九日之变，余亡命日本。六月十日夜半，卧东京神田区日华学会，忽梦见君，颜色如平生，手牵余衣，告以党祸已迫，速自为计。余惊愕而寤，迟明得女弟书，则以君噩耗闻矣。顾君殉难颠末，及其地址时日，始终莫可究诘。传者或言君居逆旅，托姓名为金桂华，为逻者所捕，与女友陈君起并绞死。或言君与墨樵同时就逮，复同被缚置麻布囊中，以乱刃攒刺之，血流如注，沉尸大江。二者未知孰信？疑莫能明也。十七年夏，余自日本归国，出席南京第二届中央委员会第五次全体会议，求君骸骨弗可得。既乞诸贞壮、陈树人绘《秣陵悲秋图》，复嘱于右任大书刻石，文曰“呜呼，秋石女士纪念之碑”，谋为君营衣冠冢于分湖滨无多庵外，以配叶琼章仙冢。顾故乡寇盗充斥，君之诸父咸荡析离居，事终未集。悲夫！君生中华民国纪元前十一年阳历十一月十一日，即旧历辛丑年十月朔日卯时，殁民国十六年某月某日，春秋二十有七。君殁之岁，鼎斋先生以哭女致疾，呕血而亡。祖母袁太君，母金太君并存。弟一人祖望，女弟二人秀春、留春。

柳弃疾曰：“昔有晋周顗，死王敦之难，王导恸哭，谓：我虽不杀伯仁，伯仁由我而死。千载以下，传为知言。君死不同周顗，余亦非王导比。顾君委身党国，余实劝驾。君勇猛精进，弗顾夷险，终戕厥身，而余退缩苟全，不获与君同殉。律以春秋之义，则余实杀君，复何辞哉！余其终负君九原矣！悲夫！”

秋石殉义三年，苌弘之血早化，而一传未成，实低徊不忍下笔也。十九年五月一日晨，卧病沪西寓楼，枕畔梦回，如潮影事，都上心头，披衣握管，急就成此。是泪是墨，非所敢知已！写

初稿竟后附记。

《秣陵悲秋图》小序

柳亚子

呜呼！此亡友秋石女士成仁纪念也。吊青溪之碧血，高颎无情；殉白练以红颜，杨环同命。故人慷慨，吴祭酒所由兴悲；宾客漂零，龚祠部能无致慨。何况伯仁由我，恸哭新亭；魏阉横行，株连东厂。锦裙罗袜，难寻碎玉之墟；青冢黄昏，绝少埋魂之窟。嗟夫！嗟夫！尚忍言哉！戊辰八月，余来斯地，河山犹是，人物已非。爰驱车林薄间，携樽酒奠之，更乞陈子树人绘图以纪。呜呼！返生无术，何来不死之香；文字有灵，庶慰沉冤之魄。凡我朋旧，幸题咏焉。是为序。

我的良师益友侯绍裘烈士

赵祖康

侯绍裘，字墨樵，原籍江苏松江，与我有乡梓之谊。我在松江的江苏省立第三中学读书，他是高我一级的同学。毕业后，他进修了一年英语，因此，1918 年 8 月，我们得以一同考入上海南洋公学（现交通大学前身），成为攻读土木工程专业的同系同级同班同学，而且还住在同一宿舍。同窗数载，情逾手足，而绍裘学长对我思想上的启迪与帮助，更是至今难忘。

侯绍裘烈士早已离开我们了，但他那种热烈的爱国情操，跟随时代不断前进的宝贵品质和豪爽真挚的待人之道都为我终生仰慕与时刻缅怀。侯绍裘自幼勤奋好学，尤爱读历史书籍，崇敬民族英雄，常在本子上描绘岳飞、文天祥等英雄形象。旧中国半封建半殖民地社会的黑暗现实，使他的爱国思想与日俱增。在中学时代，侯绍裘就有志于探讨救国之道。他热爱科学，反对封建迷信，认为“迷信不铲除，科学就不能进步”。课余之暇，他常常谈论国家大事。在大庭广众之间，宣传孙中山先生主张，切齿痛责北洋政府的丧权辱国，慷慨陈词，议论精辟，为同学所钦敬。1915 年 5 月 9 日，袁世凯冒天下之大不韪，屈辱于日本帝国主义灭亡中国的“二十一条”。消息传到省立第三中学，师生群情激愤，自动召集大会，纷纷上台揭露日本帝国主义的侵略祸心和袁世凯一伙的卖国罪行。一向关心国事的侯绍裘，更是痛心疾首。他认为反对卖国条约，不能仅停留在学校内和口头上，还要发动各界人士以具体行动共同反对日本的侵略。为此，他起草了“抵制日货”的传单，与几个同学捐钱买纸，自己刻写油印。不料刚刚发出几张，校方便以地方当局要捉拿这件事的发起人相威胁，将传单统统搜缴销毁。但这毕竟是侯绍裘的第一次爱国行动。

1919 年 5 月 4 日，北京爱国学生运动爆发了，全国各地学生群起响应。侯绍裘积极投身其间，成了南洋公学有名的活动分子，被选为学生会本年级的评议员。5 月 11 日，上海学生联合会成立时，他担任上海学联教育科书记。6 月 13 日，全国学生联合会在上海成立，侯绍裘又被聘为全国学联的文牍，负责起草宣言、口号、文电等。

5 月 26 日，上海学联响应北京学生实行总同盟罢课的号召，领导全上海 52 所中等以上学校约 2.5 万余人，在本市老西门公共体育场举行大会。侯绍裘积极参加这一斗争的组织工作。6 月 17 日，南洋公学的罢课仍在进行，侯绍裘又以同宿舍的六个同学为基础，组织了“救国十人团”，其成员是侯绍裘、赵祖康、赵景沄、谢开庸、汤天栋、江祖岐、王云、殷受宜、张廷祥、窦瑞芝。

这年暑假，为使学生运动不至中断，侯绍裘和一批同学留在学校继续从事爱国活动。鉴于闹市地段演讲次数已较多，加上听众来往无定，效果受到影响，于是改为在离校较近而以前演讲得很少的法华乡和徐家汇镇两处地方，定点进行较有系统的演讲。侯绍裘事后回忆当时的情况说：“每天去讲些国民常识和劝人识字一类话，这差不多成了一种露天学校了。后来再进一步，在校外宿舍设立一个义务学校，招了四五十个学生——大都是附近的工人——每晚授以识字、国文、常识等课。这便是后来南洋义务学校的起点。”这便是侯绍裘和同学赵景沄等三人共同创办的上海学联工界第一义务学校的由来。其办学目的是“宣传爱国思想和灌输国民常识”，侯绍裘任校务主任。以后这所学校正式命名为南洋义务学校。

在五四运动和与工人的实际接触中，侯绍裘感受到了工人阶级的觉悟和伟大力量，认识到要救国非依靠工人不可。为了增进工人的知识，他满腔热情，对义务学校倾注了大量心血。秋季开学后，学校不准继续借用校舍。侯绍裘四处奔走，在距南洋公学较远的虹桥路，借到了清华第二国民学校的教室，作为义务学校的校址。由于工人下班迟，课程都安排在晚上七时半至九时，学校又地处偏僻的郊区，但侯绍裘他们不管刮风、下雨、下雪，还是坚持每天摸黑步行前去上课。没有教材，便自己编写。侯绍裘编写了《博物常识》，又和高尔松等搜集了五四以来的新刊物和《民国日报》副刊《觉悟》合订本，从中选了100多篇思想进步，有利于激发工人觉悟的文章，编成了《国语文选》。五四以来，工人义务学校能有自己编的教材，这还是首创。1922年后，侯绍裘进一步把办义务学校和工人运动相联系，明确主张南洋义务学校“所宣传的主义，应当是社会主义；所灌输的常识，应当是科学常识”；把学生培养“成为劳动运动中之中坚人物”。

在创办工人义务学校的同时，侯绍裘还在暑假内和赵景沄等一起编辑出版了一份名叫《劳动界》的通信报纸，向群众宣传爱国和劳工神圣等思想。《劳动界》每两天出一期，每期1000份，不但寄送给工厂、工团及订阅者，还直接在西门到小东门一条大街上分送，直至秋季开学才结束。

这年暑期，是侯绍裘的思想由民主主义发展到社会主义的重要阶段。用侯绍裘的话说：“到了这暑期内，我方才开始看《新青年》，岂知一看之后，如同‘拨云见日’，顿时爱不释手。我现在不能用说话来表达出我那时受感动的情状！所谓‘拍案叫绝’、‘浮一大白’等形容词，均不足以尽之，这样地看了一篇又一篇，不多几天，把已出版的几本看完，还觉得有余味的样子。我现在不得不承认《新青年》一书，于我思想上、人格上的影响最大，别部书没有一部能够及它的，而且至今还信仰它。每逢没有看过它的朋友，我便要介绍给他看。”《新青年》给他的思想以深刻的影响，其中李大钊同志在上面发表的《庶民的胜利》《布尔什维主义》等文章，竭力赞扬十月革命，热烈欢呼社会主义的胜利，明确指出中国人民应沿着十月革命的道路前进。这些文章对侯绍裘的思想转变发生了重要的作用，使他改变了原来的文学观念，加快了同封建的旧思想、旧道德的决裂，在思想上发生了大的变革与进步。

从这以后，侯绍裘不仅自己努力吸取新知识，还积极从事新文化的传播工作。秋季开学后，为了宣传新文化，介绍新思想，他又发起成立了“九人书报推销处”，因十人团成员王云休学，故剩九人。他们自筹资金，自贴车费，利用课余之暇，轮流奔走各书局，购进各种进步的书报杂志，按批发价销售。销售的方法也有革新：一是对所售的杂志，一律自己先行阅读，然后“大书广告，详述其佳点何在，用处何在，以告同学”；二是在侯绍裘的倡议下，设立“无人售报处”。在上、中两院之间通道上，同学必经之处，挂一只开小口的木箱，下面放有《星期评论》《星期日》等成散张的期刊，让同学自动投钱买报。此外又在箱旁放纸和铅笔，如要买书而不便亲来的，可书一条子放在箱内，由九人在一定时间开箱，见条即把书籍送去。当时销售的杂志有《新青年》《新潮》《解放与改造》《科学》《少年中国》等十余种，时间持续了两年，为传播新文化做出了贡献。以至《南洋公学年刊》记者感慨地说，虽“极欲表现其钦佩之私，顾不能得适当之辞。”

1920 年暑假，侯绍裘为宣传社会革命，反对因循守旧；宣传科学民主，反对封建迷信；联络我与赵景沄等八位松江籍同学，在松江联合编辑出版了一份《问题周刊》。当时，松江时疫流行，当地大兴迎神赛会，迷信之风益盛。侯绍裘在刊物上撰写了不少宣传反对封建迷信的文章，还挥笔写了“不要迎神赛会”等大幅标语，张贴于闹市处和松江知府衙门正对面的大照壁上，轰动了松江城。

也在这年暑假，南洋公学校方当局以侯绍裘“举动激烈，志不在学”为由，将他开除出校。侯绍裘不以为意，而广大同学则深为不满。

1920 年秋，侯绍裘到江苏宜兴的彭城中学任教。次年夏，他回到松江，恰值城里的私立景贤女校因经济告竭被迫停办。侯绍裘得知这一情况，和同乡朱叔建、钱江春等四处奔走，接办了景贤女校。侯绍裘兼女中校务主任，对学校进行了系统的改革。聘请进步教师，特别注意对学生进行革命的思想教育。为此，他以景贤为依托，举办了范围扩大到松江县城区的“松江演讲会”，先后邀请共产党人恽代英、萧楚女、沈雁冰、施存统、邵力子、杨贤江、沈玄庐和政治界、文化界、教育界的知名进步人士柳亚子、陈望道、杨杏佛、周建人、叶圣陶、吴研因等来松演讲，景贤师生也都参加了听讲，影响甚是深远。

不久，为了“批评地方时事，唤起革命精神，介绍新的思想，提高民众常识”，又由侯绍裘主持，与朱季恂、高尔松、姜长林等创办了《松江评论》。在这刊物上，侯绍裘发表了《“五九”纪念和五月中其他各纪念节之关系》《评一般人对社会主义的误解》《列宁略传》等文章，深入一步介绍社会主义和俄国十月革命的重大意义。侯绍裘在松江还做了一系列其他实际工作，如他曾约我与赵景沄、高尔松、高尔柏等人组成青年问题讨论会，在上海《学生杂志》上发表讨论文章，指导青年解放思想、自学成才和走与工农群众相结合的道路。

1923 年四五月间，侯绍裘在邵力子介绍下重新加入国民党。从此，他开始以半公开身份在松江从事革命活动。同年秋，在中共上海地方兼区执行委员会的联系帮助下，侯绍裘加入了中国共产党，揭开了他政治生活中新的一页。

1924 年农历年底，因江浙军阀连续混战，松江无法上课，侯绍裘率领景贤女中迁到上海。战事停止后，景贤女中分为松、沪两部。第二年春，侯绍裘又受聘为党领导的上海大学附中主任。

1927年初，形势十分紧张，侯绍裘通过我妻张家惠转嘱我早日离开交大教职。我因而于3月初赴武汉担任国共第一次合作的国民党交通部国道工程局工作。而侯绍裘在参加上海特别市临时政府3月29日的就职典礼之后，又受党的指示，赴南京开展革命工作。

上海四一二反革命政变前夕，右派势力磨刀霍霍，形势十分险恶。侯绍裘等共产党员随时有被捕的危险，但他不顾个人安危，仍然沉着地发动群众进行斗争。4月10日深夜，侯绍裘在参加一个秘密会议时，不幸被捕。在狱中，他英勇不屈，坚持斗争，表现了一个共产党员的大无畏革命精神。蒋介石曾企图以江苏省政府主席的位置来收买他，被严词拒绝。最后，侯绍裘惨遭杀害，遗体被反动派置于麻袋内投入河中。当时，我在江西国道测量队工作，听到这噩耗，悲痛万分，如丧手足。侯绍裘为党和人民殉难时，年仅31岁。

侯绍裘是我的学友，也是我的良师。可以这样说，侯绍裘是第一个用社会主义革命思想和实际行动对我进行启迪的人。我后来追求进步，向往光明，并终于走上人民之路，是和他当时对我的真诚帮助和巨大影响分不开的。侯绍裘虽早已离开了我们，但他那为国为民、无私无畏、豪迈爽朗、激昂慷慨、真挚待人的光辉形象，仍然深刻在我的脑海中，新中国成立后，成为激励我勤勤恳恳，在共产党领导下，沿着社会主义道路，为祖国报效，为人民服务的重要的精神力量之一。

回忆恽代英同志

舒新城

二十年前（1940）我写自传式的《我和教育》，曾提到少年中国学会，其中有一段说："该刊（《少年中国》月刊）第二卷第一期、第三期（当时误写为第二期），发表恽代英《怎样创造少年中国》一文，他本学会实践的宗旨，主张注意研究群众生活的修养。把应该注意的事列成一表，分为活动的修养，合群的修养两大部门。……他这篇文章有两万字，除去对于上述的各种项目有详细的说明而外，并详述何以要创造少年中国，与创造少年中国应分工互助的原因。这在我从幼受了曾涤生与朱子教条的影响的少年看来，自然是更合胃口，所以我对学会以及其会员的大部分都有特殊的好感。"

"民国九年（1920年）夏，我第一次赴沪，得见恽代英。""学会于十二年（1923年）十月四日在苏州开大会，发表行动纲领九条，更引起我的共鸣，乃于斯年十一月经……恽代英五人之介绍……正式加入学会。"我之加入少年中国学会主要是由于恽代英同志的影响。现在就记忆所及，略述我对恽代英同志印象最深的二三事。

恽代英同志是少年中国学会创立时的会员。因为我们当时都年青，都不满现状，对于五四时期之所谓新知识，都如饥似渴地阅读，同时我们又都在京沪报刊上投稿，所以在未见面以前，都已知道彼此的姓名，而一九二〇年暑假我们在上海第一次见面，便都有"一见如故"之感。

记得是八月下旬，我应湖南第一师范之聘，在启程回长沙的前几天的一个夜晚，因《中华教育界》的稿子问题去左舜生家中（左编《中华教育界》同时兼理《少年中国》月刊的编排事务），谈话不久，恽代英同志来了（他来是为《少年中国》月刊问题）。互道姓名之后，便无拘无束地

谈社会问题、国家问题、世界问题、男女问题以及个人对于国家的理想问题。他那篇《怎样创造少年中国》的前半部分已经发表，我读了非常佩服，认为是改造青年以救中国的良药；后半部分还没有发表，他便滔滔不绝地将他对于学术研究、个人生活的意见详细地讲述了一番，我听得极其入神，尤其佩服的是他对个人的严格要求和对朋友的劝善规过。这一次足足谈了三个小时。

我们初次见面时，他的深度近视眼镜、蓝布学生服、青年鞋和满头“怒发”，引起我极大的敬意。在此以前，我常读他的“下笔万言”的文章，总以为他也和当时的所谓文人一样，是一位“翩翩佳公子”，不想一见之后，他是那样地“辩才无碍”，而又是那样的朴素真挚。当时我曾为表明对他的印象而称之为创造少年中国的苦行头陀（他终年不戴帽子）。1921 年我从长沙再到上海，彼此见面的机会较前为多，1923 年春我去南京任教，他到南京不时住在我家中，彼此谈得更多。他经常以民族主义及经济史观（那时形势难于公开谈马克思辩证唯物主义）、阶级斗争等理论诱导我，只以我的资产阶级的立场根深蒂固，未能接受他的意见。

1923 年 10 月，少年中国学会在苏州开大会，决定本会进行方针为“求中华民族独立，到青年中间去”，并制定学会纲领九条。同时由大会决定将学会总会迁南京。根据上述的宣言与纲领，学会以后要注重事业，因而有创办学校之议。南京总会决定我与杨效春、曹刍三人起草办学计划书。我将草拟的办学计划寄给代英同志，当时他正在上海编《中国青年》，一方面忙于党务工作，同时又患目疾，但终于在 12 月 13 日复我一封千余字的长信。在信中谈到他对于学会的意见：

“此次苏州会议，结果我尤极满意。会前我尚嫌其精神涣散，无共同倾向；会后能以民族独立的青年运动自任，我极为中国幸。学会在中国青年中颇负虚名，彼等皆望吾辈真能为创造少年中国而奋斗。我亦完全系为这 Practical Aim（实际的目的——编者）而加入。我决认任何 Disinterested（没有利害关系的——编者）的学问，均为不急之务。但我亦不反对会员中个人有此等嗜好。只是学会决非专门讲‘学’的会也。我看学会总算前途颇有希望。现革命团体中人，多勇敢而嫌不稳健，学会中尚有几个稳健的人，惟惜勇敢方面还须努力耳。中国急于需要担当大事的人。”

对于学校编制，他说：

“（一）训育方面务须矫好整齐、务外观的弊病。此既教欺诈，且妨学生自然生长，要有训育者混入学生中去潜移默化。……”

“（二）课程方面，我以为现在中学教成许多半截货的英文、数学学生，极无道理，浪费时间，戕贼人才，又使中学生常识缺乏，不知人事。真欲办‘中国化’的教育，宜决然改弦更张。我个人意思以为中学可分三级：

A. 初级中学三年以养成普通人生足够的知识技能为主。教有关人生的自然常识——天文、地质、生理卫生、博物、理化——但决不涉及专门化的技术知识。理化中需要几何三角，于教理化中附带教之。……

教有关人生的社会常识——历史、地理、社会学、政制、经济——宜较现制多加时间，看作主要的功课。

教必须要的日用技术——国文、算术、初步代数——太偏于理论或文艺的，都要认为不急之务。

B. 高级中学二年以养成中等、下等职业技术人才为主。分科按地方情形需要。教该科需要之各项科目，如机械则教高等数学物理，农业则教地质化学及其他一切专门学科。

C. 补习一年可进可不进，亦可只选一种课。此一年可在初级毕业后，亦可在高级毕业后。半日学习英文——每日不断——年长比年幼时观念丰富故易学，继续比不继续学习因不致忘记故易有效；一学便学到可用，多应用更有昧而不致虚耗光阴。半日学习几何、三角及其他升学应补之课。

“用上法定比现在分四五年学习的有成效，而不升学的人又不致因此不必要之课害其成就。”

当时他在《中国青年》（1923 年第八期）上发表一篇“八股”的文章，论当时学校课程的弊害，特寄我一册，要我阅读。他对学校的意见，是针对我们办学计划书的空洞和抄袭外国办法而发。少年中国的办学计划固然未曾实现，而他当时这些意见，我们在思想上还不能完全接受。

恽代英同志在这封信里，还表示对 1923 年少年中国学会的苏州宣言极为满意。在 1924 年 1 月 5 日出版之《中国青年》第十二期上他发表了《前途的乐观》一文，也提到少年中国学会议决“求中华民族独立，到青年中间去”的口号，并且认为这是顾及中国实际情形转入民主革命与民族独立运动的一种好现象。可是 1924 年，会员的思想分化愈显明，右翼的力量更抬头了。《少年中国》月刊在1923年的第四卷（1923年3月至1924年4月）中发表了许多宣传国家主义的文章；1923年冬，南京分会竟决议用新国家主义作为教育上努力之目标；1924 年《少年中国》四卷九期上还发表陈启天的《新国家主义与中国前途》的文章。右翼首脑曾琦、李璜、陈启天、余家菊、左舜生等抬出国家主义派的旗帜，公开反对共产党，公开反对马克思主义。1924 年 7 月第五届年会，竟至对已经公布的 1923 年苏州大会宣言的九条纲领重行讨论。

五届年会是 7 月 7、8 两日在南京举行的。第一日共到二十五人，第二日共到二十一人。两次会议均集中于讨论苏州大会的九条纲领，而以第五、第六两条为争论的重点。这两条原文是：

第五条：推阐经济压迫为国民道德堕落的主要原因，以反证中华民族绝对非劣等民族；应反对此类减少国民自信力的各种宣传，且指示经济改造为国民道德改造的重要途径。

第六条：提倡青年为民族独立运动，为各种切实有效的社会服务；力矫浮夸偷惰，或只知无目的的修身求学，而不问国家社会事务的恶习。

在这次会议提出修改意见者是国家主义派头子左舜生、陈启天、余家菊等。他们的理由是：第五条“含有浓厚的唯物史观之色彩”，尤其反对“经济改造为国民道德改造的重要途径”，认为这是和中国传统的形而上学的道德观的看法完全相反；对于第六条，他们反对“提倡青年为民族独立运动”和要青年问国家社会事务。理由是：民族独立运动是外国（指苏联）的口号，和中国当前的国情不合；青年只应为社会服务，不应参加国家事务。

这次出席的二十五人中，只有恽代英、杨贤江两同志是与国家主义派辩论的主要对手。恽代英同志在两天会议中均有激烈辩论。我现在还记得：第一、他除从一般原理说明经济史观的正确而外，还用我们流行的成语：“衣食足而后礼义兴”，来说明经济是道德的基础。他认为这道理是以客观的事实作基础，是真理。这真理存在于自古以来的人们的头脑中，只是后来的士大夫要帮助统治者愚弄人民，所以不承认它，而有所谓道德不基于经济的胡说。其次他指出，从鸦片战争以来，尤其是民国以来，国际帝国主义美、英、法、日、德等国在中国制造内战，贩卖军火，使得中国生产不能发展，财政日趋蹶竭，工商业倒闭，失业失学者天天增加，一般人民连求生都不可得，因此根本没有闲暇去讲究什么士大夫的所谓道德。第三、他以为要国民有保家卫国的新道德，必须先要有家可保，有国可卫。中国现在的经济财政均为列强所控制；它们利用不平等的条约，掌握了我国的关税权，便利他们把不急之物大量输入，同时利用我国廉价劳动力，在我国设工厂，扼杀了中国的民族工业；它们还利用了所谓“关余”接济军阀混战，使中国的社会永无安宁之日，军阀对人民则苛捐杂税层出不穷，使百姓不能生活。所以要救中国首先要使中华民族独立，这就必须推翻帝国主义和军阀的压迫剥削；其次是要改造经济、发展大工业，使百姓能生活，国防能巩固。因而他坚决主张对第五、第六两条不加修改。与余家菊、陈启天、左舜生等两次辩论，每次讲话都在一小时以上，他的言论感动了许多会员，但以国家主义派的会员占多数，最后举行表决，仍以多数通过如下的修改案

第五条（即修改后的第八条）：推阐外资压迫为民生穷苦、兵匪充斥的重要原因，应反对一切不平等条约，以谋发展国内产业。

第六条（即修改后的第二条）：提倡青年为各种切实有效的社会服务，力矫浮夸偷惰等恶习。

纲领的次序也有所更改。但代英同志以为纲领中尚保存着反对国际帝国主义的侵略，反对一切不平等条约及打倒军阀的条文，为团结可以团结的一切力量，终于与杨贤江同志在宣言上签了字（此宣言由左舜生起草，经大会通过，后因《少年中国》月刊停刊，对外未发表）。

自从 1924 年国共正式合作、中苏订立友好条约后，马克思主义在中国就广泛地传播起来。工人阶级有了中国共产党的领导，在 1925 年的“五卅反帝运动”及“省港大罢工”中，均取得了一定的胜利。而国家主义派则组织青年党，并得军阀孙传芳的支持，公开打出专门反对共产党和马克思主义的旗帜，并蓄意要把少年中国学会改变为国家主义的团体，以增厚其向军阀讨价的资本。1925 年 7 月 18、19 两日，在南京召开第六届年会，出席者共十八人，恽代英、沈泽民均出席。第一天开会，即由左舜生、余家菊、陈启天、曾琦提出“本会对于外患与内乱交逼之中国应采取何种方针”的提案，并由左舜生说明旨趣。恽代英同志当时质问提案人有无将本会方针定为国家主义之意，左、余、陈、曾相继发言，表示绝对主张国家主义。于是恽代英同志和沈泽民同志就对他们的主张进行了坚决反击。讨论二小时不决，由主席请各会员提出具体方针以便表决。陈启天提议“根据学会固有的宗旨与历年相传的精神，应将本会方针定为以国家为前提，而反对‘反爱国’之行动与言论；对于沪案加以宣言”。恽代英同志将“定为以国家为前提，而反对‘反爱国’之行动与言论”修改为“注重民族独立，而反对‘反爱国’之行动”。他的主要的理由是：现在国际帝国主义压迫中国，利用军阀制造内乱，若不打倒帝国主义，取消不平等条约，首先恢复民族的独立自主，则所谓国家仍是压迫、欺凌老百姓的工具，我们不应劝人爱这样的国家；至于反对反爱国的行动，实际是反对卖国者卖国。经长时间之讨论，仍以多数通过陈启天的提案。恽代英同志在这次会上还曾提议对时局发表宣言（主要为五卅反帝运动），结果也被否决。

国家主义派在方针案得到胜利后，乃进一步谋将学会改组为国家主义的机构而提出改组案。我们“中间派”虽然不认识马克思主义，但很尊重会员中共产党员的艰苦奋斗的精神；对于国家主义派，固然不赞同他们的理论，尤其不满意于他们依附军阀（学会有一条传统是不依赖旧势力）。当时看到学会即将被国家主义派所完全控制而心有未甘，于是由黄仲苏提议组织改组委员会，选委员五人，付与全权改组学会。恽代英同志完全赞成，并投票选举。委员会成立之后，曾向会员九十余人寄发调查表，但收回者只三分之一，且意见分歧，无法改组。于是少年中国学会的活动到第六届年会就停止了。

第六届年会与其他各届年会有一个不同的特点，就是在会议期间会员假东南大学大礼堂讲演。7 月 17 日下午七时，余家菊讲“国家主义教育之意义”，听者寥寥。19 日下午七时半，恽代英同志讲“五卅运动”，历时二小时半，听者挤满礼堂。20 日下午八时曾琦讲“国家主义与全民革命”，因他说全民只有二万万男子，女子不算在内，当时有女同学登台质问，听者一哄而散。予此也可以证明当时青年心理的趋向。

恽代英同志讲演所以受到青年们的欢迎，主要由于他对当时形势分析透彻，切合青年要求；其次是他善于说理，每句话都有说服力。7 月 17 日离五卅惨案不过五十天，在这五十天中，中国反帝的民族运动已由局部发展到全国。这时坚持奋斗的是工人、学生和中小商人。那些大商人、绅士、学者之流的所谓高等华人，主张“速了”和“缩小范围”。军阀则勾结英日帝国主义者向民众进攻。帝国主义方面，日本主张把他们在青岛、上海的日本纱厂中摧残工会、打杀工人的事，单独作法律案调解，而把一切政治责任推到英国身上；同时，却又和英国互相勾结，异口同声地把五卅事件说成是“赤化”，是“苏俄阴谋”。美帝国主义者则主张在中国召集所谓第二次“华盛顿会议”，用“取消领事裁判权”作为讨好中国人民的诱饵，从而扩大其侵略势力。代英同志在分析了这些情况之后，进而对帝国主义者所诬蔑我们的“排外”“赤化”“亲俄”等作了正确的解释。他指出，凡属专以政治、经济、文化侵略压迫、欺骗中国人民的帝国主义者，我们一定要排斥他们出中国；我们要达到真正的平等自由，就只有赤化的流血革命方能成功；至于苏俄去年和我国订立友好协定，解决悬案，是惟一的以平等待我的国家，而且它也受着帝国主义的压迫，我们为什么不应与之结成防御敌人的统一战线呢？最后他提出全国各界应组织统一领导机关，坚持用政治解决。即宣告废除一切不平等条约、取消思想上奴役中国青年的教会教育，并号召青年把反对上海五卅事件的运动变成为全国民众长期与帝国主义斗争的运动，要严防帝国主义及其走狗的造谣、诬蔑和阴谋。

他这次讲演赢得广大青年学生的同情和热烈鼓掌。我当时参加听众行列，深受感动。讲完后，我上前与他握手道贺，他说：“我不过说明一些事实，和群众反对帝国主义应走的道路，以后的具体斗争还多呢，要靠大家努力！”自此而后，我们就没有再见面，也没有再通信。今日回忆起来，他最后的话语以及他的言谈笑貌，还跃然出现在我的脑海中。

回忆恽代英老师

柳野青

一九一九年春，我考上了武昌中华大学中学部第九班。当时有个朋友给我介绍说，恽代英是中学部主任，才从大学部毕业，很年轻，做事认真。那时候中国是在民主革命时代，人们趋向进步。但是当时中小学教师多数是老夫子，一听说青年英俊的人当教师，就感到高兴。我第一次见到恽代英老师时，他是穿的制服，二十三、四岁的样子，还像个学生，这和那些穿长袍短套的老先生们完全不同，使人有新鲜活泼之感。

做事认真。恽代英老师，最讲认真。那时候学校录取新生全凭考试，不及格的不取。我同族共有四人报考，有两人未录取，他们是族间大绅士的子弟。那位大绅士和中华大学校长关系很好，便找校长向代英老师说情，据说三番五次都被他拒绝了。他坚持量材录取的原则，连校长也无可奈何。他这种不顾权势，不讲情面，刚毅坚强的性格，得到多数学生的信仰和爱戴，开创了这个学校的新风气。

和学生在一起。代英老师虽然严肃不苟，但和学生合得来，没有架子。他生活俭朴，常穿那一套旧制服。办公室很狭小，他和另一位教员住在一起。下课之后，常有同学到他办公桌前，不管谁去，他都先站起来，然后再坐下和你谈话，使你毫无拘束之感，不象见一般老师那样威严可畏。他讲话常带笑容，有时大笑，使你感觉愉快，像兄弟一般，很乐意接近他。所以有不少的同学到他那里去，甚至没有问题谈，也愿意到他房里玩玩。我常去他那里，从书架上翻阅他在校刊上写的关于人生观一类的文章，这给我很大启示，在课余时间去作些哲学思考。

代英老师很关心学生思想教育。他劝我们写日记，检查自己的思想和生活。日记送给他看，他有时在上面作批语，提出他的意见。他常用这个方法对学生进行思想教育，了解学生情况，密切联系学生。他兼我们那一班的班主任，批阅日记是他做班主任的工作方法之一。他当班主任留给我的印象是：严而不畏，不像一般班主任那样处处管束学生。因此同学们都愿意跟他谈问题，敢于说出自己的意见。那个时候的学校是讲师严道尊的，代英老师却以平等态度对待学生，走的是群众路线，因而很自然地形成了一种新型的师生关系。

反对当洋奴。代英老师把转变学生思想作为他教育工作的重点。他教第九班的英文。英文课似乎天天有一小时。每星期一的一课他不是教英文，而是讲的政治。我记得有一次，他在讲堂上向全班同学望了一望，便讲他的某些观点，讲时事，讲政治，讲做人的意义。在前面我说过，代英老师在大学时写有关于人生观一类的论文，所以在进行思想教育时，这是重点。并不考问你英文学得怎样，而是用 Why（为什么）或 How（怎样）向你提出为什么要学英文课。针对当时很多人学好英文为的是去当洋行的买办、发财的思想，说我们是中国人，为什么要崇拜洋人呢？读书不是要做官发财。外国人在欺负我们，学英文是要学外国的长处来救国。他讲时很激动，很愤慨，大骂当洋奴的人。他讲这些道理，讲得滔滔不绝，发人深思。读书不是为做官发财，这是对当时腐朽没落思想的一击。因而能在我们青年的心目中浮泛出一种新的波澜。新思想、新教育在这个旧制的中学萌芽了。但是他在进行英文教学时，仍然是认真负责，要你学好。

反对北洋军阀。当时军阀割据，国几不国。代英老师有时结合教学，大骂军阀混战，祸国殃民。他教育同学要爱国家，为人民，以天下兴亡为己任。要立志改造社会，改造国家。要注意时事，关心国家大事。他重视课外学习，教学生看小说，看《新青年》等杂志。记得鲁迅的《狂人日记》刊出后，他像狂欢似的高兴，大加赞赏，口里也喊着“救救孩子！”那是他在走廊上和几个同学聊天谈起的。那种出自内心的真挚感情是最能激发人的。在他的指导下，八班、九班的同学有部分人参加了课外读书会，如“互助社”便是其中之一。这种学习小组，是自由组合的，“童子六七人”，到会时各抒所见，谈国事，批军阀，有时互相争论，生动活泼。这是代英对学生的一种教育方法，不是死读书，而是启发学生结合社会问题去自由思考，自觉地去反对黑暗社会，自己摸索应该怎样去努力为社会服务。

批判孔子。在当时的半封建社会，对孔子不是一分为二，而是当作偶像盲目地崇拜。但是，我们在校刊上看了代英老师写的批判孔子某些论点的文章，大家便都热烈地议论开了。记得一篇是《唯女子与小人为难养也》，一篇是《民可使由之，不可使知之》的文章，对孔子重男轻女和轻视劳动人民的思想进行了辨析。于是，那些盲目崇拜偶像的守旧思想开始在青年学生的头脑里有所动摇。思想上的斗争虽只是一个小战役，但为以后的新文化运动和马克思主义的传播起了开拓的作用。

参加“五四”运动。在北京学生反对卖国贼签订巴黎和约的通电发表后，全国学生响应，武汉也沸腾起来。湖北省学生联合会迅即成立，领导武汉三镇学生的罢课示威运动。中华大学学生会的领导林育南烈士是这次运动的核心人物，他是在代英老师的指导下进行活动的。他们在汉口召开了一次群众大会，恽代英老师带头参加，并在大会上向广大群众发表讲话，他讲得气势磅礴，感情奔放，极富于鼓动性，有说服力，极大地推动了群众的爱国热潮。林育南烈士经常和代英老师商量，组织指导运动。育南烈士是奋不顾身地、日夜奔走不停，在校外进行联络，在校内主持开会。他是恽代英老师的一个有力助手，象代英老师一样，目光锐利，情绪高昂，在军阀压迫之下，善于分析情况，解决同学之中的不同意见，不断地鼓舞同学的爱国热情，冲破了校内外一切反动势力的阻挠，使运动坚持下去。以学生为先锋，“六·三”以后，工商各界人民也都奋起救国，罢工、罢市，反对卖国，反对日本侵略，给国内外反动势力以严重的打击。中国人民从此一天一天地觉醒起来了。

怀念恽代英同志

许德珩

今年四月二十九日，是恽代英同志英勇牺牲五十周年的日子。

半个世纪过去了，尽管岁月的流逝不时冲刷着往事的记忆，但是人们对他的怀念还是那样的深切。去年夏天，我和少年中国学会的一位老友谈起代英。青年人只有耳闻，而我们同他共过事的老年人对他的短暂的却是光辉的一生记忆犹深，他的高大形象和优良的革命品德一直留在我们的脑海里。

我结识代英是在一九一八年的暑假，但在这之前，他的文章我就已经拜读过了。记得一九一七年春夏之际，我在《新青年》杂志和《东方杂志》上，读了代英写的《物质实在论》《论信仰》《经验与知识》等文章。令人折服的是，早在十月革命之前，马克思主义在中国还没有广泛流传的时候，代英就通过这些文章阐述了唯物论的认识论的思想，提出“物质必为存在”“必为实在”和人的认识依赖于实践的观点。反对所谓“天启的”知识即先验论，反对凝固不化的旧教条和旧思想。他指出：人类经过实践取得了认识，人的认识“非直接从经验中来，即间接从经验中来”。他认为理论“即由自有人类以来，反复经验，反复研究，自不正确之知识，而进于正确之知识也”。理性认识高于感性认识，“徒持一己之经验，以为知识，虽一生之中，艰苦备尝，其所得不及由学问中来者万分之一”。但理性认识必须基于感性认识，“学问如尚不及经验之可恃，则不得谓之学问……”；一切理性认识和学问必须在实践中经过反复的检验、校正和补充。“以学问与单纯经验比，学问固较正确，就学问自身言，则固尚有不正确之处，以待逐渐补救校正，而进于完全正确……”他所阐述的思想虽然还是初步的，但对于当时正在进行的破除一切有形的和无形的偶像崇拜，反对一切迷信、武断和盲从的思想解放运动，是有益的。

一九一八年暑假，我和易克嶷作为北京学生救国会的代表，南下活动，与南方各地同学以通声气。我们先到天津，由天津到济南，由济南转武汉。在武汉，我们见到了代英。这时他刚从武昌中华大学毕业，担任该校附中部主任。他率领一些青年到庐山牯岭参与青年会的夏令会，刚回来不久。我们虽是初次晤面，但彼此神交已久，一见如故。当时，无政府主义颇为流行，代英虽然同无政府主义者来往，但并不赞同他们的主张。他认为少数人空口谈谈，跑到庐山弄块地，办办“新村”，就能改革社会，那未免太滑稽了。他说，应该从实际出发，进行反日的爱国运动。他的意见，我深以为然。这时，他在学校组织了互助社、仁社、新声社等社团。他还将编辑出版的刊物送给我看。这些社团的活动，为武汉地区五四运动的到来作了充分的准备。

代英的革命活动，开始于反对日本帝国主义的二十一条和反对封建军阀袁世凯的卖国行为。我们到武汉时，代英在有组织的青年中，以批评与自我批评来锻炼大家的利群助人、服务群众的品质。当时武汉与北京一样，不少的青年学生沉醉于极端个人主义的享乐腐败生活中：嫖、赌、烟、酒、鄙弃劳动、考试带夹带。代英针对这些时病，制定一种每日自省表，问本日是否做了利群助人的事，是否做到不嫖、不赌、不吸烟、不饮酒、不谎言、不带夹带等事。特别注意是否尚存留着这些意识与思想。填好后，在每夜的小组会上传观，作无情的批评与自我批评。他们的批评，是与反日救国相结合的；这时的反日救国，是宣传抵制日货，组织抵制日货。他们节省一部分零钱，来做抵制日货运动的基金。他们每逢假日分途在武昌、汉口商店中调查日货标识与价值，编成小册子，并用抵制日货基金，将小册子印刷出来分散给学生与居民。他们组织学生挨户劝说居民抵制日货或劣货（当时湖北督军王占元奉日本军国主义之命禁止抵制日货，代英便称日货为劣货，并从多方证实日货为劣货）；组织学生和居民互约不买日货——劣货，犯者罚钱以作抵制日货基金或没收日货当众焚烧。他们经常定期召集群众在学校内操场上焚烧日货，代英总是临场作热烈的抵制日货的呼吁。

五四运动爆发后，我和黄日葵同志作为北京学联的代表再一次到天津、济南、武汉、九江、南京、上海呼吁援助，扩大声势。行前，刚到北大读书的预科一年级同学刘仁静，向我介绍代英的情况，说他们是极要好的朋友。我告诉他，我一年前已经认识代英了。刘仁静还特意写了一封信让我转交给代英。

五四运动中，代英是武汉学生爱国运动的主要领导者之一。他领导武汉的学生组织罢课、罢市、游行示威、请愿等行动。当时鄂督王占元极其蛮横，禁止演讲、发传单，代英想出方法，在白纸扇上写传单，互相传递，以发动武汉三镇商人全体罢市。因坚持要求省长和湖北各校校长急电北京政府释放被捕学生和惩办卖国贼，武汉学生曾在武昌长街察院坡街上露宿。代英又用白扇传单鼓动商人、居民在深夜中以热水热稀粥来慰劳疲倦冻饿的学生。结果，形成了商学界的爱国的统一战线，使当时湖北反动派有所顾忌，不得不答应他们的要求。

我第二次来到武汉，在如火如荼的学生爱国运动中与代英再次聚首，倍感亲热。此时，代英领导的武汉学联创办了《学生周报》，他亲自写了发刊词：

嗟我中国，强邻伺侧，外交紧急，河山变色。壮哉民国，风起云蒸，京津首倡，武汉继兴。维我学界，风潮澎湃，对外一致，始终不懈。望我学生，积极进行，提倡国货，众志成城。力争青岛，事出至诚，口诛笔伐，救国之声。愿我同胞，声胆俱张，五月七日，勿忘勿忘。

代英把《学生周报》送了我和黄日葵同志每人一册。我们对他们在武汉发动的轰轰烈烈的爱国运动，甚表赞许。

我们听说代英每天都记日记。旁人是“以文会友”，代英则是以日记会友。他不在家时，朋友来了，可以看他的日记，从中得知他近来的思想情况，等于和他作了亲切的会见。他的日记成了朋友们最有兴趣的读物。可惜，我们在武汉停留时间太短暂，没有时间去阅读他的日记。

一九一九年底，代英加入了少年中国学会，并于一九二〇年四月到了北京，见到了李大钊同志，受到很多启发。他接受“少中”委托他的《少年中国丛书》的编辑工作。这时我已赴法勤工俭学，从“少中”寄来的《少年中国》《少年中国学会会员通讯录》等刊物上读到了他的文章，如《怎样创造少年中国》等。

我于一九二七年一月从法国回到了广州。先是代英奉党的指令到广州担任黄埔军校的政治总教官，同时还在毛泽东同志主办的农民运动讲习所兼课。我到广州时，他刚刚离开，到武汉主持中央军事政治学校的工作，兼湖北省政府委员。我遂在广州中山大学教书，并在黄埔军校兼任政治教官。代英从施存统那里知道我回国的消息，立即打电报给我，要我去武汉工作。四一二反革命政变前夕，我从广州摆脱了国民党右派的控制，经上海、九江然后到了武汉。

我和代英阔别多年，汉埠重逢，欢忭之情，溢于言表。这时，代英担任武汉中央军事政治学校的常务委员会委员兼总政治教官，又是共产党支部的负责人。我一到武汉，他就约我到武汉中央军事政治学校任政治教官，我欣然同意。

我到武汉时，正值中国共产党第五次全国代表大会在武汉召开。一天下午，代英等老友约我到汉口普海春饭馆吃饭，由陈昌浩同志用马车前来接我。我那一次见到了许多熟人。陈独秀看见我，指着说：“还是老样子，没有变！”这次聚会共有四桌人，我与陈独秀、蔡和森、恽代英、张国焘等坐在一桌。蔡和森同志问我准备在什么地方工作，代英马上接着说：“已经安排好了，在我这里工作（指武汉中央军事政治学校）。”陈独秀与蔡和森同时说：“好！好！”席间，故友相聚，畅谈甚欢。

我到武汉时，中国共产党领导武汉人民掀起了反蒋斗争的高潮。四月二十日，代英领导武汉中央军事政治学校学生，以“讨蒋大会筹备会”的名义，发表了《给武汉同志同胞的公开信》，倡议召开各界同胞联合讨蒋大会。四月二十三日，在武昌阅马场举行了武汉各界群众三十万人的讨蒋大会。军校师生都参加了大会。过了三天，代英以校常务委员会代表的名义发表通令，把竭力鼓吹拥蒋的反动学生二十八人开除学籍，送交军法查办。

我到武汉时，代英刚同沈葆英同志结婚不久。说起代英的婚事还有一段令人钦佩的佳话。一九一八年代英的夫人沈葆秀因难产去世。代英就表示要为妻子立志守节。他说，在中国的社会里，女人死了男人，要守寡；男人死了女人就可以再娶，自南宋以来这是天经地义的事，何其不公允至此。将近十年之后，亦即一九二七年一月，由于革命工作的需要，代英与他的姨妹沈葆英同志才结了婚。可惜当时我不在武汉，未能参加他们的婚礼。

“五大”以后，风云突变，武汉形势急转直下，代英更加紧张地投入了挽救革命的战斗。五月十七日，在蒋介石的策动下，驻宜昌的独立十四师师长夏斗寅叛变，叛军一直打到距武昌四十里的纸坊、土地堂一带。代英把军校学员紧急动员和组织起来，配合从前方调回的叶挺部队，进行英勇反击，军校女生队也随军西征，担任救护和宣传工作。代英在此次战斗中，还担任由军校学员与农民运动讲习所、工人纠察队等单位合编的中央独立师的党代表。

当年七月十五日，汪精卫集团步蒋介石后尘，在武汉举行分共会议，正式决定与共产党分裂。之后，武汉的反动分子公开封闭工农组织，压迫群众运动，大规模逮捕和惨杀共产党员和革命分子，汪精卫甚至喊出“宁可错杀一千，不可漏网一个”的反革命口号。革命的武汉一变而为反革命的屠场。代英此时坚定地向大家说：北伐战争虽然失败了，许多同志也牺牲了，但是，我们的革命没有完。世界上，从没有一帆风顺的革命，我们能为革命战斗一生，是最大的光荣。

在革命失败后的紧急关头，代英赴江西，参加了党在南昌举行的武装起义。我原计划也是要去江西的，因我爱人劳君展同志这时从法国回来，我化装到上海去接她，所以没有去成。从武汉分手以后，我和代英就再没有见面。

后来我才听说，广州起义时，他是领导起义的行动委员会的委员和广州公社的秘书长。一九二八年七月，党的六大以后，他到达上海，担任党中央宣传部秘书长。一九三〇年春，他被调任为上海沪东区委书记，五月六日，不幸被敌人逮捕，一九三一年四月二十九日，壮烈牺牲。

一九五〇年四月，周恩来总理在恽代英同志殉难十九周年的题词中写道：“他的无产阶级意识，工作热情，坚强意志，朴素作风，牺牲精神，群众化的品质，感人的说服力，应永远成为中国革命青年的楷模。”

总理的题词，全面地概括了恽代英同志的一生。恽代英同志的革命战斗的一生，是光辉的一生，是永远值得我们敬仰和学习的。恽代英同志永垂不朽!

一九八一年四月二十五日于北京

我的第一个共产主义老师

陆定一

恽代英同志英勇就义，到现在已经五十周年。

我第一次看见代英同志，是在上海南洋大学当学生的时候。那是五卅运动的前夕。有一次，学校开学生大会，学校当局传达些什么。校方发言人讲话之后，学生会的负责人忽然介绍一个陌生人上台讲话。这个人光头，穿一件“爱国布”（一种便宜的布）长衫，湖北口音，声音像四部合唱中的最低音。讲的不是“工业救国”“道德修养”那些老套，而是国家大事。他告诉听众，中国之所以贫穷落后，是由于帝国主义的侵略和军阀的压迫，中国人民的出路是团结起来反对他们。这在现在已是常识，而在当年却是闻所未闻，顿开茅塞。他说理明白，有学问，是个学者。学者，我看见过不少了。到我校来演讲的学者，都是西装革履、长袍马褂的中外绅士，决不会触犯洋大人和军阀。这个像小学教员打扮的学者，究竟是什么人呢?后来知道，原来他就是恽代英同志，一个共产党员。洋大人和军阀，说共产党人是杀人放火，共产公妻的魔鬼一样的人。恽代英同志给我的印象完全不同，共产党人是诚实、俭朴、勇敢、聪明、一心救国救民、有学问、有远见的人。这个形象，我至今不忘。代英同志是我的第一个共产主义的老师。

五卅运动，学生罢课，工人罢工，商人罢市。南洋大学学生会要派四个人到上海学生联合会工作。我是被派去工作的一个人，职务是帮助上海学联办《血潮报》。当时上海斗争激烈。上海公共租界的工部局，也匿名办了一个报，叫《诚言报》，污蔑五卅运动是“赤化”，是“赤贼”搞起来的。这个《诚言报》，使我想起现在苏共的《真理报》，名为“诚言”“真理”，其实应该改名为“谣言”报或“谰言”报，才是恰当。“诚言”报提出要“外抗强权，内除国贼”，强权就是“赤色帝国主义”，国贼就是“赤化分子”。“外抗强权，内除国贼”，这是国家主义派即“醒狮派”的口号。如果“醒狮派”真正有点爱国之心，应当起来说话，驳斥“诚言”报。“醒狮派”不这样做，它在人民中的影响一落千丈，自己把自己放到与帝国主义一鼻孔出气的地位。这个时候，我也能看到当时共产党的《向导》，共产主义青年团的《中国青年》，和一些共产党人写的小册子，并且知道，恽代英、萧楚女两位同志是《中国青年》的主要编者。

五卅之后，革命运动发展得很快，到一九二六年末，青年团中央把我调到团中央工作的时候，恽代英同志已经不在团中央，调到党里去做工作了。他和萧楚女同志都在黄埔军校当过教官。

代英同志的被捕，在党内的原因，是立三“左”倾错误的统治。代英同志不同意，因而被认为是“右倾”。他被降职，被放到在严重白色恐怖下不适于他的岗位上。他遵守纪律，到职工作。他被捕了，但敌人不知道他是恽代英。党设法营救代英同志出狱，眼看将要成功，忽然顾顺章被捕叛变，立即供出了他。顾顺章这个叛徒可耻地被杀了。蒋介石对共产党的政策，是“宁可错杀一千，决不放过一个”。恽代英同志被国民党反动派查出来，就义于南京军人监狱的刑场上。这是一九三一年四月二十九日。他是一个很好的共产主义者，党内和群众中很多人怀念他，他的高尚品质至今还值得我们学习。

直到全国大陆解放以后，我才知道他是江苏常州人。

恽代英同志永垂不朽!

一九八一年四月十八日夜于医院

营救邓中夏

节选自《史良回忆录》

下面这件事情是我永远难以忘怀的。一九三三年的一个早晨，我还没有起身，就有一个人到辣斐德路辣斐坊一号我的住宅中来，要求见我。这人自称来自法租界巡捕房，他交给我用草纸折好的一封信，信内说，我因冤枉被捕，请史良律师速来巡捕房接见。具名施义。草纸包着两块银元，并写明请代给送信人大洋二元。我当即去嵩山路巡捕房和他见面，我交给看守他的华籍巡捕大洋三元，叫他给弄点水喝，巡捕会意就走开了。施义对我说，我担负着重要工作，请设法营救。他虽没有暴露自己的身份，但却以十分信任的态度相托，使我十分感动。我当即问他，有什么证据落在他们手里没有？施义说没有，只是因为走错了房屋，才被错捕的。我当即告诉他，我已决定接受这个案子，并叮嘱他，在法庭传讯时务必什么都不要承认。

会见施义以后，感到责任重大，而我毕竟年轻，就去找我的老师董康研究这案子应该如何进行，才能取胜。董康分析说，这案子是能够取胜的，因为事情发生在租界。外国人办案，是重证据的，当事人既然没有什么把柄被抓住，即使有重大嫌疑，他们也只能无罪释放，但一定要在租界内审理。我觉得董康的话很有道理，认识到这个案子的关键就在于决不能转到租界以外，而应在租界内审理。我遂即去江苏省高等法院第三分院律师休息室，找到法租界捕房律师顾守熙，对他说：施义是冤枉的，毫无证据，无论如何不能把他引渡到华界。若到华界，他们是“宁可错杀三千，也不漏网一个”，这人就要被冤枉了。并说，这个案子是我和董康大律师办的，请他关照。他当即答应帮忙。

当天，此案就开庭了，上海市公安局派人来说，此案与另一个案子有牵连，那个案子事出华界，因此要求引渡到华界办理。我事先早有准备，当即说明此案发生在租界，公安局事先没有请求法院出拘票就把人捕来了，这是不合法律手续的，而今又请求引渡，更无法律根据。于是法庭三人退庭，举行评议会，会毕重新开庭，法官当场做了不许移递的中间裁判。我们认为这是取得了初步胜利。哪知过了几天，江苏省高等法院第三分院院长梁仁保到董康律师事务所来谈，才知道蒋介石已亲自下了手谕，强迫法捕房把施义移递到南京去了。当时做过中间裁判的庭长为此被记了一个大过，承办推事也受到了处分。施义先生在被移递到南京以后就被枪决了。他在殉难之前高呼口号，英勇不屈。事后我才从宋庆龄大姐那里知道，施义就是坚持地下斗争的中共中央委员邓中夏先生。

从此我就开始为中共地下党员做辩护律师。每逢发生被捕事件，就尽力营救。在这过程中，我荣幸地结识了我所敬爱的宋庆龄大姐。那时，宋大姐已从苏联回到上海很久了。由于南京的国民党政府不断地迫害共产党人和工农群众，形成最反动的法西斯统治，于是一些左派国民党人和正直的社会贤达以及广大知识分子，都对国民党产生强烈不满，而疯狂的刽子手却仍在不断残害人民。在这种形势下，宋庆龄大姐和蔡元培、杨杏佛等先生发起组织了民权保障同盟，宋大姐被推举为同盟的主席。民权保障同盟的重要任务之一，就是营救被国民党迫害的共产党人和革命志士。由于这个缘故，我得以经常聆听宋大姐的教导，宋大姐介绍给我的案件中，有相当一部分就是属于上述内容的政治案件。她也给我介绍过不少的妇女案件，她同时又是一位杰出的中国妇女领袖。

永不熄灭的明灯——纪念邓中夏同志

帅孟奇　蹇先任

邓中夏同志原名叫邓康，湖南省宜章县人，出生于一八九四年，一九三三年十月牺牲。他从青年时代起就研究、传播马克思主义，是中国共产党北方组织的创始人之一，曾当选为党的中央委员、中央政治局候补委员，担任过中共江苏省委书记、广东省委书记；他是中国工人运动最早的组织者和领导者，曾担任中国劳动组合书记部主任、中华全国总工会执行委员、全总驻赤色职工国际代表，领导了长辛店八月罢工、京汉铁路“二·七”大罢工、开滦煤矿罢工、上海二十二个日本纱厂罢工和省港大罢工，是深受群众爱戴的杰出的工人运动领袖，在中国工运史上占居着极其重要地位；他还担任过中国工农红军第二军团的政治委员，为苏区政权建设和红军建设花费了不少心血，在长期的革命斗争中，中夏同志经受了严峻的考验，为中国革命建立了不朽的功勋。

中夏同志虽然离开我们已经四十多年了，尽管岁月的流逝不时冲刷着我们对往事的记忆，但他的高大形象和优良的革命品德一直留在我们的脑海里，久久不能忘怀。

我们怀念他，是因为他在中国最黑暗的年代里，高擎马列主义的火炬，为中国革命做出了重大的贡献。

我们纪念他，是为了学习他的革命精神，加速社会主义四个现代化的步伐，实现他生前的夙愿。

播革命火种

位于北京近郊的长辛店机车车辆厂，是我国北方工人运动的摇篮。在旧中国，它是一个洋人专权、封建把头当道的工厂。厂里的工人在帝国主义和封建势力的双重压迫下，过着衣不遮身，食不果腹的苦难生活。二十年代初期，这个厂在党的领导下，由中夏同志亲手点燃了罢工的烈火，掀开了中国劳动阶级斗争的第一幕，在中国工人运动史上写下了光辉的一页。

一九二〇年四月八日，长辛店大街上来了一批北京大学学生，领头的是一个高高的个子，脸庞清瘦的青年人。他就是正在北京大学文学系学习的邓中夏同志。这天，他带领“北京大学平民教育讲演团”来到这里，把旗子一插，用留声机播送京戏唱段，吸引人们来听。等工人、妇女、儿童围拢上来，讲演就开始了。起初是别人讲，后来中夏同志也讲。他们讲演的内容很广泛，有的讲平民教育，有的讲爱国，有的讲反对军阀，还有的讲自由平等。这次讲演进行了两个多小时，宣传了革命道理，启发了工人觉悟，同工人建立了联系，为进一步开展工人运动奠定了基础。

这时的中夏同志是一个具有初步马克思主义思想的知识分子。在李大钊同志的影响下，他努力学习马克思主义，悉心研究《新青年》《每周评论》《东方》等进步报刊上登载的有关马克思主义学说和十月革命的文章。五四运动以后，他参加了李大钊同志组织的马克思主义研究会，并和大钊同志一起建立了北京共产主义小组。一九一八年八月，毛泽东同志为了组织湖南青年赴国外勤工俭学，第一次来到北京后，多次与中夏同志到长辛店了解工人情况。从此以后，他们之间常有书信往来，探讨国家大事。一九一九年十月，中夏同志在《北京大学》日刊上公布了毛泽东同志寄来的《问题研究章程》，并写了启事，向进步青年推荐。一九二〇年，毛泽东同志第二次来到北京，组织领导驱逐张敬尧事宜，每周都要找中夏谈几次。他在与毛泽东同志的多次接触中，经常研究马克思主义理论和十月革命经验，分析五四运动经验，探讨知识分子深入工农的必要性，并身体力行地走上了同工农相结合的道路。

在讲演团到长辛店讲演的日子里，中夏同志一方面向工人做宣传，一方面到厂里看工人怎样做工，到“锅伙”和工人家里去访问，了解工人的生活状况，结交了许多工人朋友，认识了长辛店工人领袖史文彬等同志。星期天别人都去看戏、逛市场，他却到长辛店来找工人谈话。有时他还和工人睡在土炕上，吃着南方人吃不惯的窝窝头，真心实意地和工人打成一片。为了把工人动员、组织起来，一九二一年一月初，中夏同志以提倡平民教育的名义，创办了“劳动补习学校”。白天，他和同学们给工人子弟上课，晚上给下了班的工人讲课。有一次，一位学员问他：“功课作不好怎么办？”他说：“一个人作不好，大家在一块想，你想一点，他想一点，就想出来了。要知道五个指头分开了没力量，握紧了拳头就有力量了。”随后，他又用十分形象的比喻告诉工人：“五人团结是一虎，十人团结是一龙，百人团结就是一座泰山，什么人也不能动它一动。”他不仅讲常识课，还讲政治课，讲什么是阶级，什么是剥削，什么是政党等。有一天，他问工人为什么受穷，工人说：“人家都说咱们命苦呗！”中夏同志说：“不是咱命苦，是因为受了有钱人的剥削。高楼大厦是我们工人盖的，机器是我们工人制的，火车是我们工人造的，没有我们工人，世界上还有什么呢？”他的话深入浅出，就像春天的雨露滋润着工人的心田，使工人认识到组织起来的重要性，认识到工人阶级推翻旧世界的历史使命。就这样，在长辛店这个工人阶级聚集的土地上，经过中夏同志的辛勤耕耘，播下了革命的火种。

在领导工人运动中，中夏同志也是这样，不怕被捕，不怕杀头，有一股子迎着困难上的劲头。一九二五年，由日本帝国主义开办的上海内外棉第八纱厂粗纱部全体工人无故被厂方开除，工人们自动“摇班”（即罢工）。二月四日，被开除的工人到厂里领工资，厂方非但不给工资，反而把工人代表拘捕起来。在忍无可忍的情况下，全厂一致决定罢工，提出了日本人不准打人；增加工资二成；承认工人俱乐部有代表工人之权；罢工期内工资照发；不得无故开除工人等条件。日本人不答应工人的要求，大罢工就爆发了。紧接着，沪西、曹家渡、杨树浦等厂的工人相继响应，几天之内，二十二家日本纱厂加入罢工行列，参加罢工的人数达七万之多。党中央为了加强对罢工的领导，组成了罢工指导委员会，由李立三、邓中夏同志负责。在领导这次罢工运动中，中夏同志废寝忘食，昼夜不眠，做了大量的组织、宣传工作。他帮助工人成立了工会，建立了工人纠察队，带领工人同日本帝国主义者、工贼、包探、警察和工头进行了针锋相对的斗争。有一天，在苏州河北岸潭子湾召开大会时，上海警察厅派了数百名警察，荷枪实弹，手提木棒，将群众包围起来，妄图驱散集会的工人。在同警察搏斗中，中夏同志英勇地站在一个坟顶，振臂高呼：“我们被东洋人压迫了。中国人不要压迫中国人。”群众和声如雷，吓得警察纷纷后退。在这次罢工中，中夏同志和五十多名工人被捕了。他在被捕后，尽管绳索加身，却毫无惧色。被捕第二天，他和被捕的工人带着镣铐，走在大街上。这天，中夏同志身穿蓝布短衫，扣子被扯掉了，衣襟斜挂在胸前。他沉着而坚定地走着，脸上不时露出笑容。他对被捕的工人说：“他们能捉住我们，但他们打不败我们！”这次被捕，由于中夏同志的身份没有暴露，在党和工会的营救下，不久就被释放了。这次罢工坚持了一个多月，震动上海，轰动全国，提高了工人阶级反对帝国主义的信心和勇气，成为“五卅”运动的导火线。中夏同志在罢工中那种藐视敌人，披荆斩棘的大无畏精神，将永远铭记在我们的心中。

视政策为生命

邓中夏同志任二军团政委期间，蹇先任同志在与中夏同志相处的日子里，有一个突出的印象，就是他秉正纯真，以革命为己任，把党的策略和政策视为生命。

中夏同志曾讲过一段十分有意义的话。他说：一个人忠于革命是容易的，但要将革命事业办好，单靠忠心便不够了。要有非常的智慧，那就要学习马列主义，要和中国革命的实际相结合。在伟大的五四运动中，在长期领导工人运动中，他是这样做的，在领导红军和根据地建设中也是这样做的。

中夏同志来到湘鄂西以后，实践使他深深感到，搞工人运动虽然积累了一些斗争经验，搞红军工作，搞根据地的政权建设，对他还是新课题，要重新学起。在同他相处的日子里，给人突出的感觉有两点：一是废寝忘食的学习和工作，甚至在病中也不休息；二是深入细致地调查研究。他常说：每到一个地方都要进行调查研究，熟悉地理环境、风土人情，了解群众的希望和对红军的要求，然后依据实际情况来决定我们的方针政策。他是这样说的，也是这样做的。记得他刚到湘鄂西不久，就深入到根据地一些村寨进行调查研究，把获得的材料进行马列主义的正确分析，纠正了一些在实际工作中由于执行政策不当而造成的问题。

在监利调查中，中夏同志正确地处理了农民“反水”问题。有一个时期，不少乡的农民在反动派挑拨下，在反动分子煽动中组织所谓“北极会”和“硬肚会”等反动团体，并与白军一起反对红军，反对苏维埃政权，更有甚者，在一个乡召开的群众大会上，闹事者突然暴举，当场杀害我七十多人，“反水”现象时有发生。当时有的人认为，这些“反水”农民和反动派没有什么两样，主张采取更严厉的措施。邓中夏同志却不然。他认为，除反动派的挑拨外，农民群众的“反水”是与我党和红军的经济或土地政策不当分不开的。当时，鄂西土地并未平均分配，凡从地主手里没收的土地只转给了原来的佃户，而我们的基本群众，主要是雇农以及失去土地的农民，并未得到土地革命的实际利益。更重要的是，在富农路线影响下，反富农方法不当。在邓中夏同志给中央的报告中写道：自从接到中央反富农策略以后，他们并不是动员雇农、贫农群众与富农实行阶级斗争，而是利用苏维埃的权力，对富农实行一种特捐，甚至还有绑票行为，最出奇的有一种飞

条子办法，侦知某户富有余钱，即由政府下条子征收其半，名为借贷，实同没收。他认为这种办法实非正确的阶级斗争方法。在报告中，中夏同志还特别指出：最错误地是将中农亦当富农看待，连土地亦不分予，我们的出版物公开的指出富农、中农均是反革命。因此，我们的同盟群众——中农亦觉苏维埃政权为不当。再加上反动派的挑拨、利诱，有些农民就“反水”了。另外，中夏同志还认为，苏维埃政权禁止粮、油出口，致使金融枯竭，窒息了苏区的活泼金融政策。广大群众负担较重，苏维埃政权又很少照顾，因此，就在许多基本群众中失去了支持。中夏同志如实地向中央反映了这些情况，虽然遭到当时占主导地位的立三路线的指责，但他仍坚持了对富农实行正确的阶级斗争方针，团结教育广大中农，实行彻底的平分土地政策，切实地取消了广大基本群众的额外负担。在实际斗争中纠正了中央“左”倾路线造成的一些错误政策，争取了群众，扩大了红军的影响。一九三〇年十月七日。部队顺利攻下仙桃镇以后。配合白军作战的“北极会”反动武装也受到沉重打击。这时，如按照过去的办法，就要在大批镇压中残杀无辜。而邓中夏同志则提出“杀尽老师，保护群众”（老师指北极会道门头领）。每到一地就宣传“北极会”头领是地主豪绅的走狗，是我们的敌人；受地主豪绅蒙蔽的群众是我们的阶级兄弟。“北极会”的群众与我们联合起来，杀尽欺骗压迫他们的老师。这样一来，使“北极会”群众根本动摇，于是纷纷退出会籍，积极拥护苏维埃政权，不少人还参加了赤卫队，有时“北极会”的头领回来，群众就说：“请别再来了，你们与共产党有仇，我们与共产党是无仇的。你们如再压迫我们，我们只有往赤色区域跑。”有的地区还把会道门头领捉来交给苏维埃政权，密切了红军与群众的关系。

斗争不止不息

中夏同志经常向同志们说，要总结成功的经验，还要善于从弯路当中找到走正确道路的经验。失败和挫折是不可怕的，怕的是受点挫折就失去信心。中夏同志是这一正确思想的传播者，又是实践者。

一九三一年的冬天，这是一个阴霾笼罩、寒气逼人的冬天。这时党内许多革命同志遭到王明“左”倾路线的打击，中夏同志就是受迫害的一个。他们不但从政治上打击他，也从经济上卡他。在中夏同志回上海以后，不分配他工作，生活没有保障，只好靠爱人夏明同志在一个工厂里当徒工所领取的微薄工资，来维持连稀饭糊口都难保证的艰难生活。在这屈辱和贫寒的逆境中，中夏同志想到的不是个人的荣辱，想的是革命事业和整个无产阶级的利益。他没因遭到迫害消沉下去，而是充满了战斗的豪情。他一面认真刻苦地学习马列主义，总结实际斗争经验教训，深刻认识了立三路线和王明路线的错误，一面积极为党工作，以无产阶级革命家的宽阔胸怀，渡过了他生命中极其艰难的一年。

“共产党员要听党的话。党让在哪里，我们就到哪里。”邓中夏同志是遵守党的组织纪律的模范，勤勤恳恳为党工作的模范。在他回上海没有工作，生活极端困难的情况下，仍然参加基层组织的若干活动，主动担负读报、撰写传单和文章，甚至承担刻腊版、跑勤务等任务。当他接受负责党在上海“互济会”的工作时，正是“济总”处于被敌人破坏的危险环境。为了迅速恢复工作，他找到另外两位同志，建立起党团组织。他语重心长地对大家说：要很快把“互济会”恢复起来，通过它团结群众，支援在斗争中遇难的同志和朋友，妥善地照顾烈士的子女与遇难者的家属，使他们感到革命队伍中的同志、阶级的友爱与温暖。他耐心地帮助从事“互济会”工作的同志认识这项工作的重要性及其意义，要求老同志要比一般新同志多干工作，并带着他们前进。当他发现一位同志有不安心“互济会”工作，要回苏区去，同敌人一枪一刀搏斗的想法时，他热心地对他说：愿意搞武装斗争是好的，武装斗争确实很重要，好些人还未领会到它在中国革命中的决定意义。但在广大白区的群众中，我们不能不进行工作。我们不能单靠武装斗争打天下。我们做事不能选择那儿干得痛快，重要的是看对革命是否需要。最危险、最困难，别人都不喜欢的岗位，经得起考验的老同志应该义不容辞地站上去！现在红军打得很好，我们白区的工农运动配合不上，不能建立起许多新区，我们的工作是很重要的，它与我们回到苏区去战斗有一样的意义。在中夏同志的帮助下，这位同志再没有提过回苏区的要求，出色地完成了党交给的各项工作。

“互济会”的工作在中夏同志的领导下，有很大的成绩。上海各区被破坏的组织迅速恢复起来。“互济会”的会员有很大的发展。各阶层中有不同程度同情革命的人士，采取多样形式组织起来。并采取各种办法对遇难同志进行极为广泛的救援工作，大大支持了他们在狱中的斗争。为了有力地反对日本帝国主义的斗争，邓中夏同志还通过“互济会"进行了组织反对日本侵略者的斗争。“互济会”的细胞成为许多反日爱国团体的核心。

中夏同志从洪湖苏区来到上海以后，起初没工作，后来被分配到沪东区委当宣传部长。这时，他本来已经不负责搞工人运动了，但他从革命全局出发，仍然时刻关心着工人运动的发展，利用一切条件积极参加领导工人运动的斗争。

一九三三年五月十五日晚，从事“互济会”领导工作的邓中夏同志，离开法租界麦琪路光华理发店一百七十五号三楼前楼到环龙底、骏德里三十七号三楼亭子间，去找担任互济总会负责营救工作的部长林素芹，研究和布置工作时，我们党的优秀儿子、工人运动的杰出领袖、政治运动家邓中夏同志第三次被捕了。

铁窗的威严，没有使中夏同志沉默，相反是新的战斗的开始，他把牢房、法庭当作揭露敌人的战场。十六日下午四时，敌人第一次开庭提审。中夏同志被捕时化名施义，敌人没有掌握他的任何证据。这次审讯时，中夏同志看到法庭上有律师，还有不少旁听的人们，于是他决定抓住这个机会狠狠地教训敌人，教育人民。审讯前，中夏同志受到法租界捕房的许多酷刑，身上到处被打得青紫红肿，手脚被电刑烧得掌残指焦。但是，在候审室他碰到自己的同志时，依然精神奕奕地鼓励他们说：敌人必然对我们是残酷的，但敌人只能伤害我们的肉体，却不能动摇我们的意志，不能动摇我们的事业和我们的主义——马列主义。正因为如此，敌人审讯中夏的时候，他毫无惧色，理直气壮的在法庭上申诉，揭露敌人的暴行。审讯中，他强烈要求当场验伤，让人们亲眼看看敌人捕房里的那些刽子手们是用什么样的酷刑来对待中国人民。并气愤地发出一连串的质问，为什么光天化日之下，无故捕人？为什么用酷刑对待毫无证据的人？为什么？为什么？这足以说明捕房是杀人不眨眼的场所。中夏同志浩然正气、声色俱厉的言词，搞得敌人十分狼狈，没办法，只好退庭。愚蠢的敌人没有从中夏同志身上获得什么结果，反而被他捅到了痛处。于是，恼羞成怒，从十六日第一次审讯到二十三日第二次开庭，每天都要把中夏同志吊打数次。这些外国洋狗对待中国共产党人格外凶残，除施以种种刑罚外，还不给温饱，结果，中夏同志一下子病倒了。但是，敌人的暴行和疾病都没有使他屈服。在二十三、三十日的两次提审中，他仍强持病体同敌周旋，决心在党组织积极营救下，争取出狱斗争的胜利，早日投入到工作中去。

后来，当他被“引渡”给中国反动当局押解到南京时，了解到同他一起被捕的林素芹成了可耻的叛徒，暴露了他的身份。在敌人审问中，邓中夏同志以无产阶级革命家的特有的那种沉静，大声地宣称：“我就叫邓中夏，中共中央委员，红二军团政治委员。”当敌人再问他时，他轻蔑地说：“就这些就已经够枪毙的了，还问什么？！”

抓住了共产党的这么一个大人物，蒋介石狂喜无状，原以为从中夏同志口里可以得到他们想得到的一切，没想到一碰面就成了画饼。于是，就以更残暴的毒刑来折磨他。头上的旧疤痕又被打得渗出新的血浆，身上洋狗子打下的伤口未合，又加了新的伤口。衣服和血肉黏结，长发和污血凝聚，但中夏同志的嘴却没有撬开一条缝，牙关中没有挤出一个不利于党的字来。

硬的一手不行，敌人就来软的一着。他们首先用叛徒围攻诱降中夏同志，采用种种卑劣手段妄图套取他的各种秘密。中夏同志愤怒至极，厉声痛骂他们：“你们这些无耻到了极点的叛徒，没有资格对我说话。”一个个灰溜溜的被赶了出去。接着反动当局又驱使一些所谓“左”些个的国民党的中央委员来看他，劝中夏同志投降。有一个国民党中委无耻地用我党路线斗争中，中夏同志遭到迫害为口实，挑拨他同党的关系，胡说：“你是共产党的老前辈，现在受莫斯科回来的那些小辈的欺压，我们都为你不平。中共现在已不是政党了，成为打家劫舍的盗匪，愈来愈错，已日暮途穷。你这样了不起的政治家，何必为他们牺牲呢！”而党的好儿子中夏同志却义正词严地痛斥他说：“我要问问你们，一个害杨梅大疮到第三期已无可救药的人，是否有权利去讥笑那些偶感伤风咳嗽的人？我们共产党人从不掩盖自己的缺点与错误；我们有很高的自信力，因此我们自己敢于揭发一切缺点与错误，也能克服一切缺点与错误。我们懂得：错误较诸于我们的正确主张，总是局部的、有限的。你们呢？背叛革命，屠杀人民，犯了不能饶恕的罪恶，你们还有脸来说别人的缺点与错误，真不知人间还有羞耻事。”

这时又有一个国民党的中央委员，自称是搞政治的，要与中夏同志谈谈理论。在激烈的两、三小时的争辩中，这个名牌党棍被中夏驳得瞠目结舌，无言以对。最后，不得不连称“钦佩、钦佩”，败下阵来。他临行时，中夏同志大声正告说：“请你寄语你们的中央委员会，假如你们认为你们有理，我中夏有罪，请你们在南京公开审判我，我可以与你们订一个君子协定。你们全体中央委员都可以出席。我么，辩护律师也不要，最后，谁情亏理输便要自动向对方投降。”弄得这个委员虚汗淋淋，狼狈不堪。中夏同志冷冷一笑说：“量你们的蒋委员长第一个不敢这样办。”接着一个按捺不住的国民党“要人”怒气冲冲地对中夏同志威胁说：“你这般的强硬，难道不想出去了吗？”中夏干脆地回答：“我没有进来的时候，倒是想到有一天会进来，现在进来了却没有想到出去。”又说：“你知道吗？你们狂吠的日子已经不久了。”最后，那个家伙哼了声说：“那么要关你十年。”中夏冷笑一声说：“哼！我看你们在南京也坐不了十几年了。”这一句在临就义前对中国人民革命事业充满信心的预言，在一九四九年百万雄师过大江的时候，完全实现了。他回狱寓，同狱的难友以为敌人不杀中夏同志了，都来向他祝贺。中夏同志却冷静地对大家说："敌人是不会放过我的，他们很快就会杀我的，但敌人绞不死中国革命。"

在令人难以想象的恶劣环境中，中夏同志不论是在押往南京的火车上，还是在看守所的号子里，从不放过为党工作的机会，不放过学习的机会。他利用仅有的时间，向难友们宣传马列主义，宣传共产党的主张，揭露国民党内外不可解决的重重矛盾，帮助难友在斗争中认识混入号子的特务、侦探，向被难的同志宣传为中国革命利益而战斗、而牺牲的重要意义。

阴险的敌人在邓中夏同志身上没有捞到什么东西，便预谋杀害他。一九三三年十月中旬一个令人痛心的早晨，中夏同志被绑了出去，在"打倒国民党！""中国共产党万岁！"的口号声中，就义于雨花台。他的鲜血灌溉着革命的花朵，染红了革命的旗帜。

第八节 烈士名言

在雨花台牺牲的烈士心系国家民族的前途命运，为我们留下了宝贵的精神财富，他们的精神鼓舞着我们，他们的名言警句也同时激励着我们。现仅收录若干烈士名言于兹。

现在急想把病养好，注意养成一种向前干的精神，不回顾一切的既往，不忧虑一切的将来（因为忧虑、回顾都是无补于事而徒自苦！），只猛勇的向前，专心致意于“现在”，一点不放松的干去，只要有这种精神，无论干什么事，只要自己认为可以的，都自有乐趣，否则寻不出一条人生适当的路。

——1925年正月张霁帆写给十哥的信

我的尸首不要安葬，敬赠苏州博习医院医生我的盟兄李穆圣解剖，以便深研医学。

父母百年后家产交出公管，妥为分配，每年送农科大学（东大或湖南大学）学生两名（男一女一），以成吾志。

——上海《申报》刊登的《为党牺牲之成律》及成律遗书的部分内容。

要认定一个人不是为一己而生，是为社会，为人类而生，以最多数人之最大幸福为人生的最终目的、最大责任，而以此责任为乐。

——侯绍裘发表在《松江评论》上的《我们应该做怎样的青年》一文内容摘抄

枪毙我一个，还有十个，枪毙十个，还有一百个。千千万万的革命者，你们是杀不完的！

——孙津川就义前说的话

各位同志：我今天要打靶了，你们不要灰心，你们要继续努力工作，完成我们的使命，最后的胜利，终是我们的。

——贺瑞麟《狱中日记》记载朱如红就义前说的话

革命不可能没有牺牲，死是为了人民更好的生，共产党员为革命而死是光荣的。

——石俊临刑前对难友说的话

我是共青团员，可惜我还没有成为共产党员，但是我要像共产党员那样去生，去死！

——姚爱兰在狱中说的话

努力才是人生，颓唐只见人死。

勿以恶小而为之，勿以善小而不为。

思想要系统化，行动要纪律化，生活要平民化。

勿悲观、勿怠惰、勿自傲。

国柱自警　1929.10.8

——1929年底，石璞加入中国共产主义青年团，为时刻勉励和鞭策自己，他立下这段警言

一、每星期至少牺牲六小时，作有益于社会改造的事业；

二、每星期至少牺牲六小时，作时事与社会改造理论与办法的研究；

三、有收入时至少捐出十分之一作有益于社会改造的事。

——恽代英对有志青年的三个要求

呜呼青岛！呜呼山东的主权！呜呼我中国未来的前途！贪得无厌的日本人，没有一天忘记了我这地大物博的中华民国。……夺了台湾，又夺大连、旅顺，现在又拼命的来夺青岛了。……夺了南满的主权，又夺福建的主权，现在又拼命的来夺山东的主权了。国一天不亡，我们一天不做奴隶，日本人总不能餍足。

——《恽代英日记》1919年5月17日

我们都晓得：今日我们的国家，是在极危险的时候，我们是世界上最羞辱的国民。我们立一个决心，当尽我们所能尽的力量，做我们所应做的事情。我们不应该懒惰，不应该虚假，不应该不培养自己的人格，不应该不帮助我们的朋友，不应该忘记伺候国家、伺候社会。我们晓得：我们不是没有能力，国家的事情不是没有希望。

——《恽代英日记》1917年10月8日

我们的理想社会主义、共产主义恐怕也实现了，那时世界多么美妙，也许那时的年轻人……也不易领会我们走过的令人难以设想的崎岖道路，我们吃尽苦中苦，而我们的后一代则可以享到福中福。为了我们最崇高的理想，我们是舍得付出代价的。

——恽代英的话

试思人禽之别，君子小人之别何在？范纯仁曰："与有愧心而生，不若无愧心而死"。顶天立地大丈夫，宁自安禽兽小人之境耶！速起！速起！

每日读格言书，时时提起本心，加以鞭策，则自不疏忽怠废，然后为学，能定、能静、能安、能得。

——恽代英 1919 年 1 月 25 日日记摘录

国不可不救。他人不肯救，则惟靠我自己。他人不能救，则惟靠我自己。他人不下真心救，则惟靠我自己。……自己却不下真心做，此其所以为亡国奴之性根。

——恽代英 1919 年 5 月 19 日日记摘录

现在我们革命势力已伸张到长江一带，但是我们要革命真能成功，非得到广大民众拥护不可，尤其中国最大多数的农民，但是要农民群众拥护我们革命，并非口头与文字上空谈及白纸黑字决议案所能奏效，我们必要切实地解放农民，农民问题其焦点就是土地问题。

——1927 年 4 月 2 日，在国民党中央执委常委会第五次扩大会议上，邓演达提议组织土地委员会，并请毛泽东担任委员

个人生死何足道，中国革命必须及早恢复。

为农工平民大众而斗争，随时都必须准备着被捕，随时都必须准备着被残杀，被捕被杀是革命者应有的觉悟，尤其是我们应该充分地准备着，准备那最后的一刹那……

——邓演达

我现主持中国国民党临时行动委员会的事，那边的工作是反对蒋介石的军事独裁及官僚政治，希望造成真正人民的政府及独立的国家。

——邓演达在租界捕房的话

死是没有什么可怕的，我自从入团的那天起，就准备随时牺牲。如果我死了，只有两件事感到遗憾：一件是再也不能革命了；还有一件是我只活了十九年，还没有恋爱过。

——曹顺标在狱中对难友说的话

所以现在要想救中国，使中国人得到平等、自由，不致冻饿和受人压迫，当为奴隶，就得要革命，要实行国民革命，打倒帝国主义，打倒帝国主义的走狗、工具——军阀，除了这条路，中国是不可救了。

——1925 年张炽在北京写给三弟子昭的信

中国政治之腐败不上轨道也，故颇欲研究政治以为将来根本改造之预备。又以为中国之所以不可收拾如今日之势者，国内军阀之横行，国外帝国主义之侵略，亦其最大之一原因。故颇以为欲救中国，非由政治根本改造固不可，非打倒国内军阀、国外帝国主义尤不可。

——1924 年张炽的作文

我决不灰心！消极！我相信，十分相信，我的前途仍旧是很光明的！失败与小挫是我的事业成就的母亲！只要我们肯努力奋斗，我相信，十分相信，是终有一日会偿了我们的素愿的！”

——张炽给妻子的信

你们说我反动吗？让我来说出我的历史吧！我曾在中国大革命时代，领导过反帝大罢工；我曾在东北发动了抗日游击战争，打击日本强盗；最近我刚从东北回来，又领导了上海日本纱厂工人的反日大罢工。我的一切行动都是反帝爱国的，谁敢说我反动。

个人生死不足惜，全国人民未翻身，责任未了，这才是千古遗憾！

——罗登贤在法庭上的陈词

我是始终要为人民大众利益奋斗的，什么也不能动摇我，我将我的生命献给我们的党与人民大众。

个人死不足惜，全国人民未解放，责任未了，才是千古遗憾！

——罗登贤在狱中对前来探望的同志说的话

就是烧成灰，我邓中夏也是共产党人！

——邓中夏在狱中说的话

我起初也想埋身在世俗的生活中，使得家里人勿至于担惊受怕。可是，这一个办法的实行，仅使我感到了梦想的空虚，要实现却是不可能的。因此，我终于走进革命的圈子，因此，我终于跑进了牢狱的大门；

在现社会中间同我同一命运的人，正不知多少呢！

——1932 年 1 月，汪裕先在狱中写给姐姐的信你二舅舅在打日本鬼子的最前线死去，他为救国而死，是死的光明的。……今后努力读书，将来长大了，好替你二舅舅报仇，杀完日本鬼子、汉奸、叛逆，把已失的东北四省从日本帝国主义的手中夺回来，以完成你为救国救民而牺牲的二舅舅的遗志。

——周执中给外甥的信

谁丢了东北3000万同胞，谁丧失了东北三省土地，谁便是危害了民国。你们说是我还是你们国民党？谁侵犯了邻国的土地，谁抢劫了邻国的财产，谁奸淫了邻国的妇女，谁便是破坏了睦邻。你们说是我还是日本帝国主义？

——郭纲琳法庭陈词

你们整整关了我四年，花了你们不少心机，你们什么也没有得到，可见你们是失败了，我却是一个手无寸铁的女子，我凭了真理，凭了对人民的忠贞、凭了党给我的教育，我将你们费了不少狗气力想出来的一切阴谋诡计打得粉碎，可见我是胜利了。胜利者是应该喜欢的，是应当高声大笑的……

——郭纲琳就义前说的话

我是一个有理智和勇气的青年。我不会被人家利用和愚弄，我有我的人生目标、理想前途，我决不会让自己盲目的陷入黑暗的深渊里去。

我所要的“名”和“利”，是大众所需要的“名”和“利”。我并不希罕个人的“名”和“利”……我们除了为大众谋福利而奋斗外，个人的利益本来是放在后面。

——孙晓梅复母亲的信

国不保，家何能存？在此民族生死关头，望母亲能以国家为主，民族至上，莫以区区儿女情，而埋没子孙的前途。

想之四年来，多少人妻离子散？多少人家破人亡？多少人尸骨纷飞？多少人战死沙场？想人生不免一死，不过死得其时而得所值乎！

——孙晓梅给姨母的信

这边的情形特别好，江南到江北一直到华北，我们到处普遍的发展，使我们更加接近胜利，使我们的家乡更加平静，使我们更能很快的看到家乡的亲人。

——邹毅给母亲的信

一、剔除中饱，涓滴归公——一文钱用在有利革命上—廉。

二、私人的问题（小我），将随大我而解决——实际解决生活。

三、守制度、创制度——模范。

——吕惠生在一次干训班讲话提纲中，就如何做好财粮工作，专门对干部提出“廉”的要求

我是一个人，而且是一个受了社会高深教养的知识分子。当这样国家民族空前困难，且是国家民族空前转变的，将要扬弃一切坏的东西，变成一个崭新的万世幸福光明的局面的时候，在这时候，我能不尽心竭力地担负起我人民一分子的历史使命吗？！我是一定要担负起来的。

——七七事变后，吕惠生积极投入抗日救亡运动。这是他的日记摘录

我之全家已委托全部生命于革命，革命胜则我全家存，革命败则我全家亡，此已为明显不易之铁的事实，我何他虑？！

——吕惠生在日记中表明了与革命共存亡的决心

我之人生观——人生的意义，在于谋得大众幸福，惟此才是不朽的。

人类历史上，唯有群众事业，集体的大众功能，才是不朽的、伟大的。

把自己与大时代联系起来，把自己的事业与中国当前抗建工作联系起来，以团结、紧张、活泼、严肃的工作态度处理我们的任务。新中国在我们的面前。

——吕惠生工作笔记（日记）摘录

我有两个生命，一个是肉体生命，一个是政治生命。我虽跨党从事革命，但我是为共产党打天下，现在我已成阶下囚，我宁愿牺牲我的肉体生命。我为共产主义理想奋斗了大半生，我不能牺牲我的政治生命。

——朱克靖面对蒋介石的劝降说的话

大事者，与国与民，有大利也。我当为国民而生，亦当为国民而死。

——徐楚光

为自己打算，就是失败，为党的利益着想，就是成功。

只要有个人的私图，即使很小的一点私图，那你在工作中就不能与党的利益做到相融洽。

——晋夫在延安整风期间的日记

亲爱的读者们，这本小册子是我们用血的代价换来的，希望你保藏它，并把它传遍开去，让每个人都知道：几千年的压迫快要被消除了，一百年来志士仁人奋斗以求的中国就要诞生了！大

家快行动起来，迎接这个新的伟大事变。

——陈子涛为最后一期《文萃》丛刊写的前言

亲爱的读者们，这本小册子是我们用血的代价换来的，希望你保藏它，并把它传遍开去，让每个人都知道：几千年的压迫快要被消除了，一百年来志士仁人奋斗以求的中国就要诞生了！大家快行动起来，迎接这个新的伟大事变。

——陈子涛为最后一期《文萃》丛刊写的前言

做个医生，只能救命；若要救民，必须救国。

——七七事变后，任天石弃医从戎，这是他对弟弟说的话。

我始终会像信笺一样的洁白！

——任天石

唯一值得自慰的是，我始终保持了共产党员这个称号的尊严，但我不能以自己有限的生命，为党做更有价值的贡献却是再遗憾不过了！

——刘亚生在南京保密局对难友说的一段话

务宜从小养成其独立奋斗之精神，此事应自其日常生活中训练。

——丁行狱中写给妻子蒲洛宇的信

我是带着勇敢与信心就义的，我虽倒了，但顽强的性格仍使我精神永不灭亡。

——赵良璋临刑前给同狱难友朱铁华等人的诀别信

第九节　烈士故事

雨花英烈坚守初心和信仰，在人生和革命经历中留下了许多发人深省的感人故事。现将 35 段烈士故事收录本志。

秣陵悲秋——张应春

张应春是柳亚子的同乡，在他的影响下，投身民主革命激流，成为江苏妇女运动的先驱。国共合作时期，张应春与柳亚子共同任职于国民党江苏省党部。1926 年 3 月 12 日，南京举行纪念孙中山逝世一周年大会暨中山陵奠基礼，遭到国民党右派的冲击，张应春不顾个人安危，挺身而出，护卫柳亚子安全脱险。

张应春牺牲后，避走日本的柳亚子悲痛万分。1928 年，柳亚子以中央监察委员的身份到南京出席国民党二届五中全会。在南京期间，他到处寻访张应春的遗骨。在终无结果的情况下，他请著名画家陈树人绘制了《秣陵悲秋图》，以纪念张应春。（秣陵为南京的古称，悲秋即悲悼秋石，张应春因仰慕秋瑾而改字秋石。）

“华东有位孙妈妈，他们全家都革命”——孙津川

1927 年，周恩来秘密来到上海，组织领导上海工人第三次武装起义。为了周恩来的安全，孙津川妻子杨晨华用假名在法租界租了一幢三层的小木楼，名义上是孙津川夫妇的住处，实际上是起义指挥部。底层为孙家居住，二楼为军委和周恩来秘密办公、开会的地方，三楼则用于周恩来住宿和休息。四一二政变后，周恩来在上海的处境越来越危险，孙津川母亲找出一套铁路工人服装给周恩来换上，与孙津川全家扮成一家人，互相搀扶着到达安全地点。周恩来始终没有忘记这个革命的家庭。新中国成立后，周恩来到南京时，曾深情地说：“华东有位孙妈妈，他们全家都革命。”

母子分梨——孙津川

1928年7月，孙津川不幸被捕，关押在瞻园路首都卫戍司令部看守所，国民党当局用重刑未能使孙津川屈服。中秋节那天，孙妈妈带着月饼等食物前来探监。见到泪流不止的老母亲，严刑之下从未掉泪的孙津川，泪水夺眶而出。孙母明白儿子为革命赴死的决心，她拿出孙津川爱吃的梨，递给他。为了让母亲有心理准备，减少悲痛，孙津川把梨子咬开，只吃了一半，把剩下的一半递给母亲，暗示母子从此分离，表达了自己慷慨赴难的决心。

死前日记——贺瑞麟

1928年7月，贺瑞麟被捕后，关押在瞻园路首都卫戍司令部看守所。他以顽强的毅力坚持写笔记，写下了《死前日记》《未寄的信》《离散》等8册。其中《死前日记》写于9月28日至10月5日临刑前一周，记述了自己从“个人英雄主义者”转变为“无产阶级革命者”的思想历程。在给父母的信中，他敞开心扉，写下了“为大家，弃小家”的心声。

在日记中，贺瑞麟不仅写，而且画。其中有一幅画，是在一个五角星中写着“雨花台”，表示他做好了随时牺牲的准备。临刑前，他交代难友刘德超把日记交给党组织。刘德超不负重托，将烈士日记精心保管，辗转于南昌、武汉、重庆等地。在重庆遭日军轰炸时，他舍弃一切物品，唯独随身携带这本日记。全国刚解放，刘德超就将烈士遗物交给雨花台烈士陵园。《死前日记》是雨花台烈士纪念馆馆藏一级革命文物，是一部反映早期共产党人狱中斗争的珍贵史料。1958年全文发表在《红旗飘飘》上。

三访雨花台——石璞

石璞是家中最小的孩子，三个哥哥都对他甚为宠爱。他牺牲后，灵柩寄于雨花台的永宁寺，后移葬于奉直义地。新中国成立后，石璞的哥哥们不断地寻找着弟弟的墓地。他的哥哥石瑛于1953年和1963年两次来雨花台寻找弟弟的坟冢，都没有找到，但获知一条线索：当年的金陵大学教授倪先生曾在石璞墓前立过一个小石碑。1964年初，石瑛第三次来到雨花台，巧遇当年看坟人的儿子，终于在义地的东北角找到一块石碑，上刻着：辽宁石璞之墓。石璞墓在他牺牲34年后终于找到。1964年5月23日，石瑛在《人民日报》上发表《三访雨花台》一文，记述了寻找石璞烈士墓的经过。石璞墓于1984年迁葬于雨花台的知名烈士墓。知名烈士墓安葬着17位烈士的遗骨。

十年守义——恽代英

1915年，20岁的恽代英和沈葆秀成婚。1918年，妻子沈葆秀因难产而死。伤心至极的恽代英跪于岳父面前，申明不复娶。他给阴阳两隔的亡妻连写了四封信，倾诉对妻子的思念。此后十年，他为寻求救国之道而奔忙，一直未娶。其间许多亲友以“不孝有三，无后为大”来开导他，劝他再娶。他说：“因为千百年来妇女受男人的压迫实在太厉害了。男人常常引经据典，用古训装扮自己，满足自己的私欲。什么‘饿死事小，失节事大’，要女人守贞守节，男人却可以三妻四妾。我就是要用这样的行动，来抗议这种谬论，来改变这种不公平的世道。也可能我现在所做的，不为人们所理解，但总算给这污浊世界里，抛进一块石子，唤起人们的警惕。”

就在恽代英专注于革命工作时，一个小他十岁的女子对他产生了感情，她就是沈葆秀的胞妹沈葆英。多年来，沈葆英将恽代英看作生活中的亲人、尊敬的老师、革命的引路人，能和他朝夕相伴是她心灵深处最美好的愿望。1927 年 1 月，恽代英回到武汉主持黄埔军校武汉分校工作时，在亡妻墓前向沈葆英敞开了心扉。不久，恽代英和沈葆英在武昌得胜桥恽宅举行了简单的婚礼，结束了十年的独身生活。

特殊同盟——恽代英

1931 年 2 月，恽代英被转押到南京，羁押于国民党中央军人监狱。在此服刑的不仅有共产党人，还有许多国民党内的重要“政治犯”和“军事犯”。他们或曾是恽代英的学生，或共过事，或曾是政治上的对手，恽代英的被捕在狱中引起了震动。尽管出卖恽代英不仅能换来自由，而且会受到重奖，但没有一个人站出来告发。往日敌对营垒的各方，自发地形成了一个掩护恽代英的“特殊同盟”，都尽力照顾他们心目中的“当代圣人”。直到顾顺章叛变，监狱当局才知道“王作霖”就是大名鼎鼎的恽代英。

一抔雨花土——马克昌

马克昌出身于云南的一个富裕家庭，读书时与比自己小两岁的向自芳成婚，后又到云南省立第一师范学校求学。他与妻子虽然受教育程度不同，但他从未歧视妻子，总是尽可能地帮她做家务，还教她识字，夫妇俩相亲相爱。

1929 年，马克昌受党的指派，前往上海，此时他们的女儿才出生三个月。此后，马克昌被捕牺牲，而他的妻子向自芳却在家乡一直痴痴地盼望着丈夫的归来。18 年后，她们母女才得知，日夜思念的亲人早已离开了人世。1972 年 5 月，向自芳在女儿的陪同下，第一次来到雨花台凭吊亲人。2007 年，带着对丈夫的终身思念，百岁老人向自芳谢世。按照老人的遗愿，女儿马丽佳将雨花台的一抔混合着松针和雨花石的泥土，与父亲的照片和母亲的骨灰一起葬入老家的祖坟地。这对分离了大半个世纪的夫妇终于得以“团圆”。

红色夫妻——谭寿林

1928 年，谭寿林在上海担任中华全国海员总工会秘书长期间，结识了钱瑛，不久两人结为革命夫妻。新婚未满百日，钱瑛被派往莫斯科。为了不影响钱瑛的学习，谭寿林用约定的格式、方法和时间写信给妻子，前后写了 120 余封。他们的女儿出生后，由于学习紧张，没有时间照顾孩子，钱瑛只好把孩子送进保育院。1931 年春，钱瑛即将回国，考虑到国内形势严峻，夫妇二人决定，把女儿留在莫斯科，等待时局好转再接回国内。回国后，谭寿林与钱瑛受党组织派遣，前往洪湖苏区工作。待出发时，上海的工会组织遭破坏，谭寿林决定留下善后，并以领导的身份强制妻子离开，从此夫妇二人永别。

1951 年，钱瑛经多方打听，得知留在莫斯科的孩子早已夭折，谭寿林和失去的孩子成为她一生的牵挂。1954 年 9 月，钱瑛任监察部部长、党组书记，在党内有“女包公”之称。

变卖家产干革命——朱杏南

朱杏南出身江阴夏港镇的一个大户人家。其祖父以经商发家，购置良田 500 亩，归于朱杏南兄弟名下。北伐军进军江浙时，朱杏南积极响应，加入了共产党，秘密从事党务工作。大革命失败后，朱杏南在苏南从事农民运动。在担任吴江县委书记期间，为筹措革命活动经费，不断地变卖归于自己名下的土地；为了营救被捕的同志，他还动员妻子卖掉金银首饰。母亲无法理解他的举动，骂他为“败家子”，并将银子埋于地下，不再购置土地。朱杏南牺牲后，他名下的财产已寥寥无几。

“升官发财请往他处，贪生怕死勿入斯门”——高文华

1924 年冬，高文华投笔从戎，考入黄埔军校，加入中国共产党。1925 年，陈炯明发动叛乱，高文华被派往国民革命军第三师担任连党代表参加东征，开始了军旅生涯。1926 年 5 月，他接到父亲的来信，告知已为他在胶济铁路找到了一份月薪 60 大洋的工作，希望他结束军旅生活，前去就职。当时 60 大洋着实不是个小的数目。但高文华不为所动，在给父亲回信中说：“我是一个革命者，怎能受钱的牵动呢？老实说，山东有 600，6000 一月的事，我都不做的。”在北伐途中，他再次给父亲写信道：“欲得安宁快乐之生活，非先打倒帝国主义军阀不可。”

当年的黄埔军校有一副对联：“升官发财请往他处，贪生怕死勿入斯门”，高文华就是这样做的。

“一切由我负责”——邓演达

1931 年 8 月 17 日，邓演达在上海办干部训练班时，与训练学员等 11 人一同被捕。当夜，侦察班有个班长用广东话悄悄对邓演达说，他愿冒生命危险盗取钥匙，帮助邓演达逃出去。邓演达说：“我与大家一同被捕，有我在，一切由我负责。我万一逃脱，蒋介石必杀大家以泄愤。”遂婉言谢绝。

宋庆龄营救邓演达——邓演达

1931 年，邓演达被捕后，宋庆龄从上海匆匆赶到南京，直奔蒋介石官邸，开门见山指名要见邓演达。她说：“现在国难当头，你与他的矛盾，我来给你们调解。你把他叫来，我们三人当面谈谈。”蒋介石默然不语。宋庆龄又说：“如果你觉得在这里谈不方便，就派人陪我去见邓演达，我先同他谈谈，然后再三人一起谈。”蒋介石仍然沉默。宋庆龄感觉不对，口气也变得强硬起来：“我今天无论如何要见他一面。”蒋介石知道再也瞒不住了，不得不说：“你已经见不到他了。”一听此话，宋庆龄勃然大怒，一向温文尔雅的她抬手掀翻了茶几。蒋介石从未见她发过这么大的火，匆匆避走楼上。

痛失好友，宋庆龄悲愤异常。回到上海后，她在《申报》上发表《宋庆龄之宣言》，揭露蒋介石残杀异己的行径。

沉甸甸的家书——冷少农

1925年，冷少农辞别家人，前往广州投身革命，在周恩来领导下的中共两广区委军事部任秘书，并秘密加入中国共产党。大革命失败后，他利用与何应钦的师生和同乡关系，打入国民政府军政部任秘书，巧妙周旋在国民党高层中间，获取了不少重要政治军事情报，为中央苏区三次反“围剿”的胜利做出了贡献。

由于从事地下斗争，冷少农长期不能回家。母亲听信谣言，认为他在南京贪图荣华富贵，忘却了家中的妻儿老小，于是写信责备这个“不忠不孝、忘恩负义”的儿子。接到来信后，冷少农怀着深深的内疚，给母亲写了数千字的长信，向母亲禀告了自己的抱负：“已经把生命许给了为天下的劳苦大众谋幸福的事情，这样的事情是一件最大而又最复杂的事情，非得把全身的力量贯注着，非得把生命贡献。”他表示要“把我的孝移去孝顺大多数痛苦的人类，忠实地去为他们努力……”

冷少农清醒地知道，身处深潭虎穴，从事无比凶险的情报工作，随时都有可能牺牲生命，自己也许等不到孩子长大的那天，便于1931年1月8日给儿子写下了第一封，也是最后一封信。他在信中叮嘱儿子“一个人除解决自身的问题以外，还须顾及社会人类，而且个人问题须在解决社会人类整个的问题中去求解决。”这既是一个父亲对儿子成长和发展的期望，更代表了一个年轻的革命者对下一代寄予的厚望。

红色家庭——李耘生

1926年冬，李耘生被派往武汉，任中共硚口特区区委书记，结识了区委组织部长兼妇女部长章蕴，两人结为革命伴侣。1930年1月，他们在上海亭子间生下第一个孩子——儿子李小宁。由于生存环境艰难，他们买不起奶粉，只能省出一点米熬汤给孩子喝；买不起小床，就拿破箱子当床给孩子睡。一天夜里，箱盖不巧碰合，差点把孩子闷死。

1931年初，李耘生夫妇来到南京，重建遭到严重破坏的党组织。1932年4月的一天傍晚，因叛徒出卖，李耘生被捕。经过多次审讯，他始终没有暴露自己中共南京特委书记的身份，特务于是将两岁的小宁抱来隔窗相认。天真的孩子见到父亲，大声哭喊，向铁窗扑去：“爸爸！爸爸！我要爸爸！”李耘生只能忍痛认子。

临刑前，李耘生托人转告章蕴，“过去百千斤担子我们俩人挑，现在要你一个人挑了。”从此，章蕴独自挑起了继续革命和抚养孩子的双重担子。1982年6月8日，是李耘生牺牲50周年的纪念日。82岁高龄的章蕴带着女儿来到雨花台，深埋了半个世纪的思念化作倾盆泪雨。回首往昔，感慨万千，她挥手写下四首《如梦令》：

回首雨花台畔，别语匆匆遗愿。五十易春秋，日夜在肩双担。双担，双担，未敢白头言倦。

……

章蕴曾任全国妇联副主席、中央纪律检查委员会副书记等职。晚年，在工作之余，她经常端详着丈夫的照片，对女儿说：“你爸爸多好啊，永远这么年轻。”

两件憾事——曹顺标

曹顺标被捕前，在上海民联青年部工作时，曾对一个有着共同理想的女孩萌生了初恋的情感。在狱中，他常常背诵裴多菲“生命诚可贵，爱情价更高。若为自由故，两者皆可抛”的诗句来激励自己。在就义前两天，他预感到会被判死刑，向难友吐露了心声：“死是没有什么可怕的，我自从入团的那天起，就准备随时牺牲。如果我死了，只有两件事感到遗憾：一件是，再不能革命了；还有一件是，我只活了十九年，还没有恋爱过。”曹顺标又名曹均，他牺牲后，被他暗恋着的女孩，把自己的名字改为“纪均”，以作纪念。

永不凋谢的丁香花——丁香

丁香本是一名弃婴，被外籍女牧师收为养女。中西合璧的人文教育，使丁香出落成柔美婉约、热情进取的知识女性。1925 年，在东吴大学，丁香遇到了阿乐。在革命的洪流中，两个年轻人先后加入了中国共产党。丁香善弹钢琴，阿乐喜拉胡琴，学习工作之余，他们琴瑟相和。1932 年 4 月，两人在上海结婚。

同年 9 月，丁香被派往平、津一带工作，不久被捕，解来南京，牺牲于雨花台，此时她已怀有三个月的身孕。噩耗传来，阿乐不顾一切地赶往雨花台，祭悼丁香，并立下“情眷眷，唯将不息斗争，兼人劳作，鞠躬尽瘁，偿汝遗愿”的誓言。

1950 年 10 月，已是中国人民解放军第十八军宣传部长的阿乐，在部队进军西藏的途中，遇到一个与丁香十分相像，名叫时钟曼的姑娘，打开了他紧闭 18 年的情感大门。阿乐和丁香的忠贞革命爱情故事深深打动了时钟曼，两人结成伴侣。婚后，他们家中始终摆放着一盆五彩的雨花石和一枝淡雅的丁香花，还为第一个女儿取名乐丁香。

1982 年，在丁香牺牲五十周年的纪念日里，阿乐在亲人陪同下来到雨花台，在丁香就义的地方，亲手种下了一棵丁香树。

1992 年，阿乐在沈阳病逝。第二年清明，根据他的遗愿，时钟曼领着孩子们，不远千里来到雨花台，将阿乐的骨灰，深埋于丁香树下。

特殊身份的警官——毛福轩

毛福轩是由毛泽东介绍加入中国共产党的。1925 年夏，在毛泽东家的阁楼上，中共韶山支部成立，毛福轩任第一任书记，后担任湘潭县委书记、湖南省委委员等职。

1929 年，毛福轩受党组织派遣，化名毛恩灏，打入国民政府金山县警察局当巡警，后升任分局局长。毛福轩以一个共产党员的忠诚勇敢和机智灵活，在白色恐怖中，多方为党搜集情报，设法救护革命同志，在国民党警察局坚持秘密工作长达四年之久。1933 年 2 月 27 日，由于叛徒出卖，毛福轩被国民党特务秘密逮捕，并被作为“要犯”解来南京。敌人以为钓到了“大鱼”，对他严刑逼供，要他说出党的机密。毛福轩坚贞不屈，回答：“要杀就杀，不必多言。”1981 年，上海文艺出版社出版的长篇小说《特殊身份的警官》便是以他的事迹为原型，后又改编为同名电影上映。

毛泽东称赞毛福轩为农民革命家，并赞叹他的精神：“一个农民出身的同志，学习和工作那样努力，一直到担任党的省委委员的工作，是很不容易的。”

狱中策反——黄励

1933 年 4 月，由于叛徒出卖，黄励在上海法租界住所被捕。

在法庭上，面对叛徒指认和法官劝降，她说：“我黄励绝不贪生怕死，不要用什么自由、职位来引诱我。我们共产党人正是为了自由、为了解放全人类而起来革命，为了达到这个目的，我们可以用生命去换取，任何的压迫、利诱都见鬼去吧！”

三天后，黄励被押解到南京宪兵司令部看守所。在狱中，她在墙上写下“雨花台，雨花台，红骨都在那里埋！”黄励见看守班长张良诚为人忠厚耿直，有爱国心，经常引导教育他。张良诚也为黄励的崇高气节所深深感动，主动为黄励等人传递消息，成为狱中的“红色信使”。事情暴露后，宪兵司令谷正伦大为震惊：“共产党的赤化竟做到我的心脏里来了，这还了得！”决定将张良诚处以极刑。刑场上，张良诚像共产党员一样视死如归。黄励的影响使敌人惶恐不安，国民党中央党部批示迅速处决黄励。

刻钢板的“大人物”——邓中夏

1931 年冬，邓中夏遭受王明“左”倾错误的打击，被撤销一切领导职务，还受到了党内“严重警告”的处分。他被安排在中共沪东区委宣传部写写传单、刻刻钢板，干些杂务。这时组织不发给他生活费用，他只能依靠妻子在工厂做工所得的微薄工资，维持连稀饭都吃不饱的艰苦生活。在这样的逆境中，邓中夏对党的事业依然忠心耿耿。不久，沪东区委让他和匡亚明一起编印油印小报——《前锋》，他不因事小而不为，从刻钢板做起，将这张小报办得有声有色，影响很大，上海很多人都知道这里有个很会写文章的同志。有一次帅孟奇想请这位同志修改稿件，见面后大吃一惊，她想不到这位最早的共产党员、著名的工人运动领袖就在最基层工作。邓中夏却说：“共产党员嘛，哪里需要就到哪里。”

“就是烧成灰，我邓中夏也是共产党人”——邓中夏

1933 年夏，因叛徒指认，邓中夏被引渡到南京。国民党想挑拨他对共产党的不满：“你是共产党的老前辈，现在却受莫斯科回来的那些小辈欺压，连我们都为你感到不平！”邓中夏轻蔑地回答：“这是我们党内的事，你有什么权力过问？一个患深度杨梅大疮的人，有资格嘲笑偶尔伤风感冒的人吗？”狱中秘密党支部派人在放风时间悄悄问他：“大家想知道你的政治态度。”邓

中夏一听连说："问得好！请告诉同志们，就是烧成灰，我邓中夏也是共产党人！"

狱中党员知道后，深为感动，纷纷凑钱为邓中夏买饭，有的甚至把衣物卖掉，托看守到狱外订饭。在邓中夏最后的日子里，每次端过难友们送来的饭菜，他都激动不已，因为这凝聚着同志们对革命正气的崇敬。

拜会孙中山——施滉

1916 年，施滉以云南省第一名的成绩考取清华学校。1920 年，与同学冀朝鼎等人成立"唯真学会"，确立了"真理所在，即趋附之"的宗旨，探索救国救民的道路。

1924 年，即将结束清华七年生活、赴美留学的施滉，偕同学徐永煐、何永吉，专门前往广州拜会孙中山先生。在大元帅府，孙中山亲切接见了他们，并同他们交谈了两个多小时。内容涉及军阀问题、中国革命事业的前途问题、中国的统一问题、人生观问题等。孙中山嘱咐他们，"应当为多数人谋幸福，为真正没有幸福的人谋幸福"，希望他们"切勿像某些留学生，大半变成美国人，回国后见到国内种种腐败现象，不是极力反对，设法改良，而是说中国没有希望了。"

文弱书生的双手——顾衡

顾衡出身知识分子家庭，父亲是无锡有名望的教育家。1927 年，顾衡以优异成绩考入东南大学。1931 年党组织派顾衡到安徽太和开展农民运动。为了打开工作局面，改变自己文弱书生的形象，他在太阳下晒得一脸黝黑，和当地的农民一样的打扮。

1933 年南京党组织遭受第七次破坏后，顾衡临危受命，接任南京特支书记。为了在工人中发展党员，他穿工人短装，戴工人鸭舌帽，几乎和工人一样，唯一让他不满意的是自己的双手仍然比较白净。得知用碱水洗衣服能使手变粗，他就把大量的碱放在水里洗衣服，还把手放在沙子里来回搓，直至把一双手变得粗糙。

顾衡被捕后，他的父亲来狱中探视，拉着儿子粗壮的手，不禁想起从前握着他的手教他描红写字的情景，忍不住潸然泪下。革命，已使这个昔日的白面书生变得坚强、沉稳了。

战士、妻子、母亲——何宝珍

1918 年，何宝珍考入衡阳湖南省立第三女子师范学校。五四运动期间，她积极投身爱国学生运动。1922 年，因揭露学校当局腐败专制被校方开除。经共产党人张秋人介绍，何宝珍以亲友名义住进长沙清水塘毛泽东、杨开慧家，初识了刘少奇。随后，毛泽东安排何宝珍随刘少奇到安源工作。1923 年 4 月，他们在安源结为革命伴侣。

婚后，何宝珍随刘少奇辗转南北。在共同的革命生活中，他们先后有了三个孩子。紧张的工作和凶险的环境，不允许何宝珍尽到一个母亲的责任：大儿子斌斌不到一岁就被送回老家；二女儿爱琴，在襁褓中送给了奶妈抚养；第三个孩子毛毛则在何宝珍被捕时匆忙推给了邻居大嫂。

在狱中，活泼开朗、机智聪敏的何宝珍也有沉默不语的时候，那是她在思念远方的丈夫和没有父母呵护的孩子。当身边难友安慰她时，她又坚定地说：“干革命还顾得了这些，人民不解放，我的孩子们也得不到幸福，但愿小宝贝们能在艰难的环境中活下去，等革命成功后，找到他们，一定要送他们去学习。让他们学科学，学技术，建设我们的新国家！”

半个世纪的等待——许包野

1982年，一位名叫叶雁苹的80多岁的老妈妈，给广东澄海党史办写信，寻找自己失踪50年的丈夫——许包野的下落。

1917年，17岁的许包野和叶雁苹在家乡结婚。三年后，许包野通过了蔡元培组织的赴法勤工俭学考试，告别父母妻子，先后赴法、德留学，直到1932年才回到阔别十年的祖国。然而，他在家里只住了十天，还没来得及享受家庭的欢愉，又匆匆赶往厦门。此后，一直杳无音讯。半个世纪过去，在家等候丈夫归来的叶雁苹从青丝少妇变成了白发老人。她预感到自己将不久于人世，开始写信给党史部门，寻找丈夫的下落。

党史部门经过几年的努力，于1985年底基本查清许包野的革命经历：早在1935年，他就为革命献出了宝贵的生命。此时，叶雁苹已重病在床，不久与世长辞。1987年3月，广东省人民政府追认许包野为革命烈士。

“永是勇士”——郭纲琳

郭纲琳出身于江苏句容一个大户人家。她被捕后，她的家庭出于维护名门声望和家庭骨肉之情，千方百计设法营救。家里花重金聘请律师为她辩护，因她拒绝在悔过书上签字而作罢。之后，郭纲琳的大哥又请国民党中央委员保释，当局表示，只要郭纲琳放弃政治主张，就可出狱。关系打通后，大哥写信给郭纲琳，劝她不要错过这最后的机会。郭纲琳在回信中说：“我不能造一点点罪恶在我的生命中”，“我不能屈服在一个无罪而加上有罪的名义下来遵从你。”为了表示自己坚定的立场，郭纲琳在狱中把铜板磨成铜心，上面镌刻着“永是勇士”。

廉政模范——吕惠生

1935年，由于在民众中享有较高的威望，吕惠生被推荐担任无为县政府建设科长。一次，有个豪绅为了霸占公田修建私宅，采取贿赂手段，拿出两百银元企图买通他。吕惠生怒斥对方：“行贿受贿，这本是寡廉鲜耻之辈所为。我虽为一介寒士，也绝不会受此黑礼！”他将贿款公之于众，在当时名流咸集的双溪茶社对面建成凉亭，并亲笔书写“洗心亭”三个大字，悬于其上。

1943年，时任皖中行政公署主任的吕惠生担任黄丝滩江堤工程总指挥。黄丝滩江堤素有“一线单堤、七邑生命”之称，直接关系着沿江七县300多万人民生命财产安全。为了做好这一工程，他亲临现场勘查，选定最佳方案，精心制订规划，悉心组织施工。从工程破土动工到竣工，历时212天，吕惠生率领几十万民工，一边冒着日军飞机的轰炸，一边抵御国民党顽固派的骚扰，他与民工同吃同住，一起挖土、挑担、打夯，呕心沥血，风餐露宿。这条凝结着吕惠生无穷智慧和心血的江堤，被命名为“惠生堤”。直到今天，惠生堤仍然是当地防洪的一道重要屏障。

“根据地的钱，一分一毫也不能乱花”——杨斌

1942年底，杨斌担任苏中区党委秘密工作部部长，在如皋白蒲镇建立了一个党的地下工作站。期间，杨斌和同志们过着一样艰苦的生活。当时，他身体很不好，结核病正在活动期，但他从不多花公家的钱。他经常教育身边的同志：“根据地财经情况很紧，我们用的钱全是根据地人民积攒起来的，一分一毫也不能乱花。”

“每个铜板都是老百姓的血汗钱”——徐楚光

徐楚光打入汪伪机关做秘密情报工作时，因为工作需要，打扮得非常阔绰，常常出入花天酒地的场所。他手中掌握着地下活动经费，甚至握有黄金，但他从不乱花，总是精打细算。他常对身边人讲：“我的钱，每个铜板都是老百姓的血汗钱。”

1944年，根据新四军军部指示，徐楚光设法建立了一条通向苏北抗日根据地的地下水上交通线。他装扮成做生意的大老板，他夫人做税科会计，用根据地运出的猪、咸肉等土产，换回解放区急需的棉纱、药品等物资。这其中的差价很大，除了运回物资外，余款可留给地下工作人员专用。但他和夫人从不多用一分钱的活动经费，而是尽量多地为解放区运送货物。在上海的时候，为了扮成大老板，徐楚光多住在带浴间的大东旅馆或南京饭店。一次，他邀请长期合作的客商胡老板到他住的旅店洗澡，可当胡老板敲开他的房间门时，发现他正就着咸菜吃馒头。胡老板疑惑不解，就问他：“你吃的这样糟，又何必住这样的大旅馆、大房间？”徐楚光笑笑说：“工作需要嘛！”胡老板恍然大悟，两人相视一笑。

替胡耀邦牺牲的战友——晋夫

1948年9月，中国人民解放军在山西境内展开全线攻势，包围了太原城。国民党第三十军军长黄樵松决定顺应广大官兵要求，阵前起义。此后，双方多次派人接洽。为了促成起义的早日成功，解放军第十八兵团司令员徐向前和政治部主任胡耀邦商量研究，决定由胡耀邦赶赴三十军前线洽谈起义事宜，后临时改派晋夫以政治部宣传部主任的身份前往。由于黄樵松部下告密，晋夫等人一到三十军阵地，即被宪兵逮捕，不久牺牲于南京。

胡耀邦曾深情地说：“可以说，晋夫是替我而牺牲的。”

“生活太舒服了，这要影响思想意识的”——陈子涛

1947年，陈子涛任秘密发行的《文萃》杂志主编。为了他的安全，地下党将一笔较大数目的款项交给他，让他去租赁一所公寓，以便隐蔽。但他想到刊物的经费不足，就借住在同事家里，而把这些钱用于作者的稿费。

身处十里洋场的上海，除了工作需要，陈子涛不进咖啡馆，不吃高标准的客饭，他身上最值

钱的就是朋友送他的一支派克钢笔。他常说：“生活太舒服了，这要影响思想意识的。”

“铁桶计划”的破灭——卢志英

1934年，卢志英打入国民党江西第四区保安司令部任少校参谋，协助司令莫雄从事秘密情报工作。他巧妙安排，帮助莫雄获得“剿共成绩”，让莫雄获得蒋介石的信任。这一年，蒋介石在庐山召开重要军事会议，部署实施“铁桶合围计划”，点名让莫雄破格参加。所谓“铁桶计划”，就是集中调动国民党150万大军，对以瑞金为中心的中央苏区革命根据地，在同一时间突然加以包围，形成半径达300华里的严密包围圈。同时切断一切交通，断绝红军的物资来源，企图将红军及其所控制的区域整体吞噬。

会议一结束，莫雄就带着会议文件回到保安司令部，将计划交给卢志英等人。卢志英、项与年等人立即将“铁桶计划”的中心点以特急电报发往瑞金，然后弄来四本学生字典，分头将文件的详细内容密写到字典上。经过无数艰难险阻，这份情报终于火速交到红军最高三人团领导核心之一的周恩来手中。10月16日，也就是在蒋介石的庐山会议之后不到一个星期，中央红军进行战略性转移，开始了二万五千里长征。

“我始终保持了共产党员这个称号的尊严”——刘亚生

刘亚生被捕后，敌人用各种方法进行收买，胡宗南亲自劝降，并许以少将参议的职位，被刘亚生断然拒绝。最后，敌人让刚叛变的刘妻来劝说，刘亚生怒斥其无耻，出卖了灵魂。当她以离婚要挟时，他毫不犹豫，用敌人让他写“自白书”的纸和笔，一挥而就，写成离婚文书，摔给了她。临刑前，刘亚生回顾自己的一生，说：

“唯一值得自慰的是，我始终保持了共产党员这个称号的尊严。但我不能以自己有限的生命，为党做更有价值的贡献却是再遗憾不过的了！”

持枪找党——谢士炎

1946年深秋的一天夜里，谢士炎只身一人来到保定绥靖公署外事处副处长陈融生的住处。他俩共事多年，一向关系很好。见屋里没有别人，谢士炎关上门，突然拿出左轮手枪对准陈融生说：“融生兄，你到底是什么人？”陈融生惊出一身冷汗。

陈融生确实是中共地下党员。他知道谢士炎对国民党的腐败统治早有不满，所以一直在悄悄做谢士炎的思想工作，将一些国民党特务查抄来的进步书籍送给谢士炎看。此时，谢士炎拿着枪逼问自己，究竟是何用意？难道是自己过于性急暴露了，他打算去邀功领赏？谢士炎的枪口，紧紧抵在陈融生胸前，盯着他的双眼。“我要送出一份厚礼，如果你拒绝或办不到，我们两人只好同归于尽！”

几番试探交锋，两人在猜测与信任的交织中互相吐露了真情。谢士炎带来的这份厚礼竟然是国民党军队即将进攻张家口的军事计划！当时，张家口是中共占领的最大城市，称第二红都，政治地位仅次于延安。国民党悍然进攻张家口，也就意味着国共谈判破裂！

国民党发动内战，让谢士炎气愤失望，他打算寻找共产党，投身革命。可是，在戒备森严的第十一战区司令长官部，到哪里去找共产党呢？他想到了陈融生，觉得他是潜伏的中共地下党，因此，竟然大胆地用了这么一个破釜沉舟的办法前去试探。

情报顺利送到了叶剑英手里，谢士炎不但提供了国民党的进攻计划，还特意拟了份反击的作战计划，一并送上。10 多天后，国民党攻打张家口，结果，只得到一座空城。

1947 年 2 月 4 日，在谢士炎家中，由叶剑英亲自主持，谢士炎秘密加入了中国共产党。

令敌人佩服的对手——谢士炎

谷正文是国民党保密局老牌特务，谢士炎就是被他抓捕的。其晚年的回忆录，通篇极尽自我吹嘘之能事，唯独对谢士炎这个对手，极为恭敬。谷正文写道："我不是一个轻易以貌取人的人，可第一眼看到谢世南（谢士炎）时，却被他那从容凛然的气势给震慑住了。"文章记述了他们间的两次交锋：

第一次交锋是在北平第一看守所，谷正文审讯谢士炎。"当谢世南那坚毅的双眼向四周逼视过来时，我顿时心慌意乱地犹豫起来，草草为自己找了一个借口，便匆匆从后门'逃走'了。"次日上午，二人再次交手，谷正文亲自为谢士炎冲泡了一杯咖啡，以此作为这次特殊对话的开场："通常我只是一个人喝咖啡，只有碰上自己欣赏的人物，才会共饮。"谢士炎点点头，然后说："如果你在共产党，一定是一个杰出的情报干部。"

谷正文问谢士炎，为何以国军将领身份替共产党做事？谢士炎答道："党的名称并不重要，它们只有好坏之分。我在国民党部队很多年，经历过很多阶层，所以我有资格批评它没有前途。至于共产党，我至少欣赏它的活力、热情，组织与建设新中国的理想。因此，我选择我欣赏的党。而且，我认为国民党是妨害共产党早日建设新国家的最大阻力，所以，我用国军少将作战处长的身份，帮助共产党消灭国民党！"

第五章

谒陵凭吊与纪念活动

自建陵以来，雨花台烈士陵园始终是社会各界缅怀先烈、寄托哀思的重要场所。70 年来，雨花台烈士陵园迎接了无数来陵园参观凭吊的人们，并举办了各类主题纪念活动，激励人们不忘英烈初心，承志继续前行。

第一节　清明节主题纪念活动

清明节是中国祭祀扫墓的传统节日，也是当代社会凭吊先烈的重要节点。自建陵以来，雨花台烈士陵园在历年清明节开展了各类纪念活动，以缅怀革命先烈，继承宏伟遗志。

1. 1954 年清明，社会各界来雨花台凭吊先烈。

2. 1955 年清明，社会各界来雨花台凭吊先烈。

3. 1960 年清明，社会各界来雨花台凭吊先烈。

4. 1961 年清明，社会各界来雨花台凭吊先烈。

5. 1962 年 4 月 5 日，江苏省暨南京市各界人民和解放军驻宁部队官兵，前往雨花台祭扫烈士墓，凭吊革命先烈。上午八时开始，省、市机关和驻宁部队代表六百多人，先后举行祭扫仪式。代表们肃立在烈士纪念碑前，向先烈敬献花圈、默哀。清明期间，前往雨花台祭扫烈士墓的人成群结队，川流不息。连同前几日在内，约有三万五千余人。前新四军参谋长周子昆烈士的爱人何子友，前红军第十四师师长茅学琴烈士的儿子茅洪生，前江苏省农民协会特派员孙逊群烈士的儿子孙绍基等也赶来祭扫。

6. 1970 年清明，社会各界来雨花台凭吊先烈。

7. 1974 年清明，社会各界来雨花台凭吊先烈。

8. 1976 年清明前后，南京市民为反对“四人帮”倒行逆施，自发汇集到雨花台悼念周恩来总理。

9. 1977 年清明，社会各界在雨花台悼念烈士，参观了烈士史料陈列室，并进行向雷锋同志学习的革命传统教育。

10. 1978 年清明，社会各界来雨花台凭吊先烈。

11. 1980 年清明节，全国少数民族参观团来雨花台参观凭吊。

12. 1981 年 4 月 5 日，五万多名各界群众来到雨花台烈士陵园凭吊，在奠基纪念碑前，向烈士敬献花圈，表达自己继承先烈遗志，为实现四个现代化奋斗终生的坚强决心。

13. 1984 年 4 月 6 日清明节，坐落在雨花台东峰南麓的知名烈士墓区建成。在烈士墓区落成当日，管理处邀请 113 位烈属出席，举行了隆重的祭扫活动。

14. 1995 年 4 月 5 日，南京市市级机关（市委、市人大、市政府、市政协、市纪委，及市直属部、委、办、局）1200 人在烈士纪念碑举行了清明凭吊烈士的仪式。在凭吊仪式上还有新党员 271 人举行了入党宣誓。

15. 1997 年清明祭扫期间，雨花台烈士陵园举办了春花展和杜鹃花展。共布置杜鹃、映山红、满山红、西鹃、金盏菊、雏菊、三色堇及金鱼草等各类盆花 1.3 万余盆，制作和布置景点 9 处。

16. 1998 年 4 月 4 日，南京万名青少年学生在雨花台烈士陵园举行隆重的祭奠革命先烈仪式。上午 9 时，在烈士纪念碑前，来自全市 20 多所大中小学校的万名学生佩戴白花，肃立默哀，深切缅怀革命先烈。祭奠仪式上，学生代表举行了“学晓庄英烈，树立远大理想”专题演讲。

17. 1999 年 3 月，清明期间，驻宁部队、军事院校、各大中专院校、工矿企业等 33 个单位，4540 人次来陵园参加义务植树。其中，空军气象学院院长唐万年少将、政委白景峰少将亲自带领校党委常委七人来雨花台植树。

18. 1999 年 4 月 3 日，来自社会各界的两万余人到雨花台烈士陵园凭吊先烈。

19. 2000 年 4 月 2 日，由雨花台烈士管理局组织的“继承先烈志，迈向新世纪”清明主题活动在雨花台烈士纪念碑前举行。南京大中小学的 3000 余名学生代表参加此次活动。活动中学生们向着新世纪放飞了数千只印有“弘扬先烈精神，献身四化大业”等标语的气球。

20. 2001 年 4 月 1 日，南京市教委与雨花台烈士陵园管理局联合举行“纪念先烈、崇尚科学、做新世纪的主人”清明主题活动。此次清明主题活动包括祭典仪式与“烈士在我心中”主题会。雨花台中学“恽代英班”、南湖一中“恽代英班”、南京旅游职业学校“邓中夏班”、雨花台实验小学“孙津川中队”、雨花台小学“卢志英中队”的同学为主体的南京市中小学生 3500 余人参加活动。在祭奠仪式上，用烈士名字新命名了施滉班、许包野班、袁咨桐班、何宝珍中队、郭凤韶中队，最后以烈士名字命名的班级、中队向全市中小学发出“学习先烈、崇尚科学、做新世纪主人”的倡议。祭典仪式结束后，全市以雨花台烈士名字命名的班级和中队的同学联合在纪念馆进行“烈士在我心中”主题班会。在主题班会上，英烈班的同学们以故事会、演讲会、文艺演出的形式汇报、交流了学习英烈的成果与心得，向着明天写下自己 10 年内的成长心愿。烈士家属代表恽代英烈士的儿子恽希仲应邀参加了此次清明主题活动。中央电视台《雨花忠魂曲》摄制组跟踪采访了全过程。中央及省市新闻媒体进行了广泛报道。

21. 2001 年 4 月 5 日，烈士纪念馆举行了烈士亲属座谈会及凭吊仪式。清明期间共接待来自北京、上海、兰州等地的烈士亲属 23 户，86 人次。其中包括丁行烈士的妻子蒲洛宇、周镐烈士的妻子吴雪亚、刘亚生烈士的女儿刘忠、秦明烈士的儿子乔延和等。

22. 2003 年 4 月 5 日，从早晨起，南京及无锡、徐州、扬州、镇江等地的大中小学师生及社会各界人士约 4 万人和雨花台部分烈士亲属一起来到雨花台烈士陵园凭吊革命先烈，开展各种主题祭扫活动。

23. 2003 年 4 月 5 日，雨花台烈士家属代表 20 户，70 余人和全市以雨花台烈士命名的学校学生代表 3000 余人来到了庄严的纪念碑前举行凭吊仪式，同日下午，来自全省公安英烈、牺牲民警的 18 位家属代表，以及省公安厅、江苏省警官学院的民警代表 300 余人也同样集中在烈士纪念碑前，举行了隆重的祭奠公安英烈的仪式，4 位民警代表向革命烈士和因公牺牲的民警敬献了花圈。

24. 2004 年 4 月 3 日，江苏省暨南京市在雨花台烈士陵园隆重举行青少年祭扫革命先烈活动。来自南京和全省各地的共青团员、少先队员代表约 2000 人参加了祭扫仪式，并向烈士纪念碑敬献花圈。在庄严肃穆的纪念碑前，少先队员、共青团员举行了入队、入团宣誓仪式，他们向着先烈们的英灵郑重宣誓：牢记先烈遗志，做建设祖国、振兴中华民族的有用之才。省委常委、省委宣传部长王国生宣读了全省“少先队英雄中队”的命名决定，参加活动的省市领导向“英雄中队”授旗。

25. 2007 年清明节，社会各界约 16 万人来雨花台烈士陵园祭扫革命先烈。

26. 2008 年 4 月 3 日，江苏省暨南京市各界隆重举行凭吊革命先烈活动。省、市领导梁保华、罗志军、张连珍等和老同志向守志、储江等，与各界代表 2000 多人来到雨花台烈士陵园，向雨花台烈士纪念碑敬献花篮，深切缅怀革命先烈为民族独立、国家富强和人民幸福做出的奉献与牺牲，充分表达大家珍惜来之不易的幸福生活、努力建设更加美好江苏的信念与决心。

27. 2009 年 4 月 5 日，雨花台烈士陵园举行建陵 60 周年清明祭扫大型活动。

28. 2010 年 4 月 2 日，江苏省暨南京市各界清明祭扫烈士墓活动在纪念碑主峰广场庄严举行。省、市领导，省军区，老红军、老战士、老干部代表，各机关单位、大中小学代表 2000 多人参加了凭吊活动。活动中，中共江苏省委、省政府，中共南京市委、市政府的领导，在宁老红军、老战士、老干部代表，烈士亲属代表，社会各界代表等向烈士纪念碑敬献了花篮。伴随着《红旗颂》的优美旋律，雨花台区实验小学 90 名少先队员代表为祭扫活动献词，向革命烈士致以最崇高的敬意。献词之后，省、市领导及老同志给以革命先烈命名的英雄中队授旗。全体参加活动的人员，伴随着庄严的《国际歌》缓步绕纪念碑一周，告慰先烈、寄托哀思。

29. 2011 年清明节前夕，南京各界人士和外地游客来到南京雨花台烈士陵园参观革命烈士事迹展览，缅怀先烈，接受爱国主义教育。

30. 2013 年 4 月 2 日，南京市民在雨花台烈士纪念碑前排队献花，悼念长眠在此的革命烈士。清明节期间，南京社会各界纷纷来到雨花台烈士陵园，参观并开展各种活动，祭奠、缅怀革命先烈，寄托哀思。

31. 2014 年，在清明节到来之际，江苏省暨南京市各界 4 月 3 日上午隆重举行公祭革命烈士活动。省委书记、省人大常委会主任罗志军，省委副书记、省长李学勇，省委副书记石泰峰，同各界代表 1600 多人，来到南京雨花台烈士陵园，缅怀追忆革命烈士的英雄风范和不朽功勋，表达全省干部群众弘扬烈士精神，矢志报效祖国，奋力谱写好中国梦江苏篇章的信心和决心。

32. 2015 年 4 月 3 日，107 名从全国四面八方赶来的烈士亲属，在革命烈士纪念碑前鞠躬默哀，并献上鲜花寄托哀思。

33. 2015 年清明节，3 万余名社会各界人士，冒雨来到雨花台烈士陵园、雨花功德园、梅园新村纪念馆和渡江胜利纪念馆等地，追忆革命先辈和英烈的丰功伟绩。

34. 2016 年 4 月，随着清明节的到来，各界人士纷纷来到雨花台烈士陵园开展各种形式的凭吊活动，祭奠、缅怀革命先烈。南京雨花台烈士陵园的烈士纪念碑前由数万盆鲜花组成“缅怀”花坛。

35. 2016 年 4 月 2 日，清明节前，中共江苏省委常委、中共南京市委书记黄莉新与何宝珍烈士之女刘爱琴、吴振鹏烈士之女王行等来自全国各地的 140 多位烈士亲属，以及南京各界群众一道，来到雨花台烈士陵园凭吊，深切缅怀革命烈士的不朽功绩，表达南京干部群众继往开来，为实现中华民族伟大复兴中国梦接续奋斗的坚定决心。

36. 2017 年 4 月 2 日，清明节前，来自 40 多个雨花台烈士家庭近 180 位家属在雨花台烈士纪念碑前默哀，敬献花圈，表达对革命先烈的崇敬和对亲人的哀思。随后，“红色文化看传承，不忘初心大道行”雨花台清明主题活动在烈士纪念馆幸福厅举行。

37.2018 年 4 月 5 日，清明节当日上午 9 点，40 多位雨花台烈士的 180 多位家属在雨花台烈士纪念碑前举行凭吊仪式，表达对革命先烈的崇敬和对亲人的哀思。凭吊仪式结束后，由雨花台干部学院和南京市文联主办主演的情景剧“热血初心雨花魂”在烈士纪念馆首次公演。该剧根据恽代英、孙津川、李耘生、郭纲琳等几位烈士的事迹创作而成的情景剧，经过演员们的深情演绎，在现场引起了轰动。

1954 年清明节主峰祭扫全景

1955 年清明节各界祭扫烈士墓

1960 年 4 月 5 日清明节各单位来祭扫烈士墓

1961 年清明节群众至纪念碑凭吊

1962 年清明节群众在烈士史料陈列室参观

1970 年，群众清明节凭吊革命先烈

1974 年清明节，南京大学师生来雨花台凭吊革命先烈

1974 年清明期间，各界人民凭吊雨花台

1976 年清明节，群众在雨花台举行悼念周总理的活动

1977 年清明节，工人群众悼念革命烈士

1977 年清明节，革命群众的凭吊队伍

1977 年清明节，解放军某部在西殉难处宣誓、唱国际歌

1978 年清明节烈士凭吊活动

1980 年清明节，全国少数民族参观团参观烈士史料陈列室

1980 年清明期间，北殉难处烈士凭吊活动

1980 年清明节，全国少数民族参观团凭吊活动

1998 年 4 月 4 日，万名中学生清明凭吊活动

2008 年 4 月 3 日，省市领导在纪念碑主峰前举行祭扫活动

2009 年，雨花台烈士陵园建陵 60 周年清明烈属祭扫凭吊活动

2009 年，建陵 60 周年清明烈属祭扫凭吊活动

2011 年清明节前夕，南京各界人士和外地游客来到南京雨花台烈士陵园缅怀先烈

2014 年 4 月 3 日，江苏省暨南京市各界隆重举行公祭革命烈士活动

2014 年 4 月 5 日至 7 日，雨花台烈士陵园举行越剧《丁香》公益演出

2015 年 4 月 3 日，烈士亲属清明祭扫凭吊活动

2016 年 4 月 2 日，烈士亲属清明祭扫凭吊活动

第二节　国家烈士纪念日活动

自全国烈士纪念日设立以来，雨花台烈士陵园在每年纪念日当天都承办和开展了仪式感强、形式多样的纪念活动。社会各界从四面八方来到雨花台，深切缅怀革命烈士的不朽功绩。

2014 年国家烈士纪念日系列活动

1. 南京军区、江苏省暨南京市各界举行向雨花台烈士纪念碑敬献花篮活动。

2014 年 9 月 30 日，南京军区、江苏省暨南京市各界隆重举行向雨花台烈士纪念碑敬献花篮活动

2014 年 9 月 30 日是我国首个烈士纪念日。当天上午，南京军区、江苏省暨南京市各界隆重举行向雨花台烈士纪念碑敬献花篮活动。南京军区、江苏省暨南京市领导，与省会党政军群各界代表近千人来到南京雨花台烈士陵园，向烈士纪念碑敬献花篮，深切缅怀革命烈士的不朽功绩，表达南京军区广大官兵和全省干部群众继往开来，为实现“两个一百年”目标和中华民族伟大复兴的中国梦而接续奋斗的坚定决心。

参加敬献花篮活动的省事机关干部、企业职工、驻宁部队官兵、在宁高校学生和南京市中小学生代表，从四面八方来到雨花台，在烈士纪念碑前整齐列队。

当日上午 10 时，敬献花篮活动正式开始，各界代表同声高唱中华人民共和国国歌。军乐队奏响激昂深情的《献花曲》。22 名礼兵托起由中共南京军区委员会，南京军区全体官兵，中共江苏省委，江苏省人大常委会，江苏省人民政府，江苏省政协，江苏省军区，各民主党派省委、省工商联和无党派人士，江苏省各人民团体，江苏省暨南京市各界群众，江苏省全体少先队员敬献的 11 只花篮，正步缓缓走向烈士纪念碑，将花篮摆放到革命烈士雕像前。

在宁省委常委，省人大常委会、省政府、省政协有关领导，各民主党派省委、省工商联负责人，南京市主要负责同志等参加了敬献花篮活动。首个烈士纪念日，共有 3000 多人前来雨花台祭奠。

2. 民警官兵、英烈家属、普通市民向公安英烈敬献花篮活动

2014 年 9 月 30 日在南京雨花台烈士陵园的江苏公安英烈纪念墙广场，现役民警官兵、英烈家属、普通市民纷纷到此参加祭奠活动，缅怀烈士的不朽功绩。

当日上午 9 时 30 分，伴着庄严的国歌声，两名武警官兵向公安英烈敬献花篮，红色绶带上写着“江苏公安英烈永垂不朽”。全体公安民警排成整齐的方阵，在纪念墙前肃立，脱帽，向英烈三鞠躬，然后排队绕纪念墙一周，凭吊公安英烈。随后，英烈家属、学生团体、普通市民行至此处，献上鲜花，默哀，鞠躬。

2015 年国家烈士纪念日系列活动

1. 南京军区、江苏省暨南京市各界在烈士纪念日举行向雨花台烈士敬献花篮活动

2015 年 9 月 30 日上午，在第二个国家烈士纪念日到来之际，南京军区、江苏省暨南京市各界在烈士纪念日隆重举行向雨花台烈士敬献花篮活动。南京军区，江苏省暨南京市领导与党政军群各界代表 1000 多人来到这里，深切缅怀革命烈士的不朽功勋。

敬献花篮活动由省委常委、南京市委书记黄莉新主持。在宁省委常委，省军区司令员，省人大常委会、省政府、省政协领导，各民主党派省委、省工商联负责人，南京市主要负责人等参加了此次活动。

2. 新婚夫妇向革命烈士献花仪式

2015 年 9 月 30 日上午 9 时，来自全省各地的 70 对新婚夫妇来到南京雨花台烈士陵园，举行向革命烈士献花仪式，以这种特别的方式留下难忘的人生记忆。省委常委、宣传部长王燕文，省委常委、省军区政委曹德信，省军区副政委刘战勤出席仪式。

此次新婚夫妇向烈士献花仪式，是国家民政部、国家国防教育办公室在江苏开展的试点活动，在全国尚属首次。活动前期，省委宣传部、省军区政治部、省民政厅、省国防教育办公室在全省进行了广泛征集，新婚青年踊跃报名，最终遴选了70对各行各业有代表性的新婚夫妇参加献花活动。雨花英烈郭纲琳的侄子郭常柏夫妇见证了70对新人向雨花英烈献花。郭常柏表示，今天的青年一代，在迈入婚姻殿堂的美好时刻，没有忘记革命先烈，用实际行动表达了对烈士的缅怀和敬仰。姑姑和无数先烈地下有灵，一定会备感欣慰。

参加献花的陈鑫、徐维蔚夫妇向全省青年发出倡议，铭记先烈功绩，珍惜幸福生活。青年一代要饮水思源，积极参加公祭革命烈士的活动，在入学、参军、就业、结婚等人生的重要时刻，自觉到烈士陵园祭扫和献花，以实际行动表达对革命先烈的敬仰，对幸福生活的珍爱，带动全社会形成缅怀英烈、崇尚英烈、学习英烈的风尚。国家国防教育办公室，省委、省政府、省军区和南京市有关部门领导出席了此次活动。

3. 南京雨花英烈研究会成立

2015年9月29日下午，南京雨花英烈研究会暨一届一次理事会议在南京召开。

南京雨花英烈研究会由雨花台烈士陵园管理局发起成立，首届理事会共有理事57人，分别来自省市职能部门、驻宁高校、社科院所、新闻媒体、文艺战线及烈士亲属代表等等。

当天理事会还选举产生了会长、副会长、秘书长。南京师范大学马克思主义学院院长、教授、博士生导师王跃担任会长；南京市雨花台烈士陵园管理局副局长黄莹，南京大学马克思主义学院副院长、教授、博士生导师王建华，江苏省委党校党建部副主任、教授、硕士生导师张加华，原南京社科院文史所所长、教授赵德兴担任副会长；时任雨花台烈士纪念馆馆长向媛华担任秘书长。

4. “雨花英烈精神”研讨会在江苏南京召开

2015年9月29日，在烈士纪念日到来之际，“雨花英烈精神”研讨会在江苏南京召开。中宣部宣教局、光明日报社、中共南京市委、中共江苏省委宣传部、中共江苏省委党史工办联合举办了此次研讨会。中宣部副部长王世明出席研讨会并讲话，中央党史研究室副主任高永中、中央文献研究室副主任陈晋、中央党史研究室原副主任章百家、光明日报社副总编辑李春林参加研讨会并作研讨发言。省委常委、南京市委书记黄莉新到会致辞，省委常委、宣传部长王燕文主持研讨会。

5. 南京市2015年新兵入伍欢送仪式在雨花台烈士陵园举行

在2015年9月30日烈士纪念日到来之际，南京市2015年新兵入伍欢送仪式在雨花台烈士陵园举行。400名新兵身着崭新军装，胸佩红花绶带，在烈士纪念碑前整齐列队、精神振作，进行入伍宣誓，表达了有志青年继承雨花英烈精神，投身保卫祖国事业的梦想。

2016年国家烈士纪念日系列活动

1. 南京军区、江苏省暨南京市各界在烈士纪念日举行向雨花台烈士敬献花篮活动

2016年9月30日烈士纪念日上午，向雨花台烈士敬献花篮活动在南京雨花台烈士陵园隆重

举行。省委书记李强、省长石泰峰、省政协主席张连珍等领导与省、市各界代表一千多人来到这里，缅怀革命先烈，表达干部群众弘扬革命光荣传统，不忘初心、继续前进，朝着“两个一百年”奋斗目标砥砺前行的坚定决心。东部战区司令员刘粤军、政委郑卫平参加活动。

当日上午10时，敬献花篮活动正式开始，各界代表齐声高唱中华人民共和国国歌，表达对革命烈士英灵的深情告慰。随后，大家庄严肃立，向为实现民族独立、人民解放和国家富强、人民幸福而英勇献身的烈士默哀。少先队员献唱了《我们是共产主义接班人》。礼兵托起由党政军群各界代表敬献的11只花篮，正步缓缓走向烈士纪念碑，将花篮一一摆放到革命烈士塑像前。军地主要领导缓步向前走到花篮前，仔细整理花篮缎带。整理缎带完毕，军乐队奏响《国际歌》，参加敬献花篮活动的领导和各界代表缓步绕行一周，瞻仰雨花台烈士纪念碑，向革命烈士致以崇高敬意。在宁省委常委，省人大常委会、省政府、省政协领导同志，各民主党派省委、省工商联负责人，南京市主要负责同志等参加了此次活动。

2. 江苏省暨南京市95对新婚夫妇在雨花台向革命烈士献花活动

2016年9月30日，是我国第三个烈士纪念日，新婚夫妇向革命烈士献花活动在雨花台群雕广场和烈士纪念碑广场举行。

出席献花仪式的领导有江苏省委常委、宣传部长、省国防教育委员会主任王燕文，江苏省委常委、省军区政委曹德信，江苏省军区政治部主任李少，民政部优抚安置局副局长李桂广，国家国防教育办公室副师职干事王颖，江苏省委宣传部常务副部长周琪，江苏省军区政治部副主任、省国防教育办公室主任李光玉，江苏省民政厅副厅长钮学兴，南京市委常委、宣传部长徐宁，南京市政府副市长胡万进，南京警备区政委张宁，南京市委外宣办主任、市文明办副主任彭振刚，南京市民政局副巡视员胡益民，雨花台烈士陵园管理局局长谈健，南京广播电视台台长高顺青。

当日上午9点，雨花台烈士就义群雕前，仪式在大雨中开始，现场齐唱国歌，向革命先烈默哀一分钟。95对新婚夫妇分成几排，陆续向烈士就义群雕敬献了鲜花。献花结束后，雨花英烈亲属代表、何宝珍烈士与刘少奇之女刘爱琴致辞。

95对夫妇象征建党95周年，他们是通过组织推荐和个人自愿报名相结合的方式遴选出来的，都是近一年来领取结婚证的新人。他们中有公安干警、医生组成的小家庭，有军人、法官小家庭，有教师、创业者，还有残疾人夫妇等。

2017年国家烈士纪念日系列活动

1. 南京军区、江苏省暨南京市各界在烈士纪念日举行向雨花台烈士敬献花篮活动

2017年9月30日烈士纪念日上午，秋雨中的南京雨花台烈士陵园庄严肃穆，向雨花台烈士敬献花篮活动在这里隆重举行。省委书记李强、省长吴政隆、省政协主席蒋定之等领导同志与省、市各界代表1000多人来到这里，深切缅怀革命烈士的历史功勋，表达干部群众弘扬革命光荣传统、团结一心向前进、在中国特色社会主义伟大实践中创造新辉煌的坚强决心。东部战区司令员刘粤军、政委何平参加活动。

在宁省委常委，省人大常委会、省政府、省政协领导同志，省军区司令员、政委，各民主党派省委、省工商联负责人，南京市主要负责同志等参加了敬献花篮活动。

2. 江苏省暨南京市新婚夫妇向革命烈士献花活动

2017 年 9 月 30 日上午，在南京雨花台烈士陵园烈士群雕前，江苏省暨南京市新婚夫妇向革命烈士献花仪式隆重举行，来自江苏省暨南京市各行各业的 90 对新婚夫妇向雨花英烈献花，表达对革命烈士的崇敬和缅怀，抒发对未来美好生活的向往。新婚夫妇代表诵读了两封雨花英烈家书、孙津川烈士侄女孙以智代表英烈亲属发言表达对新婚夫妇的祝福和期盼，最后 90 对新婚夫妇代表向全省青年发出倡议：缅怀革命先烈，铭记烈士的丰功伟绩；传承烈士精神，弘扬优良传统；争当红色传人，共创美好未来。之后新婚夫妇在“同心林”共植同心纪念树，来纪念各个历史时期为了民族独立解放和国家主权安全，为了我们今天的和平幸福而英勇献身的国家烈士。

2018 年国家烈士纪念日系列活动

1. 南京军区、江苏省暨南京市各界在烈士纪念日举行向雨花台烈士敬献花篮活动

2018 年 9 月 30 日上午，向雨花台烈士敬献花篮活动在南京雨花台烈士陵园隆重举行。省委书记娄勤俭、省长吴政隆等领导同志与省、市各界代表一起，深切缅怀革命烈士的历史功勋，表达在习近平新时代中国特色社会主义思想指引下，弘扬革命传统，凝心聚力奋斗，在新时代接续创造改革发展新辉煌的信心和决心。东部战区司令员刘粤军、政委何平参加活动。

在宁省委常委，省人大常委会、省政府、省政协领导同志，省军区司令员、政委，各民主党派省委、省工商联负责人，南京市主要负责同志等参加了敬献花篮活动。

2. 江苏省暨南京市新婚夫妇向革命烈士献花活动

2018 年 9 月 30 日是第五个全国烈士纪念日，在南京雨花台烈士陵园烈士就义群雕前，江苏省暨南京市新婚夫妇向革命烈士献花仪式隆重举行，来自省暨南京市各行各业的 80 对新婚夫妇向雨花英烈献花，表达对革命烈士的崇敬和缅怀，抒发对未来美好生活的向往。献花活动，由中共江苏省委宣传部、江苏省军区政治工作局、江苏省民政厅、南京市人民政府、江苏省国防教育办公室主办；南京市委宣传部、南京市民政局、南京警备区政治工作处、南京市国防教育办公室、南京市雨花台烈士陵园管理局承办。“缅怀革命先烈，珍惜幸福生活，共创美好未来”，在这样的主题召唤下，80 对新婚夫妇齐聚在雨花台烈士陵园，向雨花英烈敬献鲜花、诵读“雨花英烈家书”、向全省广大青年发出倡议。

3. “烈士纪念日”展示周活动

2018 年 9 月 27 日，“烈士纪念日”展示周、雨花台红色文艺创作基地启动仪式暨南京市红色文艺促进会成立大会在陵园举行。南京市委常委、宣传部部长陈勇，中国文艺评论家协会副主席张德祥，江苏省文联副主席、书记处书记刘旭东，南京市委宣传部副部长、市文联党组书记陈炜，雨花台烈士陵园管理局局长赵永艳，南京广电集团董事长高顺青等领导出席会议，与大会代表共同缅怀革命先烈，重温英雄故事，传承英烈精神。中国文艺评论家协会副主席张德祥和江苏省文联副主席、书记处书记刘旭东共同为南京市红色促进会成立揭牌。南京市红色文艺促进会是在南京市委宣传部指导下，由雨花台烈士陵园管理局、南京广播电视集团、南京美术馆三家单位发起成立的。本次大会选举陈炜担任南京市红色文艺促进会会长，王刚、方国中、张建宁、邢曼丽担任副会长，聘请著名文艺家范小青、孙晓云、周京新、刘旭东、丁捷、汪政、赵一心、赵永艳、高顺青作为顾问。

本次“烈士纪念日”展示周活动集中展示了一批“雨花英烈”主题文艺作品、雨花英烈”主题创作项目。活动期间举办了“信仰的光芒——雨花英烈主题美术插图、剪纸作品展”、雨花英烈精神的文学作品展、以雨花英烈“丁香”的人物和故事原型为引线的话剧《我就是你》演出、《雨花英烈故事》微视频展播、新媒体 H5 产品“请你弹奏，祭悼这位叫丁香的女子”网络上线等丰富的纪念活动。

2015 年 9 月，南京雨花英烈研究会成立

2015 年 9 月，雨花英烈精神研讨会在宁举行

2015 年 9 月 14 日，南京市 2015 年新兵入伍欢送仪式在雨花台烈士陵园举行

2015 年 9 月 30 日，江苏省新婚夫妇向革命烈士献花仪式在雨花台隆重举行

2015 年 9 月 30 日烈士纪念日——南京军区、江苏省暨南京市各界向雨花台烈士纪念碑敬献花篮活动

2016 年 9 月 30 日，向雨花台烈士敬献花篮活动

2016 年 9 月 30 日江苏暨南京市 95 对新婚夫妇在雨花台向革命烈士献花仪式

第三节　成人礼主题活动

成人礼主题活动历来是雨花台烈士陵园承办和开展的重要活动之一，它承载着青少年继承先烈遗志、继续奋发有为的昂扬朝气和坚强信心，是青少年理想信念教育的重要方式和有力环节。

1. 1995年4月2日，在雨花台烈士群雕像前广场，共青团南京市委组织的十八所学校的1800名18岁的学生，代表全市同龄人进行“走向辉煌——95南京十八岁成人宣誓仪式”，市委副书记张晔出席了仪式。

2. 1998年3月1日，由共青团江苏省委主办的江苏省成人纪念林基地揭碑仪式在南京雨花台举办。

3. 1998年3月7日，梅山冶金公司250人在雨花台烈士陵园管理局举办成人仪式和青少年教育基地揭牌仪式。

4. 1998年4月23日，共青团南京市委在纪念碑广场举办成人仪式，南京4000名中学生参加了该仪式。

5. 2000年，由共青团南京市委主办的南京市十八岁公民成人宣誓仪式在南京雨花台举办。

第四节 党和国家领导人谒陵

自建陵以来，许多党和国家领导人来到雨花台烈士陵园参观凭吊，并给予了亲切关怀和高度评价，这成为雨花台烈士陵园建设发展的指引与动力。

1. 刘少奇

1951 年 12 月 3 日，中共中央副主席、中央人民政府副主席刘少奇来雨花台参观凭吊，南京市领导将雨花台烈士陵园的建设向刘少奇作了专门汇报。刘少奇听后说：“中山陵是孙中山的陵寝，孙中山是我国民主革命的先驱，而雨花台烈士陵园是民主革命时期无数共产党人和革命志士牺牲的地方，所以雨花台烈士陵园一定要建设得像中山陵一样的雄伟壮观。”刘少奇的重要讲话，在宏观上为雨花台烈士陵园构建了一幅壮丽蓝图。

1958年9月，时任中共中央副主席的刘少奇来南京视察工作，在中共南京市委书记彭冲陪同下，来雨花台烈士陵园凭吊革命先烈，并对牺牲在这里的战友、妻子何宝珍烈士表示深切的哀悼和怀念。

2. 陈云

1959 年 4 月 21 日，中共中央副主席陈云来雨花台视察。

3. 班禅・额尔德尼

1959 年 12 月，全国人大常委会副委员长班禅・额尔德尼来陵园视察。

4. 董必武

1964 年 4 月，中华人民共和国副主席董必武来到雨花台烈士陵园凭吊革命烈士，并为雨花台烈士陵园题词：“英雄洒血雨花台，暴露奸权尽蠢才。毕竟人民得胜利，斗争规律史安排。遗容遗物见遗风，先烈精神永世崇。踏着血迹仍挺进，红旗高举气如虹。”在党和国家领导人当中，董必武是最早为雨花台烈士陵园题词的。

5. 朱德

1964 年初夏，朱德同志在中共南京市委书记彭冲陪同下来雨花台参观凭吊。

6. 陈毅

1964 年春，国务院副总理陈毅来陵园参观凭吊。

7. 刘伯承

1964 年春，刘伯承元帅来雨花台参观凭吊。

8. 邓颖超

1972 年 9 月，邓颖超同志专程从北京护送何香凝的灵柩来南京与廖仲恺墓并穴合葬。事后于 8 日上午 10 时来到雨花台凭吊烈士。邓颖超这是第二次来雨花台了，第一次是 1946 年，她随中共代表团在南京工作时来雨花台凭吊革命先烈的。她还捡拾了些雨花石带回梅园新村的住所。第二次来雨花台，邓颖超有了比较，在徒步前往烈士史料陈列馆的路上，她对周围的人说："今天陵园建设得很好，环境优美，和过去的面貌完全不一样了。解放前的雨花台，一片荒凉，是国民党反动派杀害烈士的地方，有许多中华优秀女儿在这块土地上献出了宝贵的生命。"她又说："这块地方很重要，你们做了很多的工作，你们辛苦了，党和政府感谢你们。你们今后要把它管理得更好，要教育我们的人民，尤其是娃娃们。要让他们懂得中国革命胜利是来之不易的，今天幸福生活是革命先烈们用鲜血和生命换来的，要十分珍惜今天的幸福生活。"

9. 康克清

1975 年、1985 年，全国妇联主席康克清来陵园参观凭吊。

10. 万里

1977 年 12 月 1 日，时任中共安徽省委第一书记万里来雨花台参观凭吊。

11. 谭震林

1978 年 4 月，全国人大常委会副委员长谭震林来雨花台视察凭吊。

12. 季方

1978 年，全国政协副主席、中国农工民主党主席季方来雨花台参观凭吊。

13. 陆定一

1979 年 10 月，全国人大常委会副委员长陆定一来陵园视察凭吊并题词："烈士是永生的，他们永远活在人民心中，永远激励人民前进。"

14. 叶剑英

1980 年 6 月 22 日，时任全国人大常委会委员长叶剑英来陵园视察凭吊。

15. 薄一波

薄一波曾先后三次来到陵园。1978 年，薄一波来陵园参观凭吊。1981 年 3 月 23 日，时任国务院副总理薄一波来陵园视察工作。1990 年 9 月 10 日，薄一波（时任中央顾问委员会副主任）由邓力群、刘英、程中原、郑惠等人陪同再次来陵园参观凭吊，并为雨花台题词："功垂千古""虎踞龙蟠日照，雄碑耸立雨花台，何曾倾尽长江水，写我当年烈士怀。"

16. 刘顺元

1981 年清明前夕，政协全国委员会常务委员刘顺元来陵园参加凭吊。1987 年 12 月 28 日，刘顺元第二次来陵园凭吊并为李德钊烈士题词：“烈士之血，人民之金。”

17. 李维汉

1981 年 4 月，全国政协副主席、原中共中央统战部部长李维汉来陵园视察凭吊。

18. 姬鹏飞

1982 年 6 月 18 日，时任全国人大常委会副委员长姬鹏飞来陵园视察凭吊，并为陵园题词：“革命英灵化春雨，五洲大地遍地红。”1990 年 11 月 22 日，时任中共中央顾问委员会常委姬鹏飞来雨花台视察凭吊，并为陵园题词：“松柏长青”。

19. 孔原

1982 年 5 月 19 日，中央军委总参谋部顾问孔原来陵园凭吊先烈并题词。

20. 韦国清

1982 年 11 月 7 日，全国人大常委会副委员长韦国清来雨花台参观凭吊

21. 胡耀邦

1982 年 11 月 9 日，中共中央总书记胡耀邦来江苏视察工作时，由省委书记韩培信等陪同专程到雨花台来凭吊先烈，特别悼念当年第十八兵团的亲密战友晋夫烈士。

22. 李鹏

李鹏曾四次来雨花台烈士陵园视察和瞻仰先烈。

第一次是 1983 年 12 月 10 日上午，时任国务院副总理李鹏在省市领导陈焕友等人的陪同下来到雨花台，当时雨花台扩建工程正在起步，陵园领导向李鹏汇报了雨花台的发展情况。李鹏听后说：“革命先烈为了今天，牺牲了他们的生命。我们应该很好地纪念他们，向他们学习。各级领导对雨花台烈士陵园建设如此重视，你们一定要抓紧工作，把洒满烈士鲜血的雨花台烈士陵园规划好，建设好。使之成为理想的爱国主义、革命传统教育基地。”

第二次是 1990 年 1 月 23 日，国务院总理李鹏在省市领导沈达人、陈焕友、戴顺智、王荣炳等人的陪同下再次来到雨花台。当李鹏看到纪念碑、纪念馆时，他十分满意并说：“我 1983 年来时，这里刚刚开始建设，时隔 6 年后的今天，雨花台烈士陵园的面貌焕然一新。江苏省和南京市的领导办了一件功德无量的大好事。你们做了大量的工作，你们的工作很有成绩。今后你们要更好地发挥雨花台烈士陵园爱国主义教育基地的作用。”此次李鹏还为陵园题了词：“无数革命先烈的鲜血洒满雨花台，中国人民永远怀念你们。”

第三次是 1992 年 9 月 23 日，国务院总理李鹏在省市领导沈达人、陈焕友、顾浩、王荣炳等人的陪同下，参观了陵园的纪念建筑群，陵园领导沿途向李鹏介绍了雨花台的教育基地情况。李鹏说：“你们的工作很神圣，很光荣，很有意义。”走到烈士纪念碑，李鹏向烈士敬献了花圈。

第四次是 1998 年 4 月 12 日，全国人大常委会委员长李鹏携夫人在省市领导陈焕友、郑斯林、王宏民等人的陪同下，再次瞻仰了雨花台烈士陵园，并向烈士纪念碑敬献了花篮。

23. 宋任穷

1983 年 6 月，中央政治局委员宋任穷来雨花台参观凭吊。

24. 袁宝华

1983 年 7 月 22 日，中共中央委员、国家经委主任袁宝华来雨花台参观凭吊。

25. 江渭清

1984 年 4 月 14 日，中央顾问委员会委员江渭清及李耘生烈士的儿媳等一行 5 人来雨花台参观凭吊，并为李耘生烈士题词：“浩气长存”。

26. 黄鼎臣

1984 年 4 月 16 日，全国政协副主席、中国致公党主席黄鼎臣来雨花台参观凭吊，并为陵园题词：“纪念先烈，发挥革命精神”。

27. 王首道

1984 年 11 月 26 日，中央顾问委员会常委王首道等 4 人来雨花台参观凭吊，并题词：“宣扬革命先烈伟业，促进精神文明建设。”

28. 徐向前

1984 年 5 月，中央军委副主席徐向前来陵园视察凭吊。

29. 彭冲

1986 年 7 月 21 日，全国人大常委会副委员长彭冲来陵园视察凭吊。

1989 年 4 月 21 日，彭冲来雨花台烈士纪念馆参观，并题词：“无产阶级革命永存”。

30. 江泽民

1988 年 4 月，时任中共中央政治局委员、上海市委书记的江泽民来雨花台参观凭吊。江泽民同志在担任党的总书记期间，曾先后四次为雨花台烈士陵园题词，充分体现了党和国家领导人对革命烈士的崇敬之情。

31. 陈丕显

1988 年 4 月，全国人大常委会副委员长陈丕显来陵园视察凭吊。

32. 荣毅仁

1989 年 4 月 9 日，全国人大常委会副委员长荣毅仁来陵园视察凭吊。

33. 乔石

1990 年 7 月 2 日上午，中共中央政治局常务委员乔石由省市领导沈达人、戴顺智等人的陪同下来到雨花台。雨花台领导向乔石介绍了陵园建设、管理、基地教育等情况。乔石听后说：“这是个好传统，应该发扬光大。我们今天的事业是烈士用鲜血和生命换来的，我们要把四化建设搞好，以告慰烈士的英灵。”乔石凭吊了烈士并代表党中央、国务院向江苏省委、南京市委及在陵园工作的同志表示感谢。1992 年 6 月 19 日，乔石偕夫人郁文一行 4 人再次来雨花台视察，市委徐副秘书长陪同，陵园领导向他介绍陵园建设的总体情况。

34. 周谷城

1990 年 4 月，全国人大常委会副委员长周谷城来陵园视察凭吊。

35. 黄华

1990 年 4 月 20 日，全国人大常委会副委员长黄华来陵园视察凭吊。

36. 胡乔木

1990 年 5 月，中共中央顾问委员会常委胡乔木来雨花台参加凭吊。

37. 陈士榘

1990 年 5 月 7 日，中央军委顾问陈士榘来雨花台参观凭吊，并为陵园题词：“救民族洒热血业惊天地，继传统振中华慰籍忠魂。”

38. 赛福鼎

1990 年 11 月 23 日，全国人大常委会副委员长赛福鼎来陵园视察凭吊，并题词：“革命烈士，永垂不朽。”

39. 卢嘉锡

1990 年 11 月 25 日，全国政协副主席、中国农工民主党中央主席卢嘉锡来陵园视察凭吊，并题词：“缅怀先烈的革命事迹，完成未竟事业。”

40. 李瑞环

1991 年 4 月 12 日至 20 日，中共中央政治局常委、中央书记处书记李瑞环来江苏视察。19 日在省市领导沈达人、孙家正、顾浩等人的陪同下来到雨花台参观并祭扫了烈士墓。陵园领导介绍了陵园的建设和管理情况以及人民群众凭吊烈士的详细情况。李瑞环听完汇报后，非常满意，同时也指出：“现在搞经济建设决不能忘记革命传统教育和爱国主义教育，要把它作为重点的工作来抓。”并说，“烈士陵园要广泛全面详细地收集烈士的史迹资料，系统地向青少年介绍烈士事迹，激励大家把祖国建设好。”在结束参观时，李瑞环又强调：“雨花台不仅仅是南京人民的，江苏人民的，而且是全国人民的，你们一定要把雨花台烈士陵园建设好、管理好，使之成为爱国主义和革命传统教育的阵地。”

41. 姚依林

1992 年 11 月 26 日，中共中央政治局常委、国务院副总理姚依林偕夫人来陵园视察、游览。市领导顾浩、王荣炳、胡序建、汪正生等陪同。

42. 倪志福

1993 年 9 月 14 日，中华全国总工会主席、党组书记倪志福来陵园视察凭吊。

43. 刘澜涛

1993 年 10 月 19 日，原全国政协副主席、中顾委常委刘澜涛来陵视察凭吊。

44. 任建新

1994 年 6 月，中共中央书记处书记、最高人民法院院长、党组书记、中共中央政法委员会书记任建新来雨花台参观凭吊。

45. 田纪云

1995 年 6 月 5 日，全国人大常委会副委员长田纪云来雨花台参加凭吊。

46. 王汉斌

1995 年 6 月 5 日，全国人大常委会副委员长王汉斌来雨花台参加凭吊。

47. 布赫

1995 年 7 月 9 日，全国人大常委会副委员长布赫、安徽省人大常委会副主任江泽慧一行来陵参观，省领导林启鸿陪同。

48. 杨尚昆

1995 年 12 月 13 日，杨尚昆来陵视察凭吊。

49. 华国锋

1996 年 9 月 11 日，华国锋来陵园参观凭吊。

50. 胡锦涛

1996 年 11 月 2 日下午，时任中央政治局常委、书记处书记、国家副主席胡锦涛在省市领导陪同下来到雨花台瞻仰凭吊烈士。胡锦涛在纪念馆接待厅听取了陵园领导就陵园爱国主义基地建设和发挥作用的汇报，并观看了《碧血千秋雨花台》录像片和雨花台风景区图片。之后，胡锦涛在省市领导和陵园接待人员的陪同下，参观了雨花台烈士陵园纪念建筑群。在烈士纪念碑前，胡锦涛向革命烈士敬献了花圈，深切缅怀并悼念烈士们的英灵。陵园还向胡锦涛赠送了由江泽民题写书名的《雨花台烈士纪念碑廊墨迹》一书。胡锦涛在纪念碑前向烈士敬献了花圈并与一群正在凭吊烈士的小学生进行了亲切交谈。

51. 罗干

1997 年 12 月 30 日，中央政治局委员、中央书记处书记罗干来陵园视察凭吊。

52. 周铁龙

1998 年 10 月 13 日，全国政协副主席、中国国民党革命委员会中央副主席周铁龙来陵园参观。

53. 叶飞

1998 年 11 月 9 日，全国人大常委会副委员长叶飞上将来陵园参观。

54. 俞正声

2000 年 5 月 15 日，时任国家建设部部长、党组书记俞正声来陵视察参观。

55. 邹家华

2000 年 6 月 13 日，全国人大常委会副委员长邹家华来陵视察凭吊。

56. 丁关根

2000 年 9 月 5 日，中共中央政治局委员、书记处书记、中宣部部长丁关根来陵园参观考察。

57. 姜春云

2000 年 9 月，全国人大常委会副委员长姜春云来陵视察凭吊。

58. 刘云山

2000年9月8日，时任中共中央宣传部副部长、中央文明办主任刘云山一行前来参观烈士陵园。

59. 王文元

2001 年 4 月 5 日下午，全国政协副主席王文元一行来到雨花台烈士纪念馆参观。对雨花台的建设，王副主席说“雨花台气势恢宏、规模很大、管理很好，参观者众多”，并题词“浩然正气”。

60. 赵南起

2001 年 5 月 18 日，全国政协副主席赵南起一行率全国人口资源与环境工作会议代表共 150 人来烈士陵园参观凭吊。

61. 张思卿

2001 年 8 月 28 日下午，全国政协副主席张思卿在省政协副主席胡序建、市委副书记王浩良、副市长许慧玲的陪同下来雨花台参观凭吊。

62. 叶选平

2001 年 10 月 17 日，全国政协副主席叶选平在省政协副主席胡序健等领导的陪同下来雨花台参观凭吊。叶副主席详细地参观了纪念馆史料陈列并在留言本上题字，最后在纪念碑向革命烈士敬献了花圈。

63. 李源潮

2004 年 4 月 3 日，江苏省暨南京市在雨花台烈士陵园隆重举行青少年祭扫革命先烈活动。时任江苏省委书记李源潮等与来自南京和全省各地的共青团员、少先队员代表约 2000 人参加了祭扫仪式，并向烈士纪念碑敬献花圈。

64. 曾庆红

2007 年 10 月，中华人民共和国副主席曾庆红来陵视察凭吊。

第五节　国际友人谒陵

自建陵起，雨花台烈士陵园迎来了无数国际友人的参观与凭吊，其中以社会主义国家和亚非拉美发展中国家朋友为主，这是雨花台烈士陵园促进国际交流、增进国家间友谊的历史见证。

1. 1950 年 10 月 13 日，世界民主青年联盟代表来到雨花台，向革命烈士默哀致敬，并敬献花圈。

2. 1951 年清明节，社会各界来陵祭扫及缅甸华侨来陵凭吊。

3. 1951 年 10 月，波兰、匈牙利、罗马尼亚、保加利亚、捷克斯洛伐克、东德、蒙古、朝鲜八国人民观光团来陵参观，并在雨花台烈士奠基碑前献花。

4. 1952 年 5 月，应中华全国总工会邀请的世界工联代表及各国工会代表一行 124 人，来雨花台凭吊，并敬献花圈。

5. 1952 年 10 月，出席亚洲及太平洋区域和平会议的澳大利亚、缅甸、印度、印尼、新西兰、巴基斯坦等国代表来陵参观凭吊。

6. 1952 年，波兰文化代表团来陵参观凭吊。

7. 1952 年，匈牙利文工团来陵参观凭吊。

8. 1952 年，缅甸华侨归国观光团来陵参观凭吊。

9. 1953 年，世界各国青年代表团来陵参观凭吊。

10. 1953 年 3 月，苏联作家华西列夫卡亚和考涅楚克来陵参观凭吊。

11. 1954 年，保加利亚人民共和国政府代表团来陵参观凭吊。

12. 1954 年，罗马尼亚政府代表团来陵参观凭吊。

13. 1954 年，苏联文化代表团来陵参观凭吊。

14. 1954 年，印中友好协会代表来陵参观凭吊。

15. 1955 年，英国访华友好代表团来陵参观凭吊。

16. 1955 年，法国工会总书记蒙穆梭来陵参观凭吊。

17. 1955 年，法国和理会主席法奇夫妇来陵参观凭吊。

18. 1955 年，法国作家萨特来陵参观凭吊。

19. 1955 年，英国访华友好代表团来陵参观凭吊。

20. 1955 年，苏联建筑部副部长雅申来陵参观凭吊。

21. 1955 年 5 月 12 日，蒙古人民共和国科学文化工作者代表团来陵参观凭吊。

22. 1955 年 10 月，波兰军队歌舞团来陵参观凭吊。

23. 1956 年，南斯拉夫农业考察团来陵参观凭吊。

24. 1956 年，以色列共产党代表团来陵参观凭吊。

25. 1956 年 10 月，印度共产党代表团来陵参观凭吊。

26. 1956 年 11 月，埃及青年代表团来陵参观凭吊。

27. 1958 年 10 月，中苏合拍《伏尔加——长江》影片的群众演员来雨花台祭扫，并敬献花圈。

28. 1961 年 5 月，越南国家领导人胡志明来雨花台参观凭吊，并为雨花台烈士陵园题词："碧血千秋"。

29. 1963 年 7 月 16 日至 18 日，根据中朝两国科学技术合作协定，朝鲜民主主义人民共和国派遣园林绿化考察团一行 10 人来雨花台参观园林绿化。

30. 1965 年 9 月 10 日，在南京参加中日青年友好大联欢的日本青年代表团凭吊了雨花台人民革命烈士碑，并瞻仰了烈士史料陈列室。

31. 1983 年 8 月，日本青年团访华团来陵参观凭吊。

32. 1986 年 10 月 26 日，德意志民主共和国国务委员会主席、德国统一社会党中央委员会总书记埃里希·昂纳克来雨花台参观凭吊，赠送台尔曼同志头像一座，在纪念馆前栽植龙柏一株，以示留念，并为烈士纪念馆题词："参观革命烈士纪念馆，我们深受感动，在这里被杀害的妇女和男子是为了献给一个崇高的事业，他们是为争取一个处于和平社会安全的未来而贡献自己最宝贵的生命。他们没有白白地牺牲，他们的事业通过中国共产党领导下的革命于一九四九年争取得胜利而达到顶峰，烈士们的理想在中国人民的社会主义建设中永存。我们鞠躬并致敬并缅怀牺牲的英雄们。"

33. 1987 年 5 月 8 日，保加利亚人民共和国国务委员会主席、保加利亚共产党中央委员会总书记托多尔·日夫科夫来雨花台参观凭吊，赠送游击队战士青铜圆雕像一座，以志纪念，并为烈士纪念馆留言："我怀着十分激动的心情谒拜了雨花台烈士陵园，它记载着中国人民为自由和真理而英勇斗争的不可磨灭的功绩，在这块神圣的土地上，无数中国共产党和爱国志士为了祖国社会主义光明的未来而捐躯。无数英雄和知名先烈的不朽功绩令人由衷的怀念和崇敬。"

34. 1988 年 10 月 6 日，德意志民主共和国、德国统一社会党老干部及反法西斯战士访问团来雨花台参观凭吊，赫尔穆·特利伯曼题词留念。

35. 1988 年 10 月 12 日，德意志民主共和国水利考察团团长、部长会议副主席兼环保水利部长顿歇哥特来雨花台参观凭吊，并题词留念。

1951 年，清明节各界祭扫及缅甸华侨来陵凭吊

1952 年 5 月，世界工联代表考里班诺夫在人民革命烈士墓前致辞

1951 年，波、匈、罗、保、捷、德、蒙、朝八国人民观光团凭吊革命烈士

1952 年 5 月，世界工联及各国工会代表访宁全体代表凭吊雨花台向人民烈士墓献花圈致敬

1952年10月，出席亚洲及太平洋区域和平会议的澳大利亚、缅甸、印度、印尼、新西兰、巴基斯坦等国代表凭吊革命烈士

1952年，波兰文化代表团在奠基纪念碑前留影

1952年，匈牙利文工团凭吊烈士墓

1952年，缅甸华侨归国观光团在奠基纪念碑前留影

1952年，缅甸华侨归国观光团谒陵

1953年，世界各国青年代表凭吊烈士

1953 年，越南、老挝青年代表团敬献花圈

1955 年 3 月，苏联作家华西列夫卡亚、考涅楚克在奠基纪念碑前留影

1954 年，保加利亚人民共和国政府代表团敬献花圈

1954 年，罗马尼亚政府代表团奠基纪念碑前留影

1954 年，苏联文化代表团敬献花圈

1954 年，印中友好协会敬献花圈

1955 年，法国工会总书记蒙穆梭在奠基纪念碑前留影

1955 年，英国访华友好代表团来陵凭吊

1955年，法国和理会主席法奇夫妇凭吊革命烈士

1955年，法国作家萨特在奠基纪念碑前留影

1955年，苏联建筑部雅申副部长敬献花圈

1955年5月12日，蒙古人民共和国科学文化工作者代表团敬献花圈

1956年，南斯拉夫农业考察团敬献花圈

1956年，以色列共产党代表团凭吊革命烈士

1956年10月，印度共产党代表团在烈士西殉难处凭吊

1956年11月，埃及青年代表团在奠基纪念碑前留影

1958年10月中苏合拍《伏尔加—长江》影片的群众演员在主峰凭吊

1958 年 10 月中苏合拍《伏尔加——长江》影片的群众演员在献花圈

1961 年 5 月，胡志明参观纪念馆

1961 年，胡志明等离开烈士墓

1983 年 8 月，日本青年团访华团来陵参观凭吊

1986 年 10 月 26 日，东德统一社会党中央书记、国务委员会主席昂纳克来陵参观凭吊

1987 年 5 月 8 日，保加利亚总书记日夫科夫一行来陵参观凭吊

36. 1992 年 5 月 30 日，朝鲜安全部艺术团 90 余人来陵园参观凭吊，省安全厅陪同。

37. 1995 年 12 月 6 日，朝鲜社会安全部友好访问参观团在团长、治安局局长金昌仁中将的率领下参观了纪念馆、纪念碑。

38. 1996 年 3 月 31 日叙利亚共产党书记尤素夫·费萨尔及政治局委员尤素夫·尼麦尔、法伊兹·吉拉哈吉来陵参观凭吊烈士并题词：“叙利亚共产党代表团向烈士陵园致敬！我党认为，你们的事业对于年轻的一代起着教育作用，他们将沿着前人的足迹前进。烈士们是人类最伟大最高贵的人们。”

39. 1998 年 7 月 1 日，朝鲜国家保卫部代表团一行 10 人前来陵园参观。

40. 1998 年 9 月 2 日，尼泊尔共产党（联合马列）代表团一行 5 人由中联部亚洲一局副局长费永仪等 2 人陪同来陵园参观。

41. 1998 年 10 月 22 日，巴勒斯坦“法塔赫”青年干部考察团 15 人来陵园参观。

42. 1998 年 11 月 24 日，朝鲜国境警备总局代表团一行 8 人来陵园参观。

43. 1999 年 6 月 30 日，朝鲜中央电视台处长刘昌顺率领朝鲜中央电视台采访摄制组一行 5 人来陵园采访。

44. 1999 年 8 月 26 日，朝鲜平壤学生少年艺术团来陵园凭吊、参观，并与南京市少儿艺术合唱团举行联欢活动。

45. 1999 年 9 月 16 日，由以总书记、前副首相兼国防、外交大臣马·尼泊尔为团长的尼泊尔共产党（联合马列）代表团一行 6 人，在中联部副局长费永仪、处长沈蓓莉等 3 人的陪同下来陵园参观。

46. 1999 年 10 月 12 日，越南公安代表团一行 9 人来陵园参观。

47. 1999 年 10 月 20 日，下午 3 时半，朝鲜公安部人员在省公安厅外事处有关人员陪同下来陵园参观。

48. 2001 年 5 月 28 日下午，原越南国家副主席黄文欢之子黄日新一行 8 人来雨花台烈士陵园参观。

49. 2016 年 6 月 25 日，坦桑尼亚革命党中央干部考察团来雨花台参观凭吊。

此外，在 20 世纪 50 至 60 年代，朝鲜青年艺术团、朝鲜人民访华代表团、法中友好协会、美国共产党代表及加拿大劳工进步党代表、蒙古人民共和国政府代表团、缅甸电影代表团、民主德国人民艺术歌舞团、挪威文化代表团、苏联工会代表团、匈牙利人民军歌舞团、意大利文化代表团、印度尼西亚答利艺术团、英国电气工会代表团等团体，以及纪念世界四大名人的法国代表维尔高尔夫妇及澳大利亚前参议员威廉·毛罗、保加利亚诗人彼得罗夫、保加利亚艺术家查哈里那夫、罗马尼亚国民议会主席团主席格罗查博士、日本拥护和平委员会主席大山郁夫及夫人、印度诗人查托巴迪雅等国外知名人士都曾来陵参观凭吊。

朝鲜人民军访华代表团来陵凭吊

朝鲜青年艺术团敬献花圈

保加利亚诗人彼得罗夫、艺术家查哈里那夫敬献花圈

巴勒斯坦“法塔赫”青年干部考察团谒陵

印度、印尼、缅甸归国华侨碑前留影

印度尼西亚答利艺术团来陵凭吊

民主德国人民艺术歌舞团来陵凭吊

法中友好协会碑前留影

匈牙利人民军歌舞团谒陵

挪威文化代表团敬献花圈

意大利文化代表团来陵凭吊

印度诗人查托巴迪雅碑前留影

民主德国两位作家敬献花圈

越南代表团来陵凭吊

日本拥护和平委员会主席大山郁夫及夫人来陵凭吊

罗马尼亚国民议会主席团主席格罗查博士碑前留影

法国维尔高尔夫妇及澳大利亚前参议员威廉·毛罗来陵凭吊

蒙古人民共和国政府代表团来陵凭吊

苏联工会代表团留影

美国共产党及加拿大劳工进步党代表凭吊烈士

缅甸电影代表团来陵凭吊

英国电气工会代表团谒陵

波兰军队歌舞团敬献花圈

罗、捷、波、德四国文化代表团谒陵

2016 年 6 月 25 日，坦桑尼亚革命党中央干部考察团来雨花台参观凭吊

第六节　社会各界知名人士谒陵

每年来雨花台烈士陵园参观凭吊的社会各界群众数以百万计，其中许多是社会知名人士。

1. 1965 年初夏，李宗仁偕夫人郭德洁及其秘书程思远来雨花台参观。

2. 1974 年 2 月 24 日，钟志明来雨花台参观凭吊。

3. 1979 年 12 月，刘海粟来雨花台作画四幅，其夫人为画题词。

4. 1980 年 4 月，草原英雄小姐妹来陈列室参观，在招待所留影。

5. 1980 年 6 月 21 日，国务院外国专家局党组书记、局长杨放之来雨花台凭吊先烈，并特别缅怀了妻子黄励烈士。

6. 1984 年 8 月 23 日，毛泽东之子毛岸青偕夫人邵华一行 14 人来雨花台参观凭吊。

7. 1986 年，刘开渠先生来陵园参观凭吊。

8. 1988 年 7 月 1 日，雨花台烈士陵园建设委员会顾问杜平来雨花台参观烈士纪念馆，并为纪念馆落成题词：“坐牢杀头寻常事，鲜血染透雨花石。革命先锋当向导，英名彪炳留青史。”

9. 1990 年 5 月 21 日，国务院研究室主任袁木来雨花台参观凭吊，并为陵园题词：“高举爱国主义旗帜，坚守社会主义阵地。”

10. 1993 年 2 月 12 日，全国政协副主席、中国佛教协会会长赵朴初来烈士陵园参观游览，挥毫抒情：“仰瞻烈士碑，俯拾雨花石，忠魂凌青云，花雨尽碧血。”

11. 1995 年 7 月 27 日，徐悲鸿的夫人、徐悲鸿纪念馆馆长廖静文女士一行来陵园参观了纪念馆和雨花石博物馆，并为两馆题词留念。

12. 1998 年 3 月 26 日，新华社香港分社原社长周南一行 10 人前来陵园参观。

13. 1998 年 7 月 1 日，新华社澳门分社社长王启人一行 10 人来陵园参观。

14. 2000 年 4 月 7 日，演员凌峰及摄制组由中央台办、省台办陪同来陵园拍摄《新八千里路云和月》部分镜头。

15. 2001 年 9 月 16 日，世界华商大会代表中央政府驻香港联络办副主任邹哲开一行 7 人，来雨花台烈士陵园参观。

16. 2009 年 10 月 15 日，全国政协常委、原中央党校副校长李君如教授在来宁授课之际，特意来雨花台参观视察，并对烈士纪念馆新一轮陈列改造工作给予指导。

17. 2013 年 11 月 3 日，农工民主党中央副主席、全国人大常委会委员、全国人大资环委会副主任委员龚建明一行来纪念馆参观。

1980 年 4 月，草原英雄小姐妹来烈士史料陈列室参观，在招待所留影

1980 年 4 月，清明期间草原英雄小姐妹凭吊纪念碑

1980 年 4 月，清明期间草原英雄小姐妹玉蓉招待室留言时留影

1986 年，雕塑艺术家刘开渠来陵参观凭吊

2013 年 11 月 3 日，农工民主党中央副主席龚建明一行来纪念馆参观

第七节　烈士家属暨后人凭吊

接待烈士家属，历来是雨花台烈士陵园的重要任务。自建陵以来，雨花台烈士陵园接待了许多来陵凭吊祭扫的烈士家属，留下了无数感人的画面与瞬间。

1. 1958 年 7 月 17 日，卢志英烈士的爱人、儿子、女儿来陵纪念卢志英殉难十周年。

2. 1961 年 5 月，邓中夏烈士爱人夏明同志来陵参观凭吊。

3. 1972 年，邓中夏养子李致宁来雨花台凭吊亲人。

4. 1979 年，卢志英之子卢大容来雨花台凭吊亲人。

5. 1980 年 1 月，邓振询妻子李坚贞来雨花台凭吊亲人。

6. 1982 年 4 月，恽代英烈士爱人沈葆英、儿子恽希仲及孙女来陵扫墓。

7. 1982 年 4 月 25 日，李耘生烈士夫人、年近八旬的中央纪委检查委员会副书记章蕴来到雨花台，凭吊革命先烈。章蕴在“死难烈士万岁”纪念碑前默哀致敬，并敬献了花圈。花圈飘带上写着：“悼念先烈、战友李耘生殉难五十周年，你的亲密战友章蕴敬挽”。章蕴还参观了烈士史料陈列室。

8. 1984 年 4 月 6 日，坐落在雨花台东峰南麓的知名烈士墓区建成，将 17 名牺牲在南京地区的烈士集中迁葬于此，113 位烈属参加了祭扫活动。

9. 1985 年春，乐于鸿、时钟曼在雨花台纪念碑献花圈。

10. 1989 年清明，来自全国各地的烈士亲属来雨花台凭吊亲人。

11. 1997 年 10 月，邓中夏烈士之子李致宁来陵参观凭吊。

12. 1997 年 10 月，何葆珍烈士女儿刘爱琴来陵凭吊母亲。

13. 1998 年 4 月 21 日，肖万才烈士之女肖敏等一行 9 人前来凭吊烈士。

14. 1998 年 10 月，罗登贤之子罗伟民携妻、子来雨花台凭吊亲人。

15. 1999 年 1 月 27 日，下午 3 时，陈原道烈士之子、中共中央委员、全国人大常委会委员、原航天工业部副部长刘纪原一行8人来陵园凭吊烈士。同时，他还接受了大型文献纪录片《雨花魂》摄制组的采访。

16. 2000年4月1日，望江矶“三烈士墓”“皖南事变史料陈列室”开展，周子昆烈士夫人何子友及南京市拉萨路小学师生及烈士陵领导盛同和共同向三烈士墓敬献花圈，并参观了“皖南事变史料陈列室”。

17. 2000年4月4日，刘少奇女儿刘爱琴来雨花台凭吊母亲何宝珍烈士。

18. 2000年清明，李耘生女儿杜早力来雨花台凭吊亲人。

19. 2001年4月1日，为纪念恽代英烈士殉难70周年，烈士纪念馆与市教委在纪念碑广场联合举行“纪念先烈，崇尚科学，作世纪主人”系列活动。出席主题活动的领导有南京军区原司令员向守志、原政委傅奎清、南京市关心下一代工作委员会副主任马昭宏、南京市教工委书记苗瑞涛。烈士亲属代表有恽代英烈士的儿子恽希仲、袁国平烈士的儿子袁振威、孙津川烈士的侄女孙以智等。

20. 2001年4月5日，烈士纪念馆举行了烈士亲属座谈会及凭吊仪式。清明期间共接待来自北京、上海、兰州等地的烈士亲属23户，86人次。其中包括丁行烈士的妻子蒲洛宇、周镐烈士的妻子吴雪亚、刘亚生烈士的女儿刘忠、秦明烈士的儿子乔延和等。

21. 2001年5月9日，刘少奇之女刘爱琴来到雨花台烈士陵园参观、凭吊—追思母亲何宝珍。

22. 2001年10月19日，刘少奇的女婿沃宝田一行来雨花台烈士陵园参观。

23. 2004年2月1日，刘纪原携全家来雨花台凭吊父亲陈原道烈士。

24. 2007年清明节，李治邦烈士儿媳熊广华携全家来雨花台凭吊亲人。

25. 2007年清明节，周镐烈士妻子吴雪亚在女儿的陪同下来雨花台凭吊丈夫。

26. 2007年清明节，丁行烈士之女丁奂吾来雨花台凭吊父亲。

27. 2007年清明节，朱务平烈士之子朱兴礼来雨花台凭吊父亲。

28. 2007年4月5日上午，百余名烈士家属来陵凭吊，并参加座谈会，为雨花台烈士陵园建设献计献策。

29. 2008年，周镐妻子吴雪亚来雨花台参观凭吊。

30. 2008年4月，陈处泰女儿陈不柔前来雨花台参观凭吊。

31. 2008年10月19日，吕惠生烈士之女吕学文来雨花台凭吊父亲。

32. 2009年10月6日，徐楚光烈士100周年诞辰家祭活动在雨花台烈士纪念馆举行。

33. 2013年1月13日，张冰烈士百年诞辰活动在雨花台烈士纪念馆举行，张冰烈士和其生前战友徐楚光烈士的近50名亲属，从全国各地赶到雨花台，共同凭吊、追思烈士。

34. 2013年3月31日，纪念陶家齐烈士殉难70周年活动在雨花台烈士陵园举行。

35. 2013年4月1日，项英长女项苏云携家属来雨花台凭吊。

36. 2013年4月2日，雨花台烈士亲属集体凭吊活动在雨花台烈士纪念碑举行。

37. 2016年4月2日，清明节前，何宝珍烈士之女刘爱琴、吴振鹏烈士之女王行等来自全国各地的140多位烈士亲属，以及南京各界群众一道，来到雨花台烈士陵园凭吊，深切缅怀革命烈士的不朽功绩，表达南京干部群众继往开来，为实现中华民族伟大复兴中国梦接续奋斗的坚定决心。

38. 2016 年 9 月 30 日，在第三个全国烈士纪念日到来之际，以刘爱琴、袁振威为代表的十余名烈士亲属来到雨花台参观凭吊，并应邀出席了江苏省暨南京市 95 对新婚夫妇在雨花台向革命烈士献花仪式，并在仪式结束后参观了雨花石博物馆。

39. 2017 年 4 月 2 日，来自 40 多个雨花台烈士家庭近 180 位家属在雨花台烈士纪念碑前默哀，敬献花圈，表达对革命先烈的崇敬和对亲人的哀思。随后，“红色文化看传承 不忘初心大道行”雨花台清明主题活动在烈士纪念馆幸福厅举行。

40. 2017 年 4 月 20 日，陈原道烈士之子刘纪原来雨花台凭吊父亲。

41. 2017 年 4 月 24 日，吕惠生烈士之子吕其明来雨花台凭吊父亲。

42. 2019 年 7 月 8 日，晋夫烈士牺牲 70 周年，他的战友秦华礼来雨花台凭吊。

1958 年 7 月 17 日卢志英夫人、儿子、女儿来陵纪念卢志英烈士殉难十周年

1961 年 5 月，邓中夏夫人夏明来陵参观凭吊

1982 年 4 月，恽代英夫人沈葆英、儿子恽希仲及孙女来陵扫墓

1985 年春，乐于鸿、时钟曼夫妇来陵凭吊丁香烈士

1997 年 10 月，邓中夏烈士之子李致宁来陵参观凭吊

1997 年 10 月，何宝珍烈士之女刘爱琴来陵参观凭吊

1998 年 10 月，罗登贤烈士之子罗伟民携妻、子来雨花台凭吊亲人

2000 年清明，李耘生烈士之女杜早力来雨花台凭吊亲人

2007 年清明烈士家属凭吊祭扫

2008 年 4 月 3 日寻亲活动和清明祭扫

2008 年，周镐烈士妻子吴雪亚来雨花台参观凭吊

2008 年 4 月，陈处泰烈士之女陈不柔前来雨花台凭吊亲人

2013 年 3 月 31 日，纪念陶家齐烈士殉难 70 周年活动在雨花台烈士陵园举行。

2017 年 4 月 2 日，来自 40 多个雨花台烈士家庭近 180 位家属在雨花台烈士纪念碑前献花

郭纲琳烈士战友李丰平的女儿李大纲、李大琳来纪念馆凭吊

2019 年 7 月 8 日，晋夫烈士的战友秦华礼来雨花台凭吊

第八节　重要纪念活动

自建陵以来，雨花台烈士陵园举办和开展了形式多样的纪念活动，以此缅怀革命先烈，祭奠先烈英灵。这些活动承载着社会各界对先烈的无限追思，也见证了雨花台烈士陵园弘扬雨花英烈精神的光辉历程，取得了重要的社会影响。

1. 1950 年 3 月 13 日，南京市第一届工会会员代表大会闭幕后，600 多代表整队前往雨花台烈士陵园进行凭吊，一致发出庄严誓言：贯彻大会决议，继承先烈遗志。

2. 1951 年，中国人民志愿军归国代表团在雨花台烈士奠基碑广场凭吊。

3. 1951 年清明节，南京市各界 168 个团体的 25000 余人，陆续前往雨花台烈士陵园致祭，悼念为人民解放事业而光荣牺牲的革命先烈。

4. 1951 年 10 月 19 日，南方老根据地人民代表团来陵凭吊烈士，并看望孙津川烈士母亲。

5. 1952 年，各民族代表团来陵参观凭吊。

6. 1952 年 4 月 6 日，南京市人民政府在雨花台烈士陵园奠基广场举行了悼念仪式，参加悼念仪式的有中央及华东驻宁机关、市人民政府及所属各单位、各民主党派、人民团体、军区部队、学校，共计 201 个单位的 6000 余人。

7. 1953 年 10 月 24 日，甘肃、青海、新疆边境各民族参观团来陵参观凭吊。

8. 1959 年，纪念卢志英、骆何民、陈子涛烈士殉难十周年，雨花台中心小学在墓前举行纪念仪式。

9. 1959 年 4 月 4 日，南京市 60 多所学校的 10700 多名学生来到雨花台烈士陵园扫墓，祭奠烈士英灵。

10. 1966 年 2 月 24 日，200 多名江苏省贫下中农代表和农业先进单位代表会议的代表，凭吊了雨花台烈士陵园。

11. 1973 年，江苏省团代会代表 1500 余人来雨花台参加凭吊。

12. 1973 年，纪念毛主席题词“向雷锋同志学习”十周年，南京市 5000 名共青团员来雨花台义务劳动。

13. 1977年3月4日，共青团南京市委举行活动，凭吊革命先烈，组织团员义务参加殉难处工程劳动。

14. 1979年2月4日，雨花台烈士陵园召开了在宁牺牲部分烈士家属春节茶话会。

15. 1980年4月2日，共青团南京市委在雨花台烈士陵园组织了一次以革命传统教育为中心的大团日活动。来自南京市各条战线的两千名新团员和1000多名青年在这里度过了一个既生动活泼又富于教育意义的团日。

16. 1980年4月4日，南京市3500名少先队员来到雨花台北殉难处群石雕像前，代表全省一千万少先队员和少年儿童参加团省委召开的红领巾献款仪式大会。

17. 1982年6月1日，江苏省团委在南京举行雨花台红领巾广场竣工仪式大会，全省1400多名少先队员、辅导员参加了大会。雨花台红领巾广场的竣工，为江苏省少先队历史增添了光辉的一页，将成为少先队开展革命传统教育的好阵地。

18. 1986年9月，中共中央南京局中共代表团老同志座谈会全体代表来雨花台凭吊烈士。

19. 1988年7月1日，南京市委市政府在雨花台烈士陵园召集在宁的第一、第二次国内革命战争时期参加革命的80多名老红军、老干部、老党员进行座谈，并参观了新落成的“雨花台革命烈士纪念馆”。

20. 1992年4月28日，青少年教育基地命名仪式在纪念馆前举行。

21. 1992年12月26日，全国最大的纪念碑廊——雨花台烈士纪念碑廊于毛泽东同志诞辰之际正式竣工建成，省市领导曹克明、韩培信、顾浩、胡序建，南京军区政治部领导缪国亮等以及老同志杜平、向守志等出息了竣工典礼。

22. 1995年1月20日，为纪念中共南京市委第二任书记孙津川烈士100周年诞辰，市党史办和雨花台烈士陵园管理处在雨花台烈士纪念馆举行座谈会，缅怀烈士业绩，弘扬革命传统，市委相关领导以及孙津川烈士的亲属50多人出席了座谈会。

23. 1995年8月11日，在烈士纪念碑前广场隆重举行了市职工纪念抗战胜利50周年歌咏大会。由雨花台烈士陵园管理处和南京市总工会、南京有线广播电视台主办。

24. 1996年，江苏省暨南京市庆祝“五一”国际劳动节及第三届全国工人运动会开幕式大会在雨花台举行。

25. 1996年10月20日，南京人民为庆祝红军长征胜利60周年，在雨花台举行“万人颂长征”的文艺演出活动。

26. 1997年4月10日，江苏省委、南京市委党史办与雨花台烈士陵园管理局在雨花台烈士陵园共同举办了“碧血颂”系列活动，纪念“4·10”英烈牺牲70周年。省委副书记顾浩、市委副书记汪正生为“碧血颂”——纪念“4·10”英烈牺牲70周年展览揭幕。

27. 1997年5月17日，南京市政府机关公务员在雨花台举行“高唱廉政歌”的活动。

28. 1997年6月21日，在宁高校近4000名毕业生党员集会在雨花台烈士陵园革命烈士群雕塑像前，面对鲜红的党旗，举行庆“七一”、应回归，重温入党誓词宣誓活动，抒发他们爱党爱国、建功立业的赤子之心。

29. 1997 年 7 月 27 日，中共南京市委宣传部、南京军分区政治部、雨花台烈士陵园管理局，在雨花台举行“鱼水欢歌”——庆祝中国人民解放军建军 70 周年军民大联欢活动。

30. 1998 年 9 月 25 日，以“缅怀先烈，庆祝建国 50 周年”为主题的大型广场文艺演出在雨花台烈士陵园纪念碑广场举行。

31. 1998 年 10 月 1 日，国家安全厅、工程兵工程学院等 11 家单位与雨花台烈士陵园管理局在陵园北大门广场举行“歌颂改革开放 20 年成就军民文艺演唱会”。

32. 1999 年 5 月，由南京市委宣传部、市文化局、江苏电视台主办的《祖国给我理想——南京纪念“五四”运动八十周年大学生演唱会》在雨花台举办，分“燃烧吧，五四火炬”“祖国给我理想”“新世纪的希望”三部分，唱出了现代青年的理想、责任。

33. 1999 年“五四”前夕，南京部队、企事业单位、厂矿、院校等团委，纷纷组织团员青年来到雨花台革命烈士陵园开展悼念先烈、义务劳动等活动，在纪念“五四”运动 80 周年时进行一次爱国主义教育。

34. 1999 年 9 月 25 日，庆祝雨花台烈士陵园建陵五十周年活动在纪念馆举行。

35. 2000 年 4 月 1 日，望江矶三烈士墓“皖南事变史料陈列室”开展，周子昆烈士夫人何子友同志及南京市拉萨路小学师生及烈士陵领导盛同和共同向三烈士墓敬献花圈，并参观了“皖南事变史料陈列室”。江苏卫视作了现场报道。

36. 2000 年 4 月 4 日，150 多位革命先烈的后代从北京、上海等地赶来，在雨中为他们的父母、前辈献上花篮，寄托哀思。

37. 2002 年 4 月 24 日，江苏省暨南京市万名团员在雨花台烈士陵园隆重举行纪念建团 80 周年大型团日活动，来自省市有关机关企事业单位、学校和驻宁部队的团员青年面向火红的团旗，重温入团誓词，决心紧跟党走，成才建功。仪式结束后，团员青年们参观了雨花台烈士纪念馆和周光裕事迹展，并在雨花台烈士陵园开展了义务献血、志愿服务、义务劳动、诗歌朗诵等多种形式的团日活动。

38. 2009 年 9 月 28 日，为歌颂新中国成立 60 年来的伟大历程和辉煌成就，展现南京百万职工热爱祖国、奋发向上的精神面貌，由南京市总工会主办的“《祖国颂》——南京百万职工庆祝新中国成立 60 周年大型广场演出”在陵园纪念碑前广场隆重举行。省委常委、南京市委书记朱善璐，南京市主要领导，省总工会副主席张鸿生等出席并观看演出。演出前，参加演出活动的南京市主要领导和各部委办局领导等，向纪念碑敬献花圈，以缅怀革命先烈，祭奠先烈英灵。

39. 2013 年 10 月 1 日，江苏省暨南京市各界代表向雨花台烈士纪念碑敬献花篮。

40. 2014 年 4 月 5 日至 7 日，雨花台举行了越剧《丁香》公益演出，在烈士就义群雕像下连演 12 场（上午、下午各两场）。该剧讲述了年轻党员、教会女校教师丁香生命中最后一天的故事，表现了她对理想及爱情的忠贞和追求。

41. 2014 年 12 月 13 日，为祭奠逝者、警醒世人，在南京雨花台，这个曾经打响南京保卫战

的地方，曾经被日军掩埋了我数千同胞的地方，由雨花台烈士陵园管理局组织发起了“勿忘国耻·圆梦中华”主题活动。活动主要由陵园职工代表、江苏警官学院学生和南京大地保险职工参加。

42. 2014 年 11 月 30 日，纪念何宝珍烈士牺牲 80 周年追思会在雨花台烈士纪念馆举行。刘少奇与何宝珍的长女、今年 87 岁的刘爱琴及家人、周恩来侄女周秉德等共聚一堂，追忆新中国缔造者艰苦卓绝的革命历程。

43. 2015 年 3 月起，雨花台烈士陵园管理局和《南京日报》联合推出了《红色文化看传承·穿越时空的对话》栏目，邀请在宁高校部分大学生走进烈士纪念馆，重温烈士书信、日记，并结合自身实际“回信”。栏目致力于让烈士精神成为新时代的民族灵魂和精神支柱，照亮年轻人前行的道路。栏目首篇刊载的是冷少农烈士给儿子的信，“回信”者是 19 岁的江苏警官学院学生陈星璐。身为 90 后的她被烈士的家书深深触动，表示“虽然 80 多年过去了，但烈士的精神就像一道光，照亮了我前行的道路”。《红色文化看传承·穿越时空的对话》栏目自推出以来，在社会上引发强烈反响，网民、烈士家属、致力于红色文化研究的专家学者纷纷参与互动，盛赞该栏目采取“穿越对话”方式，将两个不同时代年轻人的心联结到一起，“盘活”了南京雨花台珍贵的红色资源。为进一步弘扬红色文化，传承烈士精神，雨花台烈士陵园管理局以烈士书信和青年回信为内容，策划编排情景朗诵会，由在高校大学生出演，将“穿越时空的对话”搬上舞台，受到了烈士亲属和观众们的一致好评。在情景朗诵会现场，由南京市委宣传部等部门联合开展的当代团员青年给雨花台烈士回信征文活动也一并启动，该征文活动作为《红色文化看传承·穿越时空的对话》栏目的“升级版”，共收到征文作品 2200 多封，有力引导了南京市干部群众尤其是广大团员青年缅怀雨花英烈，重温革命传统，汲取精神养分，砥砺理想信念。在此之后，“穿越时空的对话”分享会在南京港、先声药业、浦镇车辆厂等企业成功举办，“穿越时空的对话”社区行分别走进鼓楼区幕府山街道云谷山庄社区、兴隆街道奥体社区、燕子矶街道晓庄村社区等社区，使得雨花英烈资源真正融入到人民生活之中，掀起了“红色文化”的研讨热潮。

44. 2015 年 3 月 31 日，由南京市关工委、雨花台烈士陵园管理局和南京诗词学会共同举办的“雨花忠魂颂”诗词朗诵会在雨花台烈士纪念馆幸福厅举行。市关工委领导汪正生、徐纪根等出席。100 多位诗词爱好者和大学生，满怀深情地吟诵了先烈遗作和新创作的诗歌，以此表达对革命先烈的缅怀和敬仰。

45. 2015 年 3 月 28 日，东大、南航、南师大、南邮、南财、南农、南理工、南工大、南审等南京 30 所高校的 100 位志愿者来到雨花台烈士陵园，祭奠革命烈士。

46. 2015 年 7 月 1 日，《雨花颂·信仰》首场演出在南京人民大会堂举行，此次演出是南京市“三严三实”专题教育的重要内容，是以信仰为主题的艺术形式表现的党性教育活动。《雨花颂·信仰》通过与雨花英烈跨越时空的对话，弘扬雨花英烈精神，引导广大党员干部群众坚定党员宗旨信念，牢固树立新时代党员的责任感和使命感。此次演出由市委宣传部和市委组织部主办，市文联和南京广电集团承办，雨花台烈士陵园管理局协办。

47. 2015 年 9 月 28 日，雨花英烈题材话剧《雨花台》在南京人民大会堂首演。该剧在 9 月 30

日国家烈士纪念日来临之际上演，用艺术形式来弘扬雨花英烈精神，传播红色文化，为党员干部和青年们树立精神的引路航标，人生的学习榜样。话剧《雨花台》由南京市委宣传部出品，南京市话剧团演出。该剧由著名导演胡宗琪执导，上海戏剧学院高城编剧。主创人员在查阅了大量文献资料和对雨花台烈士陵园做了多次参观研讨后，以烈士们的事迹为创作原型，用故事的形式，生动的表演，配以大量的多媒体资料，震撼人心的音乐和音响效果把雨花台烈士的群像搬上了舞台。

48. 2015 年 9 月，在第二个烈士纪念日到来之际，南京市 2015 年新兵入伍欢送仪式在雨花台烈士陵园举行。400 名新兵身着崭新军装，胸佩红花绶带，在烈士纪念碑前整齐列队，进行入伍宣誓，表达了有志青年继承雨花英烈精神，投身保卫祖国事业的梦想。

49. 2016 年 4 月 1 日，江苏省暨南京市青少年凭吊革命先烈活动在雨花台烈士陵园举行。省委宣传部、省文明办、省教育厅、团省委、省少工委等部门以及南京市有关部门负责同志、近千名青少年代表，向烈士纪念碑敬献花篮，表达对革命先烈的感恩和怀念。

50. 2016 年 4 月 2 日，江苏广播百名主播诵经典“致敬雨花台”清明诗会在群雕广场启动。

51. 2016 年 4 月 23 日，在南京雨花台烈士陵园烈士雕像前，第十二届江苏读书节暨第二十一届南京市读书节正式启动。

52. 2016 年 4 月 23 日，由中央宣传部、教育部主办，中共江苏省委宣传部、中共南京市委、江苏省教育厅承办的原创大型史诗话剧《雨花台》全国高校巡演在北京师范大学邱季端体育馆上演。演出结束，现场上千名师生全体起立鼓掌，向主创人员和他们所塑造的雨花英烈致敬。至此，为期 20 天的话剧《雨花台》北京高校巡演落下了帷幕。自 2015 年 9 月起，雨花英烈题材话剧《雨花台》先后南京人民大会堂、北京大学、清华大学等地开演，把雨花台烈士的群像搬上了舞台。该剧从不同侧面歌颂了雨花英烈信仰至上、对党忠诚、舍生为民、勇于担当的崇高精神。恽代英、顾衡、郭凤韶、石璞、施滉、袁咨桐、许包野、冷少农、郭纲琳、曹顺标等烈士的故事，都一一在剧中呈现。

53. 2016 年 5 月 4 日，江苏省在雨花台烈士陵园举行“信仰铸青春·誓言勇担当”主题团日活动。受省委书记罗志军、省长石泰峰委托，省委常委、组织部长王炯代表省委、省政府，向全省广大团员青年致以节日的祝贺。省领导刘永忠、许津荣、洪慧民，省军区领导刘战勤出席活动。活动现场，青少年代表向烈士群雕敬献花篮，一批新团员面对鲜红的团旗庄严宣誓加入共青团，新老团员代表作了精彩发言，并与省青年五四奖章获得者一起朗诵《青春对话》。

54. 2017 年 4 月 2 日，“红色文化看传承，不忘初心大道行”清明特别主题活动在雨花台举办。刘少奇何宝珍之女刘爱琴、任弼时之女任远芳、袁国平之子袁振威等数十位革命先烈家属到场，共同缅怀为党和人民事业，为国家独立民族解放而英勇献身的雨花英烈。

55. 2018 年 5 月 4 日，开展“追寻信仰，传承信念”主题活动。巧妙运用园区多场景特点，开展器乐演奏、话剧表演等形式的快闪活动，并通过“他们，用青春点燃这两字”为题的现场活动短视频进行推广，得到青年网友的广泛转发，掀起一场关于“青春和信仰”的大讨论。

56. 2018 年下半年，举办“雨花英烈精神·青年说”系列活动——当代青年向雨花英烈优秀回信诵读会、《英雄烈士保护法》普法宣传活动。

1951 年，中国人民志愿军归国代表团在雨花台烈士墓基碑广场凭吊

1951 年，南方老根据地代表团慰问孙津川烈士母亲

1951 年 10 月 19 日，南方老根据地人民代表团来陵凭吊

1952 年 5 月 24 日，中央民族学院中南分院参观团来陵凭吊

1952 年，各民族代表团来陵凭吊

1952 年，西北少数民族参观团来陵凭吊

1952 年，西藏代表团和昌都地区观光代表来陵凭吊

1952 年，华东炮兵政治部参观凭吊

1966 年 2 月，贫下中农凭吊革命烈士墓

1953 年 10 月 24 日，甘、青、新边境各民族参观团来陵参观凭吊

1959 年，纪念卢志英、骆何民、陈子涛烈士殉难十周年，雨花台中心小学在墓前举行仪式

1973 年，江苏省团代会代表凭吊烈士

1973 年，纪念毛主席题词“向雷锋同志学习”十周年大会会场

1977 年 3 月 4 日，共青团南京市委在陵园举行烈士凭吊活动，并组织团员参加北殉难处工程义务劳动

1980 年 4 月，老红军在烈士墓前向新战士进行革命传统教育

1980 年 4 月，老红军陈先泽与献款的少先队员在一起

1980 年 4 月，红领巾广场献款仪式会场

1986 年 9 月，中共中央南京局中共代表团老同志座谈会全体代表来雨花台凭吊烈士

1992 年 4 月 28 日，青少年教育基地命名仪式在纪念馆前举行

1996 年，江苏省暨南京市庆祝“五一”纪念活动在雨花台举行

1996 年 10 月 20 日，南京人民为庆祝红军长征胜利 60 周年活动在雨花台举行

1997 年 6 月 21 日，“重温入党誓词，庆祝香港回归”活动在雨花台举行

1997 年 7 月 27 日，建军 70 周年军民大联欢活动

1999 年 9 月 25 日，庆祝雨花台烈士陵园建陵五十周年活动在纪念馆举行。

2013 年 10 月 1 日，江苏省暨南京市各界代表向雨花台烈士纪念碑敬献花篮

2014 年 11 月 30 日，纪念何宝珍烈士牺牲 80 周年追思会在雨花台烈士纪念馆举行

2014 年 12 月 13 日，“勿忘国耻·圆梦中华”主题活动

2015 年，“穿越时空的对话”回信征文分享会

2015 年，“穿越时空的对话”社区行

2015 年 3 月 31 日，“雨花忠魂颂”诗词朗诵会在纪念馆幸福厅举行

2015 年 3 月 28 日，南京 30 所高校的志愿者来陵祭奠先烈

2015 年 7 月 1 日，《雨花颂·信仰》首场演出在南京人民大会堂举行

2015 年 9 月 28 日，话剧《雨花台》在南京上演

2015 年 9 月，南京市 2015 年新兵入伍欢送仪式在雨花台烈士陵园举行

2016 年 4 月 23 日，读英烈故事弘扬雨花精神，第十二届江苏读书节启动

2016 年 4 月，话剧《雨花台》在北京高校巡演

2016 年 5 月 4 日，“信仰铸青春·誓言勇担当”主题团日活动在雨花台烈士陵园举行

第六章 雨花台干部学院

雨花台干部學院

YUHUATAI EXECUTIVE LEADERSHIP ACADEMY

成立雨花台干部学院，是中共江苏省委组织部和南京市委贯彻落实习近平总书记关于雨花英烈“两高一大”重要论述和关于加强党性教育基地建设要求的实际举措。雨花台干部学院紧紧围绕弘扬“两高一大”雨花英烈精神，通过党性教育真正让党员干部走进雨花英烈精神世界，帮助党员干部解决理想信念、道德情操、为民奉献等方面的现实问题。学院依托雨花台不可替代的独特资源和特色教学，力争将学院建成为加强干部党性教育特别是理想信念教育的重要阵地，全国一流的党员干部培训及各类各级干部培训的红色教育基地。

2017 年 6 月 28 日，雨花台干部学院揭牌仪式

全国妇联人才开发培训中心教学实践基地挂牌

南京市知识分子爱国奋斗精神教育基地挂牌

5・18 国际博物馆日情景剧演出

情景剧演出

雨花台干部学院观山路校区

《雨花英烈》事迹巡展

赴恩来干部学院学习调研

赴中国井冈山干部学院交流

赴红旗渠干部学院考察交流，与周翔院长座谈交流

赴中国延安干部学院交流学习

雨花台干部学院与河南萍乡市委组织部座谈交流

2017 年 6 月 25 日，赴北京拜访中组部原干部教育培训中心主任姚雪，听取对干部学院发展的建议

2017 年 8 月 30 日，江苏省委组织部选调生培训班走进雨花台干部学院，接受党性教育，雨花台干部学院正式启动学员培训工作

2017 年 9 月 22 日，雨花台干部学院与北京党性教育联合工作室、南京大学、南京师范大学三家合作团队签订战略合作协议

2017年9月23日至24日，召开由北京专家、省市专家、市委组织部领导、市委党校领导参加的课程专家评审会，对课程内容进行精细打磨

2017年12月28日至29日，雨花台干部学院召开课程评审会

2017年12月29日，雨花台干部学院签约徐川团队，与南航共建思想政治教育研究中心

2017 年 12 月，南大党委副书记杨忠与市委组织部副部长、老干部局局长共同为“南京大学党员干部教育培训基地”揭牌

2018 年 3 月 24 日，雨花台干部学院召开 2018 年度一季度师资培训和课程评审活动

2018 年 3 月 25 日，雨花台干部学院与金陵科技学院、江苏省质量和标准化研究院、凤凰网江苏频道签订战略合作

2018 年 6 月 30 日，《雨花英烈精神研究》通过专家课题评审会

第一节　办学宗旨

2016年10月，中共南京市委批复同意雨花台干部学院成立。2017年6月28日，雨花台干部学院开学培训干部学员。2019年3月1日，雨花台干部学院新校区（与雨花台区委党校合署）正式启用。成立雨花台干部学院，是中共江苏省委组织部和南京市委贯彻落实习近平总书记关于雨花英烈“两高一大”重要论述和关于加强党性教育基地建设要求的实际举措。雨花台干部学院紧紧围绕弘扬“两高一大”雨花英烈精神，通过党性教育真正让干部党员走进雨花英烈精神世界，帮助党员干部解决理想信念、道德情操、为民奉献等方面的现实问题。依托雨花台不可替代的独特资源和特色教学，将学院建成为加强干部党性教育特别是理想信念教育的重要阵地，全国一流的党员干部培训及各类各级干部培训的红色教育基地。

一、办学理念

雨花台干部学院充分利用和挖掘南京以雨花台为代表的红色教育资源、悠久的历史文化资源和科学发展实践资源，以弘扬传承“雨花英烈精神”为核心，以加强党员干部党性教育和坚定理想信念教育为主题，秉承“特色立院、质量强院、品牌兴院”的理念。不断改革创新，努力把学院建成对党员干部开展理想信念、党性党风、道德品行和发展实践教育的特色基地。

二、功能定位

雨花台是新民主主义革命时期中国共产党人的集中殉难地，以展现的革命历史“时间跨度之长、涉及人员之多、牺牲烈士级别之高、精神内涵之丰富”，在中国共产党的历史上具有特殊地位。依托红色资源，创建干部学院，是加强干部教育培训、建设高素质干部队伍的重要举措。干部学院要牢记干部院校姓“党”的根本原则，把理想信念教育和党性教育作为学院的首要任务，把讲政治的要求贯穿到教学、科研、管理的全过程和一切环节中，真正使学院成为学员党性锻炼的熔炉和阵地。

干部学院要借助不可替代的独特资源和特色化教学方式，与党校共同构建差别化定位、优势互补的干部教育培训格局，以“雨花英烈精神”作为教学主线，全面解读“两高一大”精神，积极探索“初心”中理想信念确立的轨迹，真实地、全面地展示英烈精神，展现共产党人的真理力量和人格力量，让雨花台红色文化基因转化为广大干部为党的事业自觉奋斗，做好本职工作的强大精神力量。

三、办学思路

学院坚持独立自主，依靠而不依赖，充分借助当前全国红色文化发展形势大好、各级领导高度重视的有利契机，深挖自身红色资源，用好自身专业人才，加快实现优势不断放大、劣势变为优势的良好局面。立足站位要高、步子要快、工作要细，在中共南京市委的坚强领导下，以“互联网 +”的思维理念，系统化地推进以“坚持一个原则，咬住一个目标，探索一条路径，实施一个抓手”为架构的“四个一”工程建设，加快领导力、执行力和智力“三力”顶层设计，力争用三年时间，构建教学课程、师资力量、内部管理“三大体系”。

强化领导力建设。按照南京市下达的管理局“三定方案”（宁编字［2017］30 号）中“2+4+1”的组织架构，在中共南京市委领导下，由市委组织部、市委宣传部、市委党校、雨花台烈士陵园管理局共同负责。学院领导班子带头研究理想信念和党性教育规律性，用正确的办学理念，破解难题，指导学院工作；倡导用“雨花英烈精神”办好雨花台干部学院，注重培育学院文化，通过以上率下，以身作则抓班子带队伍，促进学院工作高质量全面发展。

强化执行力建设。着眼于调动全院人员的积极性、主动性，进一步完善学院“三定方案”，科学合理完善内设机构、人员岗位。从全市相关单位选调一批中层干部与业务骨干，并自主择优招聘一批专业人才充实学院教学队伍，实行“扁平化”的内部管理架构，减少管理层级、提高工作效率，通过定期督查与考核，推进工作有序开展，加快形成适合学院特点的精简高效、特色鲜明的内部架构。

强化智力支撑建设。围绕弘扬“两高一大”精神，实施“品牌传播、精品课程、课程研发、优质师资、体制机制、基础设施”六大行动计划。着力构建“行政 + 市场”的开放性教学模式，既充分发挥市委组织部、市委宣传部、市委党校、雨花台烈士陵园管理局等各部门的优势，又借助外力，在课程设计、教材编撰、组织管理等方面，聘请相关办学经验丰富的领导干部、专家学者为学院的智囊团队，为学院发展提供强有力的智力支撑。

四、发展目标

以弘扬“两高一大”雨花英烈精神为核心、以坚定理想信念为主题，三年打造全国一流的党员干部党性教育基地，五年进入全国干部教育培训第一方阵。

成为全国一流的党性教育基地。立足南京党性教育资源，面向全市乃至全国党员干部，充分发挥雨花英烈精神的价值引领、精神激励、实践动力的作用，开展革命传统、党史国情和历史文化教育，引导党员干部进一步坚定理想信念，锤炼党性党风，打造全国知名的纪念缅怀先烈圣地、党员干部教育基地、思想理论建设高地。

成为宣传展示南京的名片。充分利用雨花台烈士陵园这一中国红色文化地标的知名度和影响力，将南京独特的历史文化遗产和现代发展成果融入到学习内容中，充分展示“强富美高”新南京建设的突出成就和城市形象。

成为红色文化事业发展的引擎。紧密结合红色旅游资源开发、文化创意产业发展，整合历史资源、地区资源和产业资源，把资源优势变成文化产业优势，打造教育培训和红色文化发展品牌。

第二节 筹备建设

雨花台干部学院于 2016 年 4 月开始筹备，2016 年 10 月 8 日江苏省编办正式批复同意成立，2017 年 6 月 28 日正式开学。

一、筹建背景

雨花台干部学院成立于全面从严治党这一大背景下。成立学院的目的是贯彻落实中共中央全面从严治党的要求，用好用活雨花台丰富、典型而又有代表性的党史资源，进一步加强和推进党员干部党性教育。

贯彻落实总书记重要讲话精神。2014 年 12 月，习近平总书记视察江苏时指出，在雨花台留下姓名的烈士就有 1519 名，他们的事迹展示了共产党人的崇高理想信念、高尚道德情操、为民牺牲的大无畏精神，要用好用活雨花台丰富的党史资源，使之成为激励人民不断开拓前进的强大精神力量。筹建雨花台干部学院开展干部教育，正是展示雨花英烈“两高一大”精神的有效载体，也是用好用活丰富党史资源的应有之义。

贯彻落实江苏省第十三次党代会会议精神。中共江苏省委李强书记在省第十三次党代会报告中强调：要加快建设文化强省，努力构筑思想文化建设高地、道德风尚建设高地；要大力弘扬以爱国主义为核心的民族精神和以改革创新为核心的时代精神，广泛弘扬雨花英烈精神、铁军精神，丰富拓展新时期江苏精神。筹建雨花台干部学院，是贯彻落实党代会精神，建设文化强省，提升文化软实力的具体举措。

贯彻落实省委组织部加强党性教育基地建设要求。2016 年 3 月，中共江苏省委组织部来雨花台调研，充分肯定南京市党性教育资源的优势和基础，特别指出雨花台和雨花英烈精神的特殊重要地位，希望南京把握机遇、整合资源，进一步发挥南京本地红色资源的党性教育价值，推动雨花台干部学院建设。2016 年 4 月，中共江苏省委组织部印发《关于实施江苏省干部培训教育基地建设工程的意见》（简称“836 工程”），提出“十三五”期间，全省将重点建设具有全国影响力的 8 所干部学院（基地）、30 个现场教学点、60 门精品课程。中共江苏省委组织部充分肯定南京市开发利用红色资源，加大党性教育力度，增强培训实效的做法，指出雨花台在党的历史上具有特殊重要地位，雨花英烈精神与井冈山精神、长征精神一样，蕴含着中国共产党和中国革命的历史实践，并明确将雨花台红色资源列入省“836 工程”党性教育类干部学院建设范畴。

优化整合南京市党性教育资源。2015 年以来，中共南京市委组织部联合市委宣传部、市文广新局、市委党校、雨花台烈士陵园管理局等单位，共同打造了“雨花台烈士纪念馆—大屠杀遇难同胞纪念馆—梅园新村—渡江战役胜利纪念馆”的党性教育现场教学专线，同时还完善了“雨花大讲堂”“百将讲坛”等教学载体，开发了《雨花英烈精神的内涵及其时代价值》等精品课程，为加强全市党员干部党性教育创造了条件，也初步构成了雨花台干部学院教育教学的内容和载体。

二、调研论证

2016 年以来，中共南京市委组织部和雨花台烈士陵园管理局围绕雨花台干部学院怎么去办、办成什么样等一系列问题，开展了大量前期调研论证工作。学院筹建过程中，市委组织部和雨花台烈士陵园管理局还多次赴井冈山、红安、延安、淮安、盐城等地干部学院调研，学习观摩办学经验。

2016 年 6 月，中共南京市委组织部牵头召开学院筹建工作座谈会，听取宣传、编办、财政、规划、建设、党校以及雨花台区等有关单位的意见建议。大家一致认为，成立干部学院意义重大、很有必要，将全力支持，并提出建设性意见建议。

2016 年 9 月 30 日，中共江苏省委书记李强，省委副书记、南京市委书记吴政隆先后到雨花台烈士陵园管理局调研，要求认真学习贯彻习近平总书记系列重要讲话精神特别是视察江苏时讲话精神，用好用活丰富的党史资源，大力弘扬雨花英烈精神。

2016 年 10 月，江苏省编办正式批复同意雨花台烈士陵园管理局增挂“雨花台干部学院”牌子。随后各项准备工作积极推进，具体由中共南京市委组织部和雨花台烈士陵园管理局负责。

2016 年 10 月下旬、11 月底，雨花台烈士陵园管理局、市委组织部就成立学院事宜，分别赴北京拜访了中共中央组织部、中央党史研究室、全国组织干部学院、全国党建研究会、北京大学和中国人民大学等部门（单位）的领导和专家。他们对成立雨花台干部学院表示肯定和赞许，并提出很多宝贵意见与建议。

2017 年 3 月，雨花台干部学院邀请北京党性教育课程创新联合工作室专程来宁，对干部学院建设顶层设计予以指导。该工作室从雨花台干部学院的定位方向、教学方法、教学手段、管理模式、发展认识、课程开发等方面，予以了全方位系统指导。北京联合工作室专家前来指导之际，干部学院邀请了江苏省社科联、省委党史工办、市委党校的专家，对河海大学黄明理等教授的主题课程进行了评审。参加评审会的专家分别从不同角度对课程进行点评，提出了许多中肯的意见，对今后主题课程和专题课程的设计提供了方案。

三、教学培训工作推进

干部学院坚持边实践、边探索、边完善的办学模式，分三步在实践中不断推进工作。第一步，试运行阶段，充分借助中共南京市委党校现有资源，由市委党校协助配合做好宣传招生、教学教务、后勤保障等工作，先面向南京市（招生），在办好每期培训班的基础上，再逐步扩大规模；第二步，整合全市党校资源，将学院放在雨花台区委党校办公办学、共建共享；第三步，在更远的将来，可根据学院运行情况和发展需要，建设功能更加完备、配套更加齐全、独立办公办学的学院。

（一）有序开发教学课程

在中共南京市委组织部的有力协调下，干部学院课程内容日趋完善，课程主题日渐明晰，采用专题教学、现场教学、红色访谈等形式开展教学活动。与江苏省暨南京市委党校、党史工办及驻宁高校专家学者合作，截至2018年底，已开发“雨花英烈精神的内涵及时代价值”“雨花台革命烈士的‘初心’永放光芒”等专题教学课程。在雨花台烈士陵园精心打造了北殉难处（烈士就义群雕）、丁香树、西殉难处、知名烈士墓等一批现场教学点。邀请广大烈士亲属和雨花台建设的亲历者，研发一批讲述类、访谈类精品课程，将雨花英烈后代口述史的征集成果运用到实际教学中。

成立由20名烈士亲属组成的宣讲团，通过梳理挖掘烈士事迹，形成一批高质量的红色故事会课程。已为中共江苏省委组织部、江苏警官学院、鼓楼区等单位举办多场红色故事会，反响强烈，深受好评。

（二）多方搭建研究平台

合作申报革命文化研究中心。加强与中共中央党史和文献研究院、国家教育部高等学校社会科学发展研究中心等部门的沟通，依托南京师范大学资源平台，向国家教育部申报纳入高等学校人文社会科学重点研究基地建设计划，建设高等学校中国共产党革命精神与文化资源研究中心。

争创中国红色遗址研究协同创新基地。委托南京大学文化与自然遗产研究所，编制雨花台红色文化发展规划纲要和全国文保单位保护规划。联合相关机构筹建红色遗址研究协同创新中心，争取将其打造成为江苏省省级智库。

（三）建设完善教学设施

升级现场教学点。从提升党性教育现场教学点及教学沿线的景观着手，对中轴线的纪念景观、设施进行优化完善，相继完成“西殉难处”“东殉难处”“纪念碑广场”“丁香树”和“南京杰出青年林小道”等区域绿化景观升级。创作了专门的背景音乐，配备了高质量音响，有效增强了主题教育的现场氛围。

改造办公用房。在陵园内办公区单独出新一栋二层办公楼，包含办公室、会议室、会客室、更衣室等，建筑面积约300平方米，作为学院现场教学办公用房。

（四）启动规划选址建院

雨花台干部学院选址建设事宜，先期办学借助南京市、区党校资源解决学员上课、住宿、就餐等问题。现已建成的60亩雨花台区委党校，新址位于观山路22号，已为干部学院联合办学提供教学用房，但从长远看难以满足干部学院面向全省、全国办学的需求，因此迫切需要选址建设独立的校园。

（五）配齐配强教学管理人员

干部学院人员配备，既要内部调剂，也要对外引进。根据学院各部门岗位要求，从各方面选拔调配一批优秀人才，专职承担干部学院综合管理、教研教务、培训外联、后勤保障等工作。前期，主要由雨花台烈士陵园管理局内部调配部分干部教师从事雨花台干部学院筹备工作，正式办学时则需要大量人员参与。目前，已经录用一批学历层次高、业务能力强、形象条件好、素质素养高的教学工作人员，培育干部学院教学骨干力量。

（六）制作学院形象标识

LOGO标志是展现干部学院形象的重要标识，为做好形象设计，充分体现学院的办学特色，干部学院邀请南京艺术学院的专家和专业设计公司，为干部学院进行了系统的形象设计，形成了各有特色的三种VI体系。同时，邀请书法家以集字的方式为干部学院拟写了院名。根据确定后的形象标志，委托专业公司设计开发笔记本、文件夹等系列教学用品。

四、正式教学培训

2017年6月28日，由中共南京市委组织部、宣传部、雨花台烈士陵园管理局、市委党校四方共建，雨花台干部学院正式成立，开学培训干部学员。2019年3月1日，位于雨花台区观山路22号的干部学院新校址正式启用。

第三节　组织机构

2017 年 6 月 5 日，南京市机构编制委员会印发《南京市雨花台烈士陵园管理局（南京市雨花台风景名胜区管理局、雨花台干部学院、雨花台烈士纪念馆）主要职责、内设机构和人员编制规定》的通知，明确根据省编办《关于南京市雨花台烈士陵园管理局增挂雨花台干部学院和雨花台烈士纪念馆牌子的批复》（苏编办复［2016］110 号）精神，经中共南京市委、市政府研究决定，雨花台干部学院为市政府直属事业单位，相当于正局级，经费渠道全额拨款，公益一类，归口市委宣传部管理，并规定了学院人员编制。

一、领导架构

根据《中共南京市委常委会会议纪要》［2017］第 13 期文件精神，雨花台干部学院由市委组织部牵头管理，由雨花台烈士陵园管理局负责办学，依托雨花台烈士陵园独特红色资源，实行市干部教育培训领导小组领导下的院务委员会负责制，全面负责学院建设、外部协调和学院内部教学工作。借鉴井冈山干部学院、延安干部学院、恩来干部学院等知名学院的领导架构，初步确定由市委副书记兼任院长，市委常委、组织部部长兼任常务副院长，市委组织部分管部长、市委宣传部分管领导、市委党校常务副校长、雨花台烈士陵园管理局主要领导兼任副院长，另设 2 至 3 名专职副院长。

二、内设机构及职能

2018 年 6 月 22 日，中共雨花台烈士陵园管理局管理委员会根据南京市编委《南京市雨花台烈士陵园管理局（南京市雨花台风景名胜区管理局、雨花台干部学院、雨花台烈士纪念馆）主要职责、内设机构和人员编制规定》（宁编字［2017］30 号）精神，经局党委研究决定，正式对雨花台干部学院内设机构和职能作出如下规定：

成立学院工作处，负责雨花台干部学院现场教学的各项组织实施工作并派员参与教学过程；负责现场教学基地的管理；负责红色文化文艺形式创作编排、文艺作品巡演。学院工作处下设办公室、培训部、教研部、后勤部、融媒体中心 5 个部门。

1. 办公室

协助院领导处理日常院务工作，负责学院制度建设、共建合作等事务；负责与中共南京市委组织部、市委宣传部、市委党校等有关部门的统筹协调；负责对外接待、文稿起草、信息报送、工作监督工作；负责学院的对外联络与对口交流工作；协助院领导对学院各项工作开展督察督办，对各业务条线工作进行统筹协调；负责现场教学基地的管理；负责其他相关工作。

2. 培训部

负责学院教学计划制定；负责学院培训班的前期联系、预约登记、培训方案设计、教学活动的组织实施和全过程管理；负责现场教学内容的收集、整理和编制工作；负责课堂教学和现场教学组织与服务工作；负责教学信息反馈、院内教学人员的培养管理和教学评估工作；负责其他相关工作。

3. 教研部

负责学院教研工作的规划、组织实施与管理；负责学院课程研发、教学课程设置的制定和汇编；组织案例教材、教学参考资料的征集、研究、编写、推广工作；负责学院教研课题的组织管理工作；负责学院特色课程的编写与创新；负责院外授课教师的聘请、组织、管理和业务考评；负责其他相关工作。

4. 后勤部

负责学院有关会议的组织、落实；负责学院培训期间教学研讨场地、住宿、餐饮的协调安排；负责学院师资人员办公、食宿等后勤保障安排；负责学院基建管理，设施设备维护，医疗卫生等工作；负责其他相关工作。

5. 融媒体中心

负责智慧学院规划建设及计算机网络等教学信息化维护管理；负责学院的宣传推介工作；负责学院 VI、VR、HTLM5 等系统运用及教学实践方法的创新改进；协助培训部开展学员学习需求、教员教学评估等大数据分析工作；负责统筹利用教学节目资源、开展专题节目多媒体教学课程的录制拍摄和编辑工作；负责学院重要会议、活动的音响技术保障、资料录制、图片拍摄等工作；组织编辑院刊及有关刊物；负责其他相关工作。

三、人员编制

在由雨花台烈士陵园管理局全额拨款事业编制中，专列 10 名人员编制用于雨花台干部学院相关工作。在局级领导职数中设 1 名副局长（副院长）主要负责雨花台干部学院相关管理工作；在处级领导职数中设 1 名处长、2 名副处长专门用于学院工作处。

第四节　特色干部教育

雨花台干部学院成立后，立足雨花台烈士陵园，开发特色教育资源，探索特色教学模式，建设特色师资队伍，建立特色管理标准，加强特色品牌传播，形成了特色的干部教学方式。自2017年6月28日开学以来，雨花台干部学院认真做好接班培训工作。2017年7月至12月底，雨花台干部学院共接待南京市委组织部组工干部培训班、南京市新任市管领导干部进修班、江苏省委党校江苏省省级行政机关副处职公务员培训班等33个培训班，共4078人次。2018年1月至12月底，雨花台干部学院共接待新任省管干部任职（正职）培训班、国家知识产权局处级干部党建调研班、第27期中青年女干部进修班、第3期市管领导干部“增强党性修养提升政治能力”专题研讨班等92个培训班，共计6709人次。2019年1月至7月底，雨花台干部学院共接待第6期省管正厅职领导干部任职培训班、北京市直机关工委党校第79期处级副职任职培训班、第8期省管副厅职领导干部任职培训班、南京市统一战线春季培训班、新疆伊犁纪检干部培训班、南京市国资系统2019年党员发展对象培训班等121个班次，共计7279人次。

一、特色教育资源

南京是全国历史文化名城、东部重要中心城市和长三角特大城市，具有历史底蕴深厚、科教文化发达、交通方便快捷等得天独厚的优势。雨花台干部学院的成立立足于南京雨花台的丰富教育资源，也注重对南京红色党史资源的开发以及对南京历史文化资源的整合运用。

（一）雨花台教育资源

在新民主主义革命时期，尤其是1927年大革命失败后，地处国民党统治中心南京的雨花台有着极其特殊的地位。当时的雨花台不是敌我双方枪对枪、刀对刀的硝烟战场，却是正义和邪恶之间在信念、力量、意志上进行更加惨烈的较量与战斗的场所。无数共产党人和革命志士在雨花台奉献自己宝贵的生命而铸造了伟大、崇高、永恒的“雨花英烈精神”。建设雨花台干部学院，是以弘扬传承“雨花英烈精神”为核心原则。当前在雨花台牺牲的烈士及其精神、为纪念雨花英烈而修建的雨花台烈士陵园以及对于雨花英烈的史料研究成果，是雨花台干部学院开班办学的主体教育资源。

1. 雨花英烈及其精神

雨花英烈是一个璀璨的群体，其特征集中体现在以下几个方面。第一，烈士涉及人员多。牺牲烈士成千上万，来自全国 20 多个省份。涉及从北伐战争，到南昌起义、长征、抗战（包括东北抗联）、新四军、八路军、解放战争（如淮海战役、南京解放）等许多英烈人物，其中有共产党员，也有非共产党员的各界人士。第二，烈士牺牲时间跨度长。从共产党人革命最艰难的 1927 年前后到 1949 年南京解放，无数烈士前赴后继，先后在此牺牲，时间长达 23 年。第三，烈士中优秀的知识分子居多。其中有中央大学、金陵大学、北京大学、上海大学等多个大学的毕业学生中的优秀共产党员，还包括留学国外的博士、优秀共产党员。第四，烈士代表面广。涉及党内多个层面，有中央层面，省暨市县层面的主要领导人，也有地下工作者、普通的学生、工人、农民、军人等，是一个真实全面反映中国革命斗争史的英烈群体形象。第五，烈士所处的环境及牺牲过程特别惨烈、悲壮。这些烈士当时是在敌人的监狱里被关押、审讯、杀害，面临的斗争形势、社会环境极其凶险。地下斗争、军事战场，这对人的心理、家庭、信念、意志、信仰、忠诚、牺牲精神等都是巨大的考验。

面对艰难的斗争环境，雨花英烈没有辱没共产党人的称号和人格。他们的“崇高理想信念、高尚道德情操、为民牺牲的大无畏精神”，集中代表了中国共产党人的意志品质和思想境界。这也是今天雨花台干部学院党性教育的重要资源。

2. 雨花台烈士陵园资源

雨花台烈士陵园是雨花台干部学院开班办学的核心资源。在雨花台烈士陵园内的雨花台烈士纪念馆、雨花台烈士纪念碑、北殉难处烈士就义群雕像、西殉难处烈士纪念碑坊、东殉难处的纪念碑、知名烈士墓、丁香树、倒影池、忠魂亭以及雨花石博物馆、雨花茶博物馆、国家安全教育馆，还有陵园的苍松翠柏、园景园容都是党性教育的重要现实资源。

3. 雨花英烈史料研究资源

建陵 70 年以来，对雨花台的历史研究和雨花英烈的史料挖掘和研究工作得到了深入的开展。当前关于雨花英烈的史料研究已经形成了一定的成果，这些研究成果为雨花台干部学院的党性教育提供了重要的革命史料和理论资源支撑。

当前的雨花英烈史料研究成果主要包括了《雨花英烈史料》丛书（主要有《雨花英烈家书》《雨花英烈文集》《雨花英烈诗词》）、《雨花忠魂·雨花英烈纪实文学》《雨花魂》等。此外，《雨花英烈精神解读》也已出版发行，作为干部学院学员教辅读本。

（二）南京红色党史资源

在中国共产党的历史上，南京有着特殊的地位。尤其是在新民主主义革命时期，中国共产党在这里经历了艰苦卓绝的斗争。南京是国共两党内战的主要阵地之一，除了雨花台之外，南京还有其他许多中国共产党在领导人民争取民族独立、国家解放的奋斗历程中所留下来的历史遗迹。南京所有的红色文化、党史资源都成为了雨花台干部学院开展党性教育的重要资源。

首先，在抗日战争时期，中国共产党带领人民群众在南京地区进行了艰苦卓绝的斗争，留下了丰富的红色资源。当前，南京抗日航空烈士纪念馆、燕子矶公园的“侵华日军大屠杀燕子矶死难同胞纪念碑”、竹镇市抗日民主政府旧址、新四军第一支队司令部纪念馆、白马镇李巷村苏南党政军首脑机关驻地旧址、新四军将领旧居、溧高抗日民主政府旧址、八路军驻京办事处纪念馆、南京民间抗日抗战博物馆、皖南事变烈士墓、各类革命烈士和遇难同胞丛葬地等都是雨花台干部学院开展党性教育的重要资源。

其次，在解放战争时期，南京作为国民党政府所在地，是中国共产党与之展开和谈和战斗的重要城市。南京梅园新村纪念馆和渡江胜利纪念馆、渡江胜利纪念碑等是解放战争时期留下的重要党史资源。

此外，南京王荷波纪念馆、李元龙先进事迹陈列馆、南京大金山雷锋文化馆等先进人物纪念馆，南京市内健在的诸多老革命、老红军及其后人，雨花英烈的亲属及其后人，以及发生在他们身上的故事，还有在民主革命时期、社会主义建设时期、改革开放时期流传于南京民众中的诸多可歌可泣的红色历史故事，都是雨花台干部学院在教学研究中可以开发的重要资源。

（三）南京其他特色资源

1. 南京历史文化教学资源

南京丰富的历史文化资源是雨花台干部学院开展特色党性教育的拓展资源。目前雨花台干部学院可利用的历史文化资源主要来自：南京大屠杀遇难同胞纪念馆、太平天国历史博物馆、六朝博物馆、南京条约史料陈列馆、中国近现代史遗址博物馆、南京江宁织造博物馆、南京孙中山纪念馆等纪念性爱国主义教育场所。

2. 南京改革发展教学资源

南京的建设和发展过程中也留下了许多可以作为雨花台干部学院开展党性教育所用教学资源。目前，学院课程开发可利用的资源来自十月科创园、仙林街道仙林党群服务中心、竹镇金磁社区便民服务中心、汤泉街道泉西社区党史馆、南京大金山雷锋文化馆、高新区生命科技小镇等。

二、特色教学模式

雨花台干部学院成立以来，秉承办学宗旨，构建了“学院＋智库”的“3+3”开放性教学研究模式，成立课程研发、师资培训和内部管理三大行动小组。通过构建院校企多方协同联动机制，有效发挥学院主导作用和社会力量辅助作用，加快推进学院规范化建设方面上的攻坚突破。为推进学院的教学管理、课程建设，雨花台干部学院与南京师范大学、南京大学和北京党性教育创新联合工作室展开教学合作。

（一）课程研发团队

南京师范大学是全国知名高校，其在中共党史、近现代史、马克思主义理论等学科领域特色明显、优势突出。雨花台干部学院与南京师范大学于 2017 年 9 月 24 日签订了合作协议，成立了由南京师范大学组建的“雨花英烈教学研究团队”。团队集中了南师大有志于雨花英烈研究的以博士生导师为主的专家学者，同时还整合了江苏省有关高校、江苏省委党校以及科研单位的一批志同道合的雨花英烈教学研究专家。

签订协议的具体合作方是南京师范大学马克思主义学院。它作为江苏省委宣传部在省内唯一的共建马克思主义学院，现已将雨花英烈的教学与研究列入部校共建马克思主义学院的主要内容，受到省委宣传部的高度重视。同时依据协议，南京师范大学为雨花台干部学院教学开展相关课题研究，每年不少于开发五个教学、科研专项课题研究。在“十三五”规划末期即 2020 年前，将其申请为国家哲学社会科学研究项目，力争使“雨花英烈精神”研究基地入选教育部人文社会科学重点研究基地；帮助干部学院建立完善课程设置、教学实施和教学评估等工作体系，并选派有丰富教学经验和扎实理论功底的教师到雨花台干部学院兼职和授课。

（二）学院管理合作团队

雨花台干部学院与南京大学于 2017 年 9 月 24 日签订合作协议。协议约定了以杨忠教授作为团队核心的南京大学团队，担负雨花台干部学院管理智囊的工作。该团队包含南京大学教学、科研、管理、全日制研究生多个梯队，成员有具有海外教育背景的博士，同时也有多名有着海外访学经历的人员。他们了解国际前沿的学术成果和管理实践，具备全球视野，在政府机构和企业咨询等方面具有多年的工作经验，在学界和业界均具有较大的影响力。杨忠教授作为团队的领导与核心，任南京大学党委常务副书记，商学院教授、博导、南大管理哲学研究所所长，具有多年高校党建和干部工作管理经验，对干部培训以及机制体制创新等工作有深入的了解和思考，同时作为国内知名管理学专家学者，将带领团队为打造干部学院高水平的内部管理和品牌教学机制注入十分重要的专业力量。双方围绕干部学院教育品牌建设和干部培训质量提升，就制定干部学院行业标准和干部教育培训质量评价体系等联合开展研究，并联合设立“干部学院管理机制和品牌建设”专项课题，打造高水平的内部管理和教学品牌机制。

（三）师资培训及精品课程设置

由中共中央组织部和北京有关高等院校的党性教育培训方面的领导和资深专家组成的北京“党性教育培训基地课程创新联合工作室”，在指导全国干部学院的建设和发展方面发挥了重要作用。在他们的指导下，井冈山干部学院、延安干部学院、红旗渠干部学院、大别山干部学院、沂蒙山干部培训基地、恩来干部学院、盐城新四军干部学院等一大批干部学院在干部党性教育事业中产生了重大的影响力。近年来，工作室还在党性教育理论研究方面做了深入的开发，通过开发特色课程，委托开发课程，联合开发课程等方式进行党性教育专题的培训。

雨花台干部学院与北京党性教育创新联合工作室于 2017 年 9 月 24 日签订合作协议，工作室负责为雨花台干部学院提供党性教学专业化支持，派出专家指导学院教学课程（含现场教学）、教材体系建设；参与课程和教材等论证，提出评审建议；参与精品课程等开发、研讨和评审等工作。

北京党性教育创新联合工作室的专家已 15 次专程来雨花台干部学院，就学院师资培训、课程评审提供专业指导和帮助，并分别于 2017 年 9 月 23—25 日、12 月 28—29 日，2018 年 3 月 24—25 日、6 月 10—12 日组织 4 次授课人员培训、评审活动，加大对授课人员的储备力度，为“精准教学”提供有力依据。

三、特色师资队伍

建院以来，雨花台干部学院储备了专兼职相结合、老中青搭配的教学师资队伍。其中共储备授课教授 25 名，公开招聘教学助理 6 名，并从焦裕禄干部学院引进了一名优秀教学助理。当前学院的师资队伍主要构成如下：

（一）省市党史办聘请教师

教师主要是江苏省党史工作办公室和南京市党史工作办公室的 3 名人员：江苏省委党史工作办公室原副主任赵一心、南京市委党史工办征研三处处长吴光祥以及江苏省委党史工作办公室宣传处处长刘晓东。其中赵一心曾组织了党史图书《雨花魂》的编撰，组织了党史文献片《雨花台》和《致未来书》的创作拍摄。2017 年起，担任雨花台红色文化发展顾问，参与了雨花英烈生平事迹展的展陈改造，参与了雨花台干部学院的筹备工作，是干部学院课程体系和教材体系的主要策划者之一，现担任干部学院主题课讲授工作。

（二）省市党校聘请教师

学院成立以来，中共江苏省委党校和南京市委党校在雨花台干部学院任教的老师目前主要有以下几位：南京市委党校党建部副教授张家芳、胡宝平，中共江苏省委党校党史党建部主任张加华以及中共江苏省委党校党史党建部副主任李继锋。目前三位老师均在雨花台干部学院担任主题课和专题讲座的授课工作。

（三）省市高校聘请教师

雨花台干部学院还与南京及江苏省内其他高校的教师展开合作，吸收了多所高校的多名教师来学院担任室内课程教学工作。目前在雨花台干部学院任教的高校教师共有 9 名，主要来自南京大学、南京师范大学、扬州大学、南京航空航天大学、江南大学、南京晓庄学院和南京信息工程大学。其中包括了南京师范大学马克思主义学院原院长、教授、博导，雨花英烈研究会会长王跃；南京师范大学马克思主义学院院长、教授、博导王刚；南京师范大学马克思主义学院教授、博导、院教学委员会主任朱小玲；南京大学历史学院教授、博导贺云翱；南京晓庄学院马克思主义学院院长姚群民；扬州大学马克思主义学院教授、博导刘诚；南京信息工程大学团委副书记刘伟以及南京航空航天大学思政教育中心副主任杨波和江南大学社会科学处处长、教授刘焕明等。

（四）兼职专职教师

雨花台干部学院的授课教师还包括了雨花台烈士陵园管理局的工作人员。其中，雨花英烈研究院院长，雨花英烈研究会秘书长向媛华，从事雨花台烈士事迹、精神研究和宣传工作 20 余年。雨花台管理局社会教育部郭琦、雨花台管理局社会教育部公共服务科副主任科员高翱和雨花台管理局社会教育部教育活动科副科长周洁,在学院的建院初期担任了学院现场教学老师的工作。此外，2017 年雨花台烈士陵园管理局面向社会公开招聘了 6 位教学人员，专职担任学院的现场教学及教学助理工作。

（五）专题讲座教师

雨花台干部学院目前的授课教师还包括了以下人员。首先是中国第二历史档案馆馆长、研究馆员马振犊，凤凰网江苏频道总编辑关卫东。其中马振犊现任中国近现代史料学会副会长、中国档案学会常务理事、中国现代史学会理事等。他是江苏省政协文史委员会副主任，目前担任学院专题讲座的授课老师。关卫东在雨花台干部学院担任访谈教学课的授课老师。其次是雨花英烈的后代和家属。他们是雨花台干部学院红色故事汇的主要讲述人，主要包括了王崇典烈士侄外孙女李新兴、赵良璋烈士外甥女徐彩平、陶家齐烈士之子陶和寿、郭纲琳烈士侄子郭常根等。

四、特色管理标准

雨花台干部学院在注重教育资源开发、师资队伍建设的同时，也注重学院的规范化管理，目前正在建设学院的特色管理标准。2018 年 3 月 25 日，雨花台干部学院与江苏省质量和标准化研究院签订合作协议，并联合南京大学开展了干部培训标准化建设。江苏省质量和标准化研究院从雨花台干部学院内部标准着手，围绕“教学精准化，管理规范化”的目标要求，制定《雨花台干部学院管理标准》，并将《干部培训教学质量评价》《干部培训体验式教学课程设计指南》《教学助理服务规范》《干部培训服务规范》四项亟需内部标准作为重要的标准研制对象。标准化管理的推进从学理视角为管理运营提供新思路，以标准的视角展开而不仅局限于主观的评价，据此得出的研究结果更加具有实际意义，可复制性强。

因此，这些标准的研制一方面为学院开发精品课程、培育精品师资、提升教学质量提供了重要技术支撑；另一方面也能够有力推动学院党性教育品牌建设，提升社会影响力。

（一）干部培训服务规范

《干部培训服务规范》主要规定了干部教育培训服务的总体要求、服务机构、设施设备、服务人员、服务流程、服务内容及要求、档案管理、服务评价与改进等方面的内容。这不仅为雨花台干部学院具体开展干部教育培训提供了全方位的行动指南，还有利于从整体上提升雨花台干部学院的培训服务规范程度，利于学院根据服务标准不断提升培训质量，规范学院管理。

（二）教学助理服务规范

《教学助理服务规范》的制定主要规定干部学院教学助理的各项服务规范，有利于促进教学助理的服务工作规范化，提升学院的整体教学质量。当前，《教学助理服务规范》重点对教学助理的素质要求、岗位职责、服务要求、档案整理以及服务质量评价与改进几个方面做了明确规定。

（三）干部培训教学质量评估

《干部培训教学质量评估》的制定主要用于雨花台干部学院课堂教学和现场教学的课程评估以及培训班次评估。目前，《干部培训教学质量评估》主要规定了雨花台干部学院教学质量评估的评估原则、评估内容、评估组织、评估方式、评分与等级以及评估结果应用等方面的内容。这一管理标准的制定规范了干部学院教学评估工作，有利于学院通过评估，改进教学工作、提高教学质量，同时也为专职教师岗位聘任，教学业绩考核、评优、评先、奖励晋级，外聘教师续聘、续请等提供重要依据。

（四）干部培训现场教学课程设计指南

《干部培训现场教学课程设计指南》的制定主要针对雨花台干部学院各现场教学点的课程设计。当前这一指南给出了干部教育培训现场教学课程设计的设计原则、设计组织以及设计流程方面的指导和建议，为雨花台干部学院设计和开展现场教学课程提供了标准和规范，有利于学院形成雨花台特色现场教学。

五、特色品牌传播

雨花台干部学院自成立以来便注重品牌宣传，以融媒体搭载多种文艺内容着力宣传。一方面，借助纸媒、电视等传统媒介，另一方面，积极推进新媒体与融媒体的运用，加速学院的品牌打造与传播。同时学院还以艺术为作为载体，通过话剧、舞台剧、电影等广大人民群众喜闻乐见的形式进行品牌宣传。目前学院正在重点建设融媒体中心，进一步推进雨花台干部学院的特色品牌宣传。

（一）杂志动态传递

为加强学院的品牌宣传，自 2017 年 7 月起，学院与《金陵瞭望》杂志社合作共出版《雨花台干部学院动态》5 期。杂志以“传承弘扬雨花英烈精神，努力建设一流干部学院”为核心，对雨花台干部学院自成立以来每个时期学院受到的领导关注、主要工作、课程开发情况等方面的内容进行宣传和报道。

第一期，2017 年 7 月出版，从整体上介绍了雨花台干部学院从筹建到正式挂牌时期的重要事迹；介绍了各方领导对雨花台干部学院建设的支持与关注；介绍了雨花台学院的办学理念、教育方式以及对雨花台干部学院的未来展望。

第二期，2017 年 11 月出版，主要从领导关怀、特别报道、专家声音、动态传递、师资笔谈、教学连线几个板块，记录雨花台干部学院从 2017 年 7 月至 11 月的重要事迹，宣传学院特色党性教育内容。

第三期，2018 年 1 月出版，主要分领导关怀、特稿聚焦、专家声音、动态传递、教学连线五个板块。重点宣传了 2017 年 11 月至 2018 年 1 月雨花台干部学院探索党性教育的重要的方面。

第四期，2018 年 5 月出版，主要分成刊首语、领导关怀、特稿聚焦、专家声音、动态专递、师资笔谈、教学连接几个板块。动态总体记录了 2018 年 1 月至 2018 年 5 月，学院的党性教育开展的成效，并主要通过专家声音、师资笔谈和教学连线着力宣传了雨花台干部学院对新时期党性教育的探索。

第五期，2018 年 8 月出版，主要从刊首语、领导关怀、特高聚焦、动态传递、专家声音、师资笔谈和教学连线几个板块重点记录了学院 2018 年 5 月至 8 月期间在接班培训、课程研发、交流学习等方面的重点内容。

（二）微平台互动

1. 官方微信平台传播

“中国雨花台”是南京市雨花台烈士陵园管理局的官方微信宣传平台。雨花台干部学院的微信平台互动主要通过“中国雨花台”进行。从雨花台干部学院正式成立，“中国雨花台”便对学院进行了报道。截至目前，该微信公众号已经多次报道雨花台干部学院相关消息。

2017 年 6 月 29 日，发表新闻《雨花花台干部学院正式挂牌成立》，将 6 月 28 日雨花台干部学院正式成立的消息通过微信平台报道；

2017 年 7 月 7 日，通过报道《中组部干教局到雨花台干部学院实地调研考察》，宣传雨花台干部学院受到中央的重视；

2017 年 8 月 2 日，报道《上海市委组织部到雨花台干部学院考察》；

2017 年 9 月 1 日，发表文章《传承红色基因，近 450 名选调生走进雨花台干部学院》，宣传学院的接班情况；

2017 年 9 月 28 日，发表新闻《雨花台干部学院三大智力支撑平台落地》，重点介绍了与雨花台干部学院合作的三家合作团队；

2017 年 12 月 30 日，发表文章《雨花台干部学院专题研讨会在宁召开，讨论新时代干部教育行业标准，欲做“40+1”》，对学院的课程、师资评审进行了报道，同时重点宣传了雨花台干部想要从管理教育和干部培训的专业角度出发，对新时代干部学院梳理行业标准作出了非常有价值的研究思考；

2018 年 3 月 1 日，报道《新任省管干部任职培训班第二期学员到雨花台干部学院参加教学活动》，宣传雨花台干部学院的重点接班情况；

2018 年 5 月 10 日，发表文章《中组部干教局到雨花台干部学院实地考察》，报道中组部干教局第二次来南京雨花台；

2018 年 7 月 29 日，进行《国家检察官学院到雨花台干部学院交流座谈》的报道，宣传雨花台干部学院与多方的交流合作。

2. 官方微博平台传播

雨花台干部学院于 2019 年 3 月 28 日报雨花台烈士陵园管理局“关于注册雨花台干部学院宣传平台的请示”，当日收到批准后于 3 月 29 日正式开通学院官方微博。通过雨花台干部学院官方微博平台，学院主要发布培训班培训动态、烈士事迹介绍、学院相关大事记以及雨花台相关红色教育活动等。截至目前，学院已经通过官方微信平台发布 57 条相关宣传信息，其中最高的微博阅读量突破一万人次，大部分微博的阅读量保持在千次以上，有效增强了对学院的特色干部教育的宣传力度。

（三）情景剧演出

1. 话剧《雨花台》

2016 年 4 月，由中宣部、教育部联合主办的话剧《雨花台》全国高校巡演正式启动，取得了很好的反响。雨花台干部学院成立后，创新开展了“雨花英烈精神”走进高校等直播活动，现已在南京大学、东南大学、南京航空航天大学开展 3 场“高校讲堂”，点击率达 10 万次，在青年群体中引起强烈反响。

2. 情景剧《丁香》

为丰富干部学院教学形式，促进学院品牌宣传，学院全体参与、自编自演了讲述了烈士丁香的革命事迹及她动人的爱情故事，诠释了革命者对党和人民的大爱的情景剧《丁香》。2019 年 5 月 14 日，情景剧《丁香》在雨花台纪念馆的“2019 年度全省国际博物馆日宣传周”活动中正式演出，受到来自全省博物馆界的与会领导与专家的高度赞誉，大大宣传了学院的红色文化品牌。同年 6 月 29 日，《丁香》在“学习强国”江苏学习平台线下打卡首场活动中参与演出，受到了亲临现场的省市委宣传部等相关部门领导及其他观众的好评，进一步促进了学院的品牌传播。

（四）新闻媒体报道

学院成立以来先后在中共江苏省委新闻网、南京市人民政府网、南京党建网、新华日报、南京日报、凤凰网江苏等省市重大媒体发布报道数十篇，较好地向外推荐雨花台干部学院。

（五）交流合作

雨花台干部学院从筹备期间就展开了与全国各地的干部学院、省市党校、省市高校以及相关组织机构的交流合作，在相互交流的过程中也对外宣传了雨花台干部学院。截至目前，雨花台干部学院已经与中国井冈山干部学院、中国延安干部学院、中国浦东干部学院三家国家级干部学院，以及红旗渠干部学院、延安干部培训学院、江西干部学院、井冈山干部教育学院、新四军干部学院、恩来干部学院、济宁干部政德教育学院等省市级干部学院进行了交流，在考察调研全国各地干部学院的同时也在全国范围内宣传了雨花台干部学院。此外，2017 年 12 月，学院还与南京大学开展了合作，建立了南京大学党员干部培训基地。2019 年 8 月，南京市市级机关党校将学院作为该校的培训基地，进入了新的合作阶段。

六、特色教学方式

雨花台干部学院成立以来，针对党性教育的特点，采取陪伴式、启发式、互动式、探讨式的培训方式开展党性教育工作，并实施了精准化教学。

（一）教学助理与陪伴式教学

学院在接班过程中强调陪伴式教学。为了更好地使党性教育入脑入心见行动，学院为每个培训班配备 1—2 名教学助理。教学助理全程跟班，为学员提供课程教学和后勤保障方面的服务。培训班的学员到达雨花台之前，教学助理就直接与培训班负责人开始对接。学员到达雨花台后，教学助理全程进行教学行程的引导工作，同时陪伴学员进行现场教学、主题课、专题讲座等课程的学习。学员在学习过程中，有任何问题均可向教学助理提出。

（二）智慧学院与精准化教学

雨花台干部学院充分尊重不同层次学员的认知需求和习惯，利用数据库结合人工的方式，广泛了解学员需求，并针对不同的学员开发了不同版本的课程体系。学员群体本身一定存在差异，一刀切的方式不能适应多层次的学习需求。雨花台干部学院采用新兴技术的手段、人性化的思维，充分考虑了学员自身的诉求。一方面，针对 35 岁以上和 35 岁及以下两个群体的不同关注要点和说话习惯，组织优势各异的教学团队为其开发不同的课程、方式等，实现了精准化教学。另一方面，委托金陵科技学院启动智慧学院建设，借助大数据工具实现教学的精准化。第一，通过政策库了解动态导向，实现了课程研发的精准化；第二，通过课程库和师资库记录基础信息、收集学员反馈，实现了课程的进一步改进，以及课程迭代的精准化；第三，通过智能排课系统，基于已有数据选取最佳方案，实现了教学安排的精准化；第四，通过数据中心获取所有相关数据，实现了教学管理的精准化。

雨花台干部学院师资队伍

江苏省委党史办原副主任 赵一心

南京大学历史系教授、博导 贺云翱

南京师范大学马克思主义学院原院长、教授、博导，雨花英烈研究会会长 王跃

中共江苏省委党校党史党建部副主任，教授、硕导 李继锋

十九大党代表、南京航空航天大学思想政治教研室党支部书记 徐川

雨花英烈研究院院长 向媛华

中共南京市委党校党史党建教研部副教授 张家芳

郭纲琳烈士的侄子 郭常根

赵良璋烈士的外甥女 徐彩平

王崇典烈士侄外孙女 李新兴

南京市委党校教务处处长 胡宝平

北京党性教育创新联合工作室专家 李凯城

全国组织干部学院原副院长 王文才

凤凰网江苏频道总编辑 关卫东

北京党性教育创新联合工作室专家 彭程

第五节　特色课程设置

雨花台干部学院，在建院初期就在已有资源和专家论证的基础上建立了以雨花英烈精神为核心的课程体系，经过多轮迭代，已经基本符合办学的需要和要求，同时突出了党性教育功能。

一、特色课程评审

为打造高质量的党性教育课程，雨花台干部学院制定《雨花台干部学院课程评审标准（试行）》，邀请部门领导、北京党性教育创新联合工作室专家、相关学者组成评审小组，对师资队伍进行教学培训及专业评审。学院不定期举办课程评审，针对课程的开发和打造，作为学院常态化教学工作。自学院成立以来，分别于 2017 年 9 月 23—25 日、12 月 28—29 日，2018 年 3 月 24—25 日、6 月 10—12 日，2019 年 1 月 17—18 日、1 月 24 日，共组织了 5 次授课人员培训及课程评审活动。5 批课程评审共储备授课人员 25 人，评审通过课程 30 门，包括 9 门主题课、17 门专题课、5 门现场教学课、1 部音像教学片。

（一）第一批课程评审

2017 年 9 月 23—24 日、10 月 27—28 日，雨花台干部学院党性教育权威专家来宁，完成第一批课程的试讲和评审工作。本次评审主要针对雨花台干部学院的主题课和专题课，参加评审的课程包括了吴光祥老师的《雨花英烈的内涵及其当代价值》、李继锋老师的《恽代英——雨花英烈精神的光辉典范》。全国组织干部学院原副院长王文才，中国管理科学学会副会长李凯城，南京市委组织部副部长、老干部局局长杨学忠，南京雨花英烈研究会会长王跃等担任本次评审的专家，评审通过了《雨花英烈的内涵及其当代价值》课程方案。

（二）第二批课程评审

2017年12月28日至29日雨花台干部学院举行第二批课程评审活动。在一天半的时间内，各位授课教师按顺序对自己的专题课程进行说课解说，于30分钟内将自己的专题教学内容、课堂模式等以不同形式进行现场呈现。参与这次评审的专题课程主要有朱小玲老师的《雨花英烈精神及其当代价值》、刘诚老师的《邓中夏与雨花英烈精神》、刘伟老师的《追问信仰》、李继锋老师的《雨花英烈精神的光辉典范——恽代英》、杨波老师的《共产主义精神在雨花台》、刘焕明老师的《学习和弘扬雨花英烈的伟大牺牲精神》、马振犊老师的《忠诚与背叛——“顾顺章案件”的历史启示》。此外，这次课程评审包括了对红色故事会课程的评审。参加评审的有赵良璋烈士外甥女的《我的舅舅赵良璋》、王崇典烈士侄外孙女李新兴的《记忆中的革命先烈，时代下的家族亲情》。这次课程评审会的评审专家由全国组织干部学院原副院长王文才、解放军后勤学院教授彭程、《人民铁道部》总编辑室原首席编辑吴铁壁、原总政治部直工部干部龙铮以及雨花英烈研究会会长王跃等专家担任。专家针对课堂主体、课堂内容、展现形式、授课风格等方面逐一点评，肯定各位授课教师教学的同时，给出了中肯的意见。最后课程评审会通过了全部的课程。

（三）第三批课程评审

2018年3月24日，雨花台干部学院召开第三批师资队伍及课程评审会。评审会由全国组织干部学院原副院长王文才担任评审专家组组长，专家组成员有雨花台烈士陵园管理局局长兼党委书记赵永艳、南京市委党校校务委员郭榛树、雨花台烈士纪念馆馆长向媛华、南京市委组织部干部教育处处长张四海，南航马克思主义学院党总支书记徐川。此次评审会主要评审三门专题课，主要是郭琦老师的《谈选择》、高翱老师的《从无问东西看雨花英烈令人羡慕的生命厚度》以及赵瑱老师的《忠诚与背叛》；两门红色故事汇课程，主要是陶家齐烈士之子陶和寿的《重走父亲的抗战之路》、郭纲琳烈士侄子郭常根的《姑妈的忠诚与无畏》。参与评审的教师课程展示后，评审专家进行点评，给出课程改进的意见，并通过了两门红色故事汇的课程方案。

（四）第四批课程评审

2018年5月，雨花台干部学院召开第四批课程评审。北京党性教育联合工作室专家彭程、南京市委组织部干部教育处处长张四海、南京雨花英烈研究会会长王跃担任本次课程评审的专家。本次参与评审的课程主要有张家芳老师的《“丹心贯日情如海，碧血雨花气若虹”——从雨花英烈诗词对雨花英烈精神解读》以及北殉难处、西殉难处、知名烈士墓的现场教学课程。评审专家肯定了张家芳老师的课程，并提出课程需要突出主题，在思想深度方面还需深入挖掘。评审最终通过了张家芳老师的课程方案。

（五）第五批课程评审

2019年1月17—18日、24日，雨花台干部学院召开第五批课程评审会。此次课程评审邀请了北京党性教育创新联合工作室的王文才、李凯城、彭程进行线上评审，邀请了江苏省委党史工办原副主任赵一心，南京师范大学马克思主义学院博导、雨花英烈研究会会长王跃，南京市委党校副校长刘喜发，江苏省委党校党史党建部副主任、教授李继锋，雨花英烈研究院院长向媛华，南京航空航天大学马克思主义学院党支部书记、十九大代表徐川担任现场评审的评委。本次课程评审总共评审了十门课程。主要是七门专题课，其中包括徐川团队的五门课程《正义与信心——从雨花英烈看共产党人的高度自信》（沈晓海）、《青春与热血：从雨花英烈讲青年人的历史担当》（王洋）、《从雨花英烈的时代选择看中国共产党人的初心》（胡苹）、《“怀揣着光明，面向着黑暗”——雨花英烈隐蔽战线斗争》（满泽阳）、《青春和热血，让人敬羡的生命的厚度》（徐丹），以及其他两门专题课《雨花英烈之晓庄十烈士》（姚群民）和《中国梦与雨花英烈——再读雨花台烈士》（闻慧斌）；三门现场教学课程，即在孙中山纪念馆的《孙中山与早期中国共产党人》（苏艳萍）、在溧水红色李巷的《坚持以人民为中心——新四军16旅及溧水第一个农村党支部生存之道》（印紫微）、在溧水大金山雷锋文化馆的《弘扬爱国主义精神，建功立业新时代》（郝宇）；一部教学片《革命者——党史中的雨花英烈》（凤凰网江苏）。本次课程评审中，三门专题课《从雨花英烈的时代选择看中国共产党人的初心》（胡苹）、《青春和热血，让人敬羡的生命的厚度》（徐丹）、《雨花英烈之晓庄十烈士》（姚群民），一门教学片《革命者——党史中的雨花英烈》通过评审。

二、特色课程体系

建院以来，为满足党性教育的需要，雨花台干部学院打造具有雨花台特色的党性教育课程。目前重点打造一堂主题课和一系列专题课，现已分批开发了25门室内教学课，在雨花台烈士陵园内开发了7个现场教学点，还开设了红色故事汇、互动访谈课、情景剧、音响等5个板块内容，初步构建了“主题课 + 专题课 + 现场教学”的课程模式。雨花台干部学院不同课程的侧重点和教学方式方法有所差异，符合不同课程的教学需要；各类课程充分发挥了协同作用，内容上相互补充、相互照应，而主旨和课程目标上也相互支撑，实现教学效果的提升。

（一）现场教学

现场教学是雨花台干部学院的重要特色课程。学院成立以来始终注重对现场教学点的开发，注重打造具有雨花台特色的现场教学课程，重点开发了雨花台烈士陵园内及南京市内的现场教学课程。截至目前，学院已经完成雨花台烈士陵园内的7个现场教学点和南京市内近30个现场教学点的课程教学方案，形成了以雨花台烈士陵园为基础，依托周边资源的现场教学课程库。

1. 陵园内现场教学课程

雨花台烈士陵园内的现场教学课程打造是形成雨花台特色党性教育的关键。建院以来，管理局和雨花台干部学院教师均对这5个现场教学点进行了教学科研与文化开发，形成了三种不同版本的现场教学稿。一是由管理局社会教育处人员准备的现场教学稿。主要包括北殉难处带背景音乐、突出烈士书信的版本，丁香树主题为“高尚道德情操”的版本，西殉难处主题为“我忠于我的选择”的版本，知名烈士墓主题为“那些我们知道和不知道的名字”的版本以及东殉难处的初始版本。二是由专家撰写的现场教学稿。主要包括赵一心老师针对领导干部学员打造的主题为“领导干部忠诚担当”的版本，张家芳老师针对普通党员干部学员打造的主题为“烈士为了党和人民事业，英勇奋斗牺牲；今人为了党和人民事业，服从组织安排，立足岗位不断创造优良业绩”的版本，向媛华老师针对年轻干部学员打造的主题为“信仰坚定、忠贞不屈。学习雨花英烈为了信仰而牺牲，引导当代青年人树立信仰而奉献”的版本。三是由雨花台干部学院教师修改提升的现场教学稿。具体包括针对北殉难处撰写了主题为“崇高理想信念”的现场教学稿，针对丁香树撰写提升了主题为“高尚道德情操”的现场教学稿，针对西殉难处提升了主题为“大无畏精神”的现场教学稿，针对东殉难处撰写修改了主题了为“忠于组织”的现场教学稿，针对知名烈士墓修改提升了主题为“对人民的热爱”的现场教学稿。

学院的现场教学依托于园林景观和红色文化的有机结合，做到“景中有故事，故事中有景”，彰显全域纪念、全场景教育的效果。在此基础上，学院重点现场教学点主要包括以下 7 个：

（1）北殉难处：体验雨花英烈崇高的理想信念。主要介绍北殉难处的历史和烈士群雕的设计内涵等内容。雨花台北殉难处是 1927—1937 年集中杀害共产党人和革命志士的地方，也是雨花台烈士牺牲最多的地方，1979 年在此建成烈士就义群雕。课程重点讲述烈士在面对死亡时的英勇态度和无畏选择，营造出慷慨悲壮的教学氛围。

（2）丁香树：体验雨花英烈高尚道德情操。讲述雨花英烈丁香及其丈夫阿乐的故事。介绍以下几个重要时间节点：1982 年，在丁香牺牲五十周年之际，阿乐带着女儿乐丁香来到雨花台祭奠丁香，并在丁香就义的地方，种下一棵丁香树；1989 年，已是 81 岁高龄的阿乐与家人再次来到雨花台，见到了枝繁叶茂的丁香树；1993 年，阿乐逝世一周年，他的妻子时钟曼将阿乐的骨灰撒在了这棵丁香树下，完成了阿乐临终前的遗愿。

（3）西殉难处：体验雨花英烈为民牺牲的大无畏精神。重点介绍西殉难处的由来。西殉难处位于雨花台中岗西侧，是烈士掩埋地之一，风雨侵蚀，岁月流逝，此地曾白骨累累，被老百姓称为“髅上髅”。

（4）东殉难处：共产党人忠于组织。介绍东殉难处的由来和基本概况。东殉难处位于雨花台东岗山坡下，是国民党在 1949 年前夕杀害共产党人和革命志士的场所，也是 1937 年后的秘密刑场。

（5）知名烈士墓：共产党人对人民的热爱。重点讲述烈士亲属与长眠于此的烈士间感人的故事及追寻历程。知名烈士墓埋葬着 17 位已知姓名的烈士，是 20 世纪 80 年代初期将雨花台和南京周边烈士墓集中建成的。墓地虽然不大，却是一个相对封闭的空间，环境庄严肃穆。在这里举行献花篮、向烈士三鞠躬等仪式，营造缅怀氛围。

（6）雨花台烈士纪念馆：信仰的力量——雨花英烈生平事迹展。以纪念馆陈列的一张张照片，一件件实物为基础，介绍其背后传递的雨花英烈的感人事迹和精神。照片展示的年轻面容、实物传递的横溢才情，本身就给人强大的冲击力；再通过宣讲人员的深情讲解和细腻阐释，让学员了解革命先烈崇高伟大的信仰和英勇不屈的事迹。

（7）雨花台烈士纪念碑：纪念、凭吊仪式，重温入党誓词。介绍烈士纪念碑的构成及其设计内涵。纪念碑高耸在雨花台的主峰，由两层平台托起，在110100级台阶之上，其设计理念是沿着石阶走向纪念碑，寓意着走向崇高的精神境界。在这里主要讲述烈士入党、参加革命的人生选择，举行新党员的入党宣誓和老党员重温入党誓词的仪式。

2. 南京市内现场教学

南京丰富的红色文化资源是雨花台干部学院打造园外现场教学点的重要基础。

截至目前，南京市内近30个现场教学点已纳入雨花台干部学院的现场教学点。其中侵华日军南京大屠杀遇难同胞纪念馆、梅园新村纪念馆、孙中山纪念馆、燕子矶侵华日军南京大屠杀遇难同胞集中殉难地、《南京条约》史料陈列馆、乡村振兴微观样本“水墨大埝”等已从2019年3月学院长期班办班的过程中起进行实际教学。当前，南京市内现场教学主要包括两个版本。

一是党校教师对现场教学点的开发。在市委组织部的统一领导下，与南京市委党校和各区委党校的合作下，学院打造了全市25个现场教学点，具体由南京市委党校及溧水、栖霞等区委党校教师授课。现场教学点包括了市区的南京梅园新村中共代表团纪念馆、南京渡江胜利纪念馆、南京孙中山纪念馆、侵华日军南京大屠杀遇难同胞纪念馆、《南京条约》史料陈列馆5个现场教学点；高淳区4个，分别是溧高抗日民主政府旧址、新四军一支队司令部旧址、新四军驻高淳办事处旧址、高淳党员政治生活馆；溧水区3个，分别是南京大金山雷锋文化馆、苏南党政军首脑机关驻地旧址（溧水人民抗日斗争纪念馆）、新四军将领故居（钟国楚、江渭清、梅章）；栖霞区4个，分别是燕子矶公园“侵华日军大屠杀燕子矶死难同胞纪念碑”、十月创科园“十月初心”馆、仙林街道党群服务中心、十月军校；六合区3个，分别是竹镇市抗日民主政府纪念馆、李元龙先进事迹陈列馆、竹镇金磁社区便民服务中心；江北新区3个，分别是浦厂二七罢工旧址、王荷波烈士纪念馆、汤泉街道西社区党史馆；江宁区3个，分别是汤山街道古泉社区党群服务中心（侯家塘支部党群服务站、老马党群服务微家）、高新区生命科技小镇（南京金斯瑞生物科技有限公司等全球有影响力的企业）、江宁党建大数据中心。

二是学院教师对市内现场教学点的开发。2019年3月以来，雨花台干部学院教师针对接班培训需求，着手对南京市内各个现场教学点开展进一步研究，开发新的现场教学稿。当前，学院7位教师按照专人负责专点的方式，完成了侵华日军南京大屠杀遇难同胞纪念馆、梅园新村中共代表团纪念馆、南京孙中山纪念馆、南京渡江胜利纪念馆、燕子矶侵华日军南京大屠杀遇难同胞集中殉难地、《南京条约》史料陈列馆、王荷波烈士纪念馆七个现场教学点的初稿撰写。

（二）主题课

主题课主要通过教学活动，帮助学员熟悉了解雨花英烈群体，学习领悟雨花英烈精神。当前主题课主要包括以下几门：

1.《“丹心贯日情如海，碧血雨花气若虹”——“雨花英烈精神”解读》通过党课的形式，讲解雨花英烈谭寿林、李耘生、金佛庄等烈士的英勇事迹，让更多的人知晓这些动人心魄的故事。主讲老师是贺云翱。

2.《雨花英烈与中国共产党的初心》解读雨花英烈身上所体现的共产党人的初心，说明中国共产党人的初心植根于中华优秀传统文化，渊源于民族复兴的时代呼唤，形成于马克思主义中国化的伟大实践；确立并把初心坚持到底，是中国共产党创立、成长和壮大的根由，也是党赢得民心、赢得胜利的根本。主讲老师是赵一心。

3.《雨花英烈精神内涵及其当代价值》主要解读雨花英烈精神，深入介绍中华民族伟大复兴的光辉历程和党的历史，深入阐述党的光荣传统和优良作风，旨在让学员加深对中国特色社会主义道路自信、理论自信、制度自信、文化自信的认识。主讲老师是张家芳、吴光祥、王跃、王刚、张加华、朱小玲、胡宝平。

（三）专题讲座

雨花台干部学院围绕深入解读雨花英烈精神，可根据教学时间安排17门专题讲座。当前雨花台干部学院的专题讲座主要包括《碧血雨花气若虹——雨花英烈诗词及其精神意蕴》《忠诚与背叛》《雨花英烈精神的楷模——邓中夏》《雨花英烈恽代英的品格修为》《忠诚与背叛——“顾顺章案件”的历史启示》《冲破黎明前的黑暗——北平五烈士追忆》《雨花英烈精神的优秀代表——恽代英》《邓中夏与雨花英烈精神》《追问信仰》《共产主义精神在雨花台》《雨花英烈之晓庄十烈士》《正义与信心——从雨花英烈看共产党人的高度自信》《青春与热血：从雨花英烈讲青年人的历史担当》《从雨花英烈的时代选择看中国共产党人的初心》《“怀揣着光明，面向着黑暗”——雨花英烈与隐蔽战线斗争》《中国梦与雨花英烈——再读雨花台烈士》《青春和热血，让人敬羡的生命的厚度》等课程。

（四）其他特色课程

为丰富党性教育课程体系，雨花台干部学院还打造了包括红色故事汇、互动访谈课、诵读会、情景剧、音像教学片等在内的一系列特色课程。

1. 红色故事汇

红色故事汇是学院邀请雨花英烈亲属后代打造的特色课程，通过烈士亲属后代对烈士事迹的讲述，让学员更好地了解雨花英烈的红色故事，从而进一步传承和弘扬雨花英烈精神。

目前学院已经开发的红色故事汇主要包括孙津川烈士侄女孙以智讲述的《石城之子——我的叔叔孙津川》；赵良璋烈士外甥女徐彩平讲述的《为真理而牺牲——我的舅舅赵良璋》；郭纲琳烈士侄子郭常根讲述的《永是勇士——我的姑妈郭纲琳》；王崇典烈士侄外孙女李新兴讲述的《记忆中的革命先烈，时代下地家族亲情》；陶家齐烈士儿子陶和寿讲述的《从走父亲的抗战之路》等。

2. 互动访谈课

2019 年以来，学院教师在原有烈士亲属红色故事汇的资料基础上，邀请了陶和寿、郭常根、徐彩平和李新兴四位烈士亲属后代多次来学院进行了互动访谈课程开发的讨论。在深入了解四位烈士事迹的基础上，学院教师完成了对三位烈士亲属访谈的提纲和《对话先烈亲属，传承红色基因》的总体台本的撰写。2019 年 5 月，学院与凤凰网江苏合作共同进行互动访谈课程的优化提升，目前该课程正在进一步打磨中。

3. 诵读会

2018 年 8 月以来，雨花台干部学院教师深入挖掘雨花英烈的诗词、家书和文集，与南京日报合作确定诵读会形式，选取具体烈士作品，致力开发具有学院特色的诵读会。2018 年底，学院形成了具体诵读会台本，在此基础上学院教师多次进行集体备课，修改完善诵读会台本，打造了雨花英烈家书、诗词诵读会《家书忆英烈 照亮追梦路》。诵读会通过邀请学员亲自朗诵烈士家书诗词，鼓励学员在课后给自己的家人、朋友写信的教学方式，充分调动了学员参与性，提升了培训教学效果。自 2019 年 3 月，学院的教学诵读会已在各个培训中多次开展，受到来自全国各地学员的一致好评。

4. 情景剧

（1）情景剧《热血初心雨花魂》

该情景剧由雨花台干部学院和南京市文联联合打造，根据恽代英、孙津川、李耘生、郭纲琳等几位烈士的事迹创作而成。2018 年 4 月 5 日，在雨花台弘扬厅首次公演，演员们的深情演绎，让在场的观众几度潸然泪下。目前该情景剧已制作成为雨花台干部学院的音像教学片。

（2）情景剧《丁香》

教学情景剧《丁香》由雨花台干部学院全体教师自编自演。该剧以雨花英烈丁香为原型，以丁香和乐于泓的革命情感为主线，展开他们之间的感人故事。重点突出丁香烈士的狱中斗争情形，通过她与丈夫阿乐、国民党军官、母亲以及未出世的孩子的对话，集中展现丁香烈士的“崇高理想信念、高尚道德情操、为民牺牲的大无畏精神”。目前，《丁香》情景剧已作为学院的特色课程在培训班中正式进行演出。

5. 音像教学课程

（1）情景剧《热血初心雨花魂》；

（2）史料片《革命者——党史中的雨花英烈》；

（3）话剧《雨花台》；

（4）电视文献纪录片《致未来书》；

（5）视频《雨花巾帼英烈》。

三、特色课程安排

雨花台干部学院根据不同学员党性教育的需求，制定了具有针对性的党性教育课程安排。自建院以来，形成了一天至七天班的课程安排模板。

（一）一天班课程安排

教学时间		教学形式	课程名称	教学人员	教学地点
上午	9:10	到达雨花台北大门			
	9:20—9:30	现场教学	崇高理想信念	学院教师	北殉难处
	9:30—9:40		高尚道德情操		丁香树
	9:50—10:00		大无畏精神		西殉难处
	10:10—10:20		凭吊仪式、重温入党誓词	学院教师	雨花台烈士纪念碑
	10:30—11:10		信仰的力量——雨花英烈生平事迹展	学院教师	雨花台烈士纪念馆
	11:20	午餐			
下午	14:00—14:10	现场教学	忠于组织	学院教师	东殉难处
	14:20—14:35		对人民的热爱		知名烈士墓
	14:50—16:20	专题教学（四选一）	雨花英烈精神的楷模——邓中夏	刘晓东	学院教室
			忠诚与背叛	向媛华	
			雨花英烈精神的优秀代表——恽代英	张新义	
			碧血雨花气若虹——雨花英烈诗词及其精神意蕴	张家芳	
	16:30	返程			

（二）两天班课程安排

教学时间			教学形式	课程名称	教学人员	教学地点
第一天	上午	9:00 前	学员报到			报到大厅
		9:30—11:30	主题课	雨花英烈精神内涵及其时代价值	学院教师	学院教室
	下午	14:00	集中出发前往雨花台			
		14:40—14:50	现场教学	崇高理想信念	学院教师	北殉难处
		15:00—15:10		高尚道德情操	学院教师	丁香树
		15:20—15:30		大无畏精神	学院教师	西殉难处
		15:40—15:50		凭吊仪式、重温入党誓词	学院教师	雨花台烈士纪念碑
		16:00—16:50		信仰的力量——雨花英烈生平事迹展	学院教师	雨花台烈士纪念馆

续表

教学时间			教学形式	课程名称	教学人员	教学地点
第二天	上午	8:30-11:30	现场教学	伟大的胜利 深刻的启示	学院教师	渡江胜利纪念馆
	下午	14:00	从学院出发			
		15:10-16:30	现场教学	铭记历史 开创未来	曲洛松	侵华日军南京大屠杀遇难同胞纪念馆
		返程				

（三）三天班课程安排

教学时间			教学形式	课程名称	教学人员	教学地点
第一天	上午	11:30 前	学员报到			报到大厅
	下午	14:30—17:00	主题课	雨花英烈精神内涵及其时代价值	学院教师	学院教室
	晚上	19:00—20:00	班会			学院教室
第二天	上午	8:30	集中出发前往雨花台			
		9:20—9:30	现场教学	崇高理想信念	学院教师	北殉难处
		9:40—9:50		高尚道德情操		丁香树
		10:00—10:10		大无畏精神		西殉难处
		10:20—10:30		凭吊仪式、重温入党誓词	学院教师	雨花台烈士纪念碑
		10:40—11:30		信仰的力量——雨花英烈生平事迹展	学院教师	雨花台烈士纪念馆
	午餐					
	下午	13:00—13:10	现场教学	忠于组织	学院教师	东殉难处
		13:20—13:40		对人民的热爱		知名烈士墓
		14:00—16:00	专题讲座（四选一）	忠诚与背叛	向媛华	学院教室
				雨花英烈精神的楷模——邓中夏	刘晓东	
				碧血雨花气若虹——雨花英烈诗词及其精神意蕴	张家芳	
				雨花英烈恽代英的品格修为	李继锋	
	晚上	19:00—20:00	分组研讨	交流分享：雨花英烈精神与新时代新作为	各组组长	学院教室
第三天	上午	8:30	乘车前往侵华日军南京大屠杀遇难同胞纪念馆			
		9:30—11:00	现场教学	铭记历史 开创未来	曲洛松	侵华日军南京大屠杀遇难同胞纪念馆
	午饭后返程					

（四）四天班课程安排

教学时间			教学形式	课程名称	教学人员	教学地点
第一天	下午	17:30 前		学员报到		报到大厅
	晚上	19:00—20:00		班会		学院教室
第二天	上午	9:00—9:30		开班仪式		学院教室
		9:40—11:30	主题课	雨花英烈精神内涵及其时代价值	学院教师	
	下午	14:00		集中出发前往雨花台		
		14:50—15:00	现场教学	崇高的理想信念	学院教师	北殉难处
		15:10—15:20		忠于组织		东殉难处
		15:30—15:40		对人民的热爱		知名烈士墓
		15:50—16:00		凭吊仪式、重温入党誓词	学院教师	雨花台烈士纪念碑
		16:10—17:00		信仰的力量——雨花英烈生平事迹展	学院教师	雨花台烈士纪念馆
				午餐		
	晚上	19:00—20:00	分组研讨	交流分享：雨花英烈精神与新时代新作为	各组组长	学院教室
第三天	上午	8:10		乘车前往侵华日军南京大屠杀遇难同胞纪念馆		
		9:10–11:30	现场教学	铭记历史 开创未来	学院教师	侵华日军南京大屠杀遇难同胞纪念馆
	下午	14:00		从学院出发		
		14:40—15:40	现场教学	勿忘国耻 民族复兴 ——党员干部的使命担当	学院教师	燕子矶“侵华日军南京大屠杀死难同胞集中殉难地”
		16:10—17:10		从南京谈判对敌斗争中看共产党人的智慧	学院教师	梅园新村纪念馆
第四天	上午	8:30		乘车前往《南京条约》史料陈列馆		
		9:00—11:00	现场教学	鸦片战争与中国共产党的诞生	胡宝平	《南京条约》史料陈列馆
	下午	14:30—15:00		结业仪式		学院教室
		16:00		返程		

（五）五天班课程安排

教学时间			教学形式	课程名称	教学人员	教学地点
第一天	下午	17:30 前	学员报到			学员报到大厅
	晚上	19:00—20:00	班会			学院教室
第二天	上午	9:00—9:30	开班仪式			学院教室
		9:40—11:30	主题课	雨花英烈精神内涵及其时代价值	学院教师	
	下午	14:30—15:10	音像教学	致未来书		学院教室
		15:20—17:00	专题教学（四选一）	雨花英烈精神的楷模 -- 邓中夏	刘晓东	学院教室
				忠诚与背叛	向媛华	
				雨花英烈精神的优秀代表 – 恽代英	张新义	
				碧血雨花气若虹——雨花英烈诗词及其精神意蕴	张家芳	
第三天	上午	8:30	从学院出发			
		9:10—9:25	现场教学	崇高理想信念	学院教师	北殉难处
		9:30—9:40		高尚道德情操		丁香树
		9:50—10:00		大无畏精神		西殉难处
		10:10—10:20		凭吊仪式、重温入党誓词	学院教师	雨花台烈士纪念碑
		10:30—11:20		信仰的力量——雨花英烈生平事迹展	学院教师	雨花台烈士纪念馆
	午餐					
	下午	13:00—13:10	现场教学	忠于组织	学院教师	东殉难处
		13:20—13:35		对人民的热爱		知名烈士墓
		13:50—15:30	红色故事会		烈士家属	学院教室
	晚上	19:00—20:00	诵读会排练			学院教室
第四天	上午	8:00	乘车前往侵华日军南京大屠杀遇难同胞纪念馆			
		9:00—11:00	现场教学	铭记历史 开创未来	曲洛松	侵华日军南京大屠杀遇难同胞纪念馆
	下午	14:30—17:00		鸦片战争与中国共产党的诞生	胡宝平	《南京条约》史料陈列馆
	晚上	19:00—20:00	诵读会	家书忆英烈 照亮追梦路		学院教室
第五天	上午	9:00—10:30	分组研讨	交流分享：雨花英烈精神与新时代新作为	各组组长	学院教室
		10:40—11:30	结业仪式			

（六）六天班课程安排

教学时间			教学形式	课程名称	教学人员	教学地点
第一天	下午	17:30 前	学员报到			学员报到大厅
	晚上	19:00—20:00	班会			学院教室
第二天	上午	9:00—9:30	开班仪式			学院教室
		9:40—11:30	主题课	雨花英烈精神内涵及其时代价值	学院教师	
	下午	14:30—15:10	音像教学	致未来书		学院教室
		15:20—17:00	专题教学（四选一）	雨花英烈精神的楷模——邓中夏	刘晓东	学院教室
				忠诚与背叛	向媛华	
				雨花英烈精神的优秀代表——恽代英	张新义	
				碧血雨花气若虹——雨花英烈诗词及其精神意蕴	张家芳	
第三天	上午	8:30	从学院出发			
		9:10—9:25	现场教学	崇高理想信念	学院教师	北殉难处
		9:30—9:40		高尚道德情操		丁香树
		9:50—10:00		大无畏精神		西殉难处
		10:10—10:20		凭吊仪式、重温入党誓词	学院教师	雨花台烈士纪念碑
		10:30—11:20		信仰的力量——雨花英烈生平事迹展	学院教师	雨花台烈士纪念馆
	午餐					
	下午	13:00—13:10	现场教学	忠于组织	学院教师	东殉难处
		13:20—13:35		对人民的热爱		知名烈士墓
		13:50—15:30	红色故事会		烈士家属	学院教室
	晚上	19:00—20:00	诵读会排练			学院教室
第四天	上午	8:00	乘车前往侵华日军南京大屠杀遇难同胞纪念馆			
		9:00—11:00	现场教学	铭记历史 开创未来	曲洛松	侵华日军南京大屠杀遇难同胞纪念馆
	下午	14:30—17:00		鸦片战争与中国共产党的诞生	胡宝平	《南京条约》史料陈列馆
	晚上	19:00—20:00	诵读会	家书忆英烈 照亮追梦路		学院教室
第五天	上午	8:30—11:30	党史党建类课程			学院教室
	下午	14:30—15:30	分组研讨	交流分享：雨花英烈精神与新时代新作为	各组组长	学院教室
		15:40—16:40	结业仪式			
第六天	早饭后返程					

（七）七天班课程安排

教学时间			教学形式	课程名称	教学人员	教学地点
第一天	下午	17:30 前	学员报到			学员报到大厅
	晚上	19:00—20:00	班会			学院教室
第二天	上午	9:00—9:30	开班仪式			学院教室
		9:40—11:30	主题课	雨花英烈精神内涵及其时代价值	学院教师	
	下午	14:00	从学院出发			
		14:50—15:00	现场教学	崇高理想信念	学院教师	北殉难处
		15:10—15:20		高尚道德情操		丁香树
		15:30—15:40		大无畏精神		西殉难处
		15:50—16:00		凭吊仪式、重温入党誓词	学院教师	雨花台烈士纪念碑
		16:10—17:00		信仰的力量——雨花英烈生平事迹展	学院教师	雨花台烈士纪念馆
	返回学院					
	晚上	19:00—20:00	诵读会排练			学院教室
第三天	上午	8:30	从学院出发			
		9:10—11:00	现场教学	鸦片战争与中国共产党的诞生	胡宝平	《南京条约》史料陈列馆
	下午	14:00	从学院出发			
		14:40　15:40	现场教学	伟大的胜利　深刻的启示	学院教师	渡江胜利纪念馆
		16:00—17:00		勿忘国耻　民族复兴——党员干部的使命担当	学院教师	燕子矶“侵华日军南京大屠杀死难同胞集中殉难地”
第四天	上午	8:00	乘车前往侵华日军南京大屠杀遇难同胞纪念馆			
		9:00—11:00	现场教学	铭记历史　开创未来	学院教师	侵华日军南京大屠杀遇难同胞纪念馆
	下午	14:00	从学院出发			
		14:40—16:00	现场教学	从南京谈判对敌斗争中看共产党人的智慧	王兵	梅园新村纪念馆
		16:30—17:30		仙林网格化党建：为民服务创新之路	街道领导	仙林街道
第五天	上午	8:30	从学院出发			
		9:30—11:30	现场教学	乡村振兴微观样本“水墨大埝”	修楠	水墨大埝
	下午	14:30—16:00		王荷波与中国共产党的纪律建设	刘玉东	王荷波纪念馆
	晚上	19:00—20:00	诵读会	家书忆英烈　照亮追梦路		学院教室

续表

教学时间			教学形式	课程名称	教学人员	教学地点
第六天	上午	8:30—11:30	专题讲座	党史党建类课程	学院教师	学院教室
	下午	14:30—16:00	分组研讨	交流分享：雨花英烈精神与新时代新作为	各组组长	
		16:10—17:00	结业仪式			
第七天	上午	9:00	早饭后返程			

诵读会《家书忆英烈 照亮追梦路》

情景剧《丁香》

现场教学北殉难处

丁香树现场教学

东殉难处现场教学

西殉难处现场教学

知名烈士墓现场教学

主题课教学

专题课教学

雨花台烈士纪念碑现场教学

雨花台烈士陵园纪念馆现场教学

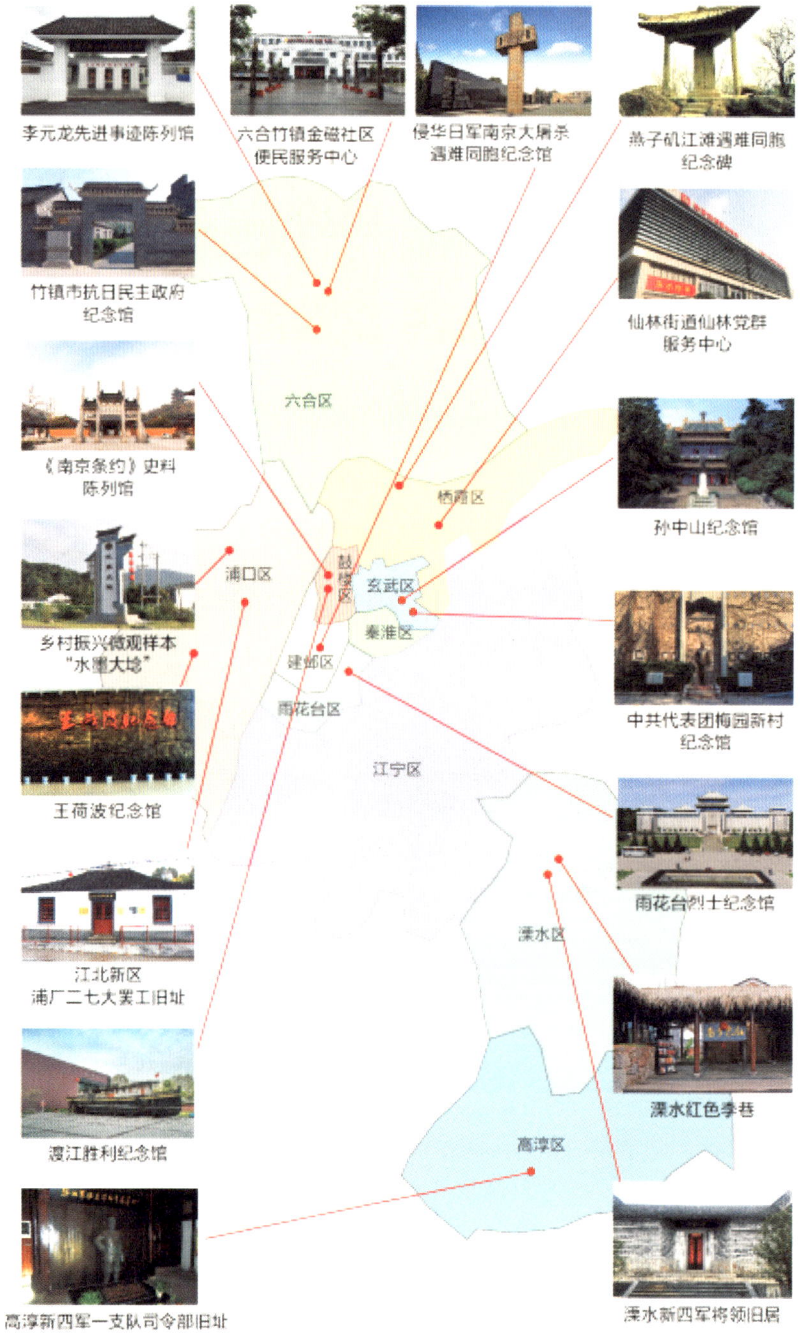
李元龙先进事迹陈列馆
六合竹镇金磁社区便民服务中心
侵华日军南京大屠杀遇难同胞纪念馆
燕子矶江滩遇难同胞纪念碑
竹镇市抗日民主政府纪念馆
仙林街道仙林党群服务中心
六合区
《南京条约》史料陈列馆
栖霞区
孙中山纪念馆
浦口区
鼓楼区
玄武区
秦淮区
乡村振兴微观样本“水墨大埝”
中共代表团梅园新村纪念馆
建邺区
雨花台区
王荷波纪念馆
江宁区
雨花台烈士纪念馆
溧水区
江北新区浦厂二七大罢工旧址
溧水红色李巷
渡江胜利纪念馆
高淳区
高淳新四军一支队司令部旧址
溧水新四军将领旧居

南京市内现场教学点

雨花台烈士陵园内现场教学点分布情况

情景剧《热血初心雨花魂》

附：雨花台干部学院历年教学培训统计

2017 年

序号	日期	班次	人数
1	2017 年 7 月 7 日	中共中央组织部干教局领导一行	30
2	2017 年 7 月 11 日	南京市委组织部组工干部培训班	80
3	2017 年 7 月 17 日	北京教工委宣教处	90
4	2017 年 7 月 18 日	南京市委党校	100
5	2017 年 7 月 19 日	东南集团	30
6	2017 年 7 月 26 日	高淳区委党校	100
7	2017 年 8 月 2 日	大别山干部学院	26
8	2017 年 8 月 3 日	江宁开发区管委会、南航徐川团队	20
9	2017 年 8 月 21 日	南京市委组织部组工干部培训班	90
10	2017 年 8 月 22 日	江宁区体育局	60
11	2017 年 8 月 23 日	浙江台州市委党校师资班	80
12	2017 年 8 月 30 日	江苏省委组织部选调生培训班	500
13	2017 年 9 月 6 日	南京市城管局	60
14	2017 年 9 月 7 日	南京市新任市管领导干部进修班	55
15	2017 年 9 月 7 日	南京市新任区管正职干部进修班	55
16	2017 年 9 月 8 日	中央国家机关“老年大学师资管理及评价”课题交流会	90
17	2017 年 9 月 12 日	南京市委党校鼓楼分校中青班	100
18	2017 年 9 月 14 日	南京市妇联	60

续表

序号	日期	班次	人数
19	2017 年 9 月 14 日	海南省乡镇党委书记专题培训班	55
20	2017 年 9 月 15 日	苏州市委党校主体班	75
21	2017 年 9 月 15 日	雨花区委组织部	60
22	2017 年 9 月 18 日	南京市统战部青年民营企业家培训班	80
23	2017 年 9 月 21 日	浦口区委组织部	100
24	2017 年 9 月 26 日	江北新区党建办公室	95
25	2017 年 11 月 7 日	东南大学	300
26	2017 年 11 月 11 日	南京航空航天大学	300
27	2017 年 11 月 24 日	南京市发改委	140
28	2017 年 11 月 25 日	南京市江宁区委麒麟街道工作委员会	100
29	2017 年 11 月 25 日	江宁发改委	40
30	2017 年 12 月 6 日	外交部机关党校第 76 期学员	49
31	2017 年 12 月 19 日	江苏省委组织部干部监督处党支部	8
32	2017 年 12 月 20 日	江苏省委党校江苏省省级行政机关副处职公务员培训班	50
33	2017 年 12 月 21 日	南京大学	1000

2018 年

序号	日期	班次	人数
1	2018 年 1 月 9 日	南京市委组织部	5
2	2018 年 1 月 16 日	南京市卫生和计划生育委员会	50
3	2018 年 2 月 3 日	鞍山南京合作办公室	11
4	2018 年 3 月 4 日	新任省管干部任职（正职）培训班	46
5	2018 年 3 月 14 日	新任省管干部任职培训班第二期	50
6	2018 年 3 月 18 日	南京大学青马工程培训班	65
7	2018 年 3 月 21 日	新任省管干部任职培训班第三期	38
8	2018 年 3 月 28 日	新任省管干部任职培训班第四期	41
9	2018 年 4 月 8 日	省委组织部高层次人才培训班	120
10	2018 年 4 月 11 日	新任省管干部任职培训班第五期	60
11	2018 年 4 月 17 日	南京市管领导“增强党性修养、提升政治能力”研讨班	45
12	2018 年 4 月 17 日	六合区年轻干部能力素质提升培训班	55
13	2018 年 4 月 18 日	市委组织部干部一处全市村书记示范培训班	110

续表

序号	日期	班次	人数
14	2018年4月19日	市委组织部干部一处全市村书记示范培训班	110
15	2018年4月19日	秦淮区政治建设专题研修班培训班	50
16	2018年4月21日	鞍山市党政代表学习团（局级）	90
17	2018年4月26日	秦淮区政治建设专题研修班培训班	55
18	2018年4月26日	中国工商银行南京分行	30
19	2018年5月8日	中组部干教局	6
20	2018年5月10日	秦淮区政治建设专题研修班培训班	55
21	2018年5月16日	南京市宣传文化系统基层党组织书记培训班	80
22	2018年5月17日	秦淮区政治建设专题研修班培训班	55
23	2018年5月19日	南京市人民检察院	110
24	2018年5月20、21日	红旗渠干部学院	20
25	2018年5月21日	全市党员骨干示范培训班	120
26	2018年5月22日	全市党员骨干示范培训班	120
27	2018年5月24日	江北新区	200
28	2018年5月29日	南京市妇联	80
29	2018年5月29日	南京市委党校第二期市管领导“增强党性修养，提升政治能力”研讨班	45
30	2018年5月30日	南京师范大学中层干部党性教育培训班	170
31	2018年6月6日	江苏省政协	200
32	2018年6月7日	南京市委党校处级领导干部十九大精神培训班	40
33	2018年6月13日	江苏省政协	200
34	2018年6月13日	徐州市妇联	30
35	2018年6月13日	南京市妇联	70
36	2018年6月21日	江苏省委组织部老干部局	80
37	2018年6月26日	江苏省委组织部老干部局	100
38	2018年7月2日	省委老干部局“弘扬雨花英烈精神 争做合格共产党员”主题党日活动	70
39	2018年7月3日	十三中党性教育培训班	80
40	2018年7月11日	南京市民族宗教事务局党性教育培训班	50
41	2018年7月26日	国家检察官学院	14
42	2018年8月7日	宜章县委党校	10
43	2018年8月8日	徐州人大系统宣传干部	150

续表

序号	日期	班次	人数
44	2018 年 8 月 16 日	栖霞区委组织部	70
45	2018 年 8 月 22 日	省委组织部选调生培训班	520
46	2018 年 8 月 24 日	聊城市委组织部	14
47	2018 年 9 月 4 日	第 3 期市管领导干部“增强党性修养，提升政治能力”专题研讨班	44
48	2018 年 9 月 6 日	第 7 期新任处长培训班	45
49	2018 年 9 月 11 日	秋季学期第一阶段主体班	300
50	2018 年 9 月 13 日	南京师范大学新入职教师党性教育培训班	100
51	2018 年 9 月 13 日	宁夏回族自治区科学技术协会培训班	35
52	2018 年 9 月 18、19 日	“巾帼传承先烈志 思想解放建新功”培训班	60
53	2018 年 9 月 18 日	江苏中烟第一期党支部书记党务工作者培训班	45
54	2018 年 9 月 20 日	第 31 期区管正职干部进修班	45
55	2018 年 9 月 25 日	南京市老干部工作者培训班	45
56	2018 年 9 月 26 日	江苏省有色金属华东地质勘查局纪检监察干部培训班	38
57	2018 年 9 月 27 日	第 38 期新任市管领导干部进修班	39
58	2018 年 9 月 28 日	上海嘉定区徐行镇“两新”党组织书记培训班	71
59	2018 年 9 月 29 日	市人才办镇长团培训班	85
60	2018 年 10 月 11 日	2018 年全国老年大学国情教育论坛与会代表培训班	210
61	2018 年 10 月 16 日	第 4 期市管领导干部“增强党性修养，提升政治能力”专题研讨班	42
62	2018 年 10 月 16 日	溧水区委党校第 13 期中青年干部培训班	41
63	2018 年 10 月 17 日	处级组工干部提升党性修养与政治能力专题培训班	50
64	2018 年 10 月 18 日	玄武区第 14 期中青年干部培训班	45
65	2018 年 10 月 22、23 日	老干部局市属企业老干部工作者党性修养培训班	50
66	2018 年 10 月 23 日	江苏中烟第二期党支部书记党务工作者培训班	50
67	2018 年 10 月 24 日	第 74 期处级公务员培训班	50
68	2018 年 10 月 25 日	南京市城市管理综合行政执法总队	50
69	2018 年 10 月 28 日	中组部年轻干部调研班	25
70	2018 年 10 月 29 日	市委党校第十六、十一党支部	10
71	2018 年 10 月 31 日	拉萨市县处级领导干部能力提升班	39
72	2018 年 11 月 1 日	国家知识产权局处级干部党建调研班	65
73	2018 年 11 月 2 日	栖霞区委党校	30

续表

序号	日期	班次	人数
74	2018 年 11 月 5 日	佛山市顺德区村（社区）党组织书记骨干培训班	50
75	2018 年 11 月 8 日	第 27 期中青年女干部进修班	45
76	2018 年 11 月 9 日	第 1 期市管领导干部进修班	39
77	2018 年 11 月 10 日	东南大学党委学工部	80
78	2018 年 11 月 13 日	南京航空航天大学马克思主义学院	50
79	2018 年 11 月 21 日	团校共青团干部培训班	100
80	2018 年 11 月 22 日	高淳区妇联培训班	25
81	2018 年 11 月 27 日	江苏省气象局青年干部培训班	55
82	2018 年 12 月 3 日	中共南京地铁集团有限公司委员会	75
83	2018 年 12 月 4 日	南京市“巾帼文明岗”创建工作培训班	48
84	2018 年 12 月 5 日	省老干部局机关党支部培训班	90
85	2018 年 12 月 6 日	南京经济技术开发区群团培训班	55
86	2018 年 12 月 6 日	共青团上海梅山钢铁股份有限公司委员会	60
87	2018 年 12 月 7 日	大连市委党校正处级干部培训班	50
88	2018 年 12 月 8 日	大连市委党校事业单位处级干部培训班	50
89	2018 年 12 月 12 日	省老干部局机关党支部培训班	90
90	2018 年 12 月 18 日	第 75 期处级公务员培训班	54
91	2018 年 12 月 20 日	第 4 期新任区管干部进修班	44
92	2018 年 12 月 21 日	栖霞区妇联培训班	150

第七章 雨花石

南京雨花石历来以五彩缤纷的色彩，千姿百态的纹理，晶莹玉润的质地以及人们所赋予的文化内涵为世人称颂，被誉为“天赐国宝，中华一绝”。它的文化历史可以追溯到5000多年前的新石器时期，并开创了我国“观赏石文化的先河”。古往今来，喜好和收藏雨花石之风历代相传，经久不息。历代雨花石爱好者、收藏家，尤其是文人雅士对它更是情有独钟，写下无数的诗文，抒发对它的赞美，从而逐渐形成了独特的雨花石文化。自1927年开始，南京雨花石的发源地雨花台成为无数革命志士的殉难地，烈士们的鲜血染红了雨花台的寸土寸石，雨花石文化也逐渐被赋予另一层次的象征意义，雨花台的雨花石具有了“红色文化”的历史特征和革命浪漫主义色彩。

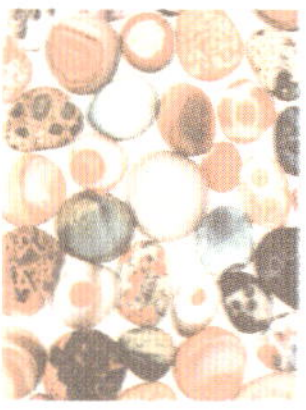

第一节　历史传说

一、“雨花说法”传说

公元 502—557 年的南朝梁代是我国历史上佛教最兴盛时代，梁武帝萧衍极崇信佛教，在都城南京建立了许多寺庙，加上此前所建，数量惊人。唐代诗人杜牧称“南朝四百八十寺，多少楼台烟雨中”。在石子岗（现雨花台）就有著名的建初寺、长干寺、永宁寺、安隐寺、高座寺、报恩寺等，其中建初寺是江南第一佛寺，长干寺亦建于东吴之际，宋天禧年间（1017—1021）改为天禧寺。在佛教如此盛行的梁代有许多与佛教有关的传说，其中最有名的当数“雨花说法”传说。

公元 503 年，相传南朝高僧云光法师在南京石子岗（现雨花台）的高座寺讲经说法。有一天，他在讲诵《涅槃经》时，天降暴雨，雨水冲刷出岗上砾石层中许多新的砾石，并且把这些砾石都洗刷得干干净净。当雨过天晴后，在阳光照耀下，其中一些五彩缤纷、晶莹剔透的玛瑙石就呈现在人们眼前，显得格外耀眼。大家在惊喜万分，纷纷议论时，云光法师便以佛经妙语将雨花石解释为“天女赐花”，这似乎是吉祥的征兆，他把这一喜讯禀告给了梁武帝，说这是太平盛世之时信佛，上天给予的恩赐。梁武帝听后大喜，连说：“正合朕意。”由此，云光法师声名大噪，雨花玛瑙石也因此融入佛教文化中的神话传说传播开来。宋代以来的许多史籍对“雨花说法”之事作有记载，如：南宋学者张敦颐著于 1160 年的《六朝事迹编类·卷之四楼台门》中记：“雨花台，有云光法师讲经于此，感得天雨赐花，天厨献食。”元代张铉撰《至正金陵新志》云：“旧传梁武帝时，云光法师讲经台上，天为雨花。”

经历史考证，雨花石的真正得名源于雨花台名，雨花台名源于“雨花说法”的传说。

北宋大观年间，吏部侍郎卢襄，根据“雨花说法”的传说，正式将云光法师讲经处命名为“雨花台”。明代《正德江宁县志》云：“雨花台在聚宝山，其地亦名玛瑙冈。”清代钟山书院山长姚鼐总纂《嘉庆新修江宁府志》云：“云光法师讲经于此，凡讲经天雨如花，故名其台。”由此

“雨花说法”图

可证“雨花台”名始于北宋，是作为建筑物的“台名”存在的。并且源于“雨花说法”的传说。明末清初，雨花台作为“台”的建筑物已不复存在，从这一时期起，“雨花台”由“台号”逐渐演变成了地名。雨花台的名称出现以后才有雨花石的名称。明《正德江宁县志》有“雨花台石”的条目：“雨花台石，在聚宝山……”；《明一统志·南京》称“雨花台石，聚宝山出”。从上述史料可以看出，雨花台石已由地名接近于石名了。

“雨花石”芳名，最早出现在明万历年间（1573—1619），形成于明末清初。据历史文献记载，有两则史料最早提到“雨花石”。诗人徐荣在题为《雨花石》诗中云：“天雨诸香下帝台，大同天子讲经来；尚留子石临江活，恰似房花向日开。”徐荣的诗，明确地以“雨花石”作为诗题。与徐荣同时代张岱（1597—1679）写的《雨花石铭》云：“大父收藏雨花石，自余祖、余叔及余，积三世而得十三枚。奇形怪状，不可思议。怪石供，将毋同。”清末民国以来，南京城区以及南京周边的六合、江浦以及仪征等地所产的具有观赏性的河流相砾石通称为雨花石。

二、雨花石红色象征

（一）雨花石红色象征开端

发源于南京地区的雨花石文化有着悠久的发展历史，且在不同的历史条件下接受新的文化因素，参与每一历史时期的文化演变。围绕雨花石，20世纪出现了极具特色的“红色象征”现象。自1927年开始，雨花石的发源地雨花台成为无数共产党员的殉难地，烈士们的鲜血染红了雨花台的寸土寸石，雨花石被赋予了另一层次的象征意义。雨花石具有了“红色的象征”和革命浪漫主义色彩。人们借以坚实绚丽的雨花石讴歌先烈的品质、意志和精神，从而赋予雨花石新的生命，使其具有了人格化的革命精神，同时雨花石也寄托了人们对烈士

珍藏于南京梅园新村会客厅的雨花石

缅怀敬仰之情。

1946 年 5 月 3 日，周恩来、董必武、邓颖超率领的中共代表团到达南京，下榻于国府路（今长江路）东首的梅园新村 17 号、30 号（中共代表团工作居住地，现为梅园新村纪念馆），开始了在南京的特殊工作，直到 11 月 19 日离开南京回延安，历时六个月之久。紧张的工作之余，董必武常与邓颖超赴雨花台凭吊，缅怀先烈，并拣拾雨花石以作纪念。

郭沫若在 1946 年来访梅园新村，观察到周恩来收藏的一碗雨花石。他在《梅园新村之行》中写道：“客厅也很小巧，没有什么装饰。正中一个小圆桌，陈着一盆雨花石的文石。石头的宁静、明朗、坚实、无我、似乎也象征着主人的精神。”梅园新村的这碗雨花石也就为后人留下了永久的红色记忆。

1972 年 9 月 7 日，邓颖超同志来雨花台祭奠在雨花台牺牲的革命先烈。她在离开纪念碑时，还不时回过头来，深情地仰望纪念碑，并对陪同的领导同志说：“雨花台建设得不错，很好……”。邓颖超同志步下台阶后，又对陪同的同志说：“我们去拣些雨花石，我要带到北京去。”接着又满怀激情地说：“1946 年我和恩来在梅园新村中共中央办事处时，我多次来雨花台悼念先烈，每次都捡些雨花石回去，以此教育办事处的同志，学习英烈，鼓舞大家的斗志。”她还深情地说：“当时恩来同志因身份和工作的关系，他不便来雨花台祭奠英烈，他也十分喜爱雨花石。我们在梅园新村的客厅内，供养着一碗雨花石，以表示对先烈的缅怀。”

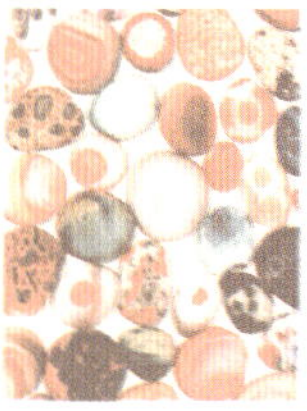

周恩来喜爱并收藏雨花石，并且有着自己的审美标准，他并不看中雨花石的花纹、色彩的美丽，而是将之作为对牺牲在雨花台烈士的寄托和缅怀，表达出自己的情感和哀思。可见周恩来的雨花石收藏已经具有了不同于传统意义上的雨花石收藏鉴赏概念，使雨花石本身在新的历史条件下具有了崭新的内容，为雨花石注入了“红色象征”含义。“红色象征”在这里的第一层含义即为郭沫若所言，是周恩来革命气节的象征，延伸开来，也就是一切革命者气节的象征。这一点在周恩来收藏、陈列的雨花石中得到了展现。第二层含义即是，来自雨花台的红色雨花石是无数为革命事业奉献出生命的革命先烈的象征；雨花石的石质坚硬，象征着革命先烈坚贞不屈的精神；雨花石的美丽色彩、柔性若水，则是先烈对党的事业忠诚的象征；而雨花石鲜艳的红色色彩，则又是先烈牺牲、甘洒热血的象征……

（二）雨花石红色象征形成

雨花台自古曾为丛葬之地，在人们的意识深处自然将其与正义志士的形象联系起来。宋代杨邦乂、明代方孝孺等志士以及辛亥革命时期雨花台战役阵亡将士的存在，为雨花台烈士形象的确立奠定了深刻的社会基础。历史上的这些死难的正义志士都与雨花台、雨花台地区的雨花石有所关联，他们的遗体大都被埋葬于雨花台附近，逐渐成为雨花台地区重要的历史文化遗迹。孙中山先生在辛亥革命胜利后来此地考察炮台，凭吊为辛亥革命死难的烈士，国民党元老于右任写诗悼念为辛亥革命胜利而奉献出生命的革命先烈。如果于右任没有对雨花台辛亥战役死难烈士的深切缅怀，没有对雨花石所蕴藏象征意义的亲切感受，他也不可能成为雨花石的爱好者和收藏者。在他的心灵深处，雨花石无疑有着他深沉的情感寄托，这一收藏心理和周恩来总理的收藏心理显然有相通的成分：睹物思人，将雨花石作为死难烈士的象征和寄托。

早在清末民初，人们就已经将烈士与雨花台、雨花石意象紧密地联系在一起了。将雨花石和缅怀烈士的情感联系起来，以雨花石为寄托物这一观念的形成，当不晚于二十世纪的一二十年代。著名考古学家朱偰在20世纪30年代初进行考古调查时，曾经在雨花台一处方亭见到近人所撰的一副对联：

血染雨花鲜，为痛忠灵埋十族；
声凄云树劲，长留正气炳千秋。

这一对联的撰述者可能是清朝人，也可能是民国时期人，此联明确将红色雨花石与牺牲的正义志士联系起来，并确指为明朝初年的志士方孝孺十族被灭的历史事件。方孝孺十族的鲜血染红了雨花台，遍地雨花石沾满志士的血，红色雨花石在这里第一次被作为为国家利益而牺牲的爱国志士的精神象征。二十世纪二三十年代以来，无数烈士在雨花台英勇就义，使雨花台下的红色雨花石更凸显了这一崇高的精神意象。将雨花石作为牺牲先烈的精神象征物，或为人们缅怀先烈的寄托之物的提法也就呼之欲出了。

周恩来总理将雨花石作为革命先烈的象征，有着深刻的社会观念基础，不仅引起了无数共产党员的深刻共鸣，也获得了社会广大人士的普遍认同，因而雨花石情结成为新中国诞生后共同的文化心理积淀，最终演绎为革命先烈的特殊象征物。1963年秋郭沫若访南京时曾自作七言诗：

天上飞来自沈辽，冬阳杲杲水滔滔。
中山陵下群儿舞，灵谷四周万木高。
马上墙头闻古调，铁犁铜斧认前朝。
雨花有石凝鲜血，养以清泉岂惮劳。

“雨花有石凝鲜血，养以清泉岂惮劳”，以形象化的优美诗句写出雨花石的象征意义，那是烈士的鲜血浇灌出来的美丽之花，后来者供养雨花石本身就有对烈士敬仰的心情在里面。郭沫若在其居室亦收藏雨花石，且并不把雨花石作为一般的观赏石来看待，而把它同鲜明的革命情感结合起来，在其中寄托着共产党员无法忘却的那一段历史。

1949年后长期生活在南京等地的一些文化人士如杜宣、艾煊、海笑等人也都收藏鉴赏雨花石，在其中寄寓着革命者的真切情怀。著名作家杜宣曾凝重地写道：“只因烈士当年血，染得彩石分外妍。”的咏雨花石的诗句。

1973年，新四军老战士海笑在他发表的著名儿童文学《红红的雨花石》一书中写道：

我怀着十分崇敬与无限爱戴的心情，来到南京梅园新村三十号，瞻仰敬爱的周总理曾经与美蒋反动派战斗过的地方。这儿的每一件遗物，每一张照片，都闪耀着敬爱的周总理的无产阶级革命精神和崇高品质。目睹这一切，我激情无限，思绪万千。中共代表团会客室桌子上的一只碗里，放着周恩来同志与邓颖超同志当年从雨花台拣回来的几十颗鲜艳、美丽、朴实、庄严的雨花石，我久久地凝视着，凝视着这些雨花石。那红红的雨花石，使我想起无数为革命流血牺牲的烈士来。革命烈士的鲜血洒满了雨花台，他们用宝贵的生命在中国革命史上谱写了光辉灿烂的篇章。

同样将雨花石与牺牲的革命先烈联系起来，在作家海笑的脑海中，梅园新村陈列的来自雨花台的红红的雨花石已经是革命先烈形象的载体了。

这种浓缩在雨花台的雨花石中对革命烈士无限缅怀和景仰的情感，早在1949年之前就有所表现，如著名作家艾煊在他的散文《殉难者的圣地》中更是直接表达出了这一心声。《殉难者的圣地》不仅是一篇优美的散文作品，更是一篇红色经典文献。艾煊在这篇文章中说，早在残酷的战争年代，同他一起的许多新四军战士们、第三野战军的战士们就已经有着相同的心愿，希望打下南京后，一定要到总统府和浸透我们同志鲜血的雨花台上去看一看。第三野战军攻取上海后，艾煊所在的第三野战军总部在1949年7月从上海迁来南京。在南京的工作一落实下来，艾煊便同其他战士一道怀着“朝圣”的心情到雨花台祭奠英烈，他在回忆这一难忘的历史情景时说：

太阳如火，(雨花台)山谷里更蒸人。我们在这山凹里没胫的荒草丛中默默地肃立良久。多年前，我们在学习党史时，早已知道在这里牺牲的党的许多领导人的姓名。但当时，我默立在雨花台下烈士就义的地方，在我的面前活灵活现地出现的，却不是这些我虽早已知名，但却从未见过面的领导同志。默立时，在我面前形象十分鲜明地出现的，却是我在别的地方，在许多不同战场上牺牲的那些熟悉的战友。仿佛觉得那些同志全都是在这雨花台下就义似的。

在长达二十二年的时间内，十万烈士就义过的这一小块山谷里，遍地是野草，松软的浮土，粗沙和卵石。我弯腰随手拣了一大把鲜艳的雨花石。也随手把散露在地面上的烈士骸骨，用手扒开浮土，掩埋下去。

可见艾煊第一次来到雨花台，他不仅认为在雨花台就义的烈士与雨花台有关系，而且把“在别的地方，在许多不同战场上牺牲的那些熟悉的战友”也与雨花台紧密联系起来，“仿佛觉得那些同志全都是在这雨花台下就义似的”。这一情感基础，使他收藏、爱好雨花石的精神情结已经不是用简单的喜好就能概括，其中包含着非常朴素、深厚的革命情、战友情。

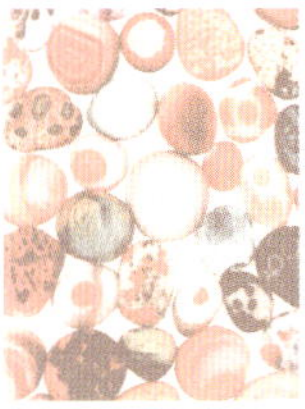

艾煊在同一篇文章中，又以饱含深情的笔墨写道：

我四九年头一次瞻仰雨花台时，看到南京雨花台有无数彩色石子。以后才逐渐弄清楚了，大江两岸到处都有雨花石。五十年代中，有一次清明节我来参拜殉难处。那时的殉难处，依旧保存了当年烈士就义时的原貌，总是令人情不自禁地沉思。一群队日活动的孩子，在殉难处行过礼后，分散开来，在地上寻找雨花石。我问身边的一个小男孩，南京附近为什么会有这么多的雨花石？我本意是想考一考这孩子对雨花石成因的科学常识了解多少。但这胖乎乎的少先队员，把手一挥，用朗诵诗的语言回答说，那是黄励、郭纲琳阿姨，站在烈士殉难的地方，从地上抓起一把烈士的骸骨，往天上一撒。它们随风四飞，飘落到大江南北许多地方，于是便幻化成江南江北无处不有的雨花石。

北京天安门广场毛主席纪念堂北大门入口处的墙面上，也镶嵌了两颗特别醒目的雨花石，这是南京市秦淮区考棚小学师生特地来雨花台精心拣选出来送往北京的。将产自雨花台的雨花石陈列在毛主席纪念堂，显然也有缅怀为国牺牲的革命先烈的精神内涵在里面。

南京雨花台的雨花石见证了无数先烈奋斗的历史足迹，凝结着老一辈革命家的深厚情感，周恩来访问缅甸以及何香凝老人接见外宾时，都曾将雨花石作为国礼赠送对方。1989 年文化部外联局曾专程派员来南京购置 1200 盒雨花石作为政府礼品赠送外国友人，南京雨花石成为国家的使者源源不断地发挥着它自身特殊的作用。1979 年，南京市雨花台区工农小学师生，将精选的雨花石，组成“学习周总理，一心为人民”十个大字，镶嵌在红木扇形有机玻璃盒中，送到北京赠给邓颖超。邓颖超同志收到这代表着孩子们心意的雨花石后，即派她的侄女，携带一封复信，专程从北京来宁，前往该校，转达了她对孩子们的谢意，鼓励孩子们“要好好学习，长大报效祖国”。同年，南京市秦淮区考棚小学将一条红领巾和一盒自拣的雨花石敬献给梅园新村纪念馆，并寄两枚精美雨花石赠予邓颖超。1985 年，南京市雨花台区少先队员寄赠雨花石给老山前线的战士和女排健儿，勉励他们为国为家拼搏……在这里，雨花石已经转化为一种精神、一种鼓舞人们不断进取的强大的精神动力。

（三）雨花石红色象征发展

雨花石作为文学作品描述的对象一直在历史上不断地出现，留下了很多脍炙人口的文学佳作。20 世纪 40 年代以后，雨花石也走进了“红色”文学作品中，成为人们的感情承载物。

郭沫若、艾煊等人将雨花石写进诗词、散文中。

海啸所著中篇小说《红红的雨花石》及改编的连环画

1973年海笑所著的儿童文学作品《红红的雨花石》(中篇小说)出版。这部著名的儿童文学作品，与《红岩》《红色娘子军》《闪闪的红星》一样，都是当时诞生的红色文化经典，分别再现了江苏地区、重庆、海南、江西等地我党不同时期的战斗历程。《红红的雨花石》是以抗日战争爆发前后南京地区发生的故事作为小说原型，描写了一个穷孩子小岗，在地下党孙大叔等的指引下，踏着革命烈士的血迹，最后在同日寇的殊死战斗中，终于自觉地成为一名光荣的新四军战士的故事。小说中的雨花石象征着革命先烈坚韧不拔、敢于牺牲，为中国共产主义事业铺平通向光明道路的爱国精神。这部书有不少涉及雨花石的情节，雨花台、夫子庙、新街口附近买卖雨花石的情境在故事主人公的周围都有所再现，甚至赴雨花台拣取雨花石的情景也都描述出来，活脱脱地刻画了南京当年社会生活的一个侧影。海笑以不断出现的雨花石推进故事情节的发展，雨花石见证了本书主人公石小岗从蒙昧无知逐渐走上革命道路的经过。

在特定的时间、特定的空间、特定的人物身上发生的特殊的事情，通过一枚红红的雨花石永远定格在了新中国儿童文学史、雨花石文化史上。

进入二十世纪的七八十年代以后，南京雨花台的雨花石作为革命先烈的精神象征，作为革命志士气节的象征，作为雨花台“红色文化”的重要组成部分而逐渐为人们所接受。

1983年小说《红红的雨花石》曾拍同名电视剧。脍炙人口的儿童歌曲《我是一颗小小的石头》是这部电视剧的主题曲。

雨花石作为“红色象征”的新意象对于1949年以后雨花石的收藏、鉴赏活动和文学创作活动，曾经起到了相当重要的影响。由于“红色象征”的影响，发现、收藏、鉴赏具有红色内涵的雨花石也成为雨花石收藏中的一个重要分支。1993年，南京举办了“毛泽东诗词命名雨花石展”专题展览，展出了精选的500枚毛主席诗词诗意雨花石，将雨花石的收藏热推进到了新的发展阶段。历史上郭沫若《梅园新村之行》、海笑《红红的雨花石》的出版发行，对于20世纪80年代以来雨花石收藏热潮的兴起，起到了推波助澜作用。

我是一颗小小的石头

（电视剧《红红的雨花石》主题曲）

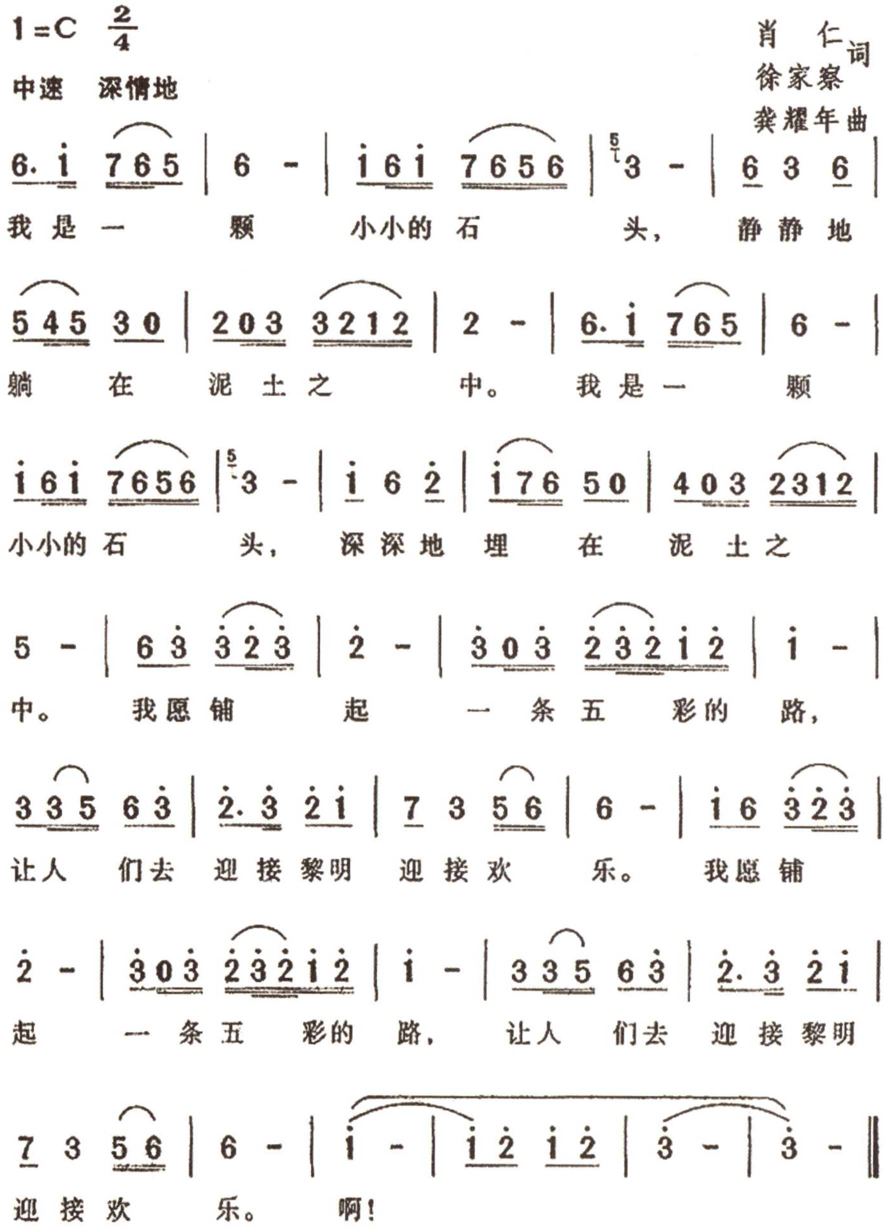

《我是一颗小小的石头》曲谱

第二节　雨花石自然属性

一、地质学定义

现代学术界（地质界）对于雨花石的定义为：雨花石是典型的河流沉积作用形成的砾石，赋存于距今 2300 万年至 258 万年的新近纪雨花台组砂砾层中。广义的雨花石一般指硅质岩、石英岩、砂岩、白云岩、文石、蛋白石、玛瑙、水晶、玉髓、硅化化石等可供观赏的砾石，主要来自南京市城南雨花台、菊花台地区以及江宁、江浦、六合、扬州仪征、安徽和县等周边地区，是其原岩经长期风化、破碎、流水搬运、磨蚀等地质作用而形成的，色彩和花纹美丽，浑圆度高。狭义的雨花石主要指玛瑙、蛋白石、水晶、玉髓质和硅化化石的砾石，属雨花石精品。雨花石是不需要雕琢的原始石，因常置于盛放清水的盘碗中观赏故又称“水石”。

雨花台组砾石层（坡面图）

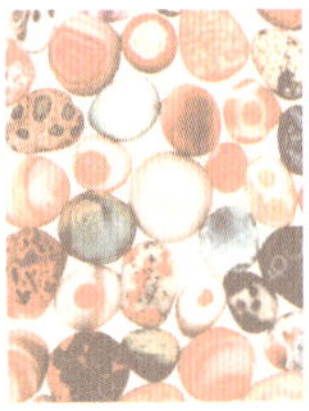

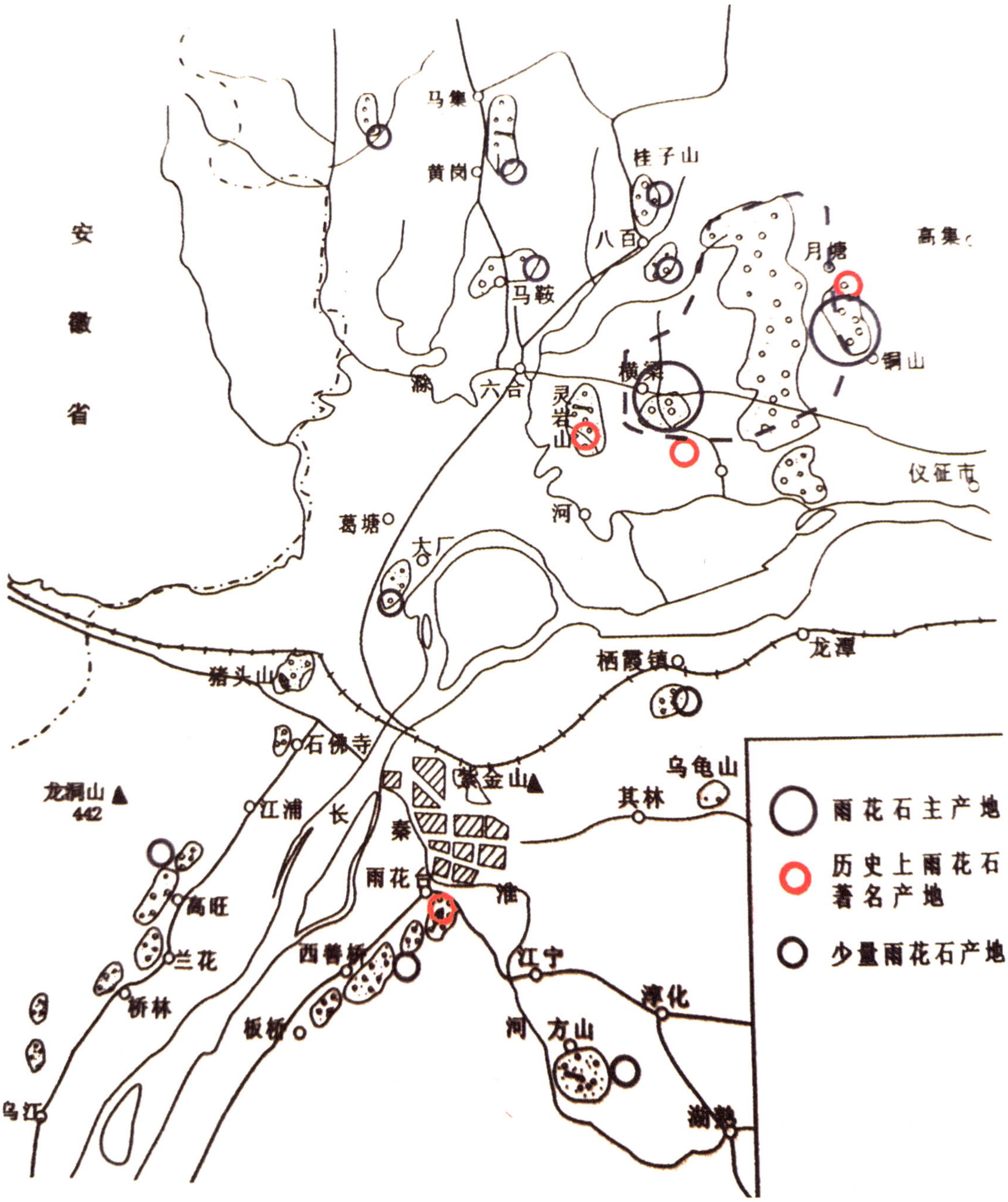

南京雨花石产地分布示意图

二、矿物组成

构成雨花石的矿物有玛瑙、玉髓、碧玉、燧石、水晶以及蛋白石，从矿物学上属于石英簇。上述各种矿物其化学成分均为二氧化硅（SiO_2）。

玛瑙　它是雨花石的代表性矿物，是雨花石观赏审美的主要贡献者，因而有“雨花玛瑙”之称。其主要特点为富有各种颜色和具有同心层状、层带、层纹状等千变万化的纹理。按不同的颜色与纹理而给予不同的名称。

玛瑙以颜色分，有红玛瑙、蓝玛瑙、紫玛瑙、胆青玛瑙、金黄玛瑙等等品种。按天然纹理分有：漆黑而带乳白的合子玛瑙；红白相间，细如发丝的缠丝玛瑙；黑白平行相间的缟状玛瑙；黑包或褐红包相间层带的截子玛瑙；呈同心色的环状玛瑙；具横直交的城堡玛瑙；含树状氧化锰的苔藓玛瑙。此外，尚有夹胎玛瑙，即玛瑙中有类似动植物象形的包体；水胆玛瑙，即玛瑙有水包裹体；猫眼玛瑙，即玛瑙中含气液包裹体，磨制得法有猫眼效应；锦屏玛瑙，五颜六色，磨光后呈五彩缤纷的彩虹状玛瑙，这些均为玛瑙中珍品。玛瑙品种繁多，故世有“千样玛瑙”之说。构成的雨花石玛瑙，究竟有多少种玛瑙，有待去研究。

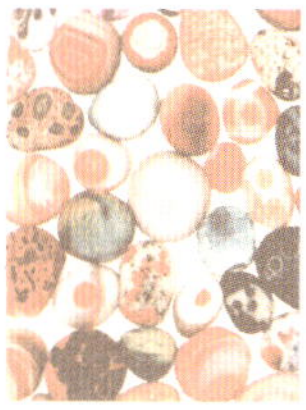

玉髓　它又称石髓，是石英的隐晶质异种之一，也是构成雨花石的主要矿物之一。雨花石中的玉髓呈纤维状、钟乳状、葡萄状，多数为灰白、灰白色、半透朗到微透明，石质细润。它们有因含三氧化二铁而呈红色（红玉髓），因含氧化镍而呈碧绿色（绿玉髓）。

碧玉　碧玉与玉髓的成分均为 SiO_2，但碧玉中常含有少量的粘土和金属氧化物，其中氧化铁可达 20%。碧玉通常呈红色，其中呈羊肝色者，又称为铁碧玉岩。碧玉也有呈蓝、绿等各种颜色，玻璃或油脂光泽。碧玉在雨花石中常与玉髓、玛瑙共生，成为玛瑙的包皮。

石英　它在雨花石中有多种产出与分布状态：一为石英呈卵石，往往是原来的脉状石英或石英岩，经风化、剥蚀、搬运后呈卵石状石英；另一为在雨花石中的细小石英脉，由 SiO_2 溶液，沿着原岩细小裂缝结晶而成，常见细小白色石英脉横切原岩中的微层状纹理，与细脉交错也增加雨花石纹理的花样。再一为与玛瑙、玉髓共生，呈细小晶簇状形态的石英。

水晶　它常为无色透明石英晶体，通常呈柱状、晶簇状，带有颜色者分别命名为紫晶、烟晶、墨晶、黄晶、蔷薇水晶等。单体的水晶在雨花石中极少见，通常为与玉髓、玛瑙共生的放射状的晶簇。

蛋白石　它是一种含水的二氧化硅胶凝体，化学成分中含 SiO_2 85%~95%，含 H_2O 6%~10%，最高可达 20%。蛋白石常成为宝石而称为欧泊（Opal），蛋白石质雨花石较为稀少，其石质纯、细润、柔和而列为雨花石的珍品。

三、成因

雨花石形成经历了复杂的过程，大体可分为四个阶段：玛瑙形成、风化剥蚀、河流搬运与卵石形成、沉积“定居”。大自然多种地质作用在雨花石形成中均有各自贡献。

玛瑙生成 大约在距今 1.4—1.0 亿年之间，南京及周围地区有大规模的火山喷发。在火山喷发晚期或火山喷发之后，有残余的富含二氧化硅气液充填到火山岩气孔、球泡或裂缝中，凝结成为玛瑙、玉髓；或二氧化硅溶液在火山热泉中沉淀成为玉髓、碧玉或玛瑙。

岩石风化剥蚀 含玛瑙的火山岩以及周围不同年代地层的岩石经历了风化剥蚀作用。这些含玛瑙的原岩或其他岩石受到断裂、切割、抬升而部分暴露于地表，经过物理、化学与生物作用发生解体、崩落，使原来的岩石成为碎块，在这个过程中山间溪水侵蚀也起了重要作用。

河流搬运 经风化剥蚀的含玛瑙的火山岩的岩石碎块和其他岩石碎块由于水流的作用，被输送到下游。小的颗粒呈悬浮状处于河流上层，大的颗粒沿河床跳动、滚动。在这过程中岩石碎块与河床磨蚀、涡蚀，特别是碎块之间互相碰撞、磨蚀而成为有一定滚圆度的卵石。流水作用将碎块加工成卵石。

沉积定位 砾石（卵石）砂泥在河流搬运过程中，细砂被冲走，而在河床深槽内留下较粗的砂与卵石，在河道中滞留沉积，或在河道中形成砾石滩、砂滩（心滩沉积）。汇水盆地内辫状河心滩是呈卵石的雨花石的主要“聚居地”。雨花石“定居”层位是新近系中新世或中新世到上新世早期，大约距今 5000 万年至 15000 万年前之间。

第三节　雨花石文化

发源于南京地区的雨花石文化有着悠久的历史，早在五六千年以前就已经出现了，是我国上古玉石文化、祭祀文化、图腾文化的重要组成部分。在上古发生的各种“石文化”中，其他“石文化”由于社会条件的变化和历史变迁，已经灭绝了，或者逐渐蜕变为具有其他意义的文化。而“雨花石文化”则始终保持了远古时代的信息，并且在不同的历史条件下接受了新的文化因素，始终参与了每一历史时期的文化演变，且呈逐渐独立发展之势，终于在北宋以后，又进一步演化为具有特殊内蕴的、成熟的一种新的赏石文化，也是一种具有非常鲜明的区域性特征的赏石文化。雨花台风景区自 2004 年至 2007 年，投资近 2000 万元，全面建成雨花石文化区，集中展现雨花石独特魅力，弘扬雨花石文化。

2014 年 12 月 3 日，国务院公布了第四批国家级非物质文化遗产代表性项目目录（共计 153 项），赏石艺术名列其中，项目编号为Ⅶ –122，雨花石文化中的鉴赏即位列赏石艺术类其中。2016 年 1 月 14 日，根据［苏政发（2016）5 号］文件，江苏省人民政府批准公布“雨花石鉴赏习俗”为第四批省级非物质文化遗产代表性项目名录，项目编号 JSX–22。

一、雨花石文化形成

（一）萌芽期

1955 年到 1958 年，南京博物院发掘出南京北阴阳营原始文化遗址，在氏族公共葬地遗址的 297 座墓葬中，有 33 座墓葬共出土了 76 枚“花石子”，这些“花石子”含在死者口中或置于陪葬陶罐中，是目前已知最早的雨花石实物，现珍藏于南京博物院。

发掘报告中写道：“随葬品中花石子，76 粒，都是自然砾石。……质地多为玉髓，出土物中不乏色彩斑斓，花纹绚丽者，显系当时人们有意识地在他地采取而来，其用途可供玩赏，有的出

1955 年，南京北阴阳营新石器时代遗址发掘现场

1955 至 1958 年，南京博物院在南京北阴阳营考古现场发掘出土的 76 枚雨花石中部分藏品

自死者口中，也许有某些原始宗教意义……”。[1]这说明在五六千年前，南京的先民已经发现、赏玩并珍藏“雨花石”了。

在距今 6000 年的新石器时代神墩遗址（溧阳市社诸镇孔村，2004—2006 年发掘），发现了 5 枚自然形态的雨花石（花石子），质地为玛瑙、石英，其中 2 枚暗红色、2 枚白色和 1 枚黄色。可见当时美丽的砾石已被当作宗教信物或观赏装饰品类为古人收藏。神墩遗址的发现把雨花石文化向前推进了 200 年，可以说新石器时代北阴阳营遗址和神墩遗址发掘的雨花石，开启了雨花石文化的序幕。这样，雨花石就当之无愧成为世界上已知最早的自然观赏石。[2]

（二）发展期

从距今约 3600 年的夏商到春秋战国、六朝乃至隋唐期间，都有关于雨花石进贡宫廷和交易的记载。晚唐唐懿宗时，雨花石还被用作同昌公主的陪嫁品。距今约 1000 年的宋朝时期，雨花石的收藏与交易已在民间和士大夫之间广泛进行。宋代大文豪苏东坡酷爱雨花石，不断进行收藏，“以净水注石为供”，并写下著名的《怪石供》和《后怪石供》两文。黄庭坚、陆游和辛弃疾等也都有鉴赏雨花石的经历。尤其在南宋时期，杜绾撰写的《云林石谱》，成为中国的第一部石谱，书中共列有全国各类观赏石 116 种，其中有雨花石或近似的美石 8 种，并明确记载来自南京地区，这也是最早记录南京雨花石的石谱。南宋诗人刘克农作有《雨花台》诗文。南宋末年，大收藏家周密人欲用两幅北宋大画家崔白横披《鹅》换取一枚雨花石珍品空青石（又称水胆雨花石，即雨花石内含有包裹水），结果对方不换，足见两宋时期雨花石已同其他古董一样，成为特殊商品在市场上广泛交易了。南京六合龙池出土了宋朝桃形雨花石装饰物。到了北宋末年，雨花石已进入文学艺术领域，作为雨花石文化从玉石文化中独立出来。同时，雨花石开始走进书斋、走进文人的生活中，逐渐为文人所收藏、鉴赏并影响其文学作品。元朝初年，郝经著有《江石子记》，留

［1］ 南京博物院编：《北阴阳营》，文物出版社 1993 年 3 月第一版，第 77、78 页。
［2］ 王德滋主编：《远古的奇观——南京雨花石》，江苏科技技术出版社 2012 年 9 月第一版，第 20 页。

下了对雨花石的深厚情感。由此可见，经过唐、宋、元各朝代近千年的发展，雨花石文化在高雅的社会文化生活中已占有一席重要的地位，并形成了雨花石鉴赏的雏形。

（三）成熟期

明代中、晚期，雨花石收藏、交易迎来了第一次高潮，出现了大量的雨花石收藏家及有关雨花石的鉴赏文章，这在当时的江南已形成一种社会风气。这一时期也是雨花石文化在收藏和审美上的一个艺术高峰期，并为近代雨花石文化的发展打下了坚实的基础。

明代著名的书法家米万钟也是一位文化修养很高的赏石家，早在他任六合县令之前，雨花石收藏在六合已很盛行，石价不断提高，市场上千枚钱一块的雨花石已很常见。米万钟十分喜爱雨花石，上任后“善于激赏，自悬高价，殆十目罗之”，更是推波助澜，抬高了价格，并促成了雨花石早期交易集市的形成。在他的居所，文人雅士赏石赋诗，从而也大幅地提升了雨花石的文化品位。明代《素园石谱》中收藏有我国现存最早的雨花石图 35 幅，且每石有其名，如：“远浦归帆”“云峰古刹”“峨眉积雪”“莲花法相”“凤鸣高岗”等等。

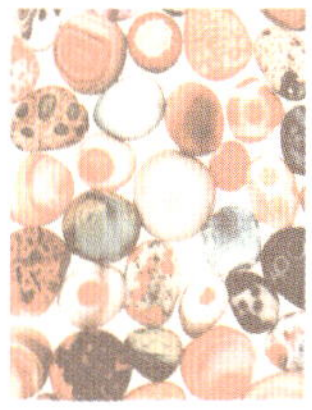

继明代之后，清代的雨花石收藏已从江南地区文人范围扩展至北京等地，涌现出大量的名人收藏雨花石，并留下了文学巨著和诗画，如徐荣的《雨花石》、孔尚任的《六合石子》、诸九鼎的《石谱》、曹寅的《江阁晓起对金山》、石涛的名句“又梦登雨花台，手掬六日吞之，而书画每因之变，若神授然”等。乾隆皇帝以雨花台为题的诗作有五首，如《雨花台口号》和《戏题雨花台》等。他赏玩过的雨花石，其中一枚龙首毕现，出神入化，令人称奇。尤其是曹雪芹巨著《红楼梦》的出现，书中描述宝玉佩带的“通灵宝玉”“大如雀卵，灿若明霞，莹润如酥，五色花纹缠护”，从质、色、形、纹品鉴就是南京雨花石，使雨花石鉴赏文化达到高峰。清代的雨花石交易繁盛，雨花石珍品的价格昂贵，如江宁织造府门房茶役李升的“喷云虎”石，被张子和以纹银 6 两购得，而当时教书先生一年的工资也才 10 两，足见其价格之高了。光绪年间，将备学堂一学生得一军士肖像石，拿到典当行典当，竟得 40 金。清末，有一人想得“红日双鸡’雨花石，亦费 8 金有余。由此可见，明清以来是雨花石文化的成熟时期。

二、雨花石文化发展

（一）民国时期

民国时期是雨花石文化发展的一个重要时期，在传统的雨花石文化发展的基础上，现代美学、艺术文化和地球科学等领域的注入，使雨花石文化大放异彩，并将其推向新的发展高峰。

民国时期的雨花石收藏与买卖十分盛行，社会上文化名流雅士如王猩酋、张轮远、许问石、朱孔阳、徐悲鸿、老舍、梅兰芳、冯亦代、沈钧儒和言慧珠等都是雨花石爱好者、收藏家和鉴赏家。其中前四位是民国时期的杰出收藏家，王猩酋和许问石收藏有600余枚精品雨花石，王猩酋著有《雨花石子记》，张轮远著有《万石斋灵岩大理石谱》，朱孔阳著有《观石随笔》。他们一生痴爱雨花石，且在雨花石收藏、鉴赏、研究方面取得了重要成就，将民国时期雨花石文化推向高潮，并成为现代雨花石文化收藏研究的先驱。周恩来喜爱雨花石，将其寄托为对先烈的缅怀与纪念。民国时期雨花石的收藏与交易是继明万历年间以来的第二次高潮，当时南京雨花石市场呈现出了繁荣的局面，在南京经营雨花石的商铺竟有几十家，既有底层的流动小石贩，也有专门经营较高档次的大商家，雨花石价格昂贵，有“一石数金”的记载。梅兰芳就曾以150个银元买了一枚雨花石的精品，而当时一名大学生一学期的零用钱也不过1银元而已。民国时期雨花石市场不仅在南京，而且在上海、天津、北京和太原等地也有交易。

（二）中华人民共和国时期

1949年中华人民共和国成立至今，是雨化石文化呈现蓬勃发展的时期，特别是改革开放以来，雨化石文化出现了第三次高潮。雨花石收藏家人数迅速增多，其范围已不仅局限于文人群体，而是各行业、各层次的民众都有参与。随着雨花石矿发掘产量的增多，雨花石精品的数量也大幅增加。

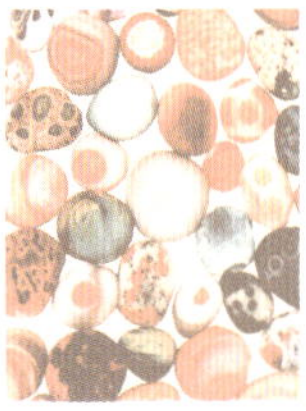

在此时期，南京雨花石市场得以迅速发展，从20世纪80年代初期公园摊点销售、古玩店等个人小规模的收藏、物物交易的形式，到20世纪90年代各地市场的形成，一些群众性自觉意识的收藏、交流和社会团体组织的形成，以及各个地方赏石馆的兴建、文化活动的举办、媒体的宣传都为雨花石市场规模的扩大奠定了基础，创造了前所未有的机遇，并由摊点式、作坊型逐步走向商场。1984年，南京成立了雨花石协会，雨花石文化在南京、仪征和上海等地得到了广泛的传播，那时一枚精品雨花石成交价从仅几元到几十元。同时有关雨花石的展览、学术研究、专题文章和专著以及雨花石文化的重要活动更是层出不穷。一些重要的著作不断涌现：1989年郭宝林的《雨花石珍品集》，南京雨花石协会的《中国南京雨花石收藏家精品大观》，1994年刘水的《雨花石鉴赏》，1995年池澄的《雨花石谱》，1996年贝芝泉的《雨花石珍品赏析》，2006年李立文的《南京下蜀黄土与古砾石层》，2007年周德麟和赵启斌的《中国雨花石鉴赏与研究》，2008年南京市六合区的《雨花石志》、南京雨花石协会的《雨花石》系列丛书，2009年汤先锋的《丑石》，2011年池澄的《中国雨花石图典》等。1989年，南京博物院举办了雨花石珍品展，并在北京第十一届亚运会期间展出，当时一枚精品雨花石的成交价由几十元上升至几百元乃至上千元。同年，江苏古籍出版社发行了“山水”“花卉”两套雨花石明信片。

1989年，我国首家专业型观赏石的博物馆——“南京雨花石博物馆”在雨花台烈士陵园内落成。1993年，文化部拍摄了专题纪录片《雨花石》并用10国语言文字向海内外发行，使雨花石文化得以广泛普及，收藏雨花石的人数猛增，港澳台的雨花石爱好者亦不远千里来南京购石、藏石，对雨花石价格的提升起到了推波助澜的作用。此时精品雨花石的售价升值幅度十分惊人，当时曾有一枚“东方红”蛋白雨花石被卖到3.2万元，另一枚“天池皓月”玛瑙石被卖到5万元。1995年，南京相继成立了南京赏石协会、南京雨花石文化研究中心和雨花石收藏沙龙等。江苏省民间收藏研究会将雨花石带到昆明世博会参展。1996年，邮电部发行了四张雨花石磁卡，这是雨花石首次入选全国通用电话磁卡。

20世纪90年代至21世纪初期，国家及各省、市经常举办大型的雨花石艺术节、奇石展以及举办拍卖会等。南京市政府为了弘扬南京雨花石文化艺术，提高雨花石文化艺术的品位，丰富旅游活动内容，促进经济建设事业的发展，自1999年起，决定每年金秋时节举办中国南京雨花石文化艺术节。该艺术节由雨花台烈士陵园管理局与南京市雨花台区政府、南京市旅游局共同主办。

2007年拍摄的《石说华夏——寻找通灵宝玉》雨花石电视片，在海内外引起极大的关注。2011年中央电视台地理中国栏目拍摄的《奇幻雨花石》科教电视片，从科学的角度普及了雨花石知识。

三、雨花石文化区

（一）建设工程

为弘扬南京雨花台独特的雨花石文化渊源，按照《雨花台省级风景名胜区总体规划》，各功能区逐年分批建设的要求，自2004年至2007年，雨花台烈士陵园投资近2000万元，历时两年多，全面建成雨花台风景区六大功能区中的又一大功能区——雨花石文化区。2004年度基本完成雨花石文化区一期工程：地形及水面改造、水循环系统改造、管网埋设及道路等基础设施的建设；2005年度基本完成雨花石文化区二期工程：雨花石博物馆建筑主体建设、天降雨花广场、登台问天广场、雨花石滩建设、水电增容、绿化小品及配套设施等的建设；2006年度完成雨花石文化区三期工程：南京雨花石博物馆室内建筑装饰与雨花石藏品陈列布展工程、雨花石文化区景观建设项目的附属工程，包括雨花石溪滩和景观水池的净化系统、观赏石配置、铜鼎安装、围墙及附属设施工程等。

（二）主体建筑

雨花石文化区作为雨花台烈士陵园、雨花台风景名胜区的六大功能区之一，位于雨花台东侧，面积约3公顷，通过园林设计手法再现关于“雨花石由来”的神话传说场景，运用科普知识介绍雨花石集中展现雨花石文化的独特魅力。

《雨花石之歌》雕塑　雨花石文化区的标志，位于桂花专类园、竹园和涌泉广场三景区围合成的三角形地段的中心，由黑色碎大理石路径，红色花岗岩基座，银白色不绣钢音符组成。雕塑总高度5.1米，不绣钢音符长3.1米，基座高2米，宽1.85米，1.16米，基座由雨花台烈士陵园管理局自行设计，土建由江宁县其彬工程队施工。基座上刻有歌唱雨花台风景区的歌曲——《雨花石之歌》，该曲曾荣获原国家旅游局举办的“中华江山多娇”征歌大赛一等奖。该雕塑于2017年被置换。

木樨苑　雨花石文化区的起端，位于雨花台烈士纪念馆东侧、雨花石文化区西侧，东与《雨花石之歌》雕塑相毗邻，南依桂花山麓，西接雨花湖堤，北临竹林缓坡，占地12亩，其中水面占3亩。木樨苑由桂花专类园、假山瀑布、湖、亭、榭、曲桥和园林小径组成。桂花专类园栽植了

26个品种的千株桂花，木樨苑由此得名，在桂花林间还遍植数千野生杜鹃，配以二月兰、麦冬等地被植物，绿草如茵，花树常开，季相多变，尤以春秋两季为佳。该景点运用我国传统的挖湖堆山，埋水叠石的造园手法，在雨花湖大堤上垒起了高达8米的假山群，瀑布从假山顶向南奔出，转而向东一泻而下，形成由狭变宽的四级瀑布。假山石围合成的湖面蜿蜒曲折，时宽时窄，忽高忽低，水流有缓有急。苑内六角形仿古“流杯亭”跨水而设，亭内地坪刻凿成河川渠道状凹槽，汩汩水流经此流过。临水而立的“木樨榭”，除透月门洞外，没有任何墙体。亭、榭均敞开通透，一根根立柱与地坪、沿口线构成了一个个画框，站在不同方位，人们可透过画框欣赏到一幅幅天然美景。“流杯亭”“木樨榭”由著名书法家常国武、王道云分别书写。苑内花树常开，绿草如茵，曲桥、拱桥、片石小径、卵石拼图布局得当，透出浓浓的诗意和灵气。

雨花石文化区的总体结构分为“神话传说”、“溪滩观赏”和“科普展示”三大板块。雨花石文化区石刻文字由著名书法家启功题写。神话传说板块由天降雨花区、踏花寻台区、登台问天区三部分组成。

天降花雨区　入口处照壁上的“天降花雨”碑刻文字由南京栖霞寺住持隆相法师题写。照壁前设置的雨花宝鼎高1.8米，为圆形三足鼎，立耳，圆形腹。腹下微敛，三柱足中空。鼎腹前后饰蟠螭纹图案，意为一方圣土，其间点缀梅花，意为天降花雨。鼎腹的四面分布“雨花宝鼎”四字。鼎腹蟠螭纹图形为经典的古代饰纹图案，铜鼎的纹饰参照古代铜鼎经典的模式设计，造型质朴、大方，并具有雨花宝鼎自己的文化特色和内涵。雨花宝鼎的周围栽植单瓣樱花，利用早樱凋谢时落英缤纷的景象，体现“天降雨花，坠地成石”的主题，营造出“游人不知春将尽，来往亭前踏落花”的意境。云光法师虽已一去不返，但那落花如雨的玄妙一刻却被永远地定格下来。

踏花寻台区　地面采用不同石质的“雨花石”铺就，从粗放的卵石，莲花块石周围镶嵌的圆润的五彩玛瑙石，到内涵丰富的文化石，配合沿路设置的题刻景石、踏花亭等园林小品，营造出踏花寻台的意境。

登台问天区　该区由两层观景平台、“登台天主”雕塑和涌泉池组成，营造出游人登高望远，抚今追昔，遥想当年云光法师讲经传法的意境。其中，《登台问天》雕塑，取材于雨花台传奇故事，是雨花石文化区的点睛之笔。该雕塑由雨花台烈士陵园管理局于2005年创意建造，经江苏省油画雕塑院资深雕塑家杨建强设计制作，以简捷而又浪漫的手法形象再现了登台问天、天降花雨的感天动地的壮丽场景：《登台问天》雕塑高8.5米，塑造了两两相对的四只佛手，佛手结印向天，展臂直指苍穹，催动落英缤纷，点化砾石斑斓。临风飘逸的宽袍博袖，既有佛家文化的虔诚、宽厚、博大，也有民间传说的神奇、美好、浪漫。雕塑充分运用了石雕材质的特点，以流畅的线条与质朴的块面有序分割，产生特殊的肌理效果，形成佛袍袈裟和神圣土地的意向。整座雕塑浑厚雄伟，有着祭坛般的建筑感，既庄严凝重，又舒展飘逸，给人以“精诚所至，金石为开”的强烈心灵震撼。丰富了雨花台的浪漫色彩和雨花石文化区的艺术氛围。

溪滩观赏板块由景亭踏花亭、雨花石溪滩、浅水池构成，集赏石、赏景、休闲于一体，参与性极强。来到雨花台，必寻雨花石。雨花石溪滩建设初期投入了1000吨雨花石，厚达三十公分，并定期投放雨花卵石，供游人捡石、洗石、赏石，领略品位多彩的雨花石文化。溪滩边还栽植了荷花、睡莲、鸢尾、菖蒲、水葱等各种水生植物，丰富了自然水系景观。溪滩的源头和中游还设置了雾状喷泉，营造水雾袅绕的景象，结合周围山林景致，仿若仙境。水岸边，林木下还大量栽植了雨花台特色观赏植物——夏鹃，使得雨花石文化区成为了雨花台杜鹃花展期间夏鹃的主展区。溪滩沿线还设有林中跌瀑、湿地水池、亲水平台、急流涧沟、汀步、平板桥和木栈桥。游人可通过亲水平台、汀步和木栈桥，穿越于水生植物丛中，真正领略到与自然亲近的乐趣。

科普展示板块由南京雨花石博物馆和外部休闲广场、内部庭院空间组成，是集参观、休闲、会议研究为一体的活动场所。

雨花石博物馆位于雨花石文化区东侧，北临乔木竹海，南临花卉植物观，西与登台问天景点隔水相望，朴实、无华。雨花石博物馆呈水平轮廓，建筑外观使用了大量的飘板，以夸张手法渲染了建筑的水平伸展性，同时以西侧叠瀑，东部水潭为建筑延伸，创造临水氛围。靠东北侧的山坡，建筑略高起，以山坡乔木林为背景衬托。

南京雨花石博物馆入口以红色的标志突出主题，以钢构的构图追溯古建筑栅栏、挂落，增加导向性。室内中庭设有水院，水流通过架空的地面与周围水体融合。透过水院地面玻璃，加入灯光的雨花石在水中闪烁，欲捡不能，流连而归。接待室临水而立，茶室观山、观林而就、幽静清雅。雨花石博物馆展厅分为序厅—文化篇—欣赏篇—弘扬篇，而幻影成像装置则再现了天降花雨的美景，从各个角度展示雨花石。馆内还设置了电脑触摸屏之翻阅装置和查询装置，让参观者不仅能更全面地了解雨花石，还能根据自己的喜好安排个性化参观路线。

博物馆后方，高处山林的水流，顺黄石假山倾泻而下，穿过庭院，流入馆东侧水潭。馆西设有江苏省油画雕塑院雕塑家杨建强设计制作的《雨花石的传说》铜雕，再现了云光法师讲经说法，感天动地，天降花雨的场景。整个展区保持着江南园林庭院格局，让观展与观景相得益彰。

“雨花石文化区”石刻文字由中央文史研究馆馆长、中国书法家协会主席启功题写

木樨苑

雨花宝鼎

天降花雨广场

踏花寻台

《登台问天》雕塑题记

《登台问天》雕塑

雨花石溪滩

雨花石溪滩及踏花亭

《雨花台的传说》浮雕

《雨花台的传说》浮雕题记

第四节　南京雨花石博物馆

南京雨花石博物馆最初曾经坐落于原高座寺遗址，是国内首家收藏、展示、研究、弘扬雨花石文化的国有专业博物馆。南京雨花石博物馆建成于 1989 年 10 月，1990 年 4 月 2 日正式开馆。中央电视台于 1990 年 4 月 6 日在“新闻联播”中播出“南京雨花石博物馆”开馆的新闻。

自 1989 年建馆至今，南京雨花石博物馆现已成为展陈收藏雨花石及其相关文化历史文献文物，宣传普及雨花石科普及鉴赏知识，传播和研究雨花石文化，开展各类雨花石文化艺术活动的重要场所，是集收藏、展览、研究、交流、展销、休闲娱乐、会议于一体的现代化综合性专业观赏石展览馆。南京雨花石博物馆无休息日常年对外开放，每年有近十余万的观众慕名前来参观，特别是旅游旺季时来馆参观的游客络绎不绝，在这里，人们通过参观得到了启迪，增长科普知识，陶冶了情操，丰富精神和文化生活。

南京雨花石博物馆为适应观众欣赏水平的日益提高以及雨花石文化的发展变化，曾数次对博物馆进行了升级改造，丰富了雨花石展览的内容、方式和内涵，获得了良好的社会效益和认同。馆藏雨花石多次到北京、广州等城市举办展览，部分雨花石精品多次获得荣誉及奖项。南京雨花石博物馆每年定期举办临时展览，在节庆日以及纪念日，如元旦、春节、南京国际梅花节、中国南京雨花石艺术节、五一劳动节、国庆节，举办专题性的雨花石临时展览，邀请藏石家举办个人展及多人联合展，展示了民间收藏家的雨花石精品；定期与社会雨花石收藏研究团体开展雨花石文化交流与学术研讨会，创办《雨花石》报并参与创办《雨花石》杂志，为弘扬雨花石文化作出了贡献。

南京雨花石博物馆建馆时间及筹建人员、历任馆长人员名单

筹建时间	1989 年
筹建人	陶　杰　王昭全　王国龙　李立文　李铁民 池　澄　贝芝泉　王方埙　马文斌　刘　水
馆　址	高座寺遗址
使用时间	1990 年至 2007 年 9 月 20 日
新馆馆址	南京雨花台烈士陵园东南面雨花石文化区内
使用时间	2007 年 9 月 20 日至今
历任馆长	李玉清（任职时间 1990.05—1991.02） 赵师贵（任职时间 1991.03—1993.08） 任　浩（任职时间 1993.08—1995.05） 汪立萍（任职时间 1995.07—1996.10） 周庆昇（任职时间 1996.10—1998.12） 史凤琴（任职时间 1998.12—2002.02） 周庆昇（任职时间 2002.02—2008.04） 向媛华（任职时间 2010.12—2014.08） 郭春生（任职时间 2014.08 至今）

一、场馆建设

南京雨花石博物馆始建于 1989 年，1990 年 4 月 2 日正式开馆，是南京乃至全国最早的系统收藏和研究雨花石的专业展馆。

入口处馆名“南京雨花石博物馆”八个苍劲古朴的大字为著名书法家武中奇题写。展厅面积 500 多平方米，五厅三院一廊。第三、四、五厅展出工艺品达 100 余件，除此之外，还有唐代至今的大量记载雨花石的文献资料和专题著作珍品等。院廊为“雨花石科普展”“大型观赏石展”，全馆展品达五千余件。

展览一厅中央由书法家陈大羽题写“石苑”二字。“石苑”上方为书法家尉天池书写的“宇宙神奇尽在石中”；左上方为国画照《云光法师讲经图》。墙面陈列的是雨花石精品照片及文字说明；中央两侧分别为三张展柜，陈列雨花石精品计 48 枚。

展览二厅左侧是书法家萧娴题写的“美哉雨花石”；右侧是陈大羽题写的“醉石”；墙面分别陈列：“雨花石古谱”“雨花石鉴赏”“雨花石诗情”“名人与雨花石”；中央圆柜陈列雨花石精品 42 枚；两侧展柜陈列雨花石精品 72 枚；两柱展柜陈列雨花石精品 32 枚。

第三、四、五厅展出工艺品达 100 余件，除此之外，还有唐代至今的大量记载雨花石的文献资料和专题著作珍品等。院廊为雨花石科普展及观赏石展，全馆展品多达五千余件。

自 1989 年开馆以来，雨花石博物馆曾数次改造。1997 年 4 月相关部门对一、二展厅进行重新陈列改造；1999 年 4 月对三厅及回廊两侧进行改造，斥资 65 万元用于雨花石科普展的布展；2001 年 5 月对展销六厅（原外宾部）进行装饰改造；2001 年 8 月对展销四厅进行陈列改造。

2002年雨花石博物馆陈列改造工程　2002年9月，南京雨花石博物馆改造竣工，成功“扩容”。经过改造，博物馆展厅面积比原来扩大一倍达到2000余平方米，共有9厅3院1廊。馆内不仅展示了大量的雨花石精品和图片供国内外人士鉴赏，而且从自然科学的角度，以详实的标本介绍雨花石的意义，成因及研究价值；分别从形知、神觉、意赏、趣玩、逸品等方面揭示了雨花石的文化精神，全方位多视觉展示了天赐国宝雨花石的古往今来和地方特色的艺术魅力。

馆内基本陈列采用不同形式的手法，以花卉、山水、动物、人物、奇巧等为主题分门别类地展示雨花石实物精品，配以大量精美的雨花石图片和诗词，以及雨花石工艺雕刻品、雨花石卵石画、雨花观赏石，采用声光电等手段增强展示效果，同时介绍了雨花石科普知识，展示了历代文人墨客，藏石大家鲜为人知的石缘故事，诠释了雨花石的文化和精神。

整个博物馆内流水潺潺，配有高大幕玻、艺术造型、背景音乐，院内朱栏房栊、回廊庭竹，融为一体。使观众仿佛在雨花石与艺术的对话中，可以听到雨花石文化和精神的心声，拓展对雨花石的想象空间。

2004—2007年雨花石文化区建设工程（南京雨花石博物馆新馆选址重建工程）　为弘扬南京独特的雨花石文化，按照《雨花台省级风景名胜区总体规划》，各功能区逐年分批建设的要求，自2004年至2007年，陵园投资近2000万元，历时两年多，建成了雨花石文化区。南京雨花石博物馆新馆是雨花石文化区科普板块的重要组成部分，于2005年5月20日开工建设，年底前基本完成雨花石博物馆主体建筑建设，2006年进行了内部装饰及雨花石藏品陈列布展。

现今的南京雨花石博物馆于2007年9月20日正式对外开放，是一座现代气息与传统文化相互融合的建筑艺术精品。其外形朴实、端庄，一如雨花石坚韧厚重的品格；整体建筑外观呈水平轮廓，西侧叠瀑，东部水潭为建筑延伸，创造临水氛围。屋顶上的三面飞檐，如一只展翅飞翔的大鹏，预示着雨花石文化的腾飞。博物馆北临乔木竹海，南临花卉植物景观，西与登台间天景点隔水相望，朴实、无华。博物馆在馆内外建造了互通的水系，室内中庭设有水院，水流通过架空的地面与周围水体融合，透过水院地面玻璃，加入灯光的雨花石在水中闪烁，焕发出别样风采，以水的清秀透彻，充分展示了雨花石灵动的特质。南京雨花石博物馆接待室临水而立，茶室观山、观林而就，幽静清雅。博物馆后方，高处山林的水流，顺黄山假石倾泻而下，穿过庭院，流入馆东侧水潭。馆西设有江苏省油画雕塑院雕塑家杨建强设计制作的《雨花石的传说》铜雕，再现了云光法师讲经说法，感天动地，天降花雨的场景。整个展区保持着江南园林庭院格局，让观展与观景相得益彰。

南京雨花石博物馆入口以红色的标志突出主题，以钢构的构图追溯古建筑栅栏、挂落，增加导向性。展厅入口处幻影成像装置则再现了天降花雨的美景，从各个角度展示雨花石。馆内还设置了电脑触摸屏之翻阅装置和查询装置，让参观者不仅能更全面地了解雨花石，还能根据自己的喜好安排个性化参观路线。馆内展出的雨花石增加了雨花石收藏家捐赠的精品雨花石30余枚和新增馆藏雨花石精品40余枚，从而增加了展品的内容和数量，提升了藏品的档次，丰富了雨花石展览展示的内涵。

二、展厅基本陈列

在800平方米的主展厅内，基本陈列展示以序言篇、文化篇、欣赏篇、弘扬篇四个层次展开：序言篇介绍了雨花石的来源与成因；文化篇展示了雨花石文化从发祥到发展光大的历史演变过程；欣赏篇集中展示了大量的精品雨花石及精美的雨花石图片及欣赏方法；雨花石弘扬篇展示了当代雨花石文化的出版物和雨花石的延伸开发利用，集中展示了南京地区雨花石文化的收藏与研究成果。

为体现雨花石鉴赏的历史性，雨花石博物馆在介绍历朝历代的雨花石文化特色及历史名人的基础上，重点展示在弘扬雨花石文化做过较大贡献的民国时期的三位雨花石收藏家“南许、北张、天津王”（许问石、张轮远、王星猷）的塑像，并首次面向社会公众展出了民国时期雨花石三大收藏家张轮远专著《万石斋灵岩・大理石谱》的铜版印模、王猩酋的专著《雨花石子记》、许问石的《雨花石图谱》，集中反映了收藏家们对雨花石的研究成果。

南京雨花石博物馆馆藏有数百枚各种人物、动物、风光类的象形石，千姿百态，鬼斧神工。在科普教育方面南京雨花石博物馆通过对雨花台砾石层剖面地质学的描述，以及在雨花台砾石层中发现的硅化木化石、动物化石等实物的陈列，为人们科学地描绘了雨花石的成因，既增加了雨花石展览的多样性，又满足了游客探询地质奥秘的需求。

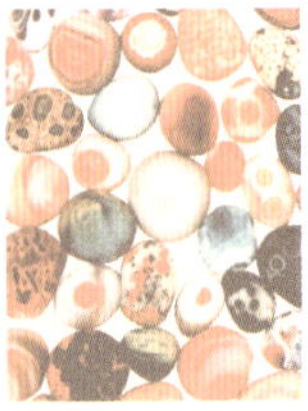

南京雨花石博物馆辟有专区，展示雨花石艺术品的开发利用成果，包括有雨花石的装饰和雨花石雕刻工艺，根据雨花石编写的书籍、明信片等，使雨花石文化更加生活化，更加贴近普通观众。

在陈列展示的方法上，南京雨花石博物馆充分利用了现代化的声光电技术，利用灯箱、投影、多媒体手段，通过幻化的光影，雕刻出“钟灵毓秀、玉质天章”雨花石梦幻般的虚拟世界，使人们在走进雨花石馆的那一刻开始，就全身心地沉浸在雨花石的天地之中，时时感受着雨花石文化的神奇、精深与博大。同时馆内还设有雨花石及雨花石工艺品销售部，供广大游人挑选购买。另外，馆内还有供游人品尝陵园茶厂自产自销的雨花茶的休闲茶社。二楼的会议室是多功能厅，在这里可举办雨花石的文化交流活动。

三、主要职能

（一）收藏及陈列

藏品是博物馆的灵魂，也是其核心价值。南京雨花石博物馆通过多年的收藏、征集和积累，馆藏雨花石数量由建馆初期的百余枚增加到了现在的700余枚，种类丰富，包括风景类、花卉类、象形类和奇巧类雨花石等。同时还收藏了340余座雨花石供石、各类观赏石以及雨花石雕刻件、雨花石卵石画等雨花石艺术品。馆藏精品雨花石曾多次参加各地大规模石展。

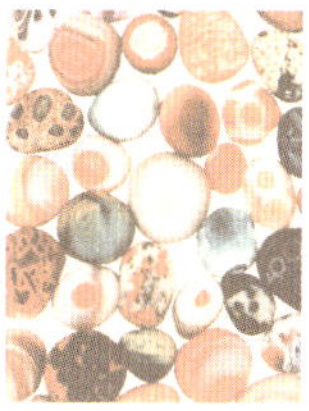

馆藏精品雨花石参展一览表

序号	时间	展览名称
1	1988.10	南京市首届雨花石珍品展评会
2	1990.12.21	北京十一届亚运会艺术节中国雨花石展。馆藏雨花石“鹿回首”等三枚雨花石获三等奖
3	1991	与北京中国革命博物馆联合举办了南京雨花石艺术珍品展
4	1991	与南京博物馆、南京市民俗馆、南京市工人文化馆、雨花台区文化局联合举办了南京首届雨花石文化节
5	1992	广州举办的“中华百绝”雨花石展
6	1993.01.01	上海大世界基尼斯首届全国绝技表演暨竞技擂台大赛。雨花石荣获上海大世界基尼斯奖
7	1993	在徐州举办“雨花石珍品展”
8	1993.10	上海首届中国名人名家藏石展。“玉兔”“白猫”获二等奖，“金鱼”获三等奖
9	1995.12	与高邮市文化馆联合举办雨花石精品展
10	1996.06.30	与淮安周恩来纪念馆联合举办雨花石精品展
11	1996	为庆祝第三届全国城运会与中华奇石馆联合举办雨花石精品展
12	1998.07	与徐州市云龙山索道公司联合举办雨花石精品展
13	1999.07	中国 1999 年昆明世界园艺博览会，馆藏雨花石“鉴真东渡”获银奖
14	1999.10	参加南京市首届园林花卉节，馆藏雨花石“鹿回首”获二等奖，“雄师”获三等奖
15	1999	参加今世缘金陵特供杯雨花石精品展，“葡萄沟小憩”等雨花石获二等奖
16	2000	与无锡太湖鼋头渚风景区管理处联合举办雨花石精品展
17	2000.9	第二届中国南京雨花石艺术节，馆藏雨花石“高原秋色”“波斯猫”分别获精佳品奖
18	2000.10	江苏省首届园艺博览会上，馆藏雨花石“大好河山”获特等奖、“泰山日出”获参展奖
19	2001.03.18	第六届中国南京国际梅花节“花之韵雨花石精品展”，馆藏雨花石“红梅赞”获奖
20	2008.03	参加第十二届长三角旅交会
21	2014.08	受南京市委宣传部文化艺术处邀请配合南京青奥会宣传雨花石，在南京涵月楼酒店六楼大堂展览馆藏精品雨花石

（二）临时展览

南京雨花石博物馆收藏展示了一些馆藏的精品雨花石，但是这些常年展览的基本陈列有相对固定性。为了更好展示当代雨花石文化的发展，南京雨花石博物馆通过举办临时展览的方式，反映了当代雨花石文化的发展，其展览内容新颖、形式多样、专题性强。从 1999 年第一届中国南京雨花石艺术节至 2007 年第九届中国南京雨花石艺术节，南京雨花石博物馆都在艺术节期间配合举办了相应的临时展览。临时展览的规模既有雨花石收藏名家的个人展，也有多名藏家的联合展。展览的专题有雨花石象形石展、雨花石供石雕件展、雨花石画展，以及配合节庆、纪念日开展的专题展等，把雨花石博物馆打造成展示当代充满活力的雨花石文化平台。例如：

在 1999 年第一届中国南京雨花石艺术节期间，南京雨花石博物馆展销雨花石精品并举办评选活动。此次展品包括国内外 98 位收藏家的雨花石珍品逾千枚，总保价价值近 5000 万元，划分为风景、人物、花卉、动物、抽象等五大类。

2012 年春南京雨花石博物馆举办“先锋创意、华夏盛宴”象形雨花石系列专题展，展览的收藏家汤先锋先生将形态各异的雨花石巧妙地加以组合，模仿人们日常生活中常见的物品形象，造型惟妙惟肖，使看似平常的石头具有了它的观赏价值。

2013 年秋南京雨花石博物馆举办“石情画意——贾美孙雨花石艺术展”。雨花石画是当代雨花石文化在创新中绽放的一朵令人叫绝的奇葩。雨花石与绘画艺术的联姻充满想象，不仅拓展了雨花石鉴赏的审美空间，也从艺术层面上提升了雨花石文化的品位。这次展览以个展的方式集中展现雨花石画别样的艺术魅力。

2014 年夏雨花石博物馆举办“国强杯”石城石美大型雨花石精品展。此次展览除了展示大家所熟悉的“水石”外，还展出 112 枚雨花石供石珍品以及 93 件可以与玉雕媲美的雨花石雕件。此次展览首次对参展的供石和雕件进行评奖，在展陈手段上还引入音乐、摄影等艺术，为广大观众带来了一场雨花石之美的视听盛宴。

南京雨花石博物馆历年举办临时展览及文化研究交流活动一览表

时间	活动内容
1990	与江苏人民出版社联合出版《雨花石珍品集》
1991.11	与南京博物院、南京民俗博物馆、南京市工人文化宫、雨花台区文化局共同召开“南京市首届雨花石文化交流会暨雨花石文化研讨会”
1993.11—1993.12	举办雨花石收藏家柏贵宝个人“雨花石摄影艺术图片展”
1993	举办纪念毛泽东诞辰 100 周年“永恒的纪念”专题雨花石展
1994.01	创办《雨花石天地》报，不定期出版
1994.02.18	与南京民俗博物馆、江苏省邮票公司联合为张宪忠发行“水石斋建斋 8 周年”雨花石纪念封
1997.07	举办迎香港回归雨花石精品展
1999.05	举办“天赐瑰宝、奇石神韵——庆祝南京解放 50 周年观赏石珍品展”
1999.09	配合第一届中国南京雨花石艺术节，展销雨花石精品并举办评选活动
2000.04	举办“王方埙新世纪雨花石收藏精品展”
2000.09.08—2000.10.08	配合第二届中国南京雨花石艺术节举办“雨花石精品展”及“雨花石科普展”
2000.12.02—2001.01.20	举办“姚大奎新世纪雨花石收藏精品展”

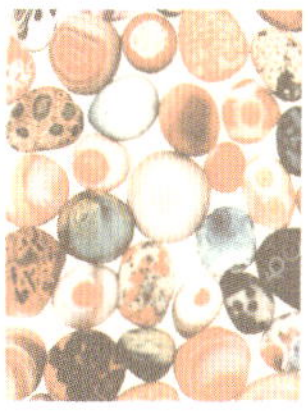

续表

时间	活动内容
2001.09.08—2001.09.23	配合第三届中国南京雨花石艺术节，举办“世纪之光”雨花石精品展和“中华奇石文化展”
2001.02.15—03.18	配合 2001 中国南京国际梅花节，举办“花之韵雨花石珍品展”，并编印发行《雨花石观止·花卉篇·梅》无资明信片 5000 册
2002.03	配合 2002 中国南京国际梅花节，举办以“梅之韵”为主题的由各种花卉命名的雨花石精品展
2002.09.28—10.13	配合第四届中国南京雨花石艺术节举办“雨花石精品展”
2003.09.27—10.18	配合第五届中国南京雨花石艺术节，举办“雨花石精品展”及“雨花台烈士陵园首届职工藏石展”
2004.09.21—10.10	配合第六届中国南京雨花石艺术节，举办“雨花石精品鉴赏会”及“雨花之韵”系列展览
2005.09	将张轮远 1948 年出版《万石斋灵岩大理石谱》铜版征集入藏
2005.10.01—10.05	配合第七届中国南京雨花石艺术节以及 2005 年第十届全国运动会举办了运动系列体育象形雨花石展
2006.09.29—10.08	配合第八届中国南京雨花石艺术节举办雨花石精品展
2007.02.28—03.18	配合 2007 中国南京国际梅花节举办“暗香疏影”梅花专题雨花石展，展出有梅花图案的雨花石和梅花题材的美术作品
2007.09.20—10.08	配合第九届中国南京雨花石艺术节，举办馆藏珍品雨花石及民间藏家雨花石联合展
2007.09.28	举办雨花石论坛
2008.02	举办梅花图案的雨花石精品专题展
2008.02.28—03.18	配合 2008 中国南京国际梅花节举办梅花专题雨花石展
2009.02.26—04.26	2009 国际梅花节戴宗宝雨花石精品展“梦幻桃源 梅香雪海”
2009.09.30—10.30	石上飞歌——“国庆杯”大型雨花石展
2010.04.28—05.28	以石上自然为主题，通过花鸟鱼虫、绿色自然等展示精美雨花石
2010.09.28—10.28	为迎接 2014 青奥会举办“金陵美石迎青奥——象形雨花石精品展”
2011.03.20—05.20	“花开时节石如花”花卉类雨花石精品展
2011.07.01—07.31	《石花绽放献给党——大型雨花石精品展》
2012.03.07	雨花台实验小学为四年级学生举办雨花石的专题讲座
2012.03.28—05.28	“先锋创意、华夏盛宴”象形雨花石系列展
2012.09.28—10.28	“文栋书南”四友精品雨花石联展
2012.11.04—12.04	“喜迎十八大·美石颂和谐”石林七贤雨花石精品展
2013.04.28—05.28	“南京印象”2013 春季雨花石精品展
2013.09.26—10.26	“石情画意——贾美孙雨花石艺术展”展览
2014.08.08—09.10	“国强杯”石城石美迎青奥大型雨花石精品展
2015.02.14—03.31	“江山如此多娇——华夏风光雨花石精品展”

续表

时间	活动内容
2015.04.25	中韩观赏石（寿石）联合展
2015.11.26	召开“2015 南京雨花石理论研讨会”并出版发行《2015 南京雨花石理论研究文集》
2016.04.29—05.20	美籍华人姚大奎先生“古韵天成”雨花石主题展
2016.09.29—10.18	张国义先生“人与自然”雨花石主题展
2017.04.28—05.15	朱言荣先生“红红的雨花石”系列展
2017.09.28—10.15	“石上飞虹”2007 庆国庆迎盛会雨花蛋白石展
2018.04.28—05.15	“玉石同源”赏石艺术展
2018.10.20—11.16	“日月同辉”雨花石展

（三）雨花石文化学术研究

1. 参与《雨花石鉴评规范》的制定

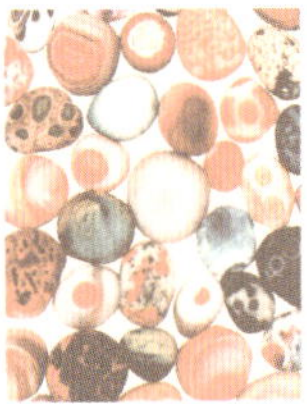

南京雨花石博物馆通过多年来的学术积累，与南京市产品质量监督检验院共同起草了《雨花石鉴评规范》。该规范于 2013 年 10 月 25 日由江苏省质量技术监督局发布，2013 年 11 月 25 日开始实施。2014 年 2 月 13 日，国家标准委发布中华人民共和国地方标准备案第一号公告，《雨花石鉴评规范》名列其中。

《雨花石鉴评规范》给出了雨花石鉴定真伪的十特征，同时从六方面来评判雨花石的等级。该规范将雨花石分为六大类，即玛瑙质、玉髓质、蛋白质、水晶质、油泥质、石英类等，分别从光泽、颜色、纹理、透明度、原石形体、主要化学成分、结晶状态、莫氏硬度、密度和折射率等十个方面，列出了六类雨花石的特征。比如玛瑙质的雨花石纹带状特征明显，而玉髓质则无带状花纹。该规范将雨花石分成 4 个等级，即极品、珍品、精品和佳品，各个等级从质地、色彩、形态、纹理、呈象和意韵等六个方面设定了一个明确的评定标准。比如质地可以从细腻度、纯净度和温润度来评价，相对应的等级各自有什么特征。《雨花石鉴评规范》的出台实施，对于规范雨花石市场交易和推动雨花石文化的发展都有着积极的意义。

2. “雨花石鉴赏习俗”列为非遗代表项目

2016 年 1 月 14 日，根据［苏政发（2016）5 号］文件，江苏省人民政府批准公布“雨花石鉴赏习俗”为第四批省级非物质文化遗产代表性项目名录，项目编号 JSX-22。保护单位为南京雨花石博物馆、南京雨花石协会和南京六合雨花石收藏家协会。这是继中国观赏石协会将“赏石艺术”成功申报列入国家级非物质文化遗产项目后，在全国数百个赏石组织、几千个地方石种中首个被批准列入省级“非遗”的项目。

南京雨花石博物馆旧影

2007 年新建成的南京雨花石博物馆开幕

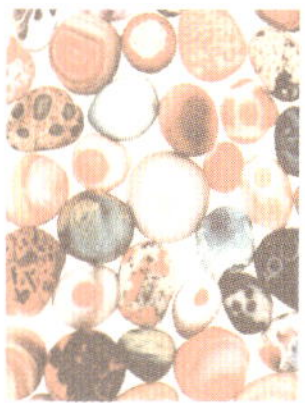

南京雨花石博物馆总体外观

南京雨花石博物馆正门

南京雨花石博物馆展厅

历年雨花石展览活动锦集

1990 年 12 月南京雨花石博物馆藏石参加北京十一届亚运会艺术节中国雨花石展

2012 年 12 月南京雨花石博物馆举办“喜迎十八大·美石颂和谐”石林七贤雨花石精品展

2012 年 3 月南京雨花石博物馆举办“先锋创意、华夏盛宴”象形雨花石系列展

南京雨花石博物馆部分馆藏精品

绣花鞋

杜鹃

隐士寻幽

平湖秋色

波斯猫

秋色宜人

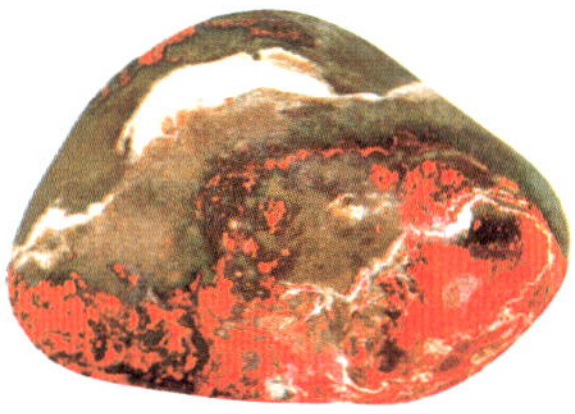

高原秋色

石柱林

秋景

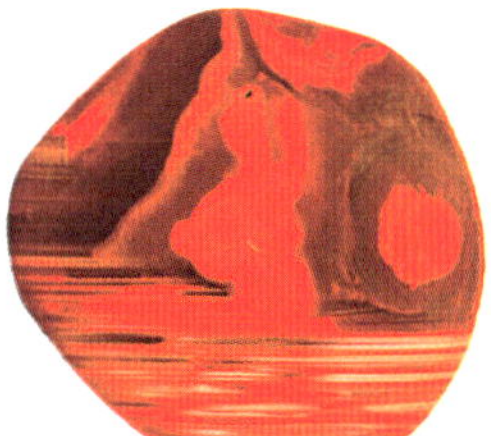

赤鹿戏水

庭院深深

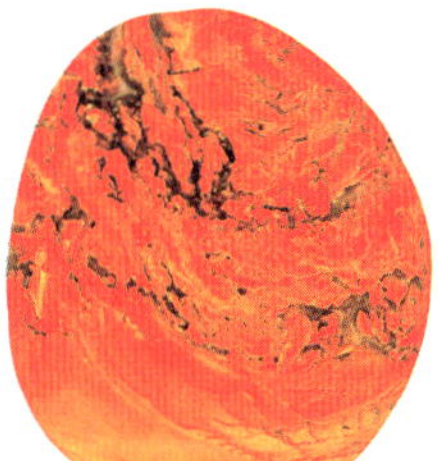

大漠金秋

青山依旧

葡萄园

关山万里

冬

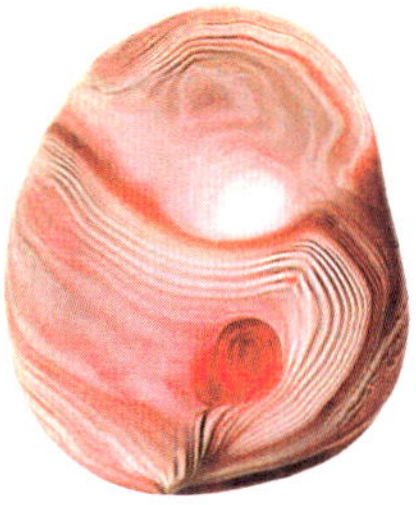
郁金香

柳浪闻莺

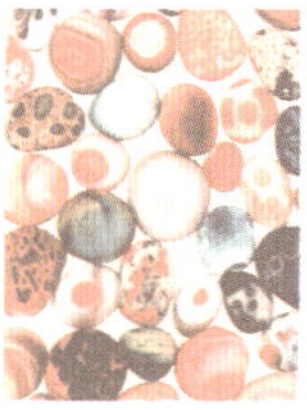

春

春光潭影

湖光仲夏

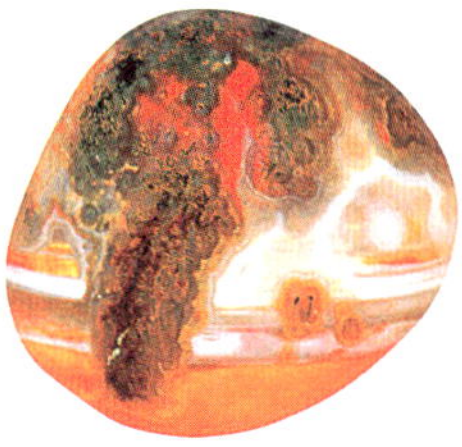
夏

红樱桃

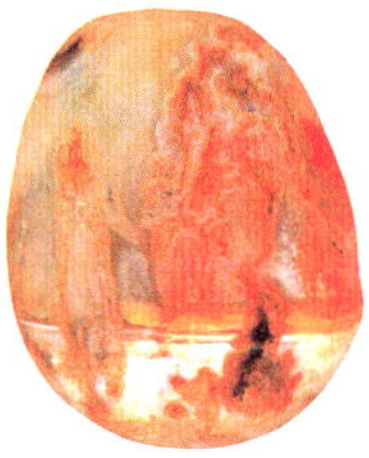
秋

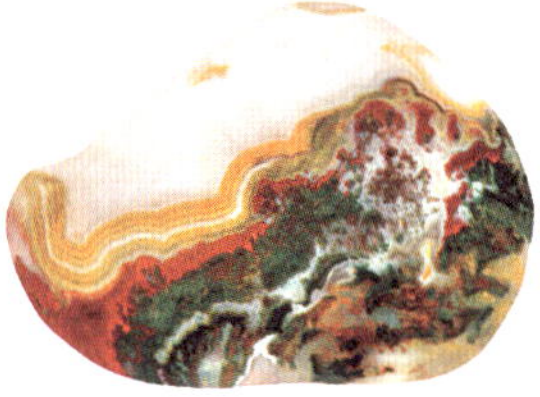
高山雪雾

鱼翔浅底

湖畔垂柳

第五节　南京雨花石协会

南京雨花石协会成立于 1984 年 8 月 24 日，是全国第一家赏石民间组织。该协会经市民政局批准成立，原挂靠在南京市文联，现挂靠在南京市国土资源局（全国统一归口模式）。南京雨花石协会已建会 33 余年，目前为第七届理事会。该会设会长 1 名，副会长 18 名；秘书长 1 名，副秘书长 24 名；常务理事及理事会员 90 名；现有在册会员 500 多人，历届会长为：池澄、张国义、戴宗宝，现任会长戴康乐。多年来，南京雨花石协会与南京雨花石博物馆多次合作，在南京雨花石博物馆内举办了多次雨花石临时展览，共同举办雨花石理论研究研讨会，相互交流雨花石文化研究经验，弘扬和推动了雨花石文化的发展。南京雨花石协会办公地址现为南京市紫荆花路 66 号。

南京雨花石协会的宗旨是：团结广大爱好雨花石的会员和石友，弘扬雨花石文化，促进雨花石文化产业发展。协会秉承“诚信尽责，包容共荣，崇文尚雅，快乐有为”的办会理念。长期以来，为了构建和谐社会，促进文明发展和更有效地保护与开发雨花石资源，协会做了大量的有益工作，特别是近些年来组织参与了几十项展览活动，其中具有重大影响的活动有：

2005 年在江苏省美术馆举办了“国土资源杯”雨花石精品展及资源保护宣传活动；

2008 年奥运会期间，副会长周德麟在中国国土资源部主管的中国地质博物馆举办了“中国雨花石文化暨雨花石精品展”，中国国土资源部原部长徐绍史参观了展览，并给予了高度评价；

2011 年 12 月组织赴台湾新北市举办“雨花情缘——海峡两岸雨花石文化联展”引起了极大的轰动；

2015 年在南京雨花台雨花石博物馆举办了“中韩奇石交流展”，积极组织参加在阿拉善举办的“2015 海峡两岸赏石交流会”；

2016 年 6 月 4 日组团到澳大利亚墨尔本“国际会展中心”，举办了“2016 中华宝石雨花石精品展”；

2017 年在南京雨花台雨花石博物馆，举办了“2017 庆国庆 · 迎盛会雨花蛋白石展”等。

所有的展览活动都被各大电视台与新闻媒体进行了专题报道，进一步扩大了南京雨花石知名度和影响力，同时为申遗工作打下了坚实基础。

2016 年 1 月 14 日“雨花石鉴赏习俗”被江苏省人民政府批准为省级第四批非物质文化遗产代表性项目，南京雨花石协会作为保护单位。这也是地方石种中第一个申请省级非物质文化遗产的成功项目。现协会正在努力地工作，申请国家级非物质文化遗产代表性项目。

第六节 中国南京雨花石艺术节

1999年5月，南京市人民政府组织举办了“南京首届雨花石艺术节”，并定于今后每年9月在雨花台风景名胜区举办艺术节。中国南京雨花石艺术节“以石为媒、以石会友、以节造势，以石促游”，打造南京旅游品牌，弘扬雨花石文化，提高雨花石文化艺术的品位，吸引国内外广大游客，丰富南京市特色旅游内容，促进南京及周边地区的文化、经济、旅游等事业的繁荣与发展，同时也提高了雨花台风景区作为雨花石发源地的知名度及南京雨花石博物馆的社会影响力。

一、第一届中国南京雨花石艺术节（1999年5月8日—5月16日）

首届中国南京雨花石艺术节的主要活动内容有（1）在南京雨花石博物馆内展销雨花石精品并举办评选活动。此次展品包括国内外98位收藏家的雨花石珍品逾千枚，总保价价值近5000万元，划分为风景、人物、花卉、动物、抽象等五大类。（2）在艺术节期间，与《今日商报》共同举办以雨花石为主题的征文评奖活动。优秀征文由组委会推荐在《今日商报》上发表，并颁发证书及纪念品。共收到国内外68位作者以诗、词、散文、小说等体裁撰写的作品共98篇。其中获奖征文15篇。（3）在雨花石博物馆展览雨花石科普知识。以文字和实物展示雨花石的来源、成因、分布、分类、结构，以增进游客对雨花石科普知识的了解。（4）在雨花阁展销雨花石精品图片、书籍、字画。选择了160余枚雨花石珍品，运用电脑写真的方法，制作30余块板面，以充分显示雨花石的质、纹、形、色、巧、美、奇。（5）在雨花台风景区东干道展销雨花茶等系列食品。（6）在雨花台风景区圆门广场展销雨花石系列工艺品。（7）在雨花台风景区圆门广场展销南京名特优商品：云锦工艺品、雨花石香烟、桂花鸭、老山蜂王浆冻干粉、雨润食品、旺旺食品等。本届艺术节设置的35个摊位供不应求。除本市的商家外，上海、山东、安徽、连云港、东台、仪征的商家也前来租摊展销。

在艺术节期间博物馆还组织了地方民俗文艺演出；投放数吨雨花石，让游客自由捡拾雨花石；组织了广播、电视台、报纸等14家新闻媒体对雨花石艺术节进行了全方位的新闻报道。

为配合南京市首届雨花石艺术节，雨花台烈士陵园管理局和南京市旅游局、南京市集邮公司联合发行“中国南京雨花石艺术节纪念封”一枚，纪念封上印有雨花阁图案，雨花阁、雨花石博物馆邮戳两只，共发行3000张，于艺术节期间发售。

二、第二届中国南京雨花石艺术节（2000年9月8日—10月14日）

由南京市人民政府主办，雨花台烈士陵园管理局和南京市旅游局等部门承办的“第二届中国南京雨花石艺术节”于2000年9月8日至10月14日在雨花台风景名胜区举行，艺术节举办时间也由一周扩期为一个月。

历时一个多月的艺术节，举办了（1）“步步高”杯百名百米少儿绘画比赛。经专家评审，共评出一等奖1名，二等奖5名，三等奖10名。（2）雨花石精品展。共展出120位雨花石收藏家的珍品489枚，共接待参观者近10万人次，经过来自全国60个城市1000多位游客投票，评出“东方红”等40个“精佳品奖”。（3）艺术品展。（4）雨花石旅游商品开发研讨会。（5）雨花石精品专场拍卖会。（6）雨花石科普之旅。（7）每天一场精彩文艺演出。

第二届雨花石艺术节期间，共接待国内外宾客近30万人次。

为了让更多的人了解雨花台是雨花石的主要产地之一，中国南京第二届雨花石艺术节组委会特地在雨花台风景名胜区树立“雨花石源”雕塑。该雕塑高1.4米，长宽各2米，上面配有一颗五彩晶莹的雨花石。

三、第三届中国南京雨花石艺术节（2001年9月8日—9月23日）

主办单位为南京市人民政府，承办单位为雨花台烈士陵园管理局和南京市旅游局，参与协办的有江宁区、雨花台区、六合区、溧水县、江浦县五个区县人民政府，时间是2001年9月8日至9月23日。艺术节主会场在雨花台风景名胜区，在五个区县设分场。市政府专门成立了雨花石艺术节组委会，时任南京市副市长的罗志军同志亲自担任组委会主任，各承办、协办单位负责人为组委会成员。

此届雨花石艺术节举办了开幕式、“我与雨花石”有奖征文、广场民间文艺演出、名特优商品展销会、区县旅游日、大型系列展览、茶艺插花、民乐、曲艺表演、雨花台及雨花石历史文化有奖竞猜、闭幕式等十多项活动。

“世纪之光”雨花石精品展和中华奇石文化展在雨花石博物馆举办，展石达千枚以上。并通过雨花石征文活动、雨花石文化电视访谈、雨花石产地游、互联网等形式广为宣传雨花石文化。同时，配有“全省风景园林图片展”“南京郊区县旅游资源图片展”“六朝古都文化展”“名人书画展”“夕阳红老将军老同志书画展”“民间收藏品展”“杨邦乂、方孝孺连环画”等系列展览，进一步地提升雨花石艺术节的品位。

为了加强节庆活动的群众参与性和突出地方特色，此届艺术节组织了多场系列民间文艺演出，每个双休日安排一个篇章，由部分区县组织一台富有乡土气息的文艺演出专场，如江宁的方山大鼓、江浦的庐剧折子戏、溧水的晶桥马灯、雨花和六合的歌舞，以及在雨花台风景区雨花阁安排的“天女散花”、古装表演等，使整个节庆高潮迭起，精彩纷呈。

“石城欢乐多”区县旅游日活动是此届艺术节的一大特色，由市旅游局牵头组织。“江宁日”的主题是“南京自然历史文化的读书台”；“雨花日”的主题是“郊区城市化、经济效益化、繁荣南大门、建设新雨花”；“六合日”的主题是“茉莉花的故乡、雨花石的产地”；“溧水日”的主题是“游江南三峡、探秦淮源头”；“江浦日”的主题是“江浦、滁州、和县江北生态风光游”。这些活动向广大游客隆重推出南京部分郊区县的旅游品牌，拉动郊区县旅游经济的发展。

南京名特优商品大展销，汇聚了江宁金箔工艺品、雨花蜡染服饰品、六合牛脯、溧水青梅制品、江浦蜂王浆冻干粉等数十个品种供游客选购。

此外，在雨花石艺术节期间，雨花台风景区成为花的海洋，千头菊、百日草、红黄凤尾鸡冠、红叶海棠、一串红等约15万盆鲜花把整个景区装点一新，雨花阁周围抛撒成吨的雨花石供游人捡拾。

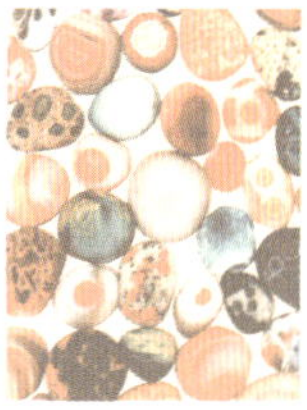

四、第四届中国南京雨花石艺术节（2002年9月28日—10月13日）

第四届中国南京雨花石艺术节在雨花台风景名胜区举办，本届雨花石艺术节由南京市人民政府主办，雨花台烈士陵园管理局和南京市旅游局等部门承办。

为迎接2002年中国南京雨花石艺术节，雨花台风景区对南京雨花石博物馆进行了陈列改造。改造一新的南京雨花石博物馆，设九厅三院一廊，展出面积达2000平方米，耗用雨花石数吨，是当时国内最大的雨花石精品陈列馆。

本届雨花石艺术节的活动有：在雨花台风景名胜区举办“新生活、新面貌、新发展”大型艺术灯展、花卉盆景展、民间收藏品展、古都文化展、雨花石精品展、“雨花石赞”征文比赛、世界公园定向趣味比赛以及“走进新时代”实用服饰展演等。中央电视台晚间新闻播放了本届中国南京雨花石艺术节的盛况。

五、第五届中国南京雨花石艺术节（2003年9月27日—10月18日）

本届雨花石艺术节由南京市人民政府主办，南京市旅游局和雨花台风景名胜区管理局承办。雨花石艺术节期间的主要活动为：（1）举办雨花石艺术节形象大使“雨花仙子”评选活动。这次评选活动是本届艺术节的亮点，艺术节组委会面向南京一小时都市圈城市公开选拔艺术形象大使，共有来自南京、扬州、镇江、常州、马鞍山等市的100多名佳丽参加角逐。经省、市专家的评选及培训指导，于2003年9月19日晚在雨花台风景名胜区进行了决赛，最后决出10名“雨花仙子”，参加本届艺术节期间的旅游宣传和文艺演出。（2）在南京雨花石博物馆内举办雨花石精品展及雨花台烈士陵园首届职工藏石展，职工纷纷送石参展，并用雨花石拼制成2008年北京奥运会会徽。（3）雨花石艺术节组委会举办了“雨花石现场命名评奖活动”“‘合力致胜’南京大学生公园定向运动锦标赛”。

六、第六届中国南京雨花石艺术节（2004年9月21日—10月10日）

本届雨花石艺术节于2004年9月21日至10月10日举办，主会场设在雨花台风景名胜区。

本届雨花石艺术节以“发展、健康、快乐”为主题，其指导思想是：聚雨花精华、展南京风貌；以区域内联动，景区间互动的方式，充分发挥参与单位的优势，共同打造具有区域性、特色性、国际性的文化旅游品牌；以节会友，以节招商，以节促游，进一步提高南京市、雨花台区、雨花台风景区在国内外的知名度。

本届雨花石艺术节开幕式于9月21日在五台山体育馆举行。届时除省、市领导及8000名各界群众参加开幕式外，组委会还邀请到了美国前NBA明星助阵本次雨花石艺术节。开幕式上，宾主双方在互赠雨花石、球衣等纪念品之后，远道而来的球星们将为在场观众上演“激情篮球秀”：美国前NBA篮球明星队与美国国家联盟队将上演篮球对抗赛，美国空中大灌篮表演队也将有精彩献演。

本届雨花石艺术节主要活动有：（1）举办首届“雨花文化庙会”。以雨花台风景区名胜区为主会场，庙会为期5天，主要举行文化商品展销。（2）在雨花台风景名胜区举办“雨花之韵”系列展览、雨花石精品鉴赏会、“鼓乐祈福岁岁丰，龙腾虎跃闹金陵”民间民俗文艺汇演和少儿木偶皮影戏及“雨花寻宝”活动。（3）举办“辉煌”55周年，“唱我心中的赞歌”文艺演出。（4）举办首届“雨花之行”活动。（5）举办“驶入寻常百姓家”——国际车展。（6）开通南郊风光一日游旅游线路。

七、第七届中国南京雨花石艺术节（2005年9月23—10月8日）

2005年中国南京雨花石节主题词为“绿色雨花、和谐发展”。艺术节以迎接第十次全国运动会在南京举办为主线，打造文化旅游品牌，通过区域联动和景区互动的方式，使艺术节期间的活动更为丰富多彩。雨花台风景名胜区作为雨花石艺术节主会场，举办的活动有：（1）面向社会各界征集各类运动型雨花石进行评选，南京《金陵晚报》上“雨花石”专栏对此做了为期一个月的连续报道，介绍征集来的雨花石。在雨花石艺术节开幕式上给获奖者颁发证书，同时将获奖雨花石于艺术节期间在南京雨花石博物馆展出。（2）在景区北门广场举办名为“雨花美”的民俗文艺表演及“金陵社区”文艺展演；在景区雨花阁举办名为“雨花之声”的民乐演奏会及书画展览。（3）

在南京雨花石博物馆举办以迎接十运会为题材的象形雨花石精品展览。（4）在景区雨花阁周围抛撒数吨雨花石，开展主题为“登雨花阁观落花如雨，到雨花台捡雨花石去”的“寻宝活动”。（5）在景区怡苑盆景园展出热带花卉、植物以及观赏盆景数百盆。

八、第八届中国南京雨花石艺术节（2006年9月29日—10月8日）

本届雨花石艺术节由雨花区人民政府、市旅游局、雨花台风景名胜区管理局共同主办。本届雨花石艺术节以“生态雨花，和谐发展”为主题，同时还被列入了同年的南京名城会重要活动当中。2006年9月30日，艺术节开幕式在雨花台风景区雨花石文化区登台问天广场隆重举行。开幕式上，伴随着一台由歌舞、相声、联唱、舞蹈组成的精彩文艺演出，穿插进行了雨花石捐赠、“金陵四十八景”象形雨花石征评与“石话诗说”征文颁奖授牌仪式。在开幕式进行到最高潮时，景区将八百吨雨花石抛撒在雨花石滩，供嘉宾和游客免费捡拾，让更多的市民参与到艺术节活动中来，使本届艺术节具有广泛的参与性、互动性。

本届雨花石艺术节活动共分四大系列：（1）开展“金秋雨花，欢乐无限”十一黄金周系列活动，包括10月1日至5日期间，在雨花台风景名胜区北大门每天举行两场精彩的广场文艺表演；在园门广场每天举行两场民乐演奏表演；9月29日至10月8日在南京雨花石博物馆举办雨花石精品展；在园门广场举办雨花石工艺品展销会；在怡苑盆景园举办金秋花卉盆景展。（2）对“金陵四十八景”象形雨花石征石进行评选。（3）举办“石话诗说”征文比赛。（4）开展“走进南郊”欢乐乡村一日游活动。

九、第九届中国南京雨花石艺术节（2007年9月20日—10月8日）

本届雨花石艺术节在新建成的雨花台风景名胜区内的南京雨花石博物馆举行开幕仪式，时间为2007年9月20日至10月8日。本届雨花石艺术节将继续开展以“赏石上明月”“雨花情缘”为主题的征石、征文活动和“魅力雨花一日游”等系列活动，并组织长江农家美食节。主要活动有：（1）在雨花台风景名胜区雨花石文化区举办“雨花石缘”南京公务员相亲会。（2）在雨花台风景名胜区北大门，举办经典传统歌曲演唱会。（3）在雨花台风景名胜区雨花石文化区雨花石滩上，抛撒了100吨的雨花石供游客免费捡拾。（4）在雨花台风景名胜区内雨花阁对面的科普园举办了雨花石艺术节书法艺术交流会。（5）在渤泥国王墓风景区举办文莱情园一期工程竣工典礼暨东南亚风情展示，游客可在这里观看到中文友好交往史，品尝东南亚美食。

中国南京第一届雨花石艺术节开幕式剪彩仪式

中国南京第二届雨花石艺术节文艺演出

中国南京第三届雨花石艺术节开幕式

艺术节期间南京市领导观赏雨花石精品

外国友人观赏雨花石

中国南京雨花石艺术节期间举办雨花石交易会

中国南京雨花石艺术节期间举办雨花石拍卖会

附：《雨花石鉴评规范》

ICS39.060

D59

备案号：40509-2014

DB32

江 苏 省 地 方 标 准

DB32/T 2532—2013

雨花石鉴评规范

Yuhua stone appraisal regulations

2013-10-25 发布　　　　2013-11-25 实施

江苏省质量技术监督局 发布

前　言

本标准按照 GB/T 1.1-2009《标准化工作导则第 1 部分：标准的结构和编写》给出的规则起草。

本标准由南京市质量技术监督局提出。

本标准由南京市产品质量监督检验院、南京雨花石博物馆负责起草。

本标准主要起草人：周骏贵、周亮、胡启龙、向媛华、卢开刚、郭春生、蔡薇、蒋兢、王婧宇。

雨花石鉴评规范

1　范围

本标准规定了雨花石的术语和定义、分类、命名及标志、鉴定特征、鉴定方法、优化处理、质量评价与分级和评价要求。

本标准适用于原生态雨花石的鉴定评价，不适用于工艺石的评价。

2　规范性引用文件

下列文件对于本文件的应用是必不可少的。凡是注日期的引用文件，仅注日期的版本适用于本文件。凡是不注日期的引用文件，其最新版本（包括所有的修改单）适用于本文件。

GB/T 16552《珠宝玉石 名称》

GB/T 16553《珠宝玉石 鉴定》

3　术语和定义

下列术语和定义适用于本标准。

3.1

雨花石 yuhua stone

雨花台组砾石层中出产，具有观赏、收藏、科研和经济价值的砾石。

3.2

南京雨花石 Nanjing Yuhua Stone

南京及周边地区雨花台砾石层中出产的雨花石。

3.3

南京六合雨花石 Nanjing Luhe Yuhua Stone

南京六合行政区（南京雨花石主产区）出产的雨花石

3.4

工艺石 carved stone

经打磨、雕刻等加工而成的雨花石。

3.5

原生态石 primary stone

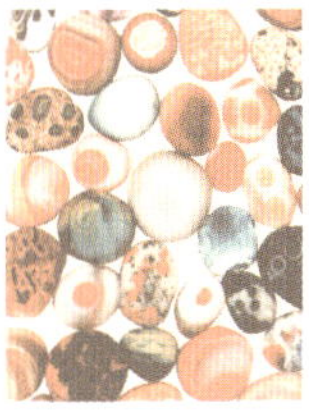

未经理化方法处理的雨花石。

4　分类

4.1　按主体质地可分为玉石类和石英类。

4.2　玉石类雨花石：玛瑙质、玉髓质、蛋白质、水晶质、油泥石质的雨花石，以及质地为玉石类、石英石混杂，但玉石类占观赏面一半以上的雨花石。

4.3　石英类雨花石：以石英石为主体质地的雨花石。

5　命名与标志

5.1　以产地（市县级）加雨花石命名，或直接命名雨花石。赋予名称和质地可在命名后括号备注。

5.2　标签应标明产地和具体质地。标签标明综合评价佳品及以上等级的应附带证书。

5.3　证书中应标明产地、综合评价等级、评价人、评价机构等。

6　鉴定特征

雨花石鉴定特征见表 1。

表 1　雨花石鉴定特征

	玛瑙质	玉髓质	蛋白质	水晶质	油泥质	石英类
光泽	玻璃光泽，油脂光泽，丝绢光泽，蜡状光泽			玻璃光泽	油脂光泽	玻璃光泽，油脂光泽，丝绢光泽
颜色	黄，灰，红，白，绿，黑，褐，紫，蓝			常见白色，紫色	黄，绿，红，黑，白，褐，灰，蓝等	黄，绿，红，黑，白，褐，灰，蓝等
纹理	纹带状特征明显	无带状花纹	常见晕纹	内部常见包裹体	无明显纹理	无明显纹理
透明度	不透明 – 透明			亚透明 – 透明	不透明	微透明 – 不透明
原石形体	砾石特征，一般具卵石状形体。					
主要化学成分	SiO_2				SiO_2，黏土，金属氧化物	SiO_2
结晶状态	隐晶质集合体		非晶质集合体	单晶体	隐晶质结构	隐晶质 – 显晶质结构
摩式硬度	6.5–7.0		5.5–6.5	7.0	5.0–6.5	6.5–7.0
密度（g/cm^3）	2.5–2.7	2.5–2.7	2.0–2.2	2.6–2.7	2.0–2.6	2.6–2.7
折射率（%）	1.53–1.55		1.42–1.45	1.53–1.55	1.52–1.54	1.53–1.55

7　鉴定方法

按 GB/T 16553 的方法进行。

8　质量评价与分级

8.1　总则

雨花石（原生态石）的质量评价应在自然光线下进行，一般置于白瓷器皿中，清水应过石面。最佳观测距离为 0.5m ~ 1m。以体现观赏石的审美性、形象性、神韵性、独特性为总的原则，由质、色、形、纹、象、意 6 个主要要素和名称等辅助要素构成。雨花石分级综合等级为极品级、珍品级、精品级、佳品级，共四个等级。达不到佳品级的表述为佳品以下。

8.2　单项评价

8.2.1　质地

雨花石质地以光洁细腻、坚韧致密、温润秀泽、纯净灵透、无影响整体美感效果的明、暗裂痕等因素为佳。质地评价见表 2。

表 2　质地评价

	特级	一级	二级	三级
细腻度	极致密细腻	致密细腻	致密	较致密
纯净度	纯净灵透，无裂痕	较纯净灵透，无明显裂痕	观赏面无明显裂痕，少杂质	观赏面无明显裂痕
温润度	极温润秀泽，玻璃、油脂或丝绢光泽感强	温润，具玻璃、油脂或丝绢光泽	较温润，有光泽	稍具温润

8.2.2　色彩

雨花石色彩以丰富、纯正艳美、色调明确，层次分明，对比强烈，协调统一，奇特美妙，富有感染力为佳。雨花石有几种颜色，但其中一种为主，其他颜色不影响整体效果，可参照单色石评价。色彩评价见表 3。

表 3　色彩评价

	特级	一级	二级	三级
色彩属性	复色石须五种或五种以上颜色，色调统一，和谐自然。单色石须艳丽纯正或属稀有色彩。	复色石须三种或三种以上颜色，色调较统一。单色石须明亮纯正。	复色石须两种或两种以上颜色，主体色调基本统一。单色石须较为明亮。	主体色彩较为明亮，色调明确。
目视评价	色彩关系准确，与主题相得益彰，富有感染力。	色彩关系基本准确，与主题相匹配。	色彩关系比较准确，能体现主题。	能体现一定的色彩关系。

8.2.3　形态

雨花石形态以扁平端正，圆润饱满，厚薄适宜，姿态优美，且外形尺寸大小和重量多少以满足视觉和触觉欣赏为佳。异形石以形象逼真、轮廓流线自然为佳。形态评价见表 4。

表 4　形态评价

	特级	一级	二级	三级
形状	扁平端正，圆润饱满	扁平端正，圆润自然	扁平端正，较圆润	较端正
尺寸	最大直径≧ 4.5cm	最大直径≧ 4cm	最大直径≧ 3.5cm	最大直径≧ 3cm
观感	长宽厚比例协调，形态优美完整，富有观赏性	量比适中，形态完整	形态相对规整，但有小残缺或裂痕	形态较规则，有残缺

8.2.4　纹理

雨花石纹理以曲直有致，流畅优美，富有节奏感和韵律为佳。纹理评价见表 5。

表 5　纹理评价

	特级	一级	二级	三级
清晰度	纹理与石体背景反差大，清晰自然	纹理与石体背景有反差，清晰自然	纹理清晰完整	纹理清晰
流畅感	流畅飘逸，疏密得当	流畅雅致，疏密得当	流畅自然	流畅
美感度	纹理错落有致，富节奏和韵律感，有一定的审美意蕴	纹理错落有致，富节奏和韵律感	纹理曲直有序，有一定的韵律感和表现力	纹理有变化，呈现一定的规律性

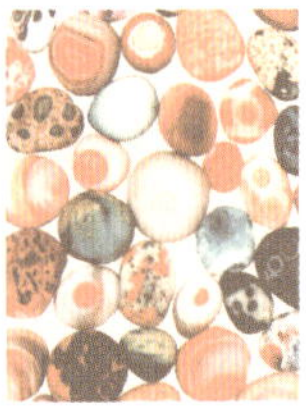

8.2.5　呈象

雨花石呈象以清晰完整，构图合理，主题鲜明，艺术感强，富有个性和特色为佳。呈象评价见表 6。

表 6　呈象评价

	特级	一级	二级	三级
主题	鲜明突出，生动有新意	鲜明生动	明确	基本明确
构图	生动自然，艺术感强	画面均衡，富有艺术感	自然合理，有一定艺术性	自然合理
个性	独有	稀有	有特色	有特点

8.2.6　意韵

雨花石意韵以情景交融，形神兼备，气韵生动，文化内涵丰富，意境深远，格调高雅为佳。意韵评价见表 7。

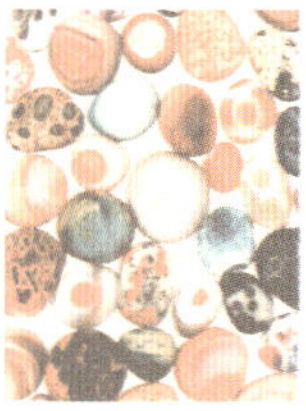

表 7　意韵评价

	特级	一级	二级	三级
神韵	情景交融，形神兼备，引人入胜，耐人寻味	情景交融，形神兼备，颇有意味	情景交融，形神皆具，有一定意味	具有一定的抒情性和想象空间
意境	状物抒情，与自然物像、历史人文以及人的情感高度契合	状物抒情，与自然物像、历史人文以及人的情感相契合	与自然物像、历史人文以及人的情感密切关联	与自然物像、历史人文以及人的情感有关联

8.2.7　名称[1]

以名副其实、立意新颖、语言优美、富有品位为佳。

8.2.8　综合评价

具备质、色、形、纹、象、意 6 要素，各要素和谐统一，且名称与 6 要素相符相称为佳。综合评价在精品级以下（含精品级）的，但质、色、纹、象、意单项有达到特级的综合评价可提升一级。综合评价见表 8。

表 8　综合评价

综合评价	极品	珍品	精品	佳品
质	一级以上	二级以上	三级以上	三级以上
色	特级	一级以上	二级以上	三级以上
形	一级以上	二级以上	三级以上	三级以上
纹	特级	一级以上	二级以上	三级以上
像	其中一项达到特级，另一项达到一级以上	其中一项达到一级，另一项达到二级以上	其中一项达到二级，另一项达到三级以上	三级以上
意				三级以上

9　鉴评要求

9.1　鉴评机构

9.1.1　应具备珠宝玉石鉴定分级实验室资质许可。

9.1.2　应至少有珠宝鉴定师和二级（及以上）观赏石鉴评师各两名。

9.2　鉴评结论

机构超过半数珠宝师对质地鉴定结论一致，超过半数观赏石鉴评师综合分级评价结论一致时，可出具鉴评结论。

［1］　名称作为辅助要素，不参与本标准的质量评价与分级。

雨花石鉴评证书参考式样

A.1　雨花石鉴评证书参考式样

雨花石鉴评证书参考式样见图 A.1。证书亦可附带单项分级列表。

雨花石鉴评分级证书

名称：南京雨花石（花开富贵）

实物照片：

质地：蛋白石

综合评价等级：珍品级

评价综述：

鉴定评价人：

鉴定评价机构：

图 A.1　雨花石鉴评分级证书式样

第八章 雨花茶

雨花茶，作为雨花台风景区特色产品而闻名全国。雨花茶是为纪念在雨花台牺牲的革命先烈而研制的，其外形似松针，条索紧直，两端略尖，白毫显露，配以雨花台风景区内有“江南第二泉”之誉的雨花泉水冲泡，汤色青绿，香气高雅，是南京地区绿茶的代表。雨花茶的诞生具有特殊的意义。1958 年南京人民怀着对革命烈士的崇敬心情几经努力创制了这种寓意深刻、外形奇特的名茶。1959 年雨花茶正式定形并获江苏省人民政府正式命名。雨花茶形似松针，翠绿挺拔，代表了牺牲在雨花台的成千上万革命烈士的铮铮铁骨，象征着革命烈士忠贞不屈、万古长青。在烈士献身的热土，品饮雨花茶，使人饮茶思源，自然激发出对革命烈士的崇敬和怀念之情。雨花茶是纪念烈士精神的载体，是一种特殊的茶文化展示。

雨花茶研制成功后很快以其丰富的内涵、独特秀丽的外形和优良的质量，受到了人们的喜爱，成为南京一大特产，并获得了多项荣誉。1959 年 5 月在全国茶叶工作会议上，雨花茶被公认为全国特种名茶。同年国庆十周年时，雨花茶被评为全国十大名茶之一。后又曾 7 次获得“全国名茶”称号并多次在国际、国内茶叶评比中获得殊荣，成为江苏省除碧螺春之外又一全国名茶，是现代南京重要的城市名片。

源于雨花台、冠以红色文化传承之名的雨花茶现已走出了雨花台。雨花茶的种植，已在南京各区的城郊安营扎寨，继而销往全国各大城市，成为饮茶者心目中的珍品。目前雨花茶生产基地扩大到南京市的江宁区、浦口区、六合区、雨花台区、溧水区、高淳区，雨花台作为雨花茶的发源地、命名地，具有其他任何地方无可替代的特殊地位。

“昊月”牌雨花茶

“昊月”牌雨花茶产品样式

20 世纪 50 年代雨花台烈士陵园开始种植茶树

雨花台烈士陵园纪念茶园近景

雨花台烈士陵园纪念茶园远景

20 世纪 80 年代，雨化台风景区茶厂生产的机制一级雨花茶供外贸外销

清明采茶

南京雨花茶博物馆

手工炒制雨花茶

江南第二泉、二泉茶社

中国南京 2007 雨花茶节开幕式

第一节　雨花茶的创制与命名

中华人民共和国成立后，江苏省人民政府为了纪念在雨花台牺牲的革命先烈，组织众多茶叶专家研制了一种针状具有特殊意义的茶叶，定名为雨花茶。雨花茶的研制成功，结束了南京没有全国性名茶的历史，一举恢复了南京作为江南重要产茶区的声誉，也为南京茶叶的大发展打下了坚实的基础。

一、雨花茶创制过程与命名

1949年4月23日，南京总统府上降落旧政权旗号、升起红旗，南京获得新生。1927年至1949年，雨花台成为国民党及反动政权屠杀共产党人和爱国志士的刑场，革命先烈在这里献出了宝贵的生命。为了纪念先烈，教育后人，新中国成立后，南京兴建了雨花台烈士陵园。

1957年，国家经济建设的高潮激发了人们创制新产品的热情。南京科研、生产、商业部门经过调查研究，向省市领导报告要求创制名特茶立项，很快得到当时的中共江苏省委第一书记江渭清、中共南京市委第一书记彭冲的同意，并明确提出创制名特茶，纪念雨花台革命烈士，向国庆十周年献礼的目标。由此，南京茶叶产业迎来了一个崭新的时代。

1958年春，由江苏省副省长韦永义挂帅的“江苏省名特茶创制委员会”成立。主任委员由江苏省山区经济作物局副局长张之宜担任，副主任委员由江苏省农林厅林业特产局局长赵公正等人担任，省内的茶叶专家张志澄、郜大传、曹岚、罗凡等任委员。委员会还从省内各地调来十多位制茶高手，组建了由俞庸器任组长，戴连荣、王震宇、王家荣、郑学清等人参加的技术攻关小组。在中共江苏省委、省政府的重视关怀下，省内茶叶专家、制茶高手云集南京，开始了创制。

江苏省名特茶创制委员会组成人员

姓名	职务	备注
张之宜	主任委员	江苏省山区经济作物局
赵公正	副主任委员	江苏省农林厅林业特产局
聂进学	副主任委员	江苏省商业厅农产品采购处
倪浪平	副主任委员	南京市绿化办公室
李木东	副主任委员	南京市城建局
王震宇	委员	南京市雨花台烈士陵园管理处
戴连荣	委员	南京市中山陵园管理处
冯金炜	委员	江苏省商业厅
张志澄	委员	江苏省山区经济作物局
曹岚	委员	江苏省山区经济作物局
郃大传	委员	江苏省农林厅林业特产局
罗凡	委员	宜兴茶叶实验场
路常金	委员	常州专区农科所

1959年春的茶叶采收季节，名特茶创制委员会召开了采制技术座谈会。会上，针对茶叶的外形，专家们提出了各种方案：“大刀长矛形”寓意中国革命是武装革命；“镰刀斧头形”寓意中国革命的成功主要依靠工人农民；“花瓣形”寓意革命先烈的精神如盛开的鲜花撒满人间。然而在反复的实验过程中，这些设想都难以实现，主要因为成形的统一性和易断裂问题很难处理。经过比较，委员会最后决定把茶叶制成松针形，以象征革命烈士的精神万古长青。

雨花台烈士陵园茶场、中山陵园茶场与江宁实验茶场、栖霞山茶场等十多家茶林场共同参与松针形新品茶的研制。1959年4月20日，新品雨花茶由中山陵园茶场选送样品并获得专家肯定，雨花茶创制成功。江渭清、彭冲等领导得知消息后非常高兴，在征求有关专家意见后明确表示：松针形的新品茶正式定名为“雨花茶”。5月12日，在江苏省茶叶评比会上，“雨花茶”经过严格的品鉴与审查，通过了产品鉴定。1959年在杭州召开的全国茶叶会议上，“雨花茶”再次经专家品鉴与评定，获得一致好评，被公认为全国新品种的特种名茶。

1959年5月，雨花茶报送相关部门进行品评、鉴定。诸多权威单位的鉴评报告一致认为：“雨花茶”茶名清雅，外形独特，质量优异，可以跻身全国名茶之列。

中国农业科学院茶叶研究所对雨花茶的鉴评报告认为：“外形呈松针形，紧细圆直，色泽翠绿，多白毫，外形美观，别具一格。内质鲜嫩得所，滋味也鲜醇爽口，水色清明，叶底嫩匀。”

中国茶叶进出口总公司（北京）的鉴评报告认为：“雨花茶形质俱胜。从品类说，确在龙井、碧螺春、黄山毛峰诸名茶之外，别具风格。外观虽与日本京都所产‘玉露’相接近，但绝不似其黑长成‘蜘蛛腿’状，有如‘碧玉针’，且又香味双清，不带郁蒸之气”。

中华人民共和国对外贸易部上海商品检验局对雨花茶的鉴评报告认为："外形挺秀，色泽新绿，汤色清澈，叶底匀嫩，香高味鲜，堪称绿茶中的极品。特别是无论外形内质都具有独特风格，实属难能可贵。"

"雨花茶"是新创制的全国经典名茶，是绿茶中的珍品，中国著名的"三针"之一，即南京"雨花茶"（炒青）、安化"松针茶"（半烘半炒）、恩施"玉露茶"（蒸青）。"雨花茶"问世后，立即受到消费者的关注和喜爱，成了云锦、雨花石、盐水鸭等名特产之后的又一南京地方著名特产。

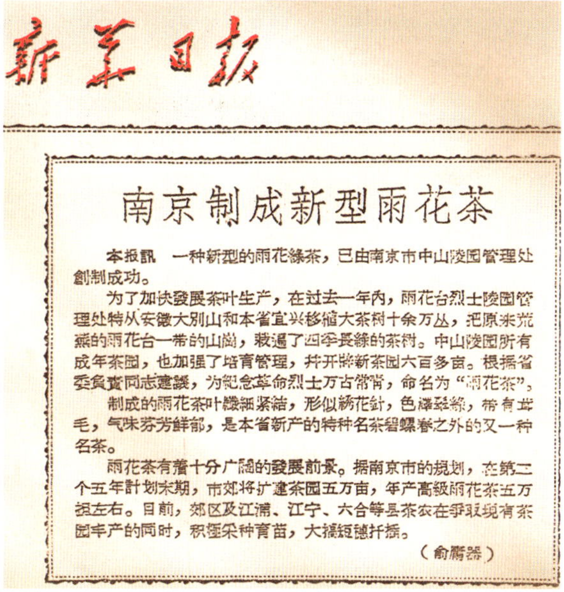

南京制成新型雨花茶

本报訊　一种新型的雨花綠茶，已由南京市中山陵园管理处創制成功。

为了加快發展茶叶生产，在过去一年內，雨花台烈士陵园管理处特从安徽大别山和本省宜兴移植大茶树十余万丛，把原来荒蕪的雨花台一带的山崗，栽遍了四季長綠的茶树。中山陵园所有成年茶园，也加强了培育管理，并开辟新茶园六百多亩。根据省委負責同志建議，为紀念革命烈士万古常青，命名为"雨花茶"。

制成的雨花茶叶纖細紧結，形似綉花針，色澤翠綠，带有茸毛，气味芬芳鮮郁，是本省新产的特种名茶碧螺春之外的又一种名茶。

雨花茶有着十分广闊的發展前景。据南京市的規划，在第二个五年計划末期，市郊将扩建茶园五万亩，年产高級雨花茶五万担左右。目前，郊区及江浦、江宁、六合等县茶农在爭取現有茶园丰产的同时，积極采种育苗，大搞短穗扦插。

（俞靄器）

《新华日报》报道南京制成新型雨花茶

雨花茶的创制，是传统的中国茶文化和壮丽的红色文化创造性结合的产物，以其独一无二的精神蕴涵，富有象征意义的外形和纯粹的内质，也是新中国成立以来，第一种新创制的中国名茶。

1959 年 4 月 27 日《新华日报》报道了雨花茶研制成功的消息。原文摘录如下：

南京制成新型雨花茶

本报讯　一种新型的雨花绿茶，已由南京市中山陵园管理处创制成功。

为了加快发展茶叶生产，在过去一年内，雨花台烈士陵园管理处特从安徽大别山和本省宜兴移植大茶树十余万丛，把原来荒芜的雨花台一带的山岗，栽遍了四季常绿的茶树。中山陵园所有成年茶园，也加强了培育管理，并开辟新茶园六百多亩。根据省委负责同志建议，为纪念革命烈士万古常青，命名为"雨花茶"。

制成的雨花茶叶纤细紧结，形似绣花针，色泽翠绿，带有茸毛，气味芬芳鲜郁，是本省新产的特种名茶碧螺春之外的又一种名茶。

雨花茶有着十分广阔的发展前景。据南京市的规划，在第二个五年计划末期，市郊将扩建茶园五万亩，年产高级雨花茶五万担左右。目前，郊区及江浦、江宁、六合等县茶农在争取现有茶园丰产的同时，积极采种育苗，大搞短穗扦插。

二、雨花茶的发展

改革开放后，雨花茶坚持以科技创新引领现代化、产业化的进程，迎来了飞速发展时期，早在 20 世纪 80 年代，在全国名优绿茶中，南京雨花台烈士陵园茶场率先实现了全程机械化生产。21 世纪以来，雨花茶深加工技术的发展，拓展了产业链，为雨花茶产业赢得了广阔的空间。南京

2018 年雨花茶地理标志保护产品专用标志

雨花茶的产量和质量同步增长，质量在传承和保护中得到稳定提升，茶叶生产、生活和生态以及文化的功能不断得到拓展。2001 年，雨花茶的产品标准（DB32/T142–1996、2001）、加工技术规程（DB32/T432–2001）、栽培技术规程（DB3201/T003–2002）系列地方标准相继制定。这套标准的制定和推广实施，对稳定雨花茶的产品质量，提高雨花茶的市场知名度、增强市场竞争力和推动雨花茶的产业化有着巨大的促进作用。南京雨花茶产业大力实施品牌战略，按照“优质、安全、高效”的要求，以市场为导向，从产品品牌、产地品牌到产业品牌，分层次全方位地创建工作，实现了雨花茶从传统农业产品向现代食品的嬗变，推动雨花茶从“名茶”走上“名牌”之路。2004 年 12 月雨花茶获“原产地域产品保护”（即地理标志产品保护），是南京市第一个获得原产地域产品保护的地方特产；2006 年《地理标志产品雨花茶》（国家标准 GB/T 20605–2006）正式发布实施；2007 年南京市雨花台园林建设有限公司茶厂等 21 家企业首批获得国家质检总局批准在其产品上使用雨花茶地理标志产品专用标志。获准使用地理标志产品专用标志，意味着企业产品质量符合国家标准，在制作工艺、产品品质方面经过更为严格的检验和认证。普通市民在购买雨花茶时，可查看产品外包装上的显著位置是否有地理标志保护产品专用标志，并可以通过扫描标志上的二维码来验证相关雨花茶产品的详细信息。专用标志的使用，有利于提高和统一雨花茶的产品质量，维护雨花茶的品牌形象。2007 年 9 月，南京市农林局与市质监局共同组织市茶叶协会及相关茶场依据《地理标志产品 雨花茶》（国家标准 GB/T 20605–2006）要求，首次完成雨花茶国家级实物标准样的制作，为雨花茶生产企业对样生产，规范雨花茶市场提供依据。此次制作标准样 58 套，划分四个等级：特等一级、特等二级、一级、二级。

商品/服务	茶;				
类似群	3002;				
申请/注册号	10956961	申请日期	2012年05月23日	国际分类	30
申请人名称（中文）	南京茶叶行业协会				
申请人名称（英文）					
申请人地址（中文）	江苏省南京市建邺区汉中门大街169号				
申请人地址（英文）					
初审公告期号	1338	注册公告期号	1350	是否共有商标	否
初审公告日期	2012年12月06日	注册公告日期	2013年03月07日	商标类型	证明
专用权期限	2013年03月07日 至 2023年03月06日			商标形式	

《南京雨花茶》注册商标信息

2013 年 9 月“南京雨花茶”国家地理标志证明商标注册成功，通过对证明商标的管理和保护，把雨花茶的保护上升到知识产权保护的层面。

2007 年雨花茶的炒制工艺被列入南京市首批非物质文化遗产名录；2009 年绿茶制作技艺（雨花茶制作工艺）被正式列入江苏省非物质文化遗产名录；2012 年雨花茶制作技艺被列入南京市非物质文化遗产名录；2013 年 9 月雨花茶制作技艺被列入

江苏省非物质文化遗产名录。

南京雨花茶历年来在国内外获奖情况

年份	举办单位（城市）	评比内容	获奖名称
1959	中国茶科研	名茶认定	全国名茶
1981	中国商业部	名茶评定	全国名茶
1982	中国商业部	名茶评定	全国名茶
1983	中国商业部	名茶评定	全国名茶
1986	中国商业部	名茶评定	全国名茶
1988	中国商业部	食品博览会	银奖
1989	中国农业部	名茶评定	全国名茶
1990	中国商业部	名茶评定	全国名茶
1993	意大利维罗纳	国际农业博览会	二等奖
1994	蒙古乌兰巴托	国际商品博览会	金奖
1994	中国林业部	名优产品博览会	金奖
1994	中国茶叶学会	名茶评定	二等奖
1997	中国食品工业协会	中国国际茶会	银奖
2005	中国茶叶学会	全国名茶评比	特等奖
2007	中国茶叶学会	全国名茶评比	一等奖
2009	中国茶叶学会	全国名茶评比	一等奖
2011	中国茶叶学会	全国名茶评比	特等奖
2013	中国茶叶学会	全国名茶评比	特等奖

雨花茶大事记

1958 年春，江苏省委召集全省制茶高手于中山陵园开展雨花茶前期研制；

1959 年 4 月，雨花茶研制成功，获得省、市批准定型，并被正式命名为“雨花茶”；

1959 年 5 月，雨花茶在全国茶叶工作会议上鉴评，被公认为全国特种名茶；

1964 年，雨花茶首次销售至我国香港、澳门地区及新加坡；

1981 年 11 月，商业部在南京召开全国名茶预选会议，雨花茶第一次被评选为全国名茶；

1986 年 12 月，“雨花茶机制工艺技术研制”获得鉴定通过，雨花茶成为第一个实现全程机制的全国名茶；

1994 年 7 月，在蒙古乌兰巴托举办的蒙古国际商品博览会上雨花茶获得国际金奖；

1998 年，南京雨花茶集团组建；

1999 年，雨花茶获得“首届江苏省名牌农产品”称号；

2000 年—2002 年，南京雨花茶节连续举办三届；

2001 年，《雨花茶》《雨花茶加工技术规程》江苏省地方标准完成制定；

2003 年 5 月，雨花茶在杭州获得“中茶杯”全国名茶评比特等奖；

2003 年 4 月，南京市人民政府开始实施雨花茶原产地域保护申报；

2004 年 10 月，南京市制定《雨花茶栽培技术规程》江苏省地方标准；

2004 年 12 月，雨花茶获得国家原产地域产品保护；

2004 年 12 月，南京市确立雨花茶为全市十大品牌农产品；

2005 年 4 月，“中国南京 2005 雨花茶节”成功举办，此后连续举办七届；

2005 年 5 月，雨花茶获得“中茶杯”全国名茶评比特等奖；

2006 年 6 月，《地理标志产品 雨花茶》国家标准通过审定，正式发布实施；

2009 年 4 月，南京雨花茶博物馆落成于南京雨花台风景区；

2010 年 5 月，中国南京 2010 雨花茶节在上海展览馆成功举办，雨花茶走进上海世博会，走向全世界；

2010 年 10 月，南京市第一条雨花茶全自动连续化加工生产线在高淳武家嘴生态园区建成；

2011 年 4 月，雨花茶联盟正式成立；

2012 年 5 月，南京雨花茶入列南京市非物质文化遗产名录；

2013 年 3 月，南京雨花茶国家地理标志证明商标注册成功；

2013 年 9 月，南京雨花茶入列江苏省非物质文化遗产名录。

三、雨花茶常识

1. 如何识别雨花茶

（1）查标志

包装上食品卷标标注是否完整(产品名称、等级、执行标准、生产日期、保质期、产地、厂名等)；QS、有机食品、绿色食品、无公害标识是否正确（除标志外，还应有编码）。标识标注不完整或不规范为假。

（2）看外形

雨花茶条形紧、细、圆、直，锋苗挺秀，色泽翠绿，白毫隐现。条形松、扁、弯、色泽暗黄、黑则为质次或假冒伪劣。

（3）品内质

香气清香高雅，滋味甘醇鲜爽为真，鱼腥味，老火味，煳味等杂味为质次或假冒伪劣；汤色清绿。

（4）雨花茶的感官指标

雨花茶评级参考标准

级别	外形				内质			
	条索	色泽	匀整度	净度	香气	汤色	滋味	叶底
特级一等	形似松针，紧细圆直锋苗挺秀，白毫略显	绿润	匀整	洁净	清香高长	嫩绿明亮	鲜醇爽口	嫩绿明亮
特级二等	形似松针，紧细圆直白毫略显	绿润	匀整	洁净	清香	嫩绿明亮	鲜醇	嫩绿明亮
一级	形似松针，紧直略含扁条	绿尚润	尚匀整	洁净	尚清香	绿明亮	醇尚鲜	绿明亮
二级	形似松针，尚紧直含扁条	绿	尚匀整	洁净	尚清香	绿尚亮	尚鲜醇	绿尚亮

2. 雨花茶的储存方法

雨花茶极易吸湿、吸异味，同时在高温高湿、阳光照射及充足氧气条件下，会加速茶叶内含成分的变化，降低茶叶的品质。

专业贮藏雨花茶的方法主要有三种：

（1）生石灰保存法

生石灰块装于白细布做的袋内，雨花茶装入白棉纸袋内，外套牛皮纸袋，在洗净的小口陶坛下垫白纸，将茶叶袋置于小口陶坛内，中间放一二只生石灰袋。密封坛口，以减少空气交换量。此后要经常检查保存情况，石灰潮解后及时更换。

（2）碳贮法

操作方法与生石灰保存法基本相同。选用燃烧熄灭后的木炭，盛茶用具可代之以瓦罐或者小口铁皮桶。

（3）冷藏法

将茶叶烘干水汽，装入镀铝复合袋，热封口，用呼吸式抽气机抽出袋中的空气，同时冲入氮气，加封上封口贴，置于茶箱，然后送入低温冷藏库保藏。此法是目前科技水平条件下最佳的茶叶保存法。

第二节　纪念茶园

一、纪念茶园发展历程

1950 年 6 月，南京市兴建烈士陵园筹备委员会，确定“先绿化，后建设”的方针。雨花台烈士陵园在 20 世纪 50 年代初开始了大规模的植树造林，其中就辟有茶园。

1958 年烈士陵园开始建纪念茶园，意在创制“雨花茶”纪念革命先烈，并实行“园林绿化结合生产”的指导方针，为陵园增辟经济效益途径。茶园地址选定在陵园西南部，首先运用短穗扦插法繁殖茶苗，并向本省及浙、皖茶叶生产地区征集茶籽播种育苗，从安徽大别山和江苏宜兴挖掘大茶树 10 余万株运回栽植。为适应生产管理工作的需要，陵园内设置了茶树队，负责茶园养护管理、扩建及茶叶加工工作。1959 年陵园的茶园面积达 200 亩，头批茶叶产量达到 286 斤。

为了提高茶园的亩产量，从 1976 年开始，茶园进行了“幼年茶园速生丰产栽培试验”科研课题的研究。经过三年的栽培试验研究，选用的良种福丁大白茶，提前 2—3 年投入生产并取得亩产 51 斤的可喜成果。1979 年 12 月 28 日，在雨花台烈士陵园、南京市科技情报所，南京市革委会城建局技术科、园林处、园林设计研究所等单位共同参加的“烈士陵园幼年茶园速生丰产栽培试验鉴定会”上，参加鉴定会的代表一致认为：雨花台烈士陵园茶场的采用土、种、密、肥、水、保综合技术措施栽培幼年高产茶园的方案通过了验收，可以推广。1980 年《幼年茶园速生丰产研究》科研项目，经南京市城建局批准授予市科技三等奖。

二、纪念茶园现状

2002 年、2003 年雨花台烈士陵园先后划出了 150 亩茶园（其中幼年茶园 10 亩）进行无公害规范栽培，设立“标准化栽培技术示范区”。“示范区”茶园经过两年的标准化栽培管理，杜绝了化肥和化学农药的使用，注重施用腐熟的天然有机肥和绿肥，使茶树生长旺盛，枝繁叶茂，发芽率明显提高。雨花茶的产量大大增加，增产率达 30.1%。通过标准化栽培技术及两年来所积累的实践经验，“标准化栽培技术示范区”获农林局、技术质量监督局验收通过，成为南京市区唯一的标准茶园。同年陵园生产的雨花茶第四次获得市农林局、市质量监督局颁发的 2002 年“质量信得过单位”称号。2008 年市政府投资建设“雨花茶文化区”，与文化区内纪念茶园、雨花台风景区茶场、雨花茶博物馆相毗邻，使自然景观与人文景观相结合。

至 2018 年茶园总面积达到 365 亩（包括基地茶园），茶树数量 120 万株，茶园种植品种近 20 年来主要是无性系的龙井 43 号、龙井长叶种及部分槠叶种，为未采用基因改良工程生产的茶苗。茶园主要分布在风景幽雅的丘陵山岗之中，林木葱郁，植被丰富，空气清新，生长环境优良；土层深厚，土体疏松，土壤肥沃无污染，PH5.5—6；灌溉水使用雨花湖及倒映池的天然蓄水，水质纯净无污染，灌溉设施完备；近十年来茶园未使用化肥和化学农药，肥料主要是杂草、塘泥堆制的绿肥、景区内厕所的粪肥（腐熟后）和黄豆煮熟后沤制的有机肥；茶园病虫检查员每月定期普查病虫危害状况，一经发现立即进行人工捕灭；茶园架设黑光灯诱杀飞蛾，放养灰喜鹊及螳螂等益鸟益虫，积极推行“以鸟治虫，以虫治虫”的生物防治方法，近年来未发生病虫害。茶园在病虫防治上取得显著成效，成为有机茶生产企业，并于 2002 年 6 月通过 ISO9001、ISO14001 认证。

第三节　雨花茶场

南京市雨花台园林建设有限公司茶厂（原雨花台风景区茶厂），位于风景优美的雨花台风景区西南角雨花茶文化区内，这里是“昊月”牌雨花茶的产地，也是江苏省无公害茶叶生产基地。茶厂内部辟有茶叶加工厂及品茶销售中心。茶厂自 1958 年参与研制、生产雨花茶，是雨花茶的源头产地，至 2018 年已发展成为集茶园栽培、名茶制作及产品销售为一体的现代企业。

南京市雨花台园林建设有限公司生产的雨花茶注册商标为“昊月”。“昊月”牌雨花茶以南京雨花台风景区茶园为基地，依托雨花台风景区优越的生态环境，在青翠之松柏、葱郁之林木环抱中，选育了无性系良种茶树品种，进行了科学的栽培管理，生机盎然，品质卓绝。自 20 世纪 80 年代末起，茶园的栽培管理开始坚持施用有机肥，杜绝使用化学农药，积极推行生态防治病虫害等项措施，使茶叶的品质得到大幅度提升。2002 年“昊月”牌雨花茶年通过 ISO14001、ISO9001 两个体系认证，2003 年通过无公害产地认证，2004 年通过有机食品认证和绿色食品认证，成为茶业界的绿色有机食品，2008 年成为首批获得国家质检总局“雨花茶地理标志产品保护”专用标志使用权的企业之一。

“昊月”牌雨花茶科学严谨的生产工艺，传承创新的炒制技法，获得了许多殊荣，先后荣获“雨花茶机制工艺”南京市科技进步二等奖、全国首届食品博览会银奖、首届国际（南京）茶叶博览会金奖，连续多年获南京市“雨花杯”金奖、2007 年获南京市首届雨花茶手工炒制工艺冠军、季军；近十年在名茶评比中名列前茅，连续多年获质量技术监督局“质量信得过单位”称号，并被中国质量信誉调查中心评为质量跟踪重点保护产品。

“昊月”牌雨花茶历年获奖一览表

时间	获得奖项
1986 年	“雨花茶机制工艺”获南京市科技进步二等奖
1988 年	全国首届食品博览会银奖
2001 年	首届国际（南京）茶叶博览会金奖
2003 年	通过江苏省无公害食品无公害产地认证
2004 年	通过中国绿色食品认证为绿色食品
2004 年	通过北京中绿华夏有机食品认证中心认证，认定为有机食品
2006 年至 2011 年	南京市“雨花杯”金奖
2007 年	南京首届雨花茶手工制作工艺冠军、季军
2007 年	江苏省质量技术监督局食品检测站命名为强势品牌企业
2010 年	江苏省“陆羽杯”名特茶特等奖
2007 年	首批获得国家质检总局“雨花茶地理标志产品保护”专用标志使用权
2013 年	获准使用“南京雨花茶”国家地理标志证明商标

一、沿革

自 1959 年雨花茶研制成功后，陵园茶场生产的雨花茶国内销售，或出口外销皆受到广大消费者的欢迎。

1974 年雨花台烈士陵园兴建了茶叶加工厂，面积为 514 平方米，装配了主要的茶叶加工机械，使一般中级茶加工的工序全部实现了机械化，充分挖掘了机械设备的生产潜力，仅“雨花茶”的加工保存部分采用手工操作。机械化生产降低了劳动强度，生产效率也大大提高，年加工干茶达 6000 斤。同时工厂开始承接对外加工业务，为周围的茶园、茶山加工鲜叶，收益也随之大增。

雨花台烈士陵园茶厂自 1979 年开始率先突破传统的手工生产观念，开始了雨花茶机制工艺的研究，并于 1980 年从日本进口一台 SD-60 型精揉机作为机制雨花茶研究生产使用。1983 年机制雨花茶研制成功并投入生产。1986 年“雨花茶机制工艺”获南京市科委科技进步二等奖。

1998 年，陵园对长期以来的园林生产经营与养护合而为一的状况进行了改革，实行经养分离，成立了园林养管所，专门从事景区绿化的养护，园林建设公司专门致力于经营。同年，园林建设公司进行内部改革，对其下属木制品加工厂、茶场、花圃场（含怡苑）、园林绿化工程开发部等 4 个实体部门进行经济承包，从 8 月 1 日起采取分户建账、自主经营、独立核算的措施，收效很大。

1999 年，雨花台风景区茶厂生产的雨花茶开始使用“日月牌”商标，并在电视、报纸、广播等新闻单位对“日月牌”雨花茶进行了广泛的宣传，先后在南京各大商场建立了销售网络，在六合等地建立雨花茶专卖店，拓宽销售管道。

2000年4月15日至4月21日，南京市举办了首届雨花茶节，雨花台烈士陵园是主办单位之一。此次活动促进了雨花茶产业化、品牌化快速发展。

雨花台园林建设有限公司茶厂

2000年，园林建设公司撤销，下属的花圃场和茶场合并成立园艺公司。园艺公司运用“雨花茶”的知名度，建立与扩大再生产鲜叶基地，与南京商厦等大商场进行联销。此外，陵园生产的雨花茶远销北京等地，还出口日本。

2002园艺公司新建标准茶园，该茶园是南京市区唯一的标准茶园，获农林局、技术质量监督局验收通过。风景区生产的雨花茶第四次获得市农林局、市质量监督局颁发的2002年“质量信得过单位”称号，并得到市领导的认可和赞许，加大了政府对雨花台雨花茶的购买量。

雨花茶厂历年来获得的荣誉奖状（部分）

2009年雨花台烈士陵园茶厂新厂房落成，宽敞明亮的加工车间，安装了现代化制茶设备，实施了茶叶的清洁化加工，保证了茶叶加工过程的质量安全。2001年，雨花茶的产品标准（DB32/T142—1996，2001）、加工技术规程（DB32/T432—2001）、栽培技术规程（DB3201/T003—2002）系列地方标准相继出台，茶厂根据“昊月”牌雨花茶的加工要求和栽培要求进一步制定了“昊月”牌雨花茶加工技术规程及“昊月”牌雨花茶栽培技术规程。为了保持和提高“昊月”牌雨花茶的质量，茶厂于2006年2月16日发布了《质量管理手册》，并自2006年2月16日执行。该《质量管理手册》于2009年5月16日第一次修订并执行、2012年6月16日第二次修订并执行、2015年6月16日第三次修订并执行。

雨花茶厂加工车间

滚筒杀青机

烘干机

手工雨花茶梅花灶

滩凉机

精揉机

二、科研技术成果

（一）机制雨花茶研制

南京雨花茶自1959年创制后，深受国内外爱好饮茶人士的赞赏。制作雨花茶的原料鲜嫩，工艺操作精细，产品外形美观；内质汤色清澈，香高、味鲜。雨花台烈士陵园茶场生产的雨花茶从

1966年开始出口，至1979年累计出口16担（1600斤），创汇36800美元。但由于雨花茶的制作全靠手工操作，每人每天仅能加工2斤左右干茶，而且制茶工人的劳动强度又大，产量不能迅速提高。为了改变这一状态，茶场实现产品标准化、规格化，进一步提高雨花茶产品质量，增加产量，满足国内外市场需求。1979年南京市城建局下达雨花茶机械生产新工艺的研究课题。在省外贸、中国农业银行、安徽十字铺茶场、溧水茶场大力支持下，雨花台烈士陵园成立了由制茶技术人员和骨干职工组成的“雨花茶机械化研究小组”，经小组研究，认为机械制作雨花茶是完全可能的。对于雨花茶整形工艺的改进上，“雨花茶机械化研究小组”遵照省茶叶权威高级农艺师张志澄的指导，采用日本制作玉露茶焙炉工艺手法，并于1977年至1978年几次去浙江、安徽考察参观，借鉴日本成套制作蒸青绿茶设备中的精揉机，使机械对雨花茶的整形符合理想要求。1980年雨花台烈士陵园在省土畜产进出口公司和南京市城建局的支持下，从日本进口一台SD-60型精揉机作为机制雨花茶研究生产使用。

雨花台烈士陵园茶场凭借手工制雨花茶20年的实践经验，将手工制雨花茶的工序与各种机械设备进行配套、摸索。1981年“雨花茶机械化研究小组”对各工序进行试研，在这过程中出现了一些问题，如：杀青温度过高或过低对茶叶质量有直接影响，温度不当会出现焦边或青草味；捻揉时间过短就会形成条索松扁；毛火太嫩就会出现外形灰色、色暗、条索不挺等缺点；如对整形机温度和干燥程度不当，即出现外形断碎、弯曲、不挺、色灰等问题。针对这些问题，测试记录了不同温度投叶量的数据。茶场采用最佳的技术规格，经过三年的实践研究，1982年机制雨花茶工艺流程已初步稳定，“雨花茶机械化研究小组”初步拟定出了“雨花茶机制工艺流程”。“雨花茶机制工艺流程”是通过不断实践、总结、再实践而逐步完善的从鲜叶采摘、摊凉、杀青、揉捻，到毛火、整形、烘焙一整套比较成功的经验，初步实现了雨花茶的全程机械化生产，使制作雨花茶的效率提高了26倍。

1982年、1983年雨花台烈士陵园茶场将生产的100余斤1、2级机制雨花茶提供给市外贸公司外销，1983年12月在国务院对外经贸部主持的外销茶评审会上，烈士陵园机制雨花茶获得国务院外贸部颁发的优质荣誉奖状。

雨花台烈士陵园在引进消化了进口机械后，除在雨花台烈士陵园茶场进行机械化生产雨花茶外，还连续三年（到1984年止）给本市郊县加工生产雨花茶约37.6担。因此南京桑茶果技术指导站及国营茶厂多次前来参观学习，考察机械化生产雨花茶的效益，从而促使了1984年南京市农林局从日本引进六台SD-60型精揉机，推广发展了雨花茶的机械化生产，使雨花名茶的生产从繁重的手工操作中解脱出

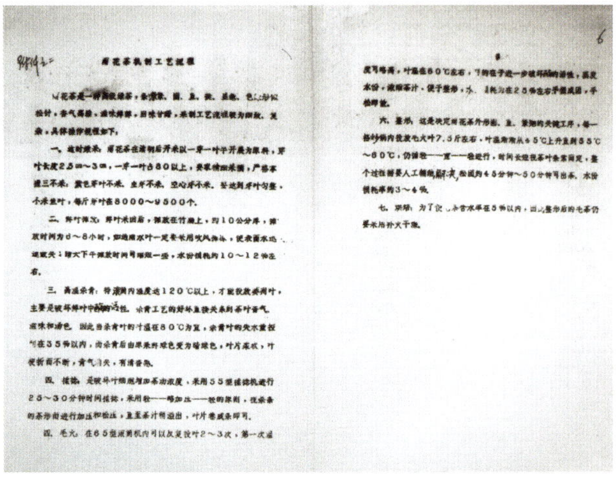

雨花茶机制工艺流程

雨花茶是一种[illegible]绿茶，条索[illegible]，香气[illegible]，滋味[illegible]，回味甘醇，采制工艺流程较为细致。具体操作规程如下：

一、适时采摘：雨花茶在清明后开采以一芽一叶初展为原料，芽叶长度2.5cm～3cm，一芽一叶占80%以上，要求[illegible]，严格掌握三不采：紫色芽叶不采、虫芽不采、空心芽不采。[illegible]芽叶匀整，不采鱼叶，每斤芽叶在8000～9500个。

二、鲜叶摊放：鲜叶采回后，摊放在竹匾上，约10公分厚，摊放时间为4～6小时，如遇雨水叶一定要采用吹风摊凉，使表面水迅速散失；晴天下午摊放时间可缩短一些，水分损耗约10～12%左右。

三、高温杀青：待滚筒内温度达120℃以上，才能投放鲜叶，主要是破坏鲜叶中酶的活性。杀青工艺的好坏直接关系到茶叶香气、滋味和汤色。因此出杀青叶的叶温在80℃为宜，杀青叶的失水量控制在35%以内，使杀青后由原来鲜绿色变为暗绿色，叶片柔软，叶梗折而不断，青气消失，有清香感。

四、揉捻：是破坏叶细胞增加茶汤浓度，采用55型揉捻机进行25～30分钟时间揉捻，采用轻—略加压—轻的原则，[illegible]进行加压和松压，直至茶汁稍溢出，叶片卷成条即可。

四、毛火：在65型滚筒机内可以反复投叶2～3次，第一次温度可略高，叶温在60℃左右，[illegible]进一步破坏酶的活性，蒸发水分，浓缩茶汁，便于整形，水分损耗约在25%左右，手握成团，手松即散。

六、整形：这是决定雨花茶外形[illegible]的关键工序，每一台炒锅内投放毛火叶7.5斤左右，叶温[illegible]从45℃上升直到55℃～60℃，仍按轻—重—轻进行，时间长短视茶叶条索而定，整个过程需要人工辅助解决，[illegible]约45分钟～50分钟可出茶，水分损耗率约3～4%。

七、烘焙：为了使成茶含水率在5%以内，因此整形后的毛茶仍要采用[illegible]干燥。

1982年雨花茶厂编写的《雨花茶机制工艺流程》

来，产量也从原来的 20 担猛增到 1986 年的 200 多担（包括市郊县的产量）。

1986 年 12 月在雨花台烈士陵园、南京桑果茶技术指导站、江宁县茶场等单位的共同努力下，“南京市雨花茶机制工艺研究”科研课题，通过了市农业局鉴定，获得市科技二等奖，雨花茶成为第一个实现全程机制的全国名茶，在中国名茶制作史上增添了浓墨重彩的一笔。1988 年 12 月，首届中国食品博览会审定委员会审定雨花台烈士陵园机制“雨花茶”获博览会银奖。

茶厂自 1979 年组建“雨花茶机械化研究小组”开始研究雨花茶机制工艺，经过八年时间的生产实践，于 1989 年对 1982 年制定的《南京雨花茶机制工艺流程》进行了部分修改。1999 对《南京雨花茶机制工艺流程》再一次进行了修正，制定出了《南京雨花茶机械制作规程》。

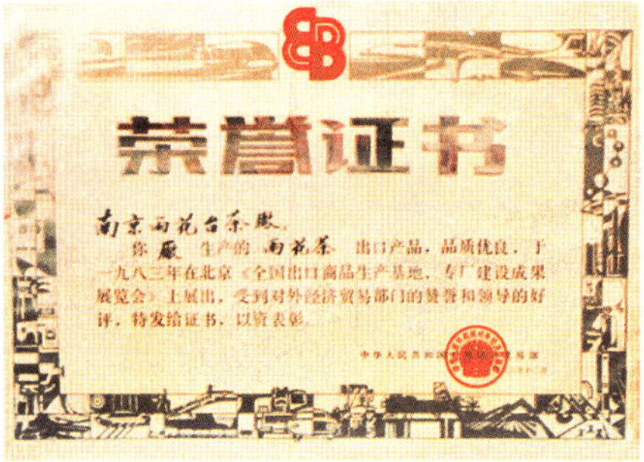

1983 年雨花茶厂的机制雨花茶获得国务院外贸部颁发的优质荣誉奖状

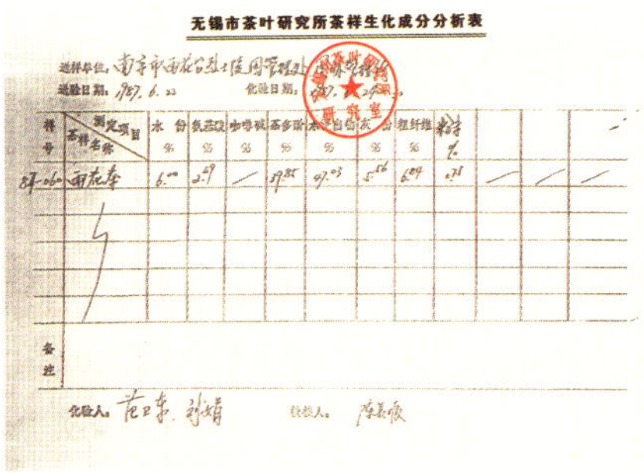

1987 年雨花茶厂送检的机制雨花茶生化成分分析表

（二）幼年茶园

为了提高茶园的亩产量，从 1976 年开始，茶园进行了“幼年茶园速生丰产栽培试验”科研课题的研究。茶园采取农业“八字宪法”的综合技术措施，重点抓良种、密植、适时施肥喷灌、精耕细作，以求达到幼年茶园投产早、投资小、产量高的速生丰产的目的。经过三年的栽培试验研究，选用的良种福丁大白茶，提前 2—3 年投入生产并取得亩产 51 斤的可喜成果。1979 年 12 月 28 日在雨花台烈士陵园、南京市科技情报所，市革委会城建局技术科、园林处、园林设计研究所等单位共同参加的“烈士陵园幼年茶园速生丰产栽培试验鉴定会”上，参加鉴定会的代表一致认为：雨花台烈士陵园茶场采用土、种、密、肥、水、保综合技术措施栽培幼年高产茶园方案是行之有效的，可以推广。1980 年《幼年茶园速生丰产研究》科研项目，经南京市城建局批准授予市科技三等奖。

（三）标准化栽培管理

随着科学技术的发展和全社会对生态环境的高度重视，消费群体越来越关注茶叶的质量。只有进行无公害茶园的标准化栽培管理，才能生产出有利于广大消费者身体健康的雨花茶。2002 年、2003 年雨花台烈士陵园先后划出了 150 亩茶园（其中幼年茶园 10 亩）进行无公害规范栽培，设立“标准化栽培技术示范区”。“示范区”茶园经过两年的标准化栽培管理，杜绝了化肥和化学农药的使用，注重施用腐熟的天然有机肥和绿肥，使茶树生长旺盛，枝繁叶茂，发芽率明显提高。雨花茶的产量大大增加，增产率达 30.1%。通过标准化栽培技术及两年来所积累的实践经验，“标准化栽培技术示范区”获农林局、技术质量监督局验收通过，成为南京市区唯一的标准茶园。同年陵园生产的雨花茶第四次获得市农林局、市质量监督局颁发的 2002 年“质量信得过单位”称号。

（四）富硒茶开发试验研究

随着人们生活水平的不断提高，饮茶、品茶成为越来越多的人的嗜好。而富硒茶作为防病治病的一种自然高档的茶品，更成为人们追求的保健饮品。所以，1997年雨花台园林处选用了雨花茶作为试验对象，进行富硒茶栽培的技术研究。试验在雨花台风景区内的茶园进行，1997年2月，由中科院南京土壤所硒研究专家黄标博士参加，选择地势平坦，土壤肥力较好，无污染的成年茶树，面积2亩多，进行12个小区的正规试验。1998年在60亩雨花茶园中，选择了4种不同的田块，共21.11亩，进行大田示范验证。

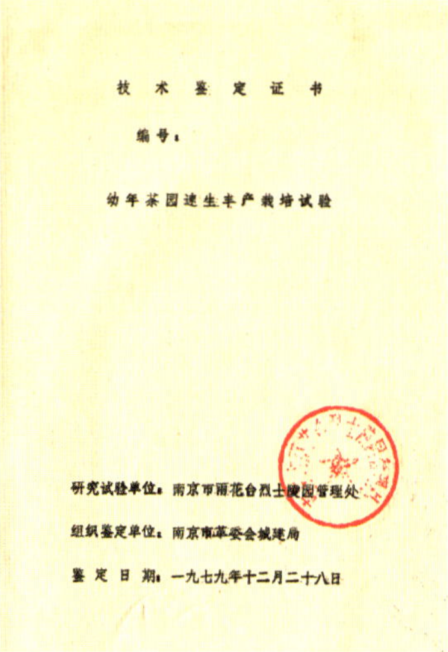
技术鉴定证书

编号：

幼年茶园速生丰产栽培试验

研究试验单位：南京市雨花台烈士陵园管理处

组织鉴定单位：南京市革委会城建局

鉴定日期：一九七九年十二月二十八日

1979年雨花茶厂幼年茶园速生丰产栽培试验技术鉴定证书

该试验采取两种施硒方法，一种是根际施用硒肥，一种是叶面喷施硒肥。选用的硒肥品种为硒酸钠。试验连续进行了两年，定位试验，每年3月份根际施硒肥，8月份喷施硒液。试验三次重复，共12个小区，随机区组排列，每小区面积45平方米，小区之间、试验田周围都用铁丝拉线和自然的茶树行作标记隔离。在试验前，土壤分三个重复区采集混合样品1公斤左右，在施硒1—2个月以后开始采收鲜叶，基本与常规采茶同期。分小区随机多点采样，每小区采集鲜叶约0.2公斤，土壤和茶叶样品采用常规测试方法分析。通过两年的定点试验，综合分析土壤、茶叶测试结果和外界条件的影响因素，至2018年，富硒茶的研究工作取得了阶段性的成果。研究证明：试验区茶园土壤缺硒严重，茶叶含硒量低于富硒茶指标；茶叶含硒量与施硒量成较好的正相关；根际施硒安全可靠，但必须注重量足早施，叶面喷硒经济快速，但要注意安全。

（五）手工制茶大师工作室

2015年11月6日，江苏省第一个手工制茶大师工作室——向伯荣大师工作室，在雨花台风景区茶厂正式揭牌。江苏省农业委员会副主任张坚勇、南京市农业委员会副主任戎新祥、南京雨花台风景名胜区管理局局长赵永艳以及南京首位雨花茶手工炒制大师向伯荣为工作室进行了揭牌。向伯荣多年来一直致力于雨花茶制茶、研究工作。2014年，在江苏省首届中江杯手工制茶能手大赛中，向伯荣获得针形类比赛三等奖，并获得“手工制茶能手”称号。他在江苏省第二届中江杯手工制茶能手大赛中，又获得针形类比赛一等奖。2015年向伯荣被江苏省农委、省茶叶协会授予“江苏省针形类绿茶手工制作大师”称号。

手工制茶大师工作室的成立通过传、帮、带的形式带徒授艺，形成学、赶、超的学习氛围，传承和发展手工炒茶技艺。全面推进雨花茶传统手工制作工艺的传承和展示，鼓励和支持炒茶技师在充分掌握手工技艺的基础上，不断改进和完善雨花茶机械加工工艺，提高雨花茶的加工制作水平和产品质量。

第四节　雨花茶博物馆

雨花茶博物馆坐落在雨花台风景区西侧雨花茶文化区内，外形是一幢江南园林式的二层小楼，2009 年 1 月建成，建筑面积达 820 平方米。茶是最具中国特色的饮品，被称为国饮。发源于南京的雨花茶自 1959 年问世就跻身中国名茶之列，其独一无二的精神缊涵、富有象征意义的独特外形和纯粹内质，成为当代茶文化园地中的一朵奇葩。南京雨花茶博物馆通过大量图片、文字和实物展品，讲述南京产茶的历史渊源、雨花茶的创制历程、加工工艺、品质特征、文化典故、茶道茶艺、发展成就等，集中展示雨花茶的历史、现状和文化，为雨花茶的宣传推介搭建形象窗口。南京雨花茶博物馆全年面向大众免费开放，开馆以来，已迎接各界人士参观逾百万人次。

第五节 二泉茶社

一、江南第二泉

江南第二泉位于南京市雨花台区雨花台东冈，因清泉一泓在永宁寺内，又曾称永宁泉。泉凡二孔，水出地面 1 米，纤湮缕浸，清洌甘美，色味俱绝，宋陆游品为第二泉，位列金陵名泉之首。南京雨花台畔乃著名的佛教圣地，史上仅甘露寺、高座寺、天界寺、永宁寺、能仁寺、普德寺、安隐寺、宝光寺等寺庵就达 20 余座，在众多的佛寺中，永宁寺又因寺内名冠江南的第二泉而享有独特的声誉。

永宁寺为晋代所建，宋代改名永宁。寺内有口二眼穴的清泉，原名永宁泉。相传南宋爱国诗人陆游，足迹华夏，一日携友人登雨花台踏青游览，见“山上有泉，永宁，以寺名也”，陆翁品为二泉，此后永宁泉蒙陆翁厚爱，声名远播。后来的文人雅士亦对二泉情有独钟。陆游为何称之为“二泉”。有多种说法。一说是因为镇江金山已有“天下第一泉”，永宁泉自然只能名列第二；二说因为永宁泉有两个泉眼，陆游称其为“二泉”只是表示泉眼有二，并非“第二”之意。各种说法虽多，但江南泉水众多，陆游称永宁泉为“二泉”，后人自然更愿意认为此泉为“第二泉”。明代赵谦为其书题“第二泉”匾额，后毁无存。二泉因陆翁成名，更因其泉水清醇甘洌而深受青睐。历代文人墨客、达官显贵喜喝二泉之水，城南一带的商客百姓，也以登冈饮茶为乐事。相传清明时节，用永宁泉第二泉水沏茶，冲泡色泽翠嫩，香味甘醇的茶，令人心旷神怡，尽情享受生活的从容和闲适，不仅清甘提神，更能通灵慧心。据《中国史迹风土丛书》记载：清代“永宁泉，水味省中第一，秋试时取水供主司（贡院主考官），派官督取防伪”。明代周晖著《金陵琐事》记载高座寺茶泉（第二泉）位列《金陵泉品》二十四泉之一。清代许振、方伯二人联袂题诗“独携天上小团月，来试人间第二泉。”同期诗人周宝英题诗一首赞曰：“半夜起吹邀月笛，一春不惜买花钱。午余小步梅冈上，来品江南第二泉。”

民国张通之在《游第二泉》中也云："夙有烹茶癖，还忻绿树深。水清常见底，日午更添阴。野叟传神话，山禽送好音。名泉虽第二，一碗已清心。"可见二泉已名扬天下，二泉茶水也扬名江南。

现江南第二泉还保留一口距今1600年的古井，叫"二泉井"。2012年"江南第二泉"被南京市人民政府公布为"南京市文物保护单位"。

二、二泉茶社

民国时期，在南京城南一带，每天清晨就有人拖着水车，沿着大街小巷叫卖二泉之水，给"包月"户送水的水贩子亦穿梭往来于门前屋后。到了民国时期，有经营头脑的生意人，在二泉之上，建二泉茶社，挂出了"江南第二泉"的牌匾，正式做起了二泉泉水的生意。这也是南京最早的茶社。近年来，伴随着"雨花台上雨花茶"的盛名，在这座百年老字号的二泉茶社，用二泉水泡雨花茶，成为越来越多来雨花台游览的客人的必行之事。

1949年后，陵园最初在安隐寺旧庙舍外供应茶水，20世纪50年代初，在二泉处重建了茶社，为砖木结构，泉池旁叠筑了假山。1964年，对第二泉进行了整修，将著名书法家萧娴题写的"江南第二泉"匾额，嵌在迎面的假山石中。1996年管理局决定修复二泉茶社。此次修复工程由郑光复先生设计，将茶社设计为有腰木制窗框，对开双扇木制无腰门。窗开处，泉池旁，假山叠筑，石阶几几。西部和南部饰以亭廊，曲形亭廊满布着爬山虎等攀爬植物。陵园设计的陆游品茶雕像、镌刻在大理石上的著名书法家萧娴所题"江南第二泉"，流溢着淡淡的茶香。春秋佳赏，游屐纷至，品茗闲话，不亦乐乎。

二楼前沿设有通长挑平台，朱红色花格木护栏，可供人凭栏赏景。底层用砖细铺地，楼层为木地板，屋面天棚为仿望砖。底层前沿设有苏州金山石铺地的过道与金山石柱栏。柱头为荷花圆雕，栏板上精刻对称的花草禽鸟浮雕，过道中间部位前延一石平台约10平方米。其栏板石浮雕尤为精细，双龙戏珠，双凤拱花。

茶楼内部装饰也独具匠心，底层设仿红木吧台，配置56套藤制桌椅，楼上配置仿红木桌椅32个茶位。二泉茶社兼古典与现代的文化氛围，迎来送往各阶层的茶客。

永宁茶社、第二泉（约摄于1930年）

二泉茶社旧照之一

二泉茶社旧照之二

江南第二泉、二泉茶社

2001 年，管理局投入 80 余万元对原木结构的二泉茶社实施了整体翻修，并全面改造了周边环境。新修的二泉茶社，是一座具有江南风格的宋式园林茶楼，框架结构，粉墙黛瓦，古朴典雅。建筑面积为 220 平方米，脊高 9.75 米，底层为五开间，进深 5—7 米；二层为三开间，进深 5 米，门窗均由上等木材制成木格框扇，铜底配件。立柱下端配有石鼓凳、石桑，上端为隐式宋制斗拱。屋面用小青瓦铺盖，瓦脊两端均安装泥塑鱼吻，斜脊端头塑有镇邪的坐狮。

第六节　雨花茶文化

雨花台具有源远流长的茶文化，氛围浓厚。自古以来，城南的雨花台就是南京著名风景区。这里远离尘埃，山环水抱，绿树成荫，山冈起伏，适宜茶树生长。南朝时，佛教盛行，并很快在南京形成了中国南方的佛教中心，而南郊雨花台到牛首山一带又是南京的佛教中心，寺庙塔宇，鳞次栉比，“出了南门尽是寺”就形象地概括了南京南郊的特色，雨花台一带的佛寺群，正是“南朝四百八十寺，多少楼台烟雨中”的一个缩影。就在这一时期，儒教、道教、佛教与茶开始结缘，中国茶由此开启了精神之旅。南唐时期，雨花台至牛首山一带就产茶叶，色香俱绝，旧称“天阙茶”。悠久、深厚、灿烂的金陵茶文化是南京历史文化的重要组成部分。

南宋时，著名爱国诗人陆游去四川任职，途径建康（现南京），登雨花台游永宁寺（现高座寺），僧人以永宁寺的永宁泉水冲泡寺院茶款待，陆游品后，大加赞赏，兴之所至，爱茶及水，品题永宁泉为“二泉”。“江南第二泉”的“江南”二字是后人所加。有了得天独厚的二泉，这就有了具有商业性质的二泉茶社。这座百年老字号的茶社是南京最早的茶社之一，民国初年，二泉茶社老板为招揽生意，首先挂出了“江南第二泉”的牌匾。在南京城南人心目中，二泉泉水不仅色清味甘，还有保健医疗之效，用二泉水泡雨花茶更是茶香四溢。二泉茶社早年生意十分兴旺，常有游人、看客来此品茗清谈，清明前后尤甚，座客皆满，因此，带动了南京制茶业的发展。

1959 年雨花茶创制成功后跻身于中国名茶之列，随着雨花茶制作工艺及其质量的不断提升，短短几十年的时间里，雨花茶早已走进千家万户，越来越多的人喜爱雨花茶、品味雨花茶。雨花茶，作为传统茶文化和壮丽的红色文化创造性结合的产物，以其独一无二的精神蕴涵、富有象征意义的独特外形和纯粹内质，成为当代茶文化园地中的一朵奇葩。

雨花台烈士陵园于 2009 年新建成了雨花茶文化区。文化区内纪念茶园，雨花茶博物馆、雨花台风景区茶厂、雨花茶艺馆相互毗邻，交相辉映、相得益彰。在这里，游客可以悠然自得地观赏雨花茶的独特风彩，品味雨花茶的历史文化，是游客亲近雨花茶，了解雨花茶文化的俱佳场所。

这样，雨花茶文化区与雨花台烈士陵园内的雨花石文化区联结成组，就形成了最具雨花台特色的茶—泉—馆—石的完整文化链条。每当清明时节，登烈士殉难地雨花台，捡赏一枚象征先烈坚韧意志的雨花石，品一品寓意英烈忠贞不屈、万古长青的雨花茶，现已成为人们缅怀革命先烈，抒发爱国情怀的一种固定仪式和风俗文化。

一、雨花茶诗

许多诗人们以雨花茶为题，用古典诗词、自由诗体等艺术形式，以诗论茶、以茶抒怀。这些诗作丰富了雨花茶的文化内涵，也提升了雨花茶的文化品位。曾任南京市总工会主席的诗人夏冰流，在 20 世纪 60 年代初写有一《雨花茶》诗：

雨花泉煮雨花茶，色味相宜应并夸。
偶对烈陵作小饮，无穷感念出窗纱。

诗后作者自注：“雨花台东麓有泉，其味甚甘，古人评之为江南第二泉，或云居省中第一，附近山上所产茶叶，名雨花茶，亦为上品。谒陵之后，小憩饮茶，饮水思源，难忘先烈。”

当代南京诗人王干写有一首《南京》诗，用梧桐树、雨花茶这些具有南京特色的物象，抒发对这座有着十朝都会悠久历史城市的感怀：

一篇硕大的梧桐叶；
落进了十个朝代的雨巷。
一杯沉绿的雨花茶；
从昨天品到今天。

1993 年初中国佛教协会会长、著名书法家赵朴初先生阔别南京夫子庙 63 年后，重游此地。他在这里品香茗、尝小吃，说古道今，兴趣盎然，即席饱墨疾书，一首《临江仙》词跃然纸上：

六十三年弹指过，往来多少烟云？好凭旧迹觅童心。春归秣陵树，人老建康城。虎踞龙盘千古颂，辉煌更见而今。魁光阁上集群英。茶香留味永，蔬食助神清。

1994 年 4 月，他又一次来到这里，品茗素食后，又即席写了，《忆江南》词：

魁光阁，高座聚茶人。南北朋来千里远，珍馐盘助一壶清，冠冕石头城。

其在南京留下的大量的文字，都散发着幽幽的茶香，表现对南京浓浓的深情。

著名女词人，南京大学教授沈祖棻在武汉工作时，收到南京亲友寄来的雨花茶，就难以抑制内心的激动，写诗抒怀：

鸣雷新摘茶芽嫩，发箧初闻松子香，珍品远来千万里，道途未及故情长，
凤饼龙团未足夸，清明雷雨采新芽，连宵肺腑清虚甚，许品南中第一茶。

著名戏剧家、川剧编剧魏明伦品尝了雨花茶后，称赞道：

南京扬子江中水，西蜀蒙山顶上茶，两地有缘成对偶、巴人挥笔赞雨花。

二、雨花茶艺

茶艺是茶文化活动的重心。通过茶艺活动，碧绿的茶叶升华为充满诗情画意和富有哲理色彩的茶文化。中华茶艺形成于唐代、成熟于宋代、发展于明清。南京茶艺，历史底蕴深厚。21 世纪以来，以雨花茶艺为代表的当代南京茶艺，在继承中得到发展，其茶艺在我国绿茶茶艺中较为独特，使品茗与修身养性完美统一。

初识仙姿（观茶形，闻茶香） 雨花茶外形紧、细、圆、直、锋苗挺秀，形似松针，白毫隐露，色泽翠绿，干茶闻之清香扑鼻，观之似石城须眉铮铮铁骨，直白大方，又似江南女子芊芊细腰，温文尔雅，貌美如花。优质雨花茶，常以清明和谷雨前采制的为最好。明人田艺衡曾有“烹煎黄金芽，不取谷雨后”之语。

再配甘霖（备水） 汲来江水烹新茗，买尽青山当画屏。水是茶之母，好茶需好水泡才能显示出优质的特点。茶圣陆羽在《茶经》中记载：“其水，山水上，江水中，井水下。”冲泡雨花茶以山泉水为最，自来水次之。

流云拂月（温杯洁具） 冲泡雨花茶要用透明无花的玻璃壶、杯，以便更好地欣赏雨花茶在水中的仙姿，观赏碧绿的汤色、细嫩的茸毫，领略清新的茶香。用开水烫一遍本来就干净的杯具，做到茶杯冰清玉洁，一尘不染。

落花如雨（投茶入壶） 苏轼诗云：“戏作小诗君莫笑，从来佳茗似佳人。”茶品如人品，佳茗似佳人。将雨花茶轻置杯中如同请佳人轻移莲步，登堂入室，又如落花如雨，轻歌曼舞。茶叶与水的比例要适当，方能泡出好茶。雨花茶与水的比例大致为 1∶50，即每杯用茶 2—3 克，注水 100 毫升。

温润灵芽（温润泡） “碧沉霞初露，香泛茶花轻。”采用“回旋斟水法”向杯中注水少许，以 1/4 杯为宜，水温 85℃，温润的目的是浸润茶芽，使雨花茶和水充分接触，茶芽微张，香气初透，为将要进行的冲泡打好基础。

凤凰点头（悬壶高冲）　“茶烟一缕轻轻扬，搅动兰膏四座香，烹煎妙手胜维扬”。用凤凰三点头的手法冲水至七分满，对雨花茶表达敬意，对客人表示敬意，体现中国传统礼仪。雨花茶在杯中翩翩起舞，上下翻飞，尽现金陵山水灵动的气韵，折射出六朝古都的万千气象。

辨香识韵（闻香品茗）　“未尝甘露味，先闻圣妙香”。甘泉滋润着芽叶，茶芽渐渐地舒展开来，犹如雨后春笋。先闻雨花茶独特的清雅香气，再品其汤，齿颊留香，甘泽润喉，恰似十里秦淮，韵味无穷，妙不可言。

续悟茶道（二泡）　茶人曰：一壶之茶，只堪再巡。初巡鲜美，再则甘醇，三巡意欲尽矣。雨花茶一般冲泡三次，雨花茶初品时口感清淡，需细细体会，慢慢领悟，第二泡醇厚甘爽，渐入佳境，滋味最浓，三泡之后，意犹未尽！好似南京包容、大度、脱俗的城市性格。

三、中国南京雨花茶节

2005 年 4 月由原来的市农林局（现市农委）在南京白马湖公园牵头举办了第一届中国南京雨花茶节，至 2011 年连续举办了七届，每届均是 4 月举办，分别突出不同的主题，开展丰富的节庆活动，扩大雨花茶品牌、文化、企业形象宣传，提升社会影响力。2010 年，第六届中国南京雨花茶节实行“走出去”战略，通过上海世博会的契机，让南京雨花茶走进上海（国际）茶博会。围绕世博会开展一系列的主题活动，更是让雨花茶走出江苏，走进北京、上海，走向世界，让广大市民和国内外友人认识雨花茶，了解雨花茶，喜爱雨花茶。通过节庆活动，雨花茶在中央电视台、江苏电视台、南京电视台、《南京日报》、《扬子晚报》、金陵农网等 20 多家媒体上宣传报道超过 1000 次。南京市通过连续多年举办雨花茶主题活动，“政府搭台、企业唱戏”，在弘扬南京雨花茶品牌、扩大雨花茶销售、提高雨花茶知名度方面取得了较好的工作成效，受到了社会各界的较好评价。

中国南京 2005 雨花茶节　2005 年 4 月 23 日，即南京解放 56 周年的这一天，由南京市农林局主办的“中国南京 2005 雨花茶节”在南京白马公园农业广场隆重举行。这是第一届雨花茶文化节，主题是庆祝南京解放、宣传雨花茶文化。茶节活动主要有：开幕式、雨花茶原产地标识揭牌仪式、雨花茶金银绿三色新包装揭牌仪式、雨花茶质量评比颁奖、雨花茶艺表演、万人共品雨花茶、雨花茶现场炒制表演等项目。

二泉茶社内的雨花茶艺表演

中国南京 2006 雨花茶节　该年主题是评选南京雨花茶十大金奖。在此次雨花茶节中南京市农林局公布了本年度雨花茶质量评比结果，支持优势雨花茶企业做大做强，进一步规范雨花茶市场销售。雨花台风景区茶厂昊月牌等十大品牌雨花茶获得金奖。共有42家茶场选送的65只茶样参加了此次评比。这十大金奖雨花茶分别为：雨花台风景区茶厂生产的昊月牌，南京艳阳天茶叶有限公司生产的艳阳天牌，浦口区石佛茶林果园生产的福童牌，南京淳青茶业有限公司生产的淳青牌，中山陵园茶厂生产的钟山牌，南京雪松茶业有限公司生产的雪松牌，六合区方山林场生产的极目牌，南京青泉茶厂生产的宝石花牌，南京平山茶叶有限公司生产的华平牌和南京六平茶叶有限公司生产的六平牌。此外，南京市还评出了14只银奖雨花茶和4只优胜奖雨花茶。

中国南京2009雨花茶节　2009年是雨花茶创制50周年，以“市民的茶馆、茶农的平台、品牌的盛典”为主题的中国南京第五届雨花茶节，于2009年4月25日在雨花台风景区南门广场举行。本届雨花茶节由南京市农林局和雨花台烈士陵园、中山陵园管理局联合主办。主办方借鉴电影金鸡奖和百花奖评选的办法，让市民通过免费品尝和手中的选票，开展“我最喜爱的雨花茶”评选活动。此外，雨花茶节上市民还可以参加系列体验活动，如开幕式及文艺演出，以及“茶农打擂，市民打分，雨花打品牌”的“万人品鉴”活动，还有“万人共饮雨花茶，10元新茶拎回家”活动和雨花茶创制50周年系列纪念活动。开幕式结束后，又举行了雨花茶博物馆开馆仪式，茶艺坊也同时开业。

中国南京2010雨花茶节　此次雨花茶节首度移师上海。“迎世博·中国南京2010雨花茶上海展会”系列活动从5月21日开始，为期4天。南京市农委、市茶叶行业协会以“南京雨花茶”统一品牌参加上海世博会，通过举办雨花茶展、邀世博游客品茶等方式，向中外嘉宾推介雨花茶品牌。这次亮相世博会，是雨花茶国际宣传规模最大的一次。

中国南京2011雨花茶节　此次雨花茶节由南京市农委牵头主办，在南京市熙南里文化街区举行，内容十分丰富，有茶艺茶道表演，现场免费品尝等活动。主办方精选出12家最能代表南京雨花茶生产水平的厂家参加展示展销。这12家雨花茶生产骨干企业成立了“雨花茶联盟”，并在“熙南里文化街区”建立常年销售点—“雨花茶坊”，而这也是全市唯一一处正宗雨花茶销售点。市民对于自己购买的茶叶有任何疑问都可前往“雨花茶坊”向南京茶叶行业协会的专家进行咨询。

四、雨花茶茶事活动

（一）雨花茶斗茶大赛

2015年5月1日南京雨花台风景名胜区管理局和南京茶叶行业协会共同在南京雨花台风景名胜区南门广场举办“金陵踏春·雨花茶香——首届雨花茶斗茶大赛”，旨在让更多的市民了解雨花茶、认识雨花茶、喜爱雨花茶，感受雨花茶独特的历史以及骄人的品质，整个活动在精彩的少儿茶艺表演中拉开序幕。20余家品牌雨花茶企业各提供自主品牌的特一级雨花茶的销售样品，现场统一冲泡开汤，在省农委、南农大茶叶评审专家、国家一级评茶师的评判下，采用企业互赛、大众评审的方式，根据外形风格、干茶色泽、汤色、香气、滋味、叶底的六大因素产生“最佳质量奖”“最佳风格特征奖”“最佳内质奖”各1名；根据茶叶色、香、味、形和个人喜好、品牌喜爱度产生“市民最爱雨花茶品牌奖”。市民在活动现场还可以欣赏到雨花茶的炒制过程。

雨花茶凝聚着金陵的山水灵气和人文精华，以其外形奇特秀丽，内质优良而闻名中外，成为我国众多名优绿茶中的珍品，南京的一大特产。“金陵踏春·雨花茶香——首届雨花茶斗茶大赛”，从趣味、文化、科学、养生等方面阐述茶文化的博大精深，借以推动爱茶人认识雨花茶茶文化的人文底蕴和精神面貌。参加此次活动的品牌雨花茶企业也借此活动共同发出“面向大众、走进市场、走出南京、走向世界”的发展强音，让雨花茶在品牌建设升级中取得长足进步。

（二）雨花茶品赏会

为纪念何宝珍烈士诞辰115周年，南京市雨花台风景名胜区管理局在雨花石文化区登台问天广场举办了“茶香雨花”2017春茶春景品赏会。何宝珍烈士是伟大的马克思主义者、杰出的无产阶级革命家、共和国主席刘少奇同志的早期革命伴侣，为党的事业奋斗一生，并在雨花台献出了年轻宝贵的生命，是“英勇坚决，为女党员之杰出者”之一。雨花茶·英雄茶，是为了纪念在雨花台牺牲的革命先烈而创制。其外形呈松针状，条索紧细圆直，锋苗挺秀，白毫隐露，色泽润绿；茶汤清澈明亮，滋味鲜爽甘醇，香气清雅持久，叶底嫩绿匀亮。象征着革命先烈的铮铮铁骨、不屈不挠的英雄气概，具有万古长青的美好寓意。

品赏会现场设有50席，同时冲泡雨花茶，以雨花茶艺表演的形式，展示雨花茶·英雄茶的独特魅力，让人们以茶为饮，饮水思源，和谐共继，继承先烈的遗志，共建美好家园。在雨花石文化区盛开的樱花林中，表演者们的茶艺表演更富有落花如雨的意境，似高山流水，雨林采英，禅茶一味……。此次雨花茶品赏会进一步宣传了雨花英烈事迹，激励人们继承先烈的遗志，共建美好家园。

第九章

名胜古迹保护与建设

雨花台，位于中华门外1公里处。相传从公元前1147年泰伯到这一带传礼授农算起，雨花台已有3000多年的历史。现存雨花台烈士陵园范围内，名胜古迹众多，自建陵以来，修葺与重建了雨花阁、梅冈、辛亥革命雨花台之役阵亡将士人马合冢等一批历史遗迹。

清末绘制的雨花台游览图

“雨花台之役”关押清军战俘之处

辛亥革命时期“雨花台之役”江浙联军缴获的清军火炮

民国初年的雨花台（左上角为木末亭）

雨花台自古为军事要地，民国初年仍见军垒遗迹

第一节　历史古迹与遗址

一、古雨花台遗址

雨花台，位于中华门外1公里处。相传从公元前1147年泰伯到这一带传礼授农算起，雨花台已有3000多年的历史。自公元前472年，越王勾践筑“越城”起，雨花台一带就成为江南登高览胜之佳地。三国时，因冈上遍布五彩斑斓的石子，又称石子冈、玛瑙冈、聚宝山。南朝梁武帝时期，佛教盛行，传说有位高僧云光法师在此设坛讲经，感动上苍，落花如雨，雨花台由此得名。梁代慧皎撰《高僧传》载：“梁武帝时，有云光法师讲经，感动上天，天花纷纷坠落。”南宋王象之撰《舆地纪胜》云：“旧传梁武帝时，有云光法师讲经于此，感天赐花。”元朝《至正金陵新志》云：“旧传梁武帝时，云光法师讲经台上，天为雨花，故名。”由此可知，“雨花”是由“天花”演变而来的，源于佛教故事。

宋代《景定建康志》载：北宋徽宗大观年间（1107—1110），吏部侍郎卢襄根据“落花如雨”的故事，将云光法师的讲经台正式命名为“雨花台”。

北宋末年雨花台始有建筑物，为古雨花台遗址。现建有雨花阁于此。

二、云光阁

清朝末年，人们在古雨花台的遗址上建起了一座二层建筑，称“云光寺（阁）”，后毁于战火。

三、甘露井、亭

甘露井、亭位于雨花台风景区陵园江南第二泉西侧草坪。

史载晋永嘉年间（308—313），西竺高僧帛尸黎密多罗渡江而来，止于建初寺，于寺内讲经说法，翻译众经并译出《大孔雀明王神咒经》。由于佛学知识渊博，为当时丞相王导所敬，因称其为“高座道人”。帛尸黎密常在石子冈（雨花台东冈）一带行头陀行，卒于石子冈（即梅冈）并葬于此。后建刹于墓冢侧，因帛尸黎密为“高座道人”，故寺名高座寺。高座寺前有一口井，据记载，此井是南京最古老的井，距今已有1700年，水质异常清净，井水清澈见底，久旱不雨亦不枯竭，味甘醇清凉，故被人誉为“甘露井”。因井于寺前，故高座寺亦称甘露寺。

甘露井、亭

原甘露寺已无存，井尚在，距现曦园园门约12米处。井口为圆形，直径约80厘米，井内壁砖砌而成，完好无损，井深不见底，投入石块，数秒方能听落水声，井栏已不复存在。

1996年10月，管理局修缮了甘露井，在甘露井上修建一亭，名为甘露亭，此亭由东南大学建筑系潘谷西教授主持设计，甘露亭高4.5米，建筑面积30平方米。亭八柱八角，东南西北四面有四级台阶，东、北两面篆额“甘露亭”，亭顶为空透式，以便人能观看到清冽的井水。甘露亭建成后，将原普德寺内的雨花泉井栏放置于甘露井上。雨花泉井栏上镌刻有“雨花泉”“梁天监二年”字样。甘露亭附近另建有若然含笑亭，东南大学潘谷西设计，1997年4月建成。

四、梅冈、梅廊、梅亭

梅冈位于雨花台风景区二泉后山东坡，东晋时期，胡人压境，都城南迁，豫章太守梅赜带兵抵抗，屯兵在此。为了纪念梅赜将军的高风亮节，后人在冈上建梅将军庙，广植梅花，遂称为梅冈。到明清时，这里已形成梅海，与钟山脚下的梅林称为南京东郊、南郊两大赏梅胜地。

梅冈，东临雨花东路，南面与方孝孺墓自然衔接。2000年雨花台烈士陵园管理局在此复建梅冈，由“访梅亭”“问梅阁”“寒香轩”“梅廊”四部分组成。梅冈的定位是以“小巧、精、雅”为立园之本，建筑面积277平方米，梅廊长80米，宽2米，仿古园林式亭廊建筑由长廊、重檐亭、厅、轩、黄石道路、及漏花围墙组成，梅廊周围广植梅花，梅花分布以梅冈为集中赏梅区，二泉后山游览线及风景区干道梅花丛丛点点，营造点、线、面全景赏梅的氛围。为了选好梅花，园林职工去安徽选购规格大，造型好的梅树，引种栽植1000余株优质梅花，其中“梅王”干径达25厘米以上，这些优质梅树与梅廊建筑自成一景。梅冈把传统的园林艺术与现代园林建筑融为一体。（经过连续二年的不懈努力建设，共栽植梅花千余株。

梅冈“梅廊”

其中有从安徽歙县移植来的粗 20 多厘米，高八、九米的徽州骨红，有从浙江宁波引种的龙游海等珍品共十几个品种。梅林间自然散落的是早春开花的二月兰、多年生的黑麦草。）现今梅冈已成为南京市的重要赏梅地之以一，中国南京国际梅花节的重要分会场。

梅冈“访梅亭”

梅冈“问梅阁”

梅冈一角

五、方孝孺墓

方孝孺墓位于在雨花台风景区二泉后山东北麓，距杨邦乂剖心处不远。

方孝孺（1357—1402），字希直，一字希古，号逊杰，浙江宁海人，明代著名的思想家和文学家，通晓经史，是明建文帝时的大臣。当燕王朱棣起兵“靖难”时，建文帝所发的讨伐招缴，多由方孝孺起草。1402 年，燕王朱棣率兵攻下南京，建文帝不知所终，方孝孺被捕下狱。朱棣令他起草即位诏，方孝孺坚拒不从。朱棣勃然大怒，命人将其带至聚宝门（中华门）外街上，施以残酷的车裂之刑，并诛灭十族。他的妻子郑氏、弟弟方孝友、两个儿子中宪、中愈均被杀害，两个女儿投秦淮河而死。受株连而死者达 873 人。

方孝孺死后，相传其门生德庆侯廖永忠的两个孙子廖镛、廖铭拾其遗骸，葬于雨花台梅冈北麓。直至明神宗万历年间（1573—1620），下诏褒录建文帝时诸忠臣，建表忠祠，首推徐辉祖，其次就是方孝孺。明代著名戏曲家汤显祖首先为方孝孺修墓、建祠，历代均加修葺。清朝咸丰年间，太平军在雨花台与清军作战，方孝孺的墓、碑、祠堂均遭毁坏。清同治五年（1866）八月，时任两江总督的李鸿章重新为方孝孺修墓立碑。当时立的碑高 94 厘米，宽 67 厘米，碑的四周有精美的花纹，碑的右首书有“同治五年八月重修”，左首书有“署两江总督李鸿章敬题”，碑的正中刻着“明方正学先生之墓”。

方孝孺墓文保标志

1911 年，武昌起义成功，徐绍桢率革命军与清军激战雨花台，方孝孺墓再次遭破坏。1924 年，江苏省省长韩国钧（韩紫石）在方孝孺的墓前建立了石牌坊，并重新立了一块墓碑。牌坊两边的石柱上刻有对联一副，上联为：“十族殉忠天遗六氏”，下联为“一抔埋血地接孝陵”。墓碑的上首书“中华民国十有三年”，下首书“岁次甲子六月重修”。墓前并置有供桌，以供岁时祭扫。

方孝孺墓墓碑（摄于 1996 年）

1937 年 12 月 13 日，日军从光华门、雨花台攻入南京，制造惨无人道的“南京大屠杀”，方孝孺墓再度遭损坏。十年“文革”破四旧，墓地又横遭破坏，除两块破旧的石碑尚存外，石牌坊、祠堂等都荡然无存。

1982 年，南京市人民政府将方孝孺墓公布为南京市文物保护单位。

1998 年，雨花台烈士陵园管理局修复方孝孺墓，由东南大学教授丁宏伟设计。墓地建筑总面积为 178 平方米。

2002 年 6 月 24 日，为纪念方孝孺殉难 600 周年，雨花台风景区对方孝孺墓进行修整，竖立了方孝孺铜像。该铜像为方孝孺后裔捐资新建、由中央美术学院刘焕章教授创作完成。另新辟方孝孺故事绘画石碑刻 12 方，历代对方孝孺的褒奖及方孝孺语录石碑刻 12 方。

方孝孺墓牌坊

方孝孺墓碑身

孝孺墓神道

方孝孺铜像

现墓区全部由青石筑就，由正气牌坊、神道、方孝孺铜胸像、26块碑刻、墓前平台、墓碑、墓丘及墓后照壁组成，依山就势，保持原有的环境风貌。

六、杨邦乂剖心处

杨邦乂剖心处位于雨花台景区二泉后山，呈半圆扇状，东西进深23米，南北宽18米。周围青松翠柏环抱，环境极为幽静。

杨邦乂（1085—1129），字希稷，江西吉水（今江西吉安）人，南宋抗金英雄。建炎元年（1127）为溧阳知县，建炎三年（1129）九月为建康通判。不久金兵入侵建康，留守杜充等人投降金帅金兀术（即完颜宗弼），杨邦乂寡不敌众，兵败被俘。金将劝其投降，杨邦乂严词拒绝，并咬破手指在衣裾上书写“宁做赵氏鬼，不为他邦臣”。金兀术许他仍做溧阳知县，他以头碰柱础，鲜血直流，并说：“世岂有不为死而可以利动者？速杀我。”金兀术派降金的户部尚书李棁、显谟阁直学士陈邦光等多次劝降，杨邦乂见李棁、陈邦光等人在金兀术的宴会上，就当面痛斥：“天子以若捍城，敌至不能抗，更与其宴乐，尚有面目见我乎？”金兀术命人拿来笔墨和纸，并对杨邦乂说：“你要是没有其他的话说，一心想死，就写一个‘死’字。”杨邦乂立即拿起笔，奋笔疾书一“死”字。金兀术仍不死心，第二天又传见杨邦乂，杨邦乂指着他大骂：“若女真图中原，天宁久假汝？行磔汝万段，安得汙我！”金兀术大怒，于是年11月在雨花台下土门冈将杨邦乂杀害，并剖腹取心，以泄其忿。杨邦乂殉难时，时年44岁。

次年，敌兵退去，宋高宗闻知杨邦乂壮烈殉难的事迹，即下诏书，“赐田三顷，官为敛葬”。赐谥号“忠襄”，并下令造墓、建祠、立碑。同时，又“官其四子”。

杨邦乂剖心处原在雨花台下宁芜公路北，原中华门公交车站。1932年开辟雨花路时向东南迁移到宁溧公路（原雨花百货商店边）；1952年因新建宁溧公路又向南迁移到宁溧公路南面土山上。1975年因雨花台烈士陵园扩建工程的需要又向南迁至今址。

杨邦乂剖心处全貌

剖心处现存1873年“重建三忠祠碑”、1932年重立“宋杨忠襄公剖心碑”、1975年“杨邦乂剖心处迁移记”碑和1976年杨邦乂剖心处保护标志碑共四通。另有石狮两尊。

“宋杨忠襄公剖心碑”踞于扇状“剖心处”中心平台之上。平台高0.8米，长宽各4.23米；碑身高1.86米，宽0.9米，厚0.24米；碑额高0.6米，宽1.12米，厚0.31米，碑通高3.26米。其碑文由三部分组成，中心竖书“宋忠臣庐陵杨忠襄公剖心处”12字，为民国时期的南京市市长石瑛题写。两侧隶书“宋杨忠襄公剖心碑记”碑文。其右侧碑文为：

公讳邦乂，吉水人，建炎初倅建康。金师至，留守杜充战败降，公独不屈，大骂金人，剖其心而死。今中华门外雨花台下有碑可识也。时代递迁，芳馨若歇。

左侧碑文为：

壬申春，余来长京市，辟雨花路。碑为前梗，命工移置台阳，距南址东向百尺，绕以砖栏，俾曜忠灵于乎。国步艰难，外侮日亟，国人其亦瞻慕而兴起乎。

中华民国二十一年八月□日阳新石瑛敬记

在“宋杨忠襄公剖心碑”后约4米处，有“重建三忠祠碑”。其碑身高1.67米，宽0.88米，厚0.20米；碑额高0.36米，宽0.97米，厚0.20米。碑额篆书“重建三忠祠之碑记”8字。碑文为：

祠于宋绍兴元年（1131年），诏即杨忠襄公剖心处立庙祀之，赐额曰“襄忠”。明时附祀文信国公，为杨文二公祠，亦曰“二忠祠”。其后又附祀李忠肃公，至我朝咸丰元年，始改为“三忠祠”。三忠皆江右吉水人也。杨忠襄公于建炎三年通判建康殉，金人南侵之后百五十年，宋亡，而信国公燕市就义，大节彪炳人间。盖信国幼见忠襄遗像，即慨然愿俎豆其旁，后过金陵，屡赋诗怀之，其志同道合。如此又三百年，而忠肃公遭甲申之变，尽节“二忠祠”内。

四百余年中，伟人继起，后先辉映，皎然与日月争光，异代而同心，异时而同里，皆舍一身以植纲常于天下万世，其合祀也，固宜旧祠，宏敞三忠，各有肖像，左右前后，分设享堂，近毁于粤匪之乱，荡然无存。今年春署制府张公，始筹款议重建，予及同乡桂宦游于斯者，各捐廉以助之，并溧阳忠襄公后裔，集资共得千金。鸠工庀材，悉赖吾乡桂芗亭观察经理，夏间创建，至八月告成。新祠为室十五楹，门房、享堂、内室、书厅、厨房各三楹。享堂中设龛，奉三公神主合祀焉。予既与同乡诸君，敬谨至尊，遂略述原委，俾勒诸石，以垂永久。时同治十二年八月之吉，赐进士出身翰林院庶吉士诰奉大夫江宁布政使赏戴花翎霾勇巴图梅启照撰文并篆额书丹。

七、杨邦乂墓

杨邦乂墓位于雨花台东冈二泉后山，杨邦乂剖心处的西面，辛亥革命雨花台之役人马合冢东南面约15米处。该墓直径为7米，高逾2米。20世纪50年代初，曾有人在该地发现过断碑，但因雨花台烈士陵园建设及“文革”破四旧等原因，现已下落不明。

在“重建三忠祠之碑记”的碑阴处，有《碑阴记》，主要记载三忠祠杨邦乂墓及其祭田的所在地、面积和四至情况。其碑文为：“……忠襄公墓在雨花台东北小茅山，东至小茅山，南至旧清源观墙基，北至路。墓前有碑记一座，墓道有高山岗，自海公祠前一直向西到剖心坊，计二百余丈，横阔计二丈五尺。”

《碑阴记》所述“忠襄公墓在雨花台东北小茅山”，经文物工作人员多次实地考察和走访及当地老人证实，小茅山即今雨花台东冈江南第二泉后山。墓的确切地点在现辛亥革命雨花台之役

杨邦乂墓（原）

杨邦乂墓冢（现）

杨邦乂墓文保标志碑

人马合冢正前方约 15 米处。

墓所在地亦称土门冈，清代陈文述有《土门岗吊杨忠襄公》诗为证，诗曰：“翠华远向临安去，铁骑翻及建邺来，大帅已甘囚首缚，孤忠竟受剖心哀。苍茫云树环遗墓，惨淡风烟护将台，闲向土门岗上望，精灵应共怒潮回。”

2012 年南京市人民政府公布杨邦乂墓为“南京市文物保护单位”。

八、二忠祠

二忠祠位于雨花台景区东南面，祭祀的是宋代名臣杨邦乂和文天祥。

南宋抗金英雄杨邦乂，拒不降金，被金人在雨花台下剖腹取心，宋高宗赐谥号，建祭祀杨邦乂的祠堂“褒忠祠”。

150 年后，抗元英雄文天祥，兵败被俘，元至元十六年（1279）在押解大都（现北京）的途中经过建康（今南京），在《怀忠襄》一诗中表达了对杨邦乂的敬仰之情和殉国之志。“平生王佐心，世运蹈衰末。齐虏谁复封，楚囚讵当脱。金陵虽怀古，尚友在风烈。褒忠侈遗庙，夫子我先达。”文天祥被囚禁 3 年多，坚贞不屈，于元至元二十年（1283）尽节于燕京。因文天祥从小景仰杨邦乂，两人又同为江西吉水人，文天祥殉难后，人们在“褒忠祠”附祀他，遂改名“二忠祠”。

李邦华，明末大臣。明崇祯十五年（1642）冬，代刘宗周为左都御史。崇祯十七年（1644）二月，农民起义军攻陷山西，李邦华献计固守京师，群臣动议南迁。未几，南京外城陷，李邦华逃至文天祥祠堂；第二天内城陷，李邦华三拜文天祥像投缳而死。后追赠太保、史部尚书，谥忠文。清

二忠祠

二忠祠照壁

朝赐谥忠肃。清咸丰元年（1851）修祠附祀李邦华，遂将“二忠祠”改名为“三忠祠”，“三忠祠”毁于太平天国兵燹，庙毁碑卧。

1998 年雨花台烈士陵园管理局根据从台湾传来的杨邦乂第 43 代孙保存的建筑图样在雨花台东南角复建二忠祠。其主体建筑为九檩举架单檐歇山仿古寺院建筑。祠宽 15 米，进深 10 米，屋面正脊高 9.9 米。歇山式大屋面飞檐翘角，为宝蓝色琉璃瓦“二忠祠”三字添辉。祠堂正门 25 米处砌筑了硬山式折线形照壁，长 6.88 米，武中奇书写的文天祥的《正气歌》篆刻在黑色磨光花岗岩上，祠内影壁正面还用线刻手法刻绘了二位忠臣的全身像，背面撰刻了建祠后记。

九、一泉

“一泉”位于二忠祠的后院，有井水，井栏。一泉旁的墙面上有一石牌，牌上记载：“古称一泉，年代已无人考。宋代因有一泉之说的存在，尔后陆游方有二泉之题曰，因此，该泉应早于二泉之得名。”

一泉井

十、江南第二泉

江南第二泉位于雨花台景区陵园东路上，原名叫永宁泉，现二泉茶社所在地就是当年永宁寺的遗址，距今已有 1600 多年的历史。

西晋永嘉年（313）末，有西域僧人帛尸黎密渡江而南，止于建初寺，为丞相王导所敬，时人尊呼为“高座道人”。帛尸黎密常在梅冈（雨花台东冈）一带行头陀行，卒于梅冈并葬于此。后建刹于墓冢侧，因帛尸黎密为“高座道人”，故寺名高座寺。至元代改为永宁寺，永宁寺有泉，因寺而得名永宁泉。永宁泉清水一潭，深六七尺，泉有两孔，大旱不涸，清冽甘美，沁人心脾，为金陵名泉之首。

永宁寺几经沧桑，终化为陈迹，寺中永宁泉却始终清纯如故。传说南宋时，著名爱国诗人陆游去四川任职，途径建康，登雨花台游永宁寺，见山上有泉一泓，纤湮缕浸，色味俱绝，遂倍加赞赏，品其为“二泉”。“江南第二泉”的“江南”二字是后人所加。现“江南第二泉”的匾额为当代已故著名书法家萧娴所书。

江南第二泉全貌

江南第二泉文保标志碑

陆游雕像

二泉井

民国时期，始在此建“二泉茶社”，江南第二泉遂为香客、游人品茶、休憩之佳所，因泉水“纤湮缕浸，色味俱绝”而吸引广大顾客，生意兴旺。二泉茶社也是南京市最早的茶社之一，在南京城南人心目中，二泉泉水不仅色清味甘，还有保健医疗之效。

江南第二泉现还保留一口距今 1600 年的古井，叫“二泉井”。

“江南第二泉”2012 年被南京市人民政府公布为“南京市文物保护单位”。

十一、李杰墓石刻

李杰墓位于雨花台景区陵园东路道路旁，二忠祠以西。2006 年被国务院公布为“全国重点文物保护单位”，是世界文化遗产“明清皇家陵寝・明孝陵”的组成部分。

李杰（1331—1369），字茂实，安徽霍丘人，明初开国功丞之一，元末参加农民起义军抗元，元至正十六年（1356）投奔朱元璋。李杰英勇善战收到朱元璋赏识，洪武元年（1368）任广武卫指挥。在追随大将军徐达攻打宣城、毗陵、安庆、九江、太平的战役中，履立奇勋，并参加了泸州、泰州、高邮、淮安、吴兴、苏州诸郡之役。后转战中原，驰骋于黄河中、下游之山东、山西、河南、河北等地，南征北战所向披靡，为大明王朝立下了汗马功劳。洪武二年（1369）攻击孔山寨时战死，时年 38 岁。同年灵柩运回南京，赐葬聚宝山（今雨花台）之阳。

明太祖朱元璋纳李杰长女为妃，洪武十七年（1384）册封“淑妃”，摄六宫事。《明史》载：“淑妃李氏，寿州人。父杰，洪武初以广武卫指挥北征，卒于阵。十七年九月，孝慈皇后服除，册封淑妃摄六宫事，未几薨。”李杰既是开国功臣，又贵为国丈，后被追封为“镇国上将军都指挥使”。

李杰墓坐北朝南，规制颇宏。虽墓已无踪可寻，但石刻基本完好，现存石刻共九件，依次是：神道碑一通，石羊、石虎、石马、石武士各两件。神道屈曲而入，长 60 米，宽 1.8 米，四对石刻分列在神道两侧，神道碑立于神道东侧。

神道碑，碑身高 3.14 米，碑额高 0.80 米，碑厚 0.33 米，碑宽 1.2 米，龟趺长 2.5 米，高 1.4 米，碑额浮雕云文螭龙，中阴刻篆文“佥都督李公神道碑”，分书两行。神道碑铭为“宣武将军佥广武卫指挥使司事赠骠骑将军佥都督府事李公神道碑铭”，碑系“洪武三十一年（1398）夏五月二十一日立”。碑文系明朝大学士宋濂奉敕撰写。

石羊，各作卧式。西侧石羊下巴、羊角及左耳残缺；石虎，各作蹲式，西侧石虎头部半缺，东侧石虎身部两处断痕，均修补过。石马，均有拉马侍者牵马敬立。东侧拉马侍者头及牵马的手臂已残缺，马耳亦残缺。石武士按剑而立，顶盔掼甲，威武雄壮，东侧武士右耳残缺。

李杰墓石刻原在雨花台风景区东面的养回红村，先后经历过三次搬迁。第一次是 1985 年，因扩建宁溧公路，往正北方向平移 47 米。第二次是 1993 年，因晨光机器厂（今晨光集团有限责任公司）扩建，石刻又往东平移 50 米。

长期以来，石刻被圈在晨光集团公司围墙内，游人无法参观。为充分发挥石刻文物的教育观赏作用，1996 年，雨花台烈士陵园管理局征得文物部门同意，并报经南京市人民政府批准，将李

李杰墓文保标志

李杰墓石人

李杰墓石羊

李杰墓石马

李杰墓神道

杰墓石刻搬迁到陵园东南角，供游人观瞻，石刻的方位、间距都没有变化，并修复了断裂的神道碑和残缺的龟趺头、竖立了护栏。

2006 年李杰墓被国务院公布为“全国重点文物保护单位”。

十二、乾隆御碑亭

乾隆御碑亭位于雨花台风景区陵园东路西侧水塘边，东临丁香路，西傍雨花喷泉。爱新觉罗·弘历于乾隆十六年（1751）正月至乾隆四十九年（1784）的 33 年间，六次下江南，三次游览雨花台，并留有“御碑”一通。

“乾隆御碑”是清乾隆弘历于 1751 年、1762 年、1765 年游雨花台所题诗句的碑刻。石碑原位于雨花石博物馆东南水塘东侧，“文革”中曾被推到，断裂为两截，1995 年修复，1996 年雨花台烈士陵园在原地修建了乾隆御碑亭，建筑面积 20 平方米，置碑于亭内。

碑由碑额、碑身、龟趺组成。碑高 2.55 米，宽 0.8 米，厚 0.21 米；碑额上刻有二龙戏珠图案。因年代久远，碑文已剥蚀，但仍能依稀可变。碑身正面、阴面为乾隆十六年（1751）初乾隆游雨花台时所题之诗，正面为：

崇岗跋马晚春晴，凭览遗台触慨情。

纵使（便果）云光致花雨，可能末路救台城。

乾隆御碑亭

阴面为：

崔巍雨花台，迹传梁武帝。
云光讲经致雨花，台城不救嗟何济。
文殊问询维摩处，乃有天花散天女。
一之为甚可再乎，著者空槌涂毒鼓。

碑的右侧是乾隆27年（1762）二上雨花台时赋的诗：

梅岗东麓雨花台，闻道谈经曾致来。
岂识维摩不著座，争如太白只衔杯。
六朝坊市谁兴废，九道江流自漩回。
未审苑城偶南望，可应追悔此为哉。

碑的左侧是乾隆30年（1765）三上雨花台时赋的诗：

闻道文殊问病由，雨花摩诘座无留。
法师便果诚能致，已落人间第二筹。

2006年南京市人民政府公布乾隆御碑为“南京市文物保护单位”。

十三、高座寺

古高座寺遗址位于雨花台风景区内的东冈（古代亦称为梅冈）。是南京最古老的唯一现存的梵刹遗址，始建于西晋永嘉年间，名叫“甘露寺”，距今已有1700多年的历史。东晋时改称高座寺，元代高座寺又名永宁寺，明代又分为高座寺、永宁寺两座寺院，清代渐趋衰落。经过千余年风云变换和战火洗礼，高座寺原貌惜已无存，现上留古“甘露井”一口。

西晋永嘉年间（307—313），西域国王子帛尸黎密（又称帛尸黎密多罗）来到中国弘扬佛法，最早把密宗梵呗由金陵传播到全国。据《金陵梵刹志》记载，帛尸黎密天姿高朗，风神俊逸，为丞相王导等所敬。于是，他在甘露寺讲经说法，由于他讲经时坐在高处，被人尊称为“高座道人”，渐渐的名气越来越响，善男信女们也把“高座”约定俗成为寺名。

古高座寺

帛尸黎密生前常在石子冈东行头陀（一种佛教礼仪），死后便葬于此。高座寺至南朝时再度引人注目。据元《至正金陵新志》记载，南朝梁代（502—557），有一位德高望重的云光法师在高座寺内的梅冈之巅讲《法华经》，精诚所至，感动天神，落花如雨，梅冈遂有雨花台之名。所以，先有高座寺后有雨花台。

高座寺屡经修缮，至明代分为高座寺、永宁寺两座寺庙，均隶属于报恩寺统辖。其中高座寺本身建筑有山门、天王殿、钟鼓楼、法堂、罗汉廊、药师殿、僧院、禅堂、华严楼、厨房、茶寮，基址面积 50 亩（1 亩约相当于今天的 0.87 亩，余同），范围东至官街，西至雨花台，南至安隐寺，北至永宁寺。高座寺还辖有小刹安隐寺、宝光寺、均庆院、月印庵等。至于永宁寺，则有山门、天王殿、钟楼、正佛殿、伽蓝殿、祖师殿、昆卢阁、僧院等，还有方正学祠一所，基址面积 15 亩，所领小刹有永宁院、宝林庵、瑞相院等。

清朝咸丰年间，高座寺毁于清兵与太平军的战火，同治年间重建，光绪年间再重修，但难复旧观。而永宁寺则荡为废丘，后在其上建屋，作为茶舍。民国年间，高座寺荒凉破败，门前冷落。

1949 年后，高座寺遗址曾先后为雨花台烈士史料陈列室、雨花台烈士陵招待所、雨花石博物馆等。寺庙的朱栏碧栊、回廊庭院犹存，2002 年、2009 年，南京市政府对高座寺、安隐寺进行两次修缮。2011 年 9 月，高座寺恢复对外开放。2015 年初，经信众举荐，南京市佛教协会礼请灵谷寺监院灵山法师担任高座寺住持，负责修缮高座寺，重续香火。完成了大雄宝殿、斋堂、大寮、念佛堂、客堂等建筑的修缮，多尊佛像已经到位，从山门往里，眼前呈现出明朗化的整体布局。

2006 年，高座寺被南京市人民政府公布为“南京市文物保护单位”。

高座寺

高座寺影壁

高座寺文保标志碑

十四、雨花阁

雨花阁坐落于海拔 54 米的雨花台东冈。相传南朝梁武帝时，高僧云光法师在此冈设坛讲经说法，500 僧侣趺坐聆听，数日不散，以致感动佛祖，顿时天上落花如雨，坠地成石，雨花台由此得名。北宋末年雨花台始有建筑物，为古雨花台遗址。到了晚清，在遗址上建云光寺，后毁于战火。

1996 年，雨花台烈士陵园在古雨花台遗址的山冈顶部、海拔 54 米处开始新建雨花阁。1997 年 4 月 1 日落成。楼阁高 34 米，阁顶标高为海拔 88 米，它是雨花台风景区的一座标志性建筑。雨花阁占地 720 平方米，建筑面积 1429 平方米，坐北朝南，为三层四重檐八角形仿明清式古典园林建筑。仿古花格木门窗，底层楼阁外侧设有回廊，楼阁飞檐及回廊屋面均铺有绿色琉璃瓦，并用黄色琉璃瓦剪边，宝瓶形宝顶由 4 块黄色琉璃瓦拼装而成。8 根直经为 0.7 米的大圆柱自阁台直通顶层，每层楼面均由单向式楼梯相连，楼层外围均设置了闭合式栏杆。阁台外墙为花岗石贴面，楼阁地面、楼面用仿青砖、花岗石铺设，顶层吊顶为半圆形，整幢楼阁除屋面外均以枣红色为基本色调，阁台内不设楼梯，而在其南、北墙外设置双向式台阶与楼阁相接，阁台底部外沿由 79 组

雨花阁

雨花阁夜景

花岗石雕花栏杆围合。雨花阁为混凝土档架结构，阁台南墙面上方镶嵌“古雨花台”石匾，顶层南、北两面檐口下侧各悬挂“雨花阁”木匾，均由书法家张仲林题写，字面镶贴金箔。

雨花阁与风景区东干道高差达20米，水平距离为70米，由四组青石台阶与之衔接。第一组为28级，宽6.4米；第二、三、四组计103级，宽均为4.8米。第一、二两组台阶设置了长、宽各为14米的大平台，上端置放着一对高2.5米的石狮。雨花阁由东南大学建筑系潘谷西教授设计，雨花阁建成后，阁台内外也进行了艺术装修。雨花阁附近，2010年建有雨花亭，面积约28平方米。

《雨花阁记》：

自古金陵帝王州，十代故都多悲情。城南聚宝山玛瑙冈，上溯元前十世纪，揽胜佳地三分天下有其一。

佛教自汉初传入，至南朝鼎盛，此山此冈最负名。其时寺逾七百，僧尼十万，谈玄说法，研经习典，设斋礼佛，远播天下。多少俊彦英贤雨打风吹去，唯有名刹圣经高僧留其名。东吴时天竺康僧会开先河，东晋际西域国尸黎密踵其后，译经弘法，此为重镇。东晋法显游历异域三十余国，求取梵本戒律，还著《佛国记》。个中最为传奇是云光，大师端严，口吐莲花，萧梁天子僧俗士女来听经。天人一，众痴迷，上达天听。天道相酬花飞坠，碧云天曼陀罗化作绚丽七彩石，高台遂以雨花名。丽石名雨花，乾坤传美誉。

云光说法虽已矣，赵宋建国阁传轶事。般若禅机，菩提妙境；圣器灵迹，梵呗新声；圆满自在，和谐空灵。阁额复建历百年，故台重光丙子春。登临极目，楼林树影，古往今来收眼底；还览斯阁，书画文物，寻渊怀古兴遄飞。

一阁烟雨，千年雨花台，称秀南郊，光耀金陵城！

雨花台风景名胜区立

二〇〇〇年七月

十五、木末亭

木末亭近景

木末亭，又名方亭，位于雨花台风景区二泉后山，东临方孝孺墓。木末亭始建于明代，在抗日战争中被毁，2000年雨花台烈士陵园管理局完成复建。新建的木末亭面积有345平方米，是一座仿明清式的亭轩建筑，由东南大学潘谷西教授主持设计。

清“金陵四十八景”中有一景“木末风高”，指的就是木末亭。

“木末”二字最早见于屈原《九歌湘君》：采薜荔兮水中，搴芙蓉兮木末。木末意为树梢，在这是极言其高。以此名亭，谓亭秀出林木也。

在雨花台建木末亭，还有另外一层含义，因为在木末亭畔，有泰伯祠、有南宋杨邦乂剖心处，有明代大学士方孝孺墓，有海瑞祠、曹公祠遗址等，木末风高有称赞历代志士仁人高风亮节之意。

高悬在木末亭中的是武中奇书写的“木末风高”、赵绪成书写的“金陵胜景”，还有刘浚川、季伏昆书写的“木末亭”以及言恭达、张杰、王福成等挥就的楹联。

古木末亭

木末亭

武中奇题“木末风高”

赵绪成题“金陵胜景”

亭台上的隔断木壁西边刻制凌文铨手书六首吟咏木末亭的古诗，东厢缕刻六幅古梅，两侧镶有古石刻，一则是古木末亭依傍长江故道，诗朋酒侣乘舟作别，一则刻画了梅冈的自然生态环境。底台有十二块石刻，线刻了“清朝金陵胜景”及“木末亭记”。该亭在复建时设计师还巧妙将日军侵占南京时在木末亭原址上修建的钢筋混凝土碉堡包含在内，不仅保留了日军侵占南京的罪证，而且还成为现在木末亭的仓储之地。

十六、太监义会碑

太监义会碑位于雨花台风景区二泉后山，梅冈北麓，西接杨邦乂剖心处，南临方孝孺墓，系明代遗物，距今600余年。

2001年文物部门在雨花台梅冈北麓发现一块碑刻，碑文共分6行343字。碑上刻有27名太监。显然，碑主人是客居南京的宦官，太监义会碑是宦官丧葬互助团体为自己立的石碑。

该碑刻碑名全称为“南京司礼监等衙门太监等官义会碑”，简称“太监义会碑”。文物部门鉴定后确定为明代碑刻，具体立碑时间不可考。

该碑体量颇大，由碑额、碑身、碑座三部分构成，碑身为以青石雕成，碑座为汉白玉质，通体无剥蚀，碑文字迹清晰。碑身通高3.48米，碑高2.64米，宽0.84米，厚0.23米；碑座高0.84米，宽0.94米，厚0.42米；此碑碑额浮雕双凤等云纹，碑座下部镂刻海水、江牙、山峰等四合云纹，上部饰云雁图，碑身正面四周镌缠枝花纹，圭首额书竖题阴刻篆书“皇明”二字：“皇”字长18公分，“明”15公分见方。碑身阳面自右向左横书“南京司礼监等衙门太监等官义会碑”。碑铭27名太监名讳、桑梓。碑文竖行镌刻着姓氏、名讳、桑梓共计6排。27名太监有：顺天府10位，保定府5位，关中4位，西安府2位；河间、真定、南阳、湖广各1位，无籍贯2位。第十二名可能因故获罪而名号俱废，只知是关中咸阳氏。文字基本可辨，个别字漫浸不清。周边饰有薄纹，

太监义会碑文保标志碑

太监义会碑

碑身阴面素面，无纹无饰。

南京为明都53年，后又作为留都224年，多有太监在此活动，但立碑的史实较为罕见。太监出宫本属非法，这些太监不仅出宫，且“义会”于雨花台，可见明代宦官权势一斑。“义会”太监近30人，说明他们因某种需要而聚集。据考，这种纪事碑绝无仅有。

雨花台太监义会碑是目前南京仅存的唯一一处明代太监义会碑刻，尤为珍贵，2006年，南京市人民政府公布太监义会碑为“市级文物保护单位”。

十七、曦园

曦园位于雨花台风景区陵园东路道路旁，高座寺对面，建于20世纪70年代初期，面积2.4公顷，为江南庭院式花园。

曦园原为古高座寺的一部分。据《南朝佛寺志》记载，当时的高座寺不仅香火鼎盛，而且“庭中卉木蓊蔚”，五谷树、娑罗树皆海外异种。每当丛桂盛开，“游屐咸萃，煮茗剥栗，作登高之会”，可以说是名满江东，盛极一时。

园内四周绿树掩映，花墙环绕，有几间房屋，原是陵园的贵宾接待室，还有五彩缤纷雨花石砌筑的小水池，有苏式假山，花岗石铺就的小道。此地20世纪50年代以高大的乔木为主，如雪松、马尾松、枫香、乌桕、高干女贞、三角枫、柏树等。70年代进行了首次林相改造，栽植了海棠、紫叶李、紫薇、桂花、海桐球等。80年代以来，逐年进行了林相改造、充实和提高。园内以皇家花园的布置手法，种植了许多珍贵花木，如五针松、茶花、春梅、红枫、油茶、杜鹃等，品种繁多，搭配合理。1993年开发为“南京孔雀园”，数十只驯养成熟孔雀在园内放养，给园区增添了几分野趣。2005年，雨花台风景区重新打造曦园，使其成为集观光、休闲、娱乐为一体的生态孔雀园。现在的曦园，即是通往梅冈的春季赏梅游线上的要道，也是联通雨花阁、乾隆御碑亭、木末亭等山前山后古迹名胜的枢纽。

曦园大门

曦园一景

十八、怡苑

怡苑位于雨花台风景区东殉难处东南方，始建于1985年，完善于2002年5月，占地约2公顷，由东南大学潘谷西教授设计，是一处具有江南古典园林风格的园中园。

怡苑盆景

该园尽收风格各异、流派纷呈的盆景佳作，园区布局也宛若盆景：以小见大，咫尺有千里趣。园门由虎皮石与玻璃钢构筑，迎门而立的障景采用假山石叠就，各色花木，布于其前。两旁边是对称的花房，现代观赏温室则位于园区东部。园区中间设水池，占地两亩，池内放养红鲤鱼等观赏鱼及鸳鸯、野鸭，池上架平桥，池岸配花木，池中则有游鱼水禽。临池小广场既可供休憩，又可以进行园事活动。

该园以小见长，以小见大，赏心悦目，令人心旷神怡，实为“怡苑”。

怡苑景色

第二节　近现代遗址

一、东、西炮台遗址

雨花台东、西炮台遗址，位于雨花台中冈的东、西两峰。

雨花台古称石子冈，它岗峦起伏，雄踞于南京城南，是南京城南的咽喉之地，与钟山互成犄角之势，素有“金陵南大门”之称。控制雨花台，东可防守通济门、光华门；西可防御水西门、汉中门；正面可固守中华门及秦淮河。因而，雨花台在军事上是战略要冲，为历代兵家所必争。隋兵灭陈，首先占据雨花台，然后攻入建康城。南宋时，金兵入侵，亦曾占领雨花台，并在此扎过大营。元兵南侵，也是从雨花台进入南京。特别是清代湘军与太平军多次交战于此。

东炮台

雨花台作为战略要地，清代至民国均设有炮台并筑有蜿蜒起伏的城墙。现存的雨花台东、西炮台，就位于雨花台中冈的东、西两峰，这里地势险要，居高临下。据《首都志》载：“是山形势险要，兵家必争，清季迄今，设有炮台，辛亥革命曾与清军剧战于此，遗迹犹可歌也。”

西炮台

辛亥革命武昌起义不久，徐绍桢所率的新军第九镇士兵随之起义。徐绍桢下令向雨花台进攻，突袭雨花台炮台，但由于弹药匮乏被迫退避镇江，九镇官兵退到镇江后，与苏军、浙军等革命军组成江浙联军，由徐绍桢任总司令，决定再次挥戈金陵，消灭清军。

江浙联军进攻金陵时，由苏军担负进攻雨花台的重任，经过激烈的争夺，苏军攻占了雨花台炮台，清军遂失去了城南的军事屏障。而后，苏军调转炮口猛轰中华门，一鼓作气，占领了南京。1912 年，孙中山在南京就任中国民国临时大总统期间，曾与侍从 6 人，骑马视察雨花台炮台。

抗日战争期间，日军也曾抢占雨花台，在雨花台炮台上，用重炮轰击中华门、新街口等地，轰垮中华门附近的城墙，然后从中华门西城角入城，南京沦陷。

雨花台炮台作为要塞堡垒，饱尝过胜利的喜悦，也遭受了失败的耻辱。历经沧桑的雨花台虽已发生了翻天覆地的变化，但古垒犹存，作为历史遗迹的雨花台东、西炮台现今已成为人们访古寻幽之佳地。

二、大炮山

位于烈士就义群雕像西侧山包称大炮山，为雨花台炮台主炮阵地，位于东、西炮台之北。后历经战火，炮台遗址不存。现仅存有抗战时期所建地堡。

大炮山

三、辛亥革命雨花台之役阵亡将士人马合冢

辛亥革命雨花台之役阵亡人马冢位于雨花台东冈二泉后山北麓山坡，是为纪念在辛亥革命雨花台之役中阵亡的将士而修建的。

1911 年，武昌起义拉开了辛亥革命的帷幕并取得了成功，各地革命党人纷纷响应，举兵起义。在江浙地区，革命军占领了镇江、苏州、杭州、上海等地。在革命党人赵声、柏文蔚、陶骏保、顾忞丞等人革命思想的影响下，驻扎南京的新军第九镇官兵，多积极响应革命。镇守南京的清军头目两江总督张人俊、江宁将军铁良及江南提督张勋等唯恐士兵有变，拒发官兵弹药。徐绍桢所率的第九镇官兵，通过上海革命军的秘密途径，偷运来很少一部分弹药。11 月 8 日，徐绍桢遂宣布起义，突袭雨花台炮台，遭张勋所部的江防营炮轰枪击，伤亡惨重，被迫连夜退避镇江。

第九镇官兵退到镇江后，与江苏、浙江、上海等地革命军组成“江浙联军”，共同推选徐绍桢任联军总司令，再次挥戈金陵。11 月 21 日，兵临南京城下，召开了紧急参谋会议，决定兵分两路，主力进攻紫金山天堡城要塞，打开南京的北大门，另一路则由刘之浩率领苏军再攻雨花台炮台。

苏军与清军在雨花台展开了激战。一时间，雨花台上炮声隆隆，枪弹如雨，革命军英勇冲杀，前仆后继。经过十余昼夜的苦战，革命军占领了雨花台，立即调转炮口猛轰聚宝门，一举打开了南京城南大门。与此同时，联军攻占了天堡城、幕府山炮台的战斗机也先后取得胜利，清军失去全部屏障，张人骏、铁良、张勋等不得不逃出南京。12 月 2 日，南京得以光复。

此次战役史称辛亥革命雨花台之役。雨花台之役的胜利乃至南京的光复，对稳定革命形势以及孙中山定都南京起了决定性作用。1912 年，孙中山任临时大总统时，专程骑马到雨花台视察炮台，

辛亥革命雨花台之役阵亡将士人马合冢全貌

辛亥革命雨花台之役阵亡将士人马合冢照壁

辛亥革命雨花台之役阵亡将士人马合冢土冢

辛亥革命雨花台之役阵亡将士人马合冢文保标志碑

对雨花台之役给予了很高评价。

民国初年，将雨花台之役的阵亡将士和战马合葬于雨花台东侧山坡上。有土冢两座，均为花岗岩墓圈。其南冢，直径 6 米，高 1.55 米；北冢，直径 5.8 米，高 1.65 米，两冢相距离 4.4 米，并树碑纪念。

1956 年，雨花台烈士陵园重新立碑一通，碑高约 3 米，碑文为“辛亥革命阵亡纪念碑”。但二碑均在“文革”中遭破坏。

1981 年，在纪念辛亥革命 70 周年之际，江苏省和南京市政协以及文物部门重修“人马合冢”，并立碑一通，其碑文为“辛亥革命雨花台之役人马合冢，江苏省纪念辛亥革命七十周年筹备委员会”。碑高 1.5 米，宽 0.55 米，厚 0.15 米，为花岗岩质地，且新辟一条曲径墓道，周围苍松翠竹环抱，环境肃穆幽静。同年 10 月，孙中山先生的孙女孙穗英等人专程前来祭奠辛亥先烈的英灵。

1998 年，雨花台烈士陵园重新修整了该人马冢，东南大学潘谷西教授主持方案设计。整个墓区建筑面积为 135 平方米，由照壁、石花圈拱台、广场、道路等组成。在原墓区新建了一堵花岗岩贴面的弧形照壁，照壁长 6 米，高 4.37 米，厚 0.42 米，顶部为传统的凸形回纹，两则伴有抱鼓石，照壁上侧对称设置一对石刻龙首饰，突出墙面。中间镶刻中英对照的碑文，照壁下侧正前方为石花圈拱台，照壁与墓冢间铺贴了 130 平方米的花岗岩地坪，墓冢后侧加砌了石围栏，周边重新进行了绿化设计。

1982年南京市人民政府公布“辛亥革命雨花台之役人马合冢”为“南京市文物保护单位”。

四、南京保卫战雨花台碉堡群遗址

南京保卫战雨花台碉堡群遗址——木末亭内

抗日战争期间，雨花台成为中日两军交火的主要战场之一，中国守军为国军第72军，即第88师孙元良部，下辖第262旅朱赤部、264旅高致嵩部，参加攻击这一阵地的日军为第10军所属第6、第114师团各一部。1973年12月9日上午，日军以1个联队向雨花台阵地发起进攻，遭守军痛击。下午，日军又增加1个联队，再次发起进攻。264旅旅长高致嵩亲率528团2个营增援，击毙日军六七百人，264旅也付出很大伤亡代价。11日，12日两天，日军集中大批轰炸机与数十门重炮和数千步兵多次进攻雨花台，均被打退。国军第527团团长阵亡，该团官兵大部殉国。

日军占领雨花台后在雨花台炮台上，用重炮轰击中华门直至新街口等地，轰垮中华门附近的城墙，后从城墙豁口攻入南京，南京沦陷。在曦园内后山现有南京保卫战战壕遗迹可见。

雨花台碉堡群遗址位置：

1. 雨花阁下，接近杨邦乂剖心处山坡上。

2. 木末亭一处，在木末亭内。

3. 曦园一处。

南京保卫战雨花台碉堡群遗址——雨花阁下

南京保卫战雨花台碉堡群遗址——曦园

南京保卫战雨花台碉堡群遗址——东炮台

南京保卫战雨花台碉堡群遗址——西炮台

南京保卫战雨花台碉堡群遗址——纪念碑下

南京保卫战雨花台碉堡群遗址——大炮山

4. 东炮台一处。

5. 西炮台一处。

6. 纪念碑下一处，碉堡因纪念碑建设被拆，但甬道还在，为雨花台遗留最大的一座碉堡遗址。

7. 大炮山一处。

五、四十军公墓遗址

国民革命军第四十军阵亡将士公墓，遗址位于雨花台东南部现知名烈士墓区。

1926 年大革命时期，国民革命军于 7 月开始了历史上著名的北伐战争。次年 2 月北伐军在消灭了直系军阀吴佩孚的 20 万主力军后，又消灭了军阀孙传芳的 10 万大军。接着江右军第一纵队指挥官程潜统兵 6 万余人，分三路合围孙传芳在南京的守军，3 月 23 日向雨花台要塞发起猛攻，于下午 3 时占领雨花台，继而又攻占了中华门。

为了纪念该战役阵亡的将士，在雨花台上建立了“国民革命军四十军公墓”。公墓建于 1927 年，面向东南，共有水泥衣冠冢 12 个，中为一圆冢，左右各五冢，后为一长冢。列名阵亡将士 281 人，墓前有石狮一对，碑一座，碑上刻有阵亡战士的姓名。此碑是汉白玉碑，高 1 米左右，宽约 70 公分。“文革”中全部被毁。

六、淞沪抗战阵亡将士纪念塔遗址

淞沪抗战阵亡将士纪念塔遗址位于雨花台区雨花东路晨光巷东南上坡。

淞沪抗战阵亡将士纪念塔旧照

淞沪抗战阵亡将士纪念塔现状

1932 年 1 月 28 日，日海军陆战队对驻防上海的第十九路军发起攻击，十九路军在蔡廷锴、蒋光鼐两位将军率领下奋起抵抗，拉开了“一·二八淞沪抗战”的序幕。国民革命军第五军，以张治中为军长，所辖计有 87、88 两师及中央陆军军官学校教导总队和独立炮兵第一团山炮营，奉中央之命驰援十九路军。中国军队英勇杀敌，狠狠打击了日军嚣张气焰。第五军在此次战役中，官长阵亡 83 名，受伤 242 名，失踪 26 名；士兵阵亡 1533 名，受伤 2897 名，失踪 599 名，合共 5380 名。

为了纪念以身殉国的抗日勇士，1933 年在雨花台东北山冈上，即二泉后山上建了‘淞沪抗日阵亡将士纪念塔’。纪念塔塔座为圆形，塔身呈方形，高约 7 米。

塔周筑有十九座水泥冢，塔身于南京沦陷后为日寇所毁，遗址现在晨光机械厂原址一侧，现存石阶若干，其他无存。根据史料记载，纪念塔原位于雨花台陵园东北角，但发现的遗迹不在园区之中。《南京园林志》对此记载得很明确：“1954 年，原穿过（雨花台）陵园之宁溧路，向外移至雨花台东冈东北麓，即二泉后山。”由此可见，1954 年改线至雨花台陵园东北的这一段宁溧公路，就是现在的雨花东路。这条公路的建成，把一部分雨花台东北山冈的山体分割开来，成为晨光机械厂的宿舍区范围，“纪念塔”的遗址就在这个范围中。

七、普德寺南京大屠杀殉难同胞纪念碑

普德寺南京大屠杀遇难同胞纪念碑

普德寺丛葬地纪念碑位于雨花台西南普德寺，共青团路北侧，原雨花台区的广播电视服务中心电视发射塔下，又称万人坑。纪念碑周围松柏茂密，庄严肃穆。纪念碑由两块 3 米多高、相向对称的黑色石碑组成，形状如同一双巨手合十，无声诉说着对遇难同胞的沉痛哀思。

1937 年 12 月 10 日，侵华日军第六师团和第一一四师团侵占凤台乡、花神庙、雨花台一线后，雨花台地区两三万军民来不及撤退，分散在附近农村或田野里。日军对其加以搜索驱集，并分批予以集体杀害。仅凤台乡、花神庙一带，就有 7000 余名被杀害，其中难民 5000 余名、士兵 2000 余名。13 日，南京沦陷后，日军冒天下之大不韪，违背国际公约，策划并制造了举世震惊、惨绝人寰的南京大屠杀。长达六周惨无人道的血腥大屠杀中，共杀害无辜同胞 30 万之多，横尸遍野，惨不忍睹。国际红十字会南京分会先后在普德寺附近埋葬遇难同胞遗体 9721 具。

1983 年 6 月，雨花台区人民政府公布“侵华日军南京大屠杀殉难同胞普德寺丛葬地”为文物保护单位。1985 年 8 月，为纪念世界反法西斯战争胜利 40 周年，南京市人民政府在此立碑纪念，以告慰死者，激励后人。纪念碑为水泥制大理石贴面，碑呈双手祈祷状。并同时公布该丛葬地为南京市文物保护单位。现为全国重点文物保护单位。

碑的前面刻写了碑文。其碑文为：

一九三七年十二月侵华日军南京大屠杀惨案，震惊寰宇，血沃钟山，水赤秦淮。我无辜同胞不幸遇难者逾三十万人。普德寺系我遇难同胞尸骨丛葬地之一，经南京红十字会先后埋葬于此者共达九千七百二十一具，故亦称“万人坑”。附录其年月及埋尸记载如下：

一九三七年十二月二十二日葬二百八十具；十二月二十八日葬六千四百六十八具；一九三八年一月三十日葬四百八十六具；二月二十三日葬一百零六具；三月二十五日葬七百九十九具；四月十四日葬一千一百七十七具；五月二十六日葬二百一十六具；六月三十日葬二十六具；七月三十一日葬三十五具；八月三十一日葬十八具；九月三十日葬四十八具；十月三十日葬六十二具。

兹值中国人民抗日战争胜利四十周年，特此刻石纪念，旨在告慰死者于地下，永励后生于来兹：不忘惨痛历史，立志振兴中华。

八、囚禁雨花台烈士的在宁监所

在新民主主义革命时期，凡是在雨花台、南京各狱所及周边地区牺牲的烈士，统称为雨花台烈士。烈士中有两部分人，一部分是南京地下党组织，在反动军警8次破坏中牺牲的烈士，另一部分是全国各地的共产党人，被捕后押解南京后牺牲的烈士。他们在南京曾经关押、战斗过的监所，有8处之多，如今很多已不复存在，成了历史的遗迹。现按监所建立时间为序，分别叙述如下：

1.（民国）江苏第一监狱

江苏第一监狱属于普通监狱，归国民政府司法行政部监狱司管辖，其前身是1905年清廷在南京城内进香河东侧老虎桥45号建的江宁罪犯习艺所，收押已定罪的充军犯、流放犯和判处徒刑的军事犯及其他罪犯。1912年改名为江南模范监狱，1917年改称江苏省第一监狱，并建丁字形女监一所。至此共有监房104间，可容纳犯人800名。虽然几经更名，但因地处老虎桥，民间一直称其为老虎桥监狱。李竹勋、涂熙雯、龙普济、罗建瀛、胡逸民、马衡、纽传奇、赵新宇、孔祥霖、徐崇文先后出任典狱长。

从1918年开始，老虎桥监狱开始收押军事犯和政治犯。1927年4月18日国民政府成立后，老虎桥监狱由国民政府司法部管辖，以关押刑事犯为主，也有部分的军事犯和政治犯。1928年8月第一陆军监狱建成后，军事犯从这里转移出去。但由于第一陆军监狱以及后来建立的中央军人监狱没有女监，所以全国各地押解到南京的女政治犯，判刑后都关押在江苏第一监狱。

1928年9月27日，史砚芬、王崇典等人牺牲的当天下午，同案中被判刑的女子王澄、陈雕月就被送往江苏第一监狱女监服刑。不过在1932年前，关押在这里的女共产党员很少。从1932年下半年，上海、北平的中共组织陆续遭到破坏，关押在这里的女政治犯越来越多。到1935年末，关押在这里的女共产党员有帅孟奇（解放后曾任中共中央组织部副部长）、钱瑛（化名彭友姑，解放后曾任监察部部长）、耿建华、何宝珍（刘少奇夫人）、夏之栩（解放后曾任轻工业部副部长）、张越霞（博古夫人）、纪均（王首道夫人）、王根英（陈赓夫人）、罗静松（李维汉之女）等。在狱中，形成了以钱瑛、夏之栩、帅孟奇、耿建华为领导核心，发动了5次绝食斗争，其中最有影响的是支持难友、波兰人牛兰、汪得利曾夫妇的绝食斗争，并取得了胜利。

全国互济会负责人兼营救部部长的何宝珍被捕后，化名王芬芳，因敌人不知其真实身份，被判了15年徒刑。在狱中，她机智灵活、活泼开朗，因为年龄小，难友们都尊称她“小大姐”。后来由于叛徒出卖，她作为刘少奇夫人的身份被暴露，原判15年徒刑的她被拉回宪兵司令部重审，于1934年秋被敌人杀害在雨花台。

在第一监狱中，被敌人折磨致死的还有武进电气工会书记杨锡海、共青团无锡县委书记高文华等人。杨锡海1928年1月被捕，判处8年徒刑，因遭受严刑拷打，内伤过重，于1930年4月病逝狱中。1931年夏季，洪水泛滥，监狱内水深及膝，高文华患伤寒，7月16日病逝狱中。1935年4月15日，隶属中共中央特科“红色打狗队”的龚昌荣、赵轩、孟华庭、祝金明等从上海解来南京，先囚禁在宪兵司令部看守所，后带至第一监狱后面空地绞决。

1937 年 12 月 13 日，日军侵占南京后，江苏省第一监狱被改为日军刑务所和中国战区日本官兵总联络部拘禁所，抗战胜利后称南京首都监狱。

监狱除了关押共产党人以外，1926 年，时任国民革命军团长的杜聿明曾被军阀孙传芳关押。1936 年时任国民革命军第一师团长的张灵甫因杀死其妻也被关押。抗战胜利后，监狱曾关押过不少汉奸犯，内有汪伪政府行政院副院长周佛海、汪伪政府军事委员会委员长陈公博、汪伪政府考试院院长江亢虎等。其中汪伪中央组织部部长梅思平、汪伪中央宣传部部长林柏生、汪伪全国经济委员会特派委员殷汝耕等人枪决在狱内。

1949 年 6 月，原首都监狱改称南京市人民法院监狱。后来，这里又先后被改称南京市监狱、江苏省第一监狱、江苏省南京监狱。1999 年，南京监狱整体搬迁到南京市雨花台区的铁心桥，原址被改建。

2.（民国）第一陆军监狱

第一陆军监狱简称陆军监狱，位于小营，是在小营陆军看守所（1912 年成立）旧址改建的，又称小营陆军监狱。1928 年开办，1931 年迁移并入海陆空军人监狱（后改名中央军人监狱）。占地面积 41240 平方米。内设外东、外西、内西三监，每监分 12 号，每号可关押 16 人以上，关押人数在 200 人左右，第一陆军监狱专门收押军事犯和政治犯。后来的中央军人监狱属于国民政府时期的军人监狱，都归军政部管辖。军人监狱设典狱长 1 人，总管全监事务，下设机构与普通监狱一样，都是三科两所制，而监狱官吏则全都是现役军人，并授以军职。

从 1928 年起，国民党政府改变了对共产党“斩尽杀尽”的政策，制定了《共产党人自首法》，颁布了《反革命治罪法》和《危害民国紧急治罪法》，规定对直接从事武装推翻国民党政权的共产党人和重要的中共领导人处以死刑，而对一些在国民党看来“可杀可不杀”的共产党政治犯则处以有期徒刑。在 1931 年之前，未判死刑的男政治犯，大多关押于此。就在史砚芬、王崇典等人就义的当天（1928 年 9 月 27 日）下午，同一案件中被判刑的男犯窦昌熙、章师培、刘德超、曹庸芳等人被送往陆军监狱服刑。1929 年，王凯（解放后曾任中共中央办公厅机要交通局局长）等人从上海押解南京，被判刑后关押在小营陆军监狱。1930 年，参加无线电训练班的陈坦、麦建平等从上海押解南京，被判刑后先在小营陆军监狱，1931 年与同案的 30 多人转解中央军人监狱。

1930 年 2 月初，蒋介石的表弟、国民党军政部陆军署军法司司长王震南下令陆军监狱一律“关封”，即停止“放风”，遭到狱中犯人的坚决反对。2 月 4 日，王震南亲率警卫旅旅长俞济时来执行“关封”时，全体犯人高呼“打倒蒋介石的走狗王震南”，并进行绝食斗争。7 日，王震南将周宗玉、李德芳和一刑事犯提出，在监弄的空地上当场枪杀。参加狱中绝食斗争的刘炳福，被毒打后罹病，一个月后也病逝于陆军监狱。原址已不复存在

3.（民国）南京市公安局（首都警察厅）看守所

南京市公安局（1929 年 11 月改名首都警察厅）看守所，位于珠宝廊（今白下路 23 号），是 1927 年中国共产党转入地下斗争后，最初关押和杀害共产党人和爱国志士的地方。

1927 年 3 月 24 日，北伐军光复南京。正当革命蓬勃发展之际，以蒋介石为首的国民党右派

加快了背叛革命的步伐，夺取即将胜利的北伐成果。3月26日，蒋介石任命心腹温建刚出任南京市公安局局长。在“四·一二”政变前夕，在南京制造了“四·一〇”事件。4月10日晚上11时，正当国民党江苏省党部常务委员、中共党团书记侯绍裘，中共南京地委书记谢文锦召集各革命团体的共产党负责干部在大纱帽巷10号举行紧急会议时，温建刚派公安局侦缉队队长赵芴臣带50余个便衣，将会场包围，除刘少猷一人翻墙逃出外，江苏省党部中共党团书记侯绍裘和谢文锦、刘重民、张应春、陈君起、文化震、许金元、梁永、钟天樾、程庸之等10人全部被捕，关押在珠宝廊公安局看守所。三四天后，被敌人用电刀、尖刀等凶器秘密杀害，分别割成数段，装入麻袋，用汽车运到通济门外九龙桥，抛入秦淮河中。这是南京地下党组织遭受的第一次大破坏。

20世纪30年代初期，位于珠宝廊的首都警察厅看守所撤销，在其遗址上建成了3层楼的商业用房，建筑面积2800平方米。现为中国工商银行南京分行白下路分理处。

4.（民国）首都卫戍（宪兵）司令部看守所

首都卫戍司令部看守所，靠近秦淮河，位于道署街（现为瞻园路128号）的东花园（又名适园）内。最初只有几间平房，面积20平方米，最多关过40多人，其中大多为政治犯，也有少数国民党军队的伤兵。看守所首任所长漆照鸿（湖南湘潭人），1929年底由祝启楣任所长。1932年由蒋介石亲自批准，将首都卫戍司令部与陆海空军总司令部宪警处合并，组成南京宪兵司令部（又称中央宪兵司令部、警备司令部）。司令部由宪兵司令总管全部事务，另设副司令和参谋长，下设13个处、3个所和1个直属科。宪兵司令谷正伦，因杀人无数，被称为“杀人魔王”。警务处军法课是专门逮捕和审讯所谓“共党嫌疑犯”的，看守所就是实施法西斯统治的监狱。当年将看守所也进行了拆除扩建，新建成的看守所分甲、乙、丙三所，可容纳200人左右。在这里被判死刑的，多数到雨花台执行枪决；被判徒刑的，男犯到第一陆军监狱（后改为中央军人监狱）服刑，女犯到江苏第一监狱服刑。

从1928年起，政治犯从南京市公安局看守所转押至首都卫戍司令部看守所。当年5至7月，南京党组织遭到第三次大破坏。共青团江苏省委巡视员史砚芬、中共南京市委书记孙津川等人先后被捕，他们先被关押在珠宝廊南京市公安局看守所，后转到江苏特别法庭看守所（在长乐路），最后转押到南京卫戍司令部看守所。第一个从这里押往雨花台刑场的是朱如红，1928年2月他参加江苏赣县大埠农民暴动，后避走他乡，8月中旬在南京被捕，关押在卫戍司令部看守所，当月30日被杀害在雨花台。

贺瑞麟的《狱中日记》真实地记录了早期共产党人在狱中的斗争情况和朱如红的英勇表现。9月27日，史砚芬、齐国庆、王崇典、李昌芬从这里押往雨花台刑场；10月6日，孙津川、贺瑞麟、姚佐唐从这里押往雨花台就义。此后的10年中，全国各地的共产党人和爱国志士，被押解南京后，大多数是先关押在卫戍（宪兵）司令部看守所，经审讯后，有的被押往雨花台刑场杀害，有的移送到各监狱服刑。

1930年，中共中央总行动委员会委员吴振鹏来到南京，将党团合并，组织“红五月行动委员会”，举行罢工、罢课、罢市、罢岗、罢操的“五罢”斗争，遭到国民党当局的疯狂镇压。

这是南京党组织遭受第6次大破坏，也是最为严重的一次。8月16日，李济平、夏雨初等20人，在卫戍司令部军法处审讯后，被杀害在雨花台。同日在雨花台被杀害的还有叶刚、马名驹等3人。9月17日，师集贤、何寒莺、姚爱兰、袁咨桐均从这里押解到雨花台就义。20日，石俊、黄瑞生等5人，被卫戍司令部签提，杀害于雨花台。10月8日，陈兆春、许立双等9人；12月17日，许盛周、樊君侠、郑苏都从这里押往雨花台就义。其中石俊、姚爱兰、袁咨桐等都是陶行知创办的晓庄师范的学生，他们都很年轻，多数是共青团员，最年轻的袁咨桐才16岁，根据国民党的法律，未满18周岁者不能判死刑，为杀害袁咨桐，反动当局故意把他的年龄改为18岁，然后冠冕堂皇地将他残害。

1931年，经卫戍司令部审讯后，杀害在雨花台的有全国总工会秘书长谭寿林及在南京陆军军官学校做兵运工作的文绍珍、刘雪亮等。

1932年被捕后牺牲的革命烈士很多。同年4月，从上海、苏州等地押解到南京的刘纯如、廖维志、张阿春等25人，先关押在宪兵司令部，经审讯后，于4月30日枪杀在雨花台。同年4月，中共南京市委地下组织遭到第7次大破坏，中共南京特委书记李耘生等300多人被捕，关押在宪兵司令部看守所。6月，李耘生牺牲于雨花台。

7月17日，中共江苏省委在上海劳勃生路（今长寿路）共舞台，召开江苏省民联代表大会，讨论反对《上海停战协定》、组织北上抗日义勇队及筹备全国民联等事项时，曹顺标等88人被捕。由于叛徒出卖，敌人又逮捕了肖万才一家，移送首都宪兵司令部。这是土地革命时期在上海被捕人数最多的两个大案之一。肖万才、曹顺标、崔阿二等13人被枪杀于雨花台。其余被判刑后，到江苏第一监狱和中央军人监狱服刑。

1932年春，中共长淮特别委员会（简称长淮特委）遭敌破坏，致使特委书记朱务平、凤阳县委书记赵连轩等176人先后被捕，其中60余人解到南京，关押在宪兵司令部看守所。经审讯，朱务平、赵连轩等25人被判处死刑，在雨花台枪决。11月，徐海蚌特委书记陈理真被杀害在雨花台。11月初，因策划“大通兵变”案，陈鹏等人解来南京，囚禁于宪兵司令部看守所，10日，全案11人被杀害在雨花台。12月3日，被北平宪兵三团逮捕后押解南京已有3个月身孕的丁香，经宪兵司令部审讯后，也枪杀在雨花台。

1933年，随着王明冒险主义在中共中央占统治地位，全国党组织不断遭到破坏，很多担任党的重要职务的人物被捕，如中共中央政治局候补委员邓中夏，中共中央政治局委员、满洲省委书记罗登贤，中共江苏省委组织部长黄励（女）等人先后囚禁于宪兵司令部看守所。4月27日，黄励等人从上海解到这里。在狱中，她策反看守班长张良诚，让他传递消息，与外面的党组织保持联系。该情况不幸被暴露，张良诚开始被判5年徒刑，结果宪兵司令谷正伦知道后，大发雷霆，为了杀一儆百，遂将张良诚改判枪决。于7月5日将黄励杀害在雨花台。8月，邓中夏被从上海解到南京，也关押在该看守所。9月21日黎明，邓中夏牺牲在雨花台刑场。这一年，在宪兵司令部受审讯后，牺牲在雨花台的还有罗登贤。

1934年，陈潭秋的夫人徐全直与李文庆同时被捕，解来南京，囚禁于宪兵司令部，2月同时

牺牲于雨花台。同年5月，工农红军三十四师二团团长柳志杰和芮蓝生、陈晋先等被捕，押解宪兵司令部，柳志杰、芮蓝生等被敌人枪杀在雨花台，陈晋先等人被判刑后到中央军人监狱服刑。12月4日，中共南京特支书记顾衡从这里押往雨花台。

女革命者杜焕卿，1933年被北平宪兵第三团逮捕，备受酷刑，致使流产，不久解来南京宪兵司令部，判处10年徒刑，1934年因刑伤过重，病逝狱中。1947年的10月，曾任中共南京市委书记的卢志英、曾任共青团上海市沪西区区委书记的骆何民和陈子涛从苏州中统特务机关押解南京，囚禁于宪兵司令部看守所，1948年12月27日被活埋在雨花台。

1949年4月南京解放以后，原国民党首都宪兵司令部看守所旧址由南京航天管理学院使用。20世纪80年代，遗存的民国建筑被陆续拆掉，包括水牢等都不复存在，只有南京航天管理干部学院的大门还得以保留。

5.（民国）中央军人监狱

由于小营陆军监狱规模较小，容纳不了越来越多的犯人。1930年3月，蒋介石专门拨巨款，令原国民党中央监狱典狱长胡逸民负责建造中央军人监狱，地址就在水西门外江东门茶亭东街242号。1931年建成启用，直属国民政府军政部，并受陆军署军法司监督，典狱长先后由胡逸民、李某某、崔景新及王震南兼任。

中央军人监狱坐北朝南，呈正方形，面积4万多平方米。四周是4米高围墙，墙头布满铁丝网，四周筑有岗楼，外墙外环有一条宽5米、深1.5米左右的河沟，进出用吊桥。除行政办公区外，监内有4幢钢筋水泥建筑的监房，内分东、西、南、中4个大监，有日、月、星、智、仁、勇6条胡同。东监内分天、地、人字监；西监内分日、月、星字监；中监内分智、仁、勇字监；南监内分改、过、自、新字监。每个字间有32间监房，每间不足10平方米，门上包着铁皮，窗子装有粗而密的铁栏。监狱中部是瞭望楼，其后有两个教诲室。东面有织布厂、织袜厂，西面有印刷厂，另外还有缝纫、理发、洗衣等劳动场所。监狱可容纳犯人1400名。是国民党在南京建立的规模最大的一座监狱。中央军人监狱主要收押上海、徐州、南京等地城防指挥部和宪兵司令部军法处判刑的军事犯、政治犯等。其中政治犯占50%，军事犯占30%，刑事犯占20%。

1930年5月，时任中共沪东区委书记的恽代英在上海被捕，判刑5年，他没有暴露真实身份，使用了化名“王作林”，关押在漕河泾监狱，后来移押到苏州，最后送到中央军人监狱。就在周恩来、瞿秋白等人积极营救的时候，曾在中共中央保卫局任职的顾顺章被捕叛变，供出了恽代英的下落。蒋介石立即派王震南到狱中查对认出了恽代英。次日，即1931年4月29日，在蒋介石的指令下，恽代英在中央军人监狱刑场遇害。与恽同时遇难的还有马克昌、刘希雨、陈仲模。同年8月，与马克昌等人一起被捕的倪朝龙病逝于狱中。1932年7月26日，蔡文宝、曾宪榜、冯汉章，被敌人枪杀于中央军人监狱。

共青团江苏省委书记杨振铎、张炽等人在1931—1933年被囚禁于中央军人监狱期间，积极开展党的组织、教育工作，团结难友进行“罢饭”“开封”等斗争，并和狱外互济会取得秘密联系。1933年3月，互济会负责人被捕叛变，供出中央军人监狱的关系，因此，杨振铎和张炽、陈开、林钧 4 人被提至宪兵司令部审讯，4 月 1 日，杨振铎、张炽被杀害于雨花台。

中央军人监狱的牢房狭小，铺位间距只能供一个人转身，每个监室只有人头大的铁窗可以通风见光，尿桶也放在窄小的囚室里。被关押者吃的饭里有老鼠屎、谷子、稻壳、稗子、杂草、石子、羽毛、头发等，被讥称为“八宝饭”。在阴暗的牢房里，蚊子、臭虫、跳蚤交替进攻。难友生病没有药吃，身上生满疥疮，长期不治。胃疼腹泻、咳嗽吐血司空见惯，这样的遭遇，壮的拖垮，瘦的拖死。因此在中央军人监狱病逝的人数是最多的。1931 年病逝的有谢小康、陈宝礼、麦建平、陈朝海、顾探先等人；1932 年病逝的有张庆福、唐安庸、方德芝、郁志翘、陆圣清、高月平、周福根等人；1933 年病逝的有金丁荃、陈定观等人；1934—1937 年病逝的有刘超人、陈晋先、朱社彦、李得钊、武念平、朱超人、肖炳生、尤显寰、贾树清、胡锦镳、周国荣、张永珍等人。

邓演达也被关押在中央军人监狱，宋庆龄还去狱中看望过他，1931 年 11 月 29 日，邓被杀害于麒麟门外砂子岗。

在中央军人监狱关押了一批革命人士，在第二次国共合作后，被无条件释放，他们大多走向了抗日战场，投入了新的战斗。解放后有 80 多人成为了省、部级以上干部。其中有陶铸（曾任中共中央政治局常委、国务院副总理）、王鹤寿（曾任中纪委第二书记）、刘宁一（曾任中共中央书记处书记）、刘顺元（曾任中纪委副书记）、曹瑛（曾任中纪委常委）、李丰平（曾任浙江省省长）、惠浴宇（曾任江苏省省长）、顾卓新（曾任安徽省委第二书记）、刘汗生（曾任水利部副部长）、潘梓年（曾任中国科学院哲学社会科学部副主任兼哲学研究所所长）、王凯（曾任中共中央办公厅机要局局长）、陈沂（曾任中共上海市委副书记）、陈农非（曾任中共上海市委统战部部长）、肖平（曾任南京市人大常委会副主任）、楼适夷（曾任人民文学出版社总编辑）、何洛（曾任中国人民大学语言文学系主任）等。

1937 年 9 月 25 日，中央军人监狱遭受日军飞机轰炸，炸毁房屋数间。日军占领南京后，这所监狱完全被烧毁。抗战期间，中央军人监狱先后迁至安徽、湖北、湖南、芦溪等地。如果从源头上讲，重庆的白公馆、渣滓洞等监狱，其前身就是中央军人监狱。1945 年，国民政府还都南京后，拨款在原址重建南京中央军人监狱，规模较前小，占地不到原来的一半，共有监房 40 多间。

1947 年，中共北方王石坚情报系统被敌破坏，共涉及华北、西北、东北地区，导致 44 名地下情报人员被捕入狱，牵连被捕 123 人，其中有 20 余位国民党军队的将校级军官。国民党保密局头子郑介民和毛人凤狂妄地声称“搞垮了中共情报工作的半壁天下”。其中北平地下情报组织的丁行、谢士炎、赵良璋、朱建国、孔繁蕤 5 位国民党将校级军官，于 1948 年 10 月 19 日，在中央军人监狱刑场英勇就义，史称“北平五烈士”。

南京解放后，1949 年 4 月 28 日，南京市军事管制委员会接管了中央军人监狱。解放军某部进驻该处，把它改建成一座营房。作为反动统治罪行的历史见证，目前中央军人监狱原址现在还保留着监狱残存的一排牢房。为缅怀先烈、教育后人，20 世纪 90 年代，南京市人民政府在当年恽代英就义的地方，建立了恽代英的塑像，供后人凭吊。

6.（民国）首都反省院

反省院是国民党为配合《暂行反革命治罪法》和《危害民国紧急治罪法》的颁布而设立的监狱，由国民党中央和各省党部直接控制。按照《反省院条例》规定，犯上述两项法律，无期徒刑逾7年，有期徒刑逾1/3的，经国民党中央执行委员会会议决定，可以送反省院。反省院分为首都反省院和各省反省院。首都反省院位于南京郊区晓庄，于1936年6月建成。占地面积100亩，设有男女监房，每排监房有20个号子，并有农场和窑厂作为反省人员劳动场所，常年关押300余人。首都反省院监禁的是从各地移送来的重要政治犯。

反省院监禁的对象是政治犯，因此在管理方面除采用与普通监狱基本相同的方法之外，更注重的是训育工作。首都反省院开设《三民主义》《五权宪法》等课程，要求犯人每天写日记，进行思想反省。被关进反省院的政治犯，要接受为期6个月的强化学习。期满后经评判委员会评判不准出院者，要继续留院反省，但总期不得超过5年。

面对敌人肉体和精神上的折磨，许多革命者仍然开展多种形式的斗争。有些共产党员采用“软磨”的办法，在日记中写一些日常琐事，敷衍敌人；有的借口不识字而不写日记；共青团上海闸北区委书记郭纲琳（女），因为一次次拒绝狱方的要求，不肯在“悔过书”上签字，不同意哥哥有条件的保释，并在反省院墙上书写“打倒国民党”，而被敌人重新押回宪兵司令部，1937年7月，被敌人杀害在雨花台，她是土地革命战争时期最后一个牺牲在雨花台的烈士。

1937年8月18日，周恩来、叶剑英来到首都反省院看望被关押人员，并作形势报告。报告会结束后，周恩来、叶剑英将夏之栩、王根英、熊天荆3人接走。在中国共产党的营救下，第二批、第三批的共产党人也先后被释放。9月25日钱瑛等13人最后出狱。至此，关押在反省院的女政治犯全部释放完毕。现原址已不复存在。

7.（民国）国防部保密局看守所

国防部保密局看守所位于宁海路19号，这里关押的是解放战争时期从各战场上被俘的高级军事人员。

1946年军统局进行改组，其公开特务武装部分与军委会军令部二厅合并为国防部第二厅，郑介民任厅长；秘密核心部分组成国防部保密局，毛人凤为局长。保密局第六处为军法处，南京宁海路19号看守所及各地部分监狱，均由该处主管。

1948年10月，高波、秦明、刘亚生、任天石、杨斌、董保明、李道对、李海平、李养田等9人，从各战场解来南京。后来组织狱中暴动，被敌人发觉，被保密局特务秘密杀害于看守所内。在淮海战役中，策反孙良诚的周镐、徐楚光、谢庆云、王清瀚、祝元福，也被解来南京，关押在保密局看守所，1949年解放前夕牺牲于保密局看守所内。南京解放前夕策反郝鹏举未果的新四军秘书长朱克靖，也被关押在保密局看守所，1949年4月遇害。

8.（民国）国防部军法司看守所

国防部军法司看守所位于羊皮巷18号。该看守所关押过一批共产党员和国民党起义将领。1948年11月6日，晋夫、翟许友和国民党三十军军长黄樵松、少校联络参谋王正中，队员王玉甲等从太原前线解来南京，被关押在国防部军法司看守所。晋夫、黄樵松、王正中被判死刑，11 月 27 日遇害。翟许友、王玉甲被判无期徒刑，南京解放始获自由。现原址已被解放军某部接管使用。

第十章

风景名胜区保护与建设

1950年6月，南京市兴建人民革命烈士陵筹备委员会确定了“先绿化，后建设”的方针。此后，雨花台人栽植树木，开种竹林，四季植花，大搞绿化，并分阶段开展中心纪念区等六大功能区建设。

近年来，雨花台风景区改造了供水、供电系统，扩建了广场、道路、停车场、游客餐厅和旅游公厕，完善了通信设施、消防设施系统、监控系统，完成了夜间亮化，精心制作了景点说明牌和公用标识牌，对景区的四个大门周围进行了环境改造，并对名胜古迹区实施了维护出新，提档升级后的景区面貌有了彻底的改观。至2018年，雨花台风景名胜区已成为展示南京厚重的革命文化、悠久的历史文化以及绿色之都的重要窗口。

1948 年从中华门远眺雨花台

2017 年从中华门远眺雨花台

1973 年雨花台烈士陵园建成北大门

雨花台烈士陵园南大门

梅冈梅花林

丁香路

樱花树

二月兰

红枫

杜鹃

古树点状绿化

湖岸线绿化景观

雪松古树道路

雪松林景观

竹林景观

园林景观——知名烈士墓甬道冬季

园林景观——知名烈士墓甬道春季

园林景观——生态密林区

主题景观绿化——纪念碑

主题景观绿化——纪念碑 倒影池

主题景观绿化——烈士就义群雕

主题景观绿化——纪念碑

花卉景观造型——纪念碑

主题景观绿化——雨花台烈士陵园北门广场

花卉景观造型

花卉景观造型——纪念馆

环陵园步行栈道

主干道边休憩座椅

园林高空作业

园林日常养护

园区大型树木移栽

园林景观布置

江苏国家安全教育馆

怡苑一景

江苏国家安全馆展厅

江苏国家安全教育馆展厅

南京生态文明教育馆

第一节　雨花台风景名胜区建设

1950年6月，南京市兴建人民革命烈士陵筹备委员会确定了“先绿化，后建设”的方针。此后，雨花台人栽植树木，开种竹林，四时植花，大搞绿化，并分阶段开展中心纪念区等六大功能区建设。至2018年，雨花台风景名胜区已成为展示南京厚重的革命文化、悠久的历史文化以及绿色之都的重要窗口。

1983年11月18日，江苏省计划经济委员会［计经基预字（83）44号］关于雨花台烈士陵园计划任务书的批复正式批准《雨花台烈士陵园总体建设计划任务书》。

1994年8月15日，南京市建委以［宁建综字（94）478号］文同意进行“雨花台风景区总体规划”的工作立项。1994年12月28日，烈士陵园二泉后山景区道路工程的单位设计、概算和立项获得批准，并正式破土动工；同期《雨花台风景区总体规划》的编制工作也开始。1995年12月雨花台陵园被批准为风景名胜区，使雨花台从单一凭吊纪念的爱国主义教育基地拓展为市级风景区。

1996年5月10日制定并批准了《雨花台风景区总体规划》，以南京市人民政府第60号令颁布了《南京市雨花台风景名胜区管理办法》。1996年景区通过的市级风景区总体规划，把景区划分为“烈士陵园区”“名胜古迹区”“雨花石文化区”“雨花茶文化区”“游乐活动区”和“生态密林区”六大功能区。

1997年6月23日，江苏省人民政府以［苏政复（1997）77号］文正式批准南京雨花台风景名胜区为省级风景名胜区。1997年7月25日，管理局在纪念馆召开雨花台烈士陵园被批准为省级风景区新闻发布会。景区申报省级风景区成功后，又着手制定省级风景区总体规划。

1999年9月14日上午9时，南京市人大常委会、市政府在雨花台烈士纪念馆召开《南京市雨花台风景名胜区管理条例》新闻发布会。

2000年，国家旅游局对全国旅游景点进行评审，雨花台风景区进入国家旅游局颁布的首批4A级旅游区行列。

2002 年 8 月,《雨花台省级风景名胜区总体规划》通过省建设厅组织的专家评审；2003 年 1 月，该总体规划获得省人民政府正式批准。风景区分为六大特色功能区，中部为中心纪念区，范围为从群雕像到忠魂亭中轴线上的建筑物及场地，是风景区的核心和代表性景观，承载了纪念、祭扫的功能，服务对象为全国范围内的游客；东北部为名胜古迹区，体现风景区的历史源流与文化积淀，是中心纪念区的外围游览区；西北部为游乐活动区，发展生态游乐，作为附近居民的日常活动与锻炼场所；西南部为雨花茶文化区，凸显雨花茶的特色，发展相关休闲功能，吸引附近及全市范围的居民品茶、赏茶、制茶；东部为雨花石文化区，突出自然生态的文化品位，让游人在清幽自然的环境中去体味与参与“采石、洗石、赏石”的乐趣；南部为生态密林区，一方面是风景区和纪念轴线的绿色屏障，一方面为游人提供露营、生态游赏的场所。总体规划明确了雨花台景区的定位是：以革命纪念、雨花文化、六朝遗韵为特色，是南京主城南部生态构架的主体，集教育、观光、休闲、生态等多功能为一体的省级风景名胜区。科学合理的规划，为景区今后的建设和发展提供了美好的蓝图。

2007 年 2 月，雨花台管理局委托南京市城市规划编制研究中心编制了雨花台风景区总体规划局部调整方案，2007 年 9 月 9 日，《雨花台风景名胜区总体规划局部调整》获省政府的批准，这是对 2003 年《总规》的补充和完善，更具适时性，尤其在体现古都特色、雨花特色、环境保护、生态建设等方面与时俱进。

2007 年初，为了更好地建设爱国主义教育基地，打造人文绿都、培育宁南地区的生态环境，南京市委、市政府决定全面开展雨花台风景区环境整治，专门成立了雨花台烈士陵园环境综合整治协调小组，同时由雨花台区人民政府和雨花台烈士陵园管理局共同组建“雨花台烈士陵园环境整治项目公司”，组织和推进该项工作。整个环境综合整治工作建设内容重点分两个部分。其一是由雨花台区政府拆除景区范围内荷花营、养回红村及宁溧路沿线散落的住户与工企单位，拆除后交陵园按总体规划实施建设还绿；其二是景区内的整治内容。根据《南京市雨花台风景名胜区管理条例》和 2007 年批准的《雨花台风景名胜区总体规划局部调整》中界定雨花台风景区的规划范围：雨花东路以西，纬八路以北，共青团路以东围合的区域；望江矶皖南事变三烈士墓环行道以南，三烈士墓以北，花木村水塘防火道以东，砂石场道路以西界桩围合的区域。

多年来，雨花台风景区改造了供水、供电系统，扩建了广场、道路、停车场、游客餐厅和旅游公厕，完善了通信设施、消防设施系统、监控系统，完成了夜间亮化，精心制作了景点说明牌和公用标识牌，规范了经营摊点，对景区的四个大门周围进行了环境改造，并对名胜古迹区实施了维护出新，提档升级后的景区面貌有了彻底的改观。

第二节 陵园绿化

雨花台地区的土壤组成较为复杂，主要为砂砾土、马肝土和壤土，属于江南典型的丘陵地区地貌。丘陵岗地的土壤类型主要是自然土壤黄棕壤，西南有一狭条土地，为燕子矶系土壤，母岩为浦口层紫色砂岩，山脉东南面为南京系土壤，母质为下蜀黄土。雨花台风景区全园共有乔、灌木 320 种 46 万余株，草坪、地被 10 多万平方米，绿地覆盖率达 90% 以上。古树名木（已被南京市园林局挂牌）14 个品种 56 株，其中雪松超过一半。

雨花台风景区绿化布局经过多年培育形成了较完善的“点、线、面相结合”的体系，东有成片的雪松和毛竹，西有马褂木、重阳木、水杉、金钱松，南有榉树、柏树和枫香，北有梅花、枫香和杜鹃等生态风景林，结合北门花坛、群雕处的海棠和鸡爪槭林、倒影池两侧的红枫、樱花林，纪念馆周围的桂花和紫薇林，忠魂亭前的茶花、紫叶李、广玉兰等点状绿化，以及干道两侧的悬铃木、白玉兰、广玉兰、马褂木、雪松等带状绿化，形成了花期互补，色彩多变，深浅相间，层次分明的绿化氛围。特别是中心纪念区的景观绿化栽植了雪松、马尾松、黑松、龙柏、圆柏、五针松等乔木，并采用珊瑚树、海桐、龙柏、蜀桧等常绿树种，营造高大平整的绿篱和规则翠绿的色块，依地形特征铺设的草坪亦增加了纪念区的整齐、庄重感，通过以规则式为主的植物配置手法，整体上取得统一的效果，成功突出了纪念性景观主题。

景区内植物配置层次多样，季相丰富。常绿与落叶、针叶与阔叶、乔木与灌木相结合，观姿与观叶、观花与观果相辉映，梅岗春景、竹林夏景、木樨秋景与松柏冬景相交替，形成丰富多样的植物景观。

景区因山就势景观多样，视觉丰富。风景区丘陵高地形成绿化屏障和生态林地，保证了纪念和休闲功能的相对独立，互不干扰。同时自然汇水形成的湖泊与池塘使山水结合，景观多样，形成清、雅、幽的环境氛围，具有较高的景观价值。生态优化，生物多样，物种丰富。经过多年以生态为主导的发展经营，雨花台风景区的生态环境得到很大改善，雨花湖、郁闭林地的动、植物物种日渐增多，树木品种达到320种，绿化覆盖率超过90%，且林间常年栖息有野兔、环尾雉、刺猬、獾子、野鸭及各种鸟类等60多种野生动物，呈现了良好的生物多样化趋势，为风景区增加了新的内涵。建陵初期的绿化建设以“先绿化后建设”为原则，以改变雨花台荒山秃岭为主要特色，经过近40年的绿化造林，初步形成景区的绿化雏形，形成了雨花台风景区富有特色的雪松林、竹林、桂花林、红枫林等专类植物品种集中种植区域，并构建了景区道路绿化体系。陵园扩建及主体建筑基本完成后，功能区在原有绿化的基础上，根据特色定位及配合景区建筑风格进行了绿化建设及景点绿化建设，基本形成以松科、柏科及杉科的常绿植物为骨干树种的四季常绿的绿化基调，为营造庄严、肃穆的纪念氛围起到重要的作用。景点布置与建筑景观相协调、乔木与灌木相搭配、绿色与彩色相融合，创建主题突出、景色丰富的景观效果。2007年根据南京市委市政府的有关指示，着眼于景区总体规划的要求，实施了环境综合整治工程，拆除了景区内的住户及工企单位，优化、调整了经营摊点，完成了雨花茶文化区、生态密林区的景点建设，植物造景以自然、生态为理念，根据功能定位栽植了大量的乡土树种及引进了部分彩叶树种，丰富植物品种，构建植物群落，既延续原有的植物景观效果，又扩展现代植物造景思路，形成景区各具特色的区域性园林景观。至此景区中心纪念区、名胜古迹区、雨花石文化区、雨花茶文化区、游乐活动区、生态密林区六大特色功能区绿化格局基本形成，景区功能更加完善、环境更加协调。

一、绿化荒山

雪松林　陵园绿化骨干树种以常绿针叶松柏为基调，以体现先烈坚贞不屈、万古长青的精神。1952年，南京市园林管理科绿化施工队百余人来雨花台开始核心区的绿化布景。围绕主峰、东峰、西峰及北、东、西三殉难处广泛栽植各类常绿松、柏。山丘深处并以乌桕、枫香、榉、榆、朴、楝等落叶乔木为衬托，形成多色彩针、阔叶混交林雏形。雪松刚正挺直，象征着刚毅不拔的革命品质与潇洒傲岸的气节。建陵初期，主峰前“倒影池”东西两峰相对的两内侧陡坡，栽植了丛生矮灌木紫穗槐，此树种保持水土、护坡能力较强，但其观赏效果较差。1964年春进行绿化改造，紫穗槐被刨除，换栽象征革命烈士精神长存且观赏价值较高的观赏树种雪松398株，所用树木均为10年生以上的高大植株。特别是主峰山上栽种的6棵雪松，都是园林工人在全市精挑细选的，干基都在20厘米以上，其中一株干基达40厘米。3、4年后，新植雪松树挺拔旺盛，增加了陵园庄严肃穆的氛围。

竹海　陵园大量种植竹林，浩瀚成海，象征英雄不畏牺牲的高尚气节。园林部门在20世纪50年代就开始在景区种植竹子，面积达150亩，陵园中心纪念区东南部缓坡上一片毛竹林，是20世纪50年代末辟建的融自然景观与人文景观为一体的园林景点，既能造景，又有衔接知名烈士墓、东殉难处、纪念碑等人文景观的功能。这是南京最大的连片竹林，长势茂盛，四季常青。

1997年园林部门二忠祠及仿竹亭周围，建立了竹品种观赏园，共引进优良观赏竹品种42种，依据竹子的不同种类、不同姿态，进行合理布局，有机组合，构成了一片新的风景区，使园林景点更具个性特征。

陵园竹类现有品种20余种，品种有毛竹、刚竹、苦竹、矢竹、罗汉竹、孝顺竹、慈竹、箬竹、菲背竹等，主要分布在纪念区东南部的东殉难处、知名烈士墓、李杰墓石刻及曦园、怡苑、雨花石博物馆等景点，与园林小品和设施相配套，形成绝妙的自然景观。

桂花林　风景区现种植桂花100余亩，辟建桂花专类园23亩，其中有优良品种如日香桂、佛顶珠、籽银桂、橙黄果丹、橙黄丹桂、晚银桂、晚金桂、四季桂等，还有特有的桃叶丹桂，是国内桂花品种较全的专类园。

桂花林主要分布在陵园东、西干道两大片，北广场、纪念馆周围，红领巾广场、雨花石博物馆、怡苑、东西殉难处及桂花专类园等地段。这些星罗棋布的桂花绿廊给人留下美好与芳香。特别是忠魂广场两侧及草坪前，4株大桂花对植，取“双桂留芳”之意。1965年10月，日本青年友好代表团一行200余人来中国参与中日青年友好大联欢活动，在雨花台北广场参加集体植树，栽优质大株桂花一片，计四十余株，为中日青年友好交往活动留下珍贵的纪念。

1995年春，园林部门完成了桂花专类园的一期工程，加强对桂花专类园的种植，共栽植桂花树602株，引进新桂花品种达30种。其中地栽21个品种，盆栽9个品种，

1999年4月园林部门在桂花专类园建成木樨苑景点。木樨苑景点由桂花专类园、假山瀑布、湖、亭、榭、曲桥和园林小径组成，占地12亩，其中水面占3亩。从其地理上来看，木樨苑是以桂花山为龙头的桂文化区后花园，进一步丰富了桂文化的内涵。

樱花园　樱花园位于景区雨花石文化区内，2013年樱花专类园在一系列调整栽植的基础上，引进各类樱花优良品种，现樱花品种、数量及长势已初具规模。园林部门移栽、调整了景区内长势旺盛的8株樱花，引进了34株，共完成约6000株乔灌木的种植。该园建成以后，春季繁花似锦，引得游客驻足留影，相关主流媒体也做了专题报道，大大提高了景区的社会影响力。

丁香园　丁香园位于雨花台烈士陵园东南，忠魂亭广场左侧，2013年建成。是为纪念白丁香烈士而建的专类植物主题园。整个丁香园由丁香树、汉白玉涌泉花盘及顺势而建的木栈道组成。园内栽植的22株丁香树象征22个岁月，白丁香烈士1910年出生，牺牲时只有22岁。

梅花林　梅冈位于二泉后山之上，早在明初此处就植梅成海，历经数百年，至清不衰，成为南京赏梅胜地。

梅冈现有徽州骨红、龙游梅等珍品十几种，千余株，其中还有干径30厘米以上的古梅三五株，点缀其间。梅花在二泉后山以点、线、面的不同方式分布其中，红梅、白梅、绿梅等散植于入口及后山沿线，直至梅冈，渐入佳境。

杜鹃花园　雨花台风景区自2000年以来，引进大量野生杜鹃及栽培杜鹃，其主要分布在二泉后山景区。品种有映山红、满山红、羊踯躅、马缨花等野生杜鹃，王冠、四海波、西玛、喔托、玉麒麟等名品西洋鹃，紫牡丹、紫蝴蝶、毛白等品种毛鹃，以及五宝绿珠、端阳、红日、海棠红等品种夏鹃，共四大系列20余种5万余株。景区根据“红色立园、红色兴园”的功能定位，扩大了映山红等具有质朴、顽强生命力的杜鹃花科植物的栽植，以丰富的花语展现雨花英烈的高尚革

命精神永不熄灭，代代相传。

苗圃　建陵初期，随着陵园绿化建设的不断发展，苗木需求量逐年增加，陵园也需要有自己的苗圃。1951年始，园林生产部门开始筹建苗圃，先后在杨家凹地区开辟播种区、扦插区、移植区、母本区，面积逐年扩大。20世纪60年代前期，苗圃面积已近百亩，先后繁殖、出圃大小苗木44万余株，不仅部分满足绿化增补植需苗量，还出售了一定数量商品苗，苗木年收益在10至20万元之间。

1978年十一届三中全会后，陵园的绿化与管理工作逐步转入正常，下放农村的职工陆续调回陵园。为了弥补“文革”期间绿化方面的损失，绿化苗木需求量大增。雪松、龙柏、蜀桧（gui，常绿乔木，幼树的叶子像针，大树的叶子像鳞片，雌雄异株，雄花鲜黄色，果实球形，种子三棱形，也称刺柏。）成了苗木增补植中的热门树种，绿化市场上单株幼苗时价为0.5元至1.20元。桂花、法青、紫薇、黄杨等阔叶花灌木也采用了软枝扦插进行无性繁殖，成活率达80%以上。1981年至1984年，陵园苗木年收入达14至27万元。1984年后，陵园中心纪念区各项建设陆续兴建，苗圃面积被大量缩减，1985年商品苗年收入降至13余万元。

纪念茶园　1958年烈士陵园开始建纪念茶园，意在创制“雨花茶”，纪念革命先烈，并实行“园林绿化结合生产”的指导方针，为陵园增辟经济效益途径。茶园地址选定在陵园西南部，首先运用短穗扦插法繁殖茶苗，并向本省及浙、皖茶叶生产地区征集茶籽播种育苗，茶园还派职工赴大别山水库区挖掘幼年茶树，运回栽植。为适应生产管理工作的需要，陵园内设置了茶树区队，负责茶园养护管理、扩建及茶叶加工工作。茶园面积先后扩大达76亩，植茶31万株。

1976年，陵园种植茶树虽近20年，但由于处于兴建伊始阶段，需要摸索栽培特点，在品种状况不甚清楚的情况下，产量常不稳或偏低。部分茶树出现长势衰退趋向。因此摸索幼年茶园速生丰产规律，成了当时一项值得研究的课题。

1976年末，南京市城建局向烈士陵园下达了“幼年茶园速生丰产栽培试验”的科研课题。陵园接受任务后，采取农业“八字宪法”的综合技术措施，重点抓良种、密植、适时施肥喷灌等，以求达到幼年茶园投产早、投资小、产量高的速生丰产目的。经过三年的栽培试验研究，选用的良种福丁大白茶，提前2—3年投入生产，取得亩产51斤的成果。1979年末，该项目获市科技三等奖。

花房　随着陵园绿化、美化建设及接待工作的不断完善，社会各界与陵园本单位对花卉需求量也日益增加。陵园花卉、园景两队新开辟的花圃地就有十亩以上。1953年后，荷花营老花圃处先后建起砖木结构花房三幢，面积480平方米。砖木结构花房室内温度高、湿度大，木质结构部分腐朽较快，且维修代价较高。进入20世纪70年代，三幢砖木结构花房均因破损严重而被拆除。以后陆续建的花房均为钢筋混凝土结构，其中展览温室两幢，面积共600平方米，温室周围配置假山、水池及自流滴水泉设施供游客观赏。苗圃地区内也修建钢筋结构的花房两幢，面积共733平方米。此外，1970年还改造了旧木工房为低温花房，面积318平方米，结构仍保持砖木结构，并新建了夏季室外荫棚地1442平方米。至1990年末，陵园温室栽培花卉共45类13000盆，同时

培育的大小树桩、配置的水石盆景计1324盆。2002年五一期间向广大游客推出具有江南古典园林风格、占地20000平方米的盆景园。该园新建了银杏林广场、瀑布水景、自然溪流、旱喷景观、木桥、怡亭等设施。还建成了大型现代盆景馆，馆内种植各类热带观赏植物200余种近万株，其中有酒瓶椰子，桫椤、美国金琥等数百种名品盆景，有最具观赏价值的国家二类珍稀保护植物珍珠黄杨。1985年，日本五针松制作的椿景在园艺市场颇为流行，为了进一步了解日本五针松在南京地区栽培上的适应程度及繁殖过程中的规律，陵园园艺师利用陵园花房，培育7株50年生以上的日本五针松母树，进行了人工授粉育苗技术的试验与研究。经过五年多的系统观察与研究，日本五针松人工授粉进行有性繁殖获得初步成功，种籽发芽率平均达到65.06%，幼苗平均成活率达75.04%。1989年6月，获得技术鉴定会成员的一致认可。

花圃　1998年上半年，花圃场共培育金盏菊、石竹、雏菊等地栽草花16857株，万寿菊、百日草、一串红、大立菊、国庆菊等盆花35000余盆，其中为景点布置提供草花5256盆，为陵园接待布置各类盆花1000余盆。

1999年上半年，花圃场生产了各类草花40372盆（株），其中地栽草花13955株，盆栽草花26417盆，养管木本花卉13000余盆。2000年，生产各种盆花已达25万盆左右。2001年，生产草花25.9万多盆；菊花2.8万盆，盆花生产总和已高达28万多盆。

盆景　花卉的发展，使陵园常年花团锦簇。仅大、中型常绿盆栽与各类花卉每年布景需用量就达2400盆左右。社会上一些旅游服务单位也与陵园建立了常年有偿盆花美化布置服务关系。

陵园花卉、盆景两类园艺产品，经常参与本地及外地各种不同规模的比赛与展览。取得过不少优异成绩，得过不少奖励。特别在盆景、菊花两大类展览、比赛中得奖次数尤其多，获奖等级也较高。

1979年至1990年，南京市园林局先后四次举办金陵盆景展，陵园职工创作13件树椿、水石盆景均获得佳奖；1990~1992年梅桩4件、1991~1993年插花4件先后获得一至三等奖。

1988年至1992年期间，中国花协、南京市园林局，先后在南京及杭州等地举办菊花展，陵园园林职工培育的品种菊、盆景菊、多头菊、造型菊等25盆先后获一至三等奖。

1995年，将花房改建成花卉中心并对外开放。

1997年，园林培植草花的品种增多，全年提供一串红、菊花、金盏菊、石竹、彩叶草等3.2万盆，是1996年的四倍。陵园盆景两次参展，8月份参加在大连举办的世界花卉盆景博览会，其中罗汉松获得了金奖；10月份参加在扬州举办的全国第四届盆景评比展，其中澳州杉水旱盆景获二等奖，米贞柏桩景获优秀奖。1999年在南京盆景评比中“大将雄风（罗汉松）”获一等奖；“别有洞天（微型）”获二等奖；“历经沧桑（雀梅）”获三等奖；2000年在江苏梅花盆景展评会上，“鹤鸣春晓”获一等奖；“疏影一人醉”获布置一等奖，同时获制作二等奖。

二、全民义务植树

每年清明节前后，陵园都会迎来各个阶层的植树者。全民义务植树活动开展后，前来陵园参加植树者更多，尤以军人、学生为最多。省、市党政军领导也曾亲率干部群众来陵园参加植树劳动。1981 年至 1993 年先后参加植树劳动的各界群众达 101706 人次。植树达 114957 株，其中部队指战员参加劳动人数达 82363 人次，占来陵园义务植树总人数的 80%。

1981 年，中国人民解放军工程兵工程学院在同雨花台烈士陵园共建后，每年大批官兵前来陵园义务植树，在陵园绿化建设中，成绩卓著，受到总参和南京军区的表彰。1983 年春还在望江矶革命军人公墓墓道两侧种植黑松 1200 株。1984 年立“军民共建林”碑一快。以象征军民友谊万古常青。

1986 年 11 月，共青团南京市委组织团员青年来陵园植树，在西殉难处栽植桂花 200 余株，并立“南京青年纪念林”石碑一块，以志南京青年在陵园绿化建设中的功绩。

1995 年春，南京军区派 13 个单位 4440 名解放军指战员支援陵园绿化工作。企事业及大、中专院校等 11 个单位 379 人也自愿来陵义务植树。全体来陵义务植树人员，共栽植乔灌木 11536 株，其中乔木 1360 株，毛竹 48 丛，水鸢尾 210 株，美人蕉 150 株，其他花灌木 9768 株。

1996 年春，驻宁部队、军事院校等 13 个单位 4800 人次，社会团体、大专院校等 27 个 1300 余人次来陵植树，与陵园职工共同栽植树木 11676 余株，铺植高羊茅等品种草坪 2266 平方米，拖运土方 234 平方米，平整场地 320 平方米，清理杂树 19870 平方米。

1997 年，陵园接待驻宁部队、军事院校 17 个单位 3810 人次，在宁大专院校 10 个单位 607 人次，各厂矿、机关等 5 个单位 170 人次来陵参加绿化义务劳动。这些人员与陵园职工共同栽种各种花灌木 12748 株，各类竹子 335 丛，草坪 4000 平方米，地被（大小叶麦冬）3997 平方米，挖树坑 1759 个，拖土 250 平方米，清理建筑垃圾 27 卡车，陵园内拖树枝 18 车，运盆花 6050 盆，外出运树苗和草皮 12 车次，平整土地 2000 平方米。

1998 年 3 月 12 日，南京杰出青年协会在西殉难处旁立“南京杰出青年纪念林”碑一块。南京杰出青年协会成立于 1997 年 4 月，是一个由历届“南京十大杰出青年”和“南京十大青年科技之星”组成的杰出青年群体。碑上刻着：“为了纪念自己人生中这段重要经历，协会决定每年组织新当选的青年到这里植树，以提醒自己时刻牢记协会‘追求卓越，奉献社会’的宗旨，拼搏进取，求实创新，为民族的振兴，祖国的强盛，勇敢地承担起历史赋予的重任。”

1999 年春，驻宁部队与军事院校 13 个单位 3160 名官兵，在宁大专院校及厂矿事业机关 20 个单位 1380 人次来陵义务绿化劳动。这些人员栽植各类花灌木 13912 株，铺植草坪 4486 平方米，植地被 7989 平方米，种植水生植物 192 株，清除石头瓦砾 27 车，清理枯死杂树 2.5 万千克，刨除杂树杂藤 28 亩，更换栽植土 152 立方，盆景花卉出房千余盆，平整翻地 9839 平方米。

2000 年，来陵参加义务植树的驻宁部队、大专院校及社会团体共 25 个单位 5111 人次，其中驻宁部队有 179 旅、军区司令部直属队、第二军医大学南京军医学院、南京政治学院、中国人民

解放军理工大学等14个单位4156人次，大专院校和社会团体如南京经济学院、南京农业大学、金陵中学、省直机关工委等11个单位946人次。

2001年3月6日至30日，来陵园义务植树的有179旅、军区司令部直属队、南京炮兵学院、南京政治学院等13个单位3975人次，南京市内各大专院校如南京林业大学、南京中医药大学、司法局、东南大学等10个单位535人次，总共23个单位4510人次。这些人员完成栽植各类树木3638株，刚竹400株，茶苗5805株，草花1250盆，麦冬草500多平方米，挖坑3809个，翻地、整地5965平方米，拖运土390立方，除草、清场7240平方米，运树苗1741株，搬运草花12320盆次。

三、景观绿化

（一）中心纪念区：

植物景观的特点：

1. 乔木层以常绿的针叶树种为主，结合以黄、白色花系为主的开花植物，有力地烘托了纪念主题的文化氛围。

2. 植物群落林冠线完整，且乔灌木搭配有一定的层次性，景观整体效果较好。

景点绿化：

烈士群雕周边绿化　烈士就义群雕坐落于中冈北部山坳的雨花台烈士北殉难处遗址，是雨花台烈士陵园的标志性雕塑，背倚中冈。因此配置植物选择了柏树、雪松、挪威云杉等高大常绿乔木，形成苍松如海的背景，周围成片栽植红枫、鸡爪槭、蜡梅、海棠、紫薇、红叶李等色叶树，加花灌木以配合雕塑的风格和主题，同时为增加植物景观的层次，园林部门还在雪松林下栽植了桂花、石楠、珊瑚树、黄杨等，周边区域片植或群植池杉、悬铃木等高大乔木，以增加竖向景观。缓坡和平坦地势的林下全部栽种麦冬、萱草、石蒜等地被植物。群雕广场的甬道及两侧配置有挺拔的龙柏和平整的黄杨绿篱。

纪念碑绿化　纪念碑是景区的制高点，也是林际线的重要组成部分。为了与纪念碑在体量上相协调，在主题上相统一，园林部门在设计时按照保护栽植的原则，保留了建陵之初在纪念碑二层平台两侧种植的6棵大雪松，而在纪念碑一层平台上分片配置规则的蜀桧、龙柏色块。主峰南部梯形入口两侧以大规格的珊瑚树形成高6米，宽2米的绿篱墙，下层配置高1米的圆柏绿篱，东、西、北三面坡地主要栽植雪松、柏树等，周边成片配置枫香、三角枫、五角枫、鹅掌楸、梓树等高大乔木，加之中层的桂花、紫薇等灌木，松柏林涛烘托了纪念碑的主题和肃穆的意境。

倒影池周边绿化　倒影池位于东西两座山岗之间，由于其海拔相对较低，其两侧的山岗就形成天然屏障，雪松、竹沿山坡成片栽植，按梯形规则地带对称配置植物：一层种植以樱花、红枫为主的小乔木，林下配置女贞球、海桐球、凤尾兰等，沿护坡带状种植云南黄馨；二层道路边靠近倒影池一侧对称栽植高1.5米的蜀桧绿篱，并间植宝华玉兰；二层缓坡成片铺设草坪，挡土墙边种植木香、云南黄馨、爬山虎等；三层花坛种植有圆柏球、萱草、美人蕉、月季等；倒影池四周种植凤尾兰、酢浆草。由北向南沿双层台阶进入倒影池，台阶两侧配置呈梯形状的蜀桧色块，南部出口处两侧植有高 2 米呈几何形的海桐绿篱，两边对称多层多级的植物景观配置，映衬得倒影池静谧而宁静。

纪念桥、雨花湖绿化　以自然的植物栽植方式为主，雨花湖近纪念馆一侧的湖面中散植了几十株池杉，亭亭玉立的植物身姿和清澈的湖水相得益彰，沿湖边自然地丛植金钟、木芙蓉等花灌木，西岸坡地上栽植麻栎、黄檀、黑松、马尾松、桂花、鸡爪槭、杜鹃等，使用色叶植物让其周边景色季节性地变换，形成了自然而独特的植物水景交相辉映的特色景观。

纪念馆绿化　纪念馆四周采用规则手法配置龙柏、海桐球及蜀桧绿篱等，象征了烈士的英魂万古长青。靠雨花湖地带栽植有红枫、五针松、罗汉松、丁香、银杏、冷杉等，馆东侧是桂花山的千株丹桂，树间广种映山红、石蒜等花卉，以象征革命的点点星火不断燎原。西侧山林由雪松、银杏、马尾松、七叶树、枫香、黄檀、乌桕、桂花、梅花等树木营造出层次分明的植物群落景观。馆正面有凹形缓坡，大面积铺设草坪，与坡地相连地带性种植红枫、海棠、梅花、樱花、龙柏球、火棘球、凤尾兰等。

忠魂亭绿化　忠魂亭是中心纪念区的参观路线上的结束景点。亭前斜坡上依地势配置了一片呈阶梯形状的草坪，两侧以杜鹃花带、圆柏球镶边。忠魂亭正面两侧斜坡上成片分层次种植白玉兰、红叶李、广玉兰等，坡下配置云南黄馨、麻叶绣球等。周边的自然林地中，依山势变化成片种植了白玉兰、黄檀、榔榆、深山含笑、乐昌含笑、合欢、马尾松、黑松、香樟、银杏、红花檵木、火棘、山茶花、桂花等植物，打破了纪念性园林多用松柏树种的传统。春季忠魂亭下成片洁白的白玉兰，加上黄、粉、红色花朵的衬托，呈现一派庄严、绚丽的色彩。秋季绿色映衬着黄、红、紫的色叶群，将忠魂亭衬托得深沉而壮观。

（二）名胜古迹区

植物景观特点：

1. 常绿落叶植物种类丰富，比例较为合理。
2. 野生地被物种繁多，不仅丰富了植物群落景观，而且具有一定的科教研究价值。
3. 各景点具有特色的植物景观，主题鲜明，如梅岗春景。

景点绿化：

曦园绿化　建于 20 世纪 70 年代初期，面积约 2.3 公顷，是景区内独具特色的园林景观之一。四周绿树掩映，花墙环绕，园内的建筑原是陵园的贵宾接待室，现为办公场所；园区内亭、池、假山、小道布局合理、相互映衬。曦园 20 世纪 50 年代以高大的乔木为主，有雪松、马尾松、枫香、乌桕、高干女贞、三角枫、柏树等。20 世纪 70 年代进行了首次林相改造，栽植了海棠、紫叶李、紫薇、桂花、海桐球等。20 世纪 80 年代以来，逐年进行林相改造、充实和提高。园林部门以皇家花园的布置手法，种植了五针松、茶花、春梅、红枫、油茶、杜鹃等，品种繁多，搭配合理，同时梅花的种植增加了冬春季的花卉景观。除此之外，还有宛如大型露天盆景的紫藤老桩，山林边自然状态下生长旺盛的油茶、含笑，花色绚丽的花灌木垂丝海棠、紫薇等。近年来增加了大吴风草、麦冬等耐荫地被的种植，乔、灌、草自然式搭配，郁郁葱葱、优美自然。

怡苑绿化　怡苑占地约两公顷，是20世纪80年代投资20余万元整修的一座精品园林。以前此处只有三幢砖木结构的花房（温室），先后拆除。后陆续兴建二幢展览温室，其园林小品和绿化分别由东南大学潘谷西教授和苏州古典建筑名家设计，是一处具有古典园林风格的园中园。2002年重新改造，定位于以盆景展示为主的专类园。怡园采用传统的造园手法，亭、桥、溪、假山相映成趣，对景、框景、借景自然天成。全园布局以小见大，银杏林广场以北，形如盆景的五针松后有假山叠水，小溪潺潺，又巧借远处的雨花阁，景色错落有致，扩大了视觉效果。植物配置也独具匠心，花叶俱美的杜鹃，配以罗汉松、银杏、榔榆、雀梅等乔灌木，疏密有致、高低错落、协调自然。怡苑还保存着很多独具特色的金陵派盆景佳作，特别是罗汉松盆景“大将雄风”为该园的镇园之宝，为当时不可多得的盆景美作。建设部的专家们对整个怡苑给予了高度评价：怡苑既是盆景展示园，本身又犹如构思精美的大盆景。

木樨苑绿化　木樨苑占地12亩，其中水面占3亩，绿化占总面积的67.2%，水体、道路、建筑占总面积的32.8%。该园位于雨花台烈士纪念馆东侧，北靠竹林，南依桂花山麓，西连雨花湖大堤，东邻“雨花石之歌”雕塑。木樨苑景点于1999年4月建成，由人工湖、湖石驳岸、太湖石假山、水榭、曲桥、拱桥、流杯亭、园林道路及绿化等组成。此园运用传统的挖湖堆山，理水叠石的造园手法，背依桂花山麓，大堤上垒起的假山群高达8米，由书法家常国武、王道云分别书写“木樨榭”“流杯亭”，由南京园林设计研究院设计，南京园林经济开发总公司承建。自湖堤上垒起的假山群，是园内的重要景点，瀑布从假山顶向南奔出，转而向东一泻而下，流杯亭跨水而设，表曲水流觞之意；木樨榭临水而立，水中放养大量锦鲤，成木樨观鱼景致。园内栽植了26个品种的千株桂花，木樨苑由此而得名。桂花林间还遍植数千野生杜鹃，配以二月兰、麦冬等地被植物，绿草如茵，花树常开，季相多变，尤以春秋两季为佳。

梅冈绿化　梅冈位于二泉后山之上，为了纪念东晋豫章太守梅赜带兵抵抗胡人的事迹，后人在此建梅将军庙，广植梅花，梅冈遂得名。梅冈在明初植梅成海，与钟山脚下的梅林同为南京赏梅胜地，历时数百年不衰。景区建成后，园林部门在原有植物景观的基础上，引种栽植了1000余株，十几个品种的优质梅花，其中“梅王”干径达25厘米以上，这些优质梅树与梅廊建筑自成一景，从安徽歙县移植来的粗20多厘米，高八九米的徽州骨红，从浙江宁波引种的龙游海等成为其中珍品。早春梅林间自然散落的二月兰，以及二泉后山的映山红体现自然野趣，成为该景区春季观赏的重要植物品种。

（三）雨花石文化区

植物景观特点：

1. 大片的竹林景观不仅作为天然屏障将风景区与外部城市空间隔离开，而且竹林背景的植物景观特色鲜明。

2. 相同的科属植物分布相对集中，树种长势良好，有利于进行科研植物调查。

3. 乔灌比例与常绿落叶比例较为合理，群落层次较明显，林下灌木经修剪后整体性较强，无杂乱感。

总体结构分为神话传说、科普展示和溪滩观赏三大部分。雨花石文化区的绿化以自然、生态的造园理念为基础，骨干树种以樱花为主，以“种质资源丰富、景观效果优美”为原则着力打造风景区的樱花品种专类园。特别是春季，入口处照壁上“天降花雨”碑刻及照壁前设置的雨花宝鼎在周围栽植的单瓣樱花衬托下，落英缤纷，体现“天降花雨、坠地成石”主题，营造出“游人不知春将尽，来往亭前踏落花”的意境。

（四）雨花茶文化区

植物景观的特点：

1. 色叶树种所占比例较大，营造多彩的秋季植物景观。

2. 路缘及滨水的野生花卉景观亦是该区一道亮丽的植物景观线。

3. 乔木种类丰富，可以达到三季有花、四季常青的植物景观。

雨花茶文化区位于景区西南部，占地面积约 160 亩。2009 年 4 月雨花茶文化区正式建成并对外开放。该项目确保了茶文化区原有林园和茶田的完整性，利用原有被拆除建筑的地基条件，开展文化区主体建筑设计，减少建设对林地茶田等天然环境的损伤，尊重原有地势地貌，整合现有水体，形成湿地园区。该区域园林景观主要包括水榭、木栈道、植物绿化等。

（五）游乐活动区

植物景观的特点：

1. 入口区一片以海棠为主的疏林草地，春季景观特色突出。

2. 乔灌群落结构层次鲜明，秋季上层植物以绿色为主，下层植物以红色为主，景观特点突出。

（六）生态密林区

植物景观的特点：

1. 滨水植物景观特点突出，湿生草本花卉品种丰富，春夏季植物景观色彩变化繁多。

2. 疏林草坪区以大片的草坪景观为视线中心焦点，明显区别于其他植物景观，景观特点突出。

3. 密林整体植物群落物种丰富，林冠线完整，乔灌比例与常绿落叶比例较为合理，以春夏季观花、秋冬季观叶为主要植物景观特色。

生态密林区位于景区东南部，占地面积约 330 亩，2010 年 6 月生态密林区正式建成并对外开放，是雨花台风景区规划的六大功能区之一。园林部门通过雨花台风景区环境综合整治工程，充分运用中国优秀的自然山林造园造景手法，在原本破旧不堪的“城中村”拆迁场地上建成建筑面积 1557 平方米的青少年科教基地主体建筑、1 万平方米的生态湿地，恢复林地面积 100 余亩，加上原有的自然林地，呈现出森林氛围浓郁、自然生态的休闲活动区。

生态密林区根据景观、功能、活动内容的不同划分为三大区域，分别为：湿地水景区、疏林草坪区以及青少年科教基地。

湿地水景区位于生态密林区的东面，汇集周边自然山林水系，同时引雨花湖水经林间溪流汇入成湖，湖中及水边种植大量水葱、鸢尾、睡莲、芦苇等水生观赏植物和湿地观赏植物，形成独特的湿生植物景观。该区还设有水边亭榭、曲桥、景亭等景点，游人可通过亲水平台、汀步和木栈桥，穿越于水生植物丛中，美丽植物触手可及，真正领略到与自然亲近的乐趣。

疏林草坪区位于生态密林区的中心，是一块面积近 8000 平方米的大草坪。草坪上设置了一个巨石阵，由六块总重约 500 吨的巨石组成，可供孩子们嬉戏。周边的自然坡地，或为密林树丛，或是疏林地被，极好地烘托了草坪的空旷与舒适。生态密林区主环路围绕大草坪一周，使得疏林草坪区成为衔接各个功能分区的中介景观，而草坪与周边山林的反差，散发出强烈的时代气息。

青少年科教基地主要由南京市生态文明教育馆及户外生态营地组成。生态文明教育馆建筑由中科院院士、东南大学建筑研究所齐康教授主持设计。建筑为二层框架结构，呈风车形，由八个风翼组成。馆内生态文明科普教育布展由南京市环保局与雨花台烈士陵园管理局共同组建。生态文明教育馆设有序厅、生态科普厅、生态建设厅和绿色人居厅，着重体现环保、生态、节能理念，充分运用新型环保节能设备、材料和风能、太阳能等新能源，陈列展示突出形象性、趣味性、科普性和参与性，其功能是对国民进行生态环保教育，并作为青少年课外活动教学基地，培养青少年热爱环境、保护环境的意识。

四、园林科研工作

50 多年来，园林建设坚持以林为本，科学造林，从建陵时的荒山秃岭，到现在郁郁葱葱的生态风景林，科技人员勇于探索，不断追求，成果显著。“雨花茶机制工艺的研究”获南京市科技进步二等奖；“南京地区主要园林蚧虫发生规律及防治技术研究”获南京市科技进步三等奖；“枫香齿小蠹生活习性观察及防治研究”获南京市科技三等奖。此外，在生态园林成果应用方面，通过林地改造，改善园林生态专类园，广植草坪地被，摆放四时花卉，改善园林生态环境，提高了景区观赏质量，使风景区的社会效益、环境效益、经济效益得到了同步提高，促进了园林事业的发展。

（一）园艺植物组织培养室

烈士陵园园艺植物组织培养室始建于 1985 年，其任务是通过无菌操作分离植物体（外植体）在培养基中进行接种培养，外植体在人工控制条件下生长成完整新植株，使科研结合生产，逐步实现工厂化快速育苗的目的。

1986年，园艺植物组织培养室等建完毕，开始植物组织培养试验。首次试验材料为菊花，当年获得成功，为花房提供组培菊花苗1000余株。通常依靠无性繁殖法繁殖珍贵品种的有：蟹爪含红、西施浣沙、红莲台等，采用组培法繁殖，成果均十分显著。

1987年后扩大了繁殖品种，仅月季花品种即有15个以上，也全部获得成功，成苗1万多株。运用组培繁殖的苗木比扦插苗生长快，分蘖（nie）多，花大色艳，抗病虫害力强，显示出组培法良好的发展前途。

1991年，南京市建委给雨花台烈士陵园下达课题“名贵珍稀植物组培技术繁殖的研究”。陵园组织培养室接受任务后，按计划书要求开展研究工作。1991年至1993年先后对香石竹、菊花、紫花海棠等14种花木进行了组培技术研究；名贵菊花繁殖12000株，康乃馨4000株，名贵月季7000株，其中微型月季6000株；同时获得紫花海棠组培成功。掌握外植体材料表面灭菌技术及选择合适培养基是获得组培成功的关键，试管苗的移植转苗成活率达95%。1993年4月科技成果鉴定会召开，与会专家一致认为该项组培研究成果达到省内领先水平，建议进一步推广生产。

（二）园林蚧虫发生规律及防治技术研究

1983年江苏省建委下达“南京园林蚧虫的研究”科研课题，选择雨花台烈士陵园等单位的花房作为温室蚧虫种类概查的代表。陵园在春、夏、秋三个季节调查中。采得各类蚧虫92种，分属8科47属，在所查89种主要树种上，全部均有蚧虫寄生。通过调查，制作显微玻片标本300余片，拍彩色照片100余张，制成彩色幻灯片130余张，并积累了一套完整的蚧虫名录范围、分布地点及危害程度的技术资料，有益地指导了当时的蚧虫防治工作，取得较好效果。同时，也为今后对不同种类的蚧虫在不同时期，采用不同的防治措施提供了可靠的依据。此项工作通过了南京市园林局技术鉴定小组的鉴定，并获南京市1995年度科技进步三等奖。

（三）古树名木普查复壮及保护

古树名木及名贵观赏树是园林绿化的瑰宝，数十年来，由于大自然与人为的多种原因，有些古树名木受到了不同程度的损害。有的长势萎缩，有的树势衰退，有的甚至濒临或已经死亡。

经过数年努力，陵园对所有被确认的古树名木及名贵观赏树普遍采取了较彻底的保护、复壮措施。

主峰纪念碑二层平台上的6株大雪松，定位已40多年，树高15~18米，为纪念碑增添了庄严肃穆的氛围。在纪念碑基建施工的过程中，雪松周围根部土层，因受建筑材料及建筑垃圾重压而板结，导致排水不良，透气性差，雪松长势受到很大影响。在保护过程中，园林部门清除了根部四周堆积物，增设了根部周围地下排水管，在树冠下部地面周围设置石栏杆，内栽地被，不让游人踩踏根部土壤，加强水肥管理，整枝修剪，防治病虫害，建立起养护管理档案，经过一系列的保护措施，树木长势有了明显好转。

红果榆与金银木均系野生古木，两树立地条件极为不良，均坐落在扩岸及丘陵陡坡边，水土

流失严重，树根裸露，植株四周野生邻木挤压古木树冠，影响古木生长。治理措施：首先清除挤压古木、妨害古木生长的野生或栽植树木，改善古木通风、通光条件；在扩岸及陡坡下方，修建挡土墙，在挡土墙内侧培置肥土，栽植地被，减少水土流失，加强养护管理，通过一系列的保护措施，生长不良的野生古木，长势迅速好转。

至 2015 年，雨花台风景区经市园林局认定共有古树名木 12 个品种 55 株。

目前，经过多年有效的管理，经南京市园林局认定雨花台风景区现共有古树名木 12 个品种 55 株，古树名木生长茂盛，观赏价值得到充分提高。

近年来，景区又对古树名木实施了各类保护措施，2013 年设立专项资金，对纪念碑平台的 5 株大雪松实施扶、拉、撑等保护措施，并根据植物生长情况对古树名木实施复壮保护技术，确保其良好的生长状况。

（四）枫香齿小蠹虫生活习性观察及防治研究

枫香属金缕梅科，是优良的晚秋红叶观赏树种之一。雨花台地区早期绿化时曾成片栽植，为风景林的骨干树种之一。齿小蠹虫是对枫香有毁灭性危害的害虫之一。1959 年雨花台已发现齿小蠹虫，由于防治不严，平均受害植株达 98%。1979 年至 1980 年，烈士陵园为确保枫香林的健康生长，根据市城建局的安排，进行了枫香齿小蠹虫生活习性观察及防治试验。

此虫一年发生二代或三代，幼虫、成虫越冬，危害树体时，过度郁闭林区、长势衰退的植株最易受害，疏植的林区及树冠扩展、枝叶茂盛处，基本无齿小蠹虫危害。

预防措施：首先及时消除林间枯死的枫香植株及濒死木，以消灭病虫孳生根源。同时应加强林木抚育性间伐，保证植株有充分的地力、阳光，能正常健康生长，增强抗力，防止虫害入侵。在治疗方面，以 40% 乐果乳剂原液注射，成虫死亡率为 90%，幼虫死亡率达 98%。治疗时间为三月下旬，成虫已越冬，幼虫开始活动，此时进行防治，对树体伤害较小，最迟不得迟于四月上旬化蛹前和五月上旬产卵前，以防繁殖蔓延。

“枫香齿小蠹虫生活习性观察及防治试验”科研课题，于 1980 年通过南京市城建局鉴定，1983 年获南京市科技成果三等奖，并对当时虫害防治工作，起到明显的指导作用。

（五）野生杜鹃引种及推广应用研究

为了丰富雨花台风景区的植物资源，开发和利用野生植物，风景园林处于 1998 年至 2000 年进行了野生杜鹃引种驯化和栽培利用。三年共引种野生杜鹃 24000 余株，主要有 3 个品种，其中映山红亚属 2 种（映山红、满山红），羊踯躅亚属 1 种（羊踯躅又名闹羊花）。1996 年 4 月和 1997 年 3 月先后从安徽休宁地区引种了野生杜鹃共 4000 余株，种植于试验地桂花园。1996 年野生杜鹃成活率 50.5%，1997 年成活率 67%，打破了野生杜鹃在雨花台不能栽植的“预言”。有了成功的引种栽培经验，同时又认真地分析了野生杜鹃引种成活率低的原因，并采取改进起挖、包装方法和引种时期，园林部门于 1998 年 12 月，又从安徽歙县山区引种野生杜鹃 2800 株，种植于推广试验地雨花阁西坡，当年成活率达80%以上。为了实现科学试验与园林景观的有机结合，1999年12月又引种了野生杜鹃5440株，种植于桂花园与木樨苑之间的坡地上，以增加园林景观，当年成活率达90%以上。得到了游客的赞赏，取得了较好的社会效益。多次引种成功的经验，为全面推广应用打下了基础，因此2000年12月又引种野生杜鹃12000株，种植在6000多平方米的推广种植地雨花阁西坡。

在三年的引种、栽培研究中，课题组多次赴皖南山区进行实地考察，对野生杜鹃的生态习性和生活环境进行了了解，对引进的杜鹃在栽培过程中所表现出来的生物学特性和生态习性进行了认真细致的观察和分析，特别对三种野生杜鹃的开花习性和生长习性做了详细的记录并摄制了录像和图片资料。在栽培和养护管理中，课题组根据野生杜鹃的生态习性，选择适宜的栽培环境，掌握适当的栽培方法以及采用科学规范的养护管理措施，使引种的野生杜鹃成活率和保存率逐年提高，并且让杜鹃生长健壮，花繁叶茂，取得了较好的环境效益和社会效益。在野生杜鹃的繁殖方面，虽然播种繁殖不够理想，但扦插繁殖比较成功。

通过对野生杜鹃的引种驯化和栽培，掌握野生杜鹃的生长习性和生态习性，为推广应用奠定了基础。目前每年3月下旬至4月中下旬，红、黄、粉色的野生杜鹃花开烂漫，改善了雨花台风景区山林的生态环境，也为风景区增添了景色。

2000年12月，南京市科学技术委员会对陵园“野生杜鹃的引种及推广应用的研究”出具鉴定意见：

由南京市科委组织，委托南京市建委主持，于2000年12月28日在雨花台风景区纪念馆会议室，对该课题进行了会议鉴定。专家组认真听取了项目成员的汇报，审阅了有关资料。经认真讨论，鉴定委员会一致认为：

1. 该课题研究历时三年，引进野生杜鹃羊踯躅，映山红，满山红共2.4万株，成活率逐年提高，2000年达到90%以上。数量多，面积大，景观效果好，成为雨花台风景区的一大特色。

2. 通过该课题的研究，丰富了园林的种质资源，对于杜鹃品种的繁育和新品种的开发，研究具有重要价值。

3. 通过三年的引种、栽培研究，该课题组掌握了野生杜鹃的生物学特性和生态习性，科学地分析和论证了杜鹃的生长规律、栽培技术、繁殖方法和应用方式。其技术方法正确，切合实际，论据准确，为在南京地区推广应用提供了科学依据，达到了省内同类研究的领先水平。

建议进一步进行繁殖试验，扩大数量、面积，利用优势，收集品种，建立较大规模的杜鹃园，提高景观质量效果。

（六）观赏竹引种和推广应用研究

“观赏竹的引种和推广应用的研究”项目，于1997年由南京市建委正式立项，当年春季开始组织实施，历时三年。该课题研究的主要目的是：通过试验研究，进一步开发和利用景区的原有毛竹风景林，充分挖掘竹子种类资源，引进外来品种，克服该景区竹林品种单一化现象。引种时力求引种观赏价值高的品种。研究方法是：建立竹类品种园，将品种竹之间挖沟隔离，使每个品种竹集中在一个区域地段，对主要观赏竹进行生物学特性的定位观察。

一、在观赏竹的引种上，课题组按照计划任务书的研究内容，编制了较详细的实施计划。课题组于1997年—1998年连续两年先后从南京林业大学引种金镶玉、孝顺竹、碧玉间黄金、河南桂竹、罗汉竹、小琴丝竹、槽枝竹、苦竹、菲白竹等37种266丛，并一一编号挂牌，集中栽植于二忠祠院内和仿竹亭周围。在栽植过程中，根据不同种类、不同形态的种竹，合理布局有机搭配，形成了较好的景观效果。

二、1999年春，为防止散生型竹鞭相互混杂，在每个品种竹区域间挖50厘米深沟，并用红砖砌墙隔离，使每个品种竹集中在一个区域地段，每区域3—40丛面积不等，随机栽植，并编号立牌，定期观察记载。

三、对10种观赏竹进行生物学特性的观察。如金毛竹、人面竹、白哺鸡竹、桂竹、碧玉间黄金、金镶玉、紫竹、苦竹、菲白竹、孝顺竹等，通过观察记载，初步掌握10种观赏竹不同生物学特征以及生态习性。

四、对16种观赏竹年发笋量进行调查。通过调查统计可以看出，孝顺竹、小琴竹、平竹等丛生竹年发笋量很高，长势普遍较好，特别是孝顺竹移植当年发笋量就很高，而散生竹长势差异较大，如桂竹、矢竹、筠竹、槽枝竹、罗汉竹、苦竹、大明竹等长势旺盛，而河南桂竹、黄皮刚竹、金镶玉等生长势则为一般，长势差的为白哺鸡竹和槽里黄刚竹，尤其是在阳光不足的环境下长势更差，发笋很少。同时，根据实际观察记载，孝顺竹、小琴丝竹在零下6摄氏度时，地上部就会受到严重冻害，而桂竹、苦竹、槽枝竹、罗汉竹等一些散生竹种则不易受冻。

五、在常年抚育与管理上。

1. 每年中耕除草1—2次，以保持土壤疏松，提高土壤通透性。

2.1998年5月，在竹林空间地种植金鸡菊地被，6—8月黄花一片，增加了林间色彩。

3. 适当修剪，主要修剪枯死竹以及长势过弱的竹子。

六、1999年—2000年拍摄了一些观赏竹品种以及观赏竹在园林应用方面的图片资料。

2000年12月28日南京市科学技术委员会对“观赏竹的引种和推广应用的研究”的鉴定意见：

由南京市科委组织，委托南京市建委主持，于2000年12月28日在雨花台风景区纪念馆会议室，对该课题进行了会议鉴定，专家组认真听取了项目成员的汇报，审阅了有关资料，经认真讨论，鉴定委员会一致认为：

1. 该项目选题正确，研究方法合理，工作认真，数据可靠，完成了课题的预期任务，其技术成果有较高的推广应用价值。

2. 课题组引进竹种37个，266丛，其中95%以上的种类在该景区生长正常，成活率高，建成的竹类园为该景区增添了新的景观。

3. 对观赏竹的生态习性观察，对笋量的调查以及栽培管理技术的探索，实用性强，为该景区提供了优质栽培观赏的科学依据，提出了观赏竹在园林中的应用前景，在栽培管理和应用上达到

了省内同类研究的先进水平。

建议进一步扩大建设规模，提高景观质量，加大推广应用的力度。

五、植物保护工作

（一）初期的植保工作

随着绿化的发展，森林保护工作日益紧迫。防治对象也从景区、风景林发展到苗、茶、竹、花等专项绿化领域。20 世纪 50 年代初，病虫防治工作日益专业化，植保农药统一保管发放，拖拉机装配了专用水药贮运箱、动力马达及高压喷雾器等设备。园林部门在经常性的防治活动中逐步建立了规律性预防措施，如定期病虫测报，行道及观赏树干秋冬刷白，树根挖捕越冬虫蛹，茶园、竹山萌芽前的预防喷药，夏秋夜晚灯光诱蛾等。

（二）喷药防治松毛虫

单一树种纯林的发展，往往促成一些危害严重、甚至是毁灭性虫害的发生和发展。望江矶革命公墓地区的马尾松纯林，1958 年以来连续遭受不同程度的松毛虫害。1964 年春，第一代松毛虫来势凶猛，在 9 个马尾松林区中就有 6 个林区成了重灾区，虫口密度平均单株 500 条，最多达 1000 条。在上级部门的支持下，进行了飞机喷药防治。

飞机喷药在 1964 年 7 月 3 日至 4 日两天中进行。飞行喷药共出行九架次，喷洒“666”“223”乳剂、敌百虫共 1824 斤，直接开支的农药费达 1358 元。实喷面积 500 亩。因地形特殊而造成的漏喷区约 100 亩。实喷区经抽查核实，松毛虫死亡率达 95% 以上，基本压下了松毛虫为害的猖獗势态。

飞机喷药治虫，主要优点在于防治质量高、速度快、节省劳力。但防治费用大，特别是喷药时林间昆虫良莠俱毁。破坏了林区的生态平衡，给林区带来生态上一定的不良后果。

（三）灰喜鹊生物防治

灰喜鹊是一种食虫力较强又较易驯养的森保留鸟。在南京市环保局倡导支持下，1984 年春，烈士陵园自安徽定远泉岛山林场引进灰喜鹊雏鸟 50 只，进行驯化饲养。1985 年春，留存驯化成鸟 30 只，使其进行交配繁殖，增加数量。雏鸟饲养期间，每日以哨音诱引进食，久之渐成习惯，闻哨音即飞集进食。1986 年，陵园内自动成群栖生的灰喜鹊近百只，南京林学院周世锷副教授曾多次陪同考察森保工作的国际友人来陵园参观。随着灰喜鹊群体进一步扩大，陵园中森林害虫发生量逐年减少，防治虫害用药量及防治费用也逐年下降，林间生态也日趋旺盛。

（四）松材线虫危害与防治

南京地区松材线虫病发生于 1983 年，开始见于中山陵园紫金山林区，死亡黑松约 2000 株。

雨花台烈士陵园地区随后也相继发现。据调查，1983 年雨花台地区死亡黑松、马尾松 24 株，1984 年死亡 196 株，1985 年死亡 94 株，随后每年死亡数均在 200 株左右。

为迅速控制线虫病害，1988 年开始，陵园对主要景点的黑松、马尾松 147 株进行了根埋农药“呋喃丹”的防治处理，同时还对 1384 株黑松、马尾松进行了 1—2 次“杀螟松”农药喷洒防治，对各景点的病死木清除 812 株，倒伐的病材全部下塘浸泡，残根挖除后及时剥皮，用“杀螟松”或“氧化乐果”1：50 倍液进行逐个处理。

截至 1990 年，雨花台烈士陵园地区死亡黑松、马尾松共 1520 株。占栽植总数 15%。

（五）白蚁防治

景区从 1999 年开始白蚁人工防治，通过摸底调查，掌握白蚁活动区域，制定了针对性的白蚁防治工作计划及方案，逐年分区域安排一定的经费通过人工挖除蚁巢，使景区的白蚁危害不断降低，植物成活率不断提高，环境效益逐步凸显。截至 2016 年 6 月份，共挖除 4843 巢白蚁，成功消除蚁害，景区生态环境不断改善。

（六）制定植物病虫害防治管理要求

对陵园内花、草、树木上的病虫害，做到及时巡查和测报，注重对症下药，适时防治。全年防治主要害虫有刺蛾、袋蛾、毒蛾、螟蛾、夜蛾、粉虱、蚜虫、螨类、天牛类、蚧虫类等。主要病害有：白粉病、叶斑病、线虫病、轮纹病、炭疽病等。使全园花草树木生长旺盛，把病虫害控制在最低限度范围内，使全园景观不受影响，不遭受大的病虫危害。

具体要求：

1. 陵园纪念区园林一级管理的防治要求：

a. 在植物生长季节，定期进行测报，了解害虫种类，掌握虫口密度，及时防治。对行道树及景点名贵花灌木全年防治 3—4 次，喷药杀伤率在 90% 以上，及时检查药效。

b. 对一些钻蛀性害虫，如天牛、透翅蛾等，必须采取人工挖除与化学防治相结合的技术措施，全年防治 2—3 次（5 月、10 月），保证景点无明显枯死木。

2. 对二级和三级管理地段：

做到经常巡查测报，全年防治 1—2 次，保证树木不遭受大的危害。

3. 茶园：

茶场设兼职测报员 1 名，经常与植保队取得联系，全年防治主要病虫害 4—5 次，使茶叶生长旺盛，把病虫害控制在经济法限范围内。

4. 花卉：

由于花卉品种繁多，观察虫情必须全面细致，对名贵品种单独喷药，保证花卉生长正常。

5. 苗木：

对当年生扦插苗，生长季节每 7—10 天喷药防治一次，全年达 6—8 次，提高扦插成活率，对其他幼苗，全年防治 3—4 次，保证无严重病虫危害。

6. 草坪：

对园内草坪病虫害及时预测预报，特别是高羊茅草坪，要注意预测，做到及时防治，确保草坪正常生长。

7. 对不同树种、不同病虫害，采用不同农药进行防治，确保树木、花草不发生药害，新农药要先测试后推广应用。

8. 农药仓库由专人负责保管，大仓库由两人掌管钥匙，当天没有用完的农药必须入库，做到安全使用农药，在景点喷药不伤害游客等，保证不出事故。

六、园林花卉展览

陵园从 1994 年开始，举办了多次花卉展览，满足来陵游客的识花、赏花需求。

1994 年金秋赏桂游园活动　1994 年秋，陵园举办首届赏桂游园活动。赏桂游园在整个中心纪念区和马达房北广场（现在科普园）进行，布置了一串红、三角花、金苞花、雁来红、芝麻花等 15 个品种 5838 盆花卉。此外，在马达房广场制作嫦娥奔月小品景点，在桂花林间进行名贵品种的挂牌介绍，同时还设立桂花茶座，邀请园林界的扦花能手进行扦花艺术比赛，在怡苑内进行桂花品种展等多项配套游园活动。

1995 年花卉展览　1995 年全年共布置 3 次花展：“郁金香展览”“国庆赏桂游园活动”“菊花展览”。当年花展以郁金香展为主。4 月 6 日至 5 月 4 日，陵园与江苏省林业科学研究所绿宝公司共同举办郁金香花展。双方领导和有关技术人员一起，根据陵园内地形地貌特点和各种郁金香花期的不同，讨论了场景设计、主花的科学组合和衬花的合理搭配，决定设立三个展区。第一展区为雨花台北大门烈士群雕，北大门花坛上方安置一个大花篮，大花篮上下周围用郁金香装点，烈士群雕下的微倾草地上，用郁金香摆成三个平面直径为 6 米的大花环，中间花环为“日月同辉”图案。第二展区为主展区，设置在管理局园门广场内，安排体现荷兰风情的两个主要景物——帆船和风车，按抽象派手法的格调布展，形状以梅花型为主；北广场以原有嫦娥奔月雕塑为主题，按中式格调布置，同时安排郁金香品种展；两场地总共布置郁金香 2.1 万盆，陪衬花木如大叶黄杨、瓜子黄杨、铁树等 2 千盆。第三展区为纪念碑前倒影池两侧至纪念馆。以较严肃规整的格调，布置郁金香 1360 盆，陪衬花木 812 盆。

1996 年花卉展览　1996 年全年大型花卉布置共有 4 次：春季杜鹃花展、迎“七一”花卉布置、庆国庆赏桂游园活动、金秋菊花展。布置花卉 41 种，4.8 万余盆，制作“祖国万岁”“花篮”“和平”“日月同辉”等各类景点 10 余处，布置北大门群雕、纪念碑、纪念馆等景点 20 余处，投资经费 22 万元。花卉布置以中轴线为中心，采取较规则的图案式布置手法，创造一种简洁、明快、高雅、壮观的画面；以名胜古迹区为次重点，手法自然、祥和，表现出浓烈的喜庆气氛，达到人与自然，与林、木、花、草的统一。

1997年花卉展览　1997年全年大型花展4次。清明祭扫期间，陵园举办春花展和杜鹃花展，共布置杜鹃、映山红、满山红、西鹃、金盏菊、雏菊三色堇及金鱼草等各类盆花1.3万余盆，制作和布置景点9处。迎香港回归和庆“七一”花卉布置，制作“紫荆花”“雨花台”等景点8处，用一串红、鸡冠花、短牵牛、观叶植物等花卉1.2万盆。赏桂游园活动，陵园结合迎国庆、庆香港回归，进行了大规模的花卉布置，以北大门花坛、甬道、群雕、纪念碑、纪念馆、忠魂亭为重点，以东南干道、东南大门名胜古迹区为次重点，广泛地进行布置，使用一串红、金苞菊、彩叶草、芝麻花、短牵牛、万寿菊、地肤等花卉2.49万盆，桂花6000余株，制作花篮、景点12处，投资8万多元。金秋菊花展是每年的固定花展，也是重头戏，此次重点布置中心纪念区和名胜古迹区，共摆放开菊花等2.5万盆，制作“孔雀开屏”“花篮”等景点10余处，投资约11.5万元。除花展以外，陵园全年还为重大的各类园事活动进行了花卉布置。

1998年花卉展览及第二届中国国际花卉博览会　全年进行了3次花卉展览活动，并参与第二届中国国际花卉博览会景点制作。3月23日至5月5日陵园中心纪念区布置以杜鹃为主的春花展，共摆放比利时杜鹃、西洋鹃、毛鹃以及金盏菊、雏菊、四季海棠、金鱼草等10余种1万余盆，共摆设9处。在桂花盛开时节，举办桂花游园活动。陵园结合迎国庆，共布置一串红、万寿菊、矮鸡冠、国庆菊、翠菊、金苞花、芝麻花、孔雀草、五色草、美女樱、彩叶草、百日草、地肤等20000余盆。这次布展着重在园林艺术上下功夫，如北大门国旗广场上用鲜红的百日草、雪青色小菊花和黄色鸡冠花组成旋转状，烈士群雕处用一串红、万寿菊摆成“万众一心”图案，纪念碑台阶处用彩叶草、一串红、地肤摆放“国庆”二字和“红灯笼”图形。继桂花展之后，又在园内举办菊花展。这次菊花展是前几次菊展中规模最大的一次，共展出菊花2万盆，其中大立菊400余盆，塔菊10盆，塔菊花朵最多达500多朵，造型菊和悬崖菊达50盆以上，品种多、花色艳、花朵大，五彩缤纷。北门国旗广场用千盆菊花组成寿字图案，表示吉祥平安。1998年9月18日至10月8日，雨花台烈士陵园参加了第二届中国国际花卉博览会。为了参加第二届中国国际花卉博览会，陵园组织园林人员大干40天，花费25万元在玄武湖公园制作了景点“雨花神韵”。“雨花神韵”以雨花阁为代表，集江南第二泉、雨花滩等景点，体现雨花台省级风景名胜区的精华，宣传其丰富的旅游资源和历史文化。整个景点分为入口区、过渡区、自然山水区。入口区主要由“雨花神韵”景点简介牌、雨花石预制地铺装及竹牌楼组成，体量适中，制作工艺精细，色泽高雅，具有独特的韵味。通过入口是火红的一串红花带，意为欢迎四方来客，再经过竹桥，把游客引到自然山水区。自然山水区是整个景点的精华所在。“雨花神韵”是此次参展的室外作品中最大的一个景点，总占地面积达2400多平方米，整个景点共布置各类盆花3440盆，观叶植物和盆景242盆，栽植马尼拉草坪370平方米，栽植五针松、雪松、红枫、真柏等花灌木154株。为确保树木、花草的正常生长，陵园选派专人负责养管，及时浇水和防治病虫害，使景点花草树木到展览结束时还花团锦簇。“雨花神韵”获得了第二届中国国际花卉博览会景点制作二等奖和组织奖。

1999年花卉展览及南京首届园林花卉节　全年陵园共举办4次花展并参加“南京首届园林花卉节”。4次花展是：元月室内迎春花展、四月杜鹃花展、“七一”花卉布置、十一月金秋菊展。

全年共摆放各类盆花 8.5 万盆，4 次花展各具特色。1999 年，全年园林的一个重要活动是“南京首届园林花卉节”。1999 年 9 月 11 日至 10 月 18 日景区内举办南京首届园林花卉节活动。在园林花卉节环境布置上，陵园共摆放百日草、藿香蓟、一串蓝、一串红、狼尾鸡冠、凤尾鸡冠、万寿菊、凤仙花、矮牵牛等 32 个品种 13 万余盆。围绕中心纪念区和名胜古迹区两条景观线，采用不同的园林艺术手法，突出喜庆、祥和、高雅的主题，展现了当代的风采，烘托中华人民共和国成立 50 周年、澳门回归的节日氛围。布置分四个区域：第一，在北大门国旗广场，用百日草、矮牵牛组成南京市花梅花图案，群雕甬道用五色草制作 8 条立体龙柱，龙柱下用凤尾鸡冠、藿香蓟、一串蓝等花卉摆 50 米长两条花带，群雕像下台阶两旁的红、黄狼尾鸡冠围绕着用五色草、国庆菊、大花马齿苋制作而成的回归花钟，图案清晰、色彩亮丽；第二，在纪念碑台阶上，用大片的红、黄鸡冠花，国庆菊，地肤等，摆放出建国 50 周年标志“50”字样和古长城图案，气势宏伟，色彩明快；第三，从纪念碑、纪念馆到忠魂亭，用一串红、国庆菊、芝麻花、矮牵牛、金苞花等组成 800 多米长的花带、花环，色彩鲜艳，壮观热烈；第四，名胜古迹区的园门广场，陵园以孔雀开屏、风调雨顺为主题，根据周围环境的特点，制作了竹牌门、竹亭廊、风车、孔雀造型等景点，展示了园林小品的艺术特色。竹亭廊中悬挂着各种花球，构成立体花景，现代风车，随风而转。南京市园林花卉节获南京市环境布置气氛一等奖；龙柱景点二等奖。

2000 年花卉展览　全年共举办 3 次花展及第一届雨花石艺术节的花卉布置：迎春室内花展、杜鹃花展、“七一”花卉布置，共摆放各种花卉 5.15 万盆。在第一届雨花石艺术节和国庆节中，共摆放了 12 万盆花卉，制作景点 10 处。

2001 年花卉展览　全年举办了春季花展、秋季花展和金秋菊花展，共摆放鲜花 30 万盆。

2004 年花卉展览　举办了雨花台首届特色观赏植物杜鹃花展和第九届菊花展。

2005 年花卉展览　4 月举办第二届杜鹃花展，共展出映山红等四大系列 20 余种 3 万余株。国庆期间，用数万盆鲜花摆放出各种造型的图案，尤其是用 3 万盆鲜花在纪念碑平台摆出的巨型十运会标志和“喜迎十运”字样格外引人注目。11 月份举办第八届金秋菊花展，共展出各类名品菊花 10 万余盆。

2006 年花卉展览　举办第三届杜鹃花展、金秋花卉盆景展。

2011 年花卉展览　举办第一届郁金香花展，共选用红色系列的“红色印记”“红力量”；黄色系列的“普瑞斯玛”“检阅”以及紫色、黑色系列的“紫衣王子”“小黑人”等三大系列、19 个品种、4.4 万余株郁金香。4 万余株红、黄色系的郁金香花吸引大量游客和摄影爱好者。

2012 年花卉展览　在国庆节期间，纪念碑台阶上布置的“祖国好”系列之二“卡通笑脸迎国庆”花坛图案获得了社会各界的好评，并首次出现在《南京日报》头版上，赢得了社会的全面关注。清明期间举办景区第二届郁金香花展，选用红、黄色系郁金香共计 3 万余株，取得了广泛的社会关注度。

2013 年花卉展览　清明等重大节日花卉环境布置共使用了三色堇、孔雀草、矮牵牛、花毛茛、海棠、映山红、一串红、马齿苋等 10 个品种，共计 20 万盆装点景区，特别是纪念碑百级台阶以花卉摆置而成的雪松造型，以黄色“思念”2字镶嵌其中，在植物展现方式上有了新的突破。

2015年花卉展示　清明节的景区环境布置工作，既遵循往年的工作经验，又推陈出新，扎制以纯白和淡黄两种百合为主的鲜花花篮，园区内共摆放大铁树6盆，小铁树6盆，花毛茛、孔雀草、一串红等各类草花近万盆，聚集了环境亮点，烘托了节日的气氛。

七、陵园生物多样性的培育和保护

自1950年，南京市兴建人民革命烈士陵筹备委员会确定“先绿化后建设”的方针后，陵园开始大规模植树造林，开种竹林，四时植花。经过几代园林工作者的辛勤劳动，雨花台现在已苍松似海，翠竹成林，繁花异草满园。现有林地面积已达134公顷。树木品种达到285种，比20世纪80年代的218种，增加了67种。绿化覆盖率达87%以上。雨花台风景区重视生态环境的建设和保护，使景区的生态质量、景观质量以及风景资源的保护和合理开发利用等方面均得到良好的发展。

（一）景区植物群落培育和野生动物群落

雨花台风景区属丘陵地带，土壤组成较为复杂，丘陵中有土丘、马岗丘、砾石层丘，林地立地条件差，给绿化造林工作带来了一定困难。园林工作者克服种种困难，经过几十年的植树造林，林相改造，地被引进应用，园林造景已初见成效。但是由于树种单一，造成景观单一，观赏价值低，景区植物的空间结构也不尽合理。因而，园林部门对此逐年进行改善与提高。

1. 丰富树种，调整林相。园林部门增加枫香、乌桕等阔叶乔木色叶树种，在阔叶杂木林中增植常绿乔木和灌木层，主要选用香樟、石楠、枸骨、法青、桂花、含笑等半荫常绿树种；结合春季绿化改善了纪念碑北侧及东炮台南坡的林相，栽植雪松、龙柏、桂花等常绿植物；在乔木林中增加灌木层，如在名胜古迹区林地间也栽植耐阴的下层灌木石楠，同时在以枫香为主的林间点植香樟、雪松、海桐球、杜鹃等常绿树种来调和季相，并引种了杜英等树种逐步丰富景区植物资源。对古树名木也进行了重点保养，目前，景区林中有13个品种50多株古树名木。把单一的林种改造成为混交林，成为“多品种，多层次，多色彩，多香味”的自然林地。

2. 营造多种植物景观。景区内先后栽植了连片的竹园、桂花园、海棠园、红枫林、樱花林、紫薇林、观赏茶园、梅花园及杜鹃山等景观林、园。景区中已形成占地120亩的观赏竹园，品种达37个；野生杜鹃的引种形成了数万株映山红、杜鹃满山竞放；到了春季，二泉后山的梅冈更是游人赏梅的佳地。

3. 选用多种地被植物，增添山林色彩与野趣。在人工栽种或播种野生地被植物上，注意选用多品种、不同花期的地被植物。如在东、西干道两侧的林下大量栽植耐阴的阔叶麦冬草、小叶麦冬草数万平方米，路边林下也种植了八角金盘、洒金桃叶珊瑚等耐荫地被来丰富植物景观层次，同时在山林中播种棕榈、苔草等植物。自播能力强的一、二年花卉在山林中得到普遍应用，如旱春的二月兰、仲夏的紫茉莉、太阳花以及红领巾广场的樱花，播种面积达2万余平方米；林地桂花山、红领巾广场水杉林山坡、二泉后山集中栽植石蒜近万平方米，在南大门绿带及木樨苑景点栽植萱草2000多平方米，在二泉茶社与雨花阁周围栽植八仙花、夜来香等地被数百平方米，从而丰富了春夏两季山林中的鲜花景观。

4. 良好的生态环境，显现出动物、植物的情景交融。风景区林间结构的日趋合理，良好茂盛的植物群落，为野生兽类、鸟禽类、爬行类等动物种群的栖息和繁殖提供了适宜的自然环境。目前，景区内常年有野生兽类如野兔、刺猬、獾子等，鸟禽类如环尾雉、孔雀、喜鹊、鸽子、画眉鸟、布谷鸟、金丝雀等，爬行动物主要有蛇类、壁虎等，经初步观察统计有30余种，初步呈现了生物多样性的自然生态景致。

（二）生物资源的管理和保护措施

为了使风景区的建设和发展有法可依，1997年2月26日，宣传贯彻南京市人民政府第60号令《南京市雨花台风景名胜区管理办法》动员大会在陵园召开。1999年，江苏省人大又通过了《南京市雨花台风景名胜区管理条例》地方法规，从而在法律上为雨花台风景区的建设、保护与发展提供了保障。

根据风景名胜区管理条例的有关规定，管理局进一步加强对风景区花草树木的有效管理和保护。近年来，制定了各种管理制度和要求。

附 1：《南京市雨花台风景名胜区管理条例》

南京市雨花台风景名胜区管理条例

（1999 年 7 月 16 日南京市第十二届人民代表大会常务委员会第十次会议制定 1999 年 8 月 20 日江苏省第九届人民代表大会常务委员会第十一次会议批准根据 2004 年 5 月 27 日南京市第十三届人民代表大会常务委员会第十次会议通过，2004 年 6 月 17 日江苏省第十届人民代表大会常务委员会第十次会议批准的《关于修改〈南京市雨花台风景名胜区管理条例〉的决定》修正）

第一章　总则

第一条　为了加强雨花台风景名胜区的保护和管理，根据有关法律、法规，结合本市实际，制定本条例。

第二条　本条例所称的雨花台风景名胜区（以下简称风景区），其范围包括：雨花东路至雨花台街以南，纬八路以北，雨花台街、共青团路以东，雨花东路及宁溧路以西围合的区域；望江矶皖南事变三烈士墓环行道以南，三烈士墓以北，花木村水塘防火道以东，砂石场道路以西界桩围合的区域。

风景区分为核心保护区和一般保护区。烈士群雕以南、忠魂亭以北、环陵路西干道以东、纪念碑至东炮台道路以西围合的区域，以及东殉难处、西殉难处、知名烈士墓为核心保护区；核心保护区以外为一般保护区。

第三条　任何单位和个人在风景区内必须遵守本条例。

第四条　雨花台烈士陵园管理局（以下简称管理局）是风景区的管理机构，负责实施本条例。

建设、规划、国土、园林、公安、市容、环保、文物、旅游和工商行政等有关部门，应当按照各自职责，协同做好风景区的管理工作。

第五条　风景区内任何单位和个人应当服从管理局在风景区规划、资源保护、开发建设、经营活动和环境卫生等方面的统一管理。

任何单位和个人都有保护风景名胜资源、风景区环境的义务，并有权检举和制止破坏风景名胜资源、污染风景区环境的行为。

第六条　管理局应当充分利用风景名胜资源，开展健康有益的游览和文化娱乐活动，宣传爱国主义、集体主义和社会主义，普及历史、文化和科学知识。

第二章　规划和建设

第七条　风景区的保护、建设、利用，必须制定规划。

风景区总体规划由市人民政府组织建设、规划、文物、管理局等有关部门和单位编制，并报省人民政府审批。

各景区的详细规划由市规划主管部门会同管理局及有关单位，根据风景区总体规划组织编制，并按规定报批。

第八条　编制风景区规划必须遵循以下原则：

（一）符合有关保护和利用风景名胜资源等法律、法规的规定；

（二）符合南京市城市总体规划；

（三）保持自然景观和人文景观的原有风貌，保护风景区生态环境，各项建设设施应当与风景区环境相协调。

第九条　风景区规划经批准后，任何单位和个人都必须严格执行，不得擅自改变。因特殊情况确需调整、变更风景区总体规划或者各景区详细规划时，必须按照原审批程序报批。

第十条　核心保护区内，除进行保护性维修、完善基础设施或者恢复原有纪念性建筑外，不得新建其他建筑物和设施。

第十一条　一般保护区内，不得擅自新建或者改建、扩建建筑物和设施。确需新建、改建、扩建建筑物和设施的，必须符合风景区规划，并经管理局审查，按照有关规定办理审批手续。

单位经批准新建、改建、扩建的建筑物和设施，不得超出批准的规划用地范围，其布局、高度、体量、造型、色调等应当与周围景观和环境相协调。

个人不得新建房屋和设施。经批准维修、改建的房屋和设施，必须在原地进行，并且不得超出原占地面积和建筑高度。

第十二条　风景区内已有的建筑和设施，凡是污染环境、破坏景观、妨碍游览的，应当限期治理或者逐步迁出。

第十三条　在风景区内施工的单位和个人，必须采取措施保护环境和资源，维护景物完好，保证游客安全。

第三章　保护和管理

第十四条　风景区内的纪念性建筑、文物古迹、历史遗址、园林等人文景物和林木植被、野生动植物、地形地貌、山体岩石、泉湖水体等自然景物，均属风景名胜资源，应当加以保护。

第十五条　风景区内的风景名胜资源实行有偿使用制度。利用风景名胜资源而受益的单位和个人，应当按规定向管理局交纳风景名胜资源有偿使用费。

风景名胜资源有偿使用费应当专项用于风景名胜区的保护、建设和管理。

第十六条　风景区内禁止下列行为：

（一）携带兽类宠物进入风景区；

（二）攀折、刻划树木和采摘花卉、损毁公用设施；

（三）乱扔废弃物；

（四）擅自进入倒影池、雨花湖、忠魂池；

（五）在文物、景物上涂写、刻划、张贴；

（六）从事封建迷信活动、行乞、酗酒滋事；

（七）燃烧树叶、荒草、垃圾，在禁火区内吸烟、动用明火；

（八）损毁景物、林木植被；

（九）捕猎野生动物；

（十）法律、法规禁止的其他行为。

第十七条　风景区内的树木，任何单位或者个人不得擅自砍伐。

核心保护区内确需砍伐、更新树木的，应当经市人民政府批准。

一般保护区内需要砍伐非珍贵树木的，应当经管理局批准；砍伐树木十棵以上的，应当经市人民政府批准。

禁止砍伐风景区内的古树名木。

第十八条　未经管理局批准，不得在风景区内摆摊设点、兜售物品或者开垦土地、挖沙取土。

第十九条　在风景区采集物种标本的，应当经管理局同意，在指定地点限量采集。

第二十条　公务活动和旅游机动车辆经管理局同意方可进入风景区，并须服从管理局的管理，按指定路线行驶，在指定地点停放。其他机动车辆禁止进入风景区。

除残疾人专用车外，非机动车辆禁止进入风景区。

第二十一条　核心保护区内禁止设置户外广告。非经管理局同意，不得设置标牌、标语。

一般保护区内设置户外广告、标牌、标语的，应当经管理局同意，并办理有关手续。

第二十二条　在风景区内占用、挖掘道路的，应当经管理局同意，并办理有关手续。

第二十三条　风景区内的任何单位和个人不得随意倾倒垃圾；排放的烟尘、污水和噪声，必须符合国家和省、市规定的排放标准。

第二十四条　管理局应当对风景区重要的纪念性建筑、文物古迹、古树名木和重要的景物进行登记，制定相应的保护措施。

第二十五条　管理局应当采取措施，管理好风景区内的环境卫生和饮食服务卫生。

第二十六条　管理局应当加强风景区的治安、安全工作，确保良好的公共秩序。旅游高峰期间应当制定安全疏导人员的方案，保证游客安全。

管理局应当履行消防安全职责，完善消防设施，防止火灾发生。

第四章　法律责任

第二十七条　违反本条例规定，有下列行为之一的，由管理局责令改正，造成经济损失的，责令赔偿损失，可以并处罚款：

（一）违反第十一条规定的，责令其限期退出所占土地，拆除违法建筑，处以每平方米一百元以上二百元以下罚款。

（二）违反第十六条第（一）项、第（二）项、第（三）项、第（四）项规定的，处以五十元以下罚款；

（三）违反第十六条第（五）项、第（六）项、第二十条规定的，处以二十元以上二百元以下罚款；

（四）违反第十六条第（七）项规定的，处以十元以上五百元以下罚款；造成严重后果的，处以一千元以上五千元以下罚款；

（五）违反第十六条第（八）项、第二十三条规定的，处以一百元以上一千元以下罚款；情节严重的，处以一千元以上三万元以下罚款；

（六）违反第十六条第（九）项规定的，没收捕猎工具；没有猎获物的，处以一千元以上二千元以下罚款；有猎获物的，没收猎获物，处以二千元以上五千元以下罚款；

（七）违反第十八条规定的，处以五十元以上二千元以下罚款。

法律、法规规定由其他部门处罚的，依照法律、法规的规定执行。

第二十八条　当事人对行政处罚决定不服的，可以依法申请复议或者提起诉讼。当事人不依法申请复议或者提起诉讼，又不履行行政处罚决定的，由作出处罚决定的机关申请人民法院强制执行。

第二十九条　管理局工作人员玩忽职守、滥用职权、徇私舞弊的，由其所在单位给予行政处分；构成犯罪的，依法追究刑事责任。

第五章　附则

第三十条　本条例自 1999 年 10 月 1 日起施行。南京市人民政府 1997 年 1 月 23 日发布施行的《南京市雨花台风景名胜区管理办法》同时废止。

附 2：陵园历次古树名木统计

第一批古树名木一览表（1982 年）

编号	树木名称（学名）	估计树龄（年）	科名（学名）	株树	所在地点	生长情况	挂牌时间	树木规格（m）		
								树高	胸围	冠径
180	红果榆	70	榆科	1	东炮台东侧		1982 年	15	0.8	12
179	挪威云杉	40	松科	3	北殉难处	中	1982 年	8.5	0.46	7
	金银木	70	忍冬科	1		中				

第二批古树名木一览表（1984 年）

树木名称	株数	所在地点
大雪松	20	位于主峰纪念碑二层平台及北广场
挪威云杉	3	位于北殉难处
红果榆	1	位于东炮台东坡
金银木	1	位于纪念馆西南茶园池塘北
铅笔柏	2	位于雨花石博物馆院内
桧柏	12	位于主峰纪念碑平台下北侧
朴树	1	位于主峰纪念碑东

第三批古树名木一览表（1998 年）

编号	树木名称（学名）	估计树龄（年）	科名（学名）	株数	所在地点	生长情况	挂牌时间	树木规格（m）		
								树高	胸围	冠径
162	雪松	约 80	松科	31	主峰及圆门口				2.7	
163	银杏	约 100	银杏科	1	园林公司内	中		8	1.4	4
164	朴树	80–90	榆科	2	园林内主峰东			20	1.8	6
165	龙柏	约 40	柏科	1	纪念馆广场前			8.5	0.62	2.5
166	白榆树	约 80	榆科	5	陵园南广场			25-30	1.78	8
167	日本冷杉	约 80		1	知名烈士墓处					
168	红杉	20	杉科	1	桂花专类园			3	4–6	200
169	五角枫	100	槭树科	3	东炮台上			10	165-170	100
170	桂花	100	木犀科	1	西殉难上	中		5	80	300
171	榔榆	80–120	榆科	1	主峰东北角	中		20	170	200

2015年古树名木一览表

挂牌号	树名	株数	地址	树龄（年）	胸围（厘米）	冠幅（米）	树高（米）	日常养管责任单位（人）	生长状况
180	红果榆	1	雨花台烈士陵园高座寺东侧	80	187	7.5	22	雨花台烈士陵园管理局	一般
407	雪松	1	雨花台烈士陵园东炮台	95	142	11	14	雨花台烈士陵园管理局	一般
408	雪松	1	雨花台烈士陵园西炮台	95	205	12.9	18	雨花台烈士陵园管理局	一般
409	雪松	1	雨花台烈士陵园西炮台	95	214	10.2	17	雨花台烈士陵园管理局	一般
410	雪松	1	雨花台烈士陵园西炮台	95	212	12.5	18	雨花台烈士陵园管理局	一般
411	雪松	1	雨花台烈士陵园西炮台	95	201	11.5	14	雨花台烈士陵园管理局	一般
412	雪松	1	雨花台烈士陵园西炮台	95	206	9.6	16	雨花台烈士陵园管理局	一般
413	雪松	1	雨花台烈士陵园西炮台	95	290	15.3	16	雨花台烈士陵园管理局	一般
414	雪松	1	雨花台烈士陵园忠魂亭东侧	95	146	10.3	10	雨花台烈士陵园管理局	一般
415	雪松	1	雨花台烈士陵园东炮台	95	160	10	13	雨花台烈士陵园管理局	一般
416	雪松	1	雨花台烈士陵园东炮台	95	163	9.8	14	雨花台烈士陵园管理局	一般
417	雪松	1	雨花台烈士陵园东炮台	95	222	14.2	9	雨花台烈士陵园管理局	一般
418	雪松	1	雨花台烈士陵园园门广场	95	190	13.4	13	雨花台烈士陵园管理局	一般
419	雪松	1	雨花台烈士陵园园门广场	95	157	9.9	13	雨花台烈士陵园管理局	一般
420	雪松	1	雨花台烈士陵园园门广场	95	172	9	13	雨花台烈士陵园管理局	一般
421	雪松	1	雨花台烈士陵园园门广场	95	194	9.5	16	雨花台烈士陵园管理局	一般
422	雪松	1	雨花台烈士陵园园门广场	95	172	9	15	雨花台烈士陵园管理局	一般
423	雪松	1	雨花台烈士陵园东炮台	95	165	9	15	雨花台烈士陵园管理局	一般
424	雪松	1	雨花台烈士陵园科普园	95	253	12.5	15	雨花台烈士陵园管理局	一般
425	雪松	1	雨花台烈士陵园科普园	95	179	9	18	雨花台烈士陵园管理局	一般
426	雪松	1	雨花台烈士陵园科普园	95	177	9	17	雨花台烈士陵园管理局	一般
427	雪松	1	雨花台烈士陵园科普园	95	200	12	16	雨花台烈士陵园管理局	一般
428	雪松	1	雨花台烈士陵园科普园	95	192	8	19	雨花台烈士陵园管理局	一般
429	雪松	1	雨花台烈士陵园东炮台	95	175	11	12	雨花台烈士陵园管理局	一般
430	雪松	1	雨花台烈士陵园东炮台	95	173	11.6	10	雨花台烈士陵园管理局	一般
431	雪松	1	雨花台烈士陵园东炮台	95	173	11.6	10	雨花台烈士陵园管理局	一般

续表

挂牌号	树名	株数	地址	树龄（年）	胸围（厘米）	冠幅（米）	树高（米）	日常养管责任单位（人）	生长状况
432	雪松	1	雨花台烈士陵园纪念碑西侧	95	326	12.3	14	雨花台烈士陵园管理局	一般
433	雪松	1	雨花台烈士陵园纪念碑西侧	95	324	15.7	20	雨花台烈士陵园管理局	一般
434	雪松	1	雨花台烈士陵园纪念碑东侧	95	326	13.2	16	雨花台烈士陵园管理局	一般
435	雪松	1	雨花台烈士陵园纪念碑东侧	95	297	17	15	雨花台烈士陵园管理局	一般
436	雪松	1	雨花台烈士陵园纪念碑东侧	95	283	17.2	16	雨花台烈士陵园管理局	一般
437	雪松	1	雨花台烈士陵园园门广场	95	154	10.5	12	雨花台烈士陵园管理局	一般
438	银杏	1	雨花台烈士陵园茶厂三角地北侧	115	151	11.6	14	雨花台烈士陵园管理局	一般
439	朴树	1	雨花台烈士陵园茶厂三角地北侧	105	206	15.1	13	雨花台烈士陵园管理局	旺盛
440	朴树	1	雨花台烈士陵园纪念碑北侧	105	244	17	12	雨花台烈士陵园管理局	旺盛
441	龙柏	1	雨花台烈士陵园纪念馆门南	40	64	5	9	雨花台烈士陵园管理局	一般
442	白榆树	1	雨花台烈士陵园园门广场	100	180	12.1	14	雨花台烈士陵园管理局	一般
443	白榆树	1	雨花台烈士陵园园门广场	100	179	14.7	16	雨花台烈士陵园管理局	旺盛
445	白榆树	1	雨花台烈士陵园园门广场	100	196	12	16	雨花台烈士陵园管理局	旺盛
446	白榆树	1	雨花台烈士陵园办公区北角	100	188	11	17	雨花台烈士陵园管理局	旺盛
447	日本冷杉	1	雨花台烈士陵园知名烈士墓	90	91	6.2	12	雨花台烈士陵园管理局	一般
449	五角枫	1	雨花台烈士陵园东炮台	115	183	12.4	15	雨花台烈士陵园管理局	旺盛
450	五角枫	1	雨花台烈士陵园东炮台	115	185	12.6	15	雨花台烈士陵园管理局	旺盛
451	五角枫	1	雨花台烈士陵园东炮台	115	215	8.6	13	雨花台烈士陵园管理局	旺盛
452	丹桂	1	雨花台烈士陵园西殉难处	115	216	11.2	7	雨花台烈士陵园管理局	旺盛
453	榔榆	1	雨花台烈士陵园东炮台	115	230	12	13	雨花台烈士陵园管理局	旺盛

续表

挂牌号	树名	株数	地址	树龄（年）	胸围（厘米）	冠幅（米）	树高（米）	日常养管责任单位（人）	生长状况
719	圆柏	1	雨花台烈士陵园纪念碑东侧	120	108	7	15	雨花台烈士陵园管理局	一般
720	圆柏	1	雨花台烈士陵园东殉难处	120	117	6.2	15	雨花台烈士陵园管理局	一般
721	铅笔柏	1	雨花台烈士陵园高座寺内	100	98	6	17	雨花台烈士陵园管理局	一般
722	圆柏	1	雨花台烈士陵园纪念碑后	150	107	4	14	雨花台烈士陵园管理局	一般
723	圆柏	1	雨花台烈士陵园纪念碑后	150	124	4.7	13	雨花台烈士陵园管理局	一般
724	圆柏	1	雨花台烈士陵园西殉难牌坊	120	120	6.7	15	雨花台烈士陵园管理局	一般
725	圆柏	1	雨花台烈士陵园西殉难牌坊	120	94	1.9	16	雨花台烈士陵园管理局	一般
726	圆柏	1	雨花台烈士陵园西殉难牌坊	120	102	3.4	15	雨花台烈士陵园管理局	一般
727	圆柏	1	雨花台烈士陵园西殉难牌坊	120	113	3.7	17	雨花台烈士陵园管理局	一般

注：银杏为国家二级保护的古树。

龙柏为德意志民主共和国主席昂纳克所栽。

红杉为世界保护树种，由美国引进。

附 3：2010 年《雨花台风景区现状植物品种目录》

2010 年雨花台风景区现状植物品种目录

（共有木本植物 54 科 102 属，165 种，草本植物 31 科，51 属，54 种）

木本植物

科名	属名	种名	变种 / 变型
柏科	圆柏属	圆柏	龙柏
	扁柏属	线柏	
		日本花柏	
		扁柏	
松科	冷杉属	日本冷杉	
	云杉属	挪威云杉	
	雪松属	雪松	
	金钱松属	金钱松	
	松属	白皮松	
		日本五针松	
		黑松	
		马尾松	
		湿地松	
罗汉松科	罗汉松属	罗汉松	
杉科	水杉属	水杉	
	柳杉属	柳杉	
	落羽杉属	中山杉	
		池杉	
		落羽杉	
红豆杉科	榧树属	榧树	香榧
槭树科	槭树属	三角枫	
		五角枫	
		鸡爪槭	红枫
		加拿大糖槭	
银杏科	银杏属	银杏	
八角枫科	八角枫属	八角枫	
漆树科	黄连木属	黄连木	
	南酸枣属	南酸枣	
	漆树属	盐肤木	
夹竹桃科	络石属	络石	
	夹竹桃属	夹竹桃	
冬青科	冬青属	枸骨	

续表

科名	属名	种名	变种/变型
		钝齿冬青	龟甲冬青
五加科	八角金盘属	八角金盘	
	常春藤属	常春藤	
小檗科	小檗属	小檗	紫叶小檗
	南天竹属	南天竹	
	十大功劳属	阔叶十大功劳	
		十大功劳	
科名	属名	种名	变种/变型
紫葳科	梓树属	梓树	
	凌霄属	凌霄	
黄杨科	黄杨属	黄杨	瓜子黄杨
		雀舌黄杨	
蜡梅科	蜡梅属	蜡梅	
忍冬科	忍冬属	金银木	
	荚蒾属	珊瑚树	
		荚蒾	
		木本绣球	
	锦带花属	锦带花	
卫矛科	卫矛属	大叶黄杨	
		卫矛	
		丝棉木	
山茱萸科	桃叶珊瑚属	桃叶珊瑚	洒金桃叶珊瑚
	梾木属	光皮树	
		红瑞木	
杜英科	杜英属	杜英	
杜鹃花科	杜鹃花属	映山红	
		毛白杜鹃	
		夏鹃	
		羊踯躅	
		满山红	
大戟科	重阳木属	重阳木	
	山麻杆属	山麻杆	
	乌桕属	乌桕	
金缕梅科	枫香属	枫香	
	檵木属	檵木	红花檵木
金缕梅科	蚊母树属	蚊母树	
七叶树科	七叶树属	七叶树	

续表

科名	属名	种名	变种 / 变型
藤黄科	金丝桃属	金丝桃	
胡桃科	枫杨属	枫杨	
	胡桃属	胡桃	
	山核桃属	薄壳山核桃	
木通科	木通属	五叶木通	
樟科	樟属	樟树	
千屈菜科	紫薇属	紫薇	
木兰科	含笑属	含笑	
		深山含笑	
	木兰属	广玉兰	
		白玉兰	
		宝华玉兰	
	鹅掌楸属	鹅掌楸	
锦葵科	木槿属	木芙蓉	
豆科	紫荆属	紫荆	
科名	属名	种名	变种 / 变型
	紫藤属	紫藤	
	刺槐属	刺槐	
桑科	构属	构树	
木樨科	丁香属	紫丁香	
		丁香	
	女贞属	日本女贞	金叶女贞
		小叶女贞	
		女贞	
		小蜡	
	木樨属	桂花	
	连翘属	金钟	
		连翘	
		金钟连翘	
	茉莉属	迎春	
		云南黄馨	
海桐科	海桐属	海桐	
悬铃木科	悬铃木属	悬铃木	
石榴科	石榴属	石榴	
蔷薇科	绣线菊属	李叶绣线菊	
		麻叶绣线菊	
	火棘属	火棘	

续表

科名	属名	种名	变种 / 变型
	枇杷属	枇杷	
	石楠属	椤木石楠	
		石楠	
	木瓜属	木瓜	
		贴梗海棠	
	苹果属	垂丝海棠	
		西府海棠	
	棣棠属	棣棠	
	梅属	榆叶梅	
		紫叶李	
		杏树	
		梅树	
		桃树	垂枝桃
		桃	碧桃
		樱花	
		日本早樱	
		日本晚樱	
	蔷薇属	月季	
		野蔷薇	
	悬钩子属	茅莓	
		悬钩子	
茜草科	栀子属	栀子花	
	六月雪属	六月雪	
杨柳科	柳属	垂柳	
科名	属名	种名	变种 / 变型
	杨属	毛白杨	
		意杨	
无患子科	无患子属	无患子	
	栾树属	栾树	
梧桐科	梧桐属	青桐	
山矾科	山矾属	白檀	
山茶科	山茶属	山茶	
		茶梅	
		茶树	
瑞香科	结香属	结香	
榆科	朴属	朴树	
	榉属	榉树	

续表

科名	属名	种名	变种／变型
	榆属	榔榆	
		白榆	
马鞭草科	牡荆属	牡荆	
葡萄科	爬山虎属	爬山虎	
百合科	丝兰属	凤尾兰	
龙舌兰科	龙血树属	富贵竹	
禾本科	簕竹属	孝顺竹	
	刚竹属	毛竹	
		紫竹	
		刚竹	凤尾竹
科名	属名	种名	
		淡竹	
	箬竹属	箬竹	
		阔叶箬竹	变种／变型
莎草科	莎草属	水竹	
棕榈科	棕榈属	棕榈	
杨梅科	杨梅属	杨梅	

草本植物

科名	属名	种名	变种／变型
百合科	沿阶草属	细叶麦冬	
	山麦冬属	阔叶麦冬	
	玉簪属	玉簪	
	吉祥草属	吉祥草	
	萱草属	萱草	
鸢尾科	鸢尾属	日本鸢尾	
		黄菖蒲	
莎草科	苔草属	苔草	
	藨草属	水葱	
荨麻科	苎麻属	苎麻	
十字花科	诸葛菜属	二月兰	
蔷薇科	委陵菜属	委陵菜	
菊科	蒲公英属	蒲公英	
	黄鹌菜属	黄鹌菜	
	金鸡菊属	大花金鸡菊	
	万寿菊属	万寿菊	孔雀草
	玄参科	婆婆纳属	婆婆纳

续表

科名	属名	种名	变种 / 变型
		通泉草属	弹刀子菜
报春花科	报春花属	点地梅	
紫草科	斑种草属	柔弱斑种草	
车前草科	车前草属	车前草	
豆科	野豌豆属	野豌豆	
	车轴草属	白三叶	
	黄芪属	沙打旺	
酢浆草科	酢浆草属	红花酢浆草	
旋花科	马蹄金属	马蹄金	
	牵牛属	大花牵牛	
禾本科	结缕草属	结缕草	
	结缕草属	马尼拉	
	芦苇属	芦苇	
	芦竹属	花叶芦竹	
	狗牙根属	狗牙根	
	羊茅属	高羊茅	
	岗草属	岗草	
蓼科	蓼属	何首乌	
芭蕉科	芭蕉属	芭蕉	
睡莲科	睡莲属	睡莲	
石蒜科	石蒜属	石蒜	
	葱莲属	红花葱兰	
龙胆科	荇菜属	荇菜	
香蒲科	香蒲属	香蒲	
千屈菜科	千屈菜属	千屈菜	
伞形科	水芹菜属	水芹菜	
天南星科	菖蒲属	石菖蒲	
罂粟科	紫堇属	刻叶紫堇	
石竹科	卷耳属	球序卷耳	
伞形科	窃衣属	窃衣	
唇形科	筋骨草属	紫背金盘	
	鼠尾草属	一串红	
	锦紫苏属	彩叶草	
茄科	矮牵牛属	矮牵牛	
夹竹桃科	蔓长春花属	蔓长春花	
堇菜科	堇菜属	大花三色堇	

附 4：雨花台风景区植物群落现状

雨花台风景区植物群落现状

景区	群落类型	群落模式	主体群落结构	植物种类退化程度(%)		乔：灌：草（乔：灌）	针叶：阔叶	常绿：落叶
				木本植物	草本植物			
中心纪念区	复层树群	文化型	雪松＋悬铃木＋龙柏＋水杉—垂丝海棠＋紫薇＋鸡爪槭＋桂花—细叶麦冬＋红花酢浆草	65	80	3∶1	3∶1	3∶1
	密林	文化型	雪松＋悬铃木—桂花＋珊瑚树＋黄杨—棕榈（幼苗）	70	90	3∶3∶1	1∶3	2∶1
	复层树群	观赏型	雪松＋龙柏＋水杉＋樱花＋宝华玉兰—海桐＋红叶石楠＋枸骨＋云南素馨—麦冬＋二月兰	10	30	3∶3∶1	1∶2	3∶2
	滨水植物群落	游憩观赏型	桧柏＋垂柳＋池杉＋黑松—桂花＋海桐＋杜鹃＋金钟	25	85	3∶1∶1	1∶3	1∶2
	复层树群	游憩观赏型	广玉兰＋圆柏＋三角枫＋乌柏—桂花＋紫叶李＋山茶＋云南素馨—沿阶草	5	50	4∶3∶1	1∶4	3∶2
	复层树群	环保型	香樟＋广玉兰＋雪松—鸡爪槭＋红花檵木＋龟甲冬青＋毛鹃—麦冬	5	50	4∶3∶1	1∶4	3∶1
名胜古迹区	密林	文化型	雪松＋悬铃木＋水杉＋圆柏—毛鹃＋棕榈＋海桐—细叶麦冬	70	80	3∶1	1∶2	3∶1
	复层树群	游憩观赏型	雪松＋广玉兰＋梅花＋白榆＋银杏＋三角枫—桂花＋鸡爪槭＋迎春＋杜鹃＋海桐—沿阶草＋细叶麦冬＋马蹄金	50	85	4∶4∶1	1∶2	3∶2
	密林	观赏型	银杏＋广玉兰＋毛竹—南天竹＋枸骨＋石楠—玉簪＋麦冬	20	40	2∶3∶1	1∶1.5	3∶1
游乐活动区	密林	文化型	雪松＋悬铃木＋水杉＋圆柏—女贞＋棕榈＋海桐—细叶麦冬	75	80	3∶1	1∶2	3∶1
	滨水植物群落	游憩观赏型	垂柳＋碧桃＋圆柏—结香＋麻叶绣球＋大叶黄杨	5	70	5∶2∶1	1∶1.5	3∶2
	复层树群	游憩观赏型	刺槐＋榔榆＋乌桕＋枫杨—红叶石楠＋枸骨＋洒金桃叶珊瑚—麦冬＋苔草	30	85	5∶3∶1	1∶2	3∶2

续表

景区	群落类型	群落模式	主体群落结构	植物种类退化程度(%)		乔:灌:草(乔:灌)	针叶:阔叶	常绿:落叶
				木本植物	草本植物			
雨花茶文化区	密林	观赏型	广玉兰+水杉+毛白杨+枫香+三角枫+鹅掌楸+银杏+毛竹—枸骨+十大功劳+海桐+八角金盘—麦冬+沿阶草、茶	40	80	4:1:1	1:3	1:1
	滨水植物群落	游憩观赏型	广玉兰+水杉+垂柳—紫叶李+连翘+红花檵木—鸢尾+红花酢浆草+芦苇+荷花	5	60	3:2:1	1:3	1:2
	密林	观赏型	白玉兰+三角枫+银杏+水杉+乌桕—红叶石楠+海桐+茶—马蹄金+麦冬	75	85	2:1	1:2	1:3
雨花石文化区	密林	游憩观赏型	宝华玉兰+广玉兰+乐昌含笑+银杏—杜鹃+含笑+海桐—麦冬	5	60	4:3	1:4	2:1
	复层树群	观赏型	毛竹+薄壳山核桃+枫杨+龙柏—毛鹃+锦带花+红叶石楠+红花檵木—沿阶草+二月兰+狗牙根	5	40	3:2:1	1:2	3:2
生态密林区	滨水植物群落	游憩观赏型	枫杨+垂柳+池杉+银杏+悬铃木—连翘+杜鹃—花叶芦竹+美人蕉+睡莲	5	5	4:3:2	1:2	1:2
	疏林草地	游憩观赏型	宝华玉兰+香樟+水杉+广玉兰+三角枫—夏鹃+垂丝海棠+栀子+桂花+金丝桃—马尼拉+狗牙根+细叶麦冬	5	1	5:4:2	1:3	1:3
	密林	环保型	毛白杨+榔榆+乐昌含笑+湿地松+鹅掌楸—夹竹桃+云南素馨+红叶石楠+毛鹃+垂丝海棠—石蒜+麦冬+狗牙根	5	10	5:3:2	1:3	2:3

附 5：《雨花台风景区古树名木保护有关规定》

雨花台风景区古树名木保护有关规定

古树名木是活的文物，是大自然的见证，具有很高的观赏价值。为保护好景区内的古树名木，应做到以下四条：

1. 建立古树名木档案，指定专人负责管理，逐一登记挂牌。

2. 做好古树名木正常抚育管理工作，加强生长季节的养护管理，及时松土除草、施肥、防治病虫害，修剪枯死枝，及时修补树干孔洞。

3. 在古树名木保护范围内，禁止堆放易燃易爆，发烟发热物品，严禁倒污水，禁止兴建任何建筑物等。禁止攀折树枝、损伤树皮、采花采果、架设电线、订钉拉绳、刻划涂写、借树搭棚等。

4. 设置护栏，严防人为破坏，严禁砍伐，迁移，如发现严重破坏情况，应及时报告园林文物处并加以制止。

园林文物处

一九九九年九月三十日

第三节　游客服务

一、游客中心

雨花台烈士陵园内设有两处游客中心，分别位于景区南、北门，于2016年9月下旬正式启用，主要向广大游客提供免费饮水、宣传资料、轮椅、童车租赁、导游导览等便民服务。目前在岗导游4名，归属社会教育部统一管理，主要负责景区内导游讲解、游客中心接待、便民服务等工作。园内导游游览线路分为4条：烈士陵园区、名胜古迹区、雨花石文化区、雨花茶文化区。每条线路参观时间30—60分钟，收费标准：30人以下（含30人）70元/条，30人以上75元/条。（根据南京市物价局宁价服［2017］2号文件要求，于2017年7月制定收费标准。）

二、陵园大门

陵园北大门　北大门位于宁芜、宁溧、雨花三路交汇处，工程由两座立柱和两间管理室组成。每座立柱长3.82米，宽2.26米，高11.7米，钢筋砼结构，上下镶砌花岗石，中间为白水泥粉斩假石。立柱设计为11.7米高，寓意俄国“十月革命”（1917年11月7日）。立柱的正面（北面）各雕凿了一座直径1.5米的花岗岩花圈，花圈底部距离地面2.6米；管理室各长3.82米，宽7.46米，高3.85米，为一层混合结构，花岗岩饰面，现作为北门卫和游客服务中心管理用房。同时建设门外沥青面层广场4400平方米，在广场西边砖砌镶空花围墙150米，分界风景区与外围雨花台街，后雨花区政府统一整治，雨花台街整体拆除，景区的一段镂空围墙也相应拆掉，原址现作为设置雨花台风景区巨型宣传幕墙用途，现存有约50米镂空围墙保持原样。

1973年陵园申请建设北大门，1974年南京市革命委员会计划委员会批复同意，同年开工。北大门由南京工学院（现东南大学）、南京市勘测设计院设计，南京市市政工程公司第六工程队施工。

陵园南大门　陵园南大门占地面积约2970平方米，其中主体建筑由二个亭式建筑、二个耳房组成，成条状对称布局。建筑轴线长80米，房屋建筑面积为140平方米，钢筋混凝土浇灌框架结构，外坪为干挂金山石板和绿色玻璃幕墙，高度3.1米至3.7米。建筑造型与周边环境十分协调，线条简洁、明快。石板表达凝重、玻璃体体现活泼，既考虑了烈士陵园的个性，也吸纳了风景区的共性，是为雨花台纪念性风景区量身定做的成功作品，是新颖、具有现代气息的门式建筑。

门式建筑轴线中间部分设置了小型喷泉水池，长12米，宽4.5米，形成树冰状、鼓泡状及彩虹状等形态各异的水体造型。门内，距小水池4米处又设置了一座塑石假山水池，长25米，宽8米，居中以园林造石手法塑造了一块长17米，宽2.5米，高近3米的仿真雨花石，形象逼真，石纹清晰，石面上镶嵌雨花台三个金色大字，由著名书法家武中奇书就，每个字高宽各约1.2米，是风景区入口处的标志性题名石。池中设置了喷泉，由雾状、涌泉状、彩链状塑造水景。沿大门内大草坪两侧铺设金山石路面的人行道，宽2米，长260米。大门内外还铺设了草坪地块和卵石铺装地面，间以红、黑石条分割，显得大气而粗犷。

南大门工程，由市建委立项，于2001年6月18日开工，2001年8月30日建筑工程全面完成，水景工程及亮化工程、绿化工程于9月15日全部竣工。南大门建筑工程由香港都市建筑设计国际有限公司旗下上海项秉仁建筑设计咨询有限公司项秉仁建筑师主持设计，经市招标办批准由南通新华建筑安装工程公司南京分公司承建。

南大门的亮化工程，除沿广场两侧设置园林式路灯及亮化巨面的原光照明外，还设置了镶嵌在建筑两侧外墙面上的雨花孔，为光导纤维特制灯具，色彩斑斓，明暗交替，星星点点，夜幕下似繁星闪烁。

该工程投资约380万元，连同基础设施及主体绿化等，总投资约为3000万元。

三、主要景点

1. 烈士就义群雕

1979年落成的北殉难处烈士就义群雕，高10.3米，宽14.2米，厚5.5米，总重量1374吨，由179块花岗石拼装而成。是我国目前同类题材中最大的花岗岩雕像。

2. 烈士纪念碑、纪念碑廊

雨花台烈士纪念碑1986年开工，1989年落成，用邓小平同志题写碑名。碑高42.3米，碑前屹立着高5.5米的烈士青铜雕像。碑底建有地下厅，总面积1664平方米。

纪念碑廊共镶嵌180块碑石，镌刻着《共产党宣言》《马克思主义的三个来源和三个组成部分》《新民主主义论》共47043字，由赵朴初等36位著名书法家书写。

3. 纪念桥

纪念桥跨越雨花湖，通向绿树环抱中的纪念馆。桥长103米，桥面铺设斑斓的雨花石，两侧为1米宽的卧式花岗岩坡面，各有12个直径0.86米的石花圈，寓意一年12个月24个节气，表达我们后人对烈士们的无限缅怀。

4. 西殉难处

西殉难处位于纪念碑广场西侧，国民党杀害了众多烈士，草草掩埋于此，成为烈士丛葬地。1950 年管理局在此建立了标志性建筑，纪念死难烈士。雨花台烈士陵园共有三处烈士殉难处，北殉难处位于景区北大门，1927 年至 1937 年国共十年内战时期被杀害的烈士多集中在这里；东殉难处位于名胜古迹区内，1937 年以后国民党当局由公开杀害烈士转为秘密杀害，为掩人耳目，将刑场从北面秘密后移，1996 年管理局重新修建纪念牌坊及圆形黑色大理石墙体建筑。

5. 东殉难处

1951 年管理局在此建立“革命烈士殉难处”的标志。1996 年雨花台烈士陵园管理局重新修建主纪念牌坊及拱卫圆型黑色大理石墙建筑。

6. 南京雨花石博物馆

南京乃至全国首家收藏研究和专门展示雨花石的国有专业博物馆，始建于 1989 年。2007 年 9 月新馆建成对外开放。展厅面积达 800 平方米，分为序厅、科普文化厅、欣赏厅三个部分，展示了雨花石独特的奇石神韵和丰富的人文内含。

7. 雨花石文化区

位于雨花台风景区东侧，面积约 3 公顷。被誉为“天赐国宝”“中华一绝”的雨花石最早见于和产在雨花台，并因雨花台而得名。雨花石文化区是一个集中展现雨花石独特文化，并满足游人赏石、捡石雅兴的五彩园地。雨花石文化区由神话传说、科普展示和溪滩观赏三大区域组成。

8. 天降花雨广场

天降花雨广场是雨花石文化区“神话传说”景观的第一部分，由照壁、碑刻和雨花宝鼎组成。碑刻上“天降花雨”四字为南京栖霞寺住持隆相法师亲笔题写。照壁前设置的雨花宝鼎，高 1.8 米，为圆形三足鼎。鼎腹前后饰蟠螭纹图案，意为一方圣土，其间点缀梅花，意为“天降花雨”。鼎腹的四周分布“雨花宝鼎”四字。雨花宝鼎的周围栽植单瓣樱花，早樱凋谢时落英缤纷的景象，映现“天降花雨，坠地成石”的主题。

9. 踏花寻台甬道

踏花寻台甬道用花岗岩和雨花石铺地。甬道中莲花块石周围镶嵌着的五彩雨花玛瑙石，与沿路的题刻景石、踏花亭等园林小品，共同营造出“踏花寻台”的意境。

10. 登台问天广场

登台问天广场是雨花台文化区“神话传说”景观的第二部分，由踏花寻台甬道、观景平台和《登台问天》主题雕塑等组成。雕塑取材于雨花台传奇故事，是雨花石文化区的标志性建筑。雕塑以简洁而又浪漫的手法形象再现了登台问天、天降花雨之壮丽场景：佛手结印向天，展臂直指苍穹，催动落英缤纷，点化花石斑斓，表现了云光法师祈求上天风调雨顺、泽被大地、五谷丰登、庇佑万民、丰衣足食的美好愿望。

11. 雨花茶文化区、雨花茶博物馆

雨花茶文化区位于雨花台风景名胜区西南部，占地面积4.5公顷。雨花茶是雨花台“双绝”之一，作为雨花台纪念文化与中国茶文化有机结合的产物，自1959年问世就跻身中国名茶之列，该区域由雨花茶博物馆、茶艺坊、雨花茶加工厂、茶园以及园林景观组成，全面展示雨花茶的自然人文之美。

12. 生态文明教育馆

2010年6月5日建成并对外开放，是全国首家以生态文明教育为主题的展馆，馆名由中国环保第一人曲格平题写。馆内由序厅、生态教育展厅、生态建设展厅3个部分组成，以展示生态环保为主题。

13. 丁香园

由丁香树、汉白玉涌泉花盘及顺势而建的木栈道组成。园内栽植的22株丁香树象征22个岁月，丁香烈士1910年出生，牺牲时才22岁。丁香树按1910年—1932年的时间顺序排列分布于绿色草坪中，以其春荣秋落，夏花冬谢的自然生长过程，寓意烈士精神生生不息、永久传承。

14. 国家安全教育馆

2009年4月建成，由国家安全部、中共江苏省委宣传部和江苏省国家安全厅三方共建，被中共中央宣传部命名为“全国爱国主义教育示范基地”。馆内以陈列中国共产党隐蔽战线光辉历史为主，生动形象地展示了中国共产党隐蔽战线斗争的光辉历程，是全国唯一以国家安全教育为主题的展馆。

15. 江苏省公安英烈墙

江苏省公安厅为纪念因公牺牲的公安干警专门建立的纪念建筑，2008年4月建成。墙面上镌刻了新中国成立以来江苏省人民警察烈士与因公牺牲的英雄模范姓名，以示纪念。

16. 红领巾广场

中国少年先锋队举行入队、宣誓等仪式的重要场所，于1980年由江苏省700万少先队员每人捐1分钱建设而成。

四、陵园道路

雨花台烈士陵园内部道路整体设计为环形道路，大路、小路、人行栈道纵横环合，均可进入陵园参观、休憩。从陵园北门广场东、西两侧迤上，为雨花台陵园东路、陵园西路及其他陵园道路。陵园东路、陵园西路为两条主要干道，2014年陵园在东、西两条主要干道建设了环园的人行木栈道，宽2米，长1900米，面积3800平方米，整体环绕景区一圈，解决人车混行的同时又为市民和游客营造一个亲近、体验自然的环境，栈道配备休闲座椅，并在局部区域设置木平台，可供市民锻炼休憩。

陵园目前主要道路如下：

1. 陵园东路：北门东侧至二忠祠（原东干道）

2. 陵园西路：北门西侧至纪念碑主峰路口（原西干道）

3. 东炮台路：主峰东侧至雨花石馆路口

4. 西炮台路：主峰西侧至物业公司路口

5. 雨花茶路：物业公司路口至南门广场西侧路口

6. 雨花石路：陵园东路与二忠祠路口至南门广场东侧路口

7. 陵园南路：忠魂亭广场西侧坡道至东门

8. 陵园中路：雨花亭至纪念碑主峰

9. 茶园路：物业公司至茶场到共青团路出口处路段

10. 生态园路：生态密林区内环形路

11. 丁香路：陵园东路御碑亭口至雨花阁

12. 红领巾路：陵园西路中段至陵园临时西门止

五、文保单位

全国重点文物保护单位

1. 雨花台烈士陵园

2. 李杰墓

省级文物保护单位

皖南事变三烈士墓

市级文物保护单位

1. 太监义会碑

2. 杨邦乂墓

3. 方孝孺墓

4. 辛亥革命雨花台之役阵亡将士人马合冢

5. 乾隆御碑

6. 古高座寺遗址

7. 江南第二泉

8. 民国碉堡群

9. 杨邦乂剖心处

六、陵园周边道路

雨花路　位于雨花台烈士陵园北面。北起南京城南中华门外长干桥，南至雨花台烈士陵园北大门。明以前称长干里，为南京最古老居民区所在。明代以后街路已形成，曾分段称米行大街、中华门外大街、南城冈。1932 年拓宽，因南抵雨花台而得名。雨花路为南京市主干道路，长 846 米，为标准四板五带式沥青混凝土路面，双向 6 车道。建陵初期雨花台烈士陵园管理处办公地点、第一次雨花台革命烈士事迹展览均在雨花路 245 号原南京丝织业同业公会址设置。

雨花大道　位于雨花台烈士陵园南大门雨花广场南，北起雨花广场，南至花神庙立交桥，是南京南部主干大道，与机场高速高架路并行，双向 6 车道，2003 年 8 月建成并命名通车。

共青团路　位于雨花台烈士陵园西大门，北起雨花西路，南至花神庙，中部与雨花北路东口对接。1957 年，为共青团义务劳动所建，故名。碑记“为纪念 1957 年 5 月中国新民主主义青年团正式更名为中国共产主义青年团，白下团区委号召全市的团员青年参加义务劳动，修筑雨花台至望江矶 3 公里路程，于 1957 年国庆节前竣工，并命名立碑为‘共青团路’。原碑‘文革’期间遭破坏。上世纪八十年代，因共青团路扩建，此碑嵌于雨花台烈士陵园西侧围墙中。2014 年 5 月，雨花台团区委重新修葺此纪念碑并拙碑记。共青团南京市雨花台区委员会。二〇一四年五月。”后因雨花南路修建，共青团路起止改变：北起雨花西路，南至雨花南路，由陵园、市政两用路改为市政主干道，双向四车道。沿街有雨麓园、普德村 128 号（陵园宿舍）、共青团路 51 号（陵园宿舍）、雨花新村、普德寺旧址等。

雨花南路　位于雨花台区雨花新村南侧，东起共青团路，西至宁芜公路，工程初名纬八路。1987 年 11 月，因在雨花台之南而命名。1999 年全线完工。2003 年 4 月又东延至世纪广场，西伸至凤台南路。

雨花东路　位于南京市区南部，中华门东南，西起雨花路南口，东至卡子门。1932 年始建，为南京至溧水公路一段，初名宁溧公路。1982 年，因在雨花西路之东而更为今名。长 2500 米。

雨花北路　位于雨花台区雨花新村北侧，东起共青团路，西至能仁里一村。1987 年 11 月命名。

雨花西路　位于南京市区南部，雨花台烈士陵园西北，东起雨花路南口，西行折南至安德门。1933 年始建，为宁芜公路首段，初名宁芜路。1982 年命名。长 2329 米。该路与中央路、中山路、中山南路组成市区第一条纵向干道，为城区道路网。

第四节　陵园经济

一、园林建设有限公司

1985年园林科改称园林管理所，1993年改称园林建设总公司，1995年改称园林建设公司，负责园林养护，苗木、花卉、茶叶的生产、经营和建设；同年，管理局设立总园艺师室，为机关职能部门。1996年同宇公司成立后，园林建设公司成为其一部分。1997年5月，园林建设公司从同宇公司中划出，管理局对其实行“发包经营，统一结算、定额上缴，超额分成，减收不补”的办法。1999年园林建设公司撤销，下属的花圃场和茶场合并成立园艺公司，园林绿化工程开发部与木制品加工厂合并成立园林建设有限公司，同年管理局将13名事业编制的职工从行政基建处分离出来，成立了独立核算、自负盈亏的“物业管理服务公司”，承接景区内50万元以下的基建维修项目，负责设备装修、水电安装、职工宿舍的管理等工作。

2003年雨花台烈士陵园管理局进行了经营性事业单位改制转企改革，采用风景区资源经营权转让特许经营的形式，组建南京市雨花台园林建设有限公司，公司下设园林建设分公司、物业分公司、园艺分公司、茶场分公司。

二、雨花台经济贸易有限公司

1993年之前，陵园的经营部门长期实行计划经济管理模式，把散布在景区内的几十个各类商品网点，划成若干经营小组，每个经营小组需完成年度经营收入任务，超收部分按比例提取奖金。1993年初，雨花台烈士陵园经营贸易公司成立，1996年1月成立了同宇实业有限公司（由1995年成立的同辉实业公司改制而成），下设园林建设公司、经贸公司、旅游开发公司（含1996年新成立的旅行社）（注：旅游开发公司1995年成立，取代1993年成立的旅游服务总公司）、雨花石博物馆（由纪念馆划出）、饮食营业部（含职工食堂，2000年更名为饮食服务公司）5个部门，按照市场经济的竞争机制，实行“自主经营、自负盈亏、自我约束、自我发展”的事业性质企业化管理。

1997年，同宇公司加大改革力度，与下设的经贸公司签订了承包合同。经贸公司引入竞争机制，本着“公平、公正、公开”的原则，实行明标暗投、投标竞争、中标上岗，进行了二次承包，给承包职工较大的自主权，除特殊商品统一由公司进货外，其余商品的进货渠道一律放开。商业网点的管理模式采取班组承包和个人承包的形式，自主经营，各承包单位单独核算。

1999年雨花石博物馆从同宇公司中划出，归入纪念馆，12月，同宇公司撤销，经贸公司、旅游广告公司、饮食服务部分别与管理局签订了承包合同。2000年5月，二泉饭店划入饮食服务公司。

2003年雨花台烈士陵园管理局进行经营性事业单位改制转企，采用风景区资源经营权转让特许经营的形式组建了雨花台经济贸易有限公司，主要从事商品流通和饭店、餐饮服务类经营。

三、南京市雨花台旅行社有限公司

青少年活动中心建成于1992年10月，在红领巾广场基础上投资扩建而成。成立之初只有一个项目蹦蹦床，人员5名，由园景园容处代管。从1993年2月起，陵园陆续投入40万元资金，增加电瓶车、碰碰车、小乐园、小火车等娱乐项目，人员8人，于1995年成为一个独立部门，同管理局签订了“定额补贴，自负盈亏”的经济承包责任制，年收入达7.4万元。1996年，青少年活动中心与福建盛大娱乐有限公司等5家公司达成协议，引进建设资金14万元，添设了溜冰、大型气模、仿真动物、赛车、京剧脸谱展、智力游艺机等项目，收入达11.74万元，更名为雨花游乐管理中心。1998年引进黑猫警长、公主轿车等中、小型游乐项目，兴建小型休闲广场，出租闲置办公用房，清退临时工。1999年引进白色广场鸽。2000年游乐活动区建设了科技乐园、军体冒险乐园等并改造了游乐设施，游乐活动区基本建成，为风景区吸引游客增添新的潜力。2012年游乐场引进资金对部分设施进行了改造和更换。2014年下半年为配合管理局发展举措，游乐活动区进行全面改造升级，将游乐活动场的软硬件均做了提升。2003雨花台烈士陵园管理局进行了经营性事业单位改制转企，采用风景区资源经营权转让特许经营的形式组建南京市雨花台旅行社有限公司，下设游乐园分公司和旅行社分公司。

四、南京幸雨旅游服务有限公司

2013年，雨花台烈士陵园管理局对雨花台经济贸易有限公司和南京市雨花台旅行社有限公司实施深化改革，将其整合为国有独资的南京幸雨旅游服务有限公司。2018年，雨花台烈士陵园管理局体制调整，进入全额拨款事业单位行列，根据市政府相关文件要求，南京幸雨旅游服务有限公司划转至南京市文化投资控股集团，但经营资源仍保持不变。

五、雨花功德园

雨花台功德园坐落在南京南郊雨花台望江矶石头山，北望长江，南瞻牛首，占地面积300亩，紧挨雨花台烈士陵园。

1954年2月，为安葬在震惊中外的“皖南事变”中牺牲的原新四军将领项英、袁国平、周子昆遗骨，在刘伯承、陈毅元帅的关心下，中央军委和原华东军区领导在南京附近多次选择地点，最终定址于雨花台望江矶。1955年6月19日举行隆重的“三烈士”安葬仪式。1992年南京市人民政府批准“三烈士”墓为市级文物保护单位，2002年升为省级文物保护单位。1956年，南京市人民委员会、南京军区政治部又在石头山西岗筹建了“革命军人烈士公墓”，先后安葬了张祖谅、梁从学、刘培善、聂风智等56位开国将军校官和在战争年代牺牲的新四军领导。

1999年10月18日，雨花台功德园正式揭牌，对外经营。现如今整个园区为青山所环抱，景色秀丽，风光怡人，园内建筑依山就势，与周围环境相映成趣，形成了春有花、夏有荫、秋有果、冬有绿的花园果园，公园墓园。“三烈士墓”挺立于园区中央，雕有松、梅、竹及革命历史图案的49块大型浮雕镶嵌在“三烈士墓”道上，使整体环境更加庄严肃穆。2000年“皖南事变”史料陈列室建成开放，室内展示了各种珍贵历史照片及资料近200余幅。

如今的功德园具有安葬骨灰、凭吊祭扫、人文景观、传统教育、休闲踏青的综合功能，有风格典雅的园林式古典壁葬长廊、庄重美观的塔葬、绿茵茵的草坪葬、回归自然的树葬等多种安葬形式，为推进殡葬改革，规范骨灰处理提供了最佳途径。园区红星园先后安葬唐亮、杜平、饶子健、刘飞、刘先胜、刘安元、张明等百余位开国将军和老红军；文华园内安葬的有在科学技术、文化教育等领域做出特殊贡献的专家院士和知名人士，如世界著名天文学家、南京天文台台长张玉哲、南京大学副校长高济宇、著名作家艾煊、书法家陈慎之、全国劳动模范周阿庆、著名的国画大师傅抱石、著名书法家武中奇、南京大屠杀幸存者李秀英、南京大屠杀东京法庭证人许传音。英模丰碑园内见义勇为道德楷模周光裕烈士、见义勇为英雄薛爱苹、义捐器官的于璐等长眠于此。

功德园建园以来，先后接待了刘伯承元帅的夫人老红军汪荣华、全国人大常委会副委员长彭珮云、国家民政部以及全国殡葬协会领导、部队首长、烈士家属、新四军老战士的参观凭吊，还先后接待全国各地墓园殡葬行业领导参观学习团50余批。

六、票务与免费开放

（一）票务改制

自1984年5月1日起，为了加强对烈士史料陈列室内的管理，减少国家负担，经南京市有关部门批准，参观烈士史料陈列室的观众，一律凭票参观，每票收成本费5分，学生团体不收费。

1991年，陵园景区开始实施收费管理。南京市政府对本市市民实行了早晨8点前晨练时间不收费政策，另给本市市民发放一张陵园优惠券，市民可以凭优惠券免费游玩，对中小学生免费开放，对大学生半费优惠，对老年人残疾人军人特殊人群不收费。

1992年9月28日，烈士陵园正式实施大门售票管理（北、西、东大门），1元5角／人次。

1993年4月28日，根据市物价局1993（026）号文件要求，烈士陵园将大门门票调价为2元／人次（专指每年的旅游旺季阶段，平时执行仍按1元5角／人次收费）。

1995年7月26日，陵园票价调为5元/人次，学生票为2元/人次。旅行社票价为4元，雨花石博物馆和二泉定点票均为2元5角。

1996年1月1日，陵园票价调整为6元一张，旅行社票价为5元。同年5月28日，陵园票价调整为7元。

1997年1月，陵园发行年票、月票，票价分别为50元和10元。同年11月25日，陵园票价调整为8元。

1999年1月11日，陵园门票价格调整为10元／人次。自调价之日起，向游客发售优惠年票，价格为20元，游客可凭年票全年不限次数地来陵园游览。

自1999年9月15日至10月22日（雨花石艺术节期间）止，陵园门票价格调整为12元/张。

2000年4月26日，陵园门票价格调整为15元／人次。20元一张的优惠年票价格保持不变。

2005年，游客数量每年不断递增。票制分为二类，一是将雨花阁、雨花石馆、盆景园、青少年活动中心景区整合票价，票价为25元；二是实施单一票价，让游客有选择地购票参观。

（二）陵园景区免费开放

为了方便游客更好接受爱国主义教育，弘扬雨花英烈，提升爱国主义教育基地教育内涵，不忘初心，缅怀英烈。南京市委市政府研究决定，从2008年4月4日起，陵园景区向社会全面免费开放。

陵园景区开放后，管理局在客流、交通、文保、服务等方面作了周密部署，并向社会做出“四个不降低”承诺，即：景区的管理维护水平、文明服务、生态环境标准、文物保护标准不降低。

雨花台烈士纪念馆目前开放时间为：8：30——16：00，周一闭馆进行保养维护。流量控制上，在纪念桥设置专人负责控制人员流量，最大限度满足游客参观。遇有超大客流，工作人员会推迟闭馆时间，保证游客能正常参观。

第五节 南京生态文明教育馆

南京生态文明教育馆坐落于雨花台风景区生态密林区内，由东南大学建筑大师齐康设计，建筑小巧精致，外形酷似风车，建筑共 2 层，层高 4.2 米，总建筑面积 1557 平方米，其中一层 850.6 平方米，二层 707 平方米，有效布展面积约 850 平方米。2008 年底，南京市环保局与雨花台风景区管理局协商并开展合作，共同新建全国首家以生态文明教育为主题的展览馆，市环保局投资 480 万用于主建筑的布展。2010 年 6 月 5 日正式开馆。该场馆坚持以人为本、传播绿色文化以及生态文明思想为主旨；在建筑设计上本着环保、节能、生态以及与周边环境相协调的理念，使用环保材料，采用地源热泵空调项目；展馆内外的设施及布局利用声光电等多媒体技术，采用现代化的展览手段，努力打造一个全国首家以生态文明教育为主题，融环保科普教育、生态环境展示及广泛性、互动性、参与性、知识性、趣味性于一体的生态文明教育馆。展馆是市民了解生态知识、接受环境教育的重要场所，是全市生态建设和保护最新成果展示交流的重要平台，也是反映各单位及部门环境保护、节能减排工作的重要载体。

一、基本陈列

南京生态文明教育馆基本陈列共设生态科普、生态建设、生态南京、低碳生活四大展厅。

生态科普厅以环境警示教育为主，重点介绍了当今全球面临的九大环境问题。展厅选取反映相关环境问题的震撼图片，辅以简要的文字介绍，结合雕塑、造景、多媒体等多种方式，让观众了解相关环境问题的基本知识。该展厅互动性强，其中“生命的悲歌”“围城的垃圾”“噪音污染”等展厅观众可实际互动参与。

生态建设厅反映人类在保护环境及维护生态平衡中所作的努力。展厅较为详细地呈现了世界环境保护的历史沿革、中国环境保护工作和生态建设的历程以及改革开放 30 年来的环保大事记。

该展厅的污水处理模型及动画让观众直观了解污水处理的基本工艺。

生态南京厅以沙盘的形式反映了南京的生态建设取得的成就。南京的生态功能规划，如南京的生态功能园区、“四横两纵”的生态廊道、长江南京段的水源保护地，在沙盘上一目了然。此外，展厅还放大呈现了市区的污水处理厂、固废填埋中心。

低碳生活厅介绍了和低碳有关的科普知识和贴近市民的低碳生活技巧。该展厅作为展馆的临时展厅，将不定期开展各种以低碳为主题的交流活动，展示相关展品及成果。

影视互动区有10台多媒体触摸屏，每台触摸屏都是一个微型电子展览馆，里面存储了各展厅的电子资料以及相关的延伸阅读，观众可选择观看。

二、生态湿地、原生态林、人工植林

南京生态文明教育馆所在的生态密林区为生态湿地、原生态林、人工植林营造出的自然生态景观环境，与南京生态文明教育馆所传播的绿色文化、环保理念相配合，丰富了参观者对于优良生态环境的感官体验。

生态湿地　充分利用低洼区域自然地形，以延伸雨花石文化区水系，形成自然湿地为主体的生态湿地景观建设，建成1.1万平方米的生态湿地。建成长约700米，宽5米的区域内生态景观车行干道，长约500米，宽1.2米的园林配套景观人行道，约1000平方米的景观入口广场，同时也完善配套建设了生态密林区区域包括道路在内的各个排水系统。

原生态林　对生态密林区内原有的自然林实施林相改造、同时在恢复林地的区域内引进优良树种、充实四季景观，形成常绿、落叶、阔叶、针叶混交风景林，保持原生态的林木状态。

人工植林　生态密林区内栽植了各类乔灌木，种类繁多。其中各类乔木60余种，主要包括香樟、榉树、榔榆、光皮树、鸡爪槭、银杏、乐昌含笑、垂丝海棠、中山杉、毛白杨、意杨、刺槐、无患子、落羽杉、水杉、杏树等，约13000株；各类花卉灌木20余种，主要包括：迎春、云南黄馨、夹竹桃、红叶石楠、垂丝海棠、梅花、火棘球、芭蕉、美人蕉等，约130000株；水生植物10余种，主要包括：香蒲、黄菖蒲、睡莲、鸢尾、荇菜、芦苇等，约10000余株。

南京生态文明教育馆开馆以来活动一览表

序号	时间	活动名称
1	2010.06.05	南京生态文明教育馆开馆仪式
2	2010.10	与江苏富登担保公司共同开展公益环保——捡垃圾系列活动
3	2010.10—2010.11	与中兴公司研发部、系统部联合开展雨花生态园亲子活动
4	2011.03.10	与琅琊路小学、南京公安专科学校联合举办传承烈士精神，义务植树活动
5	2011.03.21	社区行——生态环保知识竞答
6	2011.04.24	雨花台风景区生态环保绿色行活动
7	2011.04—2012.04	万名儿童红色之旅
8	2011.05.07	与南京市太平巷幼儿园合作开展“倡导低碳生活，资源再利用”活动
9	2011.05.14	天环保天使行——生态知识宣传活动
10	2011.05.27—2011.07.17	绿色先锋——2011南京市废旧物品环保创意大赛
11	2011.06.04	《中华虎凤蝶全虫态》赠送仪式活动
12	2011.11	南京市创森小组办公室主办、南京生态文明教育观协办“绿色南京，我为你自豪”征文、摄影比赛活动
13	2012.07	世界人口日系列活动
14	2012.08	环境小记者夏令营活动
15	2012.09	我们的地球只有一个环保社区行活动
16	2013.09.07	南京环境小记者培训活动
17	2013.12	生态文明，美丽乡村培训活动
18	2014.01.19	与市环保局、环保NGO组织联合举办倡导春节不放烟花行动
19	2014.03	百蝶缘环保系列电影播放活动
20	2014.03.15	长发公司保护环境，关爱家园生态园亲子游园会活动
21	2014.09.27	“阳光少年，一起飞翔”中小学生环保系列活动
22	2014.12.13	国家首个共祭日活动
23	2015.04.08	送展进校园——垃圾分类小讲堂
24	2015.06.05	“6·5”环境日系列活动
25	2015.07—2015.12	生态馆志愿者招聘、培训活动
26	2015.11.03	尼日利亚环保研修班参观、画脸谱活动
27	2015.11.18	南京环境教育促进办法连接会
28	2015.12.25	药科大青协挂牌仪式

续表

序号	时间	活动名称
29	2016.01.01	与中科院紫金山天文台、南京市环境保护局宣教中心、南京市赤壁路小学共同举办心泉行动——“探秘太阳系，关爱地球村”活动
30	2016.02.03	千名市民看环保活动
31	2016.04.22	“4・22”地球日关爱地球妈妈手工义卖活动
32	2016.05.20	“5・22”生物多样性日“绿镜头”摄影采风活动
33	2016.05.25	送展龙福幼儿园——保护人类的朋友小讲堂
34	2016.06.12	与南化四小共建挂牌揭幕仪式
35	2016.07	暑期志愿者培训活动
36	2016.11.28	送展南化四小——垃圾分一分，环境美十分怡苑小讲堂
37	2016.12.08	纪念长征胜利 80 周年—重走长征路，关爱绿色家园爱国主义教育活动
38	2017.01.18	环保观察员活动
39	2017.03.11	志愿者表彰大会
40	2017.04.08	龙富幼儿园写生活动
41	2017.05.24	送展进校园（芳草园小学）
42	2017.06.09	送展进校园（汉口路小学）
43	2017.06.10	自然小课堂
44	2017.07.07	志愿者暑期社会实践南化公司参观学习
45	2017.06.14	南信共建挂牌仪式
46	2017.10.18	送展进校园（浦口珠江小学）
47	2017.11	雨花实验幼儿园秋季运动会
48	2017.11.26	自然小课堂
49	2017.12.20	送展进校园（莫愁新寓小学）
50	2017	雏鹰小分队活动（碧桂园小学、高淳小学、省级机关幼儿园、环科院）

第六节　江苏国家安全教育馆

江苏国家安全教育馆是经国家安全部和江苏省委、省政府批准，由国家安全部政治部、江苏省委宣传部和江苏省国家安全厅共同筹建的大型国家安全主题教育展馆。教育馆坐落于南京市雨花台风景区内，于 2009 年 4 月建成并向社会公众免费开放，现已被国家安全部命名为“全国国家安全教育基地”，江苏省委宣传部命名为“江苏省爱国主义教育基地”，中宣部命名为“全国爱国主义教育示范基地”。

江苏国家安全教育馆占地 3000 平方米，总建筑面积 2000 平方米，其中展览面积约 1600 平方米，展厅现有照片 680 张、实物文物 427 件、雕塑 9 件、景观 5 处、艺术品 19 件。教育馆由前厅、序厅、三个主展区以及尾厅六个部分组成，主要以宣传党的隐蔽战线光辉历史、反映当代隐蔽战线敌情、介绍近现代国际谍战为宣教内容。展馆门前广场的红色花岗岩路面上，依次镌刻着 1921、1927、1949、1983 四个数字，分别代表中国共产党、中央特科、新中国和国家安全部成立的年份。走进序厅，巨幅党徽、雕塑、环形屏幕等元素映入眼帘。巨型党徽突出了中国共产党对隐蔽战线的领导，两组雕塑分别展现了战士们在正面战场上的冲锋陷阵以及地下工作者们在隐蔽战线上的奉献牺牲。随着党徽徐徐升起，屏幕上开始播放教育馆主题正片《没有硝烟的战争》。主展区分为“无名丰碑”“无声较量”“无形战线”三个部分。“无名丰碑”以编年与纪传相结合的方法，为我们展示了建党之初至新中国成立这段时期内，隐蔽战线上的无名英雄们在党的领导下战龙潭斗虎穴，为实现民族独立、人民解放所开创的不朽勋业。“无声较量”展示了新中国成立至今，国家安全部门为巩固新生政权、维护国家安全和社会稳定而无私奉献的战斗历程，同时介绍了改革开放新时期我国国家安全面临的新挑战、新威胁。“无形战线”展示了近现代国际上著名的间谍人物、间谍案例和间谍器材。在这里，观众们既可以同窃听、窃照、通讯等间谍器材来一次亲密接触，还可以参与到搜查间谍的互动游戏中去，亲身感受身边的重重谍影。尾厅的主体是一口巨型的警世钟，随着警世钟徐徐打开，大屏幕再次以主题片的形式提醒人们：维护国家安全，人人有责！

开馆以来，教育馆一直承担着爱国主义教育、国家安全教育、革命传统教育、思想道德教育等主体功能，是机关、学校、部队、企事业单位及广大市民开展和接受爱国主义教育的重要场所和生动课堂。截至2016年10月，教育馆已接待全国各地党政干部、部队官兵、企业职工、青少年学生、普通群众等近200万人次，参观团体4000余批次，观众留言达1.3万余条。中央国家机关工委宣传部、东部战区政治工作部、江苏人民出版社、解放军理工大学、南京大学、南京外国语学校等34个单位与教育馆建立了共建关系；省委党校、团省委及国家安全系统部分厅局把教育馆作为了干部培训的户外课堂；部分高校还结合专业教学或素质教育，安排大学生来教育馆参加志愿服务和社会实践活动。通过几年的不懈努力，教育馆的国家安全主题教育功能得到了有效发挥，社会宣传效应得到了进一步增强，办馆特色得到了社会各界的充分肯定和高度评价。

第七节　江苏省公安英烈纪念墙

江苏公安英烈纪念墙，坐落在南京雨花台烈士纪念碑西侧，2008 年 4 月 1 日落成开放。江苏省公安英烈墙由纪念墙主体、3 组浮雕和 1000 多平方米的纪念墙广场组成。

纪念墙主体建筑长 12 米、高 4.3 米、厚 0.85 米，正面安装一尊高 1.5 米、宽 1 米的警察铜像，背面镌刻着碑文和新中国成立以来全省 426 名公安英烈和因公牺牲民警的姓名、生卒年月和生前单位。中科院院士、国家一级建筑师、东南大学教授齐康负责总体设计。纪念墙主体用红色花岗岩贴面，以“长城”为造型，寓意公安机关肩负着保卫国家和人民安全的神圣职责，一代又一代公安民警以忠诚、奉献、鲜血和生命，筑起了保民平安的钢铁长城；纪念墙又形似一面猎猎飘扬的“旗帜”，将公安英烈的名字镌刻在“旗帜”上，表明他们是全省公安民警乃至全社会学习的榜样，党和人民永远不会忘记他们。

纪念墙广场上的 3 组浮雕，各长 2.5 米、高 1.6 米、厚 0.65 米，全部用整块花岗岩石材雕刻而成，分别凸显忠诚卫士、正义之剑和钢铁长城三个主题，进一步丰富了纪念墙的内涵。

纪念墙广场占地 1000 平方米。在组织施工过程中，有关专家尊重现有地形地貌，科学调整地形，最大限度保护了原来的山体（西炮台），并将生态广场的建设理念贯穿其中，对现场数十棵 80 年以上的松树采取了科学保护措施，使纪念墙在苍劲挺拔的大树绿荫下显得更加肃穆、庄重。自英烈纪念墙建成以来，省公安厅将把每年因公牺牲民警的姓名镌刻在纪念墙上，经常性地开展祭奠、入警宣誓等纪念教育活动。同时配合雨花台烈士陵园管理局组织开展多种形式的社会宣传活动，让广大群众和青少年更加崇敬英烈、珍惜平安、维护法治，更加关心和支持公安工作，凝聚社会各方面的力量共建和谐社会，共创平安家园。

江苏公安英烈名录（1949 年 11 月——2017 年 2 月）

序 号	姓 名	性 别	生卒年月	生前单位	英模或烈士
1	蒋铁民	男	1916—1949.11	宜兴市公安局	烈士
2	钱序阳	男	1923—1950.04	苏南行署苏州行政区公安局	烈士
3	龚荣生	男	1919—1950.04	昆山县公安局	烈士
4	仇步森	男	1933.05—1952.01	南京市公安局	烈士
5	张祥生	男	1923—1953.03	苏州市公安局	烈士
6	董正达	男	1927—1953.10	徐州市公安局消防队	烈士
7	李洪程	男	1927.11—1960.09	苏州地区公安处	烈士
8	刘玉武	男	1934.01—1961.03	南京铁路公安处	烈士
9	刘国民	男	1934.03—1961.07	南京铁路公安处	烈士
10	杨淑珍	女	1929.01—1963.03	南京市公安局	
11	刘保富	男	1940.05—1964.04	无锡市公安局消防大队	烈士
12	何盘根	男	1935.06—1967.06	无锡市公安局消防大队	烈士
13	张仁元	男	1951.06—1973.12	苏州市公安局消防大队	烈士
14	毛火泉	男	1944—1974.07	苏州市公安局	烈士
15	包福玉	男	1947.01—1975.07	徐州市公安局消防大队	烈士
16	张云传	男	1929.12—1976.08	南京铁路公安处	
17	尹兴波	男	1947.01—1977.08	南京市公安局	
18	马从奎	男	1942.12—1977.12	南京市公安局	
19	李文英	女	1955.05—1977.12	南京市公安局	
20	邹维民	男	1960.06—1979.04	苏州市公安局消防大队	
21	刘林照	男	1957.12—1979.06	南通市公安局消防大队	烈士
22	刘念思	男	1955—1979.07	连云港市公安局消防大队	烈士
23	窦红益	男	1938.04—1980.05	沭阳县公安局	
24	万洪昌	男	1953.10—1980.09	苏州市公安局消防大队	烈士
25	华瑞兴	男	1933.06—1980.09	吴县公安局	
26	鲁建强	男	1962.12—1980.09	苏州市公安局消防大队	烈士
27	杨光彩	男	1944.12—1981.02	徐州市公安局	烈士、二级英模
28	阎进德	男	1950.01—1981.03	赣榆县公安局	
29	袁永康	男	1943.11—1981.05	江阴市公安局	烈士、一级英模

续表

序号	姓名	性别	生卒年月	生前单位	英模或烈士
30	薛 平	男	1930.02—1981.09	淮安市公安局	
31	戚如春	男	1943.03—1982.04	南京市公安局	
32	钱广法	男	1945.07—1984.04	沭阳县公安局	
33	耿建平	男	1955.05—1982.07	南京市公安局	
34	吴寿春	男	1929.06—1984.07	镇江市公安局	
35	刘玉华	男	1956.05—1984.08	南京市公安局	
36	奚文进	男	1929.08—1985.03	常州市公安局	
37	郭新源	男	1931.03—1985.04	南京市公安局	
38	刘滋泽	男	1946.02—1985.04	淮安市公安局	
39	王建和	男	1956.01—1985.06	常州市公安局	
40	孙玉水	男	1950.03—1985.08	徐州市公安局	
41	张统云	男	1961.04—1985.08	徐州市公安局	
42	王 荣	男	1964.06—1985.08	连云港市公安边防支队	
43	王祥远	男	1945.06—1985.08	连云港市公安边防支队	
44	田敬明	男	1947.04—1985.08	连云港市公安边防支队	
45	李红卫	男	1966.05—1985.08	连云港市公安边防支队	
46	仲济崇	男	1954.05—1985.08	连云港市公安边防支队	
47	陈金林	男	1964.01—1985.08	连云港市公安边防支队	
48	陈祥太	男	1964.03—1985.08	连云港市公安边防支队	
49	费 云	男	1965.08—1985.08	连云港市公安边防支队	
50	徐世生	男	1957.08—1985.08	连云港市公安边防支队	
51	高有竹	男	1964.03—1985.08	连云港市公安边防支队	
52	印正清	男	1935.01—1985.09	溧阳县公安局	
53	卜建军	男	1963.03—1985.12	淮安市公安局	
54	俞 新	男	1962.08—1986.03	南通市公安局消防支队	
55	龚润生	男	1940.05—1986.08	苏州市公安局	
56	吴立夫	男	1927.12—1986.10	南京市公安局	
57	张正高	男	1950.02—1986.10	盐城市公安边防支队	
58	蔡 叶	男	1930.04—1986.12	南通市公安局	
59	俞 军	男	1965.08—1987.01	镇江市公安局	
60	陈 伟	男	1962.11—1987.02	常州市公安局	

续表

序号	姓名	性别	生卒年月	生前单位	英模或烈士
61	韩锡海	男	1945.05—1987.02	常州市公安局	
62	王松林	男	1941.10—1987.03	南京市公安局	
63	于宏伟	男	1963.05—1987.06	盐城市公安消防支队	烈士
64	张明谨	男	1967.10—1987.06	盐城市公安消防支队	烈士
65	蔡　毅	男	1966.05—1987.06	盐城市公安消防支队	烈士
66	刘恒山	男	1968.04—1987.09	南京市公安消防支队	
67	李道友	男	1940.08—1987.10	铜山县公安局	
68	李安文	男	1955.07—1988.01	徐州市公安局	烈士
69	谭振林	男	1965.04—1988.03	盐城市公安边防支队	烈士
70	朱海洪	男	1967.11—1988.04	江阴市公安局	
71	黄　俊	男	1944.08—1988.08	南京市公安局	
72	景振华	男	1952.03—1988.09	海安县公安局	
73	钱存美	男	1945.03—1988.10	无锡市公安局	
74	倪惠明	男	1966.12—1988.11	武警江苏总队苏州支队	烈士
75	薛　青	男	1969.05—1989.03	无锡市公安局	烈士
76	李有银	男	1935.02—1989.08	南京市公安局	
77	赵　杰	男	1963.10—1989.08	徐州市公安局	
78	娄　刚	男	1971.03—1989.09	睢宁县公安局	烈士、二级英模
79	严开友	男	1942.06—1989.09	金湖县公安局	
80	鄂京闻	男	1965.05—1990.02	无锡市公安局	
81	徐成洪	男	1948.07—1990.03	连云港市公安边防支队	
82	黄继辉	男	1964.07—1990.05	南通边防检查站	
83	张国强	男	1957.09—1990.06	南京市公安局	
84	周红星	男	1966.10—1990.06	南京市公安局	
85	张　翔	男	1960.01—1990.07	徐州市公安局	
86	王长友	男	1944.04—1990.07	金湖县公安局	烈士、二级英模
87	张学军	男	1948.08—1990.10	江苏省公安厅	
88	陆亦平	男	1948.12—1990.10	无锡市公安局	
89	赵子明	男	1949.02—1990.10	无锡市公安局	
90	顾立胜	男	1953.05—1990.10	无锡市公安局	

序号	姓名	性别	生卒年月	生前单位	英模或烈士
91	王小波	男	1966.05—1990.10	南京市公安局	
92	陶建华	男	1954.12—1991.01	无锡市公安局	
93	赵晔星	男	1964.08—1991.05	张家港市公安局	烈士、二级英模
94	刘运湘	男	1940.01—1991.06	丰县公安局	
95	邹继迅	男	1950.05—1991.07	常州市公安局	
96	刘古进	男	1959.01—1991.08	射阳县公安局	
97	倪　宏	男	1951.07—1991.08	高邮市公安局	
98	何毅人	男	1930.10—1991.09	常州市公安局	
99	肖　磊	男	1960.10—1991.10	南京市公安局	
100	华明高	男	1938.09—1991.11	镇江市公安局	
101	何跃波	男	1970.09—1991.12	东海县公安局	
102	刘友权	男	1958.08—1992.01	南京市公安消防支队	烈士
103	张风清	男	1970.05—1992.01	苏州市公安消防支队	
104	马鸿麟	男	1947.06—1992.03	南京市公安局	
105	达建华	男	1963.08—1992.03	南通市公安局	
106	王爱军	男	1970.02—1992.07	盐城市公安边防支队	
107	孙瑞林	男	1960.12—1992.07	邗江县公安局	烈士、一级英模
108	王克绍	男	1963.02—1992.08	沛县公安局	
109	凌金兆	男	1952.07—1992.10	镇江市公安消防支队	
110	王同斌	男	1951.07—1992.11	常州市公安局	
111	王　勇	男	1965.11—1993.01	丰县公安局	烈士
112	陈太军	男	1964.11—1993.02	苏州市公安消防支队	
113	曹爱忠	男	1966.10—1993.02	大丰市公安局	
114	杜星本	男	1950.03—1993.02	连云港市公安边防支队	
115	束国庆	男	1955.10—1993.02	丹阳市公安局	
116	孙锦山	男	1944.07—1993.03	兴化市公安局	
117	晁运中	男	1965.10—1993.04	新沂市公安局	
118	孙维龙	男	1956.04—1993.06	南京市公安消防支队	
119	高瑞璧	男	1943.09—1993.06	无锡市公安局	
120	陶思华	男	1941.02—1993.09	淮安市公安局	

续表

序号	姓名	性别	生卒年月	生前单位	英模或烈士
121	焦元思	男	1965.09—1993.10	灌云县公安局	
122	胡德胜	男	1968.03—1993.11	江都市公安局	
123	吴金梁	男	1955.05—1993.12	南京市公安局	
124	彭法林	男	1953.12—1993.12	溧阳市公安局	
125	孙国民	男	1965.10—1994.02	苏州市公安局	
126	丁长荣	男	1942.05—1994.02	东海县公安局	
127	张素华	女	1964.08—1994.03	沭阳县公安局	
128	徐家清	男	1942.01—1994.04	通州市公安局	
129	叶学泰	男	1943.09—1994.04	姜堰市公安局	
130	谢福春	男	1964.07—1994.05	溧阳市公安局	
131	丁克强	男	1964.06—1994.11	南京市公安局	
132	仲耀福	男	1936.04—1995.01	常州市公安局	
133	朱顺松	男	1949.07—1995.03	宜兴市公安局	
134	朱　汲	男	1934.12—1995.03	泰州市公安局	一级英模
135	张伟荣	男	1950.03—1995.04	无锡市公安局	
136	庄建顺	男	1946.09—1995.04	连云港市公安局	烈士
137	王祝友	男	1952.03—1995.04	丹阳市公安局	
138	陈建辉	男	1974.11—1995.05	张家港边防检查站	烈士
139	唐　峰	男	1965.12—1995.05	灌南县公安局	
140	黄金林	男	1963.07—1995.05	泰州市公安局	
141	张　云	男	1972.07—1995.06	宜兴市公安局	
142	汤科平	男	1958.02—1995.06	宜兴市公安局	
143	汪立柱	男	1964.06—1995.06	灌南县公安局	二级英模
144	吴　彤	男	1967.12—1995.06	江都市公安局	烈士
145	薛彦洲	男	1957.01—1995.07	东海县公安局	
146	吴　勇	男	1976.08—1995.07	无锡市公安消防支队	
147	周加和	男	1962.06—1995.08	海安县公安局	
148	周兴福	男	1971.01—1995.09	南京市公安局	
149	李　胜	男	1973.08—1995.09	常熟市公安局	
150	吴有根	男	1946.05—1995.09	东台市公安局	
151	邵云彩	男	1944.09—1995.09	丹阳市公安局	

序号	姓名	性别	生卒年月	生前单位	英模或烈士
152	曹　宣	男	1970.10—1995.10	南京市公安局	
153	武高平	男	1961.02—1996.01	江都市公安局	
154	陈永兵	男	1964.01—1996.03	启东市公安局	
155	刘连生	男	1962.11—1996.03	东海县公安局	
156	羊维荣	男	1960.10—1996.03	盐城市公安消防支队	
157	罗敬军	男	1962.03—1996.04	南京市公安局	
158	胡同志	男	1946.12—1996.07	江都市公安局	
159	高申宏	男	1963.03—1996.08	如皋市公安局	
160	马士华	男	1948.05—1996.09	邳州市公安局	
161	邵育才	男	1961.11—1996.09	江都市公安局	
162	李学良	男	1950.04—1996.09	宿迁市公安局	
163	张世利	男	1964.05—1996.10	丰县公安局	
164	许大岭	男	1949.11—1996.12	徐州市公安局	
165	周永清	男	1951.02—1996.12	如皋市公安局	
166	殷同明	男	1973.11—1996.12	涟水县公安局	
167	钱　荣	男	1971.10—1997.01	海安县公安局	
168	杜清吉	男	1958.02—1997.02	盐城市公安消防支队	
169	曹　飞	男	1964.11—1997.02	泗阳县公安局	
170	王超英	男	1958.07—1997.03	海门市公安局	
171	盛志刚	男	1965.06—1997.05	铜山县公安局	
172	宗宜斌	男	1977.03—1997.05	张家港边防检查站	
173	徐发荣	男	1962.10—1997.07	苏州市公安局	烈士、二级英模
174	袁仁超	男	1965.10—1995.05	滨海县公安局	
175	徐卫忠	男	1974.01—1997.08	启东市公安局	
176	孙荣宏	男	1944.03—1997.09	射阳县公安局	
177	干永飞	男	1965.01—1997.10	常州市公安局	
178	汤春苗	男	1962.07—1997.10	邗江县公安局	烈士、二级英模
179	梁明强	男	1965.02—1997.12	常州市公安局	
180	陈金泉	男	1958.11—1997.12	通州市公安局	
181	蒋　明	男	1961.06—1997.02	扬州市公安局	

续表

序号	姓名	性别	生卒年月	生前单位	英模或烈士
182	程坤友	男	1948.03—1998.01	南京市公安局	
183	沈黎波	男	1977.12—1998.01	江阴边防检查站	烈士
184	谢金成	男	1951.12—1998.01	徐州市公安局	
185	陈凌云	男	1975.10—1998.02	通州市公安局	
186	陈向阳	男	1966.08—1998.03	南京市公安局	
187	马胜春	男	1949.10—1998.03	高邮市公安局	
188	戴新托	男	1963.03—1998.03	泰州市公安局	
189	陶传友	男	1946.06—1998.04	南京市公安局	
190	管瑞生	男	1944.08—1998.06	扬州市公安消防支队	
191	刘加军	男	1961.02—1998.08	灌南县公安局	
192	柳武锋	男	1978.09—1998.08	盐城市公安边防支队	烈士
193	陈良全	男	1945.04—1998.08	盱眙县公安局	
194	袁保存	男	1943.09—1998.10	高淳县公安局	
195	于吉峰	男	1958.04—1998.10	淮安市公安局	
196	朱建平	男	1953.07—1998.10	泰州市公安局	
197	朱国平	男	1964.03—1998.11	南通市公安局	
198	王晓白	男	1956.12—1998.11	宝应县公安局	
199	丁友国	男	1969.12—1998.11	宿迁市公安局	烈士
200	袁德华	男	1947.09—1998.11	宿豫县公安局	
201	陈燕飞	男	1976.03—1998.12	南京市公安局	
202	蒋正华	男	1954.04—1998.12	如东县公安局	
203	宗　源	男	1943.09—1998.12	大丰市公安局	
204	黄锦成	男	1964.09—1998.12	响水县公安局	
205	龚霞光	男	1960.01—1998.12	响水县公安局	
206	施华安	男	1939.03—1999.01	南通市公安局	
207	张山卫	男	1958.05—1999.10	东台市公安局	
208	赵　林	男	1965.12—1999.02	连云港市公安局	烈士、二级英模
209	周声源	男	1946.04—1999.02	东台市公安局	
210	王为群	女	1954.06—1999.03	淮安市公安局	
211	朱晓明	男	1961.11—1999.04	溧阳市公安局	
212	魏其军	男	1972.02—1999.05	淮安市公安局	

续表

序号	姓名	性别	生卒年月	生前单位	英模或烈士
213	丁仰树	男	1963.05—1999.06	铜山县公安局	
214	王建峰	男	1972.04—1999.06	通州市公安局	烈士、二级英模
215	王炳成	男	1940.09—1999.07	苏州市公安局	
216	陈曙人	男	1951.08—1999.07	盐城市公安局	
217	熊士军	男	1954.04—1999.07	盐城市公安局	
218	王　建	男	1968.01—1999.08	徐州市公安局	
219	邱聿桂	男	1946.07—1999.08	徐州市公安局	
220	陈冠军	男	1976.08—1999.08	铜山县公安局	
221	肖培广	男	1967.10—1999.08	徐州市公安局	
222	于　辉	男	1975.05—1999.08	南通市公安消防支队	
223	李　进	男	1972.03—1999.09	南京市公安局	
224	龚少杰	男	1971.10—1999.09	南京市公安局	
225	朱建国	男	1969.10—1999.10	常州市公安局	
226	王士涛	男	1976.02—1999.10	高邮市公安局	
227	刘小亮	男	1967.12—1999.10	镇江市公安局	
228	张　宏	女	1970.12—1999.12	铜山县公安局	
229	杨玉胜	男	1976.01—1999.12	徐州市公安局	
230	李春亮	男	1965.05—2000.01	南京市公安局	
231	诸炳炎	男	1953.07—2000.02	无锡市公安局	
232	赵建华	男	1971.03—2000.02	苏州市公安局	
233	崔广法	男	1949.07—2000.02	兴化市公安局	
234	赵　俊	男	1966.10—2000.03	常州市公安局	
235	郭兴顺	男	1947.06—2000.03	仪征市公安局	
236	张　军	男	1963.11—2000.04	江都市公安局	
237	夏锦秋	男	1947.02—2000.04	高邮市公安局	
238	张宏民	男	1966.05—2000.05	盐城市公安局	
239	严学军	男	1967.11—2000.05	大丰市公安局	
240	袁奋保	男	1947.02—2000.06	南京市公安局	
241	浦　健	男	1969.10—2000.06	无锡市公安局	
242	李欣荣	男	1964.11—2000.06	启东市公安局	
243	于修刚	男	1961.12—2000.07	丰县公安局	烈士

续表

序号	姓名	性别	生卒年月	生前单位	英模或烈士
244	张首先	男	1962.10—2000.08	丰县公安局	烈士、二级英模
245	王松涛	男	1952.11—2000.09	南通市公安局	
246	刘万里	男	1981.01—2000.09	南通市公安消防支队	
247	程　涛	男	1982.07—2000.09	扬州边防检查站	
248	宋佩义	男	1957.08—2000.10	睢宁县公安局	
249	董正海	男	1956.10—2000.10	苏州市公安局	
250	周晓平	男	1975.06—2000.10	淮安市公安局	
251	祁志国	男	1961.10—2000.11	常州市公安局	
252	张登辉	男	1972.09—2000.11	高邮市公安局	
253	张　玉	男	1977.02—2001.01	镇江市公安局	
254	何立浩	男	1953.05—2001.04	邳州市公安局	
255	杨思开	男	1976.10—2001.04	东海县公安局	
256	王春根	男	1948.04—2001.04	丹阳市公安局	
257	薛敏伟	男	1975.10—2001.05	无锡市公安局	
258	张庭国	男	1967.01—2001.05	赣榆县公安局	
259	唐其燕	女	1975.06—2001.05	东海县公安局	
260	邵海明	男	1967.04—2001.06	扬州边防检查站	
261	朱彩谋	男	1951.07—2001.06	泗阳县公安局	
262	刘　徽	男	1974.09—2001.06	江苏省公安边防总队	
263	杨兆洲	男	1961.08—2001.07	盱眙县公安局	
264	秦　浪	男	1969.12—2001.07	江都市公安局	
265	刘卫东	男	1942.11—2001.07	丹阳市公安局	
266	邵　锋	男	1979.10—2001.08	江苏公安专科学校	烈士
267	程少梅	男	1944.09—2001.09	南京市公安局	
268	徐广华	男	1953.01—2001.09	宜兴市公安局	
269	何海秋	男	1967.03—2001.09	靖江市公安局	
270	黄继国	男	1974.12—2001.10	徐州市公安消防支队	
271	张思静	男	1974.12—2001.10	宿迁市公安消防支队	
272	易　震	男	1951.01—2002.01	海安县公安局	二级英模
273	姚全仁	男	1948.08—2002.03	如皋市公安局	
274	孙新昌	男	1975.03—2002.04	无锡市公安局	

续表

序号	姓名	性别	生卒年月	生前单位	英模或烈士
275	陈良宝	男	1964.12—2002.04	江阴市公安局	
276	陆善根	男	1962.06—2002.04	苏州市公安局	
277	陆永华	男	1981.06—2002.04	镇江边防检查站	烈士
278	管小林	男	1975.10—2002.05	南京市公安局	
279	刘　伟	男	1969.04—2002.05	无锡市公安局	烈士、二级英模
280	高祖新	男	1956.07—2002.05	通州市公安局	
281	聂孟春	男	1965.08—2002.06	南京市公安局	
282	钱红海	男	1973.05—2002.07	无锡市公安局	
283	昂正权	男	1949.12—2002.08	南京市公安局	
284	叶伯华	男	1949.10—2002.08	如皋市公安局	
285	陆锦林	男	1953.12—2002.08	通州市公安局	
286	许志庭	男	1947.09—2002.09	南京市公安局	
287	茅松远	男	1950.01—2002.10	海门市公安局	
288	李春伟	男	1976.02—2002.11	苏州市公安局	
289	王　辉	男	1979.06—2002.12	盱眙县公安局	
290	孙西成	男	1944.02—2002.12	沭阳县公安局	
291	管连进	男	1958.02—2003.01	南京市公安局	
292	周洪田	男	1961.02—2003.01	盐城市公安边防支队	
293	周　鹏	男	1979.10—2003.02	宜兴市公安局	
294	马福银	男	1946.02—2003.03	南京市公安局	
295	沈　坚	男	1928.07—2003.03	仪征市公安局	一级英模
296	徐利生	男	1963.10—2003.04	赣榆县公安局	二级英模
297	孔　伟	男	1983.10—2003.05	徐州市公安消防支队	
298	鲍　彬	男	1963.08—2003.05	沭阳县公安局	
299	许晓春	男	1949.10—2003.06	宜兴市公安局	
300	苗　雷	男	1965.03—2003.06	徐州市公安局	
301	刘志强	男	1980.10—2003.06	扬州市公安消防支队	
302	滕康桥	男	1982.02—2003.06	扬州市公安消防支队	
303	潘岳坤	男	1954.04—2003.07	常州市公安局	
304	陆启生	男	1957.09—2003.07	海门市公安局	
305	田　兵	男	1969.04—2003.07	连云港市公安边防支队	

续表

序号	姓名	性别	生卒年月	生前单位	英模或烈士
306	曹永清	男	1970.11—2003.08	如皋市公安局	
307	徐星浩	男	1952.04—2003.09	淮安市公安局	
308	穆大勇	男	1976.08—2003.09	江都市公安局	烈士
309	叶国强	男	1956.10—2003.10	南京市公安局	
310	张文革	男	1967.10—2003.10	苏州市公安局	
311	陈晋栋	男	1964.04—2003.11	无锡市公安局	
312	杨松林	男	1955.06—2003.11	邳州市公安局	烈士、二级英模
313	方永俊	男	1946.03—2003.11	沭阳县公安局	
314	姚　鹏	男	1981.07—2004.01	南京边防检查站	
315	缪建华	男	1962.09—2004.01	常州市公安局	
316	王　勇	男	1979.08—2004.01	南通市公安局	
317	樊永明	男	1964.06—2004.01	启东市公安局	
318	陈建忠	男	1958.07—2004.03	无锡市公安局	
319	赵三荣	男	1966.09—2004.03	宝应县公安局	
320	季杭军	男	1985.07—2004.05	南京边防检查站	
321	卢文标	男	1958.03—2004.09	淮安市公安局	
322	荀新民	男	1971.02—2004.10	南京市公安局	
323	裴国志	男	1969.12—2004.12	泰州市公安局	
324	赵陆堂	男	1961.09—2004.12	宿迁市公安局	
325	冯　乐	男	1973.02—2005.01	睢宁县公安局	
326	陈光明	男	1957.02—2005.01	通州市公安局	
327	丁乐昌	男	1926.06—2005.02	扬州市公安局	一级英模
328	王　栋	男	1977.06—2005.05	常州市公安局	
329	花　卉	男	1977.11—2005.06	张家港市公安局	
330	王扣齐	男	1974.05—2005.06	如皋市公安局	
331	黄志军	男	1978.06—2005.06	如皋市公安局	
332	彭　勇	男	1985.02—2005.06	泰州市公安消防支队	
333	余国兴	男	1955.10—2005.07	南京市公安局	
334	马　军	男	1970.07—2005.07	无锡市公安局	
335	唐燕翼	男	1975.08—2005.08	苏州市公安局	
336	陈　煌	男	1949.06—2005.08	如东县公安局	

续表

序　号	姓　名	性　别	生卒年月	生前单位	英模或烈士
337	李全庭	男	1957.12—2005.09	邳州市公安局	
338	蔡　政	男	1969.11—2005.09	宿迁市公安局	
339	王传明	男	1964.09—2005.10	南京市公安局	烈士
340	王建平	男	1958.10—2005.10	溧阳市公安局	
341	黄跃进	男	1958.10—2005.10	金湖县公安局	
342	任海华	男	1968.03—2005.11	响水县公安局	
343	李立佳	男	1969.04—2005.11	响水县公安局	烈士
344	张卫江	男	1971.12—2005.12	常州市公安局	
345	叶荣志	男	1953.12—2006.01	徐州市公安局	
346	祝旭升	男	1956.09—2006.01	徐州市公安局	
347	丁国平	男	1974.10—2006.01	张家港市公安局	
348	陆建新	男	1967.10—2006.01	张家港市公安局	
349	邱承静	男	1971.01—2006.03	句容市公安局	
350	林萍男	男	1965.11—2006.04	苏州市公安局	
351	江新建	男	1958.09—2006.05	新沂市公安局	二级英模
352	李子阜	男	1968.02—2006.05	盱眙县公安局	
353	荆复兴	男	1930.09—2006.06	无锡市公安局	二级英模
354	张庆平	男	1953.07—2006.06	淮安市公安局	
355	刘道荣	男	1964.01—2006.08	铜山县公安局	
356	单光林	男	1963.08—2006.08	徐州市公安局	
357	孙　健	男	1966.02—2006.08	镇江市公安局	
358	郭　晋	男	1982.11—2006.08	镇江市公安局	
359	许建平	男	1951.02—2006.09	无锡市公安局	
360	黄裕富	男	1954.04—2006.09	如皋市公安局	
361	陆　磊	男	1985.05—2006.09	江苏省公安消防总队机关	
362	华春伟	男	1971.12—2006.10	常州市公安局	
363	王玉俊	男	1952.07—2006.11	镇江市公安局	
364	卞宝江	男	1962.09—2006.12	连云港市公安局	
365	汪同林	男	1963.05—2006.12	扬州市公安局	
366	金桂东	男	1970.05—2006.12	淮安市公安局	
367	龚家云	男	1964.10—2007.01	南京市公安局	

续表

序号	姓名	性别	生卒年月	生前单位	英模或烈士
368	平建明	男	1961.12—2007.01	江阴市公安局	
369	杨新华	男	1968.06—2007.01	通州市公安局	
370	赵本磊	男	1973.06—2007.03	丰县公安局	
371	邱国友	男	1953.04—2007.04	扬州市公安局	
372	刘建强	男	1971.07—2007.05	太仓市公安局	
373	左红霞	女	1973.07—2007.05	扬州市公安局	
374	刘义明	男	1949.07—2007.05	南京市公安局	
375	莫先平	男	1971.03—2007.06	盱眙县公安局	
376	徐广洪	男	1965.10—2007.07	阜宁县公安局	
377	徐德生	男	1958.04—2007.09	无锡市公安局	
378	郭居义	男	1956.02—2007.09	南京市公安局	
379	严林生	男	1954.06—2007.09	射阳县公安局	
380	许　强	男	1977.12—2007.10	扬州市公安局	烈士、二级英模
381	王建峰	男	1975.11—2007.10	无锡市公安局	烈士
382	韦思志	男	1985.09—2007.11	灌南县公安局	
383	吴才明	男	1953.06—2007.11	常州市公安局	
384	印东群	男	1957.11—2007.12	泰兴市公安局	
385	毕先军	男	1970.03—2007.12	南京市公安局	
386	韦　勇	男	1964.10—2008.01	南京市公安局	
387	于炳杰	男	1970.03—2008.01	常州市公安消防支队	
388	李道龙	男	1964.08—2008.02	盐城边防检查站	
389	姜　峰	男	1971.07—2008.02	如东县公安局	
390	季加武	男	1965.10—2008.03	泗洪县公安局	
391	沈思远	男	1978.12—2008.04	太仓市公安局	
392	王小平	男	1977.11—2008.05	江苏公安边防总队海警支队	
393	杨　征	男	1975.11—2008.05	淮安市公安局	
394	余　明	男	1963.07—2008.06	南京市公安局	
395	马甲博	男	1983.11—2008.07	大丰市公安局	
396	李忠民	男	1953.03—2008.07	仪征市公安局	
397	徐希祥	男	1952.05—2008.10	连云港市公安局	
398	王菊生	男	1958.09—2008.10	泰兴市公安局	

续表

序号	姓名	性别	生卒年月	生前单位	英模或烈士
399	韦　鼎	男	1982.10—2008.10	涟水县公安局	
400	卢农田	男	1962.06—2008.10	淮安市公安局	
401	宋　涛	男	1962.06—2008.12	苏州市公安局	
402	惠　祥	男	1971.05—2009.01	盐城市公安局	
403	杨锦龙	男	1951.02—2009.04	南通市公安局	
404	王丽波	男	1982.06—2009.04	南京市公安消防支队	
405	张桂明	男	1969.10—2009.05	宿迁市公安消防支队	
406	刘成武	男	1979.06—2009.05	江苏省公安消防总队机关	
407	张金文	男	1967.06—2009.10	靖江市公安局	
408	张志华	男	1966.12—2009.10	如皋市公安局	
409	牛大海	男	1968.11—2009.11	扬州市公安局	
410	赵　永	男	1971.10—2009.12	徐州市公安局	
411	张延虎	男	1977.07—2009.12	徐州市公安局	
412	汤立龙	男	1965.02—2009.12	南京市公安消防支队	
413	崔　进	男	1986.05—2009.11	泗洪县公安局	
414	钱文明	男	1971.07—2009.12	苏州市公安局	
415	向卫平	男	1987.03—2010.01	常州市公安消防支队	
416	徐佩俊	男	1988.10—2010.02	常州市公安局	烈士
417	谭运生	男	1956.01—2010.03	宿迁市公安局	
418	许　琳	男	1983.12—2010.03	姜堰市公安局	
419	陈　勋	男	1963.01—2010.03	徐州市公安局	
420	车桂林	男	1951.11—2010.06	镇江市公安局	
421	段圣清	男	1970.08—2010.05	丰县公安局	
422	赵兰萍	女	1962.06—2010.07	常州市公安局	
423	姜苏威	男	1952.11—2010.07	苏州市公安局	
424	曹应生	男	1968.07—2010.07	涟水县公安局	
425	顾　瑛	男	1953.06—2010.08	南通市公安局	一级英模
426	周玲玲	女	1976.09—2010.08	南通市公安局	
427	王　刚	男	1958.09—2010.10	镇江市公安局	
428	庞帮荣	男	1976.02—2010.11	南京市公安局	烈士、一级英模
429	陈　锐	男	1968.06—2010.12	盐城市公安局	

续表

序号	姓名	性别	生卒年月	生前单位	英模或烈士
430	吴正斌	男	1966.02—2011.01	镇江市公安局	
431	吕邦亮	男	1953.02—2011.01	镇江市公安局	
432	詹苏丹	男	1979.11—2011.01	镇江市公安局	
433	孔兴君	男	1981.05—2011.01	镇江市公安局	
434	吴　江	男	1988.07—2011.01	镇江市公安局	
435	滕士旋	男	1987.09—2011.01	张家港市公安局	
436	曹　峰	男	1973.06—2011.02	靖江市公安局	
437	王　进	男	1981.01—2011.02	盱眙县公安局	
438	肖　瑶	男	1988.11—2011.08	宝应县公安局	
439	赵　刚	男	1983.11—2011.02	徐州市公安局	
440	许壮志	男	1962.07—2011.05	海安县公安局	
441	李　超	男	1959.09—2011.08	南京市公安局	
442	郭胜利	男	1955.07—2011.09	南京市公安局	
443	徐长根	男	1961.06—2011.10	扬州市公安局	二级英模
444	贾云龙	男	1970.02—2011.10	徐州市公安局	
445	胡　铭	男	1973.10—2011.11	高淳县公安局	二级英模
446	陈　鼎	男	1986.07—2011.11	高淳县公安局	
447	曹林建	男	1967.06—2011.11	灌南县公安局	
448	李云景	男	1953.12—2011.12	徐州市公安局	
449	戴　浩	男	1982.05—2011.12	张家港市公安局	
450	夏　鹏	男	1984.07—2011.12	张家港市公安局	
451	何　斌	男	1982.12—2011.12	镇江市公安局	
452	曹　鑫	男	1984.12—2012.01	沛县公安局	
453	孙茂珲	男	1989.12—2012.02	苏州市公安消防支队	烈士
454	刘　颢	男	1979.01—2012.02	邳州市公安局	
455	王　勇	男	1978.01—2012.05	淮安市公安局	
456	朱其波	男	1973.02—2012.05	连云港市公安局	
457	林龙云	男	1976.02—2012.06	丹阳市公安局	
458	许　伟	男	1965.02—2012.07	南京市公安局	
459	秦万军	男	1970.09—2012.10	苏州市公安局	
460	黄长喜	男	1981.12—2012.10	扬州市公安消防支队	

续表

序号	姓名	性别	生卒年月	生前单位	英模或烈士
461	徐祝明	男	1964.08—2012.11	海安县公安局	
462	石　友	男	1990.03—2012.11	姜堰市公安局	
463	黄　升	男	1988.12—2012.11	徐州市公安局	烈士、二级英模
464	顾　伟	男	1964.04—2012.12	苏州市公安局	
465	张庆奎	男	1960.08—2013.01	邳州市公安局	
466	张　峰	男	1978.06—2013.01	徐州市公安局	
467	王德冰	男	1967.09—2013.03	淮安市公安局	
468	张俊虎	男	1973.12—2013.04	常州市公安局	
469	许克新	男	1966.12—2013.04	宜兴市公安局	
470	崔　勇	男	1988.02—2013.05	连云港市公安局	
471	邹燕辉	男	1963.09—2013.05	镇江市公安局	
472	应良平	男	1975.03—2013.05	南京市公安局	
473	卜　京	男	1989.09—2013.08	东台市公安局	
474	尤建华	男	1963.06—2013.09	南通市公安局	二级英模
475	李少峰	男	1994.06—2013.10	盐城市公安边防支队	烈士
476	李铁勇	男	1953.11—2013.11	南京市公安局	
477	李云龙	男	1965.08—2013.12	淮安市公安局	
478	陆立才	男	1958.08—2013.03	常州市公安局	一级英模
479	全沾蓉	男	1985.07—2013.08	苏州市公安消防支队	
480	李文博	男	1986.08—2013.08	徐州市公安局	
481	葛建兵	男	1966.01—2014.02	南通市公安局	
482	宋长生	男	1964.10—2014.04	无锡市公安局	
483	赵明刚	男	1962.08—2014.06	睢宁县公安局	二级英模
484	倪　军	男	1973.10—2014.08	无锡市公安局	
485	陈　鹏	男	1987.12—2014.08	溧阳市公安局	
486	于忠强	男	1962.04—2014.08	徐州市公安局	
487	徐永健	男	1965.06—2014.08	如东县公安局	
488	陈晓帮	男	1958.04—2014.09	泰州市公安局	
489	邵　瑶	男	1989.11—2014.10	南京市公安局	
490	张宝华	男	1966.04—2014.11	徐州市公安局	
491	陈瑞卿	男	1963.07—2014.12	句容市公安局	

续表

序号	姓名	性别	生卒年月	生前单位	英模或烈士
492	胡　群	男	1965.01—2014.12	句容市公安局	
493	张作田	男	1976.10—2014.12	连云港市公安局	二级英模
494	王徐军	男	1967.12—2014.12	南通市公安局	
495	孙　建	男	1986.02—2015.01	徐州市公安局	
496	李国良	男	1961.01—2015.05	苏州市公安局	
497	薛　沛	男	1967.12—2015.06	徐州市公安局	二级英模
498	马　勇	男	1971.01—2015.06	徐州市公安局	
499	于广恩	男	1987.12—2015.07	南京市公安消防支队	
500	李春潮	男	1979.10—2015.07	淮安市公安局	烈士、二级英模
501	吕云彬	男	1980.05—2015.08	常州市公安局	
502	高海庆	男	1977.06—2015.09	连云港市公安边防支队	
503	徐卫军	男	1973.02—2015.10	无锡市公安局	
504	吴　敏	男	1966.09—2015.11	江阴市公安局	
505	于海涛	男	1979.01—2015.11	南通市公安局	
506	王亚洲	男	1973.12—2015.12	宿迁市公安局	
507	刘东旭	男	1986.03—2015.12	阜宁县公安局	
508	陈　飞	男	1985.06—2016.01	盐城市公安局	
509	薛　雷	男	1964.06—2016.03	靖江市公安局	
510	丁亚光	男	1990.09—2016.04	无锡市公安局	
511	朱建锋	男	1977.02—2016.04	常州市公安局	
512	朱军军	男	1990.05—2016.04	泰州市公安消防支队	
513	陈　帅	男	1985.01—2016.05	南通市公安消防支队	
514	范　飞	男	1985.02—2016.07	南京市公安局	二级英模
515	高传栋	男	1959.10—2016.07	连云港市公安局	
516	赵志坤	男	1998.08—2016.08	如皋市公安边防检查站	
517	张戴庆	男	1977.07—2016.09	南京市公安局	
518	贺庆文	男	1962.05—2016.09	徐州市公安局	
519	朱宇翔	男	1990.05—2016.11	南京市公安局	
520	王冠豪	男	1988.09—2016.11	太仓市公安边防检查站	
521	崔志友	男	1966.08—2016.12	沭阳县公安局	
522	杨　军	男	1959.06—2016.12	徐州市公安局	

续表

序号	姓名	性别	生卒年月	生前单位	英模或烈士
523	钱国兵	男	1970.04—2016.12	海门市公安局	
524	康红兵	男	1970.07—2016.12	涟水县公安局	
525	韩正祥	男	1965.05—2016.12	东台市公安局	
526	沈红良	男	1968.05—2017.01	苏州市公安局	
527	丁　玮	男	1987.10—2017.01	东台市公安局	

第十一章

陵园管理机构

新中国成立后，雨花台烈士陵园的建设发展被列为中共江苏省委、江苏省人民政府暨南京市委、市政府的重要工作内容。自1950年1月，由组建南京市兴建人民革命烈士陵筹备委员会起，雨花台烈士陵园的组织建设、机构设置正式起步。

1996年6月20日，中共南京市委、南京市人民政府［宁委发（1996）19号］文中明确："雨花台烈士陵园管理处"更名为"雨花台烈士陵园管理局"，为市政府直属正局级事业单位。

2017年6月25日，南京市机构编制委员会［宁编字（2017）30号］文件，正式批准南京市雨花台烈士陵园管理局（南京市雨花台风景名胜区管理局、雨花台干部学院、雨花台烈士馆）主要职责、内设机构和人员编制，并决定南京市雨花台烈士陵园管理局等4机构均为市政府直属事业单位，相当于正局级，公益一类，归口市委宣传部管理。

第一节　雨花台烈士陵园管理局

一、沿革

1949年新中国成立后，雨花台烈士陵园的建设发展被列为各级党委、政府的重要工作内容。自1950年1月，南京市市长柯庆施批示组建“南京市兴建人民革命烈士陵筹备委员会”起，雨花台的建设发展正式起步。

1950年1月24日，南京市市长柯庆施批示组建“南京市兴建人民革命烈士陵筹备委员会”。

1950年8月5日，“南京市兴建人民革命烈士陵筹备委员会办事处”正式成立，隶属南京市人民政府，下设总务、宣教、调查、工程、产权五个组，掌握征地、迁坟、施工、护林、搜集烈士遗骸等事。1951年初，办事处日常行政事务由市民政局领导。

1951年12月1日，“南京市兴建人民革命烈士陵筹备委员会办事处”更名为“南京市雨花台公园筹建委员会办事员处”，改由市建设局领导。

1952年12月，南京园林管理处成立，由中山陵、雨花台与园林科合并而成。

1953年5月4日，“南京市雨花台公园筹建委员会办事员处”更名为“南京市人民政府园林管理处雨花台办事处”，下设总务、宣教组，并新增园林组，隶属南京市人民政府园林管理处。

1955年6月30日，“南京市人民政府园林管理处雨花台办事处”更名为“南京市雨花台烈士陵园办事处”，归南京市人民政府园林管理处领导。

1957年11月，南京市园林管理处并入南京市城市建设局，局内设园林管理处，下设总务、宣教、园林组和二泉茶社，雨花台烈士陵园管理处归市城市建设局领导。

1960年3月，雨花台烈士陵园管理处办公地点由雨花路245号迁至养回红村1号安隐寺后（即陵园管理处现址）办公，下设行政、史料、园林、二泉茶社和花树队。

1982年8月7日，中共南京市委、市政府［宁委组（82）169号］通知，雨花台烈士陵园和中山陵园为全国性历史文物、革命历史文物重点保护单位，为加强对两陵的管理和保护，决定将其从城建局划出，为市属局一级单位，其全民事业性质不变。10月26日，南京市编委会[编委组（82）69号]文批准雨花台烈士陵园管理处内设办公室、组织科、宣教科、保卫科、劳资科、园林科等11个部门。

1985年4月1日，南京市人民政府[宁政发（85）112号]文通知，雨花台烈士陵园管理处的行政、业务归市园林局领导，原待遇不变。

1991年5月30日，市政府决定调整园林系统现行管理体制，将雨花台烈士陵园管理处由市园林局归口管理，归口管理后，规格、待遇不变。

1996年6月20日，中共南京市委、南京市人民政府[宁委发（1996）19号]文中明确：“雨花台烈士陵园管理处”更名为“雨花台烈士陵园管理局”，为市政府直属正局级事业单位。

2008年8月6日，市机构编制委员会批复同意南京市雨花台烈士陵园管理局增挂“南京市雨花台风景名胜区管理局”牌子。雨花台烈士陵园管理局、雨花台风景区管理局作为市政府直属事业单位，是两块牌子、一套班子，代表市政府行使景区建设和管理职能。

2016年10月，江苏省机构编制委员会办公室[苏编办复（2016）110号]批复：“同意南京市雨花台烈士陵园管理局（南京市雨花台风景名胜区管理局）增挂雨花台干部学院和雨花台烈士纪念馆牌子，同时撤销事业单位雨花台烈士纪念馆。”2017年6月28日，雨花台干部学院正式成立。

2017年6月25日，南京市机构编制委员会[宁编字（2017）30号]文件，正式批准南京市雨花台烈士陵园管理局（南京市雨花台风景名胜区管理局、雨花台干部学院、雨花台烈士馆）主要职责、内设机构和人员编制，并决定南京市雨花台烈士陵园管理局等4机构均为市政府直属事业单位，相当于正局级，公益一类，归口市委宣传部管理。

雨花台烈士陵园建制沿革表

时间	建制沿革及隶属关系
1950年1月24日	组建“南京市兴建人民革命烈士陵筹备委员会”
1950年8月5日	“南京市兴建人民革命烈士陵筹备委员会办事处”正式成立。隶属南京市人民政府
1951年12月1日	“南京市兴建人民革命烈士陵筹备委员会办事处”更名为“南京市雨花台公园筹建委员会办事员处”，改由市建设局领导
1952年12月	南京园林管理处成立，由中山陵、雨花台与园林科合并而成
1953年5月4日	“南京市雨花台公园筹建委员会办事员处”更名为“南京市人民政府园林管理处雨花台办事处”，隶属南京市人民政府园林管理处
1955年6月30日	“南京市人民政府园林管理处雨花台办事处”更名为“南京市雨花台烈士陵园办事处”，归南京市人民政府园林管理处领导
1957年11月	南京市园林管理处并入南京市城市建设局，雨花台烈士陵园管理处归市城市建设局领导
1968年9月27日	雨花台烈士陵园革命委员会成立

续表

1978 年 7 月 26 日	恢复“南京市雨花台烈士陵园管理处”名称
1982 年 8 月 7 日	雨花台烈士陵园被定为全国性历史文物、革命历史文物重点保护单位，管理处从城建局划出，为市属局级单位
1985 年 4 月 1 日	雨花台烈士陵园管理处的行政、业务归市园林局领导，原待遇不变
1991 年 5 月 30 日	市政府调整园林系统现行管理体制，雨花台烈士陵园管理处由市园林局归口管理，其规格、待遇不变
1996 年 6 月 20 日	“雨花台烈士陵园管理处”更名为“雨花台烈士陵园管理局”，为市政府直属正局级事业单位
2016 年 10 月	南京市雨花台烈士陵园管理局（南京市雨花台风景名胜区管理局）增挂雨花台干部学院和雨花台烈士纪念馆牌子，同时撤销事业单位雨花台烈士纪念馆

二、历任领导

党组织主要领导人及其任职期限

（一）中共雨花台烈士陵园党小组

组　长：王殿成　1954.4—1957.12

（二）中共雨花台烈士陵园管理处党支部

书　记：王震宇　1957.12—1963.1

于克让　1963.1—1964.7

陈先泽　1964.7—1970.9

夏秀华　1970.9—1972.10

宋宝昌　1972.10—1975.12

陈先泽　1975.12—1978.12

副书记：张春怀　1957.12—1959.4

张少良　1959.6—1961.3

于克让　1964.7—1970.9

宋宝昌　1970.9—1972.10

陈先泽　1970.9—1975.12

于　江　1978.7—1978.12

蒋毅辛　1978.7—1978.12

（三）中共雨花台烈士陵园管理处党总支

书　记：陈先泽　1978.12—1982.12

副书记：于　江　1978.12—1982.12

蒋毅辛　1978.12—1981.11

（四）中共雨花台烈士陵园管理处党委

书　记：蒋毅辛　1982.8—1989.3

杨金明　1989.3—1993.5

徐敦龙　1995.4—1996.9

副书记：李乃发　1982.8—1987.11

窦秀英　1986.10—1990.8

林能齐　1992.5—1995.4

注：1993.5—1995.4 林能齐主持党委工作

（五）中共雨花台烈士陵园管理局党委

书　记：徐敦龙　1996.9—2004.8

徐雪琴　2009.4—2016.1（2014 年 12 月 4 日宁委［2014］382 号文免职，但仍主持工作）

谈　健　2016.1—2017.1

赵永艳　2017.1—

副书记：盛同和　1995.4—2000.8

孙福平　2000.8—2002.8

王光凡　2004.8—2009.4

陈建军　2006.3—

赵永艳　2014.2—2017.1

行政主要领导人及其任职期限

（一）雨花台烈士陵园管理处

主　任：安敦信　1950.8—1954.4

杨瑞江　1955.5—1957.12

王震宇　1957.12—1963.1

刘西淮　1963.1—1964.6

陈先泽　1964.7—1981.1

蒋毅辛　1981.1—1989.4

杨金明　1989.4—1992.3

陈一兵　1992.3—1993.6

徐敦龙　1995.4—1996.9

副主任：汤友根　1951.11—1952.9

张春怀　1952.12—1959.4

张金亭　1954.12—1957.11

张少良　1959.6—1963.5

李道全　1961.3—1965.9

何坤尧　1962.9—1968.9

李松舟　1962.10—1965.12

胡士英　1965.5—1968.9

于　江　1965.10—1982.12

蒋毅辛　1975.9—1978.7

于克让　1978.5—1978.7

何坤尧　1978.5—1981.9

朱良俊　1978.10—1980.12

陈德贤　1979.10—1982.12

杨金明　1980.12—1989.4

林能齐　1982.8—1995.3

陈松元　1985.12—1992.3

陈丰霞　1986.3—1995.3

刘学军　1992.3—1995.4

毛富宝　1992.5—1995.3

（二）雨花台烈士陵园管理局

局　长：徐敦龙　1996.9—2004.8

王光凡　2004.8—2009.4

徐雪琴　2009.4—2016.1（2014年12月4日宁委[2014]382号文免职，但仍主持工作）

谈　健　2016.1—2017.1

赵永艳　2017.1—

副局长：韩立祥　1995.4—2006.2

武小慧　1995.5—2010.9

许学江　1996.10—2006.2

孙福平　2000.8—2002.6

郭益力　2006.3—2012.4

刘建国　2007.7—2013.12

李　洵　2012.7—2013.3

黄　莹　2013.3—

赵永艳　2014.2—2017.1

殷　健　2016.12—

杨永清　2017.4—

方国中　2018.2—

陈俊峰　2018.8—

纪委主要负责人及其任职期限

中共雨花台烈士陵园管理处纪律检查委员会

书　记：窦秀英　1986.10—1990.8

盛同和　1993.6—2000.3

熊书乐　2000.3—2006.2

陈建军　2006.3—

巡视员级任职及期限：

盛同和　2000.8—2002.8（助理巡视员）

徐敦龙　2004.8—2006.3

熊书乐　2006.2—2007.12

许学江　2006.2—2007.12

武小慧　2010.9（任巡视员同文免除原职并退休）

刘建国　2013.12—2016.3

三、现任领导

局长、党委书记：赵永艳

党委副书记、纪委书记：陈建军

副局长、党委委员：黄莹

副局长、党委委员：殷健

副局长、党委委员：杨永清

副局长、党委委员：陈俊峰

副局长、党委委员：方国中

雨花台烈士陵园领导班子成员一览表（1950—2018）

时间	主要负责人	领导班子组成		备注
		姓名	职务	
1950.8—1954.4	安敦信	安敦信	陵园管理处主任	
		汤友根	副主任	1951.11 到岗，1952.9 离岗
		张春怀	副主任	1952.12 到岗
1954.4—1957.12	王殿成	王殿成	陵园党小组组长	
		杨瑞江	陵园管理处主任	1955.5 到岗，1957.12 离岗
		张春怀	副主任	
		张金亭	副主任	1954.12 到岗，1957.11 离岗
1957.12—1963.1	王震宇	王震宇	陵园管理处主任、党支部书记	
		张春怀	副主任、副书记	1957.12 兼副书记，1959.4 离岗
		张少良	副主任、副书记	1959.6 到岗，1961.3 卸任副书记
		李道全	副主任	1961.3 到岗
		何坤尧	副主任	1962.9 到岗
		李松舟	副主任	1962.10 到岗
1963.1—1964.7	刘西淮	刘西淮	陵园管理处主任	1964.6 离岗
		于克让	陵园党支部书记	
		张少良	副主任	1963.5 离岗
		李道全	副主任	
		何坤尧	副主任	
		李松舟	副主任	
1964.7—1981.1	陈先泽	陈先泽	陵园管理处主任、党支部书记	1964.7—1970.9 党支部书记 1970.9—1975.12 党支部副书记 1975.12—1978.12 党支部书记 1978.12—1981.1 党总支书记
		夏秀华	党支部书记	1970.9—1972.10
		宋宝昌	党支部副书记、书记	1970.9—1972.10 党支部副书记 1972.10—1975.12 党支部书记
		于克让	党支部副书记、副主任	1964.7—1970.9 党支部副书记 1978.5—1978.7 副主任
		李道全	副主任	1965.9 离岗

续表

时间	主要负责人	领导班子组成		备注
		姓名	职务	
1964.7—1981.1	陈先泽	何坤尧	副主任	1962.9—1968.9 副主任 1978.5 副主任
		李松舟	副主任	1965.12 离岗
		胡士英	副主任	1965.5—1968.9
		于江	副主任、党支部副书记、党总支副书记	1965.10—1981.1 副主任 1978.7—1978.12 党支部副书记 1978.12—1981.1 党总支副书记
		蒋毅辛	副主任、党支部副书记、党总支副书记	1975.9—1978.7 副主任 1978.7—1978.12 党支部副书记 1978.12—1981.1 党总支副书记
		朱良俊	副主任	1978.10—1980.12
		陈德贤	副主任	1979.10 到岗
		杨金明	副主任	1980.12 到岗
1981.1—1989.4	蒋毅辛	蒋毅辛	陵园管理处主任、党总支副书记、党委书记	1981.1—1981.11 党总支副书记 1982.8—1989.3 党委书记
		陈先泽	党总支书记	1982.12 离岗
		于江	副主任、党总支副书记	1982.12 离岗
		李乃发	党委副书记	1982.8—1987.11
		窦秀英	党委副书记、纪委书记	1986.10 到岗
		陈德贤	副主任	1982.12 离岗
		杨金明	副主任	
		林能齐	副主任	1982.8 到岗
		陈松元	副主任	1985.12 到岗
		陈丰霞	副主任	1986.3 到岗
1989.4—1992.3	杨金明	杨金明	陵园管理处主任、党委书记	1989.3—1993.5 党委书记
		窦秀英	党委副书记、纪委书记	1990.8 离岗
		林能齐	副主任	
		陈松元	副主任	1992.3 离岗
		陈丰霞	副主任	
1992.3—1993.6	陈一兵	陈一兵	陵园管理处主任	
		杨金明	党委书记	1993.5 离岗
		林能齐	副主任、党委副书记	1992.5—1993.5 党委副书记
		陈丰霞	副主任	
		刘学军	副主任	1992.3 到岗
		毛富宝	副主任	1992.5 到岗

续表

时间	主要负责人	领导班子组成		备注
		姓名	职务	
1993.6—1995.4		林能齐（主持工作）	陵园管理处党委副书记、副主任	1993.5 主持党委工作，1995.3 卸任副主任
		盛同和	纪委书记	1993.6 到岗
		陈丰霞	副主任	1995.3 离岗
		刘学军	副主任	1995.4 离岗
		毛富宝	副主任	1995.3 离岗
1995.4—2004.8（1996 年 6 月，宁委发 19 号文明确："雨花台烈士陵园管理处"更名为"雨花台烈士陵园管理局"	徐敦龙	徐敦龙	陵园管理处主任、管理局局长、党委书记	1995.4—1996.9 陵园管理处主任，1996.9—2004.8 陵园管理局局长
		盛同和	党委副书记、纪委书记	1995.4—2000.3
		韩立祥	副主任、副局长	1995.4 到岗
		武小慧	副主任、副局长	1995.5 到岗
		许学江	副局长	1996.10 到岗
		熊书乐	纪委书记	2000.3 到岗
		孙福平	党委副书记、副局长	2000.8—2002.6
2004.8—2009.4	王光凡	王光凡	管理局局长、党委副书记	
		熊书乐	纪委书记	2006.3 离岗
		陈建军	党委副书记、纪委书记	2006.3 到岗
		韩立祥	副局长	2006.2 离岗
		武小慧	副局长	
		许学江	副局长	2006.2 离岗
		郭益力	副局长	2006.3 到岗
		刘建国	副局长	2007.7 到岗
2009.4—2016.1	徐雪琴	徐雪琴	局长、党委书记	2014.12 宁委 382 号文免职，但仍主持工作
		陈建军	党委副书记、纪委书记	
		武小慧	副局长	2010.9 离岗
		郭益力	副局长	2012.4 离岗
		刘建国	副局长	2013.12 离岗
		李洵	副局长	2012.7—2013.3
		黄莹	副局长	2013.3 到岗
		赵永艳	党委副书记、副局长	2014.2 到岗

续表

时间	主要负责人	领导班子组成		备注
		姓名	职务	
2016.1—2017.1	谈健	谈健	局长、党委书记	
		赵永艳	党委副书记、副局长	
		陈建军	党委副书记、纪委书记	
		黄莹	副局长	
		殷健	副局长	2016.12 到岗
2017.1—	赵永艳	赵永艳	局长、党委书记	
		陈建军	党委副书记、纪委书记	
		黄莹	副局长	
		殷健	副局长	
		杨永清	副局长	2017.4 到岗
		方国中	副局长	2018.2 到岗
		陈俊峰	副局长	2018.8 到岗

四、高级技术职称资格人员名单

赵永艳　副教授

张国强　副研究馆员（文博专业）

赵文标　高级工程师（风景园林专业）

曹玉麟　高级工程师（风景园林专业）

杨　芸　高级工程师（风景园林专业）

陶旭如　高级工程师（建设工程专业）

李　琛　副主任护师（护理专业）

朱晓华　二级工艺美术师

钱素萍　高级政工师

伍乐朗　高级工程师（园林专业）

林能齐　高级工程师

罗庆新　副研究馆员（文博专业）

刘建国　副教授

林玉珠　高级工程师（园林专业）获江苏省政府特殊津贴

韩淑英　高级工程师

于金库　高级工程师（园林专业）

蒋毅辛　副研究馆员（文博专业）

王昭全　副研究馆员（文博专业）

张　逸　副研究馆员（文博专业）
刘连英　高级工程师（园林工程）
方国中　高级工程师

五、先进人物与劳模（部分）

雨花台烈士陵园历年来获得市级或城建部荣誉称号的职工如下：

陈以干　1958 年被评为南京市先进生产者
陈梅生　1962 年被评为南京市先进生产者
　　　　1964 年被评为南京市先进生产者
张清本　1985 年被评为市绿化工作积极分子
周惠生　1965 年被评为南京市五好职工
　　　　1979 年被市总工会授予工会积极分子称号
胡寿福　1980 年被市总工会授予工会积极分子称号
　　　　1982 年被评为市绿化工作积极分子
戈春友　1959 年被评为市先进生产者
黄友存　1982 年被评为市工会积极分子称号
孙惠娟　1982 年被评为市工会积极分子称号
刘家亮　1982 年被评为市城建部社会主义精神文明先进个人
周建仁　1982 年被评为市绿化先进个人
　　　　1985 年被评为市绿化先进个人
陶祥友　1983 年被评为市绿化先进个人
李维琪　1985 年被评为南京市劳动服务公司先进工作者
蒋毅辛　1985 年被评为城建十项奋斗目标先进个人
马厚庭　1985 年被评为城建十项奋斗目标先进个人
孙荣奎　1985 年被评为城建十项奋斗目标先进个人
王　冰　1985 年被评为城建十项奋斗目标先进个人
韩　炎　1991—1993 年度南京市劳动模范
陈厚勇　1994—1996 年被评为南京市劳动模范
任美峰　1997—1999 年被评为南京市劳动模范
黄舒宁　2011 年被评为南京市劳动模范
　　　　2015 年被评为市公务用车管理工作先进个人
曹仁莉　2014 年被授予市五一劳动奖章荣誉称号
杨　松　2014 年被授予市五一创新能手荣誉称号

孙年龙　2014 年被授予第二届夏季青奥会嘉奖人员称号

　　　　2015 年被评为南京市劳动模范

苏　峰　2011 年被授予“南京市五一创新能手”“南京市青年岗位能手”称号

　　　　2014 年被评为市第五次古树名木普查先进个人

　　　　2016 年被授予“江苏省五一创新能手”“江苏省技术能手”称号、入围进入“南京工匠”市级比武阶段

　　　　2018 年被评为南京市劳动模范

朱晓华　2014 年被评为省住建系统优秀工会干部

　　　　2015 年被评为市城建系统优秀工会主席

　　　　2016 年被评为市城建系统优秀工会工作者

孙　玉　2014 年被评为市级机关作风建设先进个人

　　　　2015—2016 年度被评为南京市机关作风建设先进个人

吴海宁　2014 年被评为市平安景区创建工作先进个人

　　　　2015 年被评为市安全生产先进个人

　　　　2016 年被评为市平安景区先进个人

　　　　2017 年度南京市安全生产先进个人、优秀专武干部

唐志强　2014 年被评为市内保系统先进个人

　　　　2015 年被评为市内保系统先进个人

伍乐朗　2014 年被评为市第五次古树名木普查先进个人

熊锦瑞　2014 年被评为市 12345 政务热线群众诉求办理工作先进个人

王　瑫　2014 年被评为第二届夏季青奥会新闻宣传工作先进个人

　　　　2015 年被评为市社会科学普及工作先进个人

　　　　2017 年被评为南京市社科普及工作先进个人

张　洪　2014 年被评为市社科普及工作先进个人

廖丽娟　2014 年被评为市城建工会优秀工会干部

　　　　2015 年被评为市城建系统优秀工会干部

　　　　2017 年被评为南京市城建系统优秀工会干部、南京市城建系统优秀女职工干部

张　彧　2014 年被评为市城建工会积极分子

高　翱　2014 年被评为第二届夏季青奥会先进个人

向媛华　2015 年被评为市第六届优秀哲学社会科学工作者

庞　芸　2015 年被评为市城市治理标准化工作先进个人

卜　斌　2015 年被评为市城建系统优秀工会干部

黄晋宇　2015 年被评为市城建系统五一巾帼标兵

蒋　君　2016 年被评为全国双拥模范城有功个人三等功

蒋新飞　2016年被评为市城建系统优秀工会积极分子

夏和龙　2016年被评为市文化文物统计工作先进个人

金　慜　2016年被评为市社科普及工作先进个人

徐霞翔　2016年被评为市社科系统先进个人

　　　　2017年获第七届南京市优秀哲学社会科学工作者称号

尤嘉文　2017年被授予“南京市五一创新能手”，“南京市青年岗位能手”荣誉称号

赵　瑱　2017年度被评为南京市社科系统先进个人

孙静静　2017年度被评为南京市城建系统十佳“五一巾帼标兵”

翁　亮　2017年度被评为南京市文化行业统计工作中被评为先进个人

郭　琦　2017年度被南京市妇女联合会授予南京市“三八”红旗手荣誉称号

六、建陵人物

安敦信，字成之，山西文水人，1903年生，北平大学毕业，曾历任河南省政府政务视察、河北省政府参议等职。1938年6月任河南省伊阳县县长。1949年2月参加中国国民党革命委员会，任民革南京市分部筹委会委员、南京市民革第一届常委，12月任南京市第二届各界人民会议代表。1950年5月任南京市救济分会收容组组长、8月任南京市人民革命烈士陵筹备委员会办事处主任。1951年11月任南京市雨花台公园筹建委员会办事处主任，1953年5月任南京市人民政府园林管理处雨花台办事处主任。1954年调南京市园林处种苗场任第二场长。1956年5月18日在南京逝世。

杨瑞江，安徽金寨人，1898年2月出生，1927年6月参加革命，1929年1月加入中国共产党。1927年至1937年，在原籍先后任红军副班长、村乡苏维埃主席和区委书记；1937年至1945年，在新四军二师供给部历任弹花厂、被服厂、皮鞋厂厂长，保管处主任；1945年至1949年，先后任华东二线兵团教导师一团管理处主任、华东后备兵团教导员供给处主任、华东军政大学供给部纸烟厂经理；1949年10月后，历任三野政治部下关农场主任、南京市第八区政府下关农场主任。1955年5月，任雨花台烈士陵园办事处主任、副主任。1981年6月逝世。

杨廷宝，字仁辉，河南南阳人，1901年10月生。中国科学院院士，中国近现代建筑设计开拓者之一，著名建筑学家。1921年，赴美国留学，在宾夕法尼亚大学学习建筑。1924年获得美国城市艺术协会设计竞赛一等奖和全美建筑系学生设计竞赛艾默生奖一等奖。1926年，赴欧洲考察建筑。1940年，任国立中央大学建筑系教授。中华人民共和国成立后，任南京大学建筑系教授。1950年1月任南京市兴建人民革命烈士陵筹备委员会副主任委员兼设计委员会主任委员，负责雨花台烈士陵园建设规划工作。承担雨花台烈士纪念碑、纪念馆，红领巾广场等项建筑设计，以后由东南大学建筑系齐康教授主持完成。东南大学潘谷西教授、郑光复教授等也承担了雨花台烈士

陵园建筑设计工作。1959 年任南京工学院副院长、建筑研究所所长，江苏省副省长、中国建筑学会第五届理事长等职。1982 年 12 月 23 日在南京逝世。

刘述周，江苏靖江人，1911 年生。早年在南京、上海求学时开始从事青年学生运动。1931 年，在上海参加反帝大同盟，同年加入中国共产党。历任中共靖江县县委书记，重庆《新华日报》采访部主任，中共淮海区委敌工部部长、中共苏浙区党委秘书长、民运部长，中国人民解放军第三野战军政治部秘书长等职。南京解放后，任南京市人民政府秘书长，中共南京市委秘书长兼统战部部长，1950 年 1 月任南京市兴建人民革命烈士陵筹备委员会主任委员，负责雨花台烈士陵园筹备建设工作。1953 年春调上海任中共中央华东局工业部副部长，中共上海市委统战部部长，上海市人民政府副市长，中共上海市委书记处书记等职。1965 年夏调北京工作，任中共中央统战部副部长，中国科学技术协会党组副书记、科协副主席等职。1985 年 3 月在南京病逝。

陈先泽，安徽金寨人，1914 年 12 月出生，1931 年 10 月加入共青团，1932 年 2 月参加中国工农红军，1935 年 10 月转为中共正式党员。参加二万五千里长征、抗日战争、解放战争。1955 年授中校军衔，任安徽省军分区副参谋长。1960 年转业。1964 年 7 月，任南京市雨花台烈士陵园管理处主任、党总支书记。1982 年 12 月离职休养。1998 年 9 月 23 日逝世。

柳林，山东文登人，1917 年生。第十二届中共中央委员。1936 年 3 月参加革命，1938 年 8 月加入中国共产党。历任中共黄县县委宣传部长，平度县委书记，莱阳城区工委书记，昌南县委书记，西海地委副书记兼西海专员公署专员等职。新中国成立后，先后任山东莱阳专员公署专员，徐州市委第一书记，苏州市委书记，南京市委第一书记、江苏省委第二书记。

1983 年 3 月，中央任命柳林同志为中共江苏省顾问委员会主任。同年 9 月任雨花台烈士陵园建设委员会主任，领导雨花台烈士陵园全面建设工作。2001 年 12 月 3 日在南京病逝。

蒋毅辛，祖籍浙江绍兴，1924 年出生于河南安阳，1945 年在重庆加入新民主主义青年社，考入国立中央大学学习。1947 年在南京加入中国共产党。1948 年底由中共地下党组织秘密派遣离开南京，并就读解放区华中党校。1958 年任南京市雨花台烈士陵园管理处办公室主任，任职期间曾主持编撰《反动统治时期在南京被害烈士大事纪要》《英雄雨花台》等最早的雨花台烈士史料研究著作。1975 年 9 月任雨花台烈士陵园管理处副主任，1978 年 7 月任中共雨花台烈士陵园管理处党支部副书记，1978 年 12 月任中共雨花台烈士陵园管理处党总支副书记，1981 年 1 月任南京市城市建设局副局长，1982 年 8 月任中共雨花台烈士陵园管理处党委书记、主任，1989 年 4 月离职休养。2018 年 7 月 25 日逝世。

第二节　机构设置

一、沿革

1950 年，“南京市兴建人民革命烈士陵筹备委员会”正式成立，下设设计、调查、筹募和督道 4 个委员会。

1960 年 3 月，雨花台烈士陵园管理处下设行政、史料、园林、二泉茶社和花树队。1963 年 3 月，行政股改为办公室。

1982 年 10 月 26 日，南京市编委会［编委组（82）69 号］文批准雨花台烈士陵园管理处内设办公室、组织科、宣传教育科、保卫科、劳动工资科、园林科、修建科、计财科、文物保护环境卫生管理科、陵园服务部和烈士史料室等 11 个部门，事业编制 70 名，所需人员经费从本单位收支中开支。

1983 年初，陵园调整机构设置，由原来的 5 科 2 室 1 部调整为 8 科 2 室 1 部（不含工会、团委、纪检委）4 个基层队。8 科为：组织科、宣教科、园林科、计划财务科、行政科、劳动工资科、文史科、保卫科；2 室为：史料室（纪念馆）、办公室（管理处）；1 部是服务部；4 个队是：园林一队、园林二队、文卫队、修建队，减少了 3 个科室，1 个基层队部。调整机构设置后，仍保留原科室编制，保存原科室印章，对外仍用原公章，对内按新科室挂牌。

1984 年 8 月 15 日，陵园将内设机构调整为 2 室 4 科和 5 个下属单位：2 室是党委办公室、主任办公室；4 科是：园林科、计划财务科、行政科、基建科；5 个下属单位是：史料室、服务部、园林一队、园林二队、修建队。

1987 年 5 月 10 日，南京市城管会［宁城管字（87）36 号］文批准：组建南京市城市建设管理烈士陵园监察中队，编制 20 人，实有 10 余人。1995 年 5 月 25 日，根据南京市机构编制委员会［宁编字（1995）12 号］文的通知精神，将“南京市城市建设管理烈士陵园监察中队”更名为“南京市城市建设管理烈士陵园监察大队”，单位性质、级别等均不变，职责是景区土地、森林等资源的保护和管理。

1993年2月，烈士陵园管理处正式成立新的机构，进一步理顺体制，机关设1室5部：办公室、园林文物部、人事教育部、后勤基建部、保卫部、计划财务部；党委办公室、工会、团委、纪检保持不变。基层3个企业性公司：经贸总公司（下辖雨花石博物馆、商品经营门点）、旅游服务总公司（下辖二泉餐厅、招待所、停车管理办公室、游乐园、机运组）、园林建设总公司（下辖园林、苗木、花卉、茶叶生产、经营与建设）；3个事业性单位：烈士纪念馆（下辖纪念馆、纪念碑）、园容管理所（下辖门卫队、票务队、环境卫生队）、城监执法中队（辖陵园建设与管理的执法监察）。

1995年5月，陵园对内设机构实行全面调整，新设机构为：办公室（党政合一）、组织人事处、宣传接待处（团委与宣传接待处合署办公）、计划财务处、保卫处、南京市城市建设管理烈士陵园监察大队（城建监察与保卫处合署办公）、总务处、文史办公室、雨花台烈士纪念馆（文史办公室与烈士纪念馆合署办公）、园景园容处、总园艺师室、园林建设公司、经营贸易公司、旅游开发公司。纪委和监察室合署办公。

1995年9月，雨花台烈士陵园管理监察大队经市容管理委员会批准成立，定编15人，执行市政府7号令《严格禁止随地吐痰和随地乱扔乱倒废弃物规定》，维护景区环境。

1996年6月20日，雨花台烈士陵园管理处改为雨花台烈士陵园管理局，为市属正局级事业单位，机构设置和人员编制如下：设10个职能处室和纪委：办公室、计划财务处、园林文物处、园景园容处、行政基建处、保卫处、经营管理处、组织人事处、宣传接待处、监察室（与纪委合署），按有关规定设置团委和工会。

1999年3月，雨花台烈士陵园管理局对局机关进行职能合并。撤销行政基建处，其国土管理职能划归园林文物处，服务职能划归物业公司；局基建办（1996年11月成立，是一个临时性机构，与总务处合署办公）与计财处合署办公；撤销园景园容处，成立票务管理中心；成立“物业管理服务公司”，整顿恢复劳动服务公司；局爱委会与物业公司合署办公；撤销原行政基建处卫生所，成立局职工医院。1999年10月，票务中心改名为票务管理处。

2000年8月，成立局开发办公室，活动中心、旅行社划归开发办管理，园林文物处改为风景园林处，文物管理职能与名胜古迹管理所合并，名称为文物管理所，局基建办单列，恢复党校、政校（雨花台烈士陵园管理局职教培训中心）。

2002年3月24日，南京市机构编制委员会［宁编字（2002）11号］《关于印发南京市雨花台烈士陵园管理局主要职责、内设机构和人员编制规定》明确规定：南京市雨花台烈士陵园管理局为市政府直属正局级事业单位，明确了主要职责、内设机构和人员编制。

2002年，“三定”方案中编制预控数为397名，局机关事业编制70名。领导职数为：局长、书记1名，副局长、副书记、纪委书记5名。正副处长（主任）23名，其中正处长（主任）12名，副处长（副主任）11名。另外，烈士纪念馆领导职数为3名，其中馆长（正处级）1名，副馆长（副处级）2名。烈士纪念馆为局属事业单位，城建、市容监察大队为保卫处所属科级事业单位。

除烈士纪念馆、工会和团委外设有12个职能处室，分别是：办公室（法规处）、监察室（纪委）、组织人事处、党总支、宣传教育处、计划财务处、基本建设处、旅游管理处、经营管理处、风景园林处、保卫处（下辖城建监察大队）、场馆管理处。

2010年岗位设置后，经市人社局事管处核准，雨花台烈士陵园管理局是以管理岗为主的事业单位，总岗位核准数为274个，其中管理岗位核准数为150个，专业技术岗位数量不超过31个，工勤技能岗位数量不低于94个。

2013年，在深入调研兄弟单位的基础上，结合陵园实际，对3家改制企业中的2家——经贸公司和旅游公司实施了深化改革，将其整合为国有独资的南京幸雨旅游服务有限公司。

二、机构设置

2017年6月5日，南京市机构编制委员会［宁编字（2017）30号］《关于印发南京市雨花台烈士陵园管理局（南京市雨花台风景名胜区管理局、雨花台干部学院、雨花台烈士纪念馆）主要职责、内设机构和人员编制规定》明确："南京市雨花台烈士陵园管理局挂南京市雨花台风景名胜区管理局、雨花台干部学院、雨花台烈士纪念馆牌子，为市政府直属事业单位，相当于正局级，经费渠道全额拨款，公益一类，归口市委宣传部管理。"

1. 主要职责：

（1）开展红色资源的挖掘、研究和宣传工作，承担雨花英烈事迹相关史料征集和理论研究工作，开展理想信念、党性党风方面的研讨、宣传、教育。

（2）面向社会开展革命传统教育、党史国情教育和历史文化教育，建设爱国主义教育基地、廉政教育基地和党性教育基地；负责谒陵的有关团体、群众、青少年及烈士亲属的接待、服务和安全保卫工作。

（3）贯彻执行《中华人民共和国文物保护法》，研究制定并组织实施陵园内各种历史文物资源的保护措施和办法；按照国家《烈士纪念设施保护管理办法》要求，负责烈士纪念设施和历史文物资源的保护管理。

（4）贯彻执行国家和省、市颁布的有关风景名胜区工作的方针、政策、法规，制定具体细则并组织实施；会同有关部门查处各类违法行为。

（5）负责风景区内自然环境和生态环境保护、基础设施建设、旅游综合服务工作。

（6）承办市委、市政府交办的其他事项。

2. 内设机构：

南京市雨花台烈士陵园管理局（南京市雨花台风景名胜区管理局、雨花台干部学院）设16个内设机构。分别为：办公室（法规处）、保卫处、计划财务处、宣传策划处、规划建设处、风景园林处、旅游产业处、文物博物馆处、雨花英烈研究院、陈列展览部、社会教育部、学院工作处、组织人事处（团委）、监察室、机关党总支、工会。

3. 人员编制：

重新核定市雨花台烈士陵园管理局全额拨款事业编制 277 名。领导职数：局长、书记 1 名，副局长、副书记、纪委书记 6 名；处级领导职数 30 名，其中处长（部长、院长）14 名，副处长（副部长、副院长）16 名（含监察室处级领导职数 2 名，其中主任 1 名，副主任 1 名）。

4. 其他事项：

（1）市委组织部负责雨花台干部学院相关工作；市民政局负责烈士陵园的行业管理职责；市文化广电新闻出版局负责纪念馆的行业管理职责；市绿化园林局负责风景名胜区的行业管理职责。

（2）雨花台干部学院采取依托市委党校进行办学模式。市委党校负责招生办班、课堂教学、教务管理、后勤保障等工作。南京市雨花台烈士陵园管理局负责现场教学，并派员参与教学过程。

第三节　组织建设

一、中国共产党南京市雨花台烈士陵园管理局委员会

党的组织建设是党的建设的主要内容之一，包括党的民主集中制建设、党员队伍建设、干部队伍建设、基层组织建设等。雨花台烈士陵园建陵以来，在上级党组织的关心、支持下，成立了雨花台烈士陵园党的组织。陵园根据自身发展的需要，积极慎重地发展新党员和建立基层党组织，引导广大干部职工积极投身陵园建设和发展，不断提高陵园的管理水平和党员干部思想觉悟，为陵园的建设与发展起到了重要的推动作用。

沿革

1954 年 4 月 3 日，雨花台烈士陵园成立党小组，有党员 4 名，王殿成任党小组长，归中共南京市园林管理处支部领导。

1957 年 12 月，雨花台烈士陵园管理处成立党支部，有党员 10 名，王震宇为党支部书记，张春槐为副书记，隶属南京市城建局党委。

1958 年春，雨花台人民公社成立，雨花台烈士陵园管理处党支部属于中共雨花台人民公社委员会领导。

1960 年 12 月 6 日，雨花台人民公社党委将烈士陵园管理处党支部划归南京市城建局党委领导，有 25 名党员。

1966 年 8 月，“文革”初期，雨花台烈士陵园管理处党支部被造反派冲击，党政机关陷入瘫痪。

1970 年 9 月，南京市城建局调夏秀华为中共雨花台烈士陵园支部书记，宋宝昌任副书记，有党员 37 名。

1975 年 12 月 26 日，恢复中共雨花台烈士陵园管理处支部委员会，陈先泽任党支部书记。

1978年7月19日，任命陈先泽由任雨花台烈士陵园革委会主任转任雨花台烈士陵园管理处主任（原任支书不变）；于江任雨花台烈士陵园管理处党支部副书记，并由雨花台烈士陵园革委会副主任转任雨花台烈士陵园管理处副主任；蒋毅辛任雨花台烈士陵园管理处党支部副书记，并由雨花台烈士陵园革委会副主任转任雨花台烈士陵园管理处副主任；何坤尧任雨花台烈士陵园管理处副主任。

1978年12月25日，建立中共雨花台烈士陵园管理处总支部委员会，陈先泽任书记。

1979年1月9日，建立机关、史料室、园林科和服务部四个党支部。

1996年2月9日，任命王寅周为保卫、城建监察党支部书记。任命许建民为烈士纪念馆党支部副书记。任命蔡锦芬为总务处党支部副书记。任命李玉清为机关党支部副书记。

1996年2月9日，建立中共雨花台烈士陵园总务处支部委员会，任命蔡锦芬为党支部副书记。

1996年3月7日，成立同宇公司党支部委员会，任命汪长美同志为支部书记，会由汪长美、陆春生、王国龙、周建仁、计建平、王富贵等7人组成。

1996年4月12日，任命张守坤同志为园景园容处党支部副书记。

1996年5月1日，任命王寅周保卫、城建监察支部。

1996年9月17日，中共雨花台烈士陵园管理处委员会更名为中共雨花台烈士陵园管理局委员会，委员会由徐敦龙、盛同和、韩立祥、武小慧4人组成，徐敦龙任书记，盛同和任副书记兼中共雨花台烈士陵园管理局纪律检查委员会书记。

1996年12月18日，机关党支部由许学江兼任党支部书记，姜德昌任党支部副书记。园景园容处党支部由王寅周任党支部书记，纪念馆党支部由赵海宁任党支部副书记。同宇公司党支部由汪长美任党支部书记。

1997年4月22日，建立园林文物处、园林公司党支部。原总务处党支部并入机关党支部，归机关党支部统一领导。任命汪长美为园林文物处、园林公司党支部书记，蔡锦芬为经营管理处、同宇公司党支部副书记。

1997年5月26日，园林文物处党支部委员会由汪长美任党支部书记。

1997年11月12日，任命王德荣为保卫、城管党支部副书记。

1997年12月22日，任命蔡锦芬为纪念馆党支部副书记、赵海宁为同宇公司党支部副书记。

1998年8月21日，任命汪立萍为纪念馆党支部副书记。

1998年10月8日，建立行政基建处、物业管理服务公司联合党支部。任命梁才源为行政基建处、物业管理服务公司联合党支部书记。任命王寅周为园景园容处党支部书记，汪长美为园林文物处党支部书记。

1998年12月18日，任命冯健为经营管理处同宇公司联合党支部副书记。

1999年4月21日，成立物业、劳动服务站联合党支部，任命王寅周任支部书记。

1999年10月29日，任命蔡锦芬为纪念馆党支部书记。

2000年1月3日，成立经营管理处、经贸公司、旅游开发公司、饮食服务公司联合党支部；

组建园林文物处、基建办公室、园艺公司、园林公司联合党支部；成立票务管理处、旅行社、活动中心联合党支部；成立纪念馆、雨花石博物馆联合党支部。任命王国龙为经营管理处党支部书记，计建平为园林文物处党支部副书记。

2000年1月14日，任命蔡锦芬为纪念馆支部书记，汪立萍为副书记。成立经营管理处党支部，王国龙任支部书记。园林文物处党支部由计建平任支部副书记。

2000年4月28日，机关党支部增补熊书乐为党支部书记。

2000年9月4日，对党支部隶属关系做出调整：局开发办公室隶属机关党支部，局基建办隶属风景园林处党支部。

2000年12月14日，任命赵海宁为物业公司、劳动服务公司、爱委会联合党支部副书记。

2001年3月19日，成立管理局风景园林处、基建办、开发办联合党支部，任命王树杰为风景园林处、基建办、开发办联合党支部副书记。

2001年10月9日，任命薛东婴为机关党支部副书记，于金库为风景园林处、基建办联合党支部副书记。

2001年11月29日，任命赵海宁为爱委会、物业公司联合党支部书记，韩炎为经营管理处党支部副书记。

2001年12月18日，经营管理处党支部增补韩炎、陆春生、周庆昇三位同志为支部委员。票务处党支部增补王国龙、黄进两位同志为支部委员。

2001年8月2日，任命计建平为文史办党支部委员会由任党支部副书记兼组织委员。

2001年10月15日，撤销原纪念馆党支部和原党史办党支部，组建纪念馆与文史办联合党支部，计建平为联合党支部负责人。

2003年11月21日，冯健任票务处党支部副书记（主持支部工作）。

2004年1月16日，因管理局所属企业改企转制和机关有关部门的整合，成立机关第一党支部，负责局党政办公室、组织人事处、监察室、计划财务处、宣传处、工会等部门的党务工作。支部书记：熊书乐（兼），支部副书记：薛东婴。机关第二党支部负责基建处、风景园林处、旅游促销办公室、爱委会、经营管理处、职工医院、功德园等部门的党务工作。支部书记：王树杰。支部副书记：于金库。园林建设有限公司党支部，支部书记：赵海宁。经营贸易公司党支部，支部书记：韩炎。旅行社党支部，副书记：吕青松。离、退休联合党支部，支部书记：王寅周，副书记：万杏琴。保留了票务处党支部，副书记：冯健。保卫处党支部，支部书记：王德荣。文史办、纪念馆联合党支部，支部书记：计建平。

2004年4月16日，任命薛东婴为机关第一党支部副书记。机关第二党支部由王树杰任党支部书记，于金库任党支部副书记。票务管理处党支部由冯健任党支部副书记。园林建设公司党支部由赵海宁任党支部书记。经贸公司党支部由韩炎任党支部书记。

2004年10月20日，开展“贯彻党的十六届四中全会精神”学习教育活动。

2004年10月25日，任命薛东婴为文史办（纪念馆）联合党支部书记，计建平为文史办（纪

念馆）联合党支部副书记，黄有存为票务处党支部副书记（主持工作）。

2005年1月12日，王国龙任机关第二党支部书记，冯健任机关第一党支部副书记（主持工作），黄有存同志任保卫处党支部副书记。

2005年7月4日，撤销文史办、纪念馆联合党支部，成立场馆党支部。任命冯健兼任机关第一党支部书记，王树杰兼任机关第二党支部书记，计建平兼任场馆支部书记。

2005年7月11日，成立中共南京市雨花台烈士陵园管理局委员会保持共产党员先进性教育活动领导小组。

2009年3月20日，为认真贯彻中央和省市关于开展深入学习实践科学发展观活动的重大战略部署，切实加强对局全体党员干部学习实践活动的领导组织，成立局学习实践科学发展观活动领导小组，组长：王光凡，副组长：武小慧、陈建军，成员：郭益力、刘建国、缪爱山、冯健、王德荣、王树杰、计建平、闻慧斌、李晶晶。

2009年3月25日，建立领导班子成员科学发展观学习实践活动联系点制度，王光凡局长联系机关第一党支部，武小慧副局长联系企业联合支部，陈建军副书记联系保卫党支部、离退休支部，郭益力副局长联系机关第二党支部，刘建国副局长联系场馆联合支部。

2013年7月15日，为开展好党的群众路线教育实践活动，根据中央、省市委总体部署和有关要求，成立雨花台烈士陵园管理局党的群众路线教育实践活动领导小组。

2015年4月23日，为深入贯彻全面从严治党要求，进一步强化基层党组织政治性，不断促进基层党的组织生活制度化、规范化、常态化，根据中共南京市委办公厅印发宁委办发［2015］30号《关于建立基层党组织“统一活动日”制度的意见》的通知要求，结合雨花台基层党建的工作实际，经局党委研究制定本实施意见，组织开展我局基层党组织统一日活动。

2015年5月18日，机构及人员调整后各党支部人员相应调整，撤销原场馆第一党支部和场馆第二党支部，组建场馆党支部。场馆党支部由烈士纪念馆、场馆管理处所属党员组成。机关第一党支部：副书记孙玉（主持工作）；机关第二党支部：书记张海蔚。保卫城建党支部：副书记蒋勇（主持工作）；场馆党支部：书记向媛华；副书记骆红；企业党支部：书记闵一平。

2017年6月5日，南京市机构编制委员会印发了《南京市雨花台烈士陵园管理局（南京市雨花台风景名胜区管理局、雨花台干部学院、雨花台烈士纪念馆）主要职责、内设机构和人员编制规定》（以下简称“三定方案”）。文件对我局行政处室和业务部门的设立作出了明确的规定并同意设立机关党总支，负责机关党群工作。

2017年4月12日，任命王道斌任机关第一党支部书记；陆军任机关第二党支部书记；郭春生任场馆党支部书记；蒋勇任保卫城建党支部书记；冯建云任企业党支部书记。

2018年7月16日，经局党委会研究，对党支部设置作如下调整：设立“第一党支部”，由文物博物馆处、社会教育部、陈列展览部所属党员组成。设立“第二党支部”，由办公室（法规处）、监察室、机关党总支、工会所属党员组成。设立“第三党支部”，由组织人事处（团委）、宣传策划处、计划财务处所属党员组成。设立“第四党支部”，由规划建设处、风景园林处、旅游产业处所属党员组成。设立“第五党支部”，由学院工作处、雨花英烈研究院所属党员组成。原“保卫城建党支部”更名为“第六党支部”，由保卫处所属党员组成。原“离休党支部”“退休党支部”合并为“第七党支部”，由离休、退休党员组成。原“企业党支部”更名为“第八党支部”，由南京幸雨旅游服务有限公司、南京市雨花台园林建设有限公司和南京市雨花台烈士陵园管理局劳动服务站所属党员组成。

2018 年 7 月 23 日，任命董宝春任第一支部书记，蒋新飞任第二党支部书记，钱素萍任第三支部书记，王道斌任第四支部书记，向媛华任第五党支部书记，熊书乐任第七支部书记，冯建云任第八党支部书记。

2018 年 8 月 22 日，经上级批准，任命孙玉为南京市雨花台烈士陵园管理局机关党总支书记。

历届党委书记任职表

时　间	姓　名	职　务
1954.04—1957.12	王殿成	中共雨花台烈士陵园管理处党小组组长
1957.12—1963.01	王震宇	中共雨花台烈士陵园管理处党支部书记
1963.01—1964.07	于克让	中共雨花台烈士陵园管理处党支部书记
1964.07—1970.09	陈先泽	中共雨花台烈士陵园管理处党支部书记
1970.09—1972.10	夏秀华	中共雨花台烈士陵园党支部书记
1972.10—1975.12	宋宝昌	中共雨花台烈士陵园党支部书记
1975.12—1978.12	陈先泽	中共雨花台烈士陵园管理处党支部书记
1978.12—1982.12	陈先泽	中共雨花台烈士陵园管理处党总支书记
1982.08—1989.03	蒋毅辛	中共雨花台烈士陵管理处党委书记
1989.03—1993.05	杨金明	中共雨花台烈士陵管理处党委书记
1993.05—1995.04	林能齐	中共雨花台烈士陵管理处党委副书记（主持工作）
1995.04—1996.09	徐敦龙	中共雨花台烈士陵管理处党委书记
1996.09—2004.08	徐敦龙	中共雨花台烈士陵园管理局党委书记
2004.08—2009.04	王光凡	中共雨花台烈士陵园管理局局长、党委副书记
2009.04—2016.01	徐雪琴	中共雨花台烈士陵园管理局党委书记
2016.01—2017.01	谈　健	中共雨花台烈士陵园管理局党委书记
2017.01—	赵永艳	中共雨花台烈士陵园管理局党委书记

二、中国共产主义青年团南京市雨花台烈士陵园管理局委员会

历年来中国共产主义青年团南京市雨花台烈士陵园管理局委员会以代表广大团员青年的根本利益为落脚点，以创建红色活力团委为目标，以围绕中心、顾全大局、强化服务为工作理念，积极开展特色活动，营造优良学习氛围，全面打造宣传矩阵，为雨花台红色文化发展事业注入持久的青春动力。

机构沿革

1956 年 6 月，共青团雨花台烈士陵园支部成立，戈春友任组织委员。

1979 年 3 月 12 日，中共南京市城建局委员会批复成立共青团团南京市雨花台烈士陵园管理处总支部委员会。

1982 年 3 月 11 日，共青团南京市雨花台烈士陵园管理处总支部委员会改选，杨金明任书记，赵荣荣任副书记。

1984 年 4 月 25 日，共青团南京市委员会批复成立共青团南京市雨花台烈士陵园管理处首届委员会，委员会由陈建军、杜开松、肖莉、施兴夏、苏良成、宋祥茂、汤爱琴 7 人组成，陈建军任副书记。

1984 年 2 月，服务部团支部进行改选，黄宁玲任书记，李容、周汝奇等任委员。

1984 年 4 月，修建队团支部进行改选，许庆龙同志任支部书记，沈进任组织委员，张平任宣传委员。

1984 年 5 月，共青团南京市雨花台烈士陵园管理处委员会机关支部改选，王嵩波任机关团支部书记、王青任支部组织委员，李晶晶任支部宣传委员。

1984 年 5 月 25 日，史料室团支部进行改选，陈建军任书记，韦京生任副书记，唐双杰、汤慧玲、冯建云等担任委员。

1984 年 5 月 26 日，园林二队团支部进行改选，肖丽任支部书记，肖旗胜、吴凤祥等任委员。

1984 年 6 月 14 日，园林一队团支部进行改选，赵文标任团支部书记，史朝云、赵瑞珍等任委员。

1987 年 2 月 13 日，中共雨花台烈士陵园管理处委员会批复成立共青团南京市雨花台烈士陵园管理处委员会，下设 5 个支部，陈建军、汤爱琴兼任团委副书记。

1990 年，团委改选，由唐双杰任团委书记。

1995 年，团委归宣传接待处管理，主要是对外活动，由陈建军负责。

2004 年 4 月 8 日，钱敏担任局团委副书记（主持团委工作）；王道斌担任组织委员；李雅婷担任宣传委员；黄舒宁担任文体委员；陈俊担任学习委员。

2010 年 2 月 5 日，彭超为局兼职团委副书记；赵静为局兼职团委宣传委员；庞芸为局兼职团委学习委员。

2014 年 8 月，张洪担任团委副书记。

历年团委活动

1957年10月1日，为纪念中国新民主主义青年团正式更名为中国共产主义青年团，白下区团委号召全市的团员青年参加义务劳动，修筑雨花台至望江矶道路竣工，命名为“共青团路”。

1980年2月，南京市雨花台小学、南京市工农小学全体少先队员，向全省少先队员、小朋友们发出倡议：在本年三、四两个月中，开展“向雨花台烈士致敬”活动。倡议要求每个少先队员和小朋友都要认真学习一位烈士的英雄事迹；懂得和背诵一段烈士的豪言壮语；写一篇学习烈士的体会文章；大、中、小队分别召开一次“向雨花台烈士致敬”为主题的队会；每个少先队员通过自己的劳动，捐献一分钱给雨花台，建造红领巾广场，以表示永远学习先烈，继承革命遗志，誓做革命接班人的坚强决心。1980年4月4日下午，南京市3500名少先队员来到北殉难处群雕像前，代表全省1000万少先队员和少年儿童参加团省委召开的红领巾献款仪式。少先队员代表将7万元分币献给雨花台。1981年6月1日下午，雨花台红领巾广场破土动工，并隆重举行开工仪式。1982年5月31日，雨花台红领巾广场建成，来自全省各地40多名优秀少先队员和全市1400多名少先队员隆重集会，庆贺红领巾广场胜利竣工。2010年1月29日，管理局兼职团委干部公开推选大会。

2010年4月4日，管理局团委响应团市委号召，在景区设立募捐箱为西南旱区人民献爱心。

2011年2月23日，配合纪念馆成立改造，管理局团委组织全局团员开展“绣情绣英烈名”活动。

2011年6月1日，雨花台烈士陵园管理局团委举办庆祝建党九十周年暨迎接纪念馆开馆青年演讲比赛。

2015年5月12日，雨花台烈士陵园管理局团委组织广大团员青年参与团省委机关“重温志愿书，再续新征程”主题团日活动。

2015年9月30日，雨花台烈士陵园管理局团委联合南京晓庄学院团委在雨花台烈士纪念碑广场举行“唱响革命年代的中国好声音”主题活动。

2016年3月，陵园管理局联合团省委学校部向全省高校发布雨花英烈近亲属口述史采集志愿者招募公告。东南大学、河海大学、南京师范大学等18所省内高校近2000名志愿者报名。他们参与其中，深度挖掘烈士更多感人事迹及其后代在传承精神、继承家风等方面的故事，进一步弘扬雨花英烈精神。

三、南京市雨花台烈士陵园管理局工会

南京市雨花台烈士陵园管理局工会是中国共产党领导下的职工自愿结合的基层工人阶级群众组织，是党联系群众的桥梁和纽带，是雨花台烈士陵园开展各项工作的重要参与者，是职工利益的代表者和维护者。雨花台烈士陵园自成立工会组织以来，秉承工会的参与、维护、建设和教育的四项职能，在代表和组织职工参与雨花台烈士陵园民主管理，实施民主监督，依法维护职工利益，引导广大职工群众积极参加陵园建设和改革，努力完成雨花台烈士陵园各项目标任务，不断提高

工作的管理水平以及职工思想和文化素质的过程中，为雨花台烈士陵园的建设与发展起到了积极的推动作用。

（一）工会委员会

1957 年 12 月，雨花台烈士陵园管理处工会委员会成立，负责人为梁仲远。

1974 年 3 月 28 日，中共南京市城建局核心小组批准沈凤英为雨花台烈士陵园管理处工会委员会副书记，有会员 110 名。

1983 年，雨花台烈士陵园管理处第三届工会会员代表大会召开，产生了第三届工会委员会，姚禹璞为工会副主席，委员：李玉清、王祖达、张守坤、王昭全、黄友存、汪中兰、郑万莉、江进、戈春友。本次大会依例认定 1957 年工会委员会成立大会为第一届工会会员代表大会，故本次大会为第三届工会会员代表大会。

1984 年 7 月 6 日，第二届职工代表大会召开，本次大会追认第三届工会会员代表大会同时为第一届职工代表大会。

1986 年 7 月，雨花台烈士陵园管理局第四届工会会员代表大会召开，批复成立雨花台烈士陵园管理处工会委员会，朱万福为工会主席。委员：朱万福、王昭全、孙惠娟、汪立萍、李玉清、李晶晶、陆春生、韩秀琴、章宝明、曹家琴、彭盛余。

1987 年 3 月 5 日，第三届职工代表大会召开。

1990 年 9 月 21 日，第四届职工代表大会召开。

1991 年 12 月 20 日，南京市城建工会联合会批复成立雨花台烈士陵园管理处第五届工会委员会，由张运静、李玉清、汪立萍、陆春生、梁才源、赵荣荣和刘莲英 7 人组成，张运静为主席。

1994 年 3 月 15 日，第五届职工代表大会召开。

1996 年 12 月 4 日，雨花台烈士陵园管理局第六届工会委员会由陈建军、汪莉萍、冯健、何中国、周庆生、许建民、黄友存 7 位同志组成，陈建军、汪莉萍两位为副主席。

1998 年 1 月 16 日，工会第六届一次会议召开。

2000 年 11 月 20 日，工会第六届四次会议召开。

2002 年 6 月 12 日，雨花台烈士陵园管理局第七届工会会员（职工）代表大会召开，选举产生了第七届工会委员会，选举陈建军、任浩两为工会副主席，委员有韩炎、薛东婴、黄进、黄友存、钱素萍、于金库、吴海宁。

2005 年，雨花台烈士陵园管理局第八届工会会员代表大会召开，第八届委员会委员 8 名：陈建军（兼主席）、任浩（副主席）、缪爱山、于金库、黄进、周庆昇、赵师贵、李晶晶。这期间工会主席（负责人）多有调整，冯健（兼）、朱晓华、钱敏等先后负责工会工作。

2012 年 1 月 11 日，雨花台烈士陵园管理局第九届工会会员（职工）代表大会召开。职工代表、特邀代表及全局副科以上干部百余人参加了会议。市总工会闵慧副主席，市城建工会许华君主席应邀参加大会。选举产生了第九届局工会委员会成员：钱敏、张宏、赵静、陆军、杜强、孙静静、

黄舒宁。

2013 年，九届二次、三次职工代表大会召开。

2014 年，做好管理局工会换届选举的准备工作。

2015 年 2 月 6 日，局工会第十届工会会员代表大会召开，市城建工会刘斌主席应邀参加大会。经民主差额选举产生了第十届工会委员会，等额选举产生了经费审查委员会及女职工委员会。第十届工会委员会成员：陈建军（兼主席）、朱晓华（专职副主席）、尹琳、张洪、孙年龙、孙强、乔林、卜斌、王粲。

2015 年，第十届工会会员代表大会二次会议召开，通过管理局工会组建的南京市模范职工之家的申报等相关工作。

2016 年，第十届工会会员代表大会三次会议召开，通过了管理局《南京市雨花台烈士陵园管理局企业章程》修改意见。

2017 年 3 月 14 日，雨花台烈士陵园管理局第十届四次工会会员代表和职工代表会议召开，会议的主要议题是听取了管理局工会关于《推荐黄长明同志为五一劳动奖章获得者》的提议及黄长明工作情况的说明，并就议题进行了征求意见和表决，会议一致通过了《推荐黄长明同志为五一劳动奖章获得者》的决议。

2017 年 10 月 16 日，雨花台烈士陵园管理局第十届工会部分女职工代表会议召开，内容为推荐伍乐朗为南京市妇女第十四次代表大会代表，局工会主席在会上传达了上级有关推荐南京市妇女第十四次代表大会代表的相关工作情况，到会职工一致通过了关于推荐伍乐朗为南京市妇女第十四次代表大会代表。

历届工会主席或负责人及其任职情况一览表

序号	姓名	任职期限
1	张春怀	1953 春—1955 夏
2	梁仲远	1955 夏—1968.09
3	沈凤英	1973.06—1983.12
4	姚禹璞	1983.12—1986.01
5	朱万福	1986.01—1989.10
6	张运静	1989.10—1993.06
7	李玉清	1993.06—1993.12
8	汪立萍	1993.10—1997.11
9	任　浩	1998.05—2005.07
10	陈建军	1996.12—2006.03（兼职）
11	冯　健	2008.02—2010.12（兼职）

续表

序　号	姓　名	任职期限
12	朱晓华	2008.02—2010.12
13	陈建军	2010.12—（兼职）
14	钱　敏	2010.12—2013.12
15	朱晓华	2013.12—2018.07
16	蒋新飞	2018.07—

（二）经费审查委员会

雨花台烈士陵园工会经费审查委员会通过对工会的经费收支和与经费有关经济活动的审查，监督其遵守党委和行政的相关政策、纪律、法规和工会财务工作的方针、规章制度，从而协助工会组织收好、管好、用好工会各项经费，管好工会财产，严肃财经法纪，使工会经费得到进一步的合理使用、使工会事业不断发展，更好地为职工群众服务。

1983 年雨花台烈士陵园管理处第三届工会代表大会召开，产生了第三届工会经费审查委员会，王昭全为主任，周玉流、赵金生为委员。

1986 年雨花台烈士陵园管理处第四届工会代表大会召开，产生了第四届工会经费审查委员会，王昭全为主任，王莉、胡寿福为委员。

1991 年第五届工会经费审查小组会由赵荣荣、王莉、彭淑兰 3 人担任，赵荣荣为组长。

1996 年第六届工会经费审查委员会由苏良萍、王青、姜德昌 3 人担任，苏良萍为主任。

2002 年第七届工会经费审查委员会由姜德昌、邓亚军、王青 3 人担任，姜德昌为主任。

2005 年第八届工会经费审查委员会委员 3 人为陈彦霖、向媛华、李晶晶。

2012 年第九届工会经费审查委员会委员 3 人为李晶晶、杨海英、黄晋宇。

2015 年第十届工会经费审查委员会委员 3 人为杨万好、祁兵、朱璟璐。

（三）女职工工作委员会

雨花台烈士陵园工会女工委员会通过积极宣传有关妇女的法律、法规和有关政策，贯彻落实上级领导工作精神，维护妇女合法权益，教育广大妇女依法履行应尽的义务，开展多种形式的精神文明建设活动；组织女工开展“四有”教育；协助调解各种家庭纠纷；参与民主管理，提高女职工代表参政议政能力。

1986 年雨花台烈士陵园管理处第四届工会代表大会召开，产生了第四届工会委员会女工委员会，孙惠娟为主任。

1991 年雨花台烈士陵园管理处工会第五届女职工委员会由汪立萍、曹家琴、郑万莉、张月美、谢大桥、任浩、郭红云、张远静等 8 人组成．张运静任女职工委员会主任。

1997 年成立第一届工会女职工工作委员会，主任由汪立萍担任，委员有：汪立萍、许健民、甘霄林、王月华、郑万莉、赵荣荣、李桂英、杨雅英。

2002 年第七届工会委员会产生了新一届女职工工作委员会，主任由陈海燕担任，委员有陈海燕、邓亚军、陈聪、任文峻、杨海龄、乔三林、李晶晶。

2005 年局工会第八届女职工委员会委员 5 人：汤爱琴、陈海燕、钱素萍、李晶晶、肖筠。

2012 年成立九届女工委员会，委员：汤爱琴、骆红、廖丽娟。

2015 年第十届女职工委员会委员，委员：廖丽娟、骆红、赵静。

（四）职工之家

职工之家，即工会基层组织合格化的称号。开展建设职工之家活动，是工会组织和广大工会干部在贯彻落实党中央对工会工作重要指示的实践中的创造，是推动各级工会把工作重点放在基层，增强基层工会活力，加强工会的群众化、民主化、法制化建设，提高工会工作总体水平的有效形式和成功经验。雨花台烈士陵园管理局工会通过开展职工之家的创建，丰富了员工的文化生活，提高了员工的身体素质，密切了干群关系，加强了同事之间的团结，活动开展得有声有色。自 20 世纪 90 年代创建职工之家以来，一直受到局党委和行政以及上级工会的支持和肯定。

1993 年陵园工会职工之家被南京市城建系统工会评为“合格职工之家”；1993 年至 2002 年连续被南京市城建系统工会评为“先进职工之家”；2012 年，被市总工会、市城建工会挂牌授予“职工书屋”称号；2013 年被评为南京市城建系统“先进职工之家”；2015 年被评为南京市城建系统“模范职工之家”；2016 年被评为南京市“模范职工之家”。

（五）取得荣誉

雨花台烈士陵园管理局工会在同级党委和上级工会的正确领导下，团结带领全局员工投身陵园建设，在履行工会组织职能、构建和谐劳动关系、增强单位活力、加强工会自身建设等工作中，发挥了积极作用，取得了一定的成效，得到了上级工会的表彰。

1990 年被南京市城建工会评为女职工工作先进集体。

1991 年被南京市城建工会联合会评为群众生产工作先进集体。

1992 年在南京市城建系统“六杯五手”竞赛中被劳动竞赛委员会评为“服务杯”。

1993 年被南京市城建工会联合会评为宣传、文体工作先进集体。

1994 年被南京市城建工会联合会评为群众生产先进集体。

1996 年被南京市城建工会联合会评为经济技术工作先进集体。

1997 年在南京市建设系统迎香港会演中获二等奖和优秀组织奖，市总工会广场文艺会演中获优秀奖。

2000 年被南京市城建工会联合会评为群众生产工作、宣传教育工作财务工作先进集体。

2002 年被南京市城建工会联合会评为南京市宣传教育工作先进集体。

2015 年被评为江苏省住房和城乡建设系统先进基层工会。

（六）工会积极分子表彰

雨花台烈士陵园管理局工会在局党委和上级工会的正确领导下，切实履行工会维护职工合法权益的基本职能，努力发挥工会在群众中的桥梁和纽带作用，团结动员和引导职工紧紧围绕陵园的中心工作，为陵园建设做出应有的贡献。广大会员在各自的工作岗位上，勤奋工作、钻研业务，不断取得进步，涌现出一批为陵园事业努力奉献的好职工。工会积极分子由各分工会推荐，经局工会研究，对积极参加工会活动的会员进行表彰，并号召广大职工向他们学习。工会从 1982 年至 2018 年共表彰工会积极分子 359 人。

（七）培训教育

雨花台烈士陵园管理局工会对职工开展了有计划、有针对性、多层次、多形式的训练和培养活动，旨在全面提高职工的文化、技术、管理和政治思想素质，增强任职能力，提高工作效率。职工培训是国民教育体系的组成部分，也是提高管理局职工人员素质、增进各部门工作效率、实现工作目标的重要途径之一。

1990 年举办女子健美操培训班。

1991 年在女工中开展“三讲五个一”“一教四普及”教育活动。

1992 年举办“企业民主管理知识”讲座，加强了工会干部的培训，有 3 人参加。

1996 年组织员工观看《孔繁森》电影，组织参观反腐倡廉成果展览。

1997 年聘请省总干校老师为全局员工做“三德教育”的专题讲座。

1999 年聘请省总干校老师为全局员工做“新时期以主人翁姿态做好本职工作”的专题讲座。

2000 年局工会分三批组织科级干部及全体职工代表赴连云港、淮安周总理纪念馆进行参观学习。

2007 年组织工会干部参加工会工作业务培训；组织工会专职干部进行《工会法》等工会理论文件的学习。

2008 年局工会专门为讲解员组织一场美术知识讲座。

2009 年举办预防甲型流感卫生常识的宣传并举办女工保健知识专场讲座一场，组织有关女性健康知识小测验一次。

2017 年与江苏省第二中医院联合为管理局职工开展义诊活动。

（八）职工民主管理与参政议政

发展基层民主，保障人民享有更多更切实的民主权利，全心全意依靠工人阶级，完善以职工代表大会为基本形式的企事业单位民主管理制度，推进雨花台烈士陵园管理局局务公开，支持职工参与管理，维护职工合法权益。加强民主管理是管理局自身发展的需要，推进管理局民主管理活动的实践，推进管理局民主管理活动的探索，是坚持和完善职代会制度，为职工提供参与管理、参与决策、参与监督的宽广平台，落实好职工的民主政治权益，充分尊重广大职工的意愿，尊重

职工的主人翁地位，推进管理局事业健康发展、持续发展、和谐发展。局工会在职工民主管理与参政议政的工作中做了大量的工作。

1983 年雨花台烈士陵园管理处第二届职代会召开，讨论审定了试行经济责任承包制的决议和岗位责任制。

1985 年职代会召开，审定《住房分配条例》和《住房分配草案》。

1988 年 2 月三届三次职代会召开，对管理处深化改革提出了合理化建议。

1990 年发动职工开展合理化建议、献计献策活动。

1991 年抓好“三双”活动的落实，开展“双增双节活动”，签订“双保”合同书。

1992 年以分工会为单位，积极开展“三双”活动。签订“双保”合同书。

1994 年 3 月 15 日第五届职代会召开，审议并通过了《职工公费医疗管理规定》，职工每人每年发放医疗包干费 120 元，节约归己，超出部分按比例自付；五届二次会议审议并通过了《岗位津贴考核实施暂行办法》；五届四次会议审议并通过了《关于违反劳动纪律的处罚决定》。

1996 年雨花台烈士陵园管理局工会与行政签订“双保”合同书。

1997 年雨花台烈士陵园管理局五届四次职代会召开，签订“双保”合同书。

1998 年 1 月雨花台烈士陵园管理局第六届工会会员暨职工代表大会通过了《关于向职工借资建房的办法》《关于内部人员流动的暂行办法》和“双保”合同。

1999 年 2 月雨花台烈士陵园管理局第六届二次工会会员暨职工代表大会审议并通过了《关于房改售房原则》和雨花台烈士陵园管理局当年“双保”合同。

2000 年 1 月雨花台烈士陵园管理局第六届三次工会会员暨职工代表大会审议了《1999 年工作总结、2000 年工作计划报告》《2000 年精神文明建设目标报告》《改革工作报告》《1999 年财务决算、2000 年财务预算报告》《纪念馆陈列改造后进一步扩大宣传的报告》《住房分配情况通报》。会上签署了“双保”合同。

2001 年 1 月雨花台烈士陵园管理局第六届五次工会会员暨职代会审议了《2000 年工作总结、2001 年工作计划》《2001 年精神文明建设报告》《2000 年财务决算、2001 年财务预算报告》；会上局长代表行政、工会主席代表职工签署了“双保”合同。

2002 年第七届职工（会员）代表大会审议并通过了《第六届工会委员会工作报告》《经费审查报告》《关于深化内部退养制度的暂行办法》《关于深化用人制度改革的试行办法》。

2004 年雨花台烈士陵园管理局工会与行政签订了“双保”合同书。

2013 年九届二次、三次职工代表大会召开，讨论通过了相关决议，共收到 3 项提案，内容涉及医保和医疗报销，并已经全部落实；九届三次职代会通过了《关于经贸公司和旅游公司深化改革情况》《普德村职工宿舍直供水事项》两份报告，局行政和工会签订了“双保”合同。

（九）工会理论研究

认真学习工会理论知识，深入进行工会理论研究，立足实际、大胆创新，不断推动工会理论研究工作上新台阶。管理局工会多年来在全总大力推动理论创新、进一步丰富工会理论体系上收获了丰硕的成果，工会干部积极参加江苏省园林系统工会工作年会，撰写论文，大胆总结雨花台烈士陵园管理局工会工作的经验、特色，为做好工会工作提供了强大的理论依据。

1998 年任浩撰写的论文《围绕中心，摆正位置，团结广大职工为建设人民喜爱的雨花台而努力》在江苏省园林系统工会研究会九八年会被评为一等奖。

1999 年任浩撰写的论文《弘扬爱国主义旋律，走“以园养园”的道路，不断加强示范教育基地建设》在江苏省园林系统工会研究会九九年会被评为二等奖。2009 年，朱晓华撰写的论文《浅谈工会组织的企业文化建设》在江苏省园林系统工会研究会第二十三届年会被评为三等奖。

2010 年，朱晓华、张洪撰写的论文《浅谈雨花台工会企业文化建设的特征》在江苏省园林系统工会研究会第二十四届年会被评为二等奖。

2014 年廖丽娟的论文《女工工作的“行”与“思”》在江苏省园林系统工会研究会第二十八届年会被评为一等奖。

2017 年朱晓华的论文《浅议基层工会组织如何增强凝聚力和吸引力建设一个有特色的职工之家》获江苏省园林系统工会工作研究年会一等奖。

（十）优质服务竞赛与工人先锋号的创建

“优质服务竞赛”和“工人先锋号”是以创一流工作、一流服务、一流业绩、一流团队为内容的荣誉称号。为了指导和推动本单位开展与创建“优质服务竞赛”和“工人先锋号”的活动，全总制定下发了《开展创建活动的实施意见》，提出了创建活动的指导思想和总体要求，对“优质服务竞赛”标兵和“工人先锋号”的授予对象、基本条件、推荐程序、授予方式、组织领导等做出明确规定。雨花台烈士陵园管理局工会在学习兄弟单位经验的基础上，结合各自的实际，明确目标任务，采取有力措施，着力于基层班组、科室的创建，通过开展优质服务劳动竞赛，树立典型，努力把创建活动提高到一个新水平。

1987 年颁布立功竞赛活动的试行办法。

1989 年开展优美环境优质服务竞赛活动。

1990 年开展“比、学、赶、帮、超”优质服务竞赛。

1991 年在园林部门开展劳动竞赛活动。

1992 年在管理处开展劳动竞赛活动。

1993 年开展社会主义劳动竞赛活动。

1994 年开展“创三优迎嘉宾满意在陵园”优质服务竞赛活动。

1995 年开展优质服务竞赛活动。

1996 年开展“爱我陵园”优质服务竞赛。

1997 年开展“三优一创”活动，开展“爱我陵园奉献在岗位”劳动竞赛。

1998 年开展“优质服务 奉献在岗位”的劳动竞赛活动。

1999 年开展“我为陵园争光辉”劳动竞赛活动。

2000 年评出张存森等 21 位岗位明星和 3 个先进集体。

2004 年在全局职工中开展“窗口”单位“服务明星”评选活动，共评选出王道斌、周学冬、张开安、赵富春、肖丽、石崇芳等 6 位“服务明星”，王道斌同志还当选为市城建系统“窗口”单位“服务明星”。

2006 年园林养护管理所获管理局创优质服务活动标兵。雨花台烈士陵园管理局获市优质服务竞赛先进单位。

2007 年在全局开展导游员演讲比赛，选拔一批政治素质好，业务能力强的人员参加南京市旅游景区讲解员大赛，经过激烈比赛，最终我局一举夺得团体总分第一名，2 人被授予南京市旅游景点景区十佳讲解员。

2008 年雨花台烈士纪念馆宣教科获南京市“工人先锋号”称号。

2009 年在全局开展“百日优质服务竞赛活动”和争创“工人先锋号”的活动。

2010 年局办公室驾驶班获南京城建系统“工人先锋号”称号。

2014 年开展管理局迎青奥优质服务竞赛活动，评出 5 名局优质服务竞赛先进个人，向城建工会申报管理局市城建系统优质服务先进单位和 2 名先进个人。对参加青奥工作的 7 名职工进行表彰。2014 年 6 月曹仁莉、张语获市城建系统优质服务明星。

2015 年黄晋宇获南京市城建系统五一巾帼标兵、雨花台烈士纪念馆宣教科获南京市城建系统五一巾帼标兵岗。

（十一）劳动模范及相关荣誉

劳动模范是社会主义建设事业中成绩卓著的劳动者，经职工民主评选，有关部门审核和政府审批后被授予的荣誉称号。雨花台烈士陵园管理局近年来涌现出不少先进人物和先进事例，他们的事迹得到上级部门和基层单位的一致好评和肯定，多人被评为市级劳动模范、市五一劳动奖章获得者，获五一创新能手的称号。

1991 年韩炎被评为南京市劳动模范。

2000 年任美峰被评为南京市劳动模范。

2011 年黄舒宁被评为南京市劳动模范。

2014 年曹仁莉被评为南京市五一劳动奖章获得者，杨松获南京市“五一创新能手”称号。

2015 年孙年龙被评为南京市劳动模范。

2018 年苏峰被评为南京市劳动模范。

雨花台烈士陵园大事记

1949 年

4 月 23 日，南京解放。

10 月 1 日，中华人民共和国成立。

12 月 12 日，为了追念先烈的不朽业绩，号召人民纪念死者，鼓舞生者，南京市第一届各界人民代表会议第二次会议决议，在雨花台兴建人民革命烈士陵。

1950 年

1 月 24 日，南京市市长柯庆施批示组建南京市兴建人民革命烈士陵筹备委员会。该会由 24 名委员组成，南京市人民政府秘书长刘述周为主任委员，南京大学教授杨廷宝、南京市房地产管理局局长朱启銮为副主任委员。

2 月 14 日，南京市兴建人民革命烈士陵筹备委员会成立并召开第一次会议，讨论委员会工作计划与组织建设。

4 月 1 日，南京市人民政府及各界人士，为 1949 年南京解放前夕牺牲的“四一”三烈士举行公祭，并将程履绎、成贻宾烈士安葬于二泉后山辛亥革命雨花台之役人马合冢附近。

6 月 16 日，中央人民政府政务院颁布《征集革命文物》政务院令。

6 月 29 日，南京市兴建人民革命烈士陵筹备委员会刊布《征集在宁牺牲之人民革命烈士史迹启事》。

7 月 1 日，《新华日报》庆祝中国共产党诞辰 29 周年专刊第 5 版为《为人民解放事业光荣牺牲的先烈们永垂不朽！》的纪念雨花台革命烈士专版，刊载毛泽东手书“共产主义是不可战胜的！星星之火可以燎原！死难烈士万岁！”并刊发唐亮的《先烈们永垂不朽！》、柯庆施的《学习先烈们为人民服务的精神》专文，以及纪念恽代英、罗登贤、孙津川、郭纲琳、史砚芬等在南京牺牲的革命先烈回忆文章。另刊有《新华日报》记者采写的《记雨花台》专题报道。

7 月 2 日，南京市各界人民在雨花台主峰隆重举行革命烈士纪念碑奠基典礼。南京市军事管制委员会副主任唐亮主祭，中共南京市委委员、南京市房地产管理局局长朱启銮代唐亮宣读祭文。并以中国共产党成立纪念日为纪，以南京市各界人民的名义，竖立奠基碑一块。碑文是：“人民革命烈士墓奠基纪念，南京市各界人民敬立，一九五〇年七月一日。”

8 月 5 日，南京市兴建人民革命烈士陵筹备委员会第二次会议决议：南京市兴建人民革命烈士陵筹备委员会下设设计、调查、筹募和督道 4 个委员会。先自设计与调查入手，随即成立设计委员会，由18名委员组成，南京大学建筑系主任杨廷宝教授任主任委员，黄显之、徐中、梁治明为副主任委员。

南京市人民政府［府秘办（五〇）字第1864号］通知成立“南京市兴建人民革命烈士陵筹备委员会办事处”，直属南京市人民政府领导，下设总务、宣教、调查、工程、产权5个组，负责征地、迁坟、施工、护林、搜集烈士遗骸等事宜。

南京市人民政府聘请南京市第二届各界人民代表会议代表、中国国民党革命委员会成员安敦信任南京市兴建人民革命烈士陵筹备委员会办事处主任。

8月25日，南京市兴建人民革命烈士陵筹备委员会办事处由成立之初的办公地点成贤街90号迁至中华门外雨花台第二泉对面工棚内办公。

9月4日，南京市人民政府［府秘办（五〇）字第2161号］批复：雨花台人民革命烈士陵的四至是：以雨花台为中心，东北至淞沪抗日阵亡将士纪念塔，南至任家山南麓，西至宁花公路，北至宁芜公路起点，面积规划为1333.3公顷。

9月12日，兴建雨花台人民革命烈士陵施工工程，因为迁移民坟的需要，在高辇柏乡望江矶征收山地一块，面积为15.705亩。办事处与各业主签订了土地使用议定书，以用于施工迁移民坟的安置。

9月22日，中国农工民主党主席、中国民主同盟中央副主席章伯钧为纪念恽代英烈士题词：“中国革命青年的楷模。”

9月28日，中央人民政府委员会秘书长林伯渠为纪念恽代英烈士题词：“伟大的中华民族共产党最卓越的领导者恽代英同志精神不死。”

9月，中共中央副主席、政务院总理周恩来为纪念恽代英烈士题词：“他的无产阶级意识、工作热情、坚强意志、朴素作风、牺牲精神、群众化的品质、感人的说服力，应永远成为中国青年的楷模。”

中央人民政府副主席、中国民主同盟中央主席张澜为纪念恽代英烈士题词：“恽代英同志，永远是中国革命青年的楷模。我们要永远学习他的无产阶级的学识，工作热情、坚强意志、朴素作风、牺牲的精神、群众化的品质、感人的说服力，而为人民服务。”

10月13日，世界民主青年联盟代表团来雨花台凭吊革命先烈。

10月，南京市市长柯庆施等签署的南京市人民政府布告［府陵办（五〇）字第一号］发布，关于南京市兴建人民革命烈士陵在雨花台地区开展建设及征地、迁坟等项事宜。

本年，南京市兴建人民革命烈士陵筹备委员会办事处向北京、上海、天津、河北、黑龙江、山东、浙江等省市人民政府及有关部门征询烈士陵园、烈士纪念碑、烈士纪念堂建设计划与方案。

1951年

1月，南京市兴建人民革命烈士陵筹备委员会办事处迁址到雨花路大思古巷4号办公，日常行政事务由南京市人民政府民政局管理。

为辟建环陵公路，征用高辇柏乡尹家山土地 5.03 亩。

2 月 3 日，南京市人民政府［府秘办（五一）字第 282 号］批复南京市民政局［民优字第 154 号］关于烈士陵第二期工程（即陵园干路）范围内征用土地问题的报告。

2 月，环陵公路第二期干路工程施工，征用从长岗村经宁花公路至雨花台街东端段的土地 76.91 亩。

4 月，南京市各界人士凭吊革命先烈。

中国人民志愿军归国代表团来雨花台凭吊革命先烈。

6 月，华东公安部抓获活埋卢志英烈士的刽子手任宗炳，在雨花台南麓宝林寺后山坡指认并寻获烈士遗体并经亲属张育民、卢大容认定。同时一起遇害的陈子涛、骆何民烈士遗体也被找到。

10 月 4 日，波兰、匈牙利、罗马尼亚、保加利亚、捷克斯洛伐克、民主德国、蒙古、朝鲜 8 国参加新中国国庆观礼活动的人民观光团来雨花台凭吊革命先烈。

10 月 19 日，南方老根据地人民代表团来雨花台凭吊革命先烈，并看望慰问孙津川烈士母亲。

11 月 20 日，南京市人民政府［府秘办（五一）字第 5074 号］通知，经本府各委员会主任第五次联合办公会决定：原南京市兴建人民革命烈士陵筹备委员会办事处改为南京市雨花台公园筹建委员会办事处，安敦信为该处主任。日常行政事务由南京市民政局改隶南京市建设局负责管理。

12 月 3 日，中共中央副主席、中央人民政府副主席刘少奇偕夫人王光美到雨花台烈士陵凭吊何宝珍烈士。

12 月，因为开辟环陵公路，征用清真寺土地 14.66 亩，征用宁花公路长岗村土地 8.15 亩。

本年，征地 32.56 亩；在环陵公路第一期干路地段迁移民坟补贴款 367120 元（旧币）；第二期干路 300 米地段迁移民坟 183 座，土方 61236.5 方；600 米地段迁移民坟 370 座。

本年，陵园大规模整理山形、修筑大道，造林植树 48.82 万株，动员公安总队、警备司令部、空军司令部、后勤军械总库与雨花台工程大队 3000 余人，聘请南京大学及金陵大学教授、学生和中山陵园管理处技术人员指导。

1952 年

4 月，南京市各界人士凭吊革命先烈。

无锡市第一区抚恤委员会在无锡市烈士陵园为 1934 年牺牲于雨花台的无锡籍革命烈士顾衡立碑志纪，并保留其家属于 1949 年所立墓碑。

5 月 1 日，奠基纪念碑在主峰建成。碑高 6.8 米，正面用紫铜铸毛泽东手书“死难烈士万岁”6 字。

5 月，应中华全国总工会邀请访华的世界工联及各国工会代表 124 人来雨花台凭吊革命先烈。

7 月 3 日，雨花台公园筹建委员会办事处收购第二泉（二泉茶社）。

7 月 13 日，《雨花台公园五年建筑计划初步方案》制定完成。为了结合劳动人民的健康与教育，使雨花台成为一座劳动人民的公园，以烈士的忘我精神来教育在生产战线上的战士，共同为建设祖国而努力，将雨花台改称为雨花台公园，使其具有特殊的历史意义。

雨花台公园范围拟勘定雨花台为中心，东北至淞沪抗日阵亡将士纪念塔，南至任家山南麓，西至宁花公路，北至宁芜公路起点为范围，面积约为 2 千亩。第二期俟情况发展，则以上述范围为中心，东拟延伸至旧宁溧公路，北至市内铁路，西至菊花台，南至花神庙，面积共计约 6 千亩。（但造林面积不受此限，拟发展至 2 万亩。）

7 月，南京市工赈第三工程大队 900 余人，完成雨花台主峰山形整理工程。

《征集雨花台革命烈士史料事迹五年计划》出台，决定在上海《解放日报》、南京《新华日报》刊载征集雨花台革命烈士史料启事。在南京市下关、新街口、中华门等交通要道发布征集雨花台革命烈士史料广告。

9 月 15 日，南京市雨花台公园筹建委员会办事处由大思古巷 4 号迁入雨花路 245 号办公。

10 月 3 日，南京市雨花台公园筹建委员会办事处制定《本处各项制度》并施行。

10 月，出席亚洲及太平洋区域和平会议的澳大利亚、新西兰、印度、巴基斯坦、印尼、缅甸等国代表团来雨花台凭吊革命先烈。

12 月 20 日，在雨花台革命烈士东殉难处建立一标志性建筑碑坊，碑坊的正面是紫铜铸造竖写“革命烈士殉难处”7 个大字。西、北二个革命烈士殉难处也竖立碑坊各一座，碑坊上方也用紫铜铸造横写“革命烈士殉难处”7 个大字。以志纪念。

12 月，冯菊芬烈士之夫、国家农业部副部长刘瑞龙来雨花台烈士陵凭吊时题词：“大地春回酬宿愿，九洲解放慰平生。”

本年，制定雨花台公园 5 年造林计划，分期进行。造林范围：以雨花台为中心，西至天界寺一带，西南至菊花台，南至花神庙，东南至卡子门，东至军械总厂，北至宁芜铁路以南地区。方式为推行合作造林。

本年，共征集雨花台已知姓名烈士 340 人，其中整理有简历者 209 人、编写传略者 35 人；有关烈士照片 175 幅；烈士遗文、遗墨、遗物等 68 件。

1953 年

3 月，烈士陵、中山陵与南京市建设局园林科合并成立南京市人民委员会园林管理处。处长高艺林，副处长胥照五、王震宇。

3 月 16 日，雨花台烈士陵开展贯彻执行南京市人民委员会第十二次会议通过《南京市林木保护暂行办法》工作。

4 月，江苏省暨南京市各界人士凭吊革命先烈。

5 月 4 日，南京市人民政府园林管理处［府林秘（发）字第 247 号］通知，南京市雨花台公园筹建委员会办事处改为南京市人民政府园林管理处雨花台办事处，下设总务、宣教组并新增园林组，隶属南京市人民政府园林管理处。

6 月 19 日，台风袭击致使雨花台园林苗木严重损失。

9月，梅冈之梅将军庙因年久失修拆除。

12月17日，为烈士陵建设需要，征用长岗村二、三、五号和养回红村土地28.83亩。

本年冬季，因严寒低温（最冷零下18度），大量园林花木冻伤损毁。

1954年

4月，江苏省暨南京市各界人士凭吊革命先烈。

4月4日，雨花路245号原丝织同业公会后大厅（面积约100平方米），对外首次展出40位烈士遗像、简历及揭露蒋介石反动派罪行的照片展览。

主峰奠基纪念碑两边山坡草坪举办苏联社会主义建设图片展览，照片由中苏友好协会提供。

7月，连降暴雨（连续降雨达113厘米），造成大量园林花木损坏。

11月10日，华东军区政治部组织部与南京市民政局计划兴建皖南事变中牺牲的项英、袁国平、周子昆三烈士墓，由南京市民政局在望江矶和夏家凹石头山征地93.03亩。

12月，南京市人民政府园林管理处雨花台办事处将雨花路245号丝织同业公会（机业公所）房屋产权移交，但仍暂在该址办公。

本年，冬季发生严重雪灾，树木损失。

完成高座寺残存院墙等处拆除及安隐寺现存房屋院墙的维修工程。

共接待前来参观凭吊的党团工会、学校机关等团体523个，计6万余人。

1955年

4月，清明凭吊革命先烈。

5月12日，蒙古人民共和国科学文化工作者代表团来雨花台凭吊革命先烈。

5月27日，南京市人民政府园林管理处［府林人（五五）字第190号］通知，杨瑞江任南京市人民委员会园林管理处雨花台办事处主任。

6月30日，南京市人民委员会园林管理处［府林秘字第1845号］通知，南京市人民委员会园林管理处雨花台办事处改为南京市雨花台烈士陵园管理处，仍隶属南京市人民委员会园林管理处。

7月24日，华东军区后勤部营房管理部第一施工所建成望江矶项英、周子昆、袁国平三烈士墓，该墓经南京市民政局、华东军区政治部组织部验收，移交给雨花台烈士陵园管理处管理。

10月，根据南京市人民政府决定，将雨花台安隐寺破旧庙宇翻修成烈士史料临时陈列室。

11月，雨花台烈士陵园管理处在望江矶征用土地16.19亩。

11月，雨花台烈士陵园管理处在养回红村（即40军公墓）征用土地49.54亩；同时，在西殉难处征用土地52.26亩。

1956 年

1 月，雨花台烈士陵园在二泉茶社内增设食堂，对外营业。

花神庙地区成立公私合营花树场，主要生产茉莉、珠兰等花卉苗木盆景。

3 月，贯彻全国绿化主管领导机关提出的“普遍绿化”方针，陵园建设落实并进一步明确“先绿化，后建筑；多绿化，少建筑；先普及，后提高”的原则。

4 月 4 日，雨花台革命烈士史料陈列室正式对外开放。陈列面积为 460 平方米，陈列 58 位烈士。

4 月，清明凭吊革命先烈。

6 月，雨花台烈士陵园管理处成立共青团支部。

8 月，南京市建设局发文，禁止砖瓦厂及修路工程在石子岗（明确为雨花台烈士陵园管理处所属的菊花台公园范围内）以东取沙挖土。

9 月 4 日，挪威共产党主席洛夫林来雨花台凭吊革命先烈。

9 月 6 日，保加利亚共产党中央书记、部长会议主席于哥夫来雨花台凭吊革命先烈。

9 月 23 日，阿尔巴尼亚劳动党中央第一书记霍查、部长会议主席谢胡来雨花台凭吊革命先烈。

9 月，原国家地质部部长、中国科学院学部委员李四光为恽代英烈士题词：“代英同志的精神永远和我们在一起。”

10 月 7 日，西班牙共产党总书记伊路巴丽等欧洲国家共产党代表团来雨花台凭吊革命先烈。

10 月 10 日，锡兰共产党总书记克民来雨花台凭吊革命先烈。

10 月 12 日，英国共产党主席威廉・加拉夏来雨花台凭吊革命先烈。

丹麦共产党主席布阿克赛尔・拉森，澳大利亚共产党政治局委员约翰逊来雨花台凭吊革命先烈。

10 月 18 日，江苏省人民委员会 1956［苏府字第 30 号］公布“雨花台人民革命烈士墓”为省级文物保护单位。

江苏省人民委员会 1956［苏府字第 30 号］公布“杨邦乂剖心处”为省级文物保护单位。

10 月，南京市人民委员会园林管理处为雨花台烈士陵园建设征用“五一”生产合作社土地 339.16 亩。

11 月，埃及青年代表团来雨花台凭吊革命先烈。

1957 年

4 月，清明凭吊革命先烈。

6 月，华东军区政治部组织部和南京市民政局计划兴建革命军人墓，南京市民政局征用望江矶夏家凹村土地 11.09 亩，11 月又征用土地 113.32 亩。

10 月 1 日，全市共青团员义务劳动修建的共青团路竣工，雨花台至望江矶三烈士墓区得以方便通行。

11 月，管理处组织对普德寺后山挡土墙加固维修工程开工，由秦淮区水电工程队负责施工。

11月23日，在南京军区政治部人民群众工作部会议室召开了革命军人公墓修建会议，主要讨论望江矶革命军人公墓第三号墓地（西石头山）建设工作。参加会议的有南京市民政局、雨花台烈士陵园管理处、军区政治部、军区后勤营房部等单位。南京市人民委员会副秘书长主持会议，会议决定成立三人小组。并审查了施工方案，确定了施工方式和期限，讨论了经费使用手续和组织分工，以及迁坟、移树、征地等问题。第一期建墓，争取12月2日开工，第二期备料、建墓工作，拟定在第二年2月上旬提出方案，交筹建委员会决定。

11月29日，江苏省暨南京市人民政府举行邓演达烈士安葬公祭典礼，江苏省惠浴宇省长、南京市彭冲市长等出席，江苏省副省长、中国农工民主党负责人季方主祭。邓演达遗骸由麒麟门外遇害处迁葬于中山陵灵谷寺东侧置墓。

11月30日，南京市组建城市建设局，局内设园林管理处，下设总务、宣教、园林3组和公私合营二泉茶社。南京市雨花台烈士陵园管理处划归市城建局领导。

12月12日，南京市人民委员会调原南京市园林管理处处长王震宇为南京市雨花台烈士陵园管理处主任兼书记。

12月，雨花台烈士陵园管理处成立中国共产党支部，王震宇任党支部书记，张春槐任副书记。隶属中共南京市城建局委员会。

12月25日，二泉茶社正式划归雨花台烈士陵园管理。雨花台烈士陵园管理处1957［雨基字第372号］报告拟建二泉茶社厨房4间。

12月，雨花台烈士陵园管理处工会委员会成立，梁仲远为负责人。

1958年

1月21日，伊拉克共产党总书记侯赛因来雨花台凭吊革命先烈，并与解放前南京地下党同志座谈地下革命斗争问题。

4月，清明凭吊革命先烈。

为了整修普德寺，征用普德村黄列长蔬菜生产社土地5.18亩。

雨花台人民公社成立，雨花台烈士陵园管理处党支部隶属秦淮区雨花台人民公社党委。

6月11日，雨花台二泉茶社修建工程竣工，对外正式营业。

8月，南京农场花树队划归雨花台烈士陵园管理处建制，并改名为公私合营雨花台烈士陵园管理处花树队。

9月，中共中央副主席、全国人大常委会委员长刘少奇与夫人王光美由中共南京市委书记彭冲陪同来雨花台凭吊革命先烈。

10月19日，西班牙统一社会党总书记何赛·莫伊克斯等来雨花台凭吊革命先烈。

10月，中苏合拍“伏尔加—长江”纪录影片摄制组来雨花台拍摄人民群众祭扫革命先烈场景，并向莫基纪念碑敬献花圈。

中共中央政治局委员、中共上海市委第一书记柯庆施来雨花台视察烈士陵园工作，指示：要进一步扩大绿化范围，实现全面绿化。

11月30日，根据南京市人民革命烈士陵筹备建设委员会人员流动较大的实际情况，以及迎接建国十周年大庆与雨花台烈士陵园建设需要，雨花台烈士陵园管理处拟定重新设立“雨花台革命烈士陵园建设委员会”，编制《雨花台革命烈士陵园建设规划》，并上报中共南京市委。

根据《雨花台革命烈士陵园建设规划》，雨花台革命烈士陵园建设委员会下设基本建设、史料征集、园林绿化三个部门。

本年，雨花台烈士陵园绿化与生产工作进行大规模扩建茶园、果园、菜园及水利项目，其中雨花茶园200亩，苹果园84亩、7699株，蔬菜粮食收获共28774斤，开挖水塘等兴修水利工程79764立方。

1959年

4月，清明凭吊革命先烈。

雨花台烈士陵园茶场与中山陵园茶场等单位共同研制成功新品种“雨花茶”。其形似松针，条索紧直，锋苗挺秀，色泽翠绿，香气高雅，滋味鲜醇。

4月21日，中共中央副主席陈云来雨花台参观凭吊。

5月，经全国茶叶工作会议评定，“雨花茶”为全国特种名茶。

9月，雨花台烈士陵园管理处史料股编写《英雄雨花台》。

10月6日，英国共产党执委会主席哈尔·波立特、澳大利亚共产党总书记兰斯·路易斯夏基等来雨花台凭吊革命先烈。

10月9日，巴西共产党中央总书记路易斯·卡洛斯·曾列斯特、巴拉圭共产党中央总书记奥斯卡·克雷特等拉美国家共产党代表团来雨花台凭吊革命先烈。

10月，原隶属南京市农林部门的花神庙地区花树场正式并入雨花台烈士陵园管理处，成立公私合营雨花台花树场。

12月，全国人大常委会副委员长班禅·额尔德尼·确吉坚赞来雨花台参观凭吊。

本年，烈士遗文遗物照片等文物史料共征集606件，约59万字。

全年绿化植树与花卉、蔬菜生产成绩显著。生产白兰花18269斤、珠兰花536斤、茉莉花5351斤，各类盆景12718盆，树苗19141株，各类蔬菜28774斤。

1960年

2月，国民革命军（北伐军）第40军阵亡将士公墓迁移至陵园东南。

3月，雨花台烈士陵园管理处由雨花路245号迁到养回红村1号（雨花台革命烈士史料陈列室南面）办公，下设行政、史料、园林3股与二泉茶社、花树场2个直属公私合营单位。

4月，清明凭吊革命先烈。

5月31日，丹麦共产党主席路德·耶斯佩森等来雨花台凭吊革命先烈。

6月，雨花台烈士陵园管理处共青团支部改隶雨花台人民公社团委领导。

12月6日，雨花台人民公社党委将雨花台烈士陵园管理处党支部划归南京市城建局党委领导。

本年，园林花树队培育树苗68.5万株。

1961年

4月，清明凭吊革命先烈。

5月20日，越南民主共和国胡志明主席来雨花台参观凭吊并为雨花台烈士陵园题词："碧血千秋"。

本年，陵园护林修剪15153株，茶果树种植172937株，更新观赏树木15917株，育苗24712株，喷药防治33119株，播茶苗15.5亩，各类茶花收获22861斤。但陵园周边各类保护林（约14000亩风景林区，绿化植树1016700株）因与各责任农业社队收益问题未解决妥当，损失102605株。

1962年

4月，清明凭吊革命先烈。

10月，南京市城建局调刘西淮任雨花台烈士陵园管理处主任。

10月5日，中共南京市城建局委员会调于克让为雨花台烈士陵园管理处党支部书记。

11月12日，雨花台西殉难处绿化布置技术设计编制完成。

本年，烈士史料陈列室接待团体参观1407批次、25289人；烈士陵园接待团体参观凭吊1380批次、334073人。

本市雨花台风景林区造林损失达5059株，与雨花台人民公社调整及重新划定风景林区养护管理办法，确定紧密外围风景林区6000亩，维持合营关系；较远风景林区8000亩交公社所有。

1963年

1月23日，中共南京市城建局委员会［（63）007号］文：中共南京市委同意刘西淮为雨花台烈士陵园管理处主任。

3月，雨花台烈士陵园管理处行政股改为办公室。

4月，清明凭吊革命先烈。

7月16日至18日，根据中朝两国科学技术合作协定，朝鲜民主主义人民共和国园林绿化考察团来雨花台参观考察园林绿化建设工作。

8月2日，根据南京市城建局召开的1963年城建系统职工进行调整工资、增资会议的精神，雨花台烈士陵园对263名干部职工进行了调资工作，至1964年1月10日调资工作结束。

11月，雨花台二泉附近绿化布置工程技术设计编制完成，上报南京市城建局批准。

1964年

2月11日，南京市手工业联社组建的南京手工业原材料基地办公室筹建组将其下属的竹场划归雨花台烈士陵园管理处领导。李焕庚随竹场调任雨花台烈士陵园管理处竹场场长。本年栽竹16966株。

3月6日，雨花台主峰前绿化调整提高布置技术设计编制完成。

雨花台东殉难处绿化调整提高工程技术设计编制完成。

本年春，国务院副总理陈毅元帅，刘伯承元帅，毛泽东的老师、原中共中央宣传部副部长、中央委员徐特立先后来雨花台参观凭吊。

本年春，部分特赦释放的国民党战犯徐鹏飞、沈醉、黄维等人与特赦的末代皇帝溥仪来雨花台凭吊革命先烈。

江南第二泉景点绿化布置完成，著名女书法家萧娴先生应邀为竣工的雨花台二泉景点江南第二泉题字。

4月18日，中华人民共和国副主席董必武凭吊雨花台，并为雨花台烈士陵园题词："英雄洒血雨花台，暴露奸权尽蠢才，毕竟人民得胜利，斗争规律史安排。遗容遗物见遗风，先烈精神永世崇，踏着血迹仍挺进，红旗高举气如虹。"

4月，清明凭吊革命先烈。

7月，中共南京市委城建部［宁委城干（64）218号］文：调陈先泽为雨花台烈士陵园管理处书记兼代理主任。

全国茶叶评选，雨花茶被评为全国十大名茶之一。

8月1日，中共南京市城建局委员会［发（64）71号］批准，经市委同意由陈先泽任雨花台烈士陵园管理处党支部书记、于克让为副书记。

本年夏，朱德委员长来雨花台参观凭吊。

10月15日，根据南京市人民委员会［宁办字第349号］文转发国务院批转国务院机关事务管理局《关于取消机关、企业、事业单位摆设盆花问题的报告》的通知精神，市城建局通知各机关、团体、企业、事业单位于10月20日前将所有盆花、花房、花架以及培植花木的工具、设备和花木工人、技术员，造具清册，报局审定，就地接管。雨花台烈士陵园管理处接管9个单位花房。因雨花台烈士陵园原有花房面积不够，后利用旧料在长岗村茶园内修建花房10间。

本年，接待参观凭吊团体4621批次、808463人；其中外宾688批次、4270人。

1965年

4月，清明凭吊革命先烈。

9月10日，参加南京中日友好青年大联欢的日本青年代表团来雨花台凭吊革命先烈。

1966 年

2 月 24 日，江苏省贫农下中农及农业先进单位代表会议代表 200 人凭吊革命先烈。

4 月，清明凭吊革命先烈。

5 月，李宗仁及程思远来雨花台凭吊革命先烈。

8 月 26 日，南京市 9 中、10 中、11 中、南师附中、宁海中学的“红卫兵”300 余人，以“雨花台烈士陵园维修不善”为由，在主峰烈士奠基纪念碑前广场召开大会，批判中共江苏省委、南京市委的“罪行”，并砸毁方孝孺墓碑。事后，还向全市发了公告，反诬省市委对革命烈士缺乏阶级感情。

8 月，雨花台烈士陵园管理处党支部被冲击，雨花台烈士陵园管理机构陷入瘫痪。

1967 年

1 月，为了修建孙津川、蔡寿民、黄樵松三烈士墓，征用宁溧公路东养虎山土地 9.8 亩。同年秋，墓区建成。

4 月，修建卢志英、陈子涛、骆何民三烈士墓。

9 月，征用普德寺后山雨花台公社工农大队二队 5.8 亩土地。

12 月，为了保护烈士文物，雨花台革命烈士史料陈列室暂行闭馆。

1968 年

4 月，清明凭吊革命先烈。

9 月 27 日，南京市革命委员会[革复字第 618 号]文批复，同意组建雨花台烈士陵园革命委员会，由陈先泽、李焕庚、陈恒发、彭荣兴、王震、娄兴洪、王家树等 9 人组成，陈先泽为主任委员。

10 月，南京市革命委员会决定，将烈士陵园管辖的原普德寺庙宇房产划拨南京金陵橡胶厂使用，不涉及普德寺前后山管辖原有性质。

本年，雨花台烈士陵园北大门工程进行设计并拆迁棚户 58 户，面积为 1300 多平方米。

1969 年

年初，雨花台烈士陵园革命委员会恢复基层机构设置，下设史料、政工、生产组，史料组长于克让，政工组长于江，生产组长李焕庚。

4 月，清明凭吊革命先烈。

12 月 1 日，南京市革命委员会［宁革发（69）73 号］通知，雨花台烈士陵园管理处花树场、竹场改由雨花台区管理。

1970 年

1 月 8 日，雨花台烈士陵园管理处 40 余干部职工下放苏北宿迁、高邮等地。

4月，清明凭吊革命先烈。

7月6日，南京市城建局调夏秀华为雨花台烈士陵园管理处党支部书记。

7月14日，南京市城建局调宋保昌为雨花台烈士陵园管理处党支部副书记。

7月，雨花台烈士陵园革命委员会下属部门增设行政组，其他不变。

夏季，雨花台风景林区发现松毛虫危害马尾松林，经飞机喷洒药水，基本控制住虫害。

1971年

4月，清明凭吊革命先烈。

本年，根据中共南京市委决定，雨花台革命烈士史料陈列准备调整展览内容，严格审查、严格控制，烈士史料陈列室重新对外开放。

1972年

3月28日，南京市革命委员会生产指挥部以［宁革生（72）80号］通知，革命烈士陵园重新改回名为雨花台烈士陵园。

4月，清明凭吊革命先烈。

经飞机喷洒药水15架次，雨花台风景林区松树越冬代松毛虫病害得到控制。

9月，全国妇联副主席邓颖超来雨花台参观凭吊。

10月，中共南京市城建局核心小组任命宋保昌为雨花台烈士陵园管理处党支部书记。

1973年

3月16日，中共南京市委组织部以［宁委组发（73）9号］通知，成立南京市园林管理处（管理雨花台烈士陵园等全市园林绿化单位），归南京市城建局领导。

4月，清明凭吊革命先烈。

4月3日，江苏省共青团第六次代表大会代表1500余人来雨花台参观凭吊。

6月13日，雨花台烈士陵园北大门、北殉难处设计方案设计完成，并经市城建局上报江苏省暨南京市领导。

1974年

2月，雨花台烈士史料陈列室重新对外开放，经审查调整，仅陈列38位烈士。

3月28日，中共南京市城建局核心小组批准，雨花台烈士陵园恢复成立工会组织，沈凤英为工会副主任。

4月，清明凭吊革命先烈。

5月，由南京市城建局牵头，雨花台区和雨花镇人民政府、雨花台区房管所以及雨花台烈士陵园管理处等单位组成拆迁办公室，进行陵园北大门地区拆迁安置工作。

6 月 17 日，园林遭受 10 级台风，雨花台烈士陵园树木绿化严重损失。

8 月 29 日，国家建委《基本建设简报》增刊 72 号专刊，向国务院汇报南京园林绿地被占严重情况，包括雨花台烈士陵园。

本年，南京市革命委员会颁布《南京市林木保护管理办法》。

本年，雨花台烈士陵园管理处史料组编写《烈士事迹简介》。

1975 年

1 月 28 日，中共南京市城建局核心小组［宁革城（75）字 19 号］宣布《关于杨瑞江等 30 名同志平反的决定》。

3 月，江苏省上山下乡知识青年代表大会 2500 名代表来雨花台凭吊革命先烈。

4 月，清明凭吊革命先烈。

雨花台烈士陵园管理处史料室编写《雨花台烈士事迹汇编》。

12 月 26 日，中共南京市委城建局核心小组［宁革城组（75）字 333 号］批复，同意恢复中共雨花台烈士陵园管理处支部委员会，陈先泽为书记。

12 月 27 日，雨花台烈士陵园开展北殉难处、北大门工程拆迁及工程建设准备工作。

本年，全国妇联主席康克清来雨花台参观凭吊。

本年，烈士陵园接待参观凭吊工农兵群众 354273 人；另有外宾 688 批次、4270 人；华侨 70 批次、990 人。

1976 年

1 月 14 日，南京市革命委员会计划委员会［宁革计（76）15 号］批复，同意将雨花台烈士陵园花树场交南京市城建局园林处领导。

3 月 24 日，南京各界群众在雨花台凭吊革命先烈，率先举行悼念周恩来、反对“四人帮”的隆重悼念活动。28、29 日，引发了南京大学等高校师生开始举行全市性的反对“四人帮”的大规模游行、集会活动，史称“南京三·二九事件”。

4 月 12 日，北殉难处烈士群雕创作方案座谈会在雨花台召开，北京、广州、杭州、南京等地专家参加并形成集体意见，会议纪要上报江苏省暨南京市领导。

4 月 27 日，南京市城建局［宁革城办（76）字 88 号］通知，决定花树场仍由雨花台烈士陵园管理处领导。

5 月，雨花台烈士陵园北大门拆迁工作完成，共拆迁房屋 33 处，面积为 1725 平方米。

8 月 26 日，美国共产党（马列）干部访华团来雨花台凭吊革命先烈并参观烈士史料陈列室。

8 月，唐山大地震后，因南京市全面布置防震工作，附近居民在雨花台街、普德寺前后山等处，搭建棚户。

11 月，雨花台革命烈士史料陈列馆、纪念雕塑像方案展览在江苏省美术馆展出并征集社会各界人士意见。共展出 41 个方案，近 3 万观众参观。

12 月，雨花台人民革命烈士墓竖立省级文物保护单位石碑标志。

本年，修建北大门，门柱高 11.7 米，寓意俄国十月革命胜利。这是雨花台烈士陵园首次设置陵园大门。

本年接待参观凭吊的工农兵群众达 100 万。另外有外宾 79 批次、1154 人；华侨 70 批次、973 人。

1977 年

3 月 12 日，25 万南京市中小学师生及青年参加雨花台烈士陵园等处的绿化植树活动。

4 月，清明凭吊革命先烈。

5 月，江苏省工业学大庆会议代表来雨花台参观凭吊。

12 月 1 日，中共安徽省委第一书记万里等来雨花台参观凭吊。

本年，雨花台烈士史料室接待参观工农兵群众达 535628 人；另有外宾 93 批次、1052 人；华侨 231 批次、4181 人。

本年，接待各级领导与各界人士谭震林、宋任穷、杨秀峰、阿沛·阿旺晋美、季方、沙汀、荣毅仁等。

1978 年

4 月，清明凭吊革命先烈。

4 月，全国人大常委会副委员长谭震林来雨花台参观凭吊。

全国政协副主席、中国农工民主党主席季方来雨花台参观凭吊。

7 月 26 日，南京市革命委员会城建局［宁革城办（78）字 148 号］批复：雨花台烈士陵园革命委员会改为南京市雨花台烈士陵园管理处。

8 月 7 日，中共南京市委常委会议决定，恢复原属雨花台烈士陵园管辖的菊花台公园，并划交雨花台区管辖。

9 月 20 日，南京市革命委员会计划委员会［宁革计（78）456 号］批复：将雨花台烈士陵园管理处所属雨花台花树场移交南京市土产棉麻公司领导。

本年，雨花台区房管部门以“文革”期间“未办征地手续”为由，将宁溧公路东养虎山土地 9.8 亩陵园墓地划归雨花大队使用。

本年，国务院副总理薄一波首次来雨花台参观凭吊。

绿化植树 5549 株，育苗 85000 株，花卉繁殖育苗 3525 盆。

1979 年

2 月，陵园遭受风雪灾害，强风袭击造成树木出现断梢、断干、倒伏现象。

3 月 12 日，南京市开展第一个全民义务植树节活动。全市军民义务在雨花台栽树近 45 万株。

4 月，清明凭吊革命先烈。

4 月，南京市公安局雨花台区分局组建雨花台烈士陵园派出所。

6 月 10 日，雨花台烈士陵园下放的干部职工陆续回城，安排工作完毕。

9 月 24 日，北殉难处“雨花台烈士就义群雕”落成，取代原北殉难处革命烈士碑坊标志。

10 月，全国政协副主席陆定一来雨花台参观凭吊并题词：“烈士是永生的，他们永远活在人民心中，永远激励人民前进。”

11 月，黄樵松烈士骨灰由牺牲地南京市雨花台安葬地迁往其举义地太原市双塔烈士陵园安葬。

12 月 17 日，斯里兰卡共产党（左派）筹备委员会书记苏布拉玛尼亚姆来雨花台凭吊革命先烈。

12 月，全国政协常委、中国文学艺术界联合会主席周扬来雨花台参观凭吊并题词。

全国政协副主席刘澜涛来烈士陵园参观凭吊。

著名画家、南京艺术学院院长刘海粟教授来雨花台题字作画 4 幅。

1980 年

1 月，位于江南第二泉景区近旁具有江南庭院园林建筑风格的曦园竣工，占地 2.5 公顷。南京大学教授、江苏国画院画师黄养辉先生为曦园题名。

4 月 1 日，雨花台烈士史料陈列室新的烈士史料展览对外展出。陈列内容重新做了审定，新展出孙津川、恽代英、邓中夏等 71 位烈士文物、照片共 800 余件。

4 月 4 日，南京市 3500 名少先队员代表全省 1000 万少先队员和少年儿童在北殉难处烈士就义群雕前参加江苏团省委召开的红领巾献款仪式大会，筹建雨花台红领巾广场。

4 月 23 日，南京市革命委员会批转市城建局《关于加强古树名木保护管理的报告》的通知。陵园进行雨花台古树名木的登记并予以管理。

草原英雄小姐妹龙梅、玉荣参观雨花台烈士史料陈列室并向雨花台烈士奠基纪念碑敬献花圈。

5 月 7 日，全国园林科研座谈会在雨花台江南第二泉召开，来自全国 12 个城市的建设部门负责人和园林科研方面的专家、学者莅会。

6 月 21 日，国务院外国专家局局长杨放之来雨花台烈士陵园凭吊黄励烈士并题词。

6 月，全国人大常委会委员长叶剑英来雨花台参观凭吊。

10 月，全国少数民族参观团来雨花台凭吊革命先烈并参观烈士史料陈列室。

11 月，雨花台烈士陵园向全国建筑设计部门和专家、学者征集雨花台烈士纪念碑设计方案。

11 月 12 日，南京晨光机器厂因生产安全和扩建需要，向烈士陵园征用俞家山（淞沪抗日阵亡烈士纪念塔）土地 19 亩。

本年，陵园主持的科研项目“幼年茶园速生丰产研究”，南京市城建局批准授予科技三等奖。

1981 年

3 月 23 日，国务院副总理薄一波来雨花台视察工作并题词：“慷慨赴死不易，从容就义更难。

为革命而牺牲的先烈们永垂不朽！”

4月，清明凭吊先烈。

史料室副主任张逸赴重庆市参加全国中共党史人物研究会第二次学术会议。

4月13日，雨花台革命烈士纪念碑设计方案评选委员会成立。著名建筑学家、南京工学院副院长杨廷宝教授任主任，著名建筑学家、同济大学谭垣教授任顾问。征得578个纪念碑方案。

4月，第五届全国政协副主席李维汉来雨花台视察工作。

雨花台革命烈士纪念碑设计方案竞赛评选结果揭晓，上海同济大学童勤华、庄荣、来增祥，哈尔滨黑龙江建筑设计院陈岳分获一等奖。

5月，著名历史学家、中国现代史学会会长黎澍来雨花台凭吊并题词。

6月1日，雨花台红领巾广场开工建设，这是由江苏全省700万少年儿童每人捐献一分钱筹建的。

9月19日，辛亥革命雨花台之役阵亡将士人马合冢修葺工程竣工。

10月10日，江苏省纪念辛亥革命七十周年筹备委员会为新修葺的辛亥革命雨花台之役阵亡将士人马合冢重新立碑。

10月，南京市政府批转市建委《关于加强古迹名胜，古建筑和古树名木保护管理的意见》，要求把名胜古迹古建筑及古树名木纳入全市规划总图，统一立牌标志，由产权或使用单位负责保管，陵园落实并开展此项工作。

11月，国家商业部在南京召开全国名茶预选会议，“雨花茶”被评选为全国名茶。

本年，南京市科委授予蒋毅辛、罗庆新、张逸、王昭全副研究员职称。

本年，园林苗木育苗40个品种、30万株；花房培植花卉5000盆；茶园生产雨花茶等各级茶叶7250斤、茶树茶苗移栽7万株。

本年，史料室编辑《雨花台烈士诗歌选》《雨花台烈士书信选》《雨花台烈士回忆录》（第一集），并编辑修订新《雨花台导游图》《雨花台史迹简介》。

1982年

3月11日，共青团南京市委员会批复，同意改选共青团雨花台烈士陵园管理处总支部委员会的，杨金明任书记。

3月25日，江苏省人民政府重新批准雨花台死难烈士陵为省级文物保护单位。

5月18日，全国政协副主席陆定一及其子女来雨花台参观凭吊。

5月19日，中央军委总参谋部顾问孔原来雨花台凭吊并题词。

5月31日，坐落在雨花台烈士西殉难处附近的红领巾广场建成，来自全省各地40名优秀少先队员和南京市1000名少先队员隆重集会，庆贺红领巾广场竣工。江苏省副省长、著名建筑学家、红领巾广场设计者南京工学院杨廷宝教授为广场的主体建筑“少先台”揭幕。

5月，史料室编辑《雨花台革命烈士诗抄》，由花山文艺出版社出版。

6月18日，全国人大常委会副委员长姬鹏飞夫妇来雨花台参观凭吊。

7月30日，江苏省人民政府发布《关于保护中山陵、雨花台烈士陵的布告》。

8月4日，中共南京市委、市政府正式成立“中山陵和雨花台烈士陵”调查组，南京市市长王昭铨任调查组组长，下设中山陵园和雨花台烈士陵园两个调查小组，雨花台烈士陵园调查组组长林征，副组长蒋毅辛、丁名秀。

8月5日，南京市规划局发出《关于中山陵园和雨花台烈士陵园管理范围的通知》。

8月7日，中共南京市委［宁委组（82）169号］通知，为加强对两陵的管理和保护，决定中山陵园管理处和南京市雨花台烈士陵园管理处从市园林局划出为市属局一级单位，归南京市建设委员会领导，其全民事业性质不变。

8月10日，中共南京市委以［宁委组（82）178号］文批准建立中共南京市雨花台烈士陵园管理处委员会，由蒋毅辛、李乃发、林能齐、杨金明4人组成，蒋毅辛任书记。

8月13日，南京市人民政府公布江东门中央军人监狱恽代英烈士就义处为市级文物保护单位。

8月15日，雨花台烈士史料陈列室回廊举办侵华日军暴行图片展览，共陈列120幅揭露日军侵华及南京大屠杀罪行历史照片，面积40平方米，参观人数35000人。

9月，“中山陵园和雨花台烈士陵园”调查组调查工作结束，向中共南京市委、市政府呈交完成9个专题调查报告。

10月，南京市人民政府任命蒋毅辛为南京市雨花台烈士陵园管理处主任。

10月18日，全国人大常委会副委员长、国务院港澳办公室主任姬鹏飞来雨花台瞻仰先烈并题词。

10月26日，南京市编制委员会［宁编字（1982）69号］批复南京市雨花台烈士陵园管理处内设办公室、组织科、宣传教育科、保卫科、劳动工资科、园林科、修建科、计划科、文物保护环境卫生管理科、烈士史料室、陵园服务部，事业编制70名。

10月29日，孟加拉共产党（马列）主席穆罕默德·托哈来雨花台凭吊革命先烈。

11月7日，全国人大常委会副委员长韦国清来雨花台参观凭吊。

11月9日，中共中央总书记胡耀邦来雨花台参观凭吊。

11月19日，全国人大常委会第五届第二十五次会议通过《中华人民共和国文物保护法》。

12月21日，中共中央政治局候补委员、中央书记处书记、国务院副总理姚依林来雨花台参观凭吊。

本年，南京市人民政府公布雨花台烈士陵、辛亥革命雨花台之役人马合冢、杨邦乂剖心处、方孝孺墓为市级文物保护单位。

本年，南京市城建局批准南京市雨花台烈士陵园管理处的“枫香齿小蠹虫生活史观察及防治试验”课题荣获市级科技三等奖。

本年，烈士陵园接待参观凭吊各界群众达100万人。接待国际友人、华侨5000人；接待烈士家属112人。

本年，园林生产创历史最好水平：花卉生产米兰、茉莉、月季 17100 盆；套接米兰 17000 株；养护管理盆花 20000 盆。苗木繁殖 45 个品种，21 万株，移植 7 万株；供应 7 省 18 市 20 个县的 136 家单位苗木 8 万株。

1983 年

1 月 7 日，中共南京市雨花台烈士陵园管理处委员会批准建立陵园 7 个党支部。

2 月 9 日，南京市政府决定，原［宁革基土字（80）148\149\150\151 号］批文误批土地退还烈士陵园，明确（调整）雨花台烈士陵园对普德寺前后山土地使用权。

4 月，解放军工程兵工程学院和雨花台烈士陵园签订共建精神文明单位协议。

6 月 2 日，鉴于普德寺庙宇是构成普德寺前后山整体景观的重要组成部分，南京市政府决定迁出金陵橡胶厂，将普德寺归还烈士陵园。

6 月 9 日，雨花台烈士陵园规划建设座谈会在雨花台烈士陵园曦园会议室召开。这次会议是遵照中共江苏省顾问委员会主任柳林的建议召开的。参加这次会议的有江渭清、惠浴宇、柳林、许京安、刘峰、张耀华、刘平、马昭宏、朱启銮、甘锋、麦保曾、唐健行、陈铎、叶菊华、王光耀、沈祖奎、郭浩、陈先泽、于江、蒋毅辛等，甘锋主持了会议。

6 月 17 日，中共中央办公厅寄来邓小平为雨花台烈士陵园题写的纪念碑碑名和纪念馆馆名：“雨花台烈士纪念碑”“雨花台烈士纪念馆”。

6 月 21 日，雨花台烈士陵园建设委员会办公室首次会议在曦园会议室召开。办公室主任甘锋主持会议，会上研究了办公室的组建和工作计划。

6 月，中央政治局委员宋任穷来雨花台参观凭吊。

7 月 22 日，国家经济委员会主任袁宝华来雨花台参观凭吊并视察建设工作。

7 月 25 日，《雨花台烈士陵园总体建设计划任务书》编制完成。

7 月 27 日，正式制定执行雨花台烈士陵园“任务包干、定额补贴、盈余分成、超支不补”经济承包责任制。

7 月 28 日，全国人大常委会副委员长彭冲由柳林、张耀华陪同来雨花台视察建设工作。

9 月 3 日，雨花台烈士陵园红领巾广场、东西炮台等处相继发现松材线虫病害并立即开展大规模除灭虫害工作。夏季大旱、持续高温，苗木及新栽树木受损。

9 月 9 日，经江苏省南京市人民政府批准，成立雨花台烈士陵园建设委员会，中共江苏省顾问委员会主任柳林任主任委员，中共南京市委书记汪冰石、市长张耀华任副主任委员。委员会聘请了 8 位曾长期在江苏及南京担任领导工作的老同志江渭清、惠浴宇、杜平、管文蔚、匡亚明、刘顺元、包厚昌、胡允恭为顾问。雨花台烈士陵园建设委员会下设办公室，驻雨花台烈士陵园管理处，承办日常具体工作。南京市建委主任甘锋任办公室主任，南京市建委副主任沈祖奎、南京市规划局总工程师陈铎、南京市雨花台烈士陵园管理处主任蒋毅辛任副主任。

10 月 7 日，关于孙津川烈士墓地争议问题，雨花台烈士陵园管理处确认 1967、1968 年对雨花生产大队土地征用手续。

10月，鼓楼公园举办南京市第二届金陵盆景展，雨花台烈士陵园选送的《画意》盆景获最佳盆景奖。

11月10日，雨花台烈士纪念馆施工前预备会议在雨花台曦园会议室召开，南京市建委副主任、雨花台烈士陵园建设委员会办公室副主任沈祖奎主持。会议决定了施工前各项任务与按期正式开工建设。

11月，国家计划委员会正式批准《雨花台烈士陵园总体建设规划任务书》。南京市第二建筑工程公司202工程队承建碑馆工程。

12月10日，李鹏副总理来雨花台参观凭吊。

本年，南京市雨花台烈士陵园管理处荣获江苏省绿化先进单位称号。

1984年

1月17—18日，南京地区连续降雪约30小时，雨花台积雪30多厘米，造成罕见的大雪灾。树木竹林遭受很大损失，经查，损坏树木2000多株，竹林百余亩。

2月，根据南京市园林研究所所长朱有玠等学者、专家建议，雨花台烈士陵园建设委员会决定，烈士陵园建设的总体规划按照“众星拱月”的格局要求，结合自然条件、人文条件和建筑功能要求加以综合考虑。

3月3日，南京市园林局、南京市旅游局、江苏电视台、《周末》报等7个单位发起评选金陵40景会议，雨花台被评为金陵新40景之一。

3月，为纪念军民共建活动与驻军义务植树，雨花台立军民共建林石碑。

4月5日，全国人大常委会副委员长陈丕显及其夫人一行来雨花台参观凭吊并题词。

4月6日，坐落在雨花台东峰南麓的知名烈士墓区建成，将17名牺牲在南京地区的烈士集中迁葬于此，邀请113位烈属参加了凭吊祭扫活动。

4月14日，中央顾问委员会委员江渭清与李耘生烈士的亲属一行来雨花台参观凭吊，并为李耘生烈士题词：“浩气长存”。

4月16日，全国政协副主席、中国致公党主席黄鼎臣来雨花台参观凭吊，并为陵园题词：“纪念先烈，发挥革命精神”。

4月22日，雨花台烈士纪念馆破土兴建，在雨花台任家山隆重举行开工仪式。参加破土动工仪式的有中共江苏省委暨南京市委、省市人大、省市政府、省市政协与驻宁部队领导，还有工人、学生、部队等各界代表约1500多人，江渭清、惠浴宇、唐亮等老同志出席。汪冰石副主任主持会议，柳林主任致辞。

4月23日，全国妇联副主席张国英等来雨花台参观凭吊。

5月，中央军委副主席徐向前来雨花台参观凭吊，并为陵园题词：“为革命牺牲的烈士永垂不朽。”

5月，为了加强对烈士史料陈列室的管理，减少国家负担，经南京市有关部门批准，参观烈士史料陈列室的零散游客观众，一律凭票参观，每券收成本费5分（学生、团体不收票）。

5月6日，阿根廷共产党（马列）总书记马里奥·赫耶尔来雨花台参观凭吊。

5月10日，按照雨花台烈士陵园总体建设规划，在纪念区内兴建碑林，请全国28个省、市、自治区的书法协会向全国著名书法家征集书法作品，共征得书法作品百余件。

5月，中共中央政治局常委、中央纪律检查委员会第一书记陈云为雨花台烈士陵园题词："雨花台烈士永垂不朽。"

7月15日，孟加拉革命共产主义联盟、印度共产党（马）代表团分别来雨花台参观凭吊。

7月，自1982年10月以来，根据南京市委城建部布置开展企业全面整顿工作，主要对陵园领导及机构设置、试行经济承包责任制、基础建设与基层管理、改善经营与服务工作等进行自查和整顿，取得初步成效。

8月23日，毛岸青偕夫人邵华、儿子毛新宇一行来雨花台凭吊烈士并参观雨花台烈士史料陈列室。

11月26日，中央顾问委员会常委王首道等来雨花台参观凭吊，并题词："宣扬革命先烈伟业，促进精神文明建设。"

本年，陵园绿化及生产创历史最好成绩。绿化植树11127株，繁殖及移植育苗307000株，茶花、蜡梅、罗汉松、五针松等名贵树木1152株；花卉及茶叶也高产丰收，其中移栽茶树34000株，茶叶生产7273斤，机制雨花茶试制获得成功。

1985年

4月1日，南京市人民政府［宁政发（85）112号］通知：中山陵园管理处、雨花台烈士陵园管理处的行政、业务归市园林局领导，原待遇不变。

4月，奠基纪念碑拆除。因此，本年清明凭吊革命先烈暂停。

9月23日，雨花台烈士陵园建设委员会第三次全委会在市委会议室召开。副主任张耀华市长主持会议，审议烈士纪念碑、碑廊、雕塑的设计方案，并确定烈士纪念碑开工日期；要求纪念馆建筑按期完工，纪念碑主体建筑完成；并将烈士纪念馆、碑建设列为南京市城建十大项目之一，也是向建党65周年献礼的重要工程。

10月11日，雨花台烈士纪念碑正式破土动工。南京工学院齐康教授设计，南京市勘测设计院陈家葆工程师制图，南京市第二建筑公司204工程队施工。

11月13日，全国人大常委会副委员长彭冲视察雨花台烈士陵园建设工程，并对包括纪念馆、碑建设在内整个陵园总体规划和建设发展提出指导性意见，要求高标准、高质量地完成建设任务。

12月4日，全国政协副主席陆定一视察雨花台烈士陵园建设工程，对正在建设中的纪念馆、碑工程予以高度评价。

本年，全国妇联主席康克清来雨花台参观凭吊。

1986 年

1 月 18 日，南京市绿化委员会召开绿化表彰动员大会。大会授予雨花台烈士陵园管理处 1985 年度市绿化先进单位称号，并颁发奖状。

2 月 19 日，中央顾问委员会常委、全国人大常委会副委员长姬鹏飞视察雨花台烈士陵园建设工程。

3 月 6 日，江苏省顾问委员会主任、雨花台烈士陵园建设委员会主任柳林，率省顾问委员会部分委员与老同志视察雨花台烈士陵园建设工程，并在陵园进行义务绿化植树。

4 月，共青团南京市委发动南京市共青团员和青少年在雨花台西殉难处参加义务植树活动，增补植一片桂花树。

5 月 9 日，雨花台烈士陵园建设委会在雨花台曦园会议室召开第四次（扩大）会议。柳林主任主持会议，顾问包厚昌、匡亚明及省委书记韩培信、副书记孙家正等参加。会议对陵园建设进展、追加建设经费等问题进行研究，并根据陵园南扩调整土地的情况对陵园总体建设规划进行了调整与补充。

5 月 10 日，邀请刘开渠教授专程来南京对纪念碑前的“前赴后继”“缅怀”2 组雕塑进行审定。

5 月 31 日，南京市政府安置拆迁办公室召开安置拆迁下放户棚屋工作总结表彰会，雨花台烈士陵园管理处被评为先进集体，并授锦旗。

6 月，中共南京市委城建部为纪念中国共产党成立 65 周年，开展城建系统评选先进党组织、优秀共产党员、先进政治思想工作者、先进青年集体和个人活动。中共雨花台烈士陵园管理处史料室支部被评为先进基层党组织。

7 月，国家商业部主办全国名茶评比，雨花茶获总分第一。这是雨花茶第四次被评为全国名茶。（前三次分别为 1959、1981、1982 年）

7 月 21 日，全国人大常委会副委员长彭冲来陵园视察凭吊。

10 月 24 日，德意志民主共和国国务委员会主席、德国统一社会党中央委员会总书记埃里希·昂纳克率党政代表团 100 人来雨花台参观凭吊，赠送台尔曼头像一座，并为雨花台烈士纪念馆题写留言，在馆前栽植龙柏一棵，以示留念。

11 月，在西殉难处建青年纪念林并立南京青年纪念林石碑。

12 月，“雨花茶机制工艺技术研制”通过鉴定。“雨花茶”成为首个实现全程机制的全国名茶。

12 月，雨花台烈士纪念馆绿化设计图编制完成，绿化工程面积 4.1 公顷。

本年，南京市城建系统实现了 1985 年十项奋斗目标。中共南京市委城建部、市城乡委授予南京市雨花台烈士陵园管理处“先进集体”称号。

本年，南京市人民政府授予南京市雨花台烈士陵园管理处为“军民共建精神文明”先进单位。

本年，雨花台北殉难处绿化工程获市优、省优表扬。

1987 年

2 月 10 日，南京市绿化委员会在北极会堂召开绿化表彰动员大会，南京市雨花台烈士陵园管理处荣获 1986 年度“绿化先进单位”荣誉称号。

5 月 8 日，保加利亚人民共和国国务委员会主席、保加利亚共产党中央委员会总书记托多尔·日夫科夫来雨花台烈士陵园参观凭吊，并为雨花台烈士纪念馆题词，赠送游击队战士青铜圆雕像一座，以示纪念。

5 月 10 日，南京市城管会［宁城管字（87）36 号］文批准，组建南京市雨花台烈士陵园城管监察中队，编制 20 人。

10 月 4 日，南京市城建系统职改领导小组［宁城职改字（87）44 号文］批准，成立雨花台烈士陵园管理处技术职称改革领导小组，蒋毅辛为组长，林能齐、陈松元为副组长。

12 月 28 日，雨花台烈士陵园建设委员会顾问刘顺元来雨花台为李德钊烈士题词：“烈士之血，人民之金。”

本年雨花台烈士纪念馆建设办公室获得 1986 年度“建设新南京有功集体”荣誉称号。

本年底，雨花台烈士纪念馆建筑工程竣工，由南京工学院建筑系教授齐康设计。

1988 年

1 月 13 日，国务院［国发（88）5 号］文关于公布第三批全国重点文物保护单位的通知，雨花台烈士陵园为全国重点文物保护单位。

3 月 19 日，雨花台烈士纪念馆预展，邀请雨花台烈士陵园建设委员会顾问刘顺元、包厚昌、匡亚明，主任柳林，副主任张耀华以及江苏省暨南京市领导胡序健、刘平、朱启銮、王一香等来纪念馆参观预展。参观后，由柳林主任主持召开了评审会议，对纪念馆陈列内容进行评审。

4 月，中共中央政治局委员、上海市委书记江泽民来雨花台参观凭吊。

4 月，全国人大常委会副委员长陈丕显来陵园视察凭吊。

7 月 1 日，雨花台烈士纪念馆新馆建成开放。

雨花台烈士陵园建设委员会顾问杜平参观雨花台烈士纪念馆，并为纪念馆落成题词：“坐牢杀头寻常事，鲜血染透雨花石。革命先锋当向导，英名彪炳留青史。”

10 月 6 日，德意志民主共和国、德国统一社会党老干部及反法西斯战士访问团来雨花台参观凭吊，赫尔穆特利·伯曼团长题词留念。

10 月 12 日，德意志民主共和国水利考察团团长、部长会议副主席兼环保水利部长顿歇各特来雨花台参观凭吊，并题词留念。

本年，雨花台烈士陵园茶场选送的雨花茶，参加国家商业部举办的首届全国食品博览会，荣获银质奖。

本年，冬季遭受严重雪灾，山林树木遭受严重损失。

1989 年

4 月 1 日，雨花台烈士纪念碑建筑工程及绿化工程竣工。纪念碑正面是邓小平题写的“雨花台烈士纪念碑”镏金大字，碑身背面是江苏省暨南京市人民政府撰写的碑文，由著名书法家武中奇书写。

4 月 8 日，中共南京市委、市政府任命杨金明同志为中共南京市雨花台烈士陵园管理处委员会书记、主任。

4 月 9 日，全国人大常委会副委员长荣毅仁来陵园视察凭吊。

4 月 21 日，全国人大常委会副委员长彭冲来雨花台烈士纪念馆参观，并题词：“无产阶级革命精神永存。”

4 月，清明凭吊革命先烈。

8 月 13 日，南京地区遭受 9—13 级特大风暴，雨花台地处风口与迎风坡面地段，有 300 余株高大乔木被风折断，其中东、西炮台生长了 30—50 年的大雪松被大风刮倒 124 株。

8 月 13 日夜晚，雨花台烈士纪念馆第七、八展厅内任天石、吕惠生两烈士生前所用手枪被窃。（此案后被破获。罪犯戴祥斌、区建武在新沂县炮车车站被抓获归案，文物已归还雨花台烈士纪念馆。）

10 月中旬，雨花台烈士陵园东南大门破土动工，东南大门是东南大学建筑系齐康教授设计，南京市第二建筑公司承建。

1990 年

1 月 15 日，雨花台烈士纪念馆、碑工程被评为 1979—1989 年南京十大明星工程。

1 月 23 日，国务院总理李鹏来雨花台参观凭吊，并为雨花台烈士纪念馆题词：“无数革命先烈的鲜血洒满雨花台，中国人民永远怀念他们。”

4 月，清明凭吊革命先烈。

经由原高坐寺、安隐寺旧址改建的雨花石博物馆装修一新并对外开放。

全国人大常委会副委员长周谷城来陵园视察凭吊。

4 月 20 日，全国人大常委会副委员长黄华来陵园视察凭吊。

5 月 7 日，中央军委顾问陈士榘来雨花台参观凭吊，并题词：“救民族洒热血业惊天地，继传统振中华慰藉忠魂。”

5 月，中共中央顾问委员会常委胡乔木来雨花台参观凭吊。

6 月 3 日，孟加拉共产党（马列）总书记迪利普・巴鲁阿来雨花台参观凭吊。

7 月 1 日，为纪念雨花台烈士陵园管理处成立四十周年，在主峰广场上，举行庆祝大会和火炬象征性长跑活动。江苏省及南京市负责人与共建单位共 500 人应邀参加了庆祝大会。

9 月 10 日，中央顾问委员会副主任薄一波由邓力群、刘英、程中原、郑惠陪同来雨花台参观凭吊，并题词：“功垂千古”。“虎踞龙蟠日照，雄碑耸立雨花台，何曾倾尽长江水，写我当年烈士怀。”

11 月 22 日，中共中央顾问委员会常委姬鹏飞来雨花台参观凭吊，并题词“松柏长青”。

11月23日，全国人大常委会副委员长赛福鼎来雨花台参观凭吊，并题词“革命烈士，永垂不朽”。

11月25日，全国政协副主席、中国农工民主党中央主席卢嘉锡院士来雨花台参观凭吊，并题词：“缅怀先烈的革命事迹，完成未竟事业。”

11月26日，雨花台烈士纪念碑前，以“挣开镣铐”为主题的青铜圆雕像落成，这座圆雕高5.5米，重5052千克，由上海油画雕塑院王大进等人集体创作，晨光机器厂承接铸造。同时，倒影池前的《国歌》《国际歌》碑刻安装工程竣工。

本年，雨花台烈士纪念馆、雨花台烈士纪念碑等核心纪念景区绿化景观工程竣工。

本年，雨花台二泉风景区绿化工程获1990—1992年度江苏省绿化工程建设成绩显著表彰。

1991年

4月，清明凭吊革命先烈。

4月23日，雨花台烈士陵园青年突击队正式成立。

4月29日，中共中央政治局常委、中央书记处书记李瑞环来雨花台参观凭吊。

5月24日，南京市副市长范仁信召开市园林局、中山陵园、雨花台烈士陵园会议，主要内容是：（1）传达市人大给市政府关于园林工作视察意见；（2）加强园林归口管理，克服零散状态。其中雨花台烈士陵园应加强管理，取缔无证摊贩，建立围墙。

6月15日，雨花台烈士陵园与中共南京市委组织部、宣传部，市工青妇系统，《青春》杂志社等单位联合开展了“雨花杯”征诗活动，共征集全国各地佳作1200余首。该活动评出特等奖2名，一等奖4名，二等奖8名，三等奖30名，并从中选出100首编辑出版了诗集《雨花颂》。

6月28日，雨花台烈士事迹流动展览在北京首次正式展出。展出内容包括41位烈士的150张照片和180件文物及文字说明，共有活动版面71块，展线长105米。全国人大常委会副委员长彭冲、中央宣传部副部长刘忠德、北京市委副书记王光、南京市委副书记胡序建等领导出席开幕式。中央电视台、北京电视台、中央人民广播电台与首都各大报纸对雨花台烈士事迹巡展都做了专题报道。

6月，连日暴雨，陵园树木花卉等绿化遭受损失。

7月，雨花石博物馆与中国革命博物馆在北京联合举办雨花石艺术珍品展。

9月7日，江苏省及南京市人大常委会、建委等有关人员来陵园视察园林立法、执法情况。

11月，第五届工会代表大会召开，完成雨花台烈士陵园工会的换届选举。

南京雨花石博物馆与南京博物院、南京市民俗博物馆等5家单位联合举办了南京市首届雨花石文化交流会，弘扬雨花石文化。之后，又应邀参加在广州举行的“中华百绝博览会”。

12月20日，南京市城建工会联合会批复《雨花台烈士陵园管理处工会第五届委员会选举工作报告》。组成人员：张运静（主席）、李玉清、陆春生、汪立萍、梁才源、赵荣荣、刘莲英。

1992 年

3 月 11 日，中共南京市委以［宁委（1992）35 号］文任命陈一兵为南京市雨花台烈士陵园管理处主任、党委委员。

3 月 12 日，南京军区固辉司令员、史玉孝政委等及江苏省、南京市领导陈焕友、韩培信、王荣炳等及省人大代表 100 余人来雨花台二泉后山参加义务植树活动。

3 月 25 日，中共南京市委书记顾浩来雨花台检查陵园建设工作。陪同的有市委秘书长郑凤翔、市建委主任苏则民等同志。

4 月 28 日，雨花台烈士纪念馆前隆重举行“南京青少年思想教育基地”命名仪式暨“历史昭示未来、青年紧跟党走”主题竞赛现场决赛，共 600 人参加。

5 月 30 日，朝鲜国家安全部艺术团 90 余人来雨花台参观凭吊。

6 月 8 日，中共南京市委书记顾浩、副市长范仁信等市领导在南京市雕塑协会主持召开雨花台烈士纪念碑碑廊工程协调会。

6 月 10 日，国家建设部副部长林汉雄参观雨花台烈士纪念馆，并凭吊望江矶三烈士墓。

6 月 19 日，中共中央政治局常委、中央纪律检查委员会第一书记乔石偕夫人郁文来雨花台凭吊先烈。

6 月 27 日，为纪念“七一”，雨花台烈士陵园管理处在北殉难处烈士群雕像前举办以“深化陵园改革，开拓美好未来”为主题的大型文艺联谊会。

7 月 31 日，纪念碑电梯、地下展厅正式向社会开放。

9 月 19 日，上海举行“沪西共舞台事件 13 烈士就义 60 周年纪念大会”。会议由中共普陀区委党史研究室主持，在燎原电影院举行。当年幸存者顾卓新、武少文、温济泽、肖明出席。1932 年 7 月 17 日江苏省反帝代表大会在沪西共舞台召开，其时有 88 位代表被捕，其中中共南洋肥皂厂地下党支部书记、上海闸北民众反日救国会分会发行部长肖万才等 13 人被判死刑，壮烈牺牲在雨花台。这是雨花台已知中共党员和工人被捕与牺牲最多的大案之一。

9 月 23 日，李鹏总理来雨花台参观凭吊。

9 月 28 日，烈士陵园正式实施大门（北、西、东大门）售票管理。

10 月 10 日，邓颖超办公室一行 16 人来雨花台烈士陵园参观凭吊。

10 月 15 日，新疆生产建设兵团参访团到陵园参观凭吊。

11 月 22 日，全国 14 个计划单列市党报总编与办公室主任 40 人来陵园参观凭吊。

11 月 26 日，中共中央政治局常委、国务院副总理姚依林偕夫人来陵园视察工作并凭吊革命烈士。

12 月 26 日，雨花台烈士纪念碑廊在毛泽东诞辰 99 周年纪念日竣工，并向社会开放。碑廊刻有《共产党宣言》《马克思主义的三个来源和三个组成部分》《新民主主义论》，由赵朴初、费新我、欧阳中石、武中奇、杜平、萧娴、尉天池、言恭达、陈大羽、孙晓云等全国著名书法家书写。

1993 年

1 月 1 日，雨花台烈士陵园西侧新辟雨花游乐园，迎接第一批游客，设立的基础游乐项目有水上碰碰船、空中滑车、海洋球式绷床和欢乐马车等。

2 月 12 日，全国政协副主席、著名书法家赵朴初来雨花台烈士陵园参观凭吊，挥毫抒情："仰瞻烈士碑，俯拾雨花石，忠魂凌青云，花雨尽碧血。"

2 月 25 日，雨花台烈士陵园管理处决定改革管理机制，正式成立新的机构，进一步理顺管理体制。基层设置三个企业性公司（经贸总公司、旅游服务总公司、园林建设总公司）、三个事业性单位（烈士纪念馆、园容管理所、城管监察执法中队）。管理处机关设置一室五部：办公室、园林文物部、人事教育部、后勤基建部、保卫部、计划财务部。党办、工会、团委、纪检不变。

2 月 26 日，新加坡国家规划局局长一行来雨花台烈士陵园参观访问。

3 月 3 日，"雨花杯"百名小学生绘画大奖赛在烈士纪念碑广场隆重举行，这次活动由共青团南京市委、南京市教育局和雨花台烈士陵园管理处团委联合举办，南京市金芭蕾化妆品公司向这次活动提供了赞助。此次大奖赛共评出一等奖 3 名，二等奖 5 名，三等奖 10 名。

3 月 12 日，雨花台烈士陵园义务植树绿化期间，社会各界 50 家单位（其中部队 11 个，省级机关及其他单位 39 家），总人数 4065 人次来陵园义务绿化，共栽种了 11382 株树，其中乔木 1385 株，灌木 9997 株，平整土地、除草 130 亩，超额完成绿化植树计划。

南京军区固辉、刘安元、何其宗等 600 名官兵和江苏省领导孙家正、俞兴德、凌启鸿、张耀华等人在"杨邦乂剖心处"参加义务植树劳动。

3 月 13 日，雨花台烈士陵园与南京时代专业模型技术部联合举办"世界著名兵器模型展"，共展出 150 多件兵器模型，首次形象地展示了第二次世界大战以来各国各种兵器的发展状况。

4 月 5 日，中共西藏自治区委员会书记陈奎元来雨花台烈士陵园参观凭吊。

清明期间，入园各界群众达 28 万人次，票务管理上没有出现任何差错。陵园的各项软件管理也开始走向全面规范化阶段。

6 月 10 日，烈士陵园北大门鞭炮齐鸣，热烈庆贺江泽民总书记为《雨花台纪念碑廊墨迹》一书题写书名。今天也是邓小平为雨花台题词十周年纪念日。

9 月 14 日，全国人大常委会副委员长、中华全国总工会主席倪志福来陵园视察凭吊。

10 月 16 日，全国双拥领导小组办公室副主任、解放军总政治部群工部部长邓先群少将视察雨花台烈士陵园并听取了陵园管理处领导的工作汇报。

10 月 19 日，第六届全国政协副主席、中顾委常委刘澜涛一行来陵园视察工作，听取管理处领导汇报陵园建设情况，对由国家投资 2000 多万元建设完成中心纪念区的工作，给予了肯定与称赞。

1994 年

1 月 27 日，南京市科委以［宁科（94）11 号］文批准园林高级工程师林玉珠享受江苏省政府特殊津贴。

3月16日，南京军区、江苏省、南京市领导和直属机关近500人来雨花台植树，推动全民绿化活动的开展。

4月5日，中共中央总书记江泽民为雨花台烈士陵园题词“弘扬先烈精神，献身四化大业”。

南京市市级机关（市委、市人大、市政府、市政协、市纪委）部委办局工作人员300余人举行谒陵活动。

5月5日，雨花台烈士陵园与南京团市委在孔雀园联合举办了“献爱心募捐露天音乐会”，江苏省歌舞剧院交响乐团奉献了一场高品位的古典和民族音乐精品演出，百余名来宾到会。

6月，中共中央书记处书记、中共中央政法委员会书记、最高人民法院院长任建新来雨花台参观凭吊。

7月24日，中共福建省委书记贾庆林来陵园参观凭吊。

8月15日，南京市建委以［宁建综字（94）478号］文同意进行“雨花台风景区总体规划”工作立项。

12月28日，雨花台二泉后山景区道路工程的单体设计、概算和立项获得批准，并正式破土动工。

12月，启动《雨花台风景区总体规划》的编制工作。

1995年

3月11日，南京军区和江苏省、南京市领导来雨花台烈士陵园参加植树活动。南京军区，江苏省委、省人大、省政府、省政协、省纪委，南京市委、市政府、市人大、市政协、市纪委等100多机关干部，在纪念馆东面山坡的桂花专类园里栽下了桂花、枫香等300株，还在这里栽下了徐州卷烟厂赠给江苏省政府的4棵红杉树。

雨花台烈士纪念馆和雨花台区教育局签订“共建雨花台区中小学生德育基地”协议书。

4月2日，在雨花台烈士群雕像前广场，南京团市委组织18所学校1800名18岁的学生，代表全市同龄人举行“走向辉煌—95南京十八岁成人宣誓仪式”。

4月5日，南京市市级机关（市委、市人大、市政府、市政协、市纪委及市直属部、委、办、局）1200人在烈士纪念碑举行了清明凭吊烈士的仪式。在凭吊仪式上还有271名新党员举行入党宣誓。

4月13日，解放军通讯工程学院在雨花台烈士纪念馆举行“革命传统教育基地”挂牌仪式。

4月18日，中共南京市委以［宁委（95）69号］文任命徐敦龙为雨花台烈士陵园管理处主任、党委书记。

4月，江苏省人民政府批准位于吴江市（现苏州市吴中区）北库乡张应春烈士墓为第四批省级文物保护单位。

5月4日，南京林业大学和雨花台烈士陵园联合在雨花台烈士纪念碑前举行共建德育教育基地揭牌仪式。

5月22日，孔繁森事迹报告团一行10人来陵园参观凭吊。

5月25日，根据南京市机构编制委员会［宁编字（1995）12号］文的通知精神，将管理处的“南京市城市建设管理烈士陵园监察中队”更名为“南京市城市建设管理烈士陵园监察大队”，更名后，其单位性质、级别等均不变。

6月1日，南京市紫金山中学在雨花台烈士纪念碑举行了德育基地挂牌仪式。

6月5日，全国人大常委会副委员长田纪云、王汉宾来陵园视察工作。

6月20日，湖北省党政代表团一行40人来陵园参观凭吊。

6月30日，江苏省暨南京市在雨花台烈士纪念馆前举行“忠魂亭工程开工暨雨花台烈士陵园建陵45周年庆典仪式”。

7月1日，中共江苏省委、省政府在侵华日军南京大屠杀遇难同胞纪念馆举行仪式，将由江泽民总书记亲笔题写的、共青团中央授予的“全国青少年教育基地”铜牌授予雨花台烈士陵园。

7月9日，全国人大常委会副委员长布赫、安徽省人大常委会副主任江泽慧一行来陵园参观凭吊。

7月10日，中共中央宣部刘云山副部长一行来陵园视察并凭吊先烈。

7月27日，徐悲鸿夫人、徐悲鸿纪念馆馆长廖静文女士一行来到陵园，参观雨花台烈士纪念馆和雨花石博物馆，并为两馆题词。

8月11日，南京市职工纪念抗战胜利50周年歌咏大会在雨花台烈士纪念碑前广场隆重举行。活动由雨花台烈士陵园和南京市总工会、南京有线广播电视台主办。

9月13日，《南京日报》报道：南京市窗口地区第二次综合评比的“优胜”地区有7个，雨花台烈士陵园北大门地区被评为“优胜”。

10月23日，江苏省各市政协主席参观雨花台烈士纪念馆。

11月23日，出席全国六十五座历史文化名城报纸经验交流会的总编们参观雨花台烈士陵园。

11月29日，出席全国晚报总编年会代表220人，在中共江苏省委宣传部及《扬子晚报》负责人的陪同下参观雨花台烈士陵园。

12月6日，朝鲜社会安全部友好访问参观团在团长、治安局局长金昌仁中将的率领下参观和凭吊了雨花台烈士纪念馆、纪念碑。

12月13日，原国家主席杨尚昆一行来雨花台烈士纪念碑凭吊并敬献花篮。

12月，《雨花台风景区总体规划》被论证通过，并纳入南京市城市建设总体规划建设范畴，按“以园养陵，全面发展”方针组织实施。

1996年

1月12日，雨花台烈士陵园在纪念馆召开了纪念江泽民题词“青少年教育基地”一周年活动座谈会，与会的有省市团委、市城建部等以及新闻单位。

3月15日，管理处决定：对有组织前来陵园开展教育活动的中小学生团体凭介绍信给予免票。

3月31日，叙利亚共产党书记尤素夫·费萨尔、政治局委员尤素夫·尼麦尔、法伊兹·杰拉哈吉来雨花台参观凭吊。

3 月，雨花台烈士陵园管理处成立人民武装部，隶属南京军分区，承担预备役和民兵的管理和组织。

5 月 3 日，江苏省暨南京市庆祝“五一”国际劳动节和第三届全国工人运动会开幕大会在雨花台烈士纪念碑广场前隆重举行。

6 月 20 日，中共南京市委［宁委发（1996）19 号］文同意雨花台烈士陵园管理处更名为雨花台烈士陵园管理局。

7 月 1 日，雨花台烈士陵园纪念馆广场举行了隆重的忠魂亭竣工典礼仪式，江苏省暨南京市领导出席大会，会上近百名新党员举行入党宣誓仪式。

7 月，中共南京市委宣传部和雨花台烈士陵园管理局共同举办“共和国英模展”，展出地点在烈士纪念馆，展出中华人民共和国成立以来 9 名著名英雄人物：罗盛教、黄继光、邱少云、雷锋、王杰、王进喜、孔繁森、蒋筑英、焦裕禄。

9 月 11 日，华国锋来陵园参观凭吊。

9 月 29 日，国家安全部在雨花台烈士陵园纪念碑地下展厅举行国家安全宣传活动，并举办“国家安全宣传展览”。

9 月 30 日，雨花台烈士陵园管理局在北门广场举行“庆国庆、升国旗”活动。

雨花台烈士陵园管理局在纪念馆接待厅举行由江泽民总书记题写书名、江苏人民出版社出版的《雨花台纪念碑廊墨迹》首发式。

9 月，雨花台烈士陵园被国家教育部、共青团中央等 6 个国家部委命名为“全国中小学爱国主义教育基地”。

11 月 2 日，中共中央政治局常委、书记处书记、国家副主席胡锦涛来雨花台参观凭吊。

11 月 5 日，全国爱国主义教育基地揭牌仪式在纪念碑广场隆重举行。

1997 年

2 月 26 日，宣传贯彻南京市人民政府第 60 号令颁布的《雨花台风景名胜区管理办法》动员大会在陵园“职工之家”召开。

4 月 1 日，雨花台烈士陵园举行雨花阁建筑工程竣工典礼。

4 月 11 日，中共江苏省委党史工作办公室、南京市委党史工作办公室与雨花台烈士陵园管理局在纪念馆举行纪念“四一〇”事件 70 周年活动，侯绍裘烈士家属前来参加。编写《碧血颂—纪念“四一〇”英烈牺牲 70 周年文集》。

6 月 26 日，雨花台烈士陵园管理局在雨花台烈士纪念馆接待厅召开“雨花神韵”系列丛书首发式。该丛书由《雨花风光》《雨花风云》《雨花风物》《雨花风华》4 本组成。

6 月，中共中央宣传部公布雨花台烈士陵园为全国爱国主义教育示范基地。中共江苏省宣传部公布雨花台烈士陵园为江苏省爱国主义教育基地。

7 月 25 日，雨花台烈士陵园管理局在纪念馆召开雨花台烈士陵园被批准为省级风景名胜区新闻发布会。

7月26日，由中共南京市委宣传部、南京军分区政治部主办的庆祝建军70周年大型广场联欢会在纪念碑广场举行，江苏省暨南京市、驻宁部队领导等600余人出席了联欢会。

8月16日，由江苏大晋文化传播有限公司承办的“雨花石韵”歌舞戏曲纳凉晚会在雨花台纪念碑广场举行。

9月2日，“邓颖超生平光辉业绩展”在烈士纪念馆举行开幕式，邓颖超生前秘书赵炜、江苏省暨南京市领导出席了开展仪式。

9月26日，“大型根雕艺术、蝴蝶画、卵石画展”在雨花阁展出。

10月31日，雨花台举办1997金秋菊展。

11月21日，烈士纪念馆序言厅花岗岩浮雕落成。

11月25日，大型“科普文化故事雕塑展”在雨花台举行。

12月30日，中央政治局委员、中央书记处书记罗干来陵园视察凭吊。

1998年

1月11日，南京航空航天大学附属中学在烈士纪念馆前举行德育教育基地挂牌仪式。

1月13日，雨花台烈士陵园被授予江苏省爱国主义教育基地。

2月5日，春节期间，雨花台共接待来陵参观、游览客人3.5万人次，是近年来春节期间参观人数最多的一年。

2月26日，江苏省档案局局长会议一行60人来陵园参观凭吊。

3月1日，江苏省共青团组织有关学校在雨花台举行建立“成人纪念林”活动。

3月1日，雨花台烈士纪念馆举办“召唤未来——纪念周恩来诞辰100周年图片展”。

1998中国南京梅花节花车巡展活动在忠魂亭广场举行。雨花台烈士陵园制作的“雨花神韵”花车在评比中荣获一等奖。

3月7日，江苏省政府研究室主任会议一行35人前来陵园参观凭吊。

上海梅山冶金公司250人在雨花台烈士陵园举办成人仪式和青少年教育基地揭牌仪式。

3月8日，国家旅游局、国旅总社一行20人参观考察雨花台。

3月9日，成都市考察团来雨花台参观考察。

3月12日，南京军区机关250人前来雨花台义务植树。

共青团南京市委在雨花台举行杰出青年纪念林揭牌仪式并为南京市杰出青年纪念林植树。

3月18日，雨花台烈士陵园管理局与中共常州新区工委在常州新区共同举办雨花台常州籍英烈“碧血颂展览”。

3月25日，雨花台烈士陵园管理局与金陵职业大学在金陵职业大学举行共建精神文明基地签字仪式。

3月26日，新华社香港分社原社长周南一行前来烈士陵园参观凭吊。

3月27日，井冈山革命博物馆20人前来雨花台参观考察。

3月31日，国家建设部宋春华副部长一行前来雨花台参观考察。

4月4日，南京市万名学生祭奠先烈仪式在雨花台烈士纪念碑广场隆重举行。

4月5日，江苏省举行雨花台江苏省成人纪念林基地揭牌仪式。

4月6日，雨花台烈士纪念馆陈列改造办公室正式办公，启动纪念馆新的陈列展览及改造工程。

4月9日，管理局举办“二忠祠”“知名烈士墓涌泉广场”“雨花石之歌雕塑”景观工程竣工典礼并举行新闻发布会。

4月12日，李鹏委员长偕夫人朱琳瞻仰雨花台烈士陵园，并向烈士纪念碑敬献花篮。

4月16日，雨花台烈士陵园管理局在淮阴市举办“雨花台晓庄英烈史迹展”。

4月17日，西藏自治区人大代表团50余人来陵园参观凭吊。

4月5日，中共拉萨市委代表团来陵园参观凭吊。

4月19日，中直机关部分单位、文明办主任一行30人来陵园参观考察。

4月21日，萧万才烈士之女萧敏等家属一行9人前来凭吊烈士。

4月23日，共青团南京市委在纪念碑广场举行成人仪式，4000名中学生参加。

5月6日，广西壮族自治区代表团一行35人来陵园参观凭吊。

5月7日，全国爱国卫生委员会检查团来陵园检查指导工作。

5月21日，江苏省第五届电视艺术节领导及嘉宾一行70余人来陵园参观凭吊。

5月23日，中共中央办公厅研究室、中宣部精神文明工作领导小组来陵园调研。

5月31日，中国民主建国会中央常务副主席、国家监察部副部长冯梯云一行来陵园参观考察。

6月8日，中共中央精神文明建设办公室调研组来陵园参观考察。

6月24日，江苏省建设委员会同省文明办、爱卫办、公安厅等对雨花台创省级文明风景名胜区情况进行检查验收。

7月1日，朝鲜国家保卫部代表团来陵园参观。

7月1日，新华社澳门分社社长王启人一行10人来陵参观凭吊。

7月10日，在南京市文物局主办'98南京市文物宣传周陈列版面评比活动中，纪念馆参赛版面荣获二等奖。

9月2日，尼泊尔共产党（联合马列）代表团来雨花台参观凭吊。

9月9日，江苏省旅游局来陵园进行创全国优秀旅游城市的初审工作。

9月21日，国家建设部代表团来陵园参观考察。

9月22日，雨花台烈士陵园制作的“雨花神韵”景点荣获1998年第二届国际园林、花卉博览会组织奖（二等奖），景点评比二等奖。

10月1日，原中共中央统战部副部长熊向晖来陵园参观凭吊。

10月1日，雨花台烈士陵园管理局与江苏省国家安全厅、工程兵工程学院等11家单位在陵园北大门广场举行“歌颂改革开放20年成就军民文艺演唱会”。

10月13日，全国政协副主席、中国国民党革命委员会中央副主席周铁农等50人来陵园参观凭吊。

10月14日，云南省暨昆明市代表团来陵园参观凭吊。

10月22日，巴勒斯坦“法塔赫”青年干部考察团来雨花台参观凭吊。

10月26日，雨花台烈士陵园与江南诗画院、江南诗词学会在雨花台烈士纪念馆中式厅举行“刘少奇同志百年诗词吟诵书画笔会”。

11月2日，徐敦龙局长、许学江副局长参加市委书记办公会。会议确定纪念馆陈列改造工程为南京市迎接南京解放五十周年献礼工程，并确定工程于1999年9月份竣工。

11月4日，国家旅游总局创优秀国家旅游城市检查团来陵园参观考察。

'97中国广播电视新闻奖颁奖会议代表来陵园参观考察。

11月5日，新疆党政代表团来陵园参观凭吊。

11月7日，雨花阁举办“歌颂改革开放20周年成就书画展”。

11月9日，原人大常委会副委员长叶飞来陵园参观凭吊。

11月11日，中共广东省委组织部来陵园参观考察。

11月21日，国防大学校长邢世忠上将一行60人来陵园参观考察。

11月24日，朝鲜国境警备总局代表团来陵园参观凭吊。

12月3日，全国人大常委会秘书长何椿霖一行来陵园参观考察。

12月12日，中共甘肃省委代表团来陵园参观凭吊。

12月15日，“刘少奇生平光辉业绩展”在纪念馆开展。

12月17日，中共湖南省邵阳市委代表团一行40人来陵园参观凭吊。

12月20日，雨花台烈士陵园获得“江苏省爱国卫生先进单位”荣誉称号。

12月21日，湖南省岳阳市代表团来陵园参观凭吊。

12月25日，南京市物价局、市教委、市消协、市建委、市计委等有关部门来雨花台对烈士陵园门票价格调整进行论证。

本年纪念馆陈列改造工程为议标工程，由上海美术公司承建。该工程总投资800万元，其中财政拨款250万元，自筹250万元，其他款项通过交特殊党、团费解决。

1999年

1月1日，雨花台在怡苑举办“室内迎春花展”，展出中外名花异草，如蝴蝶兰、大花惠兰、抱岁兰、掌风梨、火凤凰等。

1月6日，江苏省政协副主席胡序建来陵园考察指导工作。

1月11日，合肥市园林局来雨花台参观考察。

雨花台风景名胜区门票售价调整为每位10元。

1月15日，拉萨市代表团一行30余人来陵园参观凭吊。

1月20日，无锡市鼋头渚公园管理处100余人来陵园参观学习。

1月20日，雨花台烈士陵园管理局经南京市建委1998年目标责任考核合格。

1月23日，江苏省委、省人大、省政府、省政协、省纪委机关干部来陵园植树，纪念中国植树节等绿化法规颁布实施20周年。

1月，中共中央组织部和江苏省委组织部来陵园参观考察。

1月27日，陈原道烈士之子、中共中央委员、原航天工业部副部长刘纪原一行来陵园参观凭吊，同时，接受大型文献纪录片《雨花魂》摄制组的采访。

2月16日，管理局工会在陵园内举办“九九迎春有奖灯谜竞猜活动”，广大游客踊跃参加。

3月6日，河南省人大考察团来陵园参观考察。

3月9日，中共中央组织部来陵园参观考察。

3月12日，国家建设部一行10人来陵园参观考察。

3月14日，中共武汉市委一行12人来陵园参观考察。

南宁市党政代表团一行35人来陵园参观考察。

3月15日，南京市旅游局组织南京周边地区旅游促销会一行70余人来陵园参观。

3月24日，中共中央纪律检查委员会夏赞忠副书记一行30人来陵园参观考察。

3月29日，云南省新闻代表团来陵园参观凭吊。

3月31日，中共延边朝鲜族自治州委组织部来陵园参观凭吊。

4月1日，管理局以中心纪念区、名胜古迹区为中心，举办杜鹃花展。此次花展以比利时杜鹃为主。

4月15日，管理局在二泉后山“辛亥革命人马合冢”墓前广场举行“辛亥革命人马合冢”“杨邦乂剖心处”“方孝孺墓”“木樨苑”等景点修复竣工典礼。

4月18日，南京市雨花台区人民政府、南京市总工会、溧水县人民政府与管理局在纪念碑广场前举办“庆祝南京解放五十周年”文艺演出。

4月21日，南京民俗博物馆有关人员来纪念馆学习交流。

4月，清明期间，驻宁部队、军事院校、各大中专院校、工矿企业等33个单位，4540人次来陵园参加义务植树。

5月1日，南京纪念“五四运动”八十周年大学生演唱会“祖国在我心中”，在烈士纪念碑广场举行。该活动由中共南京市委宣传部、市文化局、市教委、团市委共同举办。

5月8日，南京市旅游局、六合县人民政府、雨花台区人民政府、雨花台烈士陵园管理局联合举办的1999年南京雨花石艺术节，在纪念碑广场举行开幕式。此活动为期9天。节日期间，活动项目丰富，前来观光游客众多，门票收入比去年同期增长45%，取得了良好的社会效益和经济效益。

5月12日，中共中央党校新疆班学员考察团72人来陵园参观考察。

5月13日，全国人大常委会组织15个省市人大代表团来陵园参观考察。

5月27日，全国政治思想理论研究会一行10人来陵园参观考察。

5月30日，南京市政府进行创建星级公园、星级市民广场、星级园林景观路评选活动。管理局申报了两个星级公园（烈士陵园区、名胜古迹区），一条星级园林景观路（从北门到东南门），一个星级广场（北大门广场）。

6月3日，中央巡视组来陵园参观考察。

6月5日，国务院三峡工程委员会一行17人来陵园参观考察。

6月18日，国家建设部文明景区考核组来陵园检查验收。

6月30日，朝鲜中央电视台采访摄制组一行5人来雨花台采访。

7月29日，周学柏副市长率环保局、国土局、规划局、园林局、市容委等有关政府部门负责人来陵园现场办公。会上，周副市长听取管理局工作汇报以及对市政府在雨花台建设工程中重大问题给予政策扶持和协调的要求。周学柏副市长在充分肯定陵园事业取得显著进步的前提下，提出了雨花台后三年建设工作重点南移的要求，要求解决好雨花台风景区新划入区域土地征收问题，尽快打开南大门，与机场高速公路、宁南小区形成整体的效应。

7月29日，省级文明城市检查团来陵园检查工作，检查团听取管理局汇报并查看有关资料，对陵园近几年的文明景区建设工作给予肯定。

8月11日，青岛市党政代表团来陵园参观考察。

8月26日，朝鲜平壤学生少年艺术团来陵园凭吊、参观，并与南京市少儿艺术合唱团举行联欢活动。

8月31日，管理局参加南京市级机关工委庆祝建国五十周年文艺汇演决赛并荣获二等奖。

9月，管理局对陵园进行夜间亮化处理，在景区主干道设置庭院式路灯134盏，北大门到烈士群雕泛光灯96盏。

9月11日，第四次国家卫生检查团来陵园检查工作并予好评。

9月13日，中共南京市委副书记汪正生，市委常委、宣传部部长孙志军来陵园审查烈士纪念馆新的史料陈列。

9月14日，南京市人大常委会、市政府在雨花台烈士纪念馆召开《南京市雨花台风景名胜区管理条例》新闻发布会。

9月16日，由以总书记、前副首相兼国防、外交大臣马·尼泊尔为团长的尼泊尔共产党（联合马列）代表团来陵园参观凭吊。

9月18日，江苏省妇女联合会代表全省妇女儿童在雨花台烈士就义群雕广场举办“高歌颂祖国，迎接新世纪”升国旗仪式和歌咏活动。

9月23日，“庆祝建国五十周年，贺花卉节圆满成功”中秋赏桂书画笔会在烈士纪念馆接待厅举行。喻继高、张杰、季公、孙园亮等知名书画家参加活动。

9月25日，烈士陵园管理局在烈士纪念碑广场举办“庆国庆五十周年，贺花卉节圆满成功”大型广场文艺演出。南京市计划委员会、市技术监督局、市奶业公司等机关单位参加演出活动。

9 月 26 日，雨花台烈士纪念馆陈列改造工程竣工暨“雨花台烈士史料展”开展仪式在纪念馆举行，共陈列了 1519 名雨花英烈的英名事迹。江苏省暨南京市、驻宁部队领导，省市老同志代表，刘纪原等烈士家属代表出席开幕式。

9 月 30 日，庆祝建国五十周年焰火晚会的分会点在陵园纪念碑广场举办。南京电视台十八频道做了现场报道。

9 月，管理局对雨花亭到二忠祠景观路进行标准化建设。

10 月 1 日，怡苑内举办插花艺术表演活动。南京市插花协会理事谢小华、杨惠清等 4 位专家当场献艺，共插作品 17 件，有“祖国颂”“高风亮节”“九九重阳”“昂首高歌”等。

10 月 7 日，在国庆 7 天假日中，陵园入园客流量逾 17 万人，门票收入超百万元，车流量近万余辆次。烈士纪念馆“烈士史料展”成为中外游客参观的热点。

10 月 12 日，越南国家公安代表团来陵园参观凭吊。

10 月 12 日，内蒙古企业代表团来雨花台参观凭吊。

10 月 18 日，南京市首届园林花卉节闭幕。雨花台景区为花卉节主要分会场之一，自 9 月 16 日开幕以来，游客众多，盛况空前。雨花台烈士陵园共获市里评选的三个奖项：景区环境布置一等奖、龙柱景点设计制作二等奖、插花艺术三等奖。盆景“大将雄风”“别有洞天”“历经沧桑”分别获一、二、三等奖。

10 月 20 日，全国关心下一代工作委员会前来陵园参观考察。

10 月 20 日，朝鲜国家公安部代表团来陵园参观凭吊。

10 月 24 日，长春市市政考察团来陵园参观考察。

10 月 28 日，全国第九次政报协作会议代表一行 80 人（包括国务院办公厅秘书局领导及 31 个省、市、自治区政府的分管秘书长或办公厅主任、政报主编）来陵园参观。

10 月 30 日，香港《文汇报》社长、总编一行来陵园参观。

10 月 30 日，管理局组织 280 人方队参加南京市首届园林花卉节闭幕式—“绿色家园”文艺演出。

11 月 4 日，管理局举办为期一个月的秋季菊花展，此次菊花展展示秋花百余种，3 万余盆，如“剑冲天”“富士雪”“粉面金刚”“意大利口红”等。

11 月 25 日，山东省党政代表团一行 50 人来陵园参观。

11 月 27 日，内蒙古伊克昭党政代表团来陵园参观。

12 月 2 日，拉萨市宗教考察团来陵园参观。

12 月 4 日，全国信息工作会议代表来陵园参观。

12 月 7 日，全国保卫工作会议代表来陵园参观。

12 月 11 日，管理局举办纪念建陵五十周年活动，活动由“举办展览”“纪念宣传”“向您汇报”“树立典型”“庆祝大会”五部分组成。当日管理局在纪念馆举办纪念大会，江苏省暨南京市领导应邀出席。

12 月 13 日，原中共江苏省委书记、省人大常委会主任沈达人等 80 人来陵园参观凭吊。

12月15日，全国人大代表南京、镇江组来陵园视察。

2000年

2月25日，南京市人民政府以［宁政发（2000）45号］文，授予雨花台烈士纪念馆1999年度南京市城市建设先进单位。

2月26日，2000年中国南京国际梅花节雨花台风景区分会场举办杂技专场演出、雨花石梅花题材图片展、梅花颂图片展等活动，这是南京国际梅花节自1996年举办以来首次设立分会场。

3月5日，为庆祝“三八”国际劳动妇女节，雨花台烈士陵园管理局与江苏省暨南京市妇联联合举办“永远的大姐”图片展览，共展出邓颖超、康克清、蔡畅等8位前辈革命女性的图片资料140余幅。

3月26日，国务院侨务办公室主任郭东坡一行来陵参观凭吊。

3月28日，雨花台烈士陵园管理局召开全局专业技术人员聘用大会，共聘用专业技术人员57名。

3月，《雨花台忠魂图集》简装本《雨花台》出版发行。

4月1日，中央“三讲”工作检查组来陵园参观凭吊并指导工作。

望江矶三烈士墓园区的“皖南事变史料陈列室”开展，周子昆烈士夫人何子友、南京市拉萨路小学师生和管理局领导共同向三烈士墓敬献花圈，并参观了“皖南事变史料陈列室”。

4月2日，原南京军区政委傅奎清、原江苏省委书记韩培信、原南京市副市长周爱民等老领导和南京市3000余名大中小学师生在纪念碑广场举行“继承先烈志，迈向新世纪”主题活动，珠江电影制片厂现场拍摄。

4月4日，刘少奇女儿刘爱琴来雨花台凭吊母亲何宝珍烈士。

4月4日，江苏古籍出版社和管理局联合召开《雨花台忠魂图集》出版座谈会暨赠书仪式。

4月7日，台湾著名艺人凌峰及摄制组由中央台办、江苏省台办陪同来陵园拍摄《新八千里路云和月》部分镜头。

4月12日，南京市物价局召开雨花台、中山陵、红山动物园门票调价价格论证会，通过了雨花台风景区门票价格由10元/人调整为15元/人方案，并从4月26日起正式施行。

4月23日，全国首家律师爱国主义教育基地——南京律师爱国主义教育基地揭牌仪式在雨花台举行。

4月24日，中央电视台“新闻联播”播出南京市弘扬爱国主义教育主旋律的电视新闻，播出了雨花台烈士陵园烈士就义群雕、烈士纪念馆展厅及“与烈士对话”“狱中斗争”等高科技的教育场景。

4月26日，由江苏省教委主办的第二次全省学校教育基地建设经验交流会在苏州召开。来自全省的30多个教育基地和40余所党校的代表80余人参加了会议，雨花台烈士陵园管理局应邀出席会议，并交流了题为《深化教育功能，强化教育效果，充分发挥爱国主义教育示范基地作用》

的经验材料。雨花台烈士陵园在这次会议上，被授予“江苏省优秀学校德育基地”称号，并颁发铜牌。

5月，由管理局主办的“江淮赤子——雨花台部分皖籍英烈史料展”在合肥市逍遥津公园隆重开幕。此次展览集中展出了21位皖籍雨花英烈的生平史料。他们中有：中共南京市委第一任书记孙津川、曾任中共江苏省委宣传部部长的陈原道、中共长淮特委书记朱务平、抗战时期皖江行署主任吕惠生等。整个史料展分为“石城斩棘”“浦江呼号”“故土搏击”三个部分。250件珍贵史料文物，形象生动了再现了先烈们壮丽的生命历程和崇高的奉献情怀。安徽电视台、合肥电视台、《合肥晚报》《江淮晨报》等媒体做了报道。孙津川、齐国庆等烈士在皖的亲属参观了展览。

5月11日，中共中央宣传部在石家庄市召开全国爱国主义教育示范基地工作座谈会，雨花台烈士陵园作为江苏省唯一一家全国爱国主义教育示范基地代表参加会议，并在会上作了题为《“以陵立园，以园养陵”——不断加强示范教育基地建设》的经验交流。

5月15日，参加在宁举行的全国城市建设管理工作会议的国家建设部部长、党组书记俞正声来陵园参观凭吊。

5月16日，大连市城建考察团来陵园参观考察。

5月17日，全国城市建设管理工作会议近300名代表，分两批参观雨花台风景名胜区，肯定了雨花台景区近年建设成就。

6月6日，雨花台管理局干部任美峰被授予“1997—1999年南京市劳动模范”称号。

6月13日，全国人大常委会副委员长邹家华来陵园参观凭吊。

雨花台烈士陵园46名干部到解放军第179旅开展“军民共建”军营一日活动，增加军民共建内涵。

6月15日，江苏省深化文明行业创建工作先进单位工作会议代表60余人参观雨花台风景名胜区，雨花台景区被确定为全省文明行业示范点。

6月21日，雨花台风景名胜区迎接全国创优秀旅游城市检查团复查。检查团充分肯定雨花台景区在荣获创建全国优秀旅游城市有功单位两年多来的新发展、新变化，要求雨花台景区要打响“雨花台”品牌，争取向外输出景区管理。

6月23日，雨花台名胜古迹区被誉为“清四十八景之一”的木末亭复建工程竣工。

中央直属机关工委副书记尹克升来陵园参观并题词“忘记过去就意味着背叛”。

6月24日，由中共南京市委宣传部、雨花台烈士陵园管理局、南京军区电视艺术中心和南京电视台联合拍摄的八集电视纪录片《雨花魂》获首届江苏电视金凤凰奖电视纪录片类一等奖。

7月1日，共青团中央组织西藏少数民族青年干部赴宁考察团40余人来雨花台参观考察。

7月15日，中共中央纪律检查委员会副书记刘锡淳等来陵园参观考察。

7月24日，《雨花台忠魂图集》获江苏省“五个一工程奖”。

8月，管理局荣获1998—1999年度“南京市文明单位”称号。

9月5日，中共中央政治局委员、书记处书记、中宣部部长丁关根来陵园参观考察。

9月8日，全国人大常委会副委员长姜春云等来陵园参观。

9月8日，中共中央宣传部常务副部长、中央文明办主任刘云山来陵园参观凭吊。

9月8日，第二届中国南京雨花石艺术节开幕。出席开幕式的有：南京市有关领导、有关部局和江苏省旅游局等雨花石收藏家和研究学者以及各界群众近2000人参加。

9月10日，国务院法制办公室杨景宇主任来陵园参观考察。

9月20日，江苏省首届园艺博览会在玄武湖公园举行。雨花台烈士陵园管理局是首届园艺博览会南京筹委会成员单位之一，负责制作代表雨花台风景区特色的大型室外景点一座。

9月23日，全国社会学会年会代表150人前来陵园参观凭吊。

9月27日，全国基层政治队伍建设工作座谈会代表120人前来陵园参观凭吊。

9月28日，南京市创星级公园新风监督员考察组前来陵园参观指导工作。

9月29日，参加中国第六届艺术节的各省市宣传部代表50多人前来陵园参观凭吊。

10月3日，国家文物局局长张文斌以及文化部、省文化厅、市文物局局长一行8人来烈士纪念馆、方孝孺墓等园区景点参观考察。

10月6日，星级公园、星级景区专家评审组对雨花台陵园区等9个景区进行了全面检查考核。专家们对雨花台烈士陵园区的环境面貌给予了很高评价。根据专家组检查考核意见，雨花台烈士陵园区从二星级景区提升为三星级，雨花台名胜古迹区仍保持二星级。

11月8日，由江苏省精神文明建设办公室、省建设厅、省旅游局联合召开的“全省创建文明风景旅游区工作座谈会”在苏州举行。管理局党委书记、局长徐敦龙应邀参加此次会议，并在会上作了题为《弘扬爱国主义主旋律、谱写教育基地新篇章》的经验交流。此次会议还命名了全省首批21家文明风景旅游区示范点，雨花台名列全省风景旅游区示范点榜首。

11月21日，全国人大常委会副委员长布赫，秘书长何椿霖率在京全国人大代表视察雨花台风景名胜区。

11月28日，国家旅游景区质量等级评定专家组来雨花台风景区进行AAAA级旅游区的检查和评定，管理局服务质量和环境质量得分91.6，游客抽样调查得分96.94，国家旅游局的专家们对雨花台近几年来的发展变化给予了充分肯定。

11月28日，中共江苏省委、省人民政府隆重召开“江苏省第二次维护国家安全先进集体、先进个人表彰大会”，管理局被省人民政府授予“维护国家安全先进集体”荣誉称号，并在会上作了题为《办好“国家安全教育基地”，促进人民防线思想建设》的经验交流。

12月7日，南京市市容管理监察队伍爱国主义教育基地挂牌仪式在纪念馆举行。

12月8日，国家建设部授予管理局全国风景名胜区先进集体称号。

12月15日，国家旅游局公布全国第二批优秀旅游城市和１００家首批进入AAAA级景区的名单，雨花台风景区名列其中。

雨花台烈士纪念馆渡江战役场景画中的实景布置，经过五天紧张的施工，顺利完成。自此，始于1998年的纪念馆陈列改造工程画上了园满的句号。

12 月 20 日，雨花石博物馆举办“姚大奎先生新世纪雨花石精品展”，拉开了雨花石馆“新世纪雨花石收藏名家联展”的帷幕。

12 月 24 日，在南京参加全国检察长会议的代表一行 40 余人来雨花台烈士陵园参观凭吊。

12 月 25 日，经国务院领导批准，国家建设部在广州召开了全国风景名胜区工作会议，武小慧副局长代表雨花台风景区参加会议，并向大会提供了题为《人杰地灵地、千年雨花台—日新月异的雨花台风景区》的经验交流文章。会上，国家建设部对全国 516 家在国内外具有重要影响的重点风景名胜区中的 41 家先进单位进行表彰。南京雨花台风景名胜区和无锡太湖国家级风景名胜区作为江苏省风景名胜区唯一的两名先进代表获此殊荣，武小慧副局长获“全国风景名胜区先进个人”光荣称号。

12 月 29 日，南京市政协办公厅与管理局在烈士纪念馆联合举办“继承先烈志，迈向新世纪”座谈会，出席座谈会的有市政协委员、烈士家属代表、共建单位代表、新闻单位代表及管理局各部门干部职工。

12 月 30 日，句容市第一中学 200 多名师生代表与管理局 60 名干部职工汇聚在烈士纪念碑前，共同举行“学先烈、爱中华、迎接新世纪”主题宣誓活动，以此缅怀为缔造新中国而长眠在雨花台的成千上万革命先烈，共同迎接新世纪的到来。

2001 年

1 月 17 日，中央军委委员、总参谋长傅全有上将来雨花台参观凭吊。

2 月 24 日，第六届中国南京国际梅花节在中山陵隆重开幕，作为本届梅花节分会场的雨花台风景名胜区，也推出了一系列活动，喜迎本届梅花节。

2 月 24 至 3 月 18 日，被列为第六届中国南京国际梅花节专题活动之一的“‘花之韵’雨花石精品展”在南京雨花石博物馆免费向游人开放。参加本次展览的雨花石收藏家近 60 人，参展作品 194 枚，集中反映了以梅花题材为主的花卉雨花石的珍藏成果。

2 月，一通揭示明代宦官社会活动的重要古碑在梅岗北麓出土。该碑以青石雕成，座材属汉白玉，碑型高大，通高 2.64 米，宽 0.84 米。据南京市文物研究所和局文物管理所的专家考证，此碑碑首浮雕双凤等云纹，碑座下部镂刻海水、江牙、山峰和四合云纹，上部饰云雁祥云图，工艺精湛，碑身正面四周镌缠枝花纹，圭首额书竖题阴刻篆书“皇明”二字，从图案和碑额文字上可以判断此碑确为明代遗存。碑名自右向左横书“南京司礼监等衙门太监等官义会碑”。碑文竖排，为楷体，共分 6 行 343 字（不含残缺 4 字），皆书宦官姓氏、名号和出生地，共列 27 氏，分别有顺天府 10 人，保定府 5 人，关中 4 人，西安府 2 人，河间、真定、南阳、湖广各 1 人，失籍贯 2 人，其中无一人为南京本籍人士，表明立碑主人都是客居南京的宦官。

为了保护这一珍贵的历史遗存，雨花台烈士陵园管理局专门在梅冈北麓辟地予以重新树立。

3 月 3 日，全国同“法轮功”邪教组织斗争先进事迹报告团，参观凭吊雨花台烈士纪念碑和烈士纪念馆。

3月9日，南京军区司令员梁光烈上将、政委雷鸣球上将与江苏省暨南京市军地机关干部来到雨花台烈士陵园“忠魂亭”前面的山坡上植树，并参观陈列改造后的雨花台烈士纪念馆。

3月23日，雨花台风景区隆重举行“国家AAAA级旅游区、全国风景名胜区先进集体”揭牌仪式。雨花台科技乐园（科普园）竣工剪彩。

3月28日，烈士纪念馆与南京市教委联合举办的“青春无悔——雨花台英烈史料专题展”前往江宁区秣陵中心小学举行首展仪式。该展览展出恽代英、邓中夏、何宝珍等16位雨花英烈的事迹。

3月29日，鼓楼区文化局与颜真卿书画院向雨花台烈士陵园赠送烈士印谱。捐赠仪式在烈士纪念馆举行，该印谱由南京市知名书法篆刻家王本兴用砖刻的艺术形式，为163名雨花英烈治印。

4月1日，为纪念恽代英烈士殉难70周年，烈士纪念馆与南京市教委在纪念碑广场联合举行“纪念先烈，崇尚科学，作世纪主人”系列活动。出席主题活动的领导有南京军区原司令员向守志、原政委傅奎清、南京市关心下一代工作委员会副主任马昭宏、南京市教工委书记苗瑞涛。烈士亲属代表有恽代英烈士的儿子恽希仲、袁国平烈士的儿子袁振威、孙津川烈士的侄女孙以智等。

4月1日，中央电视台来宁在雨花台拍摄纪念建党80周年电视文献片《雨花忠魂曲》。

4月5日，烈士纪念馆举行了烈士亲属座谈会及凭吊仪式。清明期间共接待来自北京、上海、兰州等地的烈士亲属23户，86人次。其中包括丁行烈士的妻子蒲洛宇、周镐烈士的妻子吴雪亚、刘亚生烈士的女儿刘忠、秦明烈士的儿子乔延和等。

4月5日，全国政协副主席王文元一行来雨花台烈士纪念馆参观。对雨花台的建设，王副主席说“雨花台气势恢宏、规模很大、管理很好，参观者众多”，之后并题词“浩然正气”。

4月27日，有一千余年历史的雨花台江南第二泉景点和百年老店“二泉茶社”经修葺一新重新对外开放，成为景区内又一亮点。

5月9日，刘少奇、何宝珍之女刘爱琴来到雨花台烈士陵园参观、凭吊追思母亲何宝珍烈士。

5月11日，南京市爱国主义教育基地座谈会在雨花台烈士纪念馆西式厅举行，管理局徐敦龙局长作大会发言。

5月18日，全国政协副主席赵南起率全国人口资源与环境工作会议代表共150人来烈士陵园参观凭吊。

5月22日，全国12省市组织部长工作会议代表40余人来雨花台参观凭吊。

5月23日，山东省政协副主席朱明率代表团来雨花台参观凭吊。

5月30日，河南省政协主席林英海一行来雨花台参观凭吊。

6月21日，由中共南京市委宣传部、市委党史工办、雨花台烈士陵园管理局和市档案局联合举办的“艰辛的探索 辉煌的历程——纪念中国共产党成立80周年暨世纪回眸图片展”在烈士纪念碑回廊隆重开展。展览共分11个部分，收录了1900年到2000年反映中国社会政治、经济大事的图片300幅，文字说明8000字，以及部分历史文物，展线长200米。

6月24日，由中共南京市委宣传部、市文联、雨花台烈士陵园管理局、南京电视台和金陵职业大学主办、《青春》杂志社承办的纪念中国共产党建党80周年大型电视音乐诗会《丰碑颂》在烈士就义群雕广场隆重举行。

6月25日，国务院公布邓演达墓（中山陵）为全国重点文物保护单位。

6月28日，为了庆祝党的80华诞，雨花台烈士陵园管理局与江南诗书画院隆重举行以赞扬“共产党好，社会主义好，改革开放好”为主旋律的“老将军、老同志、社会名人书画展”，展览在二忠祠开展，傅奎清、郭锡章、韩德彩、李执中、朱泽等参加了开展仪式，本次展出的作品计250余幅，参展者近200人，来自江苏、浙江、福建、江西、河北、湖南、湖北、重庆等7省1市。

6月30日，由共青团中央、中共南京市委、市政府联合主办，中共南京市委宣传部、市文化局、雨花台烈士陵园管理局等承办的“忠魂颂——纪念中国共产党建党八十周年音乐朗诵会”在南京文化艺术中心举行。应邀来宁的中国交响乐团一行180人在雨花台进行了凭吊、参观活动并参加了演出。

7月1日，中央电视台一套播出精心制作长达40分钟的《革命自有后来人》节目，展现了在雨花台牺牲的革命烈士后代继承遗志，为“四化”大业努力工作的事迹。这是中央电视台为庆祝建党80周年悉心打造的18小时特别节目《旗帜》，其栏目摄制组曾分赴全国各地并特地前来雨花台烈士陵园摄制。

7月9日，国家司法部部长张福森、副部长段正坤一行来陵园参观凭吊。

7月23日，新疆维吾尔自治区政协副主席吾甫尔·阿不都拉率新疆代表团来雨花台参观凭吊。吾甫尔主席一行详细地观看了雨花台拍摄的专题片，并用维语、汉语为雨花台题字。

7月31日，中共江苏省委办公厅外事处陪同中国驻外使节38人来陵园参观凭吊。

8月4日，重庆歌乐山烈士陵园形象剧组演员50人来雨花台烈士陵园参观凭吊。

8月27日，中国南京第三届雨花石艺术节新闻发布会在雨花台烈士纪念馆举行，中央、省市20多家新闻媒体与会。

8月28日，全国政协副主席张思卿来雨花台参观凭吊。

9月16日，世界华商大会代表、中央政府驻香港联络办副主任邹哲开一行来雨花台烈士陵园参观凭吊。

9月20日，管理局获得中国保护消费者基金会、中国风景名胜区协会颁发的“全国保护消费者权益示范单位”证书。

9月22日，中共中央组织部来雨花台烈士陵园参观并指导工作。

9月28日，“我与雨花石”征文颁奖仪式在雨花台烈士纪念馆举行。

10月7日，全国假日指挥部总指挥、国家旅游局副局长、国家“假日办”主任孙钢一行来雨花台烈士陵园参观调研。孙纲对雨花台烈士陵园近几年的发展变化给予高度评价，称赞雨花台风景区管理好、建设好、环境好。

10月17日，全国政协副主席叶选平来雨花台参观凭吊。叶副主席详细地参观了纪念馆史料陈列，在留言本上题字，并在纪念碑向革命烈士敬献了花圈。

10 月 19 日，刘少奇、何宝珍烈士的女婿沃宝田一行来雨花台烈士陵园参观凭吊。

11 月 3 日，中央党校副校长石泰峰一行来雨花台烈士陵园参观凭吊。

11 月 9 日，全国菊展评委会成员 40 余人来陵园参观并指导工作。

11 月 12 日，北京市依法治市考察团一行来陵园参观考察。

11 月 22 日，全国贯彻实施《劳动法》《工会法》推进集体合同劳动合同工作经验交流会的代表来雨花台烈士陵园参观凭吊。

11 月 27 日，全国人大代表一行共 20 余人，来雨花台考察历史文化、革命文化、名城建设情况。

2002 年

1 月 19 日，中央军委委员、中国人民解放军总装备部部长曹刚川上将来雨花台烈士纪念馆参观。

1 月 30 日，经过 4 个月的文件编写工作 IS09001/IS014001 环境 / 质量管理体系，开始在雨花台烈士陵园试运行。

2 月 4 日，“周光裕烈士生平事迹展”在雨花台烈士陵园纪念碑地下大厅展出，展期为两个月。共征集实物 50 件，文件文字 16 件，报纸杂志 25 份，照片 351 张。陈列方案共分六个部分：“壮烈时刻”“平凡工作”“赤子情怀”“温馨家庭”“深切缅怀”“关心关注”。展览通过直观的实物、图片、文字展示周光裕作为一个普通的下岗职工不向生活低头，“坚持正直做人的原则，坚持真诚劳动的态度，坚持维护正义的勇气，自立自强的一生”。

3 月 11 日，南京军区司令员梁光烈上将等率军地机关干部来烈士陵园植树，为雨花台再添一份绿意。

4 月 2 日，由江苏省见义勇为基金会和南京市雨花台烈士陵园管理局联合举办的“江海正气歌——江苏省见义勇为英模事迹展”在雨花台烈士纪念碑碑廊展出。这是江苏省第一次举办以表现见义勇为人员为主要内容的展览。这次展览规模宏大，展线达 200 米，展出图片 500 余幅，涉及 18 位见义勇为人士来自全省 13 个直辖市，他们中有农民、打工妹、个体户、普通人，也有退伍军人、党员、知识分子、公务员。每位见义勇为人士都是全省乃至全国有影响的英模代表。

4 月 11 日下午，浙江省人大常委会鲁松庭副主任等 150 人来雨花台烈士陵园凭吊先烈并参观烈士纪念馆。

4 月 14 日，南京市农林局、市质监局发布［宁农政字（2002）81 号］《关于公布 2002 年“南京雨花茶质量信得过单位”评选结果的通知》，南京雨花台风景区茶厂榜上有名。

4 月 23 日，是南京解放纪念日，也是南京市 18 周岁成人宣誓日。江苏省暨南京市万名团员纪念建团 80 周年大型活动在雨花台烈士陵园拉开了帷幕。南京军区原司令员向守志老将军等出席活动。1800 名来自南师附中、金陵中学、中华中学、市技校、市电大等学校的学生，在雨花台烈士就义群雕前进行成人宣誓仪式。

由共青团江苏省委等 5 家单位共同建设的青少年专题教育网站“雨花魂”（http：//www.yuhuahun.net），在雨花台烈士纪念馆举行开通仪式。“雨花魂”网站是为纪念中国共产主义青年团成立 80 周年而建设的青少年专题教育网站。该网站用详实的文献资料、历史图片和党史、团史的权威研究成果，反映江苏人民的革命斗争过程和革命烈士的光辉业绩，展现新民主主义革命时期在江苏牺牲的 100 名著名烈士的生平事迹；并开通雨花台、张太雷、恽代英、周光裕 4 个纪念馆，共计 500 多万字、1000 余幅图片。登录者除了可以进行资料查询外，还可以向烈士献花、献歌、点烛、开展 BBS 论坛、网上调查等活动。

5 月 4 日上午，2000 余名来自南京全市各界的优秀团员代表聚集在雨花台烈士纪念碑广场，隆重举行中国共产主义青年团成立 80 周年暨“五四运动”83 周年纪念活动。活动以“永远跟党走”为主题，南京解放后的首届团市委副书记、86 高龄的罗炳权老人向青年们回顾革命前辈走过的风雨历程。

5 月 8 日，英雄周光裕的铜像在雨花台功德园揭幕。

6 月 24 日，当天是明代著名思想家方孝孺殉难 600 周年纪念日。南京市政协文史委、市社科联、市文物局和雨花台烈士陵园管理局联合召开纪念方孝孺学术研讨会，方孝孺铜像同时在雨花台风景名胜区揭幕。

7 月 27 日，雨花台烈士陵园管理局接受了埃尔维质量认证中心颁发的 IS09001 质量管理认证证书和中国环境科学研究院环境管理体系认证中心颁发的 IS014001 环境管理认证证书。这标志着雨花台风景区质量 / 环境体系正式进入运行阶段，同时也标志着管理局率先在质量与环境管理上与国际标准的接轨。

9 月 6 日，以朝鲜人民军总参谋部工程兵局局长金明均少将为团长的工程兵代表团在朝鲜驻华使馆副武官尹仁柱中校陪同下来雨花台烈士纪念馆参观凭吊。

9 月 28 日，2002 年中国南京雨花石艺术节在南京雨花台风景区隆重举行，江苏省暨南京市领导出席开幕式。本届雨花石艺术节由南京市人民政府主办，市旅游局、雨花台陵园管理局、省文艺交流中心承办。本届雨花石艺术节，吸引数以百万计游客与市民的关注和参与。在 9 月 28 日——10 月 13 日艺术节期间，雨花台景区将举办公园定向趣味比赛、雨花石精品展、“雨花石赞”主题征文大赛、全民健身舞表演等系列展览及多场文艺演出。

10 月 18 日，由中共南京市委宣传部、市委党史办、雨花台烈士陵园管理局联合举办的迎接党的“十六大”大型图片展“跨世纪的历程——“三个代表”与党的第三代领导集体”在雨花台烈士纪念碑回廊开展。

10 月 20 日，由南京市科协、雨花台烈士陵园管理局、市无线电爱好者协会共同主办的“2002 年中国南京雨花台艺术节公园定向比赛”在雨花台风景区举行，来自全市数十所中小学的学生和社会上定向运动爱好者近 600 人参加了比赛，南京电视台“直播 60 分”作了专题报道。

11 月 2 日，在雨花台烈士就义群雕广场举行“喜迎十六大，同心铸丰碑”大型文艺演出。本场文艺演出由中共南京市委统战部、民进南京市委、市文化局、雨花台烈士陵园管理局联合主办，市属八大民主党派、三大社会团体、五大文艺单位共同参加。

11 月 21 日，雨花台风景区举办大型菊花展，数百种菊花争奇斗艳，令人目不暇接。

2003 年

2 月 26 日，由中共南京市委宣传部、市委教育工委、团市委、市关工委、雨花台烈士陵园管理局联合举办的“雷锋生平事迹展”在雨花台烈士纪念碑地下展厅开展。

3 月 11 日，南京军区政委雷鸣球上将等率军区机关干部 200 余人到雨花台烈士陵园纪念碑东面参加植树劳动。

3 月 19 日，在江苏省政府有关部门陪同下，台湾民进党、国民党、亲民党中高层人士一行 16 人，来雨花台参观游览了纪念碑、纪念馆，并在纪念馆接待室观看了雨花台的专题风光片。

3 月 28 日，参加江苏省工会代表会议的 800 名代表来到了雨花台，在庄严肃穆的烈士纪念碑前举行凭吊活动。

4 月，清明凭吊先烈主题活动。

4 月，雨花台烈士陵园管理局获得“南京市文明单位”光荣称号。

5 月 14 日，原中共中央政治局委员、中央军委副主席、国防部部长迟浩田在南京军区副政委李继松中将等陪同下参观雨花台烈士纪念馆，并给烈士纪念馆题词“牢记先烈遗志，奋力振兴中华”。

9 月 27 日，由南京市人民政府主办，南京市旅游局、南京市雨花台烈士陵园管理局、江苏省文化交流中心承办，2003 年中国南京雨花石艺术节开幕式暨中央电视台“激情广场”南京雨花台歌会在雨花台烈士纪念馆广场举行。

11 月 17 日，由中共南京市委宣传部和雨花台烈士陵园管理局联合举办的“李元龙同志先进事迹展”在纪念碑地下大厅开展，到 12 月 20 日展出结束，共接待观众 4 万人次。

2004 年

2 月 27 日，中国南京国际梅花节雨花台风景区分会场举办“梅岗赏梅，雨花报春”系列旅游文化活动。活动包括：（1）吉尼斯奇人——杨强荣在雨花台风景区北大门广场进行惊险表演；（2）举办“里约人巴西烧烤——雨花台梅岗赏梅书画大赛”；（3）举办“飞尔——雨花台踏青赏梅摄影比赛”；（4）在雨花阁举办名家梅花国画展。同时在怡苑盆景园举办 200 株梅花盆景展，本届梅花节的 17 辆巡游花车亦在雨花台风景区的北大门广场、忠魂亭广场集中展示。

3 月 2 日，“雨花台烈士纪念馆烈士事迹展”分别在栖霞区和六合区共 15 所中小学展出，至 12 日止，参观人数达 17482 人。

4 月 2 日，由江苏省公安厅、雨花台烈士陵园管理局联合举办的“全省公安系统英模事迹展”开展仪式在烈士纪念碑前举行。省市公安机关干警、江苏警官学院师生以及公安英烈、牺牲民警家属代表和各界群众 500 余人参加开展仪式并参观展览。

4 月 3 日，江苏省暨南京市青少年约 4000 人在雨花台烈士纪念碑前举行了隆重的祭扫雨花英烈活动。

4 月 3 日，共青团江苏省委、省少工委、南京市教育局和雨花台烈士陵园管理局在红领巾广场联合举办大型“继承先烈志，同唱一首歌”主题活动。

5月1日至7日，雨花台风景区策划了“相约名城会，欢聚雨花台”大型游园活动。内容包括群雕前上海吉尼斯奇人奇艺表演、雨花阁上民乐演奏表演、雨花阁前“落花如雨”表演、雨花阁下捡雨花石活动、江苏省少儿木偶皮影戏表演、首届杜鹃花展等10项活动。

6月1日，在雨花台烈士纪念碑前广场，共青团江苏省委、江苏省少工委隆重举行少先队“做新一代江苏人”大型主题队会。

6月30日，江苏省省级机关1000余名共产党员在雨花台烈士纪念碑前宣誓，重温入党誓词。

7月15日，中共中央宣传部，国家民政部、人事部、文化部联合授予雨花台烈士陵园管理局“全国爱国主义教育示范基地先进单位”光荣称号。

8月30日，南京市纪念邓小平诞辰100周年暨建国55周年图片展在雨花台烈士陵园开展。

9月21日，2004年“中国南京雨花石艺术节”在雨花台风景名胜区举行。本届艺术节在雨花台风景区北门、南门有“鼓乐祈福岁岁丰，龙腾虎跃闹金陵”民间民俗文艺汇演，在雨花台烈士就义群雕广场举行“民乐演奏会”，在雨花台怡苑盆景园举办“金秋花卉盆景展”，在雨花石博物馆举办以“美猴王”为题材的“雨花石精品展”等。

10月10日，延安市委副书记王建军一行6人来雨花台考察爱国主义教育基地建设与管理工作。

10月29日，中共中央组织部原部长、全国党建研究会会长张全景一行来雨花台烈士陵园参观考察。

11月16日，原全国人大常委会副委员长彭冲一行来雨花台烈士陵园参观凭吊。

11月22日，中共南京市委，市政府综治、创建工作组对雨花台风景区社会治安综合治理和“创建最安全地区”工作，进行考核验收。

11月23日，江苏省国家安全教育馆奠基仪式在雨花台烈士陵园举行。江苏省国家安全教育馆经中共江苏省委、省政府批准，由中共江苏省委宣传部、省国家安全厅和雨花台烈士陵园管理局共同建设。该馆坐落在南京市雨花台烈士陵园景区烈士纪念碑东侧，占地面积2300平方米，为两层框架结构，总建筑面积1815平方米。由中国工程院院士、著名建筑设计师、东南大学齐康教授主持设计。

12月7日，国家文物局局长单霁翔、江苏省文物局局长王慧芬、南京市文物局局长魏正谨来雨花台参观并指导工作。

本年，雨花茶获国家地理标志产品保护。

2005年

2月1日，根据南京市政府和有关部门的要求，雨花台从今天开始起对全社会未成年人免费开放。其参观细则规定：团体未成年人参观，只需凭学校或社区、村委会、单位介绍信入内；而单个未成年人，可以在家长的陪同下参观游览。

3月8日，中共南京市委办公厅、市政府办公厅召开有市公安局、旅游局、物价局、教育局和烈士陵园管理局等单位参加的协调会，专题研究雨花台清明节免费开放方案。会议确定：将每年4月4日、5日两天定为“缅怀日”，以突出清明节凭吊祭扫主题。

3月16日，管理局和南京市旅游局联手赴浙江嘉兴、杭州、宁波三地，分别举行“南京红色之旅暨雨花台风景名胜区推介会”。三地共有115家旅行社参加了推介会，12家当地电视台、电台、报社对推介会进行了采访报道，取得了很好的宣传效果。

3月23日，南京市星级园林创建活动领导小组以［宁园星字（2005）2号］文，对2004年度创建星级园林活动进行表彰，管理局的烈士陵园区、名胜古迹区获2004年星级公园、景区三星级（最高等级）称号。

4月1日，南京市旅游局“南京红色之旅”启动仪式在雨花台风景名胜区举行，中共南京市委、市政府领导，市委宣传部、市旅游局等与江西省政府驻江苏办事处有关负责人出席了以“革命精神永放光芒”为主题的开幕式，市各行业代表1000多人参加了启动仪式。

4月3日，由共青团江苏省委、江苏省少工委、南京市教育局和雨花台烈士陵园管理局共同举办的“树立光荣感，坚定跟党走”清明主题活动在纪念碑前隆重举行，来自南京雨花台区、建邺区、秦淮区、江宁区的1500多名共青团员、少先队员在这里祭奠革命先烈，向烈士敬献花圈。

4月5日，恽代英烈士铜像、烈士遗物捐赠仪式在烈士纪念馆二楼中堡大厅举行。烈士亲属们捐赠的物品和遗物有：恽代英烈士之子恽希仲捐赠的以恽代英烈士事迹为题材的6集电视剧光盘——《恽代英》；蓝文胜烈士之孙蓝国汝、蓝国田捐赠的蓝文胜烈士用过的马鞭、书柜、大刀；黄叔雷烈士之女黄荷捐赠的自己珍藏多年的黄叔雷烈士用过的怀表；恽代英烈士的堂弟、广州美术学院教授恽圻苍捐赠了自己花费多年心血，以恽代英《狱中诗》为题材创作的恽代英烈士铜像。恽代英烈士的铜像总高3.6米，重327公斤。管理局给捐赠者颁发了荣誉证书。

5月1日，公安部消防总局督察组组长郑葆新，江苏省武警消防总队长朱立平、政委莫顺宝，南京市消防支队长计成宝、政委朱幼华等领导来雨花台检查安全消防工作。督察组对管理局消防安全工作给予了充分肯定和高度评价。

6月15日，雨花台风景区为参加全国“绿博会”而设计的“雨花源”景点正式施工，“雨花源”景点为此次绿博会的室外景点之一，位于河西滨江的绿博园国内展区，与奥体中心遥相呼应。占地1650平方米，其中园林木构架平台144平方米，水系90平方米，道路24平方米，块石汀步30米，绿化1100平方米左右。

7月23日，由南京市司法局、南京电视台、雨花台区人民政府、雨花台烈士陵园管理局联合举办的“法制进社区”文艺演出在烈士就义群雕广场成功举行。解放军理工大学、工程兵工程学院500名官兵和近4500位市民观看了演出。

7月31日，管理局监控报警系统工程视频调试一次成功。该系统共设置了23个信息采集点，采用多媒体网络及自动化控制技术，对南大门、北大门及西大门（三个门），雨花阁、雨花石博物馆（含圆门广场）等人群集中点和重要交通要道口，管理局办公区域，主峰广场、烈士群雕广场及纪念碑和风景林区等重点部位实施实时图像监控，并对烈士纪念馆、国家安全教育展览馆及待建的雨花石博物馆实施实时图像及报警监控。

7月，管理局向媛华、周学冬、郭琦组成的代表队代表市建设系统参加南京市“创建文明城市、迎接十运盛会”电视知识竞赛，取得了决赛三等奖的好成绩。

8月，雨花石文化区景观工程建设项目正式开工。中标单位是南通建工集团，以259.97万元中标、50天工期，承建该项目。

8月15日，江苏省环保厅和南京市环保局组成验收组对管理局ISO14000省级示范区创建工作进行了验收。本次验收，对照江苏省环保厅《ISO14000省级示范区风景名胜区考核指标》，自评分94分，符合ISO14000省级示范区创建条件，验收组同时发放了［苏环科（2005）17号］《关于批准雨花台风景名胜区为ISO14000省级示范区的通知》，正式批准雨花台风景名胜区为ISO14000省级示范区。

8月28日，参加江苏红色之旅的中直机关育英同学会36名老同志前来雨花台参观凭吊，他们中有刘少奇、何宝珍的女儿刘爱琴，有朱德的女婿刘铮，有周恩来的侄女周秉宜，有张闻天的儿子张虹生，有任弼时的女儿任远方，有邓子恢的儿子邓淮生，有左权的女儿左太北，有胡乔木的女儿胡木英，还有杨勇等老红军和新四军的子女。

9月11日，中共中央党史研究室副主任、著名党史专家李忠杰教授来到纪念馆，调研场馆建设和史料研究情况。

9月23日，2005年中国南京雨花石艺术节开幕式暨颁奖晚会在南京广电总台演播厅举行。南京市人大、市政府、市政协等领导和艺术节组委会有关单位领导参加开幕式。

9月24日，修缮一新的曦园孔雀园重新对外开放，采用江南庭院式花园的建筑风格，占地30余亩，是集旅游、休闲、娱乐为一体的生态孔雀园，园内放养展示的孔雀约200只。

9月27日，在南京广电大厦演播厅，中共南京市建设工委举办了“献给母亲城的诗歌”朗诵会，任浩的“在雨花台的土地上”荣获二等奖，周学冬的“雨花台，你的灵魂不是石头”、郭琦的“莫愁湖遇雨”、庞芸的“梧桐情结”荣获三等奖，管理局荣获组织奖，是参演节目和获奖最多的单位。

11月1日，由南京市老年人体育协会、雨花台烈士陵园管理局共同主办的“南京市第18届老年人鸳鸯健步行”活动在忠魂亭广场举行。江苏省老龄委、南京市体育局、市老年人体育协会、雨花台烈士陵园管理局等单位领导和各区、县老年人体育协会组织的1000对老年夫妻，共计2000人参加本次活动。

11月4日，雨花台风景名胜区第十届菊花展在科普园拉开帷幕。此次花展将展出粉十八、霞光四射、国华百万石、泉乡水长等200余种、3万余盆菊花，4万余盆草花。

11月16日，由中共南京市委宣传部、南京市委党史工作办公室联合主办的“南京革命文化论坛”在雨花台烈士纪念馆举行。

本年，雨花台烈士陵园入选全国红色经典景区名录，成为列入《2004—2010年全国红色旅游发展规划纲要》的重要革命纪念遗址。

2006年

4月，清明凭吊先烈主题活动。

4月7日，原中共中央政治局常委宋平同志来到雨花台烈士陵园参观凭吊。

6月10日，南京市人民政府公布位于南京麒麟门外江宁区东山街道晨光村沙石岗邓演达烈士殉难处为市级文物保护单位。

9月6日，国务院妇女儿童发展纲要中期评估督导组一行来到陵园参观并检查工作。

9月29日，2006年中国南京雨花石艺术节在雨花台风景区举行，本届雨花石艺术节以“生态雨花，和谐发展”为主题。

10月18日，原中共中央政治局委员、中央军委副主席、国务委员兼国防部长迟浩田来陵园参观凭吊。

按照《雨花台省级风景名胜区总体规划》，自2004年起，投资近2000万元，历时两年多，全面建成雨花台风景区六大功能区中的又一大功能区——雨花石文化区建成。雨花石文化区位于风景区东南部，占地面积约3公顷。分为“神话传说”“科普展示”“溪滩观赏”三大部分。

12月19日，纪念馆史料数字档案管理系统全面建成，并通过管理局内部验收。

2007年

2月28日，雨花台风景区作为2007年中国南京国际梅花节分会场，推出以“和谐景区，健康生活”为主题的系列文化旅游活动。主要内容有“踏青赏梅”活动、梅花题材的美术作品展示、大型梅花盆景展、“全民健身、和谐生活”为主题的文体演出及女性主题的医疗保健咨询会等。

4月，清明凭吊先烈主题活动。

4月6日，雨花台风景区举办第四届杜鹃花展。

纪念馆“郭纲琳致伦兄的信”“贺瑞麟日记”“晋夫的笔记本”“赵良璋狱中绝笔信”和“王震为刘亚生烈士的题词”等5件馆藏档案入选江苏省珍贵档案文献。

6月26日，南京首家外企麦德龙雨花商场与雨花台烈士陵园管理局共建教育基地。

8月31日，雨花台知名烈士陈原道之子、原中国航空航天部副部长、国家航天局局长、党组书记、中国载人航天工程副总指挥、中共十五届中央委员会委员刘纪原一行10人来到雨花台烈士纪念馆凭吊先烈，并在其父亲陈原道烈士事迹展区前敬献花篮。

9月20日，我国首家观赏石博物馆——南京雨花石博物馆正式建成对外开放，并作为2007年中国南京雨花石艺术节的主会场。

9月28日，雨花石论坛在雨花石博物馆会议室举行。

10月，中华人民共和国副主席曾庆红来陵视察凭吊。

本年，雨花茶炒制工艺被南京市人民政府列入首批市级非物质文化遗产名录。

2008 年

4 月 1 日，江苏省公安英烈纪念墙揭幕仪式在雨花台举行。

4 月 3 日，由中共江苏省委宣传部、省文明办主办，雨花台烈士陵园管理局承办的“江苏省暨南京市各界清明凭吊革命先烈”活动在雨花台烈士纪念碑广场举行。

4 月 4 日起，雨花台风景名胜区向全社会免费开放。

6 月 10 日，《雨花台风景名胜区突发公共事件总体应急预案》完成制定。

8 月 6 日，南京市机构编制委员会发文［宁编字（2008）23 号］，同意雨花台烈士陵园管理局增挂“南京市雨花台风景名胜区管理局”牌子，并明确其职责为“雨花台风景名胜区的保护、利用和统一管理工作”。

10 月 1 日，江苏省暨南京市向革命先烈敬献花篮之凭吊公祭仪式在雨花台烈士纪念碑广场举行。

本年，雨花台烈士陵园接待人数达 600 万人次。

2009 年

1 月 24 日，雨花茶博物馆开馆。展馆面积 820 平方米，位于雨花台风景名胜区雨花茶文化区内，以实物、图片以及雨花茶加工等展示，介绍雨花茶自 1959 年问世就跻身中国特种名茶之列，其独一无二的精神蕴含、富有象征意义的文化。

2 月 17 日，景区便民服务项目正式启动。

2 月 26 日，雨花石博物馆举办了新馆开馆以来第一次雨花石收藏名家个人展览“梦幻桃源梅香雪海——戴宗宝雨花石精品展”。

3 月 26 日，明代大儒方孝孺纪念座谈会在雨花台召开。这次座谈会由方孝孺家乡浙江宁海县委、县政府组织，与中共南京市委宣传部、雨花台风景名胜区管理局共同举办。

4 月 1 日，江苏省祭奠公安英烈暨全省青少年教育基地揭牌仪式在雨花台公安英烈纪念墙广场隆重举行。公安英烈家属代表、民警代表、公安现役部队官兵代表、江苏警官学院师生代表、共青团路中学师生代表、共 450 人参加了仪式。

4 月 4 日，雨花台烈士亲属暨社会各界凭吊祭扫革命先烈活动举行，共有 80 多位烈士的亲属 180 余人参加了祭扫活动，是近年来之最。活动的内容也进行了创新，更好地表达“共和国不会忘记”的主题以及烈士亲属对亲人们的怀念。

4 月 13 日，江苏国家安全教育馆隆重举行开馆典礼。国家安全部部长耿惠昌，中共江苏省委常委、政法委书记林祥国，中共南京市委常委、政法委书记杨植等出席典礼，省政协、省政法系统各部门、省军区、省武警总队的领导、雨花台烈士陵园管理局领导、驻宁武警部队官兵、国家安全干警以及各界群众代表约 500 百余人出席了开馆仪式。

4 月 25 日，中国南京 2009 雨花茶节在景区南大门内广场开幕。同时，举行雨花茶博物馆开馆仪式。

航天英雄、“神七”航天员翟志刚、刘伯明、景海鹏一行来到雨花台烈士陵园凭吊先烈，向烈士纪念碑敬献花篮。

4月26日，“金陵五月风”第三届南京文学艺术节开幕式在烈士群雕前广场隆重举行，开幕式由南京市文联、市广电集团、雨花台区政府等共同主办。

5月11日，纪念馆烈士事迹报告团应邀前往南京市第五中学举行烈士事迹报告会，将“青春如歌—雨花台烈士事迹进校园活动”从郊县拓展到市区。

6月3日，南通市政协机关党组组织党员干部近百人到雨花台烈士陵园参观凭吊，在纪念碑上举行了向革命烈士敬献花篮和重温入党誓词的活动，并参观了烈士纪念馆。

6月6日，在哈尔滨举行的“第二届全国红色景区导游员讲解员电视大赛”决赛，管理局郭琦以出色的表现取得第三名的好成绩，并获得“全国红色景区最佳导游员讲解员”称号。

6月16日，南京市旅游景区学习实践科学发展观暨上半年经济运行工作座谈会在雨花石博物馆会议室举行。雨花台、中山陵、总统府等全市12家旅游景区的代表参加会议。

6月30日，南京市城建系统在雨花台烈士陵园隆重举行庆祝建党88周年活动。100多名新老党员代表凭吊烈士，对党旗宣誓并重温入党誓词，参观江苏国家安全教育馆，在雨花石博物馆会议室举行“纪念中国共产党成立88周年”主题座谈会，市建委、市容局、雨花台烈士陵园管理局、中山陵园管理局、煤炭设计院、十四化建等19家建设系统的党委领导、新党员代表、入党积极分子代表参加会议。

7月11日，刘建国副局长、计建平馆长等赴上海吕其明家拜访及征集管弦乐组曲《雨花祭》手稿。

7月28日，中央学习实践科学发展观活动第三巡回检查组组长徐荣凯、中共江苏省委组织部副部长徐金万等来雨花台参观考察。

8月6日，南京市督查组对雨花台风景区进行了检查、督查，这是全市检查景区、公园工作的第一家，督查组对检查与督察结果表示满意。

8月12日，原中共江苏省委常委、政法委书记、第九届江苏省政协副主席孙安华，江苏省安全厅厅长王金陵，副厅长严明，厅政治部主任徐国平等到江苏国家安全教育馆参观并指导工作。

8月19日，在纪念馆接待厅组织召开纪念馆新一轮陈列改造专家座谈会。中共江苏省委党史工办常浩如处长、南京市委党校刘喜发副校长、市文物局张年安局长、市旅游局金卫东副局长以及南京大学曹大臣教授、南京师范大学王跃教授等9位专家学者应邀参加座谈会。

9月4日，中共南京市委宣传部副部长徐宁来管理局调研，就陵园争取国家发改委资金、建陵60周年方案等问题与管理局进行沟通。

9月19日，迎世博、重质量、讲诚信、展形象，2009年“十一”大型旅游咨询暨展示活动在上海南京路世纪广场隆重举行，雨花台风景区服务管理处与园林建设处、雨花石博物馆共4名代表参加。

9月22日，南京市法制宣传教育领导小组办公室举办法制宣传教育联络员培训班，会议代表来雨花台参观学习。

9月28日，在雨花台烈士纪念碑广场，为新建成的象征着烈士精神“薪火相传、代代不息”的烈士纪念碑长明灯举行隆重的点火仪式。

南京市总工会主办的“《祖国颂》——南京百万职工庆祝新中国成立60周年大型广场演出”在陵园纪念碑前广场隆重举行。

10月1日，为庆祝中华人民共和国成立60周年，南京市于国庆节当日晚20：00—20：45，在雨花台风景区举行焰火燃放晚会。

10月6日，纪念徐楚光烈士100周年诞辰，烈士家属家祭活动在纪念馆举行。

10月23日，由中央直属机关育英学校同学会主办的“2009红色之旅”参访团一行30余人来到雨花台参观凭吊，并在纪念馆座谈交流。

12月22日，管理局举办了“缅怀革命先烈，纪念雨花台建陵60周年环陵火炬接力”活动。

12月22日，澳门访问团一行40人来雨花台风景区参观。

12月22日，纪念建陵60周年专题晚会——大型音诗画《雨花烂漫》，在南京人民大会堂隆重举行。江苏省暨南京市有关部门领导、烈士家属、共建单位、兄弟单位代表和管理局全体人员共2400多人观看了演出。

本年，江苏省人民政府公布《绿茶制作技艺（雨花茶制作工艺）》被正式列入省级非物质文化遗产名录。

本年，许祖云、汤春妹主编的《烈血已经染雨花——顾衡烈士诞辰100周年纪念集》由江苏科技出版社出版。

2010年

3月3日，在南京市“百岗百星”表彰大会上，雨花石博物馆宣教科受颁“巾帼文明岗”铜牌。

3月4日，南京市城建工会在中北集团召开城建系统女职工工作会议，雨花台烈士纪念馆宣教科被南京市城建工会联合会女职工委员会授予“巾帼标兵岗”荣誉称号。

3月26日，南京市城建团工委召开“五四”表彰大会，授予纪念馆宣教科省级“青年文明号”称号，雨花茶博物馆宣教科市级“青年文明号”称号，孙静静同志获得市“青年岗位能手”“南京市城建系统优秀团干部”称号。

4月1日，在江苏省公安英烈纪念墙举行江苏公安英烈祭奠活动，江苏省公安厅领导和公安英烈家属参加祭奠活动。

4月2日，江苏省暨南京市各界清明祭扫烈士墓活动在纪念碑主峰广场庄严举行。省市领导、省军区、老红军、老战士、老干部代表，各机关单位、大中小学代表2000多人参加凭吊活动。

4月2日，管理局在纪念馆会议室召开清明烈士家属凭吊活动座谈会。

4月3日，在纪念碑主峰广场，举行“寻访励志的足迹，十年愿望即将开启”主题活动，10年前活动的组织者、参加者，以及参加纪念百年功业心愿填写的部分人员参加活动，由当年的学生在心愿箱中找寻他们的心愿信，并当场宣读，共同感悟人生发展历程。同时继续进行“纪念建党百年功业，雨花台再封心愿箱”仪式，启动第二个10年活动。

4月5日，特殊战线五烈士徐楚光、周镐、王清瀚、谢庆云、祝元福的亲属和烈士当年的战友们以及他们的子女约30人，齐聚雨花台烈士纪念馆，共同祭扫凭吊五烈士。

4月12日，中央直属机关书画摄影协会副主席、中央警卫局原政治部主任、著名书法家吴艳萍将军，中国书法艺术家协会副主席、北京中外名家书画院执行院长、全国普法书画万里行常务副秘书长邹为瑞等8位艺术家瞻仰、凭吊雨花台革命先烈，并向管理局捐赠他们的书画作品。

4月22日，南京市雨花台园林建设有限公司茶厂生产的“昊月牌”雨花茶获南京市名特茶评比金奖。

5月9日，全国人大常委会副委员长司马义·铁力瓦尔地一行来雨花台考察。

5月19日，中央纪律检查委员会、监察部公布了50个第一批全国廉政教育基地名单，“南京雨花台烈士陵园‘正气乾坤’廉政教育馆”成为江苏省唯一得到中纪委、国家监察部命名的全国廉政教育基地。中央电视台《新闻联播》作了报道，并刊登于5月19日的《人民日报》《中国纪检监察报》。

6月30日，“雨花台烈士纪念馆陈列布展项目改造方案专家评审会”在雨花石博物馆会议室召开。来自全国知名博物馆、纪念馆陈展方面的5名专家应邀前来参加方案的评审。南京市政府、市委宣传部、市建委、市旅游园林局等单位的领导也应邀到会。局领导，纪念馆陈列改造办公室全体人员和相关处室的负责人参加了会议。

8月30日，江苏省建设厅王翔副厅长来景区，听取游乐活动区改造汇报。

9月13日，全国政协原副秘书长傅志煌率全国政协机关老干部一行33人，到雨花台景区参观凭吊。

9月19日，中央纪律检查委员会干部室全体人员来雨花台凭吊革命烈士，进行重温入党誓词活动，并参观雨花台烈士纪念馆和“正气乾坤”廉政教育馆。

9月26日，南京军区政治部主任褚益民中将带领政治部全体官兵260余人，前来雨花台接受爱国主义教育。

10月1日，十一黄金周天气情况良好，景区的游客数量有较大比例的增长，尤其是境外游客数量增长显著，黄金周期间入园总人数305790人次，较去年增长14.8%。

“缘在工会”南京青年职工联谊会暨第八届中国南京公务员相亲会在雨花石文化区隆重开幕，“南京百万职工创先争优教育基地”也同时揭牌成立。

10月3日，一场由雨花台烈士陵园管理局与南京广电集团联合组织的名为《雨花烂漫红歌会》的大型广场文艺演出在雨花台烈士陵园烈士就义群雕广场上演。

10月19日，纪念馆张炽烈士手迹和周镐日记两件馆藏文物顺利通过江苏省档案局评审委员会评审，入选“江苏省珍贵档案文献”。

10月28日，江苏省旅游局与团省委、省妇联共同举办的“2010江苏省导游服务技能比赛”中，管理局讲解员庞芸与兄弟单位的其他6人组成的南京市代表队，经过三天的激烈角逐、努力拼搏，庞芸技压群芳，获得一等奖的第一名，并获最佳风采奖。

11 月 5 日，淮海战役烈士纪念塔管理局副局长王洪波带领淮海战役纪念馆宣教队伍 20 余人来景区参观交流。

11 月 23 日，南京市创建平安景区检查组一行 7 人来到陵园检查指导工作。

11 月 26 日，西藏自治区墨竹工卡县 40 余位村党支部书记和村委会主任来雨花台过组织生活。

江苏省住房城乡建设系统思想政治工作会议暨政研会第八次年会在中山宾馆召开，在会上雨花台烈士陵园管理局政研会荣获 2007—2009 年度江苏省住房城乡建设系统优秀政研会称号。

11 月 30 日，国家森林城市规划专家检查组来雨花台参观检查生态保护情况。

12 月 15 日，在南京市住建委召开的文明单位表彰会上，管理局被南京市委、南京市人民政府授予 2007—2009 年度市级文明单位称号。

12 月 18 日，刘纪原在航天工业总公司、南京晨光集团等单位领导的陪同下，来陵园凭吊父亲陈原道烈士。

12 月 27 日，香港教育代表团一行 40 人来纪念馆参观。

2011 年

1 月 5 日，星级评定专家组对雨花台景区进行了检查，对生态密林区的植物配置、花境建立以及芭蕉防寒保暖等措施给予充分肯定。经评定，生态密林区达到二星级公园水平。

1 月 6 日，江苏省旅游局副局长李明耀、南京市旅游园林局副局长郑晓明一行来雨花台风景区调研。

1 月 6 日，南京机电职业技术学院与雨花台烈士陵园在雨花台烈士纪念馆举行“思想政治教育共建基地”揭牌仪式。

1 月 26 日，中共江苏省纪委、南京市纪委在雨花台烈士纪念馆为获得首批全国廉政教育基地的“正气乾坤”廉政教育馆举行揭牌仪式。

3 月 10 日，中共南京市委书记朱善璐、副市长李侃桢、市政府秘书长魏克、市委副秘书长王为崧以及组织部、宣传部、党史办、住建委、规划局、旅游园林局等部门领导，来到雨花台调研景区规划建设。先后视察了纪念馆陈改扩建工程施工现场、茶文化区景观小品、忠魂亭花钟、生态文明馆、高座寺、二泉饭店、雨花阁等地。

3 月 19 日，由生态文明教育馆和《扬子晚报》联办的“扬子社区行”第 187 站活动，在生态文明教育馆馆前广场举办。

4 月 2 日，江苏省暨南京市各界清明凭吊革命先烈活动在纪念碑广场举行。中共江苏省委书记、省人大常委会主任罗志军，省委副书记、省长李学勇，省政协主席张连珍等，与老红军、老战士代表、雨花台烈士家属、省精神文明先进单位干部职工代表、在宁高校学生代表、中小学生代表共计 2000 余人参加活动，深切缅怀革命先烈。

4 月 4 日，原中共中央政治局委员、中央军委副主席、国防部长迟浩田上将来雨花台凭吊与视察。

迟副主席参观雨花石文化区，对园内的景观水平给予了高度的评价，并为园区题字“雨花石文化园”。

4月12日，浙江省湖州市民政局、安全局、党史办等部门领导一行4人，来陵园参观考察。来宾首先参观了江苏国家安全教育馆，详细查阅了钱壮飞烈士的相关资料，然后前往纪念馆参观陈列改造（扩建）工程现场。

4月20日，香港警务督察协会一行20人来景区参观，协会人员在纪念碑敬献了花圈并参观了雨花石博物馆。

4月24日，雨花茶博物馆、生态文明教育馆与南京青少年素质教育学校共同组织举办了“雨花台风景区生态环保绿色行活动”。

5月11日，南京市越剧团现代越剧《丁香》在烈士群雕广场举行开排仪式。开排仪式由中共南京市委宣传部、市委组织部、市委党史办、市文化广电新闻出版局、市文联和雨花台烈士陵园管理局主办。

5月16日，在纪念馆总指挥部隆重举行陈原道烈士铜像捐赠仪式。铜像由陈原道烈士之子，曾任航天工业部副部长、航天工业总公司总经理兼国家航天局局长、中共十四、十五届中央委员、全国人大常委的刘纪原捐赠。

5月25日，全省老少携手“学党史、颂党恩、跟党走”主题教育观摩会在雨花台烈士陵园举行，江苏省关工委领导，各省辖市关工委领导，青少年代表约100人参加。江苏省委原书记、省关工委名誉主任陈焕友，江苏省委原副书记、省关工委主任曹鸿鸣等省市老领导全程参加此次主题教育活动。

由南京市旅游园林局、市农委、市城管局、中山陵园管理局等单位专家组成的检查小组到雨花台检查2011年上半年创建星级公园的完成情况。在四个申报创建星级景区中，烈士陵园区被评为四星级景区（市最高级），名胜古迹区和雨花石文化区被评为三星级景区，生态密林区被评为二星级景区。

6月4日，在生态文明教育馆馆前广场举行《中华虎凤蝶全虫态》电视纪录片捐赠仪式。这次活动由南京市环保局和管理局联合举办。

6月11日，南京市越剧团以雨花英烈丁香为原型创作的现代越剧《丁香》在紫金大戏院举行首场公演。

6月18日，南京市级机关93个单位的先进基层党组织、优秀共产党员、优秀党务工作者代表及部分党员近2000人在雨花台烈士陵园纪念碑前举行“牢记誓词、联系市民、服务百姓”主题党日活动。

6月24日，管理局与城乡共建单位——六合区竹镇镇大泉村在新近落成的大泉村便民服务中心和党员活动中心礼堂联合举办了一场“红色雨花、幸福大泉”文艺演出。管理局领导、六合区区委副书记彭家龙等与大泉村几十家共建单位负责人及大泉村村民一起观看了文艺演出。

6月29日，在纪念馆广场举行纪念中国共产党成立90周年暨雨花台烈士纪念馆新馆开馆展览揭幕仪式。出席揭幕仪式的有省市领导、社会各界人士约2000余人参加。

7月1日，雨花石博物馆举办《石花绽放献给党——大型雨花石精品展》。数百枚奇石的画面均与中国革命征程中某个画面颇为形似，展期一个月。

7月6日，何宝珍烈士的女儿刘爱琴及外孙女若楠手捧花篮在南京电视台记者的陪同下来纪念馆参观凭吊并拍摄纪录片。

8月2日，由南京市档案局（馆）、共青团南京市委和管理局共同举办的“留住红色记忆，憧憬美好未来”为主题的公益性档案夏令营开营仪式在纪念馆隆重举行。

8月25日，由中央外宣办主办，江苏省委外宣办、南京市委外宣办承办的第九期全国人权知识培训班全体学员50余人来到雨花台参观学习。

8月29日，纪念馆工作人员来到镇江，征集到汪裕先烈士书信一份。这份手稿由烈士女儿汪慧女士捐赠，距今已完好保存了85年，该书信如实地记录了烈士进行革命活动的一段过程，具有鲜明的历史性和思想性，是进行革命传统教育的一份生动教材。

8月31日，由南京市委宣传部牵头主办的“万人看南京”之“市民看城建”活动圆满结束。活动期间，雨花台烈士陵园共接待来自全市各行各业“万人看南京”参观团队10余批次，1000余人次。

9月8日，管理局派专车前往镇江，接送81岁高龄、腿脚行动不便的汪慧女士前来参观纪念馆新的陈列布展。鉴于老人的健康状况，管理局此次还专门派医生一同前往。

9月22日，2011年中国城市规划年会在南京举行。作为中国城市规划年会四条考察线路之一的“十朝都会古都风貌新体验”的代表650余人，乘车对雨花台风景区进行了参观考察。

江苏省“农工民主党党史教育基地”挂牌仪式在纪念馆举行。江苏省政协副秘书长、农工党江苏省委副主委肖渡，管理局刘建国副局长等领导出席了挂牌仪式。

管理局信息中心建成。信息中心设置于纪念馆西堡顶层，面积约100㎡。国庆期间通过信息中心即可监看全景区各布控点的监控及录像。

9月29日，沉睡千年的金陵古寺——高座寺山门重启。

10月1日，江苏省暨南京市社会各界隆重举行向雨花台烈士纪念碑敬献花篮活动。

10月14日，中共江苏省委常委、省军区政委李笃信少将、省军区司令员孙心良少将带领省军区干部150人前来雨花台烈士纪念馆进行廉政教育。

10月28日，以叶洁英、梁嘉仪为团长的香港特区政府新闻访问团成员20人前来雨花台烈士纪念馆参观。

11月17日，由中共南京市委党史办策划，雨花台烈士纪念馆具体设计制作的“品重柱石——王荷波事迹”教育馆在浦厂中学隆重开馆。市委党史办副主任陈留桢、管理局党委副书记陈建军、南车集团公司党委书记陶云南等领导出席了开馆仪式，在开馆仪式上，陈建军副书记还与浦厂中学陶道均校长签署了共建爱国主义教育基地的协议书。

中共江苏省纪律检查委员会来雨花台凭吊革命烈士。

11月18日，中共安徽省纪律检查委员会来雨花台凭吊革命烈士。

11 月 19 日，高淳县纪委培训班的 100 名学员来到雨花台烈士纪念馆，参观“正气乾坤——全国廉政教育展”。

11 月 26 日，国土资源部离退休老干部一行 32 人，前来雨花台烈士陵园参观凭吊。在纪念碑主峰广场，孙津川烈士侄女孙以智老人为来宾介绍孙津川烈士光辉的一生，以及自己多年来为宣传烈士事迹所做的工作。

11 月 28 日，陕西省榆林市绥德县与纪念馆共同举行了纪念胡廷俊烈士百年诞辰活动。

11 月 29 日，中共青岛市委党史研究室宫丽云副主任带领中共青岛地方支部旧址纪念馆的人员，前来纪念馆学习考察。

11 月，南京市旅游园林局星级公园专家组对雨花台区创建星级公园情况进行了实地检查。在本次评比中，名胜古迹区由原来的三星级被评为四星级（市最高级）、生态密林区由原来的二星级被评为三星级。中心纪念区继续保持四星级、雨花石文化区继续保持三星级。

12 月 7 日，合肥市民政局等部门一行 10 人，前来雨花台烈士纪念馆学习陈列布展和景区规划的经验并进行交流。

12 月 15 日，中国风景名胜区协会第四届五次理事大会在井冈山召开，管理局派代表出席此次会议并就风景区建设工作作大会发言。

12 月 24 日，“2012 年全市旅游工作务虚会”在雨花石博物馆会议室举行。

12 月 27 日，由南京市委宣传部、市文化集团、南京电影制片厂等联合拍摄的以雨花台丁香烈士为原型的电影《丁香》在群雕广场开机。

2012 年

1 月 13 日，南京市文物局下发《关于表彰 2011 年度文物工作先进集体的决定》，雨花台烈士纪念馆获免费开放先进集体称号。

1 月 24 日，全国政协副主席廖晖一行 10 人专程来雨花台烈士纪念馆参观。

2 月 10 日，南京市委机关刊物《金陵瞭望》2012 年“两会”专刊刊登《对雨花台转型和创新发展的探索》的署名文章。

2 月 20 日，南京市旅游园林局党委书记、局长汪振和带领局领导班子及办公室、园林管理处、安全监督管理处、组织人事处、监察室负责人以及 11 个市属园林单位党政主要领导一行约 30 人来景区考察指导工作。

3 月 6 日，江苏省委党校组织 300 余名来自全省各地的学员前来景区，在主峰广场举行“缅怀革命先烈，重温入党誓词”主题活动，并分批观看了短片“雨花石的故事”，参观雨花台烈士纪念馆。

3 月 28 日，由雨花台风景名胜区管理局主办、南京雨花石博物馆和汤先锋艺术工作室承办的“先锋创意、华夏盛宴”象形雨花石展在雨花石文化区开幕。

雨花台第二届郁金香展开展。本届郁金香展的主题为“雨花之春”，将利用郁金香花卉品种的运用展现雨花台春之境的美妙，春之色的绚烂，春之味的浓烈，春之声的和谐。展览采用流线型等布置手段，搭配各种盆景植物，再配上音乐钢琴协奏曲“春”，展现雨花春姿，表达雨花春韵。

3 月 30 日，江苏省公安厅在纪念碑广场举办“新时期消防勇士孙茂珲同志先进事迹展”。该展由纪念馆设计，得到了省公安厅领导的赞扬。

3 月 31 日，中共南京市委组织部 70 余名党员向烈士纪念碑敬献花圈重温入党誓词，之后参观雨花台烈士纪念馆。

4 月 1 日，江苏省暨南京市各界隆重举行凭吊革命先烈活动在纪念碑前举行。中共江苏省委书记、省人大常委会主任罗志军，省委副书记、省长李学勇，省政协主席张连珍等，与各界代表 2200 多人来陵，向纪念碑敬献花篮。

4 月 5 日，国家教育部语言文字运用司彭兴颀司长一行 6 人，参观了纪念馆，对纪念馆规范的展陈文字的运用和表述给予肯定表彰。

4 月 16 日，著名音乐家吕其明（吕惠生烈士之子）专程来到雨花台，观看新的陈展，并修订纪念馆背景音乐。

谢士炎烈士侄女谢佩琼一行 4 人专程从湖南来到南京，向雨花台烈士纪念馆捐赠谢氏家族资料及她们收集到的谢士炎的回忆文章。

4 月 17 日，管理局机关党总支、组织人事处、宣传教育处、监察室等一行 7 人，由局党委副书记陈建军带队，赴徐州淮海战役纪念馆和云龙风景区进行学习交流。

由上海市旅游局、江苏省旅游局、浙江省旅游局、安徽省旅游局共同主办的长三角城市群茶香文化体验之旅示范点和礼茶品牌日前在上海揭晓，并在上海豫园商城举行了颁奖仪式，沪、苏、浙皖旅游局的相关领导出席了仪式，局旅游管理处处长冯健代表景区参加了颁奖活动并领取了奖牌，景区雨花茶园获授 20 个最受欢迎的长三角城市群茶香文化体验之旅“示范点”称号，奖牌上题名为：天降花雨，地留余香。

4 月 25 日，管理局黄舒宁同志获“南京市劳动模范”称号。

4 月的雨花台风景区是花的世界，也是春茶采摘、炒制的繁忙时期。为进一步扩大景区和茶博物馆的知名度，茶博物馆和南京禄口国际机场两方应时而作，在颇具一定影响力，禄口机场主办的唯一 VIP《贵宾》杂志上联手推出长达 7 个页面的《南京雨花茶——一盏茶史的尊严》专题。

5 月 3 日，由共青团南京市委、旅游团工委举办的南京旅游志愿者服务基地授牌仪式在玄武湖公园举行。管理局机关党总支、团委组织 30 余名青年志愿者参加授牌仪式，并获授“志愿者服务基地”标志牌。

5 月 6 日，由中共中央宣传部、中央电视台联合摄制的 7 集大型电视文献片《领航中国》摄制组来到雨花台风景区拍摄，完成纪念碑及群雕广场活动场景的拍摄任务。

5 月 17 日，李耘生之女杜早力携全家来雨花台，为李耘生烈士牺牲 80 周年举行简朴的悼念活动。

5 月 30 日，年过八旬的陶和麟夫妇在其侄、侄媳等人的陪同下，从上海专程赶来南京，在江宁湖熟祭扫过其父陶家齐烈士墓后，来到雨花台烈士纪念馆，并参观纪念馆新的陈展。

雨花台烈士纪念馆根据烈士亲属提供的线索，前往上海利用口述历史的方式征集珍贵资料。采访了 90 岁高龄新四军老战士李华庆（江宁人，现居住上海），他介绍了当年陶家齐任江宁情报组组长、赤山区区长时的事迹，还特别介绍陶家齐夫人朱维珍的事迹。

7 月 14 日，交通银行总行党委委员、业务总监朱鹤新带队的交行总行北京管理部党员干部 60 余人专程前来雨花台凭吊先烈，接受革命传统教育。

7 月 16 日，由共青团中央学校部组织开展的“少数民族大学生骨干暑期实践锻炼计划”之“青春建功 90 载，民族团结代代传”的宣誓活动，在雨花台纪念碑主峰广场举行，来自全国各地的 410 名各民族大学生代表参加了活动。

7 月 26 日，由南京市旅游园林局等部门共同举办的 2012 年南京市导游大赛在南京科技馆落下帷幕。纪念馆岳静获得三等奖，同时管理局被授予精神文明奖。

7 月 31 日，江苏省旅游局对雨花台景区东门游客服务中心、停车场等拟建项目进行视察调研。

8 月 28 日，江苏省财政厅、省文化厅、省文物局组成的联合检查组，对管理局 2009—2011 年度省级公共文化设施免费开放专项资金的使用和管理情况及市县财政部门对免费开放经费的配套情况进行专项检查。

9 月 18 日，台湾新北市政府环境保护局代表参观生态文明教育馆、雨花石博物馆。

9 月 28 日，雨花石博物馆举办“文栋书南”四友精品雨花石联展。此次展览邀请了朱国栋、曹秉南、黎书豪、杨文宁 4 位雨花石收藏家展出其收藏的精品雨花石和雕件，其中雨花石精品约 150 枚，雨花石精品雕件 100 件。此次展览打破了以往的惯例，专门辟出了一片区域展览雨花石精品雕件，让人耳目一新。展期一个月。

10 月 1 日，江苏省暨南京市各界在陵园举行向雨花台烈士纪念碑敬献花篮活动。省委书记、省人大常委会主任罗志军，省委副书记、省长李学勇，省政协主席张连珍，省委副书记石泰峰等，与各界代表 600 多人向烈士纪念碑敬献花篮。

10 月 2 日，《南京日报》A1 版以“巨型花坛亮相雨花台”为标题，刊登了纪念碑“向日葵笑脸卡通”图案和“祖国好”花坛的大幅照片，《扬子晚报》《南京晨报》《现代快报》《金陵晚报》也纷纷进行了图片报道。

10 月 14 日，郭纲琳烈士亲属来到纪念馆为郭纲琳牺牲 75 周年举行纪念活动。

10 月 18 日，南京市级机关作风建设监督员第三组一行来管理局检查今年以来机关作风建设和“四解四促”工作开展的情况。

雨花台纪念馆烈士事迹宣讲团来到雨花台实验小学二年级给同学们上了一堂既生动活泼又十分有教育意义的主题班会——“鲜血染红的雨花石”。

为纪念陶行知先生诞辰 121 周年，南京晓庄学院团委在纪念馆开展“弘扬行知精神，缅怀革命先烈”活动暨新讲解员上岗仪式。

10 月 19 日，中共南京市委党校第 24 期中青班全体学员在雨花台开展“继承先烈志，永远跟党走”主题教育活动，喜迎“两节”和党的十八大召开。

11 月 4 日，“喜迎十八大・美石颂和谐”石林七贤雨花石精品展在雨花石博物馆开展。

11 月 16 日，由南京市委宣传部、市文联共同主办，市摄影家协会承办的《科学发展 幸福南京》大型图片展览首展开幕式在山西路广场隆重举办。管理局选送的以“英雄雨花 幸福家园”为主题的展板特色鲜明、立意深刻，荣获了“优秀组织奖”。

为纪念南京地方党组织成立 90 周年，庆祝党的十八大的胜利召开，由南京市委党史办编撰，被列入 2012 年市文化建设工作目标的《足迹——中国共产党在南京 90 年剪影》由中共党史出版社正式出版。该书分为《牺牲——敢教日月换新天》《传奇——没有硝烟的战场》《青春——恰同学少年》《印记——融入山水城林的记忆》《奋斗——创业奉献的楷模》《成就——虎踞龙盘今胜昔》六册。其中《牺牲》《传奇》《青春》三集都有大量雨花台烈士的故事，纪念馆提供了 80 余幅珍贵的照片。

12 月 3 日，雨花台烈士纪念馆馆长闻慧斌等人前往宜章商谈邓中夏烈士诞辰 120 周年暨殉难 80 周年纪念活动，并征集烈士史料及口述历史。此次还征集到邓中夏父亲邓典谟总纂的《宜章县志》《中共宜章历史（第一卷）》《邓中夏生平与思想研究论文集》等珍贵文献资料 5 册。

12 月 6 日，应周镐之女周慧励的邀请，烈士纪念馆派人员从湖南宜章转道湖北英山县，征集周镐烈士的口述历史。

12 月 13 日，陕西省绥德县史志办向雨花台烈士纪念馆赠送一批反映陕北红军创始人之一、绥德籍雨花台烈士胡廷俊革命事迹的出版物——《雨花忠魂——纪念胡廷俊烈士诞辰 100 周年》。

2013 年

3 月 21 日，台湾花莲县奇石协会一行 20 余人来雨花石博物馆参观交流。

2 月 23 日，新一届南京市政府组成人员及所属部门和单位主要负责人集体来雨花台上履新第一课，参观雨花台烈士纪念馆，学习先烈的英雄事迹。

2 月 25 日，雨花台烈士纪念馆举办张冰烈士百年诞辰纪念活动。

3 月 28 日，管理局与南京紫金农商银行共建廉政教育基地揭牌仪式在纪念馆举行。

3 月 29 日，“新金陵 48 景授牌暨新书发布”活动，雨花台以“雨花丹青”之名成为“新金陵 48 景”之一。

4 月 1 日，举办“遥寄・思念”主题的清明系列活动。包括纪念陶家齐烈士殉难 70 周年活动、项英女儿祭父活动、烈士亲属凭吊祭扫先烈活动、召开烈士亲属座谈会暨捐赠仪式、第一期雨花讲坛《不了的丁香情》、南京市越剧团 2013 年首场公益演出《丁香》等。

4 月 14 日，雨花台烈士纪念馆宣教科为解放军理工大学气象学院 500 余名学员举办烈士事迹专题讲座。讲座以理想信念为主题，讲述了雨花台烈士的相关事迹。

4 月 19 日，纪念馆接待了由南京市残联、市瑞鑫烧伤医院组织的残疾人参观团，并提供细致周到的服务。

4月24日，2013年度爱教基地共建单位座谈会在纪念馆西接待厅举行，解放军国际关系学院、团市委、南京晓庄学院等20余家共建单位负责人参加座谈。

在全市信访工作会议上，管理局被评为南京市信访工作绩效考核优秀单位。根据会议对2013年信访工作的部署，管理局被列入全市信访工作绩效考核的市级机关单位。

4月29日是恽代英烈士殉难82周年纪念日，烈士家乡常州市领导及市委党史工委、常州市政府研究室、常州市社科联等多家单位共20余人，前来雨花台凭吊祭扫恽代英烈士。

5月8日，南京农业大学举办第八届雨花台义务讲解员选拔赛。

5月9日，在南京市委党史办领导的陪同下，武夷山市委党史研究室主任、闽北革命历史纪念馆馆长罗永胜带领相关人员，前来雨花台纪念馆交流学习，为该市新建的新四军赤石暴动纪念馆陈列布展汲取经验，同时还从雨花台纪念馆征集了福建籍烈士杨峻德、孟琇焘的资料、照片近20件，用于新的陈列布展。

5月10日，雨花台区人大常委会主任戎保忠率雨花台区20多名市人大代表来雨花台景区视察调研。

5月16日，著名军史专家、原军事科学院军事百科研究副部长王辅一将军，来纪念馆指导工作。84岁高龄的他将撰写项英、周子昆、袁国平3位烈士的传记。

5月26日，雨花台烈士纪念馆举行“中共金陵科技学院委员会党员学习教育基地”挂牌仪式。

6月18日，电影《丁香》在山西路和平影城举行了首映式。

6月27日，南京市旅游委、雨花台区旅游局相关人员对景区开展国家等级旅游景区复核检查。检查组重点检查景区园容园貌、标识标牌、公共服务设施，并对景区贯彻落实《南京市旅游行业迎“亚青”百日安全质量集中整治行动》《南京市提升旅游服务质量三年行动计划》等工作落实情况进行督查。检查组对雨花台风景区工作给予肯定，希望雨花台风景区参照《旅游法》进行相关工作调研，并配合做好“质量强市”的宣传和创建工作。

6月28日，管理局与南京禄口国际机场二期工程建设指挥部共建“廉政教育基地”揭牌仪式在烈士纪念馆举行。

7月3日，管理局与江苏省有色金属华东地质勘查局举行“党建教育基地”揭牌仪式。

7月3日，南京市公园景区“治乱拆违、规范经营及环境整治”专项行动工作领导小组园林组来景区检查环境整治工作。

7月4日，全市志愿爱心助教活动暨“爱心帮扶、你我同行”夏令营开营仪式在纪念馆幸福厅举行，南京市总工会、市文明办、市教育局等单位，全市120名民工子女以及40名爱心助教志愿者参加。

8月1日，罗志军、李学勇、张连珍、石泰峰和江苏省委、省人大常委会、省政府、省政协领导班子全体成员来到雨花台景区，举行党的群众路线教育实践活动。

8月2日，南京军区空军党委机关全体党员到雨花台烈士陵园举行凭吊活动。

由国家商务部主办、环境保护部宣传教育中心承办的“尼日利亚城市固体废物管理研修班”

交流团来宁考察，参观雨花台风景名胜区的南京市生态文明教育馆。

9月23日，在雨花台烈士纪念馆展厅，景区微电影《雨花档案》的拍摄工作正式杀青。从年初筹备到杀青，历时半年，剧组完成了恽代英、谢士炎、邓中夏等9位雨花英雄人物、共计12集的拍摄任务。

9月26日，“石情画意——贾美孙雨花石艺术展”在景区雨花石博物馆隆重举行，展期一个月。

10月25日，为深切缅怀雨花台著名烈士罗登贤的战友、东北抗联女英雄赵一曼同志，由烈士纪念馆引进的《巾帼英雄——赵一曼烈士光辉业绩展》在纪念馆幸福厅开展，此次展览也是纪念赵一曼烈士诞辰108周年。

10月29日，南京玻璃纤维研究设计院党委书记郭伟、院长赵谦带领院领导班子成员来到雨花台烈士纪念碑凭吊祭扫革命先烈，并在纪念馆西式厅举行隆重而简朴的共建“党建教育基地”揭牌仪式。

江苏省文明委对2010—2012年度全省精神文明创建工作先进单位名单进行了公布，雨花台烈士陵园管理局荣获“江苏省文明单位”称号。

南京市旅委、局信息中心及项目建设方联合对景区公益性WIFI网络项目检查验收。验收小组对景区12个点位的信号进行了现场测试，检测结果良好。同时，验收人员对游客实际使用WIFI网络情况进行了现场统计，对日常巡查维护中可能遇到的问题提出了意见和建议。

12月17日，从南京市社科颁奖大会暨第五次全委会上公布，雨花台风景名胜区被命名为南京市社会科学普及基地。

本年，雨花茶获国家地理标志证明商标保护。

2014年

1月23日，上海龙华烈士纪念馆原副馆长俞乐滨来雨花台烈士纪念馆参观。俞乐滨曾对雨花台烈士纪念馆的陈列设计方案进行评审。

3月20日，南京市级机关工委党员干部教育培训基地暨市级机关工委党校雨花台烈士陵园管理局分校挂牌仪式在烈士纪念馆举行。

为进一步拓宽宣传渠道，完善旅游服务功能，管理局开通微信公众平台“中国雨花台”（微信号“zhongguoyuhuatai”）。风景区可以通过微信发送文字、图片、语音和视频，及时为广大微友推送信息，这是继官方微博之后又一项提高网络宣传力度和游客服务水平的重要举措。

3月22日，由《扬子晚报》和管理局共同推出的“寻找南京的红色记忆”活动首站来到位于晓庄的陶行知纪念馆。

3月29日，雨花茶文化区举办一场别开生面的茶事活动，吸引众多游客和市民参与。活动邀请南京电视台著名主持人吴小平担任现场主持，炒茶专家展示雨花茶的炒制过程。

4月3日，《人民日报》刊登中国作协副主席、全国政协委员何建明的署名文章《纯美与壮美》，向广大读者介绍5位牺牲于雨花台的革命英烈的感人故事。

雨花台烈士陵园管理局副局长黄莹走进南京电视台《民声》栏目演播厅，就“如何让红色文化深入人心”主题与专家学者、市民代表互动交流。

4 月 12 日，徐州淮海战役烈士纪念塔管理局蒋越锋局长等 21 人来管理局参观交流。

4 月 25 日，秦淮区中山小学是烈士纪念馆“红色宣传送进校园活动”的试点小学。纪念馆为该校卢志英中队的同学们讲述雨花台烈士青少年时期的故事。

4 月 29 日，“南京市雨花台烈士纪念馆栖霞党史教育基地”揭牌会议在栖霞区党校举行。

5 月 12 日，江苏省委党校报告厅，南京越剧团《丁香》演出，500 余名党校学员对这场特别的教学赞不绝口，深感收获。

5 月 18 日，南京市“迎青奥、知南京、话南京”导游服务技能学习竞赛决赛在原秦淮区政府举行。管理局选手孙静静、陈华以较高得分获得了大赛三等奖。局代表队获得了大赛优秀组织奖。

6 月 20 日，南京市人大常委会副主任、党组副书记李琦，市地方志办公室主任、党组书记张立新率市派驻雨花台区工作组全体成员来园检查“环境大扫除”工作，对景区环境整治成效给予肯定。

6 月 25 日，周学冬、郭琦来到解放军理工大学，为即将毕业的学员送上《雨花台烈士精神解读》专题报告。不仅介绍雨花台的历史，而且就雨花台烈士精神进行了深层解析，同学们听后感触很深，反响热烈。

6 月 27 日，周学冬、周洁来到栖霞区龙潭街道丽江苑社区，为老党员们送上了《雨花英烈魂铸中国梦》专题报告。

7 月 3 日，南京市总工会志愿爱心助教活动启动暨“喜迎青奥、共建南京”关爱困难民工子女夏令营开营仪式在雨花台烈士纪念馆举行。市总工会、教育局、文明办、农民工办相关领导及 120 多名困难民工子女、农村留守儿童和 30 多名职工志愿者出席仪式。局党委副书记陈建军参加活动。

7 月 9 日，周洁、张语前往栖霞区燕子矶中心小学给参加燕子矶街道夏令营的同学们讲述雨花台烈士青少年时期的故事。

7 月 18 日，国家环境保护部宣传教育中心承办的“亚欧国家绿色经济与环境保护官员研修班”来江苏考察，参观雨花台风景名胜区的南京生态文明教育馆。

7 月 28 日，南京市环境整治检查组来雨花台风景区检查环境整治工作。

8 月 8 日，由管理局与南京雨花石协会共同举办的“国强杯”石城石美贺青奥大型雨花石精品展开幕。此次展览为期两个月，共展出 200 余枚雨花石精品，无论规模、质量还是水平都是空前的。

9 月 26 日，为了迎接 9 月 30 日我国首个烈士纪念日，并推动南京师范大学和雨花台烈士纪念馆合作申报的“雨花烈士精神及其当代价值研究”社科课题的研究，管理局和南京师范大学举行“红色文化研究中心”“南京师范大学教学实践基地”揭牌仪式，并召开“雨花烈士精神及其当代价值研究”座谈会。

9 月 27 日，在全国第一个烈士纪念日到来之际，江苏省新四军研究会后代分会在烈士纪念碑前举行隆重的纪念活动。到会的100余名会员中有民政部今年公布的首批300位抗战英烈的后代，也有在中国革命各个历史时期牺牲、病故烈士的后代。

9月28日，南京晓庄学院第十届雨花台志愿讲解员上岗仪式暨缅怀先烈系列活动在烈士纪念馆举行。

10月10日，2014年是何宝珍烈士牺牲80周年。为了缅怀纪念何宝珍烈士，管理局组织召开纪念何宝珍烈士牺牲80周年座谈会。中共南京市委常委、统战部部长李世贵，何宝珍烈士亲属刘爱琴（何宝珍、刘少奇女儿），长沙刘少奇同志纪念馆副馆长黄可，中国西柏坡精神研究会（筹）秘书长赵君亮，特邀嘉宾周秉德（周恩来侄女）、黄晴（黄克诚儿子）、任远芳（任弼时女儿）、刘丽（朱德外孙女）等参加座谈。

11月30日，纪念何宝珍烈士牺牲八十周年追思会在雨花台烈士纪念馆举行，烈士女儿刘爱琴出席。

12月3日，国务院公布第四批国家级非物质文化遗产代表性项目，赏石艺术（雨花石鉴赏习俗）入选，项目编号VII–122。

12月13日，首个南京大屠杀死难者国家公祭日，党和国家领导人在南京大屠杀遇难同胞纪念馆举行国家公祭活动。作为活动分会场，在雨花台烈士纪念馆幸福厅举办“勿忘国耻·圆梦中华”纪念活动。

12月26日，陕西延安革命纪念馆一行10人来陵园参观学习。他们先后参观了雨花石文化区、生态文明教育馆、烈士就义群雕、烈士纪念碑及烈士纪念馆。

2015年

1月19日，纪念馆堡顶屋面翻修改造工程完成，工程历时120天，总投资约300万元。

2月14日，雨花石博物馆举办“江山如此多娇——华夏风光雨花石精品展”，展出近100枚精品雨花石，展期40天。

3月26日，原中央军委副主席迟浩田上将携家人一行15人来到雨花台瞻仰革命先烈。

3月19日，古巴共和国总检察长德尔加多一行来雨花台烈士纪念馆参观。

4月1日，江苏省公安厅在公安英烈墙前举行凭吊活动。

4月3日，省市文明办在烈士纪念碑前举行“我们的节日·清明”江苏省暨南京市青少年凭吊革命先烈活动。

现代越剧《丁香》连续举行16场公演。

“穿越时空的对话”，即当代团员青年给雨花台烈士回信征文活动开展，在社会上引起强烈反响。

4月25日，中韩观赏石（寿石）联合展——首尔、南京、济州观赏石（寿石）文化交流展在雨花石博物馆举办，韩国寿石人总联合会会长崔相镐、中国观赏石协会外联部主任兰光钊等出席开幕式。

4月30日，“穿越时空的对话”活动结束。在共青团南京市委和江苏省学联的组织下，南京师范大学、南京邮电大学和中国药科大学等20余所高校，以及青工系统多家单位积极参与征文活动。此次征文共征集“回信”2200多封，部分优秀作品被《南京日报》择取进行了刊登。同时，网络上也掀起一股“当代年轻人如何传承红化”的讨论热潮，新浪微博“穿越时空的对话”话题阅读量达119.5万人次，短文评论704条。

5月1日，由南京茶叶行业协会、雨花台风景名胜区管理局共同主办的“金陵踏春·雨花茶香”——首届雨花茶斗茶大赛在南门广场举行。

5月12日，管理局团员青年与共青团江苏省委机关人员一起，在烈士纪念碑开展“重温志愿书，再续新征程”主题团日活动。

6月12日，“学习雨花英烈，做‘三严三实’好干部”专题展在雨花台烈士纪念碑碑廊举行，南京市领导出席开展仪式。

7月20日，为纪念中国人民抗日战争胜利70周年，由国家民政部优抚安置局主办、中国网络电视台（央视网）承办、中华英烈褒扬事业促进会协办的全国英烈讲解员网络电视大赛决赛在山东临沂华东革命烈士陵园落下帷幕，雨花台烈士纪念馆讲解员郭琦以总分第六的好成绩获得二等奖。

8月5日，雨花台烈士纪念馆党性教育基地网上展馆正式建成并上线。

8月17日，为纪念恽代英同志诞辰120周年，3集文献片《永远的恽代英》摄制完成。同时，《恽代英全集》（共9卷）由人民出版社出版。

9月28日，以雨花英烈为题材的原创话剧《雨花台》在南京人民大会堂举行首场演出。话剧由中共南京市委宣传部出品，南京市话剧团演出。

9月29日，南京雨花英烈研究会在南京国际会议大酒店举行成立大会。会议选举南京师范大学马克思主义学院院长、博士生导师王跃教授担任理事会会长，管理局副局长黄莹，南京大学马克思主义学院副院长、博士生导师王建华教授，江苏省委党校党建部副主任、硕士生导师张加华教授，原南京市社会科学院文史所所长赵德兴研究员担任副会长，秘书长由雨花英烈研究院院长向媛华担任。研究会成立当天，中共中央宣传部宣教局、光明日报社、江苏省委宣传部、江苏省委党史工办、南京市委联合举办“雨花英烈精神研讨会”，就“雨花英烈精神”进行深入研讨。

9月30日，以“缅怀革命先烈，珍惜幸福生活，共创美好未来”为主题的江苏省暨南京市新婚夫妇向革命烈士献花仪式在雨花台举行。来自社会各界的70对新人在烈士群雕前高唱国歌，缅怀革命先烈。

11月4日，由国家商务部、环境保护部宣传教育中心承办的“尼日利亚经济发展与环境保护研修班”一行26人参观位于景区内的南京市生态文明教育馆。

11月11日，由江苏省委宣传部组织的“全省宣传委员和文化站长培训班”先后分10期、共2个月连续来陵园进行现场教学活动，约2800名学员接受了党性教育。

江苏省首家雨花茶手工制茶大师工作室——向伯荣大师工作室在雨花台风景名胜区成立。向伯荣大师2014年获江苏省首届手工制茶能手大赛“手工制茶能手”称号，2015年获江苏省第二届手工制茶能手大赛针形类比赛一等奖，并被江苏省农委、省茶叶协会授予“江苏省针形类绿茶手工制作大师”称号。

11月26日，2015年中国南京雨花石文化理论研讨会在雨花石博物馆召开。

2016年

1月12日，中共南京市委组织部在雨花石博物馆会议室召开宣布管理局主要领导调整决定会议。会议宣布谈健任南京市雨花台烈士陵园管理局局长、党委书记。

1月14日，江苏省人民政府［苏政发（2016）5号］文，批准公布“雨花石鉴赏习俗”为第四批省级非物质文化遗产代表性项目，入选项目编号JSX-22。

4月份起，大型话剧《雨花台》开展全国巡演，雨花台烈士陵园管理局配合举办“信仰的力量——雨花英烈事迹巡展”。

4月1日，江苏省暨南京市青少年凭吊革命先烈活动在雨花台烈士纪念碑广场举行。

4月2日，“红色文化看传承 世纪追寻家国史”雨花英烈近亲属口述史征集活动启动。同日，江苏广播“百名主播诵经典”活动走进雨花台。

江苏省公安厅组织青年民警在公安英烈墙举行凭吊活动。

4月5日，话剧《雨花台》在北京大学百周年纪念讲堂首场演出，揭开2106年《雨花台》全国高校200场巡演序幕，此次巡演为期2年，

4月23日，2016江苏全民阅读日、第十二届江苏读书节暨第二十一届南京读书节在南京雨花台烈士陵园群雕广场正式启动。

4月29日，南京雨花石博物馆举办美籍华人姚大奎先生“古韵天成”雨花石主题展，展期20天。

5月4日，共青团江苏省委在雨花台烈士陵园举行“信仰铸青春·誓言勇担当”主题团日活动。

6月12日，由南京市委主办、雨花台烈士陵园管理局承办的“弘扬雨花英烈精神 做合格共产党员”专题图文展在雨花台烈士纪念碑廊举办。

7月1日，《雨花英烈家书》《雨花英烈文集》由雨花台烈士陵园管理局编纂，南京出版社出版。

7月13日，北京市高校教师社会学习实践基地揭牌仪式在雨花台烈士陵园举行。

7月17日，中共中央国家机关工作委员会在南京雨花台举行授牌仪式，授予雨花台烈士陵园“中央国家机关爱国主义教育基地”称号。

9月20日，经国务院批准，国家民政部公布雨花台烈士陵园等96处第六批国家级烈士纪念设施名单。

9月29日，“人与自然”雨花石主题展在南京雨花石博物馆举行，展期20天。

9月30日，国家第三个烈士纪念日，江苏省暨南京市各界向雨花台烈士纪念碑敬献花篮。

江苏省暨南京市新婚夫妇向革命烈士献花仪式在雨花台烈士就义群雕广场举行。

雨花台南门、北门游客服务中心改造工程完成，正式投入使用。

10月8日，江苏省机构编制委员会办公室批复同意南京市雨花台烈士陵园管理局增挂雨花台干部学院和雨花台烈士纪念馆牌子。

管理制定完成《雨花台干部学院三年行动计划 2017—2019》。

12月4日，江苏省暨南京市新入职法制专业人员向宪法宣誓活动在雨花台烈士纪念碑广场举行。

12月24日，“用好用活红色资源 弘扬雨花英烈精神”——长篇小说《苍茫大地》首发式、“雨花英烈精神及其当代价值”学术研讨会暨雨花英烈研究会 2016 年学术年会在雨花台烈士纪念馆幸福厅举行。

2017 年

2月11日，中共南京市委组织部在二泉会议室召开宣布管理局主要领导调整决定会议。会议宣布赵永艳同志任南京市雨花台烈士陵园管理局局长、党委书记。

3月26日，雨花台烈士陵园管理局在雨花石文化区举行“茶香雨花”——相约 2017·春景春茶品赏会，现场开展新春雨花茶领衔首献 50 席泡茶品茗活动。

3月30日，雨花台烈士陵园管理局与南京市兰花协会在雨花石博物馆举办“蕙兰名品展”，展期持续至4月3日，共展出精品兰花 115 盆。

3月31日，何宝珍烈士诞辰 115 周年，雨花台烈士陵园管理局举办“纪念何宝珍诞辰 115 周年书法展暨座谈会”，将兰花题材的雨花石和兰花为主题的书画作品雅集成展，纪念无产阶级革命家、中国共产党杰出的女党员何宝珍。刘少奇与何宝珍烈士之女、91 岁高龄的刘爱琴，周恩来侄女周秉德，任弼时之女任远芳参加纪念活动，

中共南京市委宣传部、市文明办、腾讯大苏网联合主办的《独家开讲》首期节目正式开播，节目邀请雨花台烈士赵良璋侄女徐彩平和她的外孙女绳潇雨等 5 个家庭，为观众讲述先辈们鲜为人知的故事。

江苏省纪委机关党委党员在烈士纪念碑开展凭吊活动。

3月，雨花台烈士纪念馆展陈改造工程启动。

4月1日，2017 年江苏省暨南京市青少年凭吊革命先烈活动在雨花台烈士纪念碑广场举行，江苏省委宣传部、省文明办、省教育厅、团省委、省少工委等部门以及市有关部门负责人，近千名南京市小学生代表，向烈士纪念碑敬献花篮，表达对革命先烈的追思和缅怀。

4月2日，来自 40 多个雨花台烈士家庭近 180 位家属在雨花台烈士纪念碑前默哀，敬献花圈，纪念先人。随后，烈士家属参加“红色文化看传承 不忘初心大道行”雨花台清明主题活动。雨花台烈属亲友群正式建立。

4月6日，雨花台区阅读办、雨花台烈士陵园管理局共同举办《雨花英烈家书》品读活动，活动包括线上导读、线下行走、专家品读三个部分，该活动是南京市全民阅读办主办的“2017 共读南京”活动重要内容，为期 10 天。

4月26日，由南京市委宣传部、市文联、雨花台烈士陵园管理局主办，市音乐家协会、雨花台烈士纪念馆、雨花台区文联承办的“金陵五月风”第十一届南京文学艺术节开幕式之《信仰之歌——雨花颂系列歌曲》作品发布会、听评会在雨花台举行。

4月28日，“红红的雨花石”系列展在雨花石博物馆开幕。

5月4日，2017年度话剧《雨花台》省内高校巡演正式启动，首场在南京大学演出。为配合话剧《雨花台》演出，雨花台烈士陵园管理局在演出现场同步推出《信仰的力量——雨花英烈事迹展》。巡展先后走进南京大学、江苏建筑职业技术学院、淮阴师范学院、苏州大学、江南大学等江苏省内高校，全年共展演35场次。

6月1日，雨花台烈士纪念馆闭馆，纪念馆展陈改造工程进入施工阶段。

6月25日，南京市机构编制委员会［宁编字（2017）30号］文件，正式批准南京市雨花台烈士陵园管理局（南京市雨花台风景名胜区管理局、雨花台干部学院、雨花台烈士纪念馆）主要职责、内设机构和人员编制，并决定南京市雨花台烈士陵园管理局等4机构均为市政府直属事业单位，相当于正局级，公益一类，归口市委宣传部管理。

6月28日，雨花台干部学院在雨花台烈士陵园正式成立。

7月7日，中共中央组织部部干教局副局长石中和，干教局一处处长吕斌，北师大教授、中国教育政策研究院副院长周海涛等领导来雨花台干部学院调研考察。江苏省委组织部干教处处长叶智勇，南京市委组织部副部长杨学忠，部务委员邓力群，雨花台烈士陵园管理局党委书记、局长赵永艳，副局长杨永清等领导陪同调研。

7月26日，纪念建军90周年“雨花碧血映军魂”专题展在雨花台烈士陵园纪念碑主峰东侧碑廊开幕，展览由南京市委宣传部、雨花台烈士陵园管理局、市地方志编纂委员会办公室联合主办。

8月10日，雨花台烈士陵园核心景区景观改造提升工程开工建设，共投资约3570万元。工程主要包括陵园中轴线景观提升，东西主干道环境提升，知名烈士墓等重要纪念地点的景观提升以及南大门公共厕所等基础服务设施升级改造等。

8月30日，江苏省委组织部选调生培训班走进雨花台干部学院，接受党性教育。省委组织部青干处、省委党校继续教育处、雨花台烈士陵园管理局领导及雨花台干部学院工作处相关人员参加活动。

9月4日，中共江苏省委常委、宣传部部长王燕文来雨花台调研红色文化发展及纪念馆陈列改造相关情况。

9月26日，《雨花忠魂》系列纪实文学丛书第二批10本首发式在雨花台烈士纪念馆举行，第二批10本《雨花忠魂》系列纪实文学丛书所撰写的雨花英烈分别为施滉、金佛庄、黄励、徐楚光、谢文锦、陈原道、侯绍裘、吕惠生、谭寿林、李耘生。

9月27日，原创话剧《雨花台》获全国第十四届精神文明建设“五个一工程”优秀作品奖。自2015年9月首演以来，话剧《雨花台》面向广大高校师生和党员干部群众已演出80余场，观众10万余人。

9 月 28 日，为庆祝国庆 68 周年，雨花台烈士陵园管理局与南京雨花石协会联合举办“石上飞虹”2017 庆国庆迎盛会雨花蛋白石展，展览共展出蛋白雨花石 100 枚、蛋白雨花石雕件 60 枚，展期 20 天。

9 月 30 日，江苏省暨南京市各界向雨花台烈士敬献花篮活动在雨花台烈士纪念碑举行。江苏省委书记李强、省长吴政隆、省政协主席蒋定之等领导与省市各界代表 1000 余人参加，缅怀革命烈士的历史功勋。

江苏省暨南京市新婚夫妇向革命烈士献花仪式在雨花台烈士群雕前举行，来自省市各行各业的 90 对新婚夫妇向雨花英烈献花，表达对革命烈士的崇敬和缅怀，抒发对未来美好生活的向往。

10 月 1 日，由南京团市委、雨花台烈士陵园管理局、市少工委联合主办的“喜迎十九大·向国旗献礼”南京市青少年升国旗仪式教育暨国庆主题活动在雨花台烈士陵园北广场举行。

10 月 10 日，雨花台烈士陵园给水及消防管网改造工程开工。该工程总投资约 800 万元，主要对长约 4.2 公里北片区给水管道（DN50–DN150）、长约 4.7 公里景区室外消防管道（DN100–DN150）、绿化用水支管进行改造。

11 月 4 日，雨花台烈士纪念馆的《信仰的力量——雨花英烈生平事迹展》大型主题陈列布展完成。

12 月 4 日，江苏省暨南京市司法行政机关公务员、法律服务人员向宪法宣誓活动在雨花台烈士纪念碑前举行。

12 月 5 日，中共中央宣传部宣教局局长常勃一行调研考察雨花台烈士纪念馆展陈工作，并听取省市关于开展雨花英烈精神宣传教育工作情况汇报。

12 月 29 日，雨花台干部学院第二批课程评审及学院建设专题研讨会在雨花台烈士陵园举行。

12 月，雨花台干部学院全年共举办并接待省级以上各类班级 20 个，培训学员 3000 人次。

雨花台干部学院制定完成《雨花台干部学院发展规划纲要（2017—2021）》，取代原先制定的《雨花台干部学院三年行动计划 2017—2019》。

2018 年

1 月 5 日，雨花台烈士纪念馆完成新一轮陈列改造后正式对外开放。

1 月 5 日，“雨花英烈精神与中国共产党人初心”暨全国文艺工作者雨花台红色文艺创作规划研讨会在雨花台烈士纪念馆举行。

1 月 8 日，第十届全国人大常委会副委员长、中国关心下一代工作委员会主任顾秀莲参观雨花台烈士纪念馆。

3 月 4 日，新任省管干部任职培训班（共 5 期）近 230 名学员到雨花台干部学院接受教育培训。

3 月 7 日，中央维稳安全督查组一行 11 人参观雨花台烈士纪念馆。

3 月 10 日，江苏省暨南京市“传红色基因 共话新时代 放飞青春梦”主题教育活动启动仪式在雨花台烈士纪念馆举行。

3月13日，“信仰的力量——雨花英烈事迹展”在中央党校开展。

3月15日，省属企业新一届领导班子在雨花台烈士纪念碑广场举行宣誓活动。

3月27日，中国人民解放军原总参谋长陈炳德来陵参观凭吊。

4月2日，“雨花英烈纪念地联席会议”第一次会议在雨花台烈士纪念馆举行，来自上海、浙江、广东、湖南等地10多家雨花英烈纪念地的代表参加会议。

4月3日，省委书记娄勤俭来雨花台烈士陵园调研。

4月4日，江苏省暨南京市青少年凭吊革命先烈活动在陵园举行。

4月5日，40多位雨花台烈士的180多位家属在雨花台烈士纪念碑广场开展凭吊活动。

4月12，最高人民检察院副检察长、检察委员会委员徐显明一行参观雨花台烈士纪念馆。

4月25日，“信仰的力量——雨花英烈生平事迹展”在山东临沂革命纪念馆开展。

4月28日，李小军先生“玉石同源”赏石艺术展在陵园开展。

5月4日，江苏省“不忘初心 紧跟党走”五四主题团日活动在陵园举行，全省各地青年代表和在宁大中小学生代表800余人参加活动。

5月8日，中共中央组织部干部教育局来雨花台干部学院调研。

5月13日，“南京市雨花茶手工炒制技能竞赛”在陵园南门广场举行，70名制茶专家参加。

5月20日，中央第七巡视组组长马铁山一行25人来陵参观凭吊。

5月21日，由雨花台烈士陵园管理局和雨花台区人民检察院共同举办的“传承英烈精神 守护英烈荣光”普法宣传活动在陵园北门广场举行。

5月29日，由南京市委宣传部、南京市妇联、雨花台烈士陵园管理局共同举办的“巾帼传承先烈志 思想解放建新功”主题活动在雨花台烈士纪念馆启动。

6月22日起，市委第二巡视组对管理局党委开展为期近两个月的巡视工作。

6月22日，管理局出台《内设机构和职能规定（暂行》。

6月26日，“水乳交融，生死与共”——沂蒙精神图片展在陵园展出。

6月27日起，南京生态文明教育馆闭馆改造。

6月27日—28日，雨花台烈士纪念馆会同上海龙华烈士纪念馆，对雨花英烈纪念地联席会议成员单位——广东革命历史博物馆进行为期2天的学习访问。

6月29日，省委宣传部机关党员干部约110人来陵参观凭吊。

7月4日，中央第四环境保护督察组一行40人来陵开展党员活动。

7月5日，省委宣传部、省委网信办党员干部一行30余人来陵开展凭吊活动。

7月23日，雨花台V雨融媒体工作室成立。

7月25日，省民政厅机关党员、部分直属单位党支部书记等100余人来陵参观凭吊。

7月26日，国家检察官学院南京分院到雨花台干部学院交流座谈。

8月29日，“南京十大文化地标”揭晓，雨花台烈士陵园入选。

9月16日—21日，雨花台干部学院接待“巾帼传承先烈志 思想解放建新功”全省妇女工作

者专题班一行60余人。

9月18日，“英雄壮歌——上海英烈纪念展”在陵园展出。

9月18日，尼泊尔共产党联合主席、前政府总理普拉昌达一行来陵参观。

9月20日，纪念陈原道烈士牺牲85周年学术座谈会在雨花台烈士纪念馆举行，陈原道烈士之子刘纪原及来自陈原道家乡、工作地、牺牲地的党史部门和相关专家学者参加。

9月27日，“革命战士别样风采——雨花英烈文学艺术作品展”在陵园展出。

9月27日，第38期新任市管领导干部到雨花台干部学院参加培训。

9月27日，雨花台红色文艺创作基地“烈士纪念日”展示周启动仪式暨南京市红色文艺促进会成立大会在雨花台烈士纪念馆举行。

9月30日，第五个全国烈士纪念日，来自省暨南京市各行各业80对新婚夫妇向雨花英烈献花。

9月30日，江苏省暨南京市各界向雨花台烈士纪念碑敬献花篮活动在陵园举行，省委书记娄勤俭、省长吴政隆，东部战区司令员刘粤军、政委何平等领导参加活动。

9月30日，官方抖音号“中国雨花台”上线。

10月11日，省委第七巡视组约30人来陵参观凭吊。

10月14日，管理局干部职工一行45人赴红旗渠干部学院接受教育培训（第一期）。

10月11日，江苏省志愿者协会正式做出批复，同意雨花台烈士纪念馆“小雨滴”志愿服务队正式加入省志愿者协会并成为会员单位。

10月20日，由南京雨花石协会与南京雨花石博物馆联合举办的“日月同辉”雨花石展在陵园开展。

10月20日，由雨花台烈士纪念馆主办的“小雨滴”志愿者管理委员会成立大会暨第一次会议（2018-2019学年）在雨花台烈士纪念馆召开。

10月22日，国家安全部机关党校领导来雨花台干部学院调研。

10月22日，中央组织部考察组李景田（全国党建研究会会长、中央党校原常务副校长）一行14人来陵考察。

11月13日，工信部2018年统战干部和党外人士培训班暨“学习弘扬爱国奋斗精神”培训班学员来陵园参观学习。

11月16日，《雨花忠魂》系列纪实文学丛书第三批15本首发式在陵园举行。

11月17日，2018年“智跑江苏”定向越野联赛总决赛开幕仪式在陵园举行。

11月20日，武警江苏省总队南京支队在雨花台烈士纪念馆举行红色教育基地签约挂牌仪式。

11月22日，“将改革开放进行到底”百姓心声分享会雨花台红色专场暨庆祝改革开放四十周年南京发展图片展举行。

11月24日，中央社会主义学院第三期新疆中青年爱国宗教人士培训班学员来陵参观。

11月30日，第二届“天降花雨 美在雨花”全国诗歌大赛颁奖典礼暨诗歌朗诵会在陵园举行。

12月1日，“雨花英烈精神与新时代新征程”学术研讨会暨雨花英烈研究会2018年学术年会在雨花台烈士纪念馆举行。

12 月 18 日，“信仰的光芒——雨花英烈主题红色文艺作品展”在中国文联文艺家之家展览馆展出。

12 月 22 日，南京市首批重点新型智库——雨花台红色文化研究院揭牌仪式暨弘扬雨花英烈精神座谈会在钟山宾馆举行。

12 月 25 日，陵园给水及消防管网改造工程完工。

12 月 27 日，南京市知识分子“弘扬爱国奋斗精神 建功立业新时代”主题学习会、“南京市知识分子爱国奋斗教育基地”挂牌仪式在雨花台烈士纪念馆举行。

后　记

《雨花台烈士陵园志》终于在建陵70周年之际编竣出版，实在是一件很有意义的事。2019年是南京解放70周年，是中华人民共和国成立70周年，也是雨花台烈士陵园建陵70周年。编写《雨花台烈士陵园志》，不仅仅是记录汇编建设雨花台烈士陵园70年的光辉历史，也是从一个侧面反映中国共产党领导中国人民进行革命斗争，创建新中国、建设新中国并且将继续领导全国人民不忘初心、砥砺前行，建设有中国特色的社会主义强大国家，进入人民美好生活的社会主义新时代的伟大历程。盛世修志，雨花台烈士陵园的建设者、雨花台烈士陵园的工作者以自己的辛勤工作，将一座庄严肃穆、气势恢弘的国家级烈士陵园，一个承载雨花英烈不朽精神、弘扬红色文化的圣地全面地展示出来。

编写《雨花台烈士陵园志》，早在建陵50周年时就有酝酿，并筹备了工作班子，但均因各种原因被延期。2016年，新任雨花台烈士陵园管理局局长谈健重提修志之事，并正式发文，组织编辑委员会，邀请中共江苏省委党校王培智教授、南京出版社卢海鸣编审、南京中国近代史遗址博物馆刘小宁编审、南京市地方志办公室杨永泉编审和中国第二历史档案馆郭必强研究员担任修志的学术顾问。编委会下设修志办公室，由管理局工会主席朱晓华任主任，张彧任秘书，并确定各部分由专业人员负责收集资料，执笔写作，几经拟定修改，确定编辑大纲。初稿历经三年，几易其稿，并广泛征求有关专家学者、雨花台烈士陵园干部职工意见，才使得《雨花台烈士陵园志》编纂成书。修志的全部工作一直得到管理局领导重视与支持。赵永艳局长担任编委会主任以后，多次作出指示，推进修志工作。郭必强、张彧承担了统稿修改、统筹编务工作。在这里要特别感谢南京市档案馆、南京出版社等单位的大力支持。张崇泰、周维海等人员为本志提供照片资料，也要特别感谢。这里还应遗憾地说明，因为照片资料不易收集以及照片选择的诸多限制，我们放弃了一些相当重要的照片，而现今修志中历史照片又是极其重要的元素，此次修志只能付诸阙如。

雨花台烈士陵园已经走过了70年的光辉历程。从建陵之初的绿化建设、建筑规划、史料征集、研究展陈，到现今用雨花英烈精神展示共产党人的崇高理想信念、高尚道德情操、为民牺牲的大无畏精神，建设雨花台红色文化圣地，利用雨花台独特红色资源，使其成为激励人们不断开拓进取的强大精神力量。在过去历史上，雨花英烈因其在中国革命历史中所表现的大无畏牺牲精神永载史册；在未来建设中，雨花台将在新时代中国特色社会主义建设中发挥更加重要的作用。

庆祝中华人民共和国成立暨南京解放70周年。

庆祝雨花台烈士陵园建陵70周年。

南京市雨花台烈士陵园管理局党委副书记

陈建军　遵编委会嘱记